LES ÉDITIONS DE L'OEIL DU SPHINX
36-42 rue de la Villette
75019 PARIS, France
www.oeildusphinx.com
ods@oeildusphinx.com

LES ÉDITIONS RENNES-LE-CHÂTEAUdoc
9 rue de la tuilerie
77520 Montigny-Lencoup, FRANCE
www.rennes-le-chateau-doc.fr
patrick.mensior@orange.fr

© 2017 LES ÉDITIONS RENNES-LE-CHÂTEAUdoc
© 2017 LES ÉDITIONS DE L'OEIL DU SPHINX
ISBN : 979-10-91506-73-1
EAN : 9791091506731
ISSN : 1768-5648
Dépôt Légal : septembre 2017
Les dessins de la couverture et des intercalaires du journal sont extraits de la bande dessinée d'Antoine Captier de Marcel Captier et de Michel Marrot : *Rennes-le-Château, le secret de l'abbé Saunière.*
Couverture et mise en page réalisées par Julien MENSIOR

LE JOURNAL
DE
L'ABBÉ SAUNIÈRE
1901 à 1905

Commenté par Patrick Mensior

Un trésor à Rennes-le-Château

Serpent Rouge 41

Sommaire

HISTOIRE DU JOURNAL

Le 6 août 2011, sur un site de vente internet, à la suite de la publication d'une annonce dont le titre est : *« Journal intime berangier sauniere* (sic) *»,* et qui est émise par un particulier utilisant le pseudonyme de *Francis Marchand,* je prends contact avec lui pour connaître notamment la provenance de ce document. L'annonce est accompagnée de photographies de deux pages d'écriture où il est question des conditions météorologiques journalières du lieu et du descriptif de travaux d'une propriété. Le jour même le vendeur m'adresse la réponse suivante : *« Ce document est en notre possession depuis quelques années acheté à M. Buthion qui le détenait de M. Corbu qui a acheté la villa de l'abbé ».* Pensant à un faux document de plus (l'histoire de Rennes-le-Château en est truffée !), je fais part immédiatement de ces informations à Antoine Captier et à Philippe Marlin pour connaître leur opinion et leur expertise. Antoine me répond : *« A priori il s'agirait bien de l'écriture de Saunière. Du peu que l'on peut voir il s'agirait d'un cahier journal que l'abbé tenait quotidiennement. Très probablement, il s'agit de l'un des deux cahiers que mon père avait prêtés à Henri Buthion et qu'un chercheur avait soi-disant récupéré à la décharge de Rennes. À l'époque, je les avais juste parcourus. De Sède les avait lus, probablement chez mon beau-père lorsqu'il préparait son livre, et n'en faisait pas grand cas. L'abbé y notait le temps qu'il faisait, les travaux en cours ... ».* Antoine ajoute avoir contacté à l'époque le détenteur de ce journal qui le laisse sans réponse.

En réalité !

À l'origine, Il y avait deux cahiers : l'un avec une couverture noire, qui évoque les travaux du calvaire pour lesquels il y a peu de documents, l'autre une verte, ainsi que quelques courriers échangés entre Marie et l'abbé et entre ce dernier et son avocat, Maître Huguet. Vers le milieu des années soixante-dix, ces documents furent prêtés chez Henri Buthion à M. Delépine par le père d'Antoine Captier à qui ce dernier les avait préalablement confiés car son père s'était pris d'un nouvel intérêt pour l'affaire Saunière. Des années plus tard, M. Delépine, très malade, veut les faire restituer au père Captier par un ami à lui occupant depuis peu un logement loué à Rennes-le-Château par la mairie.

À ce moment du récit, deux versions sensiblement différentes ! Constatant son absence, l'ami de M. Delépine dit avoir déposé les documents sur l'un des murets entourant la propriété afin d'aller à sa rencontre. Quelques minutes après, le temps de faire le tour du domaine et de revenir à l'endroit où il les avait laissés, ils ont disparu ! Il dira par la suite les avoir trouvés dans la décharge !

Ayant eu connaissance de cet épisode, en mai 2002, je lui écris pour tenter d'obtenir, pour sa préservation, une éventuelle copie des documents. Ce qu'il refuse implicitement dans sa réponse du 3 juin ! Il me propose en revanche de répondre par courriers aux questions que je veux bien lui poser sur les travaux du curé. Je lui fais alors remarquer qu'il m'est difficile de faire des affirmations issues de celles qu'il aura lues dans ces documents et qu'il m'aura transmises si je ne peux ensuite en produire matériellement les preuves ! Et notre relation en est restée là, du moins sur ce point, jusqu'à la parution de cette annonce.

Le dénouement (Philippe Marlin)

J'avais déjà été contacté en septembre 2005, via Jean-Luc Robin, par un certain J.P. Aptel de Strasbourg. Il m'avait proposé d'éditer « le carnet vert » qui était alors en sa possession. Il souhaitait rendre ce document public sous le titre *La Maison de Marie.* Malgré un intérêt évident de ma part, l'opération ne se fera pas, J.P. Aptel estimant que cette publication était prématurée.

Suite aux informations d'Antoine Captier et de Patrick Mensior, je prendrai le relais de la discussion avec Francis Marchand en août 2011. Ce dernier m'informera être le fils adoptif de J.P. Aptel et chercher à négocier le carnet pour faire face aux frais d'obsèques/succession de son père. Le prix est raisonnable et nous bouclons rapidement la transaction.

Le Journal

Il s'agit d'un journal personnel rédigé avec application tous les jours par l'abbé Saunière du 26 mai 1901 au 19 septembre 1905 inclus. Chaque journée s'ouvre sur une annotation météorologique puis sont évoqués les travaux dans le domaine, la conduite des ouvriers, les commandes de matériels, les relations avec la famille, avec les confrères et l'évêché, ainsi que ses non-relations etc. Le curé y a également noté ses déplacements, chez des confrères, à la poste, chez le notaire etc.

Ce journal constitue également un témoignage unique sur la vie du village et des villageois à cette époque, leur quotidien, la dureté de la vie paysanne, les jalousies et les querelles. Enfin, ce qu'a écrit dans son journal l'abbé Saunière est souvent complémentaire de ce qu'il a également noté dans ses carnets de correspondances.

Nul doute qu'après sa lecture le lecteur sera devenu un peu plus intime de l'ancien curé de Rennes-le-Château.

Sa lecture

À droite de chaque page du journal manuscrit se trouve sa retranscription dactylographiée ; ces deux pages portant, de fait, le même numéro. Dans cette retranscription, se trouvent un ou plusieurs mots inscrits en gras renvoyant à des notes explicatives aux pages colorées. À la page du ou des mots-clés en gras du journal correspond celle de la note à lire à l'intérieur de laquelle sont également écrits en gras le ou les mêmes mots clés.

Exemple : à la page 1 de la retranscription, à la date du 1er juin 1901, les mots « Monsieur Caminade » sont en gras. Il faut alors se reporter à la note correspondante qui se trouve à la page 147.

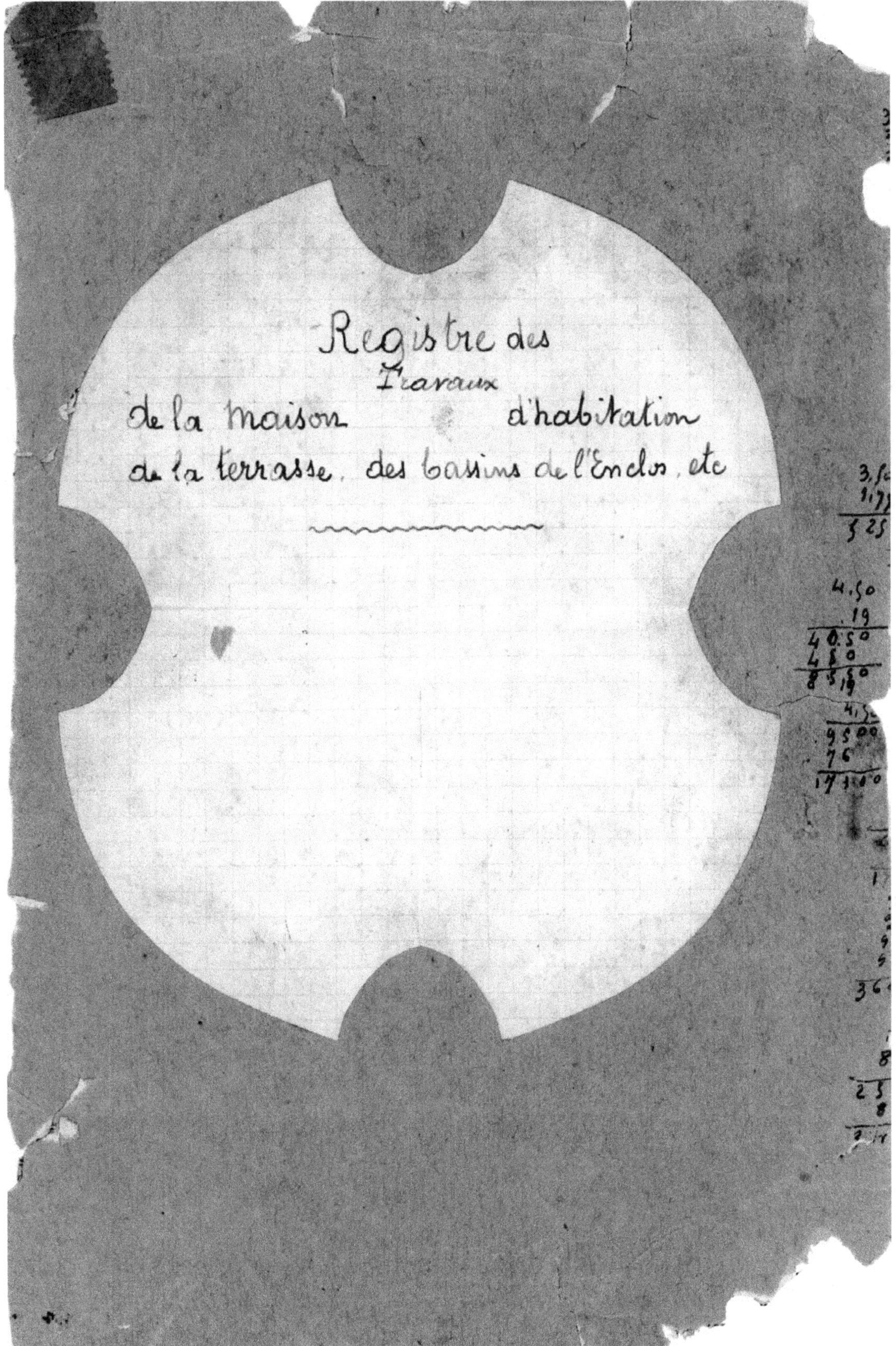

Registre des
Travaux
de la Maison   d'habitation
de la terrasse, des bassins de l'Enclos, etc

Démolition et Reconstruction des la maison de Marie D.

Mai
1901. 26. Pentecôte. Avis dernier donné à Mr Bot maçon : S'il ne commence pas les travaux, au plus tard, le lundi 3 Juin, nous ne comptons plus sur lui.

27. Lundi de la Pentecôte

28. Bot arrive le matin et fait dire à Carla de partir prendre les échaffaudages. Le soir vers les 6 heures, venue des maçons, de sa famille et de tout le matériel et outillage. grande peine pour monter à Rennes. emprunt de 2 litres de vin.

29 Enlèvement de toiture des deux maisons 3 personnes : Bot, sa femme et leur fils. 2 litres vin

30 Démolition des maisons. 4 personnes : Bot, sa femme, le fils et Pierre Malet   2 litres vin

31 Continuation des démolitions. 4 personnes Bot, sa femme, le fils et Pierre Malet

Juin 1 arrivée de Monsieur Caminade dont la matinée est employée à prendre les mesures soit de la maison, soit du Cimetière avec l'aide de Bot. Le matin continuation de la démolition et le soir nétoyage du passage de la chapelle — 4 personnes, Bot, femme, fils et P. Malet.

2 Dimanche SSe Trinité — Fête société à Couiza — adjudication des travaux de Montazel.

3 arrivée de Bot et de sa famille à 8h ½ triage et ensachement de la chaux bonne environs de 25 à 30 sacs. Le maçon sa famille et Malet ont employée presque toute la journée à cela

4 Continuation des démolitions et déblayages. Bot, sa femme et Malet. les deux enfants Paul et Marcelline vont en classe. Bot a failli se faire un mal. Chaleurs très fortes.

5 continuation de la démolition et du déblayage par Bot, sa femme et Malet. Dans l'après dîner, je descends au Bals avec Marie et Julie. Chaleur excessive à la fin de la journée, vent, tempête orage de courte durée.

6 quelques gouttes de pluie dans la matinée. Continuation du déblayage par Bot, sa femme et Malet vers la fin de la journée, 1 heure et demie environ est employée à extraire la roche des fouilles... — départ de Bot et sa famille pour Luc, afin d'aller ramener le fourrage -

7 Grande chaleur, menace d'orage le soir — travail vague

8 continuation de la chaleur et menace d'orage le soir — travail vague

9 Annonce d'une belle journée — belle procession, espièglerie des jeunes gens à ce sujet. le soir, temps très chargé — Orage aux alentours ; ciel menaçant ; il pleut dans la nuit jusqu'au matin.

10 huit heures : arrivée de Bot, sa famille et son neveu Saunière. journée complète employée au creusement de la roche Bot, Malet et Saunière. Il tonne sur le soir, peu, grand abaissement de la température ; travail pénible —

11 ouvriers : Bot, Saunière, Malet et 1 maçon d'Alet — arrivée de Mr Caminade. prise des dernières mesures — enquêtement dans le jardin — avons été prendre connaissance des délibérations relatives aux concessions du Cimetière — travail fait dans la journée : changement de la poutre de l'écurie du presbytère et continuation des fouilles avec supplement des lieux d'aisance — Nos ouvriers sont plus aussi ardents par leur travail. Depuis 4 ou 5 jours on leur donne du vin.

12 4 ouvriers : continuation des fouilles sur mon compte de 10 heures du matin à 2 heures. Dans soir, départ de Saunière pour Luc pour aller prendre ses outils — temps sec.

13 3 ouvriers : Bot, adrien et Saunieron, Malet absent pour ramasser le fourrage — continuation fouilles pour mon compte ce 3e fois de ce travail. Prise des dernières mesures, dernier coup des mains. Construction d'un planches pour faire le mortier, pose du cordeaux et de la première pierre. Bénédiction de cette pierre. arrivée de Mathilde et Marguerite de Fernande pour invitation à la 1re communion, goûtent, visitent tout et ensuite avant de partir à la Cérémonie de la pose de la 1re Pierre — veulent me faire promettre d'aller à la 1re Communion. ne leur promet point et refusent à cause de cela les 10 que je voulais leur donner. Dans la nuit, après soupé, Bot, sa famille et les autres ouvriers reviennent au presbytère, pour boire une bouteille de Banyuls à l'occasion de la pose de la 1re Pierre de la maison.

Démolition et Reconstruction de la maison de Marie D.

Mai 1901	26	<u>Pentecôte. Avis dernier</u> donné à M. **Bot** maçon : S'il ne commence pas les travaux, au plus tard, le lundi 3 juin, nous ne comptons plus sur lui.
	27	Lundi de la Pentecôte
	28	Bot arrive le matin et fait dire à Carla de partir prendre les échafaudages. Le soir vers les 6 heures, venue du maçon, de sa famille et de tout le matériel et outillage. Grande peine pour monter à Rennes. Emprunt de 2 litres de vin.
	29	Enlèvement des toitures des deux maisons. 3 personnes : Bot, sa femme et leur fils. 2 litres vin
	30	Démolition des maisons. 4 personnes : Bot, sa femme, le fils et **Pierre Malet** 2 litres vin
	31	Continuation des démolitions. 4 personnes : Bot, sa femme, le fils et Pierre Malet
Juin	1	Arrivée de **Monsieur Caminade** dont la matinée est employée à prendre les mesures soit de la maison, soit du cimetière avec l'aide de Bot. Le matin continuation de la démolition et le soir nettoyage du passage **de la chapelle**. 4 personnes : Bot, femme, fils et P. Malet.
	2	Dimanche SSte Trinité – **Fête société** à Couiza – Adjudication des travaux de Montazels.
	3	Arrivée de Bot et de sa famille à 8h. Triage et ensachement de la chaux bonne environ de 25 à 30 sacs. Le maçon sa famille et Malet ont employé presque toute la journée à cela.
	4	Continuation des démolitions et déblayage. Bot, sa femme et Malet. Les deux enfants Paul et Marcelline vont en classe. Bot a failli se faire du mal. Chaleurs très fortes.
	5	Continuation de la démolition et du déblayage par Bot, sa femme et Malet. Dans l'après-midi je descends aux Bals avec Marie et **Julie**. Chaleur excessive à la fin de la journée, vents, tempête, orage de courte durée.
	6	Quelques gouttes de pluie dans la matinée. Continuation du déblayage par Bot, sa femme et Malet. Vers la fin de la journée, 1 heure et demi environ est employée à extraire la roche des fouilles. départ de Bot et sa famille pour **Luc**, afin d'aller ramasser le fourrage.
	7	Grande chaleur, menace d'orage le soir – travail vaque
	8	Continuation de la chaleur et menace d'orage le soir – travail vaque
	9	Annonce d'une belle journée. Belle procession, espièglerie des jeunes gens (-----) le soir, temps très chargé. Orage aux alentours ; ciel menaçant, il pleut dans la nuit jusqu'au matin.
	10	Huit heures, arrivée de Bot, sa famille et son neveu Saunière. Journée complète employée au creusement de la roche, Bot, Malet et Saunière. Il bruine sur le soir, peu, grand abaissement de la température ; travail pénible.
	11	Ouvrier, Bot, Saunière, Malet et 1 maçon d'**Alet** – Arrivée de M. Caminade prise des dernières mesures – empiètement dans le jardin – avons été prendre connaissance des délibérations relatives **aux concessions du cimetière** – travail fait dans la journée. Changement de la poutre de l'écurie du presbytère et continuation des fouilles avec supplément des lieux d'aisance. Nos ouvriers ne sont plus aussi ardents par leur travail. Depuis 4 ou 5 jours on leur donne du vin.
	12	4 ouvriers : continuation des fouilles sur mon compte de 10 heures du matin à 2 heures du soir. Départ de **Saunièrou** pour Luc pour aller prendre outils. Temps sec.
	13	3 ouvriers : Bot, Adrien et Saunièrou. Malet absent pour ramasser le fourrage. Continuation des fouilles pour mon compte à 3 h fin de ce travail. Prise des dernières mesures. Dernier coup de main. Construction d'un plancher pour faire le mortier. Pose des cordeaux et de la première pierre. Bénédiction de cette pierre. Arrivée de **Mathilde** et Marguerite et de Fernande pour invitation à la 1ère Communion. Goûtent, visitent tout et assistent avant de partir à la cérémonie de la pose de la 1ère pierre. Veulent me faire promettre d'aller à la 1ère Communion. Ne leur promet point et refusent à cause de cela les 10 francs que je voulais leur donner. Dans la nuit, après souper, Bot, la famille et les autres ouvriers se rendent au presbytère pour boire une bouteille de Banyuls à l'occasion de la pose de la 1ère pierre de la maison.

5.1901. 14. travaux de maçonnerie. Malet et Saunisou font la manœuvre — Femme Bot nettoie les pierres terreuses — Bot et André construisent — à 10 h du matin, départ de Bot pour Limoux. Soir, Malet et Saunierou, travaillent, tantôt pour Bot, tantôt pour moi à creuser les fondations — à 5 h 1/2 arrivée de Bot portant le plan. Il aide à maçonner jusqu'à la fin de la journée. Employé 7 sacs de chaux

15. Continuation des travaux de maçonnerie, 2 maçons, deux manœuvres, Femme Bot nettoye les pierres terreuses. Soir, Malet et Saunierou dans leurs moments libres, travaillent aux fouilles tantôt pour Bot, tantôt pour nous. Fin de la journée, pluie, départ par Luc. Journée très froide. Chaux employée 5 sacs.

16. temps frais. Dimanche. Pas de procession du St Sacrement, à cause du vent trop fort et de la réunion du Conseil municipal dont les chantiers font partie. Visite des Gendarmes venant des Bains de Rennes.

17. arrivée des maçons de Luc. à 8 h commencement des travaux. toute la matinée on maçonne. De temps en temps Malet s'occupe aux fouilles. 4 ouvriers. Soir, jusqu'à 2 h à Bruan maçonne. Les autres et les après, jusqu'à la fin de la journée travaillent aux fondations, un peu pour Bot. le reste pour moi. Température très froide. fort vent. Chaux employée : 5 Sacs

18. même température que la veille et même vent. continuation par tous les ouvriers des fondations, pour mon compte et un peu pour le compte de Bot. jusqu'à midi. Le soir, maçonnerie du chemin de la chapelle. tous y sont occupés. même Mme Bot. temps affreux sous tous les rapports. Journée insupportable. Employé 5 sacs de chaux on ne mesure pas le sable, le mélange est insuffisant, on emploie trop de mortier. il pleut dans la nuit.

19. le vent a diminué d'intensité, mais le ciel est couvert, pluvieux, mais moins froid. Fin des maçonneries du chemin rural. du déjeuner jusqu'à midi, fouilles des 4 ouvriers pour mon compte et un peu pour les maçons. Le soir, maçonnerie du cabinet, grand vent. temps en temps Malet déblaie. Mme Bot porte le mortier et avance des pierres. Employé 5 sa Hypolite a fait 2 voyages de sable d'Aude 21 comportes. Les maçons aident à la décharge et viennent boire et passer la soirée au presbytère.

20. Cessation du Vent. beau temps. Jusqu'au déjeuner maçonnerie et déblayage par Bot. Après déjeuner, étayage de la toiture de l'écurie, et démolition du mur mitoyen de l'écurie 4 ouvriers et Mme Bot : ns le soir, par suite de l'absence du mur, le côté la Cour, menace de s'effondrer ; on se hâte de l'étayer. Déblayage jusqu'au soir employé 1 sac et 1/4. Arrivée de maman. Belle journée.

21. chaude journée. Le matin démolition et déblayage pour le compte de Bot. Le soir pour mon compte. Promenade au moulin avec Maman, Marie et Julie. à la de la nuit, après soupé, départ de maman que nous allons accompagner.

22. très chaude journée. Commencement de la maçonnerie du mur mitoyen et du chemin rural. Mr Caminade attendu ne montant pas, je descends et vais aller le voir. Nous nous croisons là sans nous voir. après avoir dîné chez adèle je remonte par le train de 4 h au lieu de 8 h du soir et trouve Mr Caminade chez moi ; départ des ouvriers pour Luc et ne remonteront que mercredi matin à cause des foires de Limoux et de Couiza. Employé 8 sacs de chaux.

23. Dimanche. Adoration. 3e Communion des Enfants, excepté les deux Fonds qui déjeunent. très belle fête. pas de Confrères. peu d'hommes. quelques jeunes filles d'Espéraza et d'ailleurs. Journée un peu fraîche. Pluie dans la nuit

24. fraîche journée, un peu de vent. St Jean Baptiste. achat d'œ à Limoux à la tombée de la nuit, nombreux feux de Jois dans les environs. nous veillons une partie de la nuit pour garder les vieux bois de la vieille maison, bois qui voudrait nous prendre pour le feu de Rennes. belles fusées à Couiza.

25. Annonce d'une belle journée. Baptême à 10 h. du Benjamin de Sallès Auguste n'accepte pour signer que le parrain et la marraine. Augustine Rouge et Cie mis à la porte. Soir, fête à Couiza. révolte de marie contre Augustine qui Arrivée de ...

1901	14	Travaux de maçonnerie. Malet et Saunièrou font la manœuvre. Femme Bot nettoie les pierres terreuses. Bot et Adrien construisent. À 10h du matin départ de Bot pour Limoux. Soir Malet et Saunièrou travaillent tantôt pour Bot, tantôt pour moi à creuser les fondations. À 5h ½ arrivée de Bot portant le plan, il aide à maçonner jusqu'à la fin de la journée. <u>Employés 7 sacs de chaux</u>

	15	Continuation des travaux de maçonnerie, 2 maçons, deux manœuvres, femme Bot nettoie les pierres terreuses. Soir, Malet et Saunièrou dans leurs moments libres travaillent aux fouilles tantôt pour Bot, tantôt pour nous. Fin de la journée, pluie, départ pour Luc journée très froide. Chaux employée 5 sacs.
	16	Temps frais. Dimanche pas de procession du St Sacrement à cause du vent trop fort et de la réunion du Conseil municipal dont les chantres font partie. Visite des gendarmes venant des Bains de Rennes.
	17	Arrivée des maçons de Luc à 8h commencement des travaux. Toute la matinée on maçonne. De temps en temps Malet s'occupe aux fouilles. 4 ouvriers. Soir jusqu'à 20h Adrien maçonne. Les autres et lui après, jusqu'à la fin de la journée travaillent aux fondations un peu pour Bot le reste pour moi. Température très froide, fort vent. Chaux employée : 5 sacs.
	18	Même température que la veille et même vent. Continuation par tous les ouvriers des fondations pour mon compte et un peu pour le compte de Bot jusqu'à midi. Le soir maçonnerie du chemin de la chapelle, tous y sont occupés, même Mme Bot. Temps affreux sous tous les rapports. Journée insupportable. Employés 5 sacs de chaux on ne mesure pas le sable, le mélange est insuffisant, on emploie trop de mortier. Il pleut dans la nuit.
	19	Le vent a diminué d'intensité mais le ciel est couvert, pluvieux mais moins froid. Fin des maçonneries du chemin rural du déjeuner jusqu'à midi. Fouilles des 4 ouvriers pour mon compte et un peu pour le maçon. Le soir, maçonnerie des cabinets. Grand vent. De temps en temps Malet déblaie. M. Bot porte le mortier et avance des pierres. Employé 5 sacs Hippolite a fait 2 voyages de sable d'Aude, 21 composts. Les maçons ardents à la décharge et viennent boire et passer la soirée au presbytère.
	20	Cessation du vent. Beau temps. Jusqu'au déjeuner maçonnerie et déblayage pour Bot. Après déjeuner étayage de la toiture de l'écurie et démolition du mur mitoyen de l'écurie 4 ouvriers et Mme Bot. Sur le soir, par suite de l'absence du mur, le coté de la cour menace de s'effondrer, on se hâte de l'étayer. Déblayage jusqu'au soir employé 1 sac et ¼. Arrivée de **Maman**. Belle journée.
	21	Chaude journée. Le matin démolition et déblayage pour le compte de Bot. Le soir pour mon compte. Promenade au **moulin** avec Maman, Marie et Julie. À la tombée de la nuit, après souper, départ de Maman que nous allons accompagner.
	22	Très chaude journée. Commencement de la maçonnerie du mur mitoyen et du chemin rural. M. Caminade attendu ne montant pas, je descends à Limoux pour aller le voir. Nous nous croisons là sans nous voir. Après avoir diné chez **Adeline**, je remonte par le train de 4h au lieu de 8h du soir et trouve M. Caminade chez moi ; départ des ouvriers pour Luc et ne remonteront que mercredi matin à cause des foires de Limoux et de **Couiza**. Employé 8 sacs de chaux.
	23	Dimanche. Adoration 3ème Communion des enfants, excepté les deux Fons qui déjeunent. Très belle fête. Pas de confrères, peu d'hommes, quelques jeunes filles d'Espéraza et d'ailleurs. Journée un peu fraiche. Pluie dans la nuit.
	24	Fraiche journée, un peu de vent. St Jean Baptiste. Achat d'oies à Limoux. À la tombée de la nuit, nombreux feux de joies dans les environs. Nous veillons une partie de la nuit pour garder les vieux bois de la vieille maison. Bois qu'on voudrait nous prendre pour le feu de Rennes. Belles fusées à Couiza.
	25	Annonce d'une belle journée. Baptême à 10h du Benjamin de Dalbiès. Augustine n'accepte pour signer que le parrain et la marraine. Augustine Rougé et Cie mis à la porte. Soir (---) à Couiza. Révolte de Marie contre Augustine Arrivée de (---)

J. 1901. 26 — Mauvaise nuit. Fausse digestion. à 8 h arrivée de Bot, sa famille et Adrien et Saunière. Continuation des maçonneries du mur mitoyen, emploi du sable de la grotte. Temps très lourd. 4 ouvriers. Employé 7 sacs de chaux.

27 — Un peu de maçonnerie et déblayage jusqu'à déjeuner. Du déjeuner à 4 h du soir 4 ouvriers et moi fouillés pour mon compte et en même temps pour Bot. Je mène la brouette 6 h et demie. Très grande chaleur. De 4 h à 6 h démolitions et déblayage pour le compte de Bot et commencement des maçonneries des murs de 30 centim. Menace d'orage; tombe à peine quelques gouttes. Employé 1 sac de chaux.

28 — Maçonnerie des petites murailles, côté des escaliers. 4 ouvriers. employé 6 sacs de chaux. Continuation des démolitions et déblayage pour le compte de Bot. Carte postale envoyée à Mr Camisade pour lui dire d'envoyer la pierre et la brique. Naissance des deux jumeaux de Cassignac et baptème. Chaleurs très fortes. Vent marin. Après leur soupe les maçons vont au moulin voir un travail.

29 — 4 ouvriers: le matin, maçonnerie et déblayage pour le compte de Bot. Maçonnerie des petits murs. Le soir, de 2 heures à la fin, déblayage pour mon compte: embriquets 50 sacs. Arrivage de la brique de Castelnaudary. Employé   sacs de chaux. — Vais assister à la 1re communion d'Antugnac. Le matin, grande chaleur et un peu de pluie à la suite, avec éclairs et tonnerre. Onze prêtres. Grand messe de 1re Commun à 10 heures affluence à l'église. Le chant manqué. Prédicateurs: Castelsaud, P. Routiaud, Fournié. Départ sur la voiture de Castelnègre. Arrivée à Rennes vers les 7 h.

30 — Dimanche. Départ de maman pour Montazels. Messe basse à 6 h. Vais à Couiza assister à la 1re Communion. Confrères présents: MM. Martinort, Armières, R. P. Econome de Castelnègre. Parents de Mr Calvet. Belle cérémonie. Chaleur étouffante dans l'église. Rentrée à Rennes vers les 6 h par un temps très pr   avec Julie et Antoinette.

Juillet. 1 — Départ pour Castelnègre assister à la Conférence. On vient nous prendre en voiture à Couiza. Adrien, Saunière et Calet continue les fouilles pour mon compte; Bot va à la gare à 6 h du matin pour aider le rouleur à monter la brique. Hypolitte arrive à la gare à 8 h. Arrivée de Mr Camisade. Achat d'un peu de paille pour côter les briques. Solde ces briques le port. 16" 70. — Bot le rouleur et Mr Camisade arrivent à Rennes vers midi. Après midi. Continuation des déblayage pour mon compte jusqu'à 5 h. De 5 h à la fin, transport des pierres du Parvan au cimetière. 2e voyage de brique et autre pierre. Après la Conférence, je pars pour Carcassonne avec le Confrère. à Alet je vois la plateforme portant la pierre et voyage jusqu'à Limoux avec Mr Camisade à Carcassonne, vais coucher chez Raynal.   4 ouvriers. Employé   sac chaux.

2 — Messe à l'hopital. Assistance au Sacre. Déjeuner départ pour Rennes où j'arrive vers les 6 h du soir. Travaux: 3 ouvriers. le matin 2 maçonnent. Le troisième va à la gare aider le rouleur au chargement de la pierre à midi. Arrivée des 3 tailleurs de pierre. à 2 h. ils commencent l'extrayage de pierre. Le soir 2e voyage de pierre de la Gare avec l'aide de l'ouvrier maçon. Continuation des maçonneries. Employé chaux.   Solde le port de la pierre et brique 9" 85.

3 — 3 ouvriers pour la maçonnerie [comme Bot]. les 3 tailleurs de pierre continuent à extraire. 1 voyage de pierre de taille. 2 paires de cheval. La pierre de Rennes ne peut être taillée, ni employée pour la mosaique. Les ouvriers tailleurs ne savant que faire, il pleut de temps à autre. Une lettre est adressée à Mr Camisade pour qu'il monte sans faute demain jeudi afin d'aviser. Pose des premières pierres des ouvertures du côté de la cour. 1 voyage de brique de la Gare 2 paires. Les tailleurs de pierre vont se promener.

4 — Il a plu dans la nuit. Temps froid. Continuation des maçonneries des petits murs. Les tailleurs de pierre se promènent en attendant Mr Camisade. Le Rouleur a porté mes le cintre pour la voute de cabinet. Arrivée de Mr Camisade. Après déjeuner départ des tailleurs de pierre pour Bourriège, extraire les pierres manquantes. Pose des premières pierres de taille du chemin rural. Donne 500" à Mr Camisade.

5 — Matinée fraiche et pluvieuse. Mort d'un enfant de Cassignac fils. Menace d'un enterrement civil sous prétexte que j'ai demandé trop. Mensonge de Cassignac attribué au curé de Couiza. Promesse de faire la sépulture gratis. Mauvaise nuit. Arrivée du Rhum. à cette

1901	26	Mauvaise nuit. Fausse digestion. À 8 h arrivée de Bot, sa famille et Adrien et Saunièrou. Continuation des maçonneries du mur mitoyen. Emploi du sable de la grotte. Temps très lourd. 4 ouvriers. Employé 7 sacs de chaux.
	27	Un peu de maçonnerie et déblayage jusqu'à déjeuner. Du déjeuner à 4 h du soir 4 ouvriers et moi. Fouilles pour mon compte et en même temps pour Bot. Je mène la brouette 6 h et demi. Très grande chaleur. De 4 h à 6 h démolition et déblayage pour le compte de Bot et commencement des maçonneries des murs de 30 centimètres. Menace d'orage, tombe à peine quelques gouttes. Employé 1 sac de chaux.
	28	Maçonnerie des petites murailles, coté des escaliers. 4 ouvriers. Employé 6 sacs de chaux. Continuation des démolitions et déblayage pour le compte de Bot. Carte postale envoyée à M. Caminade pour lui dire d'envoyer la pierre et la brique. Naissance des deux jumeaux de Cassignac et baptême. Chaleurs très fortes. Vent marin. Après leur souper les maçons vont au moulin voir un travail.
	29	4 ouvriers : le matin maçonnerie et déblayage pour le compte de Bot. Maçonnerie des petits murs. Le soir de 2 heures à la fin, déblayage pour mon compte ; empaquette 50 sacs. Arrivage de la brique de Castelnaudary. Employé sacs de chaux. Vais assister à la 1ère Communion d'**Antugnac**. Le matin grande chaleur et un peu de pluie à la suite avec éclairs et tonnerre. Onze prêtres. Grand-messe de 1ère Communion à 10 heures, affluence à l'église etc. Chant manqué, Prédicateurs Castelnaud, P. Routiaud, Fournes (---) départ sur la voiture de Castelnègre, arrivée à Rennes vers les 7 h.
	30	Dimanche. Départ de maman pour Montazels. Messe basse à 6 h. Vais à **Coustaussa** assister à la 1ère Communion. Confrères présents MM. Martimort, Ornières, R. P. Économe de Castelnègre. Parents de M. Calvet, belle cérémonie. Chaleur étouffante dans l'église. Rentrée à Rennes vers les 6 h par un temps très froid avec Julie et Antoinette.
Juillet	1	Départ pour Castelnègre assister à la conférence, on vient nous prendre en voiture à Couiza. Adrien, Saunière et Malet continuent les fouilles pour mon compte : Bot va à la gare à 6 h du matin pour aider le roulier à monter les briques. Hypolitte arrive à la gare à 8 h. Arrivée de M. Caminade. Achat d'un peu de paille pour coter les briques. Solde ces briques le port 16 frs 70. Bot, le roulier et M. Caminade arrivent à Rennes vers midi. Après midi continuation des déblayages pour mon compte jusqu'à 5 h. De 5 h à la fin, transport des pierres du caveau au cimetière 2ème voyage de briques et pierre Après la conférence, je pars pour Carcassonne avec les confrères. À Alet je vois la plateforme portant la pierre et voyage jusqu'à Limoux avec M. Caminade. À Carcassonne, vais coucher chez Raynal. 4 ouvriers. Employé sacs chaux.
	2	Messe à l'hôpital. Assistance au Sacre. Déjeuner départ pour Rennes où j'arrive vers les 6 h du soir. Travaux : 3 ouvriers (---) le matin ; 2 maçonnent, le troisième va à la gare aider le roulier au chargement de la pierre, à midi arrivée des 3 tailleurs de pierre. À 2 h ils commencent l'extrayage de pierre. Le soir 2ème voyage de pierre de la gare avec l'aide de l'ouvrier maçon. Continuation des maçonneries. Employé chaux. Solde le port de la pierre et brique *9fr 65c*
	3	3 ouvriers pour la maçonnerie, femme Bot. Les 3 tailleurs de pierre continuent à extraire. 1 voyage de pierre de taille. 2 paires et cheval. La pierre de Rennes ne peut être taillée, ni employée pour la mosaïque. Les ouvriers tailleurs ne savent que faire, il pleut de temps à autre. Une lettre est adressée à M. Caminade pour qu'il monte sans faute demain jeudi afin d'aviser. Pose des premières pierres des ouvertures du côté de la cour. 1 voyage de brique de la gare **2 paires**. Les tailleurs de pierre vont se promener.
	4	Il a plu dans la nuit, temps froid. Continuation des maçonneries des petits murs. Les tailleurs de pierre se promènent en attendant M. Caminade. Le roulier a porté hier le cintre pour la voûte des cabinets. Arrivée de M. Caminade. Après déjeuner départ des tailleurs de pierre pour Bouriège, extraire les pierres manquantes, pose des premières pierres de taille du chemin rural. **Donnés 500 frs à** M. Caminade.
	5	Matinée fraîche et pluvieuse. Mort d'un enfant de Cassignac fils. Menace d'un enterrement civil sous prétexte que j'en demande trop. Mensonge des Cassignac attribué au curé de Couiza. Promesse de faire la sépulture gratis. Mauvaise nuit. Arrive du rhum. À cette

occasion le café est payé aux ouvriers. Continuation de maçonnerie des petits murs. commencement de la pose des briques des ouvertures côté de la cour.

6 à 7 h. sépulture gratis de l'enfant de Cassignac. Vais à Couiza demander compte à 16 h le Curé des fameux 6 f. Cassignac est convaincu de mensonge. Maçonnerie. pose du cintre des fosses d'aisance et commencement de la voûte. Départ pour Luc.

7 Dimanche. 1ère Com. à Montazels. temps très lourd. Chaleur. réunion de la fabrique pour les comptes de Quasimodo 1900. le soir il tonne, mais pas de pluie.

8 Vent marin assez fort. Église, jardin, etc disposé pour recevoir M. Cavaillé. Arrivée des ouvriers avec 10 hectol. de vin portés par Auguste, 10 f. et autres matériels. modification à la voûte des cabinets envoyés par M. Caminade. Maçonnerie des cabinets et des murs les entourant. Madame Cavaillé n'est pas venue

9 même vent. sécheresse. Marie va à Limoux secouer un peu M. Caminade. Démolition du mur de soutainement du jardin. Marie apporte le plan de la citerne avec lettre de M. Caminade. Doucet carrier, arrive demain 10 f. avec une 1ère charrete de pierres pour la maison. demande renfort à 3 f. Couiza. Soir. changement d'un tas de pierres provenant du mur de soutainement du jardin et des fleurs d'un endroit dans un autre. Accident arrivé à Saunioux, tête et langue par Adrien 3 ouvriers. et un moment femme Bot. Orages sur la montagne accompagné de tonnerre. Quelques gouttes d'eau seulement arrivent sur Rennes. Marie raconte fête 1ère Communion de Montazels.

10 visite de M. Coll et 3 dames avec 4 attelage. déjeunent au presbytère avec ce qu'ils ont apporté. arrivage de la 1ère charrete de pierre pour la maison avec renfort de Carla. retour des 3 tailleurs de pierre de Bourriège. Déjeuner de tous au presbytère. Le matin les 3 maçons, changent les tuiles de place et commencent le déblai du bassin à mes frais. Le soir, ils continuent, la femme Bot en plus. Les tailleurs sont à leurs pierres. temps à l'orage, il tonne un peu.

11 temps frais, sec. Continuation des fouilles du bassin par 3 ouvriers et femme Bot. les tailleurs de pierre travaillent avec zèle, et courage. Ils sont bien dédommagés par la bonne et abondante cuisine. Confession de enfants de la confirmation. quelques gouttes de pluie. Les ouvriers rentrent au palais tous les soirs bois de la vieille maison pour le mettre à l'abri des voleurs. Aussi le soir on leur donne le café. tonnerre, éclairs, du côté de Limoux.

12 Continuation par les ouvriers de Bot 3 f. et femme des fouilles du bassin. continuation en même temps de la taille de la pierre. temps couvert et frais. Arrivée de M. Caminade. pose des coins de la maison et des premières pierres ouverture des bas. arrivage de la 2e charrete de pierres de taille à 1 heure du soir; 4 pierres sont laissées en route. 2 renforts. Tout ce monde déjeune au presbytère. ___ confirmation à Couiza. 23 enfants. déjeuné chez le Doyen. Au vu ma mère. tirage de la photographie de groupe de tous les confirmés présents. rentrée à Rennes vers les 4 h ½

13 toujours temps lourd continuation de la taille de pierre et des fouilles du bassin. arrivée du mandat trimestre. Chaleur très forte. Difficulté de creuser la citerne. tonnerre, éclairs, petit orage. départ des maçons pour Luc et des tailleurs de pierre pour Limoux, après avoir quitté à 5 h. soupé et reçu le prix de 5 ½ journée et ½ de travail à 4 fr. la f. ils signent un reçu. Soirée passée aux Lachapelle écouter les musiques de Montazels, Esperaza et regarder les fusées et soleils.

14 temps très lourd. achat de 3 barriques et une armoire au gendre de Sarda pour 26 f. payés comptant. après diné, on boit le vin voté par la commune. à la nuit nous allons écouter la musique et voir les fusées, etc. il tonne mais pas de pluie.

15 même temps très lourd. maçons arrivent de Luc à 6 h sauf Adrien. Ils amènent un nouveau. Adrien arrive 1/4 après. arrivée de tailleurs de pierre de Limoux à 9 h ils déjeunent. à 9 h et demi, ils commencent la journée. Doucet ne vient pas aussi. Hypolitte et Marie apportent 8 comportes de sable et les 4 pierres de taille avec 2 paires de bœufs et le cheval. les maçons amènent quelques pierres de taille sur le chantier. posent un coin et un seul

occasion le café est payé aux ouvriers. Continuation des maçonneries des petits murs. Commencement de la pose des briques des ouvertures côté de la cour.

6 À 7h sépulture gratis de l'enfant de Cassignac. Vais à Couiza, demande compte à M. le curé des fameux 6 frs. Cassignac est convaincu de mensonge. Maçonnerie, pose du cintre des fosses d'aisance et commencement de la voûte. Départ pour Luc.

7 Dimanche. 1ère Communion à Montazels. Temps très lourd. Chaleur. **Réunion de la Fabrique** pour les comptes de Quasimodo 1900. Le soir il tonne, mais pas de pluie.

8 Vent marin assez fort. Église jardin etc. disposés pour recevoir **Mme Cavailhé**. Arrivée des ouvriers avec 10 hectolitres de vin portés par Auguste, 10 frs et autres matériels. Modification à la voûte des cabinets envoyée par M. Caminade. Maçonnerie des cabinets et des murs les entourant. Madame Cavailhé n'est pas venue.

9 Même vent, sécheresse. Marie va à Limoux secouer un peu M. Caminade. Démolition du mur de soutènement du jardin. Marie apporte le plan de la citerne avec lettre de M. Caminade. Doucet Carrier arrive demain 10 Ct avec une 1ère charrette de pierres pour la maison. Demande renfort à 8h Couiza. Soir changement d'un tas de pierres provenant du mur de soutènement du jardin et d'ailleurs d'un endroit dans un autre. Accident arrivé à Sauniérou tête et langue par Adrien 3 ouvriers et un moment femme Bot. Orages sur la montagne accompagnés de tonnerre. Quelques gouttes d'eau à peine arrivent sur Rennes. Marie raconte fête 1ère Communion de Montazels.

10 Visite de **M. Coll** et 3 dames avec grand attelage ; déjeunent au presbytère avec ce qu'ils ont apporté. <u>Arrivage de la première charretée de pierre pour la maison avec renfort de Carla.</u> Retour des 3 tailleurs de pierre de **Bouriège**. Déjeuné de tous au presbytère. Le matin les 3 maçons changent les tuiles de place et commence le déblai du bassin à mes frais. Le soir, ils continuent, la femme Bot en plus. Les tailleurs sont à leurs pierres. Temps à l'orage, il tonne un peu.

11 Temps frais, sec. Continuation des fouilles du bassin par 3 ouvriers et femme Bot. Les tailleurs de pierre travaillent avec zèle et courage. Ils sont bien dédommagés par la **bonne et abondante cuisine**. Confession des enfants de la Confirmation. Quelques gouttes de pluie. Les ouvriers rentrent au palier tous les vieux bois de la vieille maison pour le mettre à l'abri des voleurs. Aussi le soir on leur donne le café. Tonnerre, éclairs du côté de Limoux.

12 Continuation par les ouvriers de Bot, 3 et femme des fouilles du bassin. Continuation en même temps de la taille de la pierre. Temps couvert et frais. Arrivée de M. Caminade, pose des coins de la maison et des premières pierres, ouvertures du bas. Arrivage de la 2ème charretée de pierres de taille à 1 heure du soir ; 4 pierres sont laissées en route. 2 renforts. Tout ce monde déjeune au presbytère. Confirmation à Couiza, 23 enfants. Déjeune chez le **Doyen**. Ai vu ma mère. Tirage de **la photographie du groupe de tous les confrères** présents. Rentrée à Rennes vers les 4 h.

13 Toujours temps lourd. Continuation de la taille des pierres et des fouilles du bassin. Arrivée du mandat trimestriel. Chaleur très forte. Difficulté de creuser la citerne. Tonnerre, éclairs, petit orage départ des maçons pour Luc et des tailleurs de pierres pour Limoux, après avoir quitté à 5 h, souper et reçu le prix de 51 journées et ½ de travail à 4 f la j. ils signent un **reçu**. Soirée passée sur la chapelle à écouter les musiques de Montazels, Espéraza et regarder les fusées et soleils.

14 Temps très lourd. Achat de 3 barriques et une armoire au gendre de Sarda Jean 26 f payés comptant après diné. On boit le vin voté par la commune. À la nuit nous allons écouter les musiques et voir les fusées, etc. Il tonne mais pas de pluie.

15 Même temps très lourd. Maçons arrivent de Luc à 6 h sauf Adrien. Ils amènent un nouveau. Adrien arrive ¼ après. Arrivée des tailleurs de pierres de Limoux à 9 h, ils déjeunent à 9 h et demi, ils commencent la journée. Doucet ne vient pas aussi Hypolitte et Marie apportent 8 compostes de sable et les 4 pierres de taille avec 2 paires de bœufs et le cheval. Les maçons amènent quelques pierres de taille sur le chantier, posent un coin et un (---)

Soir, il maçonnent, posent les briques des ouvertures coté de la Cour. Les tailleurs de pierre Bousquet et Bauzil les seuls arrivé travaillent jusqu'à 9 heures. Notre roulier fait un second voyage et porte 35 sacs de chaux arrivée la veille, un sac repasse, la boîte de curé été. La chaux est déposée chez Bot. Soupé comme d'usage tous ensemble. Orage de vent et peu de pluie

16 — Même temps lourd. Les maçons maçonnent du coté de la Cour. Les tailleurs sont à leur travail. Le troisième ouvrier arrive à 9 h. déjeuner, dit qu'il a gelé à Arpal et se met au travail. À midi arrive 3ème charrette deux voyages de pierre, Fendeur Doucet et Hypolite, en tout 14 pierres. Dîné de tous. Le soir les 4 maçons continuent les fouilles de la citerne jusqu'au soupé. Il en fort les 3 tailleurs de pierre. Chaleur insupportable. 2e voyage de 33 S chaux

17 — Même temps très chaud. Continuation des fouilles de la citerne par 4 ouvriers. Les tailleurs de pierre tous à leur travail. Hypolite fait un dernier voyage de chaux et en trois fois a porté le second wagon de 100 sacs. Soir, même travail.

18 — Même temps très chaud. Tailleurs de pierre continuent. Les 4 maçons à 7 h du soir terminent enfin les fouilles de la citerne, avant midi arrive la 4ème charretée de pierre et monté avec la charrette et la coté de Carla. Dîner de tous. Le soir, tailleurs de pierres continuent. Après soupé, à l'occasion de la fin des fouilles du bassin, le café est payé à tout le monde. Adrey prend 4 fois du Rhum. Baptiste chante l'antienne ergo. Dans la nuit je suis malade; diarrée, nuit blanche, vais au jardin. Au jour, du vomissement, douleur, matinée mauvaise. La veille, après dîné la charrette de Carla avait été à Couiza prendre la marchandise de Madeleine.

19 — Même temps très chaud. Tailleurs de pierre à leur travail, les maçons posent les pierres de taille des couronnement des portes de la cour, et commencent de maçonner la citerne, dérangé de la veille, je me couche jusqu'au soir 5 h.

20 — Même temps très chaud. Toujours souffrant de coliques, reste dedans toute la journée. Les tailleurs de pierre continuent et partent le soir payé le train de 7 h et demi. Les maçons maçonnent la citerne emploient 9 sacs de chaux et 12 comportes environ d'eau. Les gens commencent à s'alarmer. Servignaud jean propose la vente de la maison Brigitte et la citerne. Les maçons partent payé Duc. Assez bonne nuit

21 — Dimanche, élection de M. Roche. 46 V. temps très chaud. peu de gens à l'église. Soirée orageuse, peu de pluie à Rennes, nuit d'éclairs et de tonnerre. Colique et diarrée. Les gens croient qu'il n'y a plus d'eau à la fontaine. Maman arrive.

22 — Un temps couvert et frais, maçons arrivent assez matin. Madeleine vient dire à Marie de faire prendre à la fontaine le peu d'eau qui reste parce que on doit la fermer 2 ou 3 jours avant la fête. 2 tailleurs de pierre seulement arrivent à 9 h. Annoncent résultat des élections de Limoux. Continuation par les maçons des maçonnerie du Bassin et commencement la Mosaïque. Un tailleur de pierre en ce travail secondent Bot. mais tous les deux lui sont nécessaires pour couper les pierres selon le mesure, travail minutieux, long et coûteux, car les pierres diminuent parfois de la moitié. Vent froid sec, soulevant des flots de poussière. Arrivage de 12 wagons terres cuites soit de Limoux soit de Castelnaudary. Le soir Hypolite va en prendre 1 premier chargement 2 paniers et le cheval

23 — Il pleut un peu sur le jour. Temps bien frais. Les tailleurs de pierre n'ont presque pas de travail. Invitation d'Adelina à la fête. Mme Rieu demande renseignements sur Théophile Clottes de Cazal. Les maçons continuent les maçonnerie du bassin. À midi Hypolite arrive avec un chargement de brique 2 paniers et le cheval. Le soir, le meunier va décharger le wagon des briques. Avant la nuit Hypolite rentre avec un grand chargement de pierres que Doucet a laissé à Couiza afin de rentrer plutôt chez lui. Il était monté à Rennes pour demander le reçu. Après soupé les maçons sont descendus au moulin tirer un arbre du lit du ruisseau. Surprise d'Adeline Rieu, en ouvrant un carton renfermant 2 jupons 2 ceintures 3 ombrelles

24 — Temps frais et sans vent. Les maçons continuent le bassin et les tailleurs de pierre leur tache. Arrivée de Martial. Allons nous promener au Bois et après dîner, maman en plus, au Tassou pour achat d'un wagon de bois. Martial rentre à

soir. Ils maçonnent ; posent les briques des ouvertures côté de la cour. Les tailleurs de pierres **Bousquet** et Bauzils les seuls arrivés travaillent jusqu'à 9 heures. Notre roulier fait un second voyage et porte 35 sacs de chaux arrivée la veille, un sac repasse, la boîte de ciré etc. La chaux est déposée chez Bot. Souper comme diner tous ensemble. Orage de vent et peu de pluie.

16	Même temps lourd. Les maçons maçonnent du côté de la cour. Les tailleurs sont à leur travail. Le troisième Authier arrive à 9 h déjeuner dit qu'il a grêlé à **Axat** et se met au travail. À midi <u>arrive la 3ème charretée, deux voyages de pierres gendre Doucet et</u> Hypolitte, en tout 14 pierres. Diné de tous. Le soir les 4 maçons continuent les fouilles de la citerne jusqu'au souper. Idem pour les 3 tailleurs de pierres. Chaleur insupportable. 2ème voyage de 33 sacs chaux.
17	Même temps très chaud. Continuation des fouilles de la citerne par 4 ouvriers. Les tailleurs de pierres sont à leur travail. Hypolitte fait un dernier voyage de chaux et en trois fois a porté le second wagon de 100 sacs. Soir, même travail.
18	Même temps très chaud. Tailleurs de pierres continuent ; les 4 maçons à 7 h du soir terminent enfin les fouilles de la citerne. Avant midi arrive <u>la 4ème charretée de pierres</u> et monte avec la charrette et les bêtes de Carla. Dinés de tous. Le soir, tailleur de pierres continuent. Après souper, à l'occasion de la fin des fouilles du bassin, le café est payé à tout le monde. Adrien prend 4 fois du rhum. Baptiste chante (---) orgo. Dans la nuit je suis malade ; diarrhée, nuit blanche, vais au jardin. Au jour, des vomissements. Douleurs matinée mauvaise. La veille, après-midi la charretée de Carla avait été à Couiza prendre les marchandises de Madeleine.
19	Même temps très chaud. Tailleurs de pierres à leur travail, les maçons posent les pierres de taille des couronnements des portes de la cour, et commencent de maçonner la citerne ; dérangé de la veille, je me couche jusqu'au soir 5 h.
20	Même temps très chaud. Toujours souffrant de coliques, reste dedans toute la journée. Les tailleurs de pierres continuent et partent le soir par le train de 7 h et demi. Les maçons maçonnent la citerne employant 9 sacs de chaux et 12 compostes environ d'eau. Les gens commencent à s'alarmer. Gavignaud Jean propose la vente de **la maison Brigitte et la citerne**. Les maçons partent pour Luc. Assez bonne nuit.
21	Dimanche, élection de **M. Roché**. 46 V, temps très chaud. Peu de gens à l'église. Soirée orageuse, peu de pluie à Rennes, nuit d'éclairs et de tonnerre. Colique et diarrhée. Les gens crient qu'il n'y a plus d'eau à la fontaine. Maman arrive.
22	Temps couvert et frais ; maçons arrivent assez matin. Madeleine vient dire à Marie de faire prendre à la fontaine le peu d'eau qui reste parce qu'on doit la fermer 2 ou 3 jours avant la fête. 2 tailleurs de pierres seulement arrivent à 9 h. Annoncent résultat des élections de Limoux. Continuation par les maçons des maçonneries du bassin et commencement de la mosaïque. Les tailleurs de pierres en ce travail secondent Bot. Mais tous les deux lui sont nécessaires pour couper les pierres selon les mesures. Travail minutieux, long et coûteux car les pierres diminuent parfois de la moitié. Vent froid sec, soulevant des flots de poussière. Arrivage de 2 wagons terres cuites soit de Limoux soit de Castelnaudary. Le soir Hypolitte va en prendre un premier chargement 2 paires et le cheval.
23	Il pleut un peu sur le soir. Temps bien frais. Les tailleurs de pierres n'ont presque pas de travail. Invitation d'Adeline à la fête. Mme Rieu demande renseignements sur Théophile Clottes de **Capia**. Les maçons continuent les maçonneries du bassin. À midi Hypolitte arrive avec un chargement de briques 2 paires et le cheval. Le soir, le meunier va décharger le wagon de briques. Avant la nuit Hypolitte rentre avec un grand chargement de pierres que Doucet a laissé à Couiza afin de rentrer plus tôt chez lui. Il était monté à Rennes pour demander le renfort. Après soupé les maçons sont descendus au moulin tirer un arbre du lit du ruisseau. Surprise d'Adeline Rieu, en voyant un carton renfermant 2 jupons 2 ceintures 3 ombrelles.
24	Temps frais et sans vent. Les maçons continuent le bassin et les tailleurs de pierres sans tâches. Arrivée de **Martial**. Allons nous promener au Bals et après diné, Maman en plus, au Jaffus pour achat d'un wagon de bois. Martial rentre

à Montazels par l'Escale, Sals et la route des Bains. Fin des Maçonneries du Bassin. Satisfation de Mr Caminade à la Bénédiction de la Chapelle des Frères. Hypolitte apporte un chargement de Briques. Le soir, après soupe, attendons jusqu'à six heures l'arrivée de la seconde Charrettée de Briques qui sans nous prévenir s'est arrêtée à la Croix et a dételée et allée à Carla. on nous annonce que demain 25 on doit fermer la fontaine...

25 — Il a plu un peu dans la nuit et il continue encore ce matin. Marie a été à Limoux voir Mr Caminade pour Maçons sans travail, remercie Adeline de la Myrenne et acheter un peu de beurre. Temps frais. arrivée de la famille Raynal qui vient passer 2 jours et laisser leur fille quelque temps; Ils apportent quelques provisions. fruits. Les sœurs d'Esperaza arrivent aussi: nous sommes au grand complet. Hypolitte monte la charrettée de Briques laissée la veille à la Croix. Je le gronde un peu sur sa façon d'agir et en sans gêne; Il boude. les maçons posent l'ouverture de la fosse, maçonnent et posent ensuite les premières pierres de taille de l'entrée principale de la Maison; Dîner de tout le monde. Le soir, nouvelle charrettée de briques. Vers les 2 heures, les 3 Maçons, faute d'occupations vont simplement au cimetière et font peu de besogne. un peu de nettoyage et ouvrages du Mur de séparation du jardin. Pendant ce temps Bot pose de la Mosaïque avec le concours des deux tailleurs de pierres qui perdent pas mal de temps, car il n'y a plus de pierres pour la Mosaïque. Les sœurs me remettent quelques messes. Marie arrive et les sœurs partent. à Montazels, célébration en Musique de St Jacques. Patron des Chap...

26 — Ne sachant que faire, les maçons, (Mr Caminade nous laissant libre) vont continuer à monter de 1 mètre les murs du Bassin de la nouvelle maison, afin de pouvoir s'occuper. le temps est frais, couvert. Les tailleurs de pierre sont à leur travail, à la Mosaïque, font les coupes, arrangent les pierres, le maçon n'a qu'à les poser. à 8 h et demi, je conduis au Bals la famille Raynal. avant midi arrive Doucet avec Hypolitte apportant la 5me Charrettée de pierre de taille (2 charrettes) Dîner de tous. Après dîner, la fontaine étant cadenacée, les manœuvres commencent à venir puiser à notre Bassin pour continuer les maçonneries de la citerne. vers les 6 h départ de Mr Raynal pour Carcassonne. à la fin de la journée, Hypolitte monte avec une charrettée de briques et tuyaux. Après soupe on pétrit les gateaux pour la fête.

27 — temps frais. Continuation des maçonneries du bassin et de la Mosaïque. Expédition par Hypolitte de 113 sacs vider en deux paquets 50 et 63 = 113. Adeline ne vient pas à la fête patronale. Hypolitte apporte un voyage de briques. Le soir, départ du maçon pour lui et des tailleurs de pierre pour Limoux. Deuxième voyage de briques par Hypolitte. Dans la nuit, éclairs, tonnerre, la pluie tombe pas de bonne fois. Elle fait un grand bien, car elle était impatiemment attendue.

28 — Dimanche. Solennité de Ste Marie Madeleine. temps frais, couvert, à la pluie. La campagne font leur fête à part. Bien peu de monde aux offices. personne des campagnes; matinée pluvieuse. Ne fais pas la quête à la Messe à cause du peu de gens. Départ de Mme Raynal et sa fille pour Sougraigne. petite promenade avec maman. à Soupé nous avons Antoinette d'Esperaza et son fils et couchant au presbytère. au lit de bonne heure il tonne et pleut dans la nuit

29 — temps couvert, frais, à la pluie, messe à 9 h, très peu de monde. Arrivée des trois tailleurs de pierre pour faire leur journée de travail. triste fête. Après dîner, départ de maman pour Montazels, il tombe une bonne pluie; les 3 tailleurs de pierre vont au café jusqu'à 4 h et demi et après, travaillent jusqu'à la nuit. on danse au sol de l'école, menacé de pluie. Soupe un soir fait un peu d'extra comme au dîner à cause de la fête au lit de bonne heure. Il a plu un peu sur le matin.

30 — temps frais, couvert, à la pluie. Les tailleurs de pierre sont à leur travail dyuns 5 h et demi. Les maçons sauf Adrien qui ne vient pas terminent les murs de la Citerne et le soir vers les 5 heures vont simplement au cimetière. Arrivée de Mr Caminade qui nous annonce que les fers à T si impatiemment attendus ne sont pas encore arrivés. grand retard dans les travaux. Le matériel se pose entre lui et Bot à prendre les mesures définitive pour les caveaux au cimetière. Hypolitte arrive

à Montazels par l'escale, Sals et la route des Bains. Fin des maçonneries du bassin. Invitation de M. Caminade à la Bénédiction de la **chapelle des Frères**. Hypolitte apporte un chargement de briques. Le soir, après souper, attendons jusqu'à dix heures l'arrivée de la seconde charretée de briques qui sans nous prévenir s'est arrêtée à **la Croix** et a dételé et allé à Carla. On nous annonce que demain 25 on doit fermer la fontaine.

25 | Il a plu un peu dans la nuit et il continue encore ce matin. Marie a été à Limoux voir M. Caminade pour maçons sans travail ; Remercier Adeline de la (---) et acheter un peu de beurre. Temps frais. Arrivée de la famille Raynal qui vient passer 2 jours et laisser leur fille quelque temps ; ils apportent quelques provisions, fruits. Les **sœurs d'Espéraza** arrivent aussi : nous sommes au grand complet. Hypolitte monte la charretée de briques laissée la veille à la Croix. Je le gronde un peu sur sa façon d'agir et son sans gêne, il boude. Les maçons posent l'ouverture de la fosse, maçonnent et posent ensuite les premières pierres de taille de l'entrée principale de la maison. Diner de tout le monde. Le soir, nouvelle charretée de briques ; vers les 2 heures, les 3 maçons, faute d'occupations vont s'implanter au cimetière et font peu de besogne, un peu de nettoyage et ouverture du mur de séparation du jardin. Pendant ce temps, Bot pose de la mosaïque avec le concours de deux tailleurs de pierres qui perdent pas mal de temps car il n'y a plus de pierres pour la mosaïque. Les sœurs me remettent quelques messes. Marie arrive et les sœurs partent à Montazels. Célébration en musique de St Jacques, patron des chapeliers.

26 | Ne sachant que faire, les maçons (M. Caminade nous laissant libres) vont continuer à monter de 1 mètre les murs du bassin de la nouvelle maison, afin de pouvoir s'occuper. Le temps est frais, couvert. Les tailleurs de pierres sont à leur travail, à la mosaïque, font les coupes, arrangent les pierres, le maçon n'a qu'à les poser. À 8 h et demi, je conduis au Bals la famille Raynal. Avant midi arrivée Doucet avec Hypolitte apportant la 5ème charretée de pierres de taille (2 charretées). Diner de tous. Après diner, la fontaine étant cadenassée, les manœuvres commencent à venir puiser à notre bassin pour continuer les maçonneries de la citerne. Vers les 6 h départ de M. Raynal pour Carcassonne. À la fin de la journée, Hypolitte monte avec une charretée de briques et 2 tuyaux. Après souper on pétrit les gâteaux pour la fête.

27 | Temps frais. Continuation des maçonneries du bassin et de la mosaïque. Expédition par Hypolitte de 113 sacs vides en deux paquets 50 et 63 = 113. Adeline ne vient pas à la fête patronale. Hypolitte apporte un voyage de briques. Le soir départ des maçons pour Luc et des tailleurs de pierres pour Limoux. Deuxième voyage de briques par Hypolitte. Dans la nuit, éclairs, tonnerre, la pluie tombe par de bonnes fois. Elle fait un grand bien car elle était impatiemment attendue.

28 | Dimanche, solennité de Ste Marie-Madeleine. Temps frais, couvert, à la pluie. Les campagnes font leur fête à part. Bien peu de monde aux offices, personne des campagnes ; matinée pluvieuse. Ne fais pas la quête à la messe à cause du peu de gens. Départ de **M. Raynal** et sa fille pour **Sougraigne** ; petite promenade avec Maman. À souper nous avons Antoinette d'Espéraza et son fils et couchent au presbytère. Au lit de bonne heure il tonne et pleut dans la nuit.

29 | Temps couvert, frais, à la pluie. Messe à 9 h, très peu de monde. Arrivée des trois tailleurs de pierres pour faire leur journée de travail. Triste fête. Après diné, départ de Maman pour Montazels. Il tombe une bonne pluie ; les 3 tailleurs de pierres vont au café jusqu'à 4 h et demi et après travaillent jusqu'à la nuit. On danse au sol de (---). Menace de pluie. Soupé où l'on fait un peu d'extra comme au diné à cause de la fête au lit de bonne heure. Il pleut un peu sur le matin.

30 | Temps frais, couvert, à la pluie. Les tailleurs de pierres sont à leur travail depuis 5 h et demi. Les maçons, sauf Adrien qui ne vient pas, terminent les murs de la citerne et le soir vers les 5 heures vont s'implanter au cimetière. Arrivée de M. Caminade qui nous annonce que les fers à T si impatiemment attendus ne sont pas encore arrivés. Grand retard dans les travaux. La matinée se passe entre lui et Bot à prendre les mesures définitives pour les caveaux au cimetière. Hypolitte arrive

portant un voyage de sable pour [...] icel n'était pas encore arrivé, car au mois
de partir de chez lui, il avait plu [...] arrivé vers m[...] et de suite après diné il descend avec
Hypolitte pour monter la 6ième Charretée de pierre de taille. 2 charrettes 3 paires de bœufs et
le cheval, rendus à Rennes. Vers les 6 h Doucet repart après avoir soupé avec Hypolitte, pris la
lanterne et un acompte de 200 f. le même jour il a été donné à Bot 400 f, à Hypolitte 100 f
et à M Caminade 214.65 pour factures de Castelnaudary. 2 Reçus : Bot et Doucet. Les jeunes
gens achèvent la fête. Je remets à Saunière de Montazels une lettre pour maman au sujet
des tuyaux de plomb à envoyer. Garignand Père toujours plus malade.

31 [...] Il a tombé presque toute la nuit une pluie très abondante. Ce matin il pleut encore
temps frais, un peu de vent. Les tailleurs de pierre sont à travailler à la Citerne de Garignand
les maçons ne peuvent rien faire encore, et ne font rien de toute la journée à cause du
mauvais temps. Il a tombé dans la Citerne au moins 20 centimètres d'eau — Porté les
Sacrements au vieux Garignand et lui avons parlé après, par Marie, de la vente de la
maison de Brigitte et de la citerne. Il a plu une bonne partie de la nuit.

1er Août [...] temps très frais, un peu de Vent. Les maçons, 3, enlèvent les pierres
du chemin de la Chapelle pour permettre à la Charrette d'arriver le sable et les
autres matériaux au dessus de la maison. Pendant ce temps deux tailleurs
préparent la Mosaïque. Arrivée d'Adrien Guabalda vers 8 h 1/2, va maçonner au
Cimetière toute la journée. On s'efforça de profiter le sable terreux en le passant
par un crible. Hypolitte monta 4 compoties de sable avec les 150 tuiles de la
gare et quelques barrots restant. Arrivée de soussigne de Mme Raynal et sa fille.
Donné 5 frs au forgeron comme acompte de son travail pour aiguiser les outils des
tailleurs de pierre. Soirée continuation des maçonneries du cimetière et de la Mosaïque
2e voyage de sable d'Hypolitte 10 compoties. Soupe.

2 [...] temps toujours frais, vent. Continuation des travaux du Cimetière et commen-
-cement de la pose des Cordons en pierre de taille et de la couverture des ouvertures coté
du chemin rural. 7ième Charretée de pierre de taille. 2 charrettes 3 paires de bœufs
et le cheval, la Montée se fait sans peine. Dîner de tous. Soir, continuation de la
mosaïque par les tailleurs de pierre. Gabalda maçonne. Les deux manœuvres avec Bot, au
Cimetière, règlent le sable, enlèvent de la terre du caveau de Marie, remettent une
partie des petites pierres en place. Hypolitte monte onze compotie de sable. Vieux
Garignand plus malade, vais le voir avant et après souper.

3 [...] fraîche journée, un peu de vent, pose des Carreaux à la petite ouverture
de la nouvelle maison, fin de la mosaïque et du cordon en pierre, et maçonnerie. Continuation des déblaiements au Caveau de Marie, par Bot et les deux manœuvres,
jusqu'au déjeuner, par les deux manœuvres jusqu'à 9 h 1/2, par Bot jusqu'à 11 h par Adrien
jusqu'à midi. Tailleurs de pierre à leur travail. Soir, départ de Mme Raynal pour Carcassonne. Les 4 maçons, terminent les fouilles du caveau de Marie vers les 3 h 1/2.
Ensuite Ils commencent à le maçonner jusqu'à leur départ pour Luc qui a
lieu vers les 6 h. Départ aussi des tailleurs de pierre pour Limoux.

4 Dimanche Vent sec, chaleur. Philippine de Villefort annonce son arrivée pour demain
lundi 5 Août. Peu de monde à la messe et moins encore à Vêpres. Rien n'est
encore annoncé de la gare, ni fers à T ni pierre blanche.

5 temps frais, vent. Arrivée des 3 tailleurs de pierre qui annoncent que M
Caminade a fait télégraphier M Pugens au fournisseur des fers à T. 8ième Charre-
-tée de pierre de taille. 2 charrettes, 3 paires de bœufs et le cheval. Dîner de tous. Après
dîné vais à Couiza faire couper les cheveux. Terruguès ne s'y trouve pas. Hypolitte
monte avec un voyage de sable 11 compotie environ nos matériaux. Arrivée de
Rouanet et Philippine. Soupe, au lit où je souffre des dents.

6 [...] temps frais, vent. Les tailleurs sont à leur travail. Après dîné nous allons nous
promener, Rouanet Philippine et Marie, aux Chênes verts. Le soir après souper, 2 tailleurs
de pierre Authié et Bauzil, n'ayant pas assez d'ouvrage partent après avoir reçu
leur paye, c'est à dire 156 f et avoir signé un reçu sur le timbre.

portant un voyage de sable par …. Doucet n'était pas encore arrivé car au moment
de partir de chez lui, il avait plu. Il arrive vers midi et de suite après diné il descend avec
Hypolitte pour monter la 6ème charretée de pierres de taille. 2 charrettes 3 paires de bœufs et
le cheval. Rendus à Rennes vers les 6 h Doucet repart après avoir soupé avec Hypolitte, pris la
lanterne et un acompte de **200 frs**. Le même jour il a été donné à Bot **400 frs**, à Hypolitte **100 frs**
et à M. Caminade **214,65** pour factures de Castelnaudary. 2 reçus : Bot et Doucet. Les jeunes
gens achèvent la fête. Je remets à Saunière de Montazels une lettre pour Maman au sujet
des tuyaux de plomb à envoyer. Gavignaud Père beaucoup plus malade.

31	Il a tombé presque toute la nuit une pluie très abondante. Ce matin il pleut encore, temps frais, un peu de vent. Les tailleurs de pierres sont à travailler à la citerne de Gavignaud. Les maçons ne peuvent rien faire encore, et ne font rien de toute la journée à cause du mauvais temps. Il a tombé dans la citerne au moins 20 centimètres d'eau. Porté les sacrements au vieux Gavignaud et lui avons parlé après, par Marie, de la vente de la maison de Brigitte et de la citerne. Il a plu une bonne partie de la nuit.
1er août	Temps très frais, un peu de vent. Les maçons, 3, enlèvent les pierres du chemin de la chapelle pour permettre à la charretée d'arriver, le sable et les autres matériaux au bassin de la maison. Pendant ce temps deux tailleurs préparent la mosaïque. Arrivée d'Adrien Guabalda vers 8 h ½, va maçonner au cimetière toute la journée. On s'efforce de profiler le sable terreux en le passant par un crible. Hypolitte monte **7** compostes de sable avec les 150 tuiles de la gare et quelques barrots restants. Arrivée de Sougraigne de M. Raynal et sa fille. Donne **5 frs** au forgeron comme acompte de son travail pour aiguiser les outils des tailleurs de pierres. Soirée continuation des maçonneries du cimetière et de la mosaïque 2ème voyage de sable d'Hypolitte 10 compostes. Souper.
2	Temps toujours frais, vent. Continuation des travaux du cimetière et commencement de la pose des cordons en pierre de taille et des couvertures des ouvertures côté du chemin rural. <u>7ème charretée de pierres de taille</u>. 2 charrettes 3 paires de bœufs et le cheval, la montée se fait sans peine. Diner de tous. Soir, continuation de la mosaïque par les tailleurs de pierres. <u>Gabalda maçonne</u>. Les deux manœuvres avec Bot, au cimetière, replient le sable, enlèvent de la terre du caveau de Marie, remettent une partie de petites pierres en place. Hypolitte monte onze compostes de sable. Vieux Gavignaud plus malade, vais le voir avant et après souper.
3	Fraiche journée, un peu de vent, pose des barreaux à la petite ouverture de la nouvelle maison. Fin de la mosaïque et du cordon en pierre, et maçonnerie continuation des déblaiements au caveau de Marie par Bot et les deux manœuvres, jusqu'au déjeuner par les deux manœuvres jusqu'à 9 h ½, par Bot jusqu'à 11 h par Adrien jusqu'à midi. Tailleurs de pierres à leur travail. Soir, départ de M. Raynal par Carcassonne. Les 4 maçons terminent les fouilles du caveau de Marie vers les 3 h ½. Ensuite ils commencent à le maçonner jusqu'à leur départ pour Luc qui a lieu vers les 6 h. Départ aussi des tailleurs de pierres pour Limoux.
4	Dimanche, vent sec, chaleur. Philippine de Villefort annonce son arrivée pour demain lundi 5 août. Peu de monde à la messe et moins encore à Vêpres. Rien n'est encore annoncé de la gare, ni fers à T ni pierre blanche.
5	Temps frais, vent. Arrivée des 3 tailleurs de pierres qui annoncent que M. Caminade a fait télégraphier M. Pugens au fournisseur des fers à T. 8ème charretée de pierres de taille. 2 charrettes, 3 paires de bœufs et le cheval. Dinés de tous. Après diné vais à Couiza pour couper les cheveux. Perruguier ne s'y trouve pas. Hypolitte monte avec un voyage de sable 11 compostes environ non mesurés. Arrivée de **Rouanet** et Philippine. Souper au lit où je souffre des dents.
6	Temps frais, vent. Les tailleurs sont à leur travail. Après diné nous allons nous promener, Rouanet, Philippine et Marie, **aux chênes verts**. Le soir après souper 2 tailleurs de pierres Authier et Bauzil, n'ayant pas assez d'ouvrage partent après avoir reçu leur paye, c'est-à-dire **156 francs** et avoir signé un reçu sans le timbre.

temps toujours frais, un peu de   seul tailleur de pierre. Bouquet
alexandrine part pour Carcassonne accompagn... Melle Henriette Raynal qui l'anguir
à Couiza, elle la confié à une personne de Bougraigne et remonte à Rennes. arrivée de la
génate de Doucel avec la 9ème et dernière Charretée de pierre de taille dure et
une seule paire de bœuf pour renfort. 4 pièces seulement. Diner de tous. petite
promenade avec Rouanet, Philippin, etc. Soupé. Lecture de la lettre du frère ainé Rouan
à son frère l'abbé et divers commentaires.

8 _____ belle matinée. Départ de Philippin pour Villefort. Bouquet a son travail.
Rousset vient annoncer la mort d'un de ses frères agé de 3 ans et demande sépulture
pour demain 10h. nuit calme _

9 _____ temps sec. fort vent marin. arrivée du fer à T. Pierre blanche annoncé
Mr Caminade vendre lundi. 12 Ct. Dans l'après midi, venue de 16 les Abbés Daban
Carayol, Arabet _ après leur départ arrivée des fers de la gare. Sépulture du dernier fils
de Elie Rousset 2 classe. 3 ans.

10 _____ Départ de Rouanet pour Villefort. Je descend à Couiza pour la coupe des Cheveux
retour à 10h en sueur. Temps très lourd à l'orage, couvert. Farrez demande par
lettre le platrage de la nouvelle maison. Invitation de Marie Louise à son mariage
par lettre en attendant qu'elle vienne. Soldé les journées à Bouquet 72 fr. et son
départ pour Limoux. à l'entrée de la nuit. baptême Désamaud des Socbriors
Il pleut dans la nuit. Arrivée du wagon de pierre blanche.

11 _____ temps frais, couvert comme la veille. il bruine. Mort de Antoine
Garrignaud. peu de monde à la Messe. Dans l'après diné, il tonne et tombe un
peu de pluie. Je reprend à la lettre d'invitation de Marie Louise.

12 _____ temps plus frais, couvert. arrivée de Bot et des maçons. Ils vont contin-
- nuer les travaux du Cimetière jusqu'à l'arrivée de Mr Caminade qui a lieu vers les 9h
avec à la suite Désamaud Maréchal et son ouvrier. Travail de chacun pendant la
Journée. Bot. Jusqu'au Déjeuné: Bot, pose des pierres de taille au Cimetière et reprend
les travaux _ Adrien, maçonne au Cimetière _ Saunière et Baptiste font la man-
- œuvre _. Du Déjeuné au diné. Bot est à la disposition de l'architecte, met avec
Sauneron les fers à T en place pour les peindre. Adrien, maçonne au Cimetière, Baptiste
fait la manœuvre et un peu avec l'aide de Paul, montent au dessus de la maison
le sable qui est dans le passage de l'église. Désarnaud et son ouvrier ne font rien encore
Sépulture de Garignaud. Hypolitte et Marie font deux voyages: le matin 3 pierres
blanches, le soir 10 hectolitres de vin chez Labécète à 8 fr. l'hectol. dinent et souigent au
presbytère. Bouquet a aidé à charger la pierre blanche à la gare. Du diner au Soupé
Bot peint les fers à T. Adrien et Baptiste et quelque peu Mr Bot maçonnent au
Cimetière _ Bouquet Guillaume et Sauneron ont été à la gare décharger les 2
wagons de la pierre blanche. Désarnaud et son ouvrier couvrent du fer vont aujourd'
leurs ciseaux chez Garrignaud. 6h Souper et départ de M. Caminade et Désarnaud
Le dernier a reçu les 200 fr. de tomber aux. Caminade a fait par Marie la demande du Canari

13 _____ temps frais, couvert, un peu de vent. Jusqu'au déjeuné: Bot, avec Baptiste
et Sauneron ajustent 1 pierre de taille au Caveau de Cimetière et construise
à prendre les fers à T. _ Adrien Sauneron et Baptiste continuent les maçonn-
ries du Cimetière. L'ouvrier d'Alet coupe du fer à T. Bouquet est à son travail
de tailleur de pierre et de temps à autre aide Guillaume a roulé à la cave les
barriques de vin. Du déjeuné au Diné. Bouquet, Guillaume et Sauneron
sont à la gare charger sur la Charrette la pierre blanche. Bot et Baptiste mettent
les Fers à T sur la Citerne. Adrien maçonne au Cimetière et Baptiste fait la
manœuvre. Du diné à la fin: Bouquet, Guillaume et Sauneron sont à la
gare charger la Charette de pierre Blanche. Bot, finit de poser les fers à T et de temps
en temps prête la main à l'ouvrier d'Alet qui continue son travail. Adrien et
Baptiste maçonnent au cimetière. Hypolitte a fait 2 voyages de pierre blanche
grosse. J'ai été à la Maurine par Pichou malade. Souper de tous _ Je dois
revenir voir le malade le soir de l'assomption _____

7	Temps toujours frais, un peu de vent. Un seul tailleur de pierres. Bousquet. **Alexandrine** part pour Carcassonne accompagner Melle Henriette Raynal qui languit à Couiza, elle la confie à une personne de Sougraigne et remonte à Rennes. Arrive Adrien Génare de Doucet avec la 9ème et dernière charretée de pierres de taille dure et une seule paire de bœufs pour renfort. 4 pièces seulement. Diner de tous. Petite promenade avec Rouanet, Philippine etc. Soupé. Lecture de la lettre du frère ainé Rouanet à son frère l'abbé et divers commentaires.
8	Belle matinée. Départ de Philippine pour Villefort. Bousquet à son travail. Rousset vient annoncer la mort d'un de ses frères âgé de 3 ans et demande sépulture pour demain 10 h. Nuit calme.
9	Temps sec, fort vent marin. Arrivée du fer à T. Pierre blanche annoncée M. Caminade viendra lundi 12 Ct. Dans l'après-midi, venue de MM. Les abbés **Daban Carayol, Arabet**. Après leur départ arrivée des fers de la gare. Sépulture du dernier fils de Élie Rousset 2è classe. 3 ans.
10	Départ de Rouanet pour Villefort. Je descends à Couiza pour la coupe des cheveux, retour à 10 h en sueur. Temps très lourd à l'orage, couvert. Sarragé demande par lettre le plâtrage de la nouvelle maison. Invitation de Marie-Louise à son mariage par lettre en attendant qu'elle vienne. Soldé les journées 18 à Bousquet *72 frs* et son départ pour Limoux à l'entrée de la nuit. Baptême Désarnaud des Soubirous. Il pleut dans la nuit. Arrivée du wagon de pierres blanches.
11	Temps frais, couvert comme la veille, il bruine. Mort de Antoine Gavignaud. Peu de monde à la messe. Dans l'après-midi, il tonne et tombe un peu de pluie. Je réponds à la lettre d'invitation de Marie-Louise.
12	Temps plus frais, couvert. Arrivée de Bot et des manœuvres. Ils vont conti-nuer les travaux du cimetière jusqu'à l'arrivée de M. Caminade qui a lieu vers les 9 h avec à la suite **Dénarnaud** Maréchal et son ouvrier. Travail de chacun pendant la journée <u>jusqu'au déjeuné</u> ; Bot pose des pierres de taille au cimetière et reprend les travaux. Adrien maçonne au cimetière. Saunière et Baptiste font la ma-nœuvre. <u>Du déjeuné au diné</u>. Bot est à la disposition de l'architecte, met avec Saunièrou les fers à T en place pour les peindre. Adrien maçonne au cimetière, Baptiste fait la manœuvre et un peu avec l'aide de Paul, montent au-dessus de la maison le sable qui est dans le passage de l'église. Dénarnaud et son ouvrier ne font rien encore. Sépulture de Gavignaud. Hypolitte et Marie font deux voyages. Le matin 3 pierres blanches, le soir 10 hectolitres de vin chez **Labécède** à 8 frs l'hectolitre. Dinent et soupent au presbytère. <u>Bousquet</u> a aidé à charger la pierre blanche à la gare. <u>Du diner au souper</u> Bot peint les fers à T. <u>Adrien</u> et Baptiste et quelque peu M. Bot maçonnent au cimetière. Bousquet, Guillaume et Saunièrou ont été à la gare décharger les 2 wagons de la pierre blanche. Dénarnaud et son ouvrier coupent du fer et vont aiguiser leurs ciseaux chez Gavignaud. 6 h souper et départ de M. Caminade et Dénarnaud ce dernier a reçu les *200 frs* de tous les ans. Caminade fait pour Marie la demande du caveau.
13	Temps frais, couvert, un peu de vent. <u>Jusqu'au déjeuner</u>, Bot avec Baptiste et Saunièrou portent 1 pierre de taille au caveau du cimetière et continue à peindre les fers à T. <u>Adrien</u>, Saunièrou et Baptiste continuent les maçonne-ries du cimetière. L'ouvrier d'Alet coupe du fer à T. <u>Bousquet</u> est à son travail de tailleur de pierres et de temps à autre aide Guillaume à rouler à la cave les barriques de vin. <u>Du déjeuner au diner</u>, Bousquet, Guillaume et Saunièrou sont à la gare charger sur la charrette la pierre blanche. Bot et Baptiste mettent les fers à T sur la citerne et sur la maison. Adrien maçonne au cimetière et Baptiste fait la manœuvre. <u>Du diner à la fin</u> : Bousquet, Guillaume et Saunièrou sont à la gare charger la charrette de pierres blanches. Bot finit de poser les fers à T et de temps en temps prête la main à l'ouvrier d'Alet qui continue son travail. Adrien et Baptiste maçonnent au cimetière. Hypolitte a fait 2 voyages de pierres blanches grosses. J'ai été à la **Maurine** voir Péchou malade. Souper de tous. Je dois revenir voir le malade le soir de l'Assomption.

14 ——— Temps frais. Belle matinée. Jusqu'au déjeuné. Bousquet lime la scie grande pour la pierre blanche. Marie aide l'ouvrier d'Alet à son travail. Bot, Adrien et les deux manœuvres sont à maçonner au Cimetière. Du déjeuné au dîné. Bousquet, Guillaume, Saunierou sont à la gare charger la pierre blanche. L'ouvrier d'Alet d'abord avec moi, ensuite, avec Baptiste, après avec Alexandrine est à son travail. Bot Adrien et Baptiste maçonnent au Cimetière. Je dis la Messe pour la femme Desarnaud des Soubirous qui est sorti en messe. Du dîné à la fin. Bot, Adrien et les deux manœuvres sont au Cimetière à maçonner. L'ouvrier d'Alet, d'abord aidé par Alexandrine va ensuite avec Baptiste. Bousquet et Guillaume seuls sont à la gare à la pierre blanche. Hyppolitte a fait 2 voyages de pierre blanche. Baptême du petit de Capié à la fin de la journée. Départ de tous les ouvriers pour chez eux. Bousquet seul reste jusqu'à jeudi matin.

15 ——— Belle journée d'abord, temps couvert et froid ensuite. Assomption de la Ste Vierge. À 10 heures, on vient me dire d'aller à la Maurine dès que je le pourrai messe peu de monde. Revenir à 1 h. et demi afin d'aller à la Maurine voir Péchou malade. quête du soir 0,25. En sortant de Rennes, j'apprends la mort de Péchou par Antoine Verdié qui vient prendre le Cierge d'Achille. Promenade avec Guillaume. Soupez avant j'écris de la part d'Hyppolitte à son beau père à Guillau pour annoncer la mort de Zacharie.

16 Temps frais vent. Sépulture de Zacharie. Visite au presbytère des divers parents du défunt entre lesquels Melle Labicède, Saunière, ingénieur etc. 2e classe midi tout est fini. Jusqu'au déjeuné : Bot, Saunière et Baptiste maçonnent les fers à T sur le bassin. Hyppolitte et Guillaume ont été prendre 1 voyage de pierres blanches à la gare et rentrent pour la Sépulture de Zacharie. Bousquet arrive un peu avant 1 heure avoir aidé à la gare pour le Chargement de la pierre blanche. Du déjeuné au dîné. Bot et les deux manœuvres sont à la maçonnerie du Bassin. Bousquet ne fait rien. Guillaume et Hyppolitte sont à la sépulture. Du Dîner à la fin. Hyppolitte et Guillaume sont à la gare décharger un Vagon de brique et montent avec un voyage de Champ et continuent les Fers d'un Vagon arrivé aussi. Bot avec Baptiste continuent à maçonner le bassin etc. Bousquet et Saunierou commencent à scier la pierre blanche. Sylvestre annonce son arrivée pour demain 17 Oct à 11 h ½.

17 ——— bon matin arrivée du Curé de Coustaussa qui vient dire la messe et passer la journée. à midi et demi Arrivée de Sylvestre qui vient pour 48 heures et apporte un joli tapis et 2 cochons dinde (angora). Du matin à déjeuné. Bot et Baptiste montent la Muraille du côté de la Cour (bassin) Bousquet et Saunierou scient la pierre blanche. Guillaume, Hyppolitte et Marie vont continuer à décharger le Vagon de briques et montent 1 voyage de Champ. Du déjeuné au dîné. Bot et Baptiste posent le couronnement de tuile, sur le mur du bassin du côté de la cour. Bousquet et Saunière continuent à scier la pierre blanche. Du dîné à la fin. Bot et Baptiste terminent le couronnement du Mur du bassin avec les tuiles de Castelnaudary. Bousquet et Saunière continuent à scier. Guillaume, Barthelemy, Hyppolitte achèvent de décharger le Vagon de la brique et montent une charrette de Champ et 3 barriques de Ciment.

18 ——— belle journée. Sylvestre nous raconte que les affaires de Montazels et de Narbonne entrent dans une nouvelle Phase. Dimanche. S. Joachim. — peu de monde à l'Église. Départ de Sylvestre emportant 1 jambon, la statue du Sacré Cœur et 1 bouteille de Rhum avec dragées. Arrivée de Maman de Narbonne à Montazels soupé.

19 ——— Temps couvert, calme. Du matin au déjeuné. Bot qui vient d'arriver avec sa famille, commence avec Saunierou et Baptiste les travaux des voutes de la Citerne avec la brique. Gabelda arrive et puis Bousquet avec l'ouvrier d'Alet. Du déjeuné au dîné. Bot, Adrien et les deux Manœuvres continuent la voûte de la citerne de la nouvelle Maison. L'ouvrier d'Alet va à son travail de la charpente en fer. Bousquet et Guillaume scient la pierre blanche, puis Bousquet seul travaille la pierre blanche. Mr Caminade arrive dans un an, 20 Ct. Hyppolitte arrive avec un voyage de briques. Du dîner à la fin. Bousquet travaille la pierre blanche. Bot Adrien et les deux manœuvres continuent la voute de la Citerne. L'ouvrier d'Alet à 4 heures et demi on a plus de travail, tant qu'il y en a à faire pourtant. Plus tôt que de le laisser partir on le fait peindre les fers en attendant l'arrivée de Mr Caminade ... 2e voyage de briques par Hyppolitte.

14 | Temps frais, belle matinée. <u>Jusqu'au déjeuné</u>, Bousquet lime la scie
grande pour la pierre blanche. Marie aide l'ouvrier d'Alet à son travail. Bot, Adrien
et les deux manœuvres sont à maçonner au cimetière. <u>Du déjeuné au diné</u>,
Bousquet, Guillaume, Saunièrou sont à la gare charger la pierre blanche. L'ouvrier d'Alet
d'abord avec moi, ensuite avec Baptiste, après avec Alexandrine est à son travail. Bot,
Adrien et Baptiste maçonnent au cimetière. Je dis la messe pour la femme Désarnaud
des Soubirous qui est sortie en messe. <u>Du diné à la fin</u>, Bot, Adrien et les deux manœuvres
sont au cimetière à maçonner. L'ouvrier d'Alet d'abord aidé par Alexandrine va aiguiser
avec Baptiste. Bousquet et Guillaume <u>seuls</u> sont à la gare à la pierre blanche. Hypolitte a fait 2 voyages de pierre blanche. Baptême du petit de Capia à la fin de la
journée. Départ de tous les ouvriers pour chez eux. Bousquet seul reste jusqu'à jeudi matin.

15 | Belle journée d'abord, temps couvert et froid ensuite. Assomption de la Très Ste
Vierge. À 10 heures, on vient me dire d'aller à la Maurine dès que je le pourrai. Messe
peu de monde. Vêpres à 1 h et demi afin d'aller à la Maurine voir Péchou malade. Quête
du soir 0,25. En sortant de Rennes, j'apprends la mort de **Péchou** par **Antoine Verdier** qui
vient prendre le cierge d'Achile. Promenade avec Guillaume. Souper avant j'écris de la
part d'Hypolitte à son beau-père à Quillan pour annoncer la mort de Zacharie.

16 | Temps frais, vent. Sépulture de Zacharie. Visite au presbytère de divers parents du défunt
entre lesquels Melle Labécède, Saunière, ingénieur etc. 2ème classe midi tout est fini.
<u>Jusqu'au déjeuné</u> : Bot, Saunière et Baptiste maçonnent les fers à T sur le bassin. Hypolitte
et Guillaume ont été prendre 1 voyage de pierres blanches à la gare et rentrent pour la
sépulture de Zacharie. Bousquet arrive un peu avant sans avoir aidé à la gare pour le
chargement de la pierre blanche. <u>Du déjeuné au diné</u>, Bot et les deux manœuvres sont
à la maçonnerie du bassin. Bousquet ne fait rien. Guillaume et Hypolitte vont à la sépulture.
<u>Du diné à la fin</u>, Hypolitte et Guillaume vont à la gare décharger un wagon de briques et
montent avec un voyage de chaux et ~~ciment~~ fers d'un wagon arrive aussi. Bot avec Baptiste
continuent à maçonner le bassin. Bousquet et Saunièrou commencent à scier la
pierre blanche. Sylvestre annonce son arrivée pour demain 17 Ct à 11 h ½.

17 | Bon matin. Arrivée du **curé de Coustaussa** qui vient dire la messe et pour
la journée. À midi et demi arrivée de Sylvestre qui vient pour 48 heures et apporte
un joli tapis et 2 cochons d'inde (angora). <u>Du matin à déjeuné</u>, Bot et Baptiste
montent la muraille du côté de la cour (bassin). Bousquet et Saunièrou scient
la pierre blanche. Guillaume, Hypolitte et Marie vont continuer à décharger le wagon
de briques et montent 1 voyage de chaux. <u>Du déjeuner au diner</u>, Bot et Baptiste
posent le couronnement de tuiles sur le mur du bassin du côté de la cour. Bousquet et
Saunière continuent à scier la pierre blanche. <u>Du diner à la fin</u>, Bot et Baptiste terminent
le couronnement du mur du bassin, avec les tuiles de Castelnaudary. Bousquet et Saunière continuent à scier. Guillaume, **Barthélémy**, Hypolitte achèvent de débarrasser
le wagon de la brique et montent une charretée de chaux et 3 barriques de ciment.

18 | Belle journée. Sylvestre nous raconte que les affaires de Montazels et de
Narbonne entrent dans une nouvelle phase. Dimanche St Joachim. Peu de monde à
l'Église. Départ de Sylvestre emportant 1 jambon, la statue du Sacré Cœur et une bouteille de
rhum avec dragées. Arrivée de Maman de Narbonne à Montazels, soupé.

19 | Temps couvert, calme. <u>Du matin au déjeuner</u>, Bot qui vient d'arriver
avec sa famille, commence avec Saunièrou et Baptiste les travaux des voûtes de
la citerne avec la brique. Gabalda arrive et puis Bousquet avec l'ouvrier d'Alet.
<u>Du déjeuner au diner</u>, Bot, Adrien et les deux manœuvres continuent la voûte de la
citerne de la nouvelle maison. L'ouvrier d'Alet va à son travail de la charpente en
fer. Bousquet et Guillaume scient la pierre blanche puis Bousquet seul travaille
la pierre blanche. M. Caminade arrivera demain 20 Ct Hypolitte arrive avec un
voyage de briques. Du diner à la fin, Bousquet travaille la pierre blanche. Bot, Adrien
et les deux manœuvres continuent la voûte de la citerne. L'ouvrier d'Alet à 4 heures et
demi n'a plus de travail, tant qu'il y en a à faire pourtant. Plus tôt que de le laisser
partir on lui fait peindre les fers en attendant l'arrivée de M. Caminade. 2ème voyage de
briques par Hypolitte.

20 ———— Mr Camisade n'arrive pas. Hypolitte fait deux voyages de brique. Jean Gavignaud est très mal depuis 8 jours. il a une fluxion de poitrine, une pierre et une pleurésie. Adeline Rieu demande si Bot ne pourrait lui faire les travaux de la cave. Bot ne peut pas. Du matin au déjeuner, Bousquet est à la pierre; L'ouvrier d'Alet continue à peindre les fers à T. Bot et ses trois ouvriers, changent le sable du Cimetière dans le jardin de la Commune au coin du fond après avoir enlevé la pierre. Du déjeuner au dîner, Bousquet continue le travail de la pierre blanche. L'ouvrier d'Alet termine la peinture et vient au Cimetière aider Bot et les trois ouvriers qui commencent de remettre un peu d'ordre Au cimetière en remettant les terres à leur place. Du Dîner au Soupe. Bot termine de tailler la 1ère pierre de taille blanche et commence la seconde. L'ouvrier d'Alet part de suite après dîner. Bot ses trois ouvriers et moi, nous faisons le chemin de l'entrée du Cimetière. rude Journée de travail. Grand vent marin. Gavignaud va plus mal

21 ———— temps très chaud, marin. Arrivée de Mr Camisade apportant les plans et qui courbe la tête, muet devant mes reproches justifiés de sa lenteur. repart après 3 h Après avoir promis de mener avec lui prochainement MM Puzens, père et fils. Hypo-litte fait 2 voyages de briques. Du matin au déjeuner, Continuation des travaux du Cimetière par Bot et les trois ouvriers. Du déjeuner au dîner continuation des travaux du Cimetière par les trois ouvriers et moi. Bot est avec l'architecte. Du Dîner au Soupe. toujours le Cimetière par Bot et les 3 ouvriers. Nouvellement en pente. Bousquet est toute la journée à sa pierre blanche.

22 ———— temps sec, marin, chaud. Hypolitte fait 2 voyages de briques et apporte les 3 fers à T. restants. Du matin au Soir, Bousquet continue à travailler la pierre blanche. Bot, les 3 ouvriers et moi continuons au Cimetière les transports de terre le percement des chemins et le relèvement des fosses. Marie va à Couiza échanger quelques mandats.

23 même temps qu'hier. Hypolitte fait deux voyages de pierre blanche. Bousquet conti-nue à la travailler. Mr Camisade envoie le plan de la porte de la nouvelle mai 2° la facture du Ciment. 3° la demande de terrain de Marie 2° quelques mots d'écrit
+ Bot et ses 3 Ouvriers continuent et finissent à peu de choses près les travaux de terrassement du Cimetière. Le soir Bousquet va à la gare aider à charger la pierre blanche longue. Après soupe, comme couronnement des divers travaux du Cimetière, le café est payé à tous les ouvriers. + après dîner Baptiste malade part pour Luc, et est remplacé par le petit Paul. Hypolitte et Marie couchent au Presbytère. Visite de Gendarme

24 ———— Mr l'Instituteur vient visiter les travaux du Cimetière et de la nouvelle mai temps toujours sec, un peu couvert. Hypolitte avec Guillaume vont à la gare prendre les deux dernières pierres blanches. Bousquet fait une rainure au Caveau pour recevoir la brique de Voutains; Abrey lui aide. Bot et Saunerou préparent les travaux de la voûte. Du déjeuner au dîner, voûtes le Caveau. Bousquet travaille le pierre blanche. Du dîner à la fin. terminer les voûtes du Caveau. Bousquet à la pierre blanche et à 6 h déjeune de tous les ouvriers. Hypolitte apporte un voyage de chaux et de sable. Il a tonné un peu plus.

25 ———— Dimanche. Maman arrive. peu de monde aux offices. temps chaud lourd, orageux. Il tonne et pleut dans la nuit. Dans la journée, nombreuse visite au Cimetière restauré. visite de gens de la mairie qui viennent solder la sépulture

26 ———— temps frais, un peu couvert. bonne pluie tombée dans la nuit. vent froid, fort et plusieurs se lève. mauvaise journée Arrivée des maçons, sauf Baptiste malade. Le matin, ils recrépissent l'intérieur du Caveau du Cimetière et à l'extérieur maçonnent l'emplacement des corbeaux. Le soir, ils font la pose des 2 pieds droits de la porte (coté jardin, maison nouvelle et maçonnent là) Bousquet dans la journée à tantôt scié et tantôt avec Guillaume 1 pierre blanche pour préparer quelques coins de la maison, tantôt à travailler la pierre. visite 1. la famille d'Alet annonce maladie du Curé de Luc. il pleut dans la nuit.

20 | M. Caminade n'arrive pas. Hypolitte fait deux voyages de briques.
Jean Gavignaud est très mal depuis 8 jours, il a une fluxion de poitrine, une
fièvre et une pleurésie. Adeline Rieu demande si Bot ne pourrait lui faire
les travaux de la cave. Bot ne peut pas. <u>Du matin au déjeuner</u>, Bousquet
est à la pierre ; l'ouvrier d'Alet continue à peindre les fers à T. Bot et ses trois
ouvriers changent le sable du cimetière dans le jardin de la commune au coin
du fond après avoir enlevé la pierre. Du déjeuner au diné, Bousquet continue
le travail de la pierre blanche. L'ouvrier d'Alet termine la peinture et vient au cimetière aider Bot et ses trois ouvriers qui commencent de remettre un peu d'ordre
au cimetière en remettant les terres à leur place. <u>Du diner au souper</u>, Bot termine
de tailler la 1ère pierre de taille blanche et commence la seconde. L'ouvrier d'Alet part de
suite après diné. Bot, ses trois ouvriers et moi, nous faisons le chemin de l'entrée
du cimetière. Rude journée de travail. Grand vent marin. Gavignaud va plus mal.

21 | Temps très chaud, marin. Arrivée de M. Caminade apportant les plans
et qui courbe la tête, muet devant mes reproches justifiés de sa lenteur. Repart après 3 h
après avoir promis de mener avec lui prochainement MM. Pugens, père et fils. Hypolitte fait 2 voyages de briques. <u>Du matin au déjeuner</u>, Continuation des travaux
du cimetière par Bot et ses trois ouvriers. <u>Du déjeuner au diner</u> continuation des
travaux du cimetière par les trois ouvriers et moi. Bot est avec l'architecte. Du
diner au souper, toujours le cimetière par Bot et les 3 ouvriers. Nivellement
en pente. Bousquet est toute la journée à sa pierre blanche.

22 | Temps sec, marin, chaud. Hypolitte fait 2 voyages de briques et apporte
les 3 fers à T restants. Du matin au soir, Bousquet continue à travailler la pierre
blanche. Bot, les 3 ouvriers et moi continuons au cimetière les transports de terre
le percement des chemins et le relèvement des fosses. Marie va à Couiza échanger
quelques mandats.

23 | Même temps qu'hier. Hypolitte fait deux voyages de pierre blanche. Bousquet conti-
nue à la travailler. M. Caminade envoie le plan de la porte de la nouvelle maison
et la facture du ciment. 3° la demande de terrain de Marie 4° quelques mots d'écrit
+ Bot et les ouvriers continuent et finissent à peu de chose près les travaux de
terrassement du cimetière. Le soir Bousquet va à la gare aider à charger la
pierre blanche longue. Après souper, comme couronnement des divers travaux
du cimetière, le café est payé à tous les ouvriers. + après diné Baptiste malade
part pour Luc, et est remplacé par le petit Paul. Hypolitte et Marie couchent au
presbytère. Visite des gendarmes.

24 | M. l'instituteur vient visiter les travaux du cimetière et de la nouvelle maison.
Temps toujours sec, un peu couvert. Hypolitte avec Guillaume vont à la gare
prendre les deux dernières pierres blanches. Bousquet fait une rainure au caveau
pour recevoir la brique des voutains ; Adrien lui aide. Bot et Saunièrou préparent les
travaux de la voûte. <u>Du déjeuner au diner</u>, voûter les caveaux. Bousquet travaille
la pierre blanche. <u>Du diner à la fin</u>, terminées les voûtes des caveaux. Bousquet
à la pierre blanche et à 6 h départ de tous les ouvriers. Hypolitte apporte un
voyage de chaux et de sable. Il a tonné et un peu plu.

25 | Dimanche, Maman arrive, peu de monde aux offices. Temps chaud,
lourd, orageux. Il tonne et pleut dans la nuit. Dans la journée, nombreuses visites au
cimetière restauré. Visite des gens de la Maurine qui viennent solder la sépulture.

26 | Temps frais, un peu couvert, bonne pluie tombée dans la nuit.
Vent froid, fort et pluvieux se lève, mauvaise journée. Arrivée des maçons, sauf
Baptiste malade. Le matin, ils recrépissent l'intérieur des caveaux du cimetière et
à l'extérieur maçonnent l'emplacement des cordons. Le soir, ils font la pose des 2
pieds droits de la porte (côté jardin, maison nouvelle et maçonnent là). Bousquet dans
la journée a tantôt scie ~~et tantôt~~ avec Guillaume 1 pierre blanche pour préparer
quelques coins de la maison, tantôt a travaillé la pierre. Visite de la famille Abet.
annonce maladie du **curé de Luc**. Il pleut dans la nuit.

27 — Temps frais, un peu de vent. Du matin à déjeuner : les 3 maçons posent 2 coins pierre blanche et maçonnent côté jardin nouvelle maison. Bousquet travaille la pierre blanche. Du déjeuner au dîner. Les 3 maçons continuent le mur de la maison (côté jardin) et font le côté de la fosse d'aisance. Bousquet continue pierre blanche. Du dîner au souper continuation par les 3 maçons des mêmes travaux, puis ne pouvant plus travailler, ne sachant que faire, les équerres n'étant pas encore arrivées Adruget Saunièron partent le soir, l'un pour Alet, l'autre pour Luc. Bousquet est toujours à son travail. Vers la fin de la journée, il commence la 1ère pierre de couverture de fenêtres jumelées. Teulière et Hypolitte nous apportent chacun un rayon de miel. Soupez. Je soupe des deux.

28 — Temps frais. Départ de Bot et de sa famille, pour toute la semaine, c'est mercredi. Ils vont couper le fourrage de graine et ne reviendront que lundi prochain probablement. Arrivée de Mr Caminade qui nous dit que les équerres et le wagon de briques sont en gare de Couiza. Après avoir pris connaissance des travaux, pris quelques mesures et déjeuné, il rentre à Limoux après avoir reçu 500 fr, dont 200 pour Mr Doucet et 300 pour le tuillier de Limoux. 1 lettre adressée à Adelina de la part de Mama, lui dit de devancer son voyage à Rennes. Le facteur arrive à midi avec 1 lettre du forgeron d'Alet qui aurait dispensé Alexandrine d'y aller si le facteur était arrivé plus tôt. Denarnaud vient demain, eg Cr. Alexandrine va à Luc dire au maçon de monter demain pour reprendre le travaux. Après dîner Arrivée des cars de Rennes d'un grand cortège de dames et messieurs et enfants 24 en tout, pour voir l'église nous leur servons à boire d'avis bouteilles de Banyuls et du Rhum et sucre. Ils laissent au tronc du clocher et à Marie 5 fr 70. Hypolitte a été à la gare prendre les équerres et 1 chargement de Barrots de Crèbes. Bousquet a travaillé toute la journée à la pierre de taille blanche. Après souper, on vient nous annoncer qu'il y a feu à Montazels. Mama veut partir à tout prix. Marie Julie et moi allons l'accompagner jusqu'à Couiza. C'était la grange et la cave du château qui brûlait. Nous rentrons bien fatigués à minuit.

29 — jeudi foire à Couiza, la pluie dans la nuit. temps froid. Bousquet est à son travail. Bot, Saunièron et sa famille viendront lundi prochain pour continuer les travaux demain vendredi. Arrivée des deux forgerons d'Alet. Sylvestre et toute sa famille doivent arriver ce soir à 4 h. pour la foire de Couiza. Hypolitte a fait le dernier voyage de la brique et Carreaux de Crèbe. Après dîner, les deux forgerons reprennent leur travail et Bousquet aussi. Marie va à Couiza prendre Sylvestre et leur famille et Mama. Je vais les rejoindre sur le soir. Je rencontre Jean Maury des Soubirous qui me solde la neuvaine. Nous rentrons ensemble pour souper. Arrivée de Bot, Saunièron, et famille Bot. Belle nuit.

30 — belle journée. Denarnaud et son ouvrier continuent à poser les poutrelles et pour les équerres. Bousquet a scié quelques pierres tantôt avec moi, tantôt avec Saunièron dans les moments libres et continuent à travailler la pierre blanche. Bot pose les premières assises de brique Cantorsale, et quelques pierres blanches. pose de la 1ère charpente en fer. Allons à la messe nous promener avec Marie Julie, Mama Sylvestre et Adelina. et leurs enfants. rentrons fatigués pose de la 1e charpente du côté du palais, et quelques coins.

31 — belle journée. Bousquet continue le travail de la pierre et scie quelques blocs avec Saunièron. Les deux forgerons préparent la seconde charpente en fer, du côté du jardin. Bot, Saunièron, Hortense posent quelques coins de pierre blanches et de briques. Le soir les deux forgerons continuent jusqu'à leur départ. Bousquet de même. Bot et sa famille continue la pose des coins et la peinture de la seconde charpente. Départ de Saunièron vers les 2 heure. Départ des forgerons vers les 6 h. car ils ont fini. Départ de Bousquet. Départ de Bot et sa famille jusqu'à lundi 2 sept.

1 Septembre — Dimanche. Arrivée de Doucet qui vient réclamer les 35 fr restant en plus des derniers 200 fr. remis par Mr Caminade. Après quelques explications de part et d'autres, je l'adresse à Carla pour que Hypolitte, lui et

27 | Toujours frais, un peu de vent. <u>Du matin à déjeuné</u> : les 3 maçons posent
2 coins pierres blanches et maçonnerie côté jardin nouvelle maison. Bousquet travaille
la pierre blanche. <u>Du déjeuner au diner</u>, les 3 maçons continuent le mur de la
maison (côté jardin) et font le béton de la fosse d'aisance. Bousquet continue pierre blanche.
<u>Du diner au souper</u>, continuation par les 3 maçons des mêmes travaux, puis ne
pouvant plus travailler, ne sachant que faire, les équerres n'étant pas encore arrivées,
Adrien et Saunièrou partent le soir, l'un pour Alet, l'autre pour Luc. Bousquet
est toujours à son travail. Vers la fin de la journée, il commence la 1ère pierre de
couverture des fenêtres jumelées. Truillet et Hypolitte nous apportent chacun un
rayon de miel. Souper, je souffre des dents.

28 | Temps frais. Départ de Bot et de sa famille pour toute la semaine, c'est
mercredi, ils vont couper le fourrage de graine et ne reviendront que lundi prochain
probablement. Arrivée de M. Caminade qui nous dit que les équerres et le wagon de
briques sont en gare de Couiza. Après avoir pris connaissance des travaux, pris quelques
mesures et déjeuné, il rentre à Limoux après avoir reçu **500 frs**, dont 200 pour M. Doucet
et 300 pour le tuilier de Limoux. 1 lettre adressée à Adeline de la part de Maman
lui dit de devancer son voyage à Rennes. Le facteur arrive à midi avec 1 lettre du
forgeron d'Alet qui aurait dispensé Alexandrine d'y aller si le facteur était arrivé plus tard.
Dénarnaud vient demain 29 Ct. Alexandrine va à Luc dire au maçon de mon-
ter demain pour reprendre les travaux. Après diné arrivée des Bains de Rennes
d'un grand cortège de Dames et Monsieurs et enfants 24 en tout, pour voir l'église.
Nous leur servons à boire deux bouteilles de Banyuls et du rhum et sucre. Ils
laissent au tronc du clocher et à Marie 5frs70. Hypolitte a été à la gare prendre
les équerres et 1 chargement de **barrots de Trèbes**. Bousquet a travaillé toute
la journée à la pierre de taille blanche. Après souper, on vient nous annoncer
qu'il y a feu à Montazels. Maman veut partir à tout prix. Marie, Julie et moi allons
l'accompagner jusqu'à Couiza. C'était la grange et la cave du château qui brûlait.
Nous rentrons bien fatigués à minuit.

29 | Jeudi foire à Couiza, il a plu dans la nuit, temps froid. Bousquet est
à son travail. Bot, Saunièrou et sa famille viendront peut-être jeudi pour continuer
les travaux demain vendredi. Arrivée des deux forgerons d'Alet. Sylvestre et toute
sa famille doivent arriver ce soir à 4 h jour de la foire de Couiza. Hypolitte a fait le
dernier voyage de la brique et carreaux de Trèbes. Après diné, les deux forgerons reprennent leur travail et Bousquet aussi. Marie va à Couiza prendre Sylvestre et leur
famille et Maman. Je vais les rejoindre sur le soir. Je rencontre Jean Maurin **des
Soubirous** qui me solde la neuvaine. Nous rentrons ensemble pour souper. Arrivée de
Bot, Saunièrou et famille Bot. Belle nuit.

30 | Belle journée. Dénarnaud et son ouvrier continuent à poser les poutrelles
et poser les équerres. Bousquet a scié quelques pierres tantôt avec moi ; tantôt
avec Saunièrou dans les moments libres et continuent à travailler la pierre
blanche. Bot pose les premières assises de briques cantonales, et quelques pierres
blanches. Pose de la première charpente en fer. Allons ~~à la Maurine~~ nous promener avec Marie,
Julie, Maman, Sylvestre et Adeline et leurs enfants. Rentrons fatigués. Pose de la
1ère charpente du côté du palier et quelques coins.

31 | Belle journée. Bousquet continue le travail de la pierre et scie quelques
blocs avec Saunièrou. Les deux forgerons préparent la seconde charpente en fer du
côté du jardin. Bot, Saunièrou, Hortense posent quelques coins de pierres blanches
et de briques. Le soir les deux forgerons continuent jusqu'à leur départ. Bousquet
de même. Bot et sa famille continue la pose des coins et la peinture de la seconde
charpente. Départ de Saunièrou vers les 2 heures. Départ des forgerons vers les 6 h car
ils ont fini. Départ de Bousquet. Départ de Bot et sa famille jusqu'à lundi 2 sept.

1 | **Septembre**. Dimanche. Arrivée de Doucet qui vient réclamer les 35 frs
restants en plus des derniers 200 frs remis par M. Caminade. Après quelques
explications de part et d'autres, je l'adresse à Carla pour que Hypolitte lui et

moi, nous en payons chacun un peu. Hypolitte monte fievreux et coleré en disant que celui qui commende doit payer, été et qu'il payera s'il le faut, si on le lui demende. Pou couper court à tout cela, je donne 20 frs à Doncet et lui fais signer un reçu comme quoi je ne lui dois plus rien, et nous nous separons. Après diné et avoir chanté les Vepres, nous allons aux bals avec Sylvestre Adelina Marie, mamay, Guill Barthel. et moi, et rentrons pour souper, bien fatigués.

2 —— belle journée vent marin. Arrivée de Bot, de sa famille et Saunieron arrivée de Gabalda et de Bousquet. Du matin au dejeuner, préparation du mortier et de tout le necessaire pour Maconner. Du dejeuner au diner, Bot, Adrien et Saunieron et M. Bot, travaillent à maconner le mur du coté du chemin rural. Rez de Chaussée. Bousquet travaille à la pierre blanche. J'écris à M. Camuiade, de la part de Bot pour quelques explication du plan. Saunieron aide un peu M. Bousquet à scier une pierre blanche et pour dedommagement, avec Sylvestre nous donnons des pierres et faisons un peu de manœuvre aux Macons. Du diner au Souper. Les 3 macons M. Bot et Paul montent le mur du coté du chemin rural; 2e partie. et posent les 2 premiers seuils de la fenetre jumelée du fond. Bousquet est à son travail et aide à la pose des deux Seuils. Dans l'aprés diné nous avons été avec Sylvestre et les autres nous reposer au chênes verts. A la fin de la journée Arrive une dépeche de la Comp. Petral annonceant decès de la R. M. Prieure.

3 —— Du Matin au dejeuner. Pose avec l'aide de Bousquet des deux autres Seuils de la fenetre jumelée Superieure. Saunieron rend le temps à Bousquet en lui aidant à scier une pierre. Moi à moy, tout j'aide au travail. Du dejeuner au diner, Bot et ses aides, maconnent le coté rural et Bousquet prepare les pierres. depuis quelques jours nous donnons l'eau de la citerne. Du Diner au Souper. Bousquet scie avec Sylvestre et prepare des pierres blanches. Adrien maconne. Bot pose des briques et des pierres aux angles et aux ouvertures du chemin rural. Saunière et M. Bot font la manœuvre. le temps est bien couvert, chargé, à l'orage. Sur le soir, il tonne et pleut quelque peu pendant le souper. le Petit Albert a fait un peu mal à la petite Bot en lui lançant une pierre.

4 —— temps frais. arrivée avant la journée, à pied de l'ouvrier forgeron avec un petit Camarade. Ils viennent continuer un travail que Bot leur indique. Du matin au diner, fin de la maconnerie du coté rural et commencement du coté de la Cour. Bousquet à son travail. Du diner au souper. Les deux forgerons travaillent. Sylvestre et moi aidons Bousquet à scier. Les macons montent la maconnerie du coté de la Cour. On vient me prendre pour aller voir le jeune Marius Rousset que les saignement de Nez ont repris; il est très mal; je rentre fort tard.

5 —— temps frais. Du matin à midi. Bot et les deux ouvriers continuent les maconneries coté de la Cour et posent les Consoles. Bousquet et sylvestre scié la pierre blanche jusqu'à 10 heurs, puis Bousquet continue son travail. De Midi à la Nuit, pose des 3 premiers accoudoirs de fenetres, coté de la Cour. maconneriz et commencement de la pose des briques de fenetres. Bousquet continue la pierre blanche. Depart de Sylvestre et sa famille que Marie, Julie, mamay vont accompagner ayant aussi emporté un tas de chose. De la gare, mamay va à Montazels préciser le mariage de Marie Louise. Je vais attendre Marie et Julie. Le jeune Rousset va mieux.

6 —— temps frais. Matin. maconnerie du coté de la Cour et de la grange formation des cheminées. Arrivée de M. Camuiade qui, sur le rapport que nous lui avons fait, recommende à Bot de ne mettre aux cours que 24 briques au lieu d'une quarantaine; porte la mesure du sable à faire le mortier et bien faire le melange. Bousquet est à son travail. Vers midi, il pleut jusque vers les 4 heures on recepit une partie des murs du sous-sol et puis on revint denun du coté de la grange. Bousquet travaille tantôt dedans, tantôt dehors. Depart à 4 heures de M. Camuiade

moi, nous en payons chacun un peu. Hypolitte monte fiévreux et colère en
disant que celui qui commande doit payer, etc. et qu'il paiera s'il le faut, si on le lui
demande. Pour couper court à tout cela, je donne *20 frs* à Doucet et lui fait
signer un reçu comme quoi je ne lui dois plus rien, et nous nous séparons.
Après dîné et avoir chanté les Vêpres, nous allons aux Bals avec Sylvestre, Adeline,
Marie, Maman, Guill. Barthel. et moi, et rentrons pour souper bien fatigués.

2 | Belle journée vent marin. Arrivée de Bot, de sa famille et Saunièrou.
Arrivée de Gabalda et de Bousquet. <u>Du matin au déjeuner</u>, préparation du
mortier et de tout le nécessaire pour maçonner. <u>Du déjeuner au diner</u>, Bot, Adrien et
Saunièrou et Mme Bot travaillent à maçonner le mur du côté du chemin rural, Rez-de-
chaussée. Bousquet travaille à la pierre blanche. J'écris à M. Caminade de la part de Bot
pour quelques explications du plan. Saunièrou aide un peu M. Bousquet à scier une
pierre blanche et pour dédommagement, avec Sylvestre nous donnons des pierres et
faisons un peu de manœuvre aux maçons. <u>Du diner au souper</u>, les 3 maçons,
M. Bot et Paul montent le mur du côté du chemin rural ; 2ème partie et posent les 2
premiers seuils de la fenêtre jumelée du fond. Bousquet est à son travail et aide
à la pose des deux seuils. Dans l'après-diner nous avons été avec Sylvestre et les autres
nous reposer aux Chênes Verts. À la fin de la journée arrive une dépêche de
la Cour pénale annonçant décès de la R. M. Rieux.

3 | <u>Du matin au déjeuner</u>, pose avec l'aide de Bousquet des deux
autres seuils de la fenêtre jumelée supérieure. Saunièrou rend le temps à
Bousquet en lui aidant à scier une pierre. Moi à mon tour j'aide à ce
travail. Du déjeuner au diner Bot et ses aides maçonnent le côté rural
et Bousquet prépare les pierres. Depuis quelques jours nous donnons l'eau
de la citerne. Du diner au souper, Bousquet scie avec Sylvestre et prépare
des pierres blanches. Adrien maçonne. Bot pose des briques et des pierres aux angles
et aux ouvertures du chemin rural. Saunière et Mme Bot font la manœuvre.
Le temps est bien couvert, change à l'orage. Sur le soir, il tonne et pleut quelque peu
pendant le souper. Le Petit Albert a fait un peu mal à la petite Bot en lui lançant
une pierre.

4 | Temps frais. Arrivée avant la journée, à pied de l'ouvrier forgeron avec un
petit camarade. Ils viennent continuer leur travail que Bot leur indique. <u>Du matin
au diner</u>, fin de la maçonnerie du côté rural et commencement du côté de
la cour. Bousquet à son travail. <u>Du diner au souper</u>. Les deux forgerons ~~tout à leur~~ terminent
leur travail et partent à 4 h. Sylvestre et moi aidons Bousquet à scier. Les maçons montent la maçonnerie du côté de la cour. On vient me prendre pour aller voir le jeune Marius
Rousset que les saignements de nez ont repris ; il est très mal ; je rentre fort tard.

5 | Temps frais. <u>Du matin à midi</u>, Bot et les deux ouvriers continuent
les maçonneries côté de la cour et posent les consoles. Bousquet et Sylvestre scient la
pierre blanche jusqu'à 10 heures, puis Bousquet continue son travail. <u>De midi
à la nuit</u>, pose des 3 premiers accoudoirs des fenêtres, côté de la cour. Maçonnerie et
commencement de la pose des briques des fenêtres. Bousquet continue la pierre blanche.
Départ de Sylvestre et sa famille que Marie, Julie, Maman vont accompagner
après avoir emporté un tas de choses. De la gare, Maman va à Montazels préparer le mariage de Marie-Louise. Je vais attendre Marie et Julie. Le jeune
Rousset va mieux.

6 | Temps frais. <u>Matin</u>, maçonnerie du côté de la cour et de la grange
formation des cheminées. Arrivée de M. Caminade qui, sur les rapports que nous lui
avons faits recommande à Bot de ne mettre aux coins que 24 briques au lieu
d'une quarantaine ; porter la mesure du sable à faire le mortier et bien faire
le mélange. Bousquet est à son travail. Vers midi, il pleut jusque vers les 4 heures,
on recrépit une partie des murs du sous-sol et puis on revient dessus du côté de
la grange. Bousquet travaille tantôt dedans, tantôt dehors. Départ à 4 heures de
M. Caminade.

7 ——— tres belle matinée, soleil très chaud, brouillard intense dans la vallée, et signes de pluie. Matin. Bousquet continue a preparer des pierres blanches. Bot, Adrien, Saunière, Mr Bot continuent à monter le mur mitoyen du Rez de chaussée, pose de quelques coins soit de pierre soit de brique. J'aide Bot à scier une pierre blanche très dure. Soir. Bousquet continue à scier avec moi et préparer des pierres blanches. Bot et ses ouvriers continuent la maçonnerie et la pose des pierres blanches ou briques soit du coté des coins de la cour-grange soit du coté du chemin rural grange. et à la fin depart de tous jusqu'à mardi. 10 ct. Bot a reçu le montant de 23 journées soit 92 f.

8 ——— Dimanche, vent marin. assez belle matinée, très peu de monde aux offices, surtout le soir. je vais avec Marie, Julie et Antoinette à l'Evaldein voir le petit Marius Rousset que je confesse. En passant à la Maurine, nous trouvons Anna Péchou malade. nous rentrons tard.

9 ——— lundi. même temps et même vent qu'hier. foire à Limoux. visite d'un pharmacien de Narbonne. Hypolitte fait un voyage de sable. Le soir, menace d'orage, éclairs et tonnerre, grande pluie à Limoux. 2e voyage de sable

10 ——— temps couvert, malade, louie. Messe chantée de la neuvaine de Zacharie. arrivée de Bousquet seul. Arrivée de Bot et sa famille, adrien, Baptiste le malade. Dalbiès a été faire un voyage de diverses choses avec les bœufs pour le maçon. Matin. les maçons travaillent au Mur mitoyen et cheminées. Bousquet continue l'exp. blanche. Avant midi, je pars pour la Maurine voir Anna malade. Elle va mieux et est levée; mais le petit Marius Rousset va mal, les saignements ont repris. nous rentrons Marie Julie et moi menacés par la pluie. Soir. continuation de la maçonnerie et des cheminées du Mur mitoyen. Pose de quelques coins et briques. Saunière aide Bousquet à scier une pierre, et ce dernier continue son travail. Hypolitte a fait deux voyages de sable (21 ct). à la fin de la journée, l'orage, après avoir menacé éclate dans toute sa furie et dure toute la nuit. Eclairs, tonnerre se succèdent sans interruption. Hypolitte et Marie ont couché au presbytère. Dans la matinée Marie Louise était montée pour essayer de me faire descendre pour bénir son mariage, mais inutilement aussi; après avoir pleuré et fait une petite scène, elle est redescendue sans vouloir déjeuner.

11 ——— Temps frais, humide. à 6h. il pleut encore, mais cela va cesser. temps couvert le Matin. Bousquet continue son travail et scie une pierre avec Saunière. Bot sa famille, Adrien Saunière et Baptiste continuent à maçonner le mur mitoyen du rez de chaussée. Hypolitte fait 1 voyage de sable. Soir. continuation de la maçonnerie du Mur mitoyen et fin de ce travail au rez de chaussée. Soldé à Isidore 12,5 f. montant de son compte jusqu'à ce jour 11 septembre. Bousquet continue son travail. Pose de quelques angles en pierre ou en brique. Il pleut beaucoup dans la nuit.

12 ——— Grand vent de Cers; temps froid, humide et pluvieux. Les maçons ne pouvant point maçonner s'occupent à faire la caisse pour mesurer le sable du mortier, font les 2 ballots de sacs à faire partir et preparent la grande machine, la grue, pour monter les pierres de tailles et les matériaux. Bousquet taille la pierre à la forge. Arrivée de Bauzil et autres par le train de matin; ils déjeunent et se mettent au travail. après s'être fait un abri en planche sur le chantier. Ils scient 1 pierre et le diner arrive. Soir. les 3 tailleurs de pierres sont à leur travail, adrien est parti les autres maçons se preparent à echaffauder le coté rural, mais la pluie recommence et les derange; leurs parents de Luc arrivent et visitent les travaux. En résumé, les 3 tailleurs de pierres ne font pas grand chose à cause du mauvais temps. Les maçons ne font qu'echaffauder et pas autre chose. Encore un peu de pluie dans la nuit.

13 ——— Temps froid, vent de Cers, ciel couvert en partie; soleil par chaleur. Les 3 tailleurs debitent de la pierre et la travaillent. Bot et ses deux manœuvres posent quelques pierres blanches. arrivée d'adrien. Les maçons à cause du vent froid ont toutes les peines du monde à rester sur les echaffaudages. arrivée de Mr Cami.... qui va voir avec moi les pierres de grès du chateau et de Captieron. 2 sont

7	Très belle matinée, soleil très chaud, brouillard intense dans la vallée, et signes de pluie. <u>Matin</u>, Bousquet continue à préparer des pierres blanches. Bot, Adrien, Saunièrou, M. Bot continuent à monter le mur mitoyen du rez-de-chaussée, pose de quelques coins soit de pierres soit de briques. J'aide Bot à scier une pierre blanche très dure. <u>Soir</u>, Bousquet continue à scier avec moi et préparer des pierres blanches. Bot et ses ouvriers continuent les maçonneries et la pose des pierres blanches ou briques soit du côté des coins de la cour–grange soit du côté du chemin rural grange, et à la fin départ de tous jusqu'à mardi 10 Ct. Bousquet a reçu le montant de 23 journées soit ***92 frs***.
8	Dimanche, vent marin, assez belle matinée. Très peu de monde aux offices, surtout le soir. Je vais avec Marie, Julie et Antoinette à **Lavaldieu** voir le petit Marius Rousset que je confesse. En passant à la Maurine, nous trouvons Anna Péchou malade. Nous rentrons tard.
9	Lundi, même temps et même vent qu'hier. Foire à Limoux. Visite d'un pharmacien de Narbonne. Hypolitte fait un voyage de sable. Le soir, menaces d'orage, éclairs et tonnerre, grande pluie à Limoux. 2ème voyage de sable.
10	Même temps couvert, malade, lourd. Messe chantée de la Neuvaine de Zacharie. Arrivée de Bousquet seul. Arrivée de Bot et sa famille, Adrien, Baptiste le malade. Dalbiès a été faire un voyage de diverses choses avec les bœufs pour le maçon. <u>Matin</u>, les maçons travaillent au mur mitoyen et cheminées. Bousquet continue la pierre blanche. Avant midi je pars pour la Maurine voir Anna malade. Elle va mieux et est levée ; mais le petit Marius Rousset va mal, les saignements ont repris. Nous rentrons Marie, Julie et moi menacés par la pluie. <u>Soir</u>, continuation de la maçonnerie et des cheminées du mur mitoyen. Pose de quelques coins et briques. Saunièrou aide Bousquet à scier une pierre, et ce dernier continue son travail. Hypolitte a fait deux voyages de sable (21.C.). À la fin de la journée, l'orage, après avoir menacé, éclate dans toute sa furie et dure toute la nuit. Éclairs, tonnerre se succède sans interruption. Hypolitte et Marie ont couché au presbytère. Dans la matinée Marie-Louise était montée pour essayer de me faire descendre pour bénir son mariage, mais inutilement. Aussi après avoir pleuré et fait une petite scène, elle est redescendue sans vouloir déjeuner.
11	Temps frais, humide, à 6 h il pleut encore, mais cela va cesser, temps couvert. <u>Le matin</u> Bousquet continue son travail et scie une pierre avec Saunièrou. Bot, sa famille, Adrien, Saunièrou et Baptiste continuent à maçonner le mur mitoyen du rez-de-chaussée. Hypolitte fait 1 voyage de sable. <u>Soir</u>, continuation de la maçonnerie du mur mitoyen et fin de ce travail au rez-de-chaussée. Soldé à Isidore **12,75 frs**, montant de son compte jusqu'à ce jour 11 septembre. Bousquet continue son travail. Pose de quelques angles en pierre ou en brique. Il pleut beaucoup dans la nuit.
12	Grand vent de Cers ; temps froid, humide et pluvieux. Les maçons ne pouvant point maçonner s'occupent à faire la caisse pour mesurer le sable du mortier, font les 2 ballots de sacs à faire partir et préparent la grande machine, la grue, pour monter les pierres de taille et les matériaux. Bousquet taille la pierre à la forge. Arrivée de Bauzil et Authier par le train du matin ; ils déjeunent et se mettent au travail, après s'être fait un abri en planches sur le chantier. Ils scient 1 pierre et le diner arrive. Soir, les 3 tailleurs de pierres sont à leur travail. Adrien est parti, les autres maçons se préparent à échafauder le côté rural mais la pluie recommence et les dérange ; leurs parents de Luc arrivent et évitent les travaux. En résumé, les 3 tailleurs de pierres ne font pas grand-chose à cause du mauvais temps. Les maçons ne font qu'échafauder et pas autre chose. Encore un peu de pluie dans la nuit.
13	Temps froid, vent de Cers, ciel couvert en partie : soleil pas chaud. Les 3 tailleurs débitent de la pierre et la travaillent. Bot et ses deux manœuvres posent quelques pierres blanches. Arrivée d'Adrien. Les maçons à cause du vent froid ont toutes les peines du monde à rester sur les échafaudages. Arrivée de M. Caminade qui va voir avec moi les pierres de grés du château et de Captierou. 2 sont

achetés à Garouste, 2 à Cépuéron et 4 à Auguste Dalbiès, toutes à 1fr la pièce.
Bauzil et Bouquet les charruent. Les maçons posent un certain nombre de Cours et de
pierres blanches. Après dîner continuation du même travail. Mr Carminade rentre
à Limoux après avoir donné 400fr à Bot et puis pour lui 200fr et 1 paniers de pêches,
que Marié Rougé va lui porter à la gare. Les 3 tailleurs, Bot et Saunieran s'efforcent
ensemble de mettre debout la grosse pierre longue. Ils y réussissent après de nombreux
efforts, et le travail de la scie commence, avec Bouquet et Bauzil. Authès prépare des pierres et les maçons continuent leur travail.

14 —— Même temps froid qu'hier. Sciage et préparation de pierre par les tailleurs.
Les maçons sont à leur œuvre et n'ont pas beaucoup de besogne parce que certaines pierres
blanches ne sont pas prêtes — pour el maçonnent du côté du chemin rural et le soir du côté
de la Cour. Le tailleur a achevé de scié et à la fin de la journée taillée. Toute la journée
Authès a taillé la pierre de Grès. Hypolitte a fait 2 voyages de sable. Départ de tous les
ouvriers pour Luc ou Limoux.

15 —— Matinée fraîche. Garignand vient dire qu'on lui donne plus de 300fr à
la maison de Brigitte et que si nous la voulons, il faut courir ce qu'on lui en donne.
Pas un sou de plus, répond Marié et puisque tu l'as dédit, à mon tour je retire ma parole,
et rien n'est fait. Arrivée de Maman qui vient par Espéraza essayer encore, prend
par l'abbé, de me faire aller au mariage de Marie Louise. Inutilement. Elle rentre
le soir, après le chapelet et nous allons l'accompagner jusqu'à la tranchée. A la
messe et au chapelet, moins de personnes que jamais. Quelques gouttes de pluie
dans la journée et un peu de vent. On nous apprend le départ de Mr Clamou d'Alet
pour Montserrat. On parle de vendanges car les raisins sont mûrs.

16 —— Ouverture de la 1er retraite. Cette matinée on va commencer de
vendanger au Bals en commençant par les plus mûrs. Arrivée de deux maçons
et de deux manœuvres, et des 3 tailleurs de pierre à 9h. Matin. Les maçons posent
les deux seuils des deux petites fenêtres du rez de chaussée côté jardin et montent ce côté
de mur. Les tailleurs préparent la pierre dure de p. fenêtres et la p. blanche. A 10 heures
après avoir déjeuné, je vais à Lavaldieu voir le petit malade que je trouve en train
de lire. En passant à Lamaurin j'apprends le départ de la Veuve Péchou pour Missègre. Je rentre le soir vers les 5h, après avoir fait un grand parcours et avoir apporté
beaucoup de jeunes Cabarlasse (champignons). Soir Les Maçons travaillent
aux murs et ouvertures du Côté de la Cour, pendant que les tailleurs préparent
la pierre blanche. Superbe journée. Visite d'Espéraza pendant mon absence.

17 —— Temps couvert en partie. Matinée douce sans vent. Les maçons
continuent à monter les murs et ouvertures du côté de la Cour. Les 3 tailleurs
préparent la couverte de la porte d'entrée et les autres pierres. Les clés des fenêtres
du côté de la cour étant trop fortes, il faut les corriger, perte de temps et d'argent. —
Couverture de la porte d'entrée finie. Hypolitte a fait 2 voyages de sable avec Marié

18 —— Temps couvert, doux. Les maçons posent la petite porte du côté du
jardin, brique et pierre. Les angles des couvertures des fenêtres jumelées et la couverture de la porte avec quelques pieds droits et maçonnent l'ensemble. Les tailleurs
de pierre les deux jeunes scient presque toute la journée, le vieux taille la pierre
blanche et le 3 aident à poser la couverture de la porte. Le soleil est chaud, le temps est
lourd, vers le soir les nuages sont gonflés.

19 —— Vent marin qui se lève assez fort. Jeudi. Mariage de Marie Louise.
Après déjeuné vers les 10 heures, le facteur me lisse quelques lettres pour elle les
porte dans les campagnes où je vais. Je trouve le petit Rousset plus mal car
les saignements ont repris. Il est décidé que Dimanche je lui porterai les
sacrements. En retournant je cherche des champignons et en trouve un plein
panier. Les tailleurs de pierre ont continué leur travail 2 à la pierre dure et
un à la pierre blanche. Les maçons ont commencé à poser les pieds droits des
deux fenêtres petites du rez de chaussée et maçonne ce côté de mur. — On vendange

20 —— Beau temps. Vent marin. Nous vendangeons les Bals à grand train

achetées à Garouste, 2 à Captierou et 4 à Auguste Dalbiès, toutes à 1fr la pièce.
Bauzil et Bousquet les charrient. Les maçons posent un certain nombre de coins et de
pierres blanches. Après diner continuation du même travail. M. Caminade rentre
à Limoux après avoir donné *400 frs* à Bot et pris pour lui *200 frs* et 1 panier de pêches
que Marie Rougé va lui porter à la gare. Les 3 tailleurs, Bot et Saunièrou s'efforcent
ensuite de mettre debout la grosse pierre longue. Ils y réussissent après de nombreux
efforts, et le travail de la scie commence avec Bousquet et Bauzil. Authier prépare des pierres et les maçons continuent leur travail.

14 | Même temps froid qu'hier. Sciage et préparation de pierres par les tailleurs.
Les maçons sont à leur œuvre et n'ont pas beaucoup de besogne parce que certaines pierres
blanches ne sont pas prêtes. Pose et maçonnerie du côté du chemin rural et le soir du côté
de la cour. Les tailleurs achèvent de scier et à la fin de la journée taillent. Toute la journée
Authier a taillé la pierre de grès. Hypolitte fait 2 voyages de sable. Départ de tous les
ouvriers pour Luc et Limoux.

15 | Matinée fraiche. Gavignaud vient dire qu'on lui donne plus de 300 frs à
la maison de Brigitte et que si nous le voulons il faut couvrir ce qu'on lui en donne.
Pas un sou de plus, réponds Marie et puisque tu te dédis, à mon tour je retire ma parole
et rien n'est fait. Arrivée de Maman qui vient par Espéraza essayer encore prévenir
par l'abbé de me faire aller au mariage de Marie-Louise ; Inutilement. Elle rentre
le soir, après le chapelet et nous allons l'accompagner jusqu'à la tranchée. À la
messe et au chapelet, moins de personnes que jamais. Quelques gouttes de pluie
dans la journée et un peu de vent. On nous apprend le départ de M. Clamous d'Alet
pour Montseret. On parle de vendanges car les raisins sont mûrs.

16 | Ouverture de la 1ère retraite. Belle matinée, on va commencer de
vendanger aux Bals en commençant par les plus mûrs. Arrivée des deux maçons
et des deux manœuvres, et des 3 tailleurs de pierre à 9 h. <u>Matin</u>, Les maçons posent
les deux seuils des deux petites fenêtres du rez-de-chaussée côté jardin et montent ce côté
du mur. Les tailleurs préparent la pierre dure des p. fenêtres de la p. blanche à 10 heures.
Après avoir déjeuné je vais à Lavaldieu voir le petit malade que je trouve couleur
de cire. En passant à la Maurine j'apprends le départ de la veuve Péchou pour **Missègre**. Je rentre le soir vers les 5 h après avoir fait un grand parcours et avoir apporté
beaucoup de jeunes Cabarlani (champignon). <u>Soir</u>, Hypolitte fait un voyage de sable. Les maçons
travaillent aux murs et ouvertures et seront du côté de la cour, pendant que les tailleurs préparent
la pierre blanche. Superbe journée. Visite d'Espéraza pendant mon absence.

17 | Temps couvert en partie, matinée douce sans vent. Les maçons
continuent à monter les murs et ouvertures du côté de la cour. Les 3 tailleurs
préparent la couverte de la porte d'entrée et les autres pierres. Les clés des fenêtres
du côté de la cour étant trop fortes, il faut les corriger, perte de temps et d'argent.
Couverture de la porte d'entrée finie. Hypolitte a fait 2 voyages de sable avec Marie.

18 | Temps couvert, doux. Les maçons posent la petite porte du côté du
jardin, brique et pierre, les angles des couvertures des fenêtres jumelées et la couverture de la porte avec quelques pieds droits et maçonnent l'ensemble. Les tailleurs
de pierres, les deux jeunes scient presque toute la journée, le vieux taille la pierre
blanche et les 3 aident à poser la couverture de la porte. Le soleil est chaud, le temps est
lourd, sur le soir les nuages sont gonflés.

19 | Vent marin qui se lève assez fort. Jeudi, Mariage de Marie-Louise.
Après déjeuner vers les 10 heures, le facteur me livre quelques lettres pour aller les
porter dans les campagnes où je vais. Je trouve le petit Rousset plus mal car
les saignements ont repris. Il est décidé que dimanche je lui porterai les
sacrements. En retournant, je cherche des champignons et en trouve un plein
panier. Les tailleurs de pierre ont continué leur travail, 2 à la pierre dure et
un à la pierre blanche. Les maçons ont commencé à poser les pieds droits des
deux fenêtres petites du rez-de-chaussée et maçonné ce côté du mur. On vendange.

20 | Beau temps, vent marin. Nous vendangeons les Bals à grand train,

3 hommes avec leurs bêtes pour transporter les saisons. Capnieron, le marmer et Guillaume. Les maçons ne sachant que faire, car ils sont arreté, recrepissent le matin, le coté du mur mitoyen de l'écurie. Le soir, ils cintrent une des deux petites fenêtres du rez de chaussée. posent des angles en briques et maçonnent. Les 3 tailleurs de pierre d'eux terminent continuent la pierre dure des cintres et Bauzil travaille la p. blanche. Il pleut quelque peu sur le soir.

21 —————— Avant le jour, il est tombé une assez forte pluie. Le temps est menaçant, très couvert, le vent d'Espagne souffle. Les vendanges sont arreté. 2 tailleurs travaillent les petites pierres dures des cintre de la petite fenêtre et porte du coté du jardin. Bauzil commence un menau de la fenêtre jumelée. le matin, les maçons travaillent toujours au mur du rez de chaussée du coté du jardin, mais vers les 8 heures la pluie recommence à tomber et dure jusqu'à midi. à 2 heures et demi il repleut jusqu'à la nuit. En resumé les 3 tailleurs ont travaillé 1/4 de journée. Les maçons ont posé le cintre en pierre dure du coté du jardin; la console sculptée entre les deux petites fenêtres, une pierre blanche sculptée et ont un peu maçonné. Resumé: mauvaise journée, pluvieuse. Depart des maçons pour Luc et Alet. Depart aussi des 3 tailleurs de pierre. Les maçons n'ayant pas de travail, car ils sont arreté, la pierre blanche et les charpentes manquant ne doivent revenir que dans 8 jours, disent ils.

22 —————— très belle journée. Dimanche. inauguration des fontaines à Couiza. très belle fête. très peu de monde à l'église. Après diner, je vais porter les sacrements au petit Marius Rousset de Laval-dieu. Je rentre avec Guillaume par le Laoural et carla, après avoir trouvé un panier de champignons. Soirée. Je vais travailler à la terre. mettre les comptes en regle avant de partir pour la retraite.

23 —————— Lundi depart pour la retraite par le 1er train. temps lourd chargé. En arrivant à Couiza, je vois les belles décorations des fêtes de la veille: Inauguration des fontaines publiques. à la gare je rencontre M. Roché et le gendre du Château de Montazels. à Limoux, Je vois sur la voie M. Canniade qui se propose de monter à Rennes avec sa famille. Je vois aussi Bousquet et Authié, qui vont remonter à Rennes pour continuer leur travail. à Carcassonne. J'ai vu Saida un peu souffrant d'une chute faite aux Bains. J'ai vu MM. Rouanel, Gachez, Gazel et Il a plu un peu vers les 3 heures et beaucoup vers les 6h et demi du soir avec accompagnement d'éclairs et de tonnerre. à Rennes-le-Château. Bousquet et Authié sont arrivés vers les 9h. et ont continué leur travail.

24 —————— M. Canniade annonce son arrivée pour demain avec toute sa famille y compris son gendre, en tout 5 personnes. Authié et Bousquet continuent leur travail. Hypolitte fait 1 voyage de 11 comportes de sable — à Carcassonne M. Raynal vient me voir à la porte du séminaire, car il n'est pas permis d'entrer, ni de sortir. Elle veut absolument que j'aille déjeuner chez Elle. ce que je refuse et me demande pour quoi. Marie, Julie ne sont pas venues. Vers les 5 heures, il pleut de nouveau.

25 —————— à Rennes M. Canniade arrive avec toute sa famille. 5 personnes. les deux tailleurs de pierre sont à leur travail. Hypolitte fait deux voyages de sable, total: 20 comportes. Alexandrine ayant fait une chute dessus un rocher et étant souffrante. Marie ne sait où donner de la tête tant elle est occupée. Il semble, la famille Canniade reste deux jours, on continue à vendanger les Hals. à Carcassonne belle journée. Vu MM. les curé de Couiza et de Montazels solde les 4 f. de la defense sacerdotale. les 5 f. douzem de ch. et le 20 f. à la caisse M. Cambon me dit que les fabriques doivent se soumettre, sous p. d. prison.

26 —————— à Carcassonne. Il pleut assez fort le matin et après diner. le T. S. St. est exposé toute la journée. je me propose avec Rouanel de partir par le 1er train du matin 6h 15. à Rennes. Authié et Bousquet continuent leur travail. rentré à Limoux de la famille Canniade.

27 —————— Je rentre de la retraite par le 1er train du matin avec l'abbé Re qui va à Esperaza dire la messe pendant que je la dirai à Rennes. à Couiza rencontre Hypolitte qui monte un 1er voyage de plâtre de pouterells et en p

3 hommes avec leur bête pour transporter les raisins, Captierou, le meunier et Guillaume.
Les maçons ne sachant que faire, car ils sont arrêtés recrépissent le matin le côté
du mur mitoyen de l'écurie. Le soir, ils cintrent une des deux petites fenêtres du
rez-de-chaussée posant des angles en briques et maçonnent. Les 3 tailleurs de pierre,
deux continuent la pierre dure des cintres et Bauzil travaille la p. blanche.
Il pleut quelque peu sur le soir.

21 Avant le jour, il est tombé une assez forte pluie, le temps est menaçant, bien couvert, le vent d'Espagne souffle. Les vendanges sont arrêtées. 2 tailleurs
travaillent les petites pierres dures du cintre de la petite fenêtre et porte du côté du jardin.
Bauzil commence un meneau d'une fenêtre jumelée. <u>Le matin</u>, les maçons travaillent
toujours au mur du rez-de-chaussée du côté du jardin, mais vers les 8 heures la pluie
recommence à tomber et dure jusqu'à midi ; à 2 heures et demi il repleut jusqu'à la nuit.
En résumé les 3 tailleurs ont travaillé ¼ de journée. Les maçons ont posé le cintre en
pierre dure du côté du jardin, la console sculptée entre les deux petites fenêtres, une pierre
blanche sculptée et ont un peu maçonné ; Résumé : mauvaise journée, pluvieuse.
Départ des maçons pour Luc et Alet. Départ aussi des 3 tailleurs de pierre. Les maçons
n'ayant pas de travail, car ils sont arrêtés, la pierre blanche et les charpentes manquant ne
doivent revenir que dans 8 jours disent-ils.

22 Très belle journée. Dimanche, **inauguration des fontaines à Couiza**. Très
belle fête, très peu de monde à l'église. Après diner je vais porter les sacrements au petit
Marius Rousset de Lavaldieu. Je rentre avec Guillaume par le **Laouset** et Carla, après
avoir trouvé un panier de champignons. Souper, je vais travailler à la serre. Mettre les
comptes en règle avant de partir pour la retraite.

23 Lundi, départ pour la **retraite** par le 1er train. Temps lourd chargé. En
arrivant à Couiza, je vois les belles décorations des fêtes de la veille : Inauguration
des fontaines publiques. À la gare, je rencontre M. Roché et le gendre du château
de Montazels. <u>À Limoux</u>, je vois sur la voie M. Caminade qui se propose de
monter à Rennes avec sa famille. Je vois aussi Bousquet et Authier qui vont
remonter à Rennes pour continuer leur travail. À <u>Carcassonne</u>, j'ai vu **Sarda** un
peu souffrant d'une chute faite aux Bains. J'ai vu MM. Rouanet, Gachem, Gazel.
Il a plu un peu vers les 3 heures et beaucoup vers les 6 h et demi du soir avec accompagnement d'éclairs et de tonnerre. <u>À Rennes-le-Château</u>, Bousquet et Authier
sont arrivés vers les 9 h et ont continué leur travail.

24 M. Caminade annonce son arrivée pour demain avec toute sa famille
y compris son gendre, en tout 5 personnes. Authier et Bousquet continuent leur travail.
Hypolitte porte un voyage de 11 composts de sable. À Carcassonne, Mme Raynal
vient me voir à la porte du séminaire, car il n'est pas permis d'entrer, ni de sortir. Elle
veut absolument que j'aille déjeuner chez elle. Ce que je refuse et me demande pourquoi Marie, Julie ne sont pas venues. Vers les 5 heures, il pleut de nouveau.

25 <u>À Rennes</u> M. Caminade arrive avec toute sa famille, 5 personnes.
Les deux tailleurs de pierres sont à leur travail. Hypolitte fait deux voyages de
sable. Total : 20 composts. Alexandrine ayant fait une chute dessus un (---)
et étant souffrante, Marie ne sait où donner de la tête tant elle est occupée, pour
comble, la famille Caminade reste deux jours. On continue à vendanger les
Bals. À <u>Carcassonne</u> belle journée. Vu MM. les curés de Couiza et de **Montazels**.
Soldé les 4 frs de la déferme sacerdotale. Les 5 frs douzaine du Ch. et les 20 frs de la caisse.
M. Chambon me dit que les fabriques doivent se soumettre, sous p. de prison.

26 À <u>Carcassonne</u>, il pleut assez fort le matin et après diné.
Le T. S. Sr est exposé toute la journée, je me propose avec Rouanet de partir
par le 1er train du matin 6h15. <u>À Rennes</u>, Authier et Bousquet continuent
leur travail. Rentrée à Limoux de la famille Caminade.

27 Je rentre de la retraite par le 1er train du matin avec l'abbé Rouanet
qui va à Espéraza dire la messe pendant que je la dirai à Rennes. À Couiza
rencontre Hypolitte qui monte un 1er voyage de bois de poutrelles et en (---)

rentrée le soir en portant tout. Bousquet et Authiès continuent leur travail
fin des vendanges de Bals. Belle récolte, près de 100 hôtes - ne pouvant le contenir
à la cave du presbytère ou boute à la citerne, maintenant de Malet.
Marie de Carla et Hypollite nous invite chaleureusement et tous à la noce de
Marie pour le 26 octobre.
28 ———— Annonce d'une belle journée. Authiès et Bousquet, après avoir passé la
journée à scier la pierre bl. et la travailler, partent le soir pour Limoux après avoir fini 158ᵐᵉ
montant de toutes leurs journées et de celles de Bauzil, en tout 39 j. et demi.
29 ———— Dimanche. St Michel. Gros vent marin, soleil. Barthélemy va à la fête à
Paillère. Presque pas de monde à l'église. Le Petit Marius Roussel va bien mieux et
est levé. Donné à Hypollite 100ᶠ pour lui et 25ᶠ pour le sable. Avec Marie, il nous invite
de nouveau à la noce.
30 ———— Lundi. même vent marin qu'hier, Foire à Espéraza. Arrivée de Mr Caminade qui apporte deux petits joujoux pour Louisette. Arrivée de Bousquet seul
arrivée des deux maçons et des deux manœuvres. Bob est un peu malade de la
bile. Hypollite arrive vers les 9 ½ du matin avec 1 voyage de sable (8 comporte 5
sous de plâtre et un cable de 75 kilog. pour Bob. Arrivée dans la soirée de Madame
Raynal et sa fille qui viennent pour le lendemain aller assister à l'anniversaire d'un
proche défunt à Sougraigne. Arrivée de Oscar Villa qui vient prendre connaissance
du travail qu'il a fait pour la pose des poutrelles. Mr Caminade le lui explique et
il redescend après avoir passé seulement 2 heures, environ. Les maçons ont monté
la Cherre pour la pose de deux meneaux et les couvertures de la porte et d'une
fenêtre jumelle. Mr Caminade qui a voulu assister à ce travail ne rentre que
par le train de 7ʰ et demi, après avoir soupé. Dans la soirée, grand duel entre
Julie et sa mère, à propos de rien. Le grand vent marin qui a soufflé toute
la journée s'est terminé par la pluie qui est tombée à la fin du jour et toute la
nuit.
octobre. 1 ———— Matinée pluvieuse. A cause du mauvais temps, Marie ne peut pas
aller assister au mariage de Elise Igounel. Bousquet travaille le meneau de
la seconde fenêtre jumelle. Adrien souffrant beaucoup des reins est parti pour
Alet. Bob et les autres ne peuvent guère s'occuper. Ils terminent de raser le mur
du Rez de chaussée du côté du jardin. Le soir beau temps. départ d'albertine et
sa fille pour Sougraigne. À la fin de la soirée, pose du meneau et des deux couverts
de la fenêtre jumelle du côté de l'écurie. Il est fort tard quand on termine ce
travail qui reste inachevé. Avant Bob et ses deux manœuvres ont essayé de faire
tomber l'angle de la maison Moulinier, devant les observations de Marie ce trav-
-ail est interrompu. Il paraîtrait qu'en partant la veille, Mr Caminade se serait
trompé de chemin. À la nuit, le temps se couvre et la pluie menace.
2 ———— Il a plu dans la nuit; il pleut ce matin; le temps est couvert
et reste pluvieux. Bob est à son travail - Guillaume ne peut partir pour Sougraigne
à l'anniversaire il va à Couiza porter la corbeille de linge d'Albertine. Bob avec l'aide
de Bousquet comme l'avant veille pose définitivement les couvertures de la porte
d'entrée et de la dernière fenêtre jumelle. Le soir Bob et ses aides maçonnent et
terminent ce travail du Rez de chaussée. Vers la fin de la journée, le temps se met au
froid et il tombe de la pluie longtemps.
3 ———— La matinée s'annonce belle, un peu froide; vent du nord; il a neigé sur
Madrès et les autres montagnes. Bousquet continue à préparer des coins de pierres
blanches. Bob commence de monter les cloisons du rez de chaussée en gros barrots
et ciment lent. Saunière reçoit. Vers les 10 heures le temps se couvre. Pierre
Vayre fait dire par le facteur que Bob peut faire démolir au fur et à mesure du
nécessaire la vieille maison Moulinier en ayant soin d'enlever de suite les matériaux
de la propriété de Bonhomme pour ne pas faire inquiéter Marguerite. Monsieur
Caminade n'ayant pas envoyé les plans promis, je lui adresse une carte postale de
rappel le priant de les envoyer demain vendredi; sinon Mr Bousquet est obligé de rentrer à

(--- ---) le soir en portant tout. Bousquet et Authier continuent leur travail.
Fin des vendanges des Bals. Belle récolte, près de 100 hottes, ne pouvant la contenir
à la cave du presbytère au bout à la citerne, maintenance de Malet.
Marie de Carla et Hypolitte nous invitent chaleureusement et tous à la noce de
Marie pour le 26 octobre.

28 — Annonce d'une belle journée. Authier et Bousquet, après avoir passé la
journée à scier la pierre bl. et la travailler, partent le soir pour Limoux après avoir pris *158 frs*
montant de toutes leurs journées et de celles de Bauzils, en tout 39 j et demi.

29 — Dimanche, St Michel. Gros vent marin, soleil. Barthélémy va à la fête à
Paillère. Presque pas de monde à l'église. Le Petit Marius Rousset va bien mieux et
est levé. Donné à Hypolitte *100 frs* pour lui et *25 frs* pour le sable. Avec Marie, il nous invite
de nouveau à la noce.

30 — Lundi : même vent marin qu'hier. Foire à Espéraza. Arrivée de M. Caminade qui apporte deux petits joujoux pour Louisette. Arrivée de Bousquet seul.
Arrivée des deux maçons et des deux manœuvres. Bot est un peu malade de la
bile. Hypolitte arrive vers les 9 h du matin avec 1 voyage de sable (8 composts) et 5
sacs de plâtre et un câble de 75 kilog pour Bot. Arrivée dans la soirée de Madame
Raynal et sa fille qui viennent pour le lendemain aller assister à l'anniversaire d'un
parent défunt à Sougraigne. Arrivée de **Oscar Villa** qui vient prendre connaissance
du travail qu'il a à faire pour la pose des poutrelles. M. Caminade le lui explique et
il redescend après avoir passé seulement 2 heures environ. Les maçons ont monté
la chèvre pour la pose de deux meneaux et les couvertures de la porte et d'une
fenêtre jumelle. M. Caminade qui a voulu assister à ce travail ne rentre que
par le train de 7 h et demi après avoir soupé. Dans la soirée, grand duel entre
Julie et sa mère, à propos de rien. Le grand vent marin qui a soufflé toute
la journée s'est terminé par la pluie qui est tombée à la fin du jour et toute la
nuit.

Octobre — **1** --- Matinée pluvieuse. À cause du mauvais temps, Marie ne peut pas
aller assister au mariage de Élise Ygounet. Bousquet travaille le meneau de
la seconde fenêtre jumelle. Adrien souffrant beaucoup des reins est parti pour
Alet. Bot et les autres ne peuvent guère s'occuper. Ils terminent de raser le mur
du rez-de-chaussée du côté du jardin. Le soir beau temps. Départ d'Albertine et
sa fille pour Sougraigne. À la fin de la soirée, pose du meneau et des deux couverts
de la fenêtre jumelle du côté de l'écurie. Il est fort tard quand se termine ce
travail qui reste inachevé. Avant Bot et ses deux manœuvres ont essayé de faire
tomber l'angle de la maison Moulines. Devant les justes observations de Marie ce travail est interrompu. Il paraîtrait qu'en partant la veille, M. Caminade se serait
trompé de chemin. À la nuit, le temps se couvre et la pluie menace.

2 — Il a plu dans la nuit ; il pleut ce matin ; le temps est couvert
et reste pluvieux. Bot est à son travail. Guillaume ne peut partir pour Sougraigne
à l'anniversaire ; il va à Couiza porter la corbeille de linge d'Albertine. Bot avec l'aide
de Bousquet comme l'avant-veille pose définitivement les couvertures de la porte
d'entrée et de la dernière fenêtre jumelle. Le soir, Bot et ses aides maçonnent et
terminent ce travail du rez-de-chaussée. Vers la fin de la journée, le temps se met au
froid et il tombe de la pluie longtemps.

3 — La matinée s'annonce belle, un peu fraîche ; vent du nord, il a neigé sur
Madrès et les autres montagnes. Bousquet continue à préparer les coins de pierres
blanches. Bot commence de monter les cloisons du rez-de-chaussée en gros barrots
et ciment lent. Saunièrou recrépit. Vers les 10 heures, le temps se couvre. Pierre
Vayre fait dire par le facteur que Bot peut faire démolir au fur et à mesure du
nécessaire la vieille maison Moulines en ayant soin d'enlever de suite les matériaux
de la propriété de Bonhomme pour ne pas faire inquiéter Marguerite. Monsieur
Caminade n'ayant pas envoyé les plans promis, je lui adresse une carte postale de
rappel le priant de les laisser demain vendredi, sinon M. Bousquet sera obligé de rentrer à

nous. Julie va porter cette carte avec 1 accusé de réception à Couiza. À 2 heures du soir,
arrivée de Oscar Vila avec 2 aides pour poser la pièce et les poutrelles ou 1er plancher. De
temps en temps quelques averses arrivé. Oscar explique à son ouvrier d'Antugnac le travail
à faire et va avec Balent monter un fenêtre à Coudis Cyprien. Sur la fin de la journée
pluie ainsi que dans la nuit.

4 — temps frais, couvert. J'aide Bousquet à clés une pierre. Bot continue les clo—
Balent et l'ouvrier d'Antugnac. Arrivent à 7 h et demi, déjeunent (nous leur donnons la nourriture
et commencent la journée à 8 h. Arrivée de M. Caminade qui vient donner du travail à
Bousquet et porte les plans. Dépêche de Lacroix, Espezel disant d'aller aujourd'hui vendredi
et prendre le bois à Couiza. Nous envoyons un exprès à Carla pour cela. Hypolitte part
avec 1 paire de bœuf et le cheval 1 voyage de bois pour le plancher. Il repart sans souper
Balent et Marty, après n'avoir pas fait grand chose rentrent à Couiza à 6 heures.
M. Caminade repart après avoir soupé, et doit remonter lundi prochain.

5 — Il a plu dans la nuit. Ce matin, temps couvert et frais et à la pluie. F.
continue de monter les cloisons du Rez de chaussée et Bousquet est à sa pierre où
je l'aide 2 fois à clés. M. Caminade écrit de faire mettre à Couiza au lieu sur le
que Hypolitte ne pourra pas monter ce soir. Départ de Bousquet après avoir reçu 5 frs
qui lui sont nécessaires. Départ des ouvriers de Luc après avoir terminé les cloisons du
Rez de chaussée. Hypolitte arrive à la nuit avec les 5 poutres et avoir laissé à la croix
de la Coste quelques poutrelles portées par Coudis des Taffes. Au moment de souper on vient
me prendre pour aller voir la femme de Guilhe bien malade. Ne pouvant la confesser
je lui donne l'absolution et lui administre le Sacrement d'Extrême onction.

6. — Annonce d'une belle journée — Temps frais un peu de vent. Très peu
de monde à la messe et au chapelet. Elodie va mieux. Beaucoup de gens sont
à vendanges.

7 — La malade a passé une mauvaise nuit. Grande inflammation. M. Laffon
ne pouvant monter étant malade, on a été prendre M. Dufour. Dans la nuit un
grand vent s'est déclaré, la pluie a suivi et elle tombe encore vers les 3 heures du
soir. Bousquet est arrivé à 9 heures, mouillé; il n'a rien fait de toute la matinée
après dîné, Guillaume lui a aidé à clés une pierre et le temps redevenant mauvais
il est revenu au coin du feu. Les maçons sont arrivés vers les 3 heures du soir. Bous—
quet a aidé Guillaume à décuver, Dufour a mis la malade à la diète. Sur le soir Hypo—
litte arrive avec une charge de bois de chauffage. Après il avoir déjeuné, il va avec
Guillaume et Bousquet prendre à la Coste les 5 pièces de bois restantes et tout le
monde soupe et parle après du futur mariage de Marie Galup. Les maçons n'ont
rien faire, à cause du mauvais temps.

8 — temps froid; vent du Nord assez fort. Les maçons, Sauf Gabalda
non encore guéri, commencent à voûter le Sous-sol. Bousquet est à un travail
de pierre blanche. Valent et Marty les deux menuisiers arrivent à 8 h. Déjeunent
dans la grotte après être venu prendre du riz et se mettent à leur travail à 9 h.
Ils n'ont pas eu le courage d'arriver jusqu'à Rennes un fond de barrique que Vila
avait apporté jusqu'à la tranchée. Marie doit aller ce soir mardi à Couiza
trouver M. Roche au sujet de l'hypothèque Garignaud et lui solder le restant
de la dette. Le meunier va prendre le fond de barrique susdit. Vers midi visite de Sabatthier
qui vient voir où nous en sommes de la maison. Il repart après midi après lui avoir promis
le travail de son état. De suite après dîné Bousquet aidé des maçons posent les
poutres le long du mur de la grotte. Le meunier aide Guillaume à récurer. Les
deux menuisiers partent à 5 h et demi, après avoir fait dans un jour ce que un ouvrier
seul ferait dans une demi journée. Marie rentre de Couiza a réglé M. Roche qui lui a
dit que l'hypothèque Veuve Garignaud n'était pas sur la maison Brigitte.

9 — Annonce d'une belle journée. Le vent a cessé. Bousquet continue son
travail. Bot et ses deux aides terminent les voûtes du salon et arrangent le
cadre de la fenêtre de la grange. Valent et Marty arrivent à 7 h déjeunent

Limoux. Julie va porter cette carte avec 1 accusé de réception à Couiza. À 2 heures du soir
arrivée de Oscar Vila avec 2 aides pour poser la pièce et les poutrelles du 1er plancher. De
temps en temps quelques averses arrivent. Oscar explique à son ouvrier d'Antugnac le travail
à faire et va avec Balent monter un (---) à Coudiès Cyprien. Sur la fin de la journée
pluie ainsi que dans la nuit.

4 | Temps frais, couvert. J'aide Bousquet à scier une pierre. Bot continue les cloisons.
Balent et l'ouvrier d'Antugnac arrivent à 7h et demi, déjeunent (nous leur donnons le vin et
nourriture) et commencent la journée à 8 h. Arrivée de M. Caminade qui vient donner le travail à
Bousquet et porte les plans. Dépêche de Lacroix Espezel disant d'aller aujourd'hui vendredi
Ct. prendre le bois à Couiza. Nous envoyons un exprès à Carla pour cela. Hypolitte fait
avec 1 paire de bœufs et le cheval 1 voyage de bois pour le plancher. Il repart sans souper.
Balent et Marty, après n'avoir pas fait grand-chose rentrent à Couiza à 6 heures.
M. Caminade repart après avoir soupé et doit remonter lundi prochain.

5 | Il a plu dans la nuit, ce matin temps couvert et frais et à la pluie. Bot
continue de monter les cloisons du rez-de-chaussée et Bousquet est à sa pierre blanche ;
je l'aide 2 fois à scier. M. Caminade écrit de faire mettre à Couiza en lieu sûr le bois
qu'Hypolitte ne pourra pas monter ce soir. Départ de Bousquet après avoir reçu *5 frs*
qui lui sont nécessaires. Départ des ouvriers de Luc après avoir terminé les cloisons du
rez-de-chaussée. Hypolitte arrive à la nuit avec les 5 poutres et avoir laissé à la **Croix
de la Coste** quelques poutrelles portées par Coudier des **Jaffus**. Au moment de souper on vient
me prendre pour aller voir la femme de Quilliès bien malade. Ne pouvant la confesser
je lui donne l'absolution et lui administre le sacrement d'Extrême Onction.

6 | Annonce d'une belle journée. Temps frais un peu de vent. Très peu
de monde à la messe et au Chapelet. Élodie va mieux. Beaucoup de gens sont
à vendanger.

7 | La malade a passé une mauvaise nuit, grande inflammation. M. Laffont
ne pouvant monter étant malade, on a été prendre M. Dufour. Dans la nuit un
grand vent s'est déclaré, la pluie a suivi et elle tombe encore vers les 3 heures du
soir. Bousquet est arrivé à 9 heures, mouillé ; il n'a rien fait de toute la matinée.
Après diné, Guillaume lui a aidé à scier une pierre et le temps redevenant mauvais
il est revenu au coin du feu. Les maçons sont arrivés vers les 3 heures du soir. Bousquet a aider Guillaume à décuver ; Dufour a mis la malade à la diète. Sur le soir Hypollite arrive avec une charge de bois de chauffage. Après l'avoir déposé, il va avec
Guillaume et Bousquet prendre à la Coste les 5 pièces de bois restantes et tout le
monde soupe et parle après du futur mariage de Marie Gales. Les maçons n'ont
rien à faire à cause du mauvais temps.

8 | Temps froid ; vent du nord assez fort. Les maçons, sauf Gabalda
non encore guéri, commencent à vouter le sous-sol. Bousquet est à son travail
de pierre blanche. Valent et Marty les deux menuisiers arrivent à 8 h déjeunent
dans la grotte après être venus prendre du vin et se mettent à leur travail à 9 h.
Ils n'ont pas eu le courage d'arriver jusqu'à Rennes un fond de barrique que Vié
avait apporté jusqu'à la tranchée. Marie doit aller ce soir mardi à Couiza
trouver M. **Roché** au sujet de l'hypothèque Gavignaud et lui solder le restant
de la dette. Le meunier va prendre le fond de barrique sus-dit. Vers midi visite de Sabarthès
qui vient voir où nous en sommes de la maison. Il repart après midi après lui avoir promis
le travail de son état. De suite après diné Bousquet aidé des maçons posent les
poutres le long du mur de la grotte. Le meunier aide Guillaume à récurer. Les deux menuisiers
partent à 5 h et demi, après avoir fait dans un jour ce que un ouvrier
seul ferait dans une demi-journée. Marie rentre de Couiza a soldé M. Roché qui lui a
dit que l'hypothèque veuve Gavignaud n'était pas sur la maison Brigitte.

9 | Annonce d'une belle journée. Le vent a cessé. Bousquet continue son
travail. Bot et ses deux aides terminent les voûtes du salon et arrangent le
cadre de la fenêtre de la grange. Valent et Marty arrivent à 7 h déjeunent

et se mettent au travail a 8ʰ. Arrivée de Mʳ Caminade. Pose des solives, travail q-
ne se termine pas grace à la lenteur désespérante des menuisiers. après diner pose de
la grue pour monter les matériaux et essai de ce système. démolition d'une bonne
partie de la bergerie moulinée. un seul menuisier, marty reviendra demain jeudi
pour terminer le travail. Gabalda est arrivé par le train de 8ʰ½ du matin. Monsieur
Caminade désirant voir terminer le 1ᵉʳ plancher, télégraphie à sa femme qu'il ne
rentrera que le lendemain au soir. Guillaume et alexandrine ont cueilli les
pommes de terre. Le temps se couvre vers la nuit et le vent souffle
10 —————— Un brouillard intense, humide couvre Rennes. Bouquet est à son tra-
-vail. Les maçons Gabalda compris modifient la chèvre qui demandait à être élevé
avant de se mettre au travail. Vers les 7ʰ marty arrive pour terminer son travail
avant de déjeuner. les maçons démolissent la plus grande partie des ruines moulinées.
après déjeuner ils terminent l'arrangement du plancher, sous la surveillance de Mʳ Caminade.
les manœuvres montent des matériaux. Le menuisier termine sa tache du 1ᵉʳ plancher
à midi. Le soir pose de quelques coins du commencement du cartouche de dessus la porte
d'entrée. blanchi les bouts de ponterelles et cintre en brique et maçonnerie d'une fenêtre
jumelle, le tout sous la surveillance de Mʳ Caminade qui repart par le dernier train
après nous avoir promis de télégraphier au Carrier de la pierre blanche très en retard.
11 —————— temps frais, couvert, calme. Bouquet est à son travail du cartouche.
les maçons sont en train de monter le 2ᵉ cintre de l'autre fenêtre jumelée, de poser
quelques cours de briques, quelques pierres du cartouche et de faire la maçonnerie de
la principale facade — Moi et Guillaume nous mettons le bois de construction de
la facon recommandée par Mʳ Caminade. très belle journée.
12 —————— Annonce d'une très belle journée. Bouquet termine la dernière pierre
du cartouche. Bot fait la pose des consoles qui doivent recevoir les sœurs des
fenêtres du second (principale facade) et maçonnerie de ce coté. Le soir Bouquet commence les petites fenêtres en pierre bl. du 1ᵉʳ étage. Les maçons travaillent du coté de la
cour. La pierre blanche nous manque complétement. Pendant 2 jours de suite, Guilla
acquis au vendeur de très belle future. Le soir départ de tous les ouvriers.
13 —————— temps calme, un peu couvert, doux. Fête patronale à Coustaussa
Dimanche. très peu de monde aux offices. visite du futur de Marie Galup et de la famille
de Carla: marcel, virginie Elise marie et Hyppolitte.
14 —————— Annonce d'une très belle journée. Croix destinée à la tombe de Zénobie brisée en
la transportant. arrivée des maçons, sauf Baptiste, malade. pose par les maçons au
Cimetière de la Croix de Zénobie. anniversaire de Zénobie. Bouquet n'est pas arrivé.
Hoalet est loué par les maçons. Hypolitte a été faire deux voyages de sable avec une
paire et le cheval. 17 comportes. Les maçons ont travaillé du coté de la grange.
15 —————— annonce d'une très belle journée. Mort de l'enfant de Claudine Vals
les maçons travaillent du coté de la cour au 1ᵉʳ étage pose des consoles. Mʳ Piou
avec son oncle de Carcassonne, après avoir envoyé quelques boites de conserve écrit
qu'il viendront l'inviter à déjeuner aujourd'hui; mardi. et ils viennent. pour lui
faisons une commande d'huile et faron. Mʳ Caminade envoie le télégramme
du Carrier de Baraçay en réponse au sien. au sujet de la pierre blanche en retard.
arrivée de Bouquet qui le matin arrange les consoles dures et le soir continue
le préparation des deux petites fenêtres en pierre blanche
16 —————— Annonce d'une très belle journée. Bouquet continue les petites fenêtres
en pierre blanche et les maçons (malet n'y est plus) tout à la maçonnerie du coté de
la cour. Sepulture du petit de Vals Elisé. Baptiste gueri revient. Les maçons
posent les briques du premier coté de la cour.
17 —————— matinée couverte et pluvieuse jusqu'à midi. Bouquet continue
les petites fenêtres en pierre blanche. Les maçons le matin débarassent des pierres
le soussol du salon et commencent à vouter la salle a manger. Le soir même
travail. Baruteau des Boudous vient annoncer naissance et baptême d'un enfant
pour samedi prochain.

et se mettent au travail à 8 h. Arrivée de M. Caminade. Pose de solives, travail qui
ne se termine pas grâce à la lenteur désespérante des menuisiers. Après diné pose de
la grue pour monter les matériaux et essai de ce système. Démolition d'une bonne
partie de la bergerie Moulines. Un seul menuisier Marty reviendra demain jeudi
pour terminer le travail. Gabalda est arrivé par le train de 8 h du matin. Monsieur
Caminade désirant voir terminer le 1er plancher, télégraphie à sa femme qu'il ne
rentrera que le lendemain au soir. Guillaume et Alexandrine ont cueilli les
pommes de terre. Le temps se couvre vers la nuit et le vent souffle.

10	Un brouillard intense, humide couvre Rennes. Bousquet est à son tra- vail. Les maçons, Gabalda compris, modifient la chèvre qui demandait à être élevée avant de se mettre au travail. Vers les 7 h Marty arrive pour terminer son travail. Avant de déjeuner les maçons démolissent la plus grande partie des ruines Moulines. Après déjeuner ils terminent l'arrangement du plancher sous la surveillance de M. Caminade. Les manœuvres montent des matériaux. Le menuisier termine sa tâche du 1er plancher à midi. Le soir pose de quelques coins du commencement du cartouche de dessus la porte d'entrée ; blanchi les bouts de poutrelles et cintre en brique et maçonnerie d'une fenêtre jumelle, le tout sous la surveillance de M. Caminade qui repart par le dernier train, après nous avoir promis de télégraphier au carrier de la pierre blanche très en retard.
11	Temps frais, couvert, calme. Bousquet est à son travail du cartouche. Les maçons sont en train de monter le 2ème cintre de l'autre fenêtre jumelée, de poser quelques coins de briques, quelques pierres du cartouche et de faire la maçonnerie de la principale façade. Moi et Guillaume nous mettons le bois de construction de la façon recommandée par M. Caminade. Très belle journée.
12	Annonce d'une très belle journée. Bousquet termine la dernière pierre du cartouche. Bot fait la pose des consoles qui doivent recevoir les seuils des fenêtres du second (principale façade) et maçonnerie de ce côté. Le soir Bousquet com- mence les petites fenêtres en pierre bl. du 1er étage. Les maçons travaillent du côté de la cour. La pierre blanche nous manque complètement. Pendant 2 jours de suite, Guillaume a pris au verveux de très belles fritures. Le soir départ de tous les ouvriers.
13	Temps calme, un peu couvert, doux. Fête patronale à Coustaussa. Dimanche. Très peu de monde aux offices. Visite du futur de Marie Galley et de la famille de Carla, Marcel, Virginie, Élise, Marie et Hypolitte.
14	Annonce d'une très belle journée. Croix destinée à la tombe de Zénobie brisée en la transportant. Arrivée des maçons, sauf Baptiste malade. Pose par les maçons au cimetière de la Croix de Zénobie. Anniversaire de Zénobie. Bousquet n'est pas arrivé. Malet est loué par les maçons. Hypolitte a été faire deux voyages de sable avec une paire et le cheval, 17 composts. Les maçons ont travaillé du côté de la grange.
15	Annonce d'une très belle journée. Mort de l'enfant de Claudine Vals. Les maçons travaillent du côté de la cour au 1er étage pose des consoles. M. Pinet avec son oncle de Carcassonne, après avoir envoyé quelques boîtes de conserve écrit qu'ils viendront s'inviter à déjeuner aujourd'hui : mardi, et ils viennent. Nous lui passons une commande d'huile et savon. M. Caminade envoie le télégramme du carrier de Tarascon en réponse aux scies, au sujet de la pierre blanche en retard. Arrivée de Bousquet qui le matin arrange les consoles dures et le soir continue la préparation des deux petites fenêtres en pierre blanche.
16	Annonce d'une très belle journée. Bousquet continue les petites fenêtres en pierre blanche et les maçons (Malet n'y est plus) sont à la maçonnerie du côté de la cour. Sépulture du petit de Vals Élise. Baptiste guéri revient. Les maçons posent les briques du premier côté de la cour.
17	Matinée couverte et pluvieuse jusqu'à midi. Bousquet continue les petites fenêtres en pierre blanche. Les maçons le matin débarrassent des pierres le sous-sol du salon et commencent à voûter la salle à manger. Le soir même travail. Baruteau des Boudous vient annoncer naissance et baptême d'un enfant pour samedi prochain.

18 ——— Annonce d'une belle journée. Soleil chaud. Le matin Bousquet continue les
petites fenêtres. Les maçons font la voûte de la Cuisine. avant midi Bot va examiner
le travail à faire à la vieille maison d'Alexandrine. Le soir, Bousquet fait encore quelque
travail avec les pierres blanches économisées. Les maçons, n'ayant plus rien à faire faute
de pierre blanche non encore arrivée, glanant parci, par là quelques occupations, garnis-
saient les échaffaudages de matériel avant de partir pour 3 ou 4 jours pour Castelnègre
en attendant que la pierre arrive.

19 ——— temps calme, doux, couvert. Bousquet glane par ci, par là quelque peu de travail
et part pour Limoux à 3 heures après avoir réglé Bot 68ᶠ. net 63. Il a exigé au moins 3/4 de
journée en trop. Envoi facture des 100 sacs de chaux. Le wagon de pierre blanche arrive à
4 h. du soir. Il commence à tomber de la pluie. Dans la nuit, il s'élève un grand vent
suivi d'une pluie très abondante qui tomba toute la nuit. Baptême de Jᵇ Baruteau Boudou.

20 ——— Il pleut encore. temps très humide et à la pluie. Marcel vient m'apporter les
publications du Mariage: Gorse Gally. me communique quelque peu de la guerre qui existe
à Carla entre lui et Hyppolitte à l'occasion du mariage de Marie; et me dit de ne plus donner
de l'argent à Hyppolitte. Marie prêche Hyppolitte de ne rien faire contre le mariage. peu
de monde à l'église. temps toujours mauvais. avis de la Gare: arrivage du wagon de
pierre. à payé 99ᶠ 05. Il pleut encore la nuit.

21 ——— Annonce d'une belle journée. Bon matin, Hyppolitte va faire un voyage
de pierre blanche et en apporte 2 avec 1 paire et le cheval et arrive vers midi avec Bousquet seul qui lui a aidé à charger. Bauzil et Authié ne pourront venir que jeudi-
après dîner, ils y reviennent tous les deux pour un second voyage, et en apporté encore 2.
Hyppolitte paraît très affairé et défiqué à cause du mariage de Marie. Vers 2 heures
Martial se trouvant à Montazels vient nous voir et nous annonce qu'il a pris le
bien de l'abbé à moitié fruit. Le temps devient froid sur le soir, le vent marin
souffle et fait présager pour demain une moins bonne journée. Hyppolitte arrive du soir
second voyage de la gare très tard. En montant à la Caunette et en calant une roue
Bousquet se fait mal au doigt. peur, émotion. etc.

22 ——— Le temps se couvre et devient froid. Bousquet a assez bien passé la nuit. Ce
soir même j'écris à Mʳ Caminade d'envoyer les deux autres ouvriers ou au moins un.
Guillaume ~~parti pour aider~~ Bousquet gêné par son doigt blessé, et ne pouvant pas tra-
-vailler, nous allons nous promener dans la campagne. Comme soirée. Vu Vignié; ramassé
beaucoup de champignons. Hyppolitte a fait 2 voyages de la gare avec 1 p. et cheval. apporté
seulement chaque fois 1 pierre longue. Il pleut beaucoup dans la nuit.

23 ——— temps humide et couvert. Bousquet a bien passé la nuit. son doigt va
beaucoup mieux et sa main n'est pas enflée. Authié et Bauzil ne sont pas venus
mais nous avons la visite de Mestre qui vient pour chasser, ce que nous faisons
le matin avec lui et Bousquet sans rien tuer et le soir, lui et Bousquet. De temps
en temps quelques ondées. Les chasseurs rentrent bredouille. Soupé. Hyppolitte
après avoir passé la journée à remiser à Couiza 100 sacs de chaux, monte le soir
avec 25 sacs. 1 p. de bœuf. et le cheval.

24 ——— temps frais, humide, un peu couvert. Le petit Benjamin du Château
est mort cette nuit. Sépulture demain vendredi. Bousquet va de mieux en mieux
arrivé de Mʳ Caminade avec Authié, seul. Vers les 10 heures, baptême du
nouveau né de Marie Moulinié. Mestre à la chasse avec Bousquet a tué 1 lièvre
mais n'ont pu le trouver. Nous disons à Mʳ Caminade d'assurer les ouvriers à cause de
l'accident arrivé à Bousquet. à 3 h départ de Mʳ Caminade de Mestre et Bousquet
qui doit revenir lundi pour scier. Malet est loué ce soir pour scier avec Authié.

25 ——— annonce d'une belle journée. temps frais. Malet scie la pierre avec Authié.
Sépulture du petit du château à 10h. Hyppolitte fait un voyage de pierre blanche, 2.
le soir il fait 1 voyage de champ 25 sacs. Vers les 4 h du soir, n'ayant plus rien à scier
pour le moment, malet s'est retiré, vers les 4h après avoir aidé Hyppolitte a rentré le soir de champ
dans la nuit, il pleut — annonce de la mort de Mᵉˡˡᵉ Marie Claire Bonnes

18 | Annonce d'une belle journée. Soleil chaud. Le matin Bousquet continue les
petites fenêtres. Les maçons font la voûte de la cuisine. Avant midi Bot va examiner
le travail à faire à la vieille maison d'Alexandrine. Le soir, Bousquet fait encore quelque
travail avec les pierres blanches économisées. Les maçons, n'ayant plus rien à faire faute
de pierre blanche non encore arrivée, glanant par ci, par là quelques occupations, garnissent les échafaudages de matériel avant de partir pour 3 ou 4 jours pour Castelnègre
en attendant que la pierre arrive.

19 | Temps calme, doux, couvert. Bousquet glane par ci, par là quelque peu de travail
et part pour Limoux à 3 heures après avoir réglé soit 68 h net 63. Il a exigé au moins ¾ de
journée en trop. Envoi facture de 100 sacs de chaux. Le wagon de pierres blanches arrive à
4 h du soir. Il commence à tomber de la pluie. Dans la nuit, il s'élève un grand vent
suivi d'une pluie très abondante qui tombe toute la nuit. Baptême de J(-) Baruteau Boudous.

20 | Il pleut encore, temps très humide et à la pluie. Marcel vient m'apporter les
publications du mariage : Goise-Galley me communique quelque peu de la guerre qui excite
à Carla entre lui et Hypolitte à l'occasion du mariage de Marie et me dit de ne plus donner
de l'argent à Hypolitte. Marie prêche Hypolitte de ne rien faire contre le mariage. Peu
de monde à l'église. Temps toujours mauvais. Avis de la gare : arrivage du wagon de
pierre à payer **99,05**. Il pleut encore la nuit.

21 | Annonce d'une belle journée. Bon matin. Hypolitte va faire un voyage
de pierre blanche et en apporte 2 avec une paire et le cheval et arrive vers midi avec Bousquet seul qui lui a aidé à charger. Bauzil et Authier ne pourront venir que jeudi.
Après diné, ils y reviennent tous les deux pour un second voyage, et en apporte encore 2.
Hypolitte paraît très affaissé et défiguré à cause du mariage de Marie. Vers 2 heures,
Martial se trouvant à Montazels vient nous voir et nous annonce qu'il a pris le
bien de l'abbé à moitié fini. Le temps devient froid sur le soir, le vent marin
souffle et fait présager pour demain une moins bonne journée. Hypolitte arrive de son
second voyage de la gare très tard. En montant à **la Caunette** et en calant une roue,
Bousquet se fait mal au doigt, peur, émotion etc.

22 | Le temps se couvre et devient froid. Bousquet a assez bien passé la nuit. Sur
son ordre j'écris à M. Caminade d'envoyer les deux autres ouvriers ou au moins un.
~~Guillaume reste pour aider~~ Bousquet gêne par son doigt blessé, et ne pouvant pas travailler, nous allons nous promener dans les campagnes. Bonne soirée. Vu vipère ; ramassé
beaucoup de champignons. Hypolitte a fait 2 voyages de la gare avec 1 p et chev a porté
seulement chaque fois 1 pierre longue. Il pleut beaucoup dans la nuit.

23 | Temps humide et couvert. Bousquet a bien passé la nuit. Son doigt va
beaucoup mieux et sa main n'est pas enflée. Authier et Bauzil ne sont pas venus
mais nous avons la visite de **Mestre** qui vient pour chasser, ce que nous faisons
le matin avec lui et Bousquet sans rien tuer et le soir, lui et Bousquet. De temps
en temps quelques ondées. Les chasseurs rentrant bredouilles. Souper. Hypolitte
après avoir passé la journée à remiser à Couiza 100 sacs de chaux, montent le soir
avec 25 sacs. 1 p. de bœufs et le cheval.

24 | Temps frais, humide, un peu couvert. Le petit Benjamin du Château
est mort cette nuit. Sépulture demain vendredi. Bousquet va de mieux en mieux.
Arrivée de M. Caminade avec Authier seul. Vers les 10 heures, baptême du
nouveau-né de Marie Moulinier. Mestre à la chasse avec Bousquet a tué un lièvre
mais n'ont pu le trouver. Nous disons à M. Caminade d'assurer les ouvriers à cause de
l'accident arrivé à Bousquet. À 3 h départ de M. Caminade de Mestre et Bousquet
qui doit revenir lundi pour scier. Malet est loué ce soir pour scier avec Authier.

25 | Annonce d'une belle journée, temps frais. Malet scie la pierre avec Authier.
Sépulture du petit du Château à 10 h. Hypolitte fait un voyage de pierre blanche, 2.
Le soir il fait 1 voyage de chaux 25 sacs. Vers les 4 h du soir, n'ayant plus rien à scier
pour le moment, Malet s'est retiré, vers les 4 h, après avoir aidé Hypolitte à rentrer les sacs de
chaux. Dans la nuit, il pleut. Annonce de la mort de Melle Marie-Claire Bonnes

26 ——— temps froid, humide, vent. Hypolitte a été faire un voyage et le dernier de pierre de taille. Authiez prépare des pierres blanches. Le soir je vais au Bois pendant que Marie, Julie et Antoinette vont à Carla. Départ le soir après souper d'Authiez —

27 ——— Dimanche. temps sombre, froid. mort du petit du fossoyeur. Edouard écrit qu'il envoie des marrons. Miamay arrive et nous raconte les mariages de Marie Louise et autres nouvelles. Elle repart le soir et vais l'accompagner. Le surlendemain mardi, elle doit partir pour Narbonne. Rousset Elie fait la demande pour un caveau au cimetière du côté du presbytère. Saunieron qui se rend à la fête de Granes me dit que demain lundi les maçons reviendront prendre le travail de la maison neuve.

28 ——— temps calme, ciel voilé. arrivée de Mr Caminade, de Bauzil et Authiez, arrivée de tous les maçons et de la famille Bot, pour reprendre les travaux. Sépulture du petit du fossoyeur. Les tailleurs de pierre scient les seuils des croisées. Les maçons montent quelques coins et les maçonneries avec. Donné par Mr Caminade à Mr Pagan 1 acompte de 300 f. Départ de Mr Caminade après souper, nous allons l'accompagner avec Marie et Julie jusqu'à la Croix de la Coste. Les maçons sont partis tous souper à Granes à l'occasion de la fête. Ils rentrent à minuit.

29 ——— Il a plu pendant la nuit et il pleut jusqu'à 8 h. Les deux tailleurs de pierre achèvent de scier les seuils des fenêtres, les mettent en chantier et commencent à les travailler. Les maçons vers les 9 h reprennent leurs maçonneries. Lacroix de Meriel écrit qu'il apporte aujourd'hui à Couiza la fin de la Commande du bas. Nous envoyons à Carla, enfin qu'on aille le retirer. Le soir les 2 tailleurs continuent les seuils et les maçons montent le mur du côté du calvaire. Le temps est calme et à la pluie — Marie arrive pour se confesser. Hypolitte monte de Couiza avec la pluie vers les 7 h et demi avec un grand chargement de planches, liteaux etc. Il en laisse un autre voyage. Il soupe et couche au presbytère à cause de la pluie qui tombe toute la nuit. Marie, Julie et Antoinette avaient nettoyé l'Eglise intérieurement et extérieurement à cause du Mariage de Marie de Carla auquel elles doivent amiez arriv. Mag. P. Blan.

30 ——— temps calme, couvert, embrouillard et à la pluie qui menace de nouveau aujourd'hui, mercredi, foire à Couiza; mariage de Marie de Carla avec Gouse de guillau vers les 11 h et demi. arrivée Religieuse d'Esperaza m'avaient fait remettre la veille par Barthelemy 13,50 pour 13 m. à partir de 10 h beau temps. Les tailleurs sont toujours aux deux seuils des Croix. Les maçons montent le mur du côté du calvaire. à la fin de la journée, ils montent à leur place les deux seuils terminés. Marie et Julie arrivent de la noce de Carla vers les 6 h et Barthelemy avec Hypolitte qui apportent tous quelques restes. Nous soupons tous ensemble de bonne appétit. Hypolitte est triste et a les larmes aux yeux du départ de Marie. Dans la nuit, la pluie recommence à tomber sans discontinuer jusqu'à bien avant dans la matinée du lendemain —

31 ——— Il pleut toujours et rien ne fait prévoir que cela doive cesser. Il pleut toute la journée sans discontinuer. Les deux tailleurs de pierres travaillent quand même mais les maçons partent, ne pouvant s'occuper. Ils reprendront lundi. Alexandrine a été à Couiza solder le wagon, dernier de p. blanche 19 Xbre. Hypolitte avec un autre homme ont essayé, malgré le mauvais temps d'aller le décharger. Mr Caminade nous écrit pour nous dire qu'il a écrit au Carris une lettre raide. Authiez et Bauzil devaient partir ce soir pour Limoux, mais la pluie persistante ne leur permet de partir que le lendemain. Nous passons la veillée tous ensemble et nous finissons le feuilleton; Rose Duprey de l'Echo de la mode. Nous prenons connaissance du colis étoffe, colis m'attendu et qui renferme 2 draps de mort et 1 chasuble de deuil avec tous ses accessoires. Il pleut toute la nuit.

1 Novembre. ——— Toussaint. Il pleut encore toute la matinée et une partie de la soirée à 8 h et demi les deux tailleurs partent pour Limoux. aux offices peu de monde car les campagnes n'ont pu venir à cause de la pluie. Le percepteur envoie à Marie et à moi d'aller verser l'argent pour les caveaux avant le 10 9bre. Le soir après vêpres, je renvoie l'accusé de réception du colis renfermant le service de deuil

26 | Temps froid, humide, vent. Hypolitte a été faire un voyage et le dernier
de pierre de taille. Authier prépare des pierres blanches. Le soir je vais aux Bals pendant
que Marie, Julie et Antoinette vont à Carla. Départ le soir après soupé d'Authier.

27 | Dimanche. Temps sombre, froid. Mort du petit du fossoyeur. **Édouard** écrit
qu'il envoie des marrons. Maman arrive et nous raconte le mariage de Marie-Louise et
autres nouvelles. Elle repart le soir et vais l'accompagner. Le surlendemain mardi elle doit
partir pour Narbonne. Rousset Élie fait la demande pour son caveau du cimetière du
côté du presbytère. Saunièrou qui se rend à la fête de Granès me dit que demain lundi
les maçons reviendront prendre le travail de la maison neuve.

28 | Temps calme, ciel voilé. Arrivée de M. Caminade, de Bauzils et Authier.
Arrivée de tous les maçons et de la famille Bot, pour reprendre les travaux. Sépulture
du petit du fossoyeur. Les tailleurs de pierres scient les seuils des croisées. Les maçons montent
quelques coins et les maçonneries avec. Donné par M. Caminade à M. Pugens 1 acompte
de ***300 frs***. Départ de M. Caminade après souper, nous allons l'accompagner avec Marie
et Julie jusqu'à la Croix de la Coste. Les maçons sont partis tous souper à **Granès** à l'occasion
de la fête. Ils rentrent à minuit.

29 | Il a plu pendant la nuit et il pleut jusqu'à 8 h. Les deux tailleurs de pierres
achèvent de scier les seuils des fenêtres, les mettent en chantier et commencent à les travailler. Les maçons vers les 9 h reprennent leurs maçonneries. **Lacroix de Mérial** écrit
qu'il a apporté aujourd'hui à Couiza la fin de la commande Dubois. Nous envoyons à
Carla enfin qu'on aille le retirer. Le soir les 2 tailleurs continuent les seuils et les
maçons montent le mur du côté du Calvaire. Le temps est calme et à la pluie.
Marie arrive pour se confesser. Hypolitte monte de Couiza avec la pluie vers les 7 h
et demi avec un grand chargement de planches liteaux etc. Il en laisse un autre
voyage. Il soupe et couche au presbytère à cause de la pluie qui tombe toute la nuit.
Marie, Julie et Antoinette avaient nettoyé l'église intérieurement et extérieurement
à cause du mariage de Marie de Carla auquel elles doivent assister. Arrive wag p. blan.

30 | Temps calme, couvert, embrouillardé et à la pluie qui menace de nouveau.
Aujourd'hui, mercredi, foire à Couiza ; mariage de Marie de Carla avec Goise de
Quillan vers les 11 h et demi ; ~~arrivée~~ Religieuses d'Espéraza m'avaient fait remettre
la veille par Barthélémy **13,50 pour 13 m**. À partir de 10 h beau temps. Les tailleurs sont
toujours aux deux seuils des croisés. Les maçons montent le mur du côté du Calvaire. À la fin
de la journée, ils montent à leur place les deux seuils terminés. Marie et Julie arrivent
de la noce de Carla vers les 6 h et Barthélémy avec Hypolitte qui apportent tous quelques
restes. Nous soupons tous ensemble de bon appétit. Hypolitte est triste et a les larmes
aux yeux du départ de Marie. Dans la nuit, la pluie recommence à tomber sans discontinuer jusqu'à bien avant dans la matinée du lendemain.

31 | Il pleut toujours et rien ne fait prévoir que cela doive cesser. Il pleut
toute la journée sans discontinuer. Les deux tailleurs de pierres travaillent quand même
mais les maçons partent, ne pouvant s'occuper. Ils reviendront lundi. Alexandrine
a été à Couiza solder le wagon dernier de p. blanche ***190 frs***. Hypolitte avec un autre
homme ont essayé, malgré le mauvais temps, d'aller le décharger. M. Caminade
nous écrit pour nous dire qu'il a écrit au Carrier une lettre raide. Authier et
Bauzil doivent partir ce soir pour Limoux, mais la pluie persistante ne leur permet de
partir que le lendemain. Nous passons la veillée tous ensemble et nous finissons le
feuilleton : Rose Dupuy de l'Écho de la mode. Nous prenons connaissance du colis
Étoffe, colis inattendu et qui renferme 2 draps de mort et 1 chasuble de deuil
avec tous les accessoires. Il pleut toute la nuit.

1er | <u>Novembre</u>. Toussaint. Il pleut encore toute la matinée et une partie de la
soirée. À 8 h et demi les deux tailleurs partent pour Limoux. Aux offices peu de monde
car **les campagnes** n'ont pu venir à cause de la pluie. **Le percepteur** envoie à Marie
et à moi d'aller verser l'argent pour les caveaux avant le 10 9bre. Le soir après
Vêpres, je vais écrire l'accusé de réception du colis renfermant le service de deuil.

LE R. P. ANDERLEDY

23ᵉ supérieur général des Jésuites, né le 3 juin 1819, à Berisal (Suisse), mort à Fiesole, le 19 janvier 1892.

(Voir dans La Croix d'hier sa biographie.)

Le Père Anderledy avait 73 ans, il était né le 3 juin 1819, à Berisal, canton du Valais (Suisse). Elevé par les Jésuites à Brigue, professeur de théologie à Fribourg lorsque, en 1847, après le Sunderbund, les protestants expulsèrent les membres de la Compagnie de Jésus, il fut arrêté, faillit être exécuté. Sa présence d'esprit le sauva. Le Père Anderledy se réfugia à Chambéry, d'où l'année suivante la révolution chassa l'Ordre, il partit pour l'Amérique, où il reçut la prêtrise et prit la direction de la mission de Greenbay, sur le lac Erié.

Rentré en Europe, le Père Anderledy fut de nouveau nommé professeur de théologie à Tronchiennes, près de Gand, en 1850. Désigné ensuite pour être recteur des collèges de Cologne et de Paderborn, il fonda, en 1863, la célèbre maison de philosophie et de théologie de Maria-Lack.

C'est à ce moment que ses collègues de l'Assistance de Germanie l'élurent provincial. Le 24 septembre 1883, il était désigné pour occuper, auprès du Père Beckx, général des Jésuites, les fonctions d'assistant.

Le Père Beckx, qui faisait grand cas du Père Anderledy, se trouva très fatigué, et se retira bientôt à Rome en laissant au Père Anderledy toutes les charges de la Compagnie. Lorsque le général mourut, le 4 mars 1887, après trente-quatre années d'exercice, le Père Anderledy fut élu au premier tour de scrutin.

Le père Anderledy était de haute stature, d'allure majestueuse.

Ses relations avec le Souverain Pontife étaient très affectueuses, et Léon XIII tenait en très haute estime, et l'administration et l'homme.

Le père Anderledy vivait à Fiesole, très retiré, dans l'ancien couvent des Ermites de Saint-Jérôme.

Il parlait le français, l'allemand, l'italien, l'anglais, l'espagnol et facilement les langues anciennes.

MGR GAY

ÉVÊQUE D'ANTHÉDON (Palestine)

Né à Paris, le 1ᵉʳ octobre 1815, évêque le 23 octobre 1877, mort le 19 janvier 189.. (Voir l'article de la première page).

« Tout ce qui vient de Dieu est bon ».

Telles furent presque les dernières paroles du vénérable évêque d'Anthédon, ancien auxiliaire du cardinal Pie, en achevant, le 19 janvier au soir, sa sainte carrière et la maladie pendant laquelle nous avons sollicité, à diverses reprises, des prières.

A la mort du cardinal Pie, il était tout désigné par sa science, par son éloquence, par son renom, à occuper le siège dont il partageait les sollicitudes. Des combinaisons politiques, en l'écartant, ont empêché un grand bien, mais ont permis à l'écrivain ascétique de continuer ses œuvres ; son plan rempli, il se retire de la scène étroite du monde pour reprendre les œuvres plus grandes du ciel.

Mgr Gay était, après Mgr de Ségur, son vieil ami, le président de l'Union des œuvres ouvrières, assisté du T. R. P. Delaporte.

*
**

Nous reproduisons aujourd'hui un croquis de sa physionomie ; mais nous offrirons aux lecteurs du *Pèlerin*, la semaine prochaine, un grand et beau portrait de lui, et une biographie complète.

Avant d'entrer dans les ordres, Mgr Gay avait un véritable talent de compositeur en musique, il a été le collaborateur de Gounod ; comme Mgr de Ségur avait de son côté un talent d'artiste, qui donne aujourd'hui une grande valeur aux tableaux de sa jeunesse.

MGR PÉRONNE

ÉVÊQUE DE BEAUVAIS

né à Laon le 25 octobre 1813
mort subitement, à Beauvais, le 20 février 1892

Nous avons annoncé rapidement, samedi, la nouvelle de la mort subite de Mgr Péronne, évêque de Beauvais (excepté dans l'édition de Paris).

Le prélat était mort subitement, à midi, en prenant un léger repas.

Mgr Péronne, bien qu'âgé de plus de 78 ans, — il était né à Laon en octobre 1813 — avait conservé vigueur et activité, et il paraissait jeune encore lorsqu'en 1871, il fut élevé à l'Episcopat. Une indisposition d'*influenza* avait altéré sa santé, il y a quelques jours; mais il paraissait remis.

Parmi les lettres d'adhésion que reçut naguère Mgr Gouthe-Soulard, celle de Monseigneur l'évêque de Beauvais se faisait remarquer par son élévation et son énergie.

Mgr Péronne avait signalé sa carrière ecclésiastique par de nombreux travaux théologiques.

La Croix de l'Oise paraît encadrée de noir, et fait une demande de prières à laquelle nous nous associons.

Le *Gaulois* rapporte un mot de Mgr Péronne:

Un mot de Mgr Péronne

Le vénérable prélat était un beau et grand vieillard, d'une distinction parfaite.

La marquise de X..., était venue à une réception donnée en son honneur avec une robe de bal trop décolleté et une traîne tellement longue que l'évêque marcha dessus et la déchira.

— Je ne vous ferai pas d'excuses, madame la marquise, car ce qui arrive est de votre faute. Si vous aviez mis un peu plus d'étoffe en haut et un peu moins en bas, l'accident que je déplore ne serait pas arrivé.

2. Jour des morts. temps calme. nous annonce d'une belle journée. a 10h 1/2 messe ou il y a un peu de monde. Hyppolitte a été à la foire à Caudiès acheter de bœufs. les veilles chaud soirée.

3 ——— Dimanche. annonce d'une belle journée. Guillaume expose au soleil les bois de la toiture de la maison, pour le faire sécher. Peu de monde aux offices. ouverture du catéchisme. après vêpres, nous rentrons avec Guillaume tout le bois, planches, sauf la liteau nous serrons les poutrelles qui étaient très humides. J. B. Lacroix de Mérial envoie sa facture de bois pour 719 f. pour être soldée fin novembre. Visite de gendarmes dans la matinée.

4 ——— Annonce d'une belle journée. temps clair et beau. arrivée des maçons qui viennent continuer la maison. arrivée de M. Caminade et de 2 tailleurs de pierre Authié et Bauzil. Bousquet est encore souffrant dit-on. les derniers sont arrivés à 11 heures parce qu'ils ont été obligés d'aider Hyppolitte à charger la pierre blanche. (3 pierres) ont été portées avec 2 paires de bœuf. le voyage étant trop fort les bœufs nouveaux ont été exquintés et fatigués. Hyppolitte n'était pas content parce que M. Caminade l'avait fait trop charger « les conseillers ne sont pas les payeurs. » après dîné Hyppolitte a été faire un second voyage de pierre blanche. (3) Les maçons ont continué à monter le mur du côté du levant pour les 3 seuils des fenêtres. les deux tailleurs ont continué leur âme. J'ai donné à M. Caminade la facture du bois de Mérial et les lettres du chemin de fer des transport de la pierre bl. M. Caminade communique réponse de Vaucouleurs au sujet du J. Caux. nous chez décidons de nous adresser à M. Guérard Toulouse. et M. Caminade prend la lettre avant de repartir pour Limoux. Je vais l'accompagner au dessous du village. —

5 ——— fort vent marin froid. Authié taille la pierre. Bauzil et Malet scient les maçons continuent à monter le mur de levant et puis se mettent au mur du couchant ans de l'arrivée de Bérard. Hyppolitte fait 1 premier voyage de pierre blanche (3) et redescend le soir pour en faire un second avec Louise et 2 paires. 3 p.) Marie va conduire Albert, le montant de deux chevaux au percepteur. à la tombée de la nuit arrivée de Bousquet qui vient essayer de reprendre les travaux. Nous lisons à la veillée.

6 ——— Vent marin moins fort et surtout moins froid. Les maçons après avoir déjeuné d'abord reprennent leur travail dans mur du côté du jardin de dans. Bol, ayant brisé par mégarde un seuillet travaille des petites fenêtres, on est obligé d'en faire un autre. Les 3 tailleurs reprennent leur ouvrage. Authié prépare des montants et des pieds droits. Bousquet après avoir scié avec moi, continue avec Bauzil. Hyppolitte, après avoir été à la gare décharger le wagon d'ardoise en monte 1 voyage avec les deux paires et le cheval. Il y revient après avoir déchargé la charrette avec l'aide de mes 3 tailleurs. Les maçons travaillent du côté de la façade principale. à la nuit, Hyppolitte monte avec un second voyage de ardoises, mais ne décharge pas à cause de la nuit et rentre à Carla avec Louise sans souper. nous ferions la lecture.

7 ——— Il a plu un peu dans la nuit. vent marin temps brumeux, humide et brumé. Les 3 tailleurs, après avoir déchargé la charrette avec moi retournent à leur travail de taille. Les maçons posent quelques pieds droits du fenêtres, puis flem andent les poutrelles pour les échafaudages et maçonnent le côté de la façade principale. Le temps s'arrange à tel point qu'il fait une journée des plus belles. a Dîné, Hyppolitte achève de porter les ardoises. Le soir, les maçons travaillent du côté de la cour. Bousquet scie avec Malet. authié et Jean continue de préparer des pierre blanches. Moi je commence à nettoyer des pierres le chemin de la chapelle avec ma brouette et la porte dans le trou communal.

8 ——— temps calme un peu brumeux. Les 3 tailleurs sont à leur travail les maçons sont continuer la maçonnerie du côté de la cour. Hyppolitte fait un voyage de p. blanche avec Louise. Le soir 2e et dernier voyage de p. blanche pour achever le wagon. En tout 4 pierre. Moi je continue à nettoyer le chemin de la chapelle. arrivée du dernier wagon de pierre blanches. soupez de tous le monde. après lecture de romans. Hyppolitte ne reviendra pas demain samedi parce qu'il doit mener mais il reviendra lundi prochain —

2 | Jour des morts. Temps calme, doux, annonce d'une belle journée. À 10 h ½ messe où
il y a un peu de monde. Hypolitte a été à la foire à Caudiès acheter des bœufs. Une belle et
chaude soirée.

3 | Dimanche. Annonce d'une belle journée. Guillaume expose au soleil les bois
de la toiture de la maison pour les faire sécher. Peu de monde aux offices. Ouverture du
catéchisme. Après Vêpres nous rentrons avec Guillaume tout le bois, plancher, sauf les liteaux.
Nous aérons les poutrelles qui étaient très humides. J. B. **Lacroix** de Mérial envoie sa
facture de bois ~~pour~~ *719 frs* pour être soldée fin novembre. Visite des gendarmes dans la matinée.

4 | Annonce d'une belle journée. Temps clair et beau. Arrivée des maçons
qui viennent continuer la maison. Arrivée de M. Caminade et des 2 tailleurs de pierres
Authier et Bauzil. Bousquet est encore souffrant dit-on. Les derniers sont arrivés à 11 heures
parce qu'ils ont été obligés d'aider Hypolitte à charger la pierre blanche. (3 pierres) ont été
portées avec 2 paires de bœufs. Le voyage étant trop fort, les bœufs nouveaux ont été esquintés
et fatigués. Hypolitte n'était pas content parce que M. Caminade l'avait fait trop chargé,
« les conseilleurs ne sont pas les payeurs ». Après diné Hypolitte a été faire un second voyage
de pierre blanche (3). Les maçons ont continué à monter le mur du côté du levant et posé les 3
seuils des fenêtres. Les deux tailleurs ont continué leur œuvre. J'ai donné à M. Caminade
la facture du bois de Mérial et les lettres du chemin de fer des transports de la pierre bl.
M. Caminade communique réponse de **Vaucouleurs** au sujet du S. Cœur, trop cher.
Décidons de nous adresser à **M. Giscard Toulouse** et M. Caminade prend la lettre
avant de repartir sur Limoux. Je vais l'accompagner au-dessous du village.

5 | Fort vent marin, froid. Authier taille la pierre. Bauzil et Malet scient.
Les maçons continuent à monter le mur du levant et puis se mettent au mur du couchant.
Avis de l'arrivée de l'**ardoise**. Hypolitte fait 1 premier voyage de pierres blanches (3) et redescend
le soir pour en faire un second avec Louise et 2 paires (3 p). Marie va à Couiza solder le montant
de deux caveaux au percepteur. À la tombée de la nuit arrivée de Bousquet qui vient
essayer de reprendre les travaux. Nous lisons à la veillée.

6 | Vent marin moins fort et surtout moins froid. Les maçons après avoir déjeuné
d'abord, reprennent leur travail aux murs du côté du jardin de dessus. Bot ayant brisé par
mégarde un seuillet travaille des petites fenêtres. On est obligé d'en faire un autre. Les
3 tailleurs reprennent leur ouvrage. Authier prépare des montants et des pieds droits. Bousquet après avoir scié avec moi, continue avec Bauzil. Hypolitte, après avoir été à la
gare décharger le wagon d'ardoise en monte 1 voyage avec les deux paires et le cheval. Il
y revient après avoir déchargé la charrette avec l'aide de mes 3 tailleurs. Les maçons travaillent
du côté de la façade principale. À la nuit, Hypolitte monte avec un second voyage d'-
ardoises, mais ne décharge pas à cause de la nuit et rentre à Carla avec Louise
pour souper. Nous faisons la lecture.

7 | Il a plu un peu dans la nuit, vent marin, temps brumeux, humide,
il bruine. Les 3 tailleurs, après avoir déchargé la charrette avec moi retournent
à leur travail de taille. Les maçons posent quelques pieds droits des fenêtres. Me
demandent les poutrelles pour les échafaudages et maçonnent le côté de la façade
principale. Le temps s'arrange à tel point qu'il fait une journée des plus belles.
À diner, Hypolitte achève de porter les ardoises. Le soir, les maçons travaillent du côté
de la cour. Bousquet scie avec Malet. Authier et Jean continuent de préparer des pierres
blanches. Moi je commence à nettoyer des pierres le chemin de la chapelle avec ma
brouette et les porte dans le trou communal.

8 | Temps calme, un peu brumeux. Les 3 tailleurs sont à leur travail. Les
maçons vont continuer les maçonneries du côté de la cour. Hypolitte fait un voyage
de p. blanche avec Louise. Le soir 2ème et dernier voyage de p. blanche pour achever le
wagon. En tout 4 pierres. Moi je continue à nettoyer le chemin de la chapelle. Arrivée
du dernier wagon de pierres blanches. Souper de tout le monde. Après lecture de
romans. Hypolitte ne reviendra pas demain samedi parce qu'il doit ensemencer
mais il reviendra lundi prochain.

9 —————— temps clair tec froid vent du nord. Les maçons continuent les maçonneries et les ouvertures de l'étage. Bousquet et Bauzil scient la pierre longue des couvertures de fenêtres du 1ᵉʳ étage. Authié continue la taille. moi je continue à nétoyer et enlever les débris de la vieille Moulinès. Le soir, les maçons terminent l'étage du côté de la Cour. Les trois tailleurs continuent à préparer la p. blanche et moi je continue à enlever les débris de la bergerie de Moulinès. Alexandrine a été à Couiza solder le transport du Vagon de pierre blanche. Les maçons et les 3 tailleurs de p. quitteront un peu plustôt pour aller en partant décharger le Vagon de p. blanche. Avant de descendre, nous avons réglé les tailleurs de pierre 28 journées. 112 + 10 de dédommagement à Bousquet.

10 —————— temps froid, brouillard; Dimanche. Peu de monde à l'Église. surtout le soir à Vèpres; beau soleil vers le milieu de la journée. Visite de Desarnaud le conducteur des Voitures. Élie raconte à Marie un grand nombre de faits inédits au sujet du mariage de sa sœur Marie.

11 —————— Le temps s'est rasséréni un peu, mais le brouillard se traine sur Rennes. Arrivée de Bot sa famille et les deux manœuvres; Adieu attendant un nouveau ne ne peut venir jusqu'à nouvel ordre. Arrivée de Mr Caminade, de Bauzil et Authié; Bousquet ne peut venir, sa cousine étant morte. on nous apprend que les tailleurs de pierre et les maçons n'ont pu Samedi soir décharger le Vagon de p. blanche parce que il avait des empéchements. Hypolite a été le décharger Dimanche matin hier par conséquent. Les deux tailleurs ont continué leur travail. Bot et les manœuvres ont placé 13 pierres blanches, facade principale. Mr Caminade a l'ordre d'acheter le sacré cœur pour la façade; il part à 4 h 1/2 après avoir promis de remonter Jeudi avec les prochaines. Les maçons n'ayant plus de sable d'Auda emploient de celui de la Sals en attendant qu'Hypolite en apporte d'autre.

12 —————— foire à Limoux à laquelle a été Alexandrine. Belle journée, un peu de vent Marin. Arrivée de Bousquet par le 1ᵉʳ train. Bot a été à Limoux pour des échelles et revient par le train de midi. il a laissé ici le chantier Saunieron, Baptiste et sa famille. Moi je continue le nétoyage de la bergerie Moulinès. Le soir Bot place les 6 angles précédant les 3 couvertures des fenêtres du 1ᵉʳ étage face du midi.

13 —————— annonce d'une belle et chaude journée; temps doux, calme. Mr Caminade arrive Aujourd'hui au lieu de demain. Arrivée de l'ouvrier d'Oscar, en attendant que lui puisse monter vers les 11 h après avoir monté un Cercueil. Ils ont préparé la poutre du second plancher sous la surveillance de Mr Caminade. Alexandrine a été à Soulgraigne prendre des chataignes. Bot et ses deux aides ont maçonné les 3 tailleurs ont continué leur travail. Le soir Bot avec ses ouvriers ont monté et posé la couverte d'une fenêtre du fond coté pallier, et 1 coin du faîte du mur. côté de la Cour. Vers les 2 h. Oscar est parti pour chanter à une sépulture. Moi j'ai continué le netoyage du chemin de la Chapelle. Vers les 4 h 1/2 et demi Marty est reparti. Mr Caminade couche au presbytère. temps un peu nuageux Saunieron et Baptiste ont été sonner à Luc à cause du départ des conscrits.

14 —————— Il a plu un peu dans la nuit. Temps sombre nuageux et froid vers le soir. arrivée des deux manœuvres et de quelques jeunes gens de Luc. Avant de partir pour son service Pounet jeune est venu nous voir. Les 3 tailleurs continuent leur travail. Mr Caminade reste encore. Bot et ses aides ont placé 2 coins et la couverte de la 2ᵉ fenêtre. Il voulait s'en aller sous prétexte que toute la pierre blanche n'était pas prête, mais Mr Caminade l'a retenu, et puis il avait la façade Cers à monter. Marty est revenu a terminé la poutre qui a été mise en place a préparé deux morceaux de bois pour servir de couverture pour le dessus des deux fenêtres terminées et continué à préparer les poutrelles. Hypolite avec sa femme et 2 paires ont fait un Voyage de sable (10 h 1/2) et un de p. blanche 2 et le bariot de vin blanc de Rousset. Les sœurs sont venues passer la journée, diné avec nous et sont rentrées le soir. Le temps est bien couvert et la pluie est à craindre et il pleut en effet.

9 | Temps clair, sec, froid, vent du nord. Les maçons continuent les
maçonneries et les ouvertures de l'étage. Bousquet et Bauzil scient la pierre
longue des couvertures des fenêtres du 1er étage. Authier continue la taille. Moi
je continue à nettoyer et enlever les débris de la maison Moulines. Le soir, les maçons terminent l'étage du côté de la cour. Les trois tailleurs continuent à préparer la p. blanche et moi je continue à enlever les débris de la bergerie de
Moulines. Alexandrine a été à Couiza solder le transport du wagon de pierre
blanche. Les maçons et les 3 tailleurs de p. quitteront un peu plus tôt pour aller
en partant décharger le wagon de p. blanche. Avant de descendre, nous avons
réglé les tailleurs de pierre 28 journées. *112 + 10* de dédommagement à Bousquet.

10 | Temps froid, brouillard, Dimanche. Peu de monde à l'église, surtout le soir
de Vêpres. Beau soleil vers le milieu de la journée. Visite de Désarnaud le constructeur
des **voitures**. Élise raconte à Marie un grand nombre de faits inédits au sujet
du mariage de sa sœur Marie.

11 | Le temps s'est radouci un peu, mais le brouillard se traîne sur Rennes.
Arrivée de Bot, sa famille et les deux manœuvres ; Adrien attendant un nouveau
né ne peut venir jusqu'à nouvel ordre. Arrivée de M. Caminade, de Bauzil et
Authier ; Bousquet ne peut venir, sa cousine étant morte. On nous apprend que
les tailleurs de pierres et les maçons n'ont pu samedi soir décharger le wagon de p. blan.
parce que ils avaient des empêchements. Hypolitte a été le décharger dimanche matin
hier par conséquent. Les deux tailleurs ont continué leur travail. Bot et les manœuvres
ont placé 13 pierres blanches, façade principale. M. Caminade a l'ordre d'acheter le
sacré Cœur pour la façade ; il part à 4 h après avoir promis de remonter jeudi avec
les menuisiers. Les maçons n'ayant plus de sable d'Aude emploient celui de la
Sals en attendant qu'Hypolitte en apporte d'autre.

12 | Foire à Limoux à laquelle a été Alexandrine. Belle journée, un peu
de vent marin. Arrivée de Bousquet par le 1er train. Bot a été à Limoux pour des
échelles et revient par le train de midi. Il a laissé sur le chantier Saunièrou, Baptiste
et sa famille. Moi je continue le nettoyage de la bergerie Moulines. Le soir Bot
place les 6 angles précédant les 3 couvertures des fenêtres du 1er étage face au midi.

13 | Annonce d'une belle et chaude journée, temps doux, calme. M.
Caminade arrive aujourd'hui au lieu de demain. Arrivée de l'ouvrier d'Oscar en attendant
que lui puisse monter vers les 11 h après avoir monté un cercueil. Ils ont préparé la
poutre du second plancher sous la surveillance de M. Caminade. Alexandrine
a été à Sougraigne prendre des châtaignes. Bot et ses deux aides ont maçonné.
Les 3 tailleurs ont continué leur travail. Le soir Bot avec ses ouvriers ont monté
et posé la couverte d'une fenêtre du fond côté pallier et 1 coin du faite du
mur côté de la cour. Vers les 2 h Oscar est parti pour chanter à une sépulture.
Moi j'ai continué le nettoyage du chemin de la chapelle. Vers les 4 h et demi
Marty est reparti. M. Caminade couche au presbytère. Temps un peu nuageux.
Saunièrou et Baptiste ont été souper à Luc à cause du départ d'un conscrit.

14 | Il a plu un peu dans la nuit. Temps sombre, nuageux et froid vers le soir.
Arrivée des deux manœuvres et de quelques jeunes gens de Luc. Avant de partir pour son
service Poumet jeune est venu nous voir. Les 3 tailleurs continuent leur travail. M.
Caminade reste encore. Bot et ses aides ont placé deux coins et la couverte de la 2ème
fenêtre. Il voulait s'en aller sous prétexte que toute la pierre blanche n'était pas
prête, mais M. Caminade l'a retenu et puis il avait la façade Cers à monter.
Marty est revenu, a terminé la poutre qui a été mise en place, a préparé deux
morceaux de bois pour servir de couverture pour le dessus des deux fenêtres terminées
et continué à préparer les poutrelles. Hypolitte avec sa femme et 2 paires ont fait un
voyage de sable (10 ½) et un de p. blanches 2 et le baricot de vin blanc de Coursan.
Les sœurs sont venues pour la journée diner avec nous et sont rentrées le soir. Le
temps est bien couvert et la pluie est à craindre et il pleut en effet.

15 ――― Temps couvert, brumeux, à la pluie. Marty monte et termine son travail. Hypolitte fait deux voyages de pierres blanches (4 p.). Les 3 tailleurs de pierres scient et continuent à préparer leurs pierres. Bot sa famille et les deux manœuvres montent le 3ᵉ cours et maçonnent sur la façade de devant, chemin rural. Le temps jusqu'à la nuit reste frais, sombre avec à la fin du brouillard. Moi j'ai continué à nétoyer le chemin de la Chapelle. Monsieur Caminade, encore ici dirige le travail de la couverture de la fenêtre qui doit supporter le S. cœur. En plus de 4 pierres, Hypolitte a monté 5 sacs de plâtre de chez conquet.

16 ――― Temps sombre, brouillard, très froid après diné; Guillaume et Malet ont scié toute la journée. Bot et ses aides ont maçonné sur mur du levant. À demi scellé avec l'aide de deux tailleurs, ils ont posé sur accès sur la 3ᵐᵉ couverture, celle du socle du Sacré cœur, à laquelle deux ouvriers avaient travaillé toute la journée. Les 3 tailleurs ont continué la préparation des pierres bl. Hypolitte a fait 1 voyage de sable et 1 de pierres blanches. Monsieur Caminade part ce soir après souper avec les tailleurs de pierre. Bot est obligé de corriger une pierre d'un coin qui n'est pas de niveau. Il reviendra lundi, Mᵉ Caminade l'y ayant obligé, car il s'était proposé d'aller à Castelnègre. Mr Raynal a envoyé une paire de pigeons et notre boucher a donné un petit sac d'amende.

17 ――― Dimanche. 1ᵐᵉ Communions à Couiza. Temps couvert, humide quelques rayons de soleil; un peu de pluie et menace de pluie pour la nuit. peu de monde à la messe et aux vêpres. Sauzets de Campagne avec son parent qui viennent visiter la nouvelle maison.

18 ――― Arrivée de Bot et ses deux aides Saunieron et Baptiste. Arrivée de 3 tailleurs et de Mᵉ Caminade qui ne devait monter que mardi. Bot se hâte de reposer la fameuse pierre du coin de la maison, Mᵉ Caminade présent. Guillaume enlève le fumier de l'écurie en attendant Malet qui le soir doit lui aider à scier. Moi je vais continuer de nétoyer le chemin de la Chapelle. Temps froid, vent, ciel couvert. Duel entre Mᵉ Caminade et Bot au sujet de la pierre du coin que Bot ne voulait point poser comme on le lui disait. Bot est traité de menteur et mis en demeure ou de partir ou d'obéir ce qu'il se hâte de faire. Malet avec Guillaume scient pendant la soirée moi je continue le nétoyage du chemin et Captueron me fait prendre les petites pierres pour l'arrangement des routes. Les 3 tailleurs continuent. Très froide soirée. Hypolitte a fait 2 voyages: 1 de pierres bl. 3 et 1 de sable. 10 Comp. et ½ Bot et ses aides ont posé la poutre et les poutrelles de la premiere partie du plancher du galetas, côté du levant. Nuit très froide.

19 ――― Journée très belle, mais un peu froide à cause d'un peu de vent du Nord. Le matin, Bot et ses deux manœuvres, en prévision de la fermature du mur du côté du couchant fait monter beaucoup de pierres, toutes les pierres blanches prêtes et beaucoup de mortier pour des assises de la niche du S. cœur sous les yeux de Mᵉ Caminade. Les 3 tailleurs continuent à préparer de la pierre blanche. Malet et Guillaume scient toute la journée et se fatiguent beaucoup. Hypolitte a fait 2 voyages: 1 de 10 sacs chaux et les 2 dernieres pierres blanches et 1 voyage de sable (11 comportes) moi je continue et termine de nétoyer le chemin de la Chapelle. Le soir Mᵉ Caminade après avoir fait poser par Bot quelques pierres blanches de la niche part pour Limoux avec Marie qui va regler des dettes et faire les achats d'hiver. Bot pose le second coin du côté de la cour et maçonne. Demain Hypolitte ne revient pas. Alexandrine en prévision d'une gelée cette nuit a abrité le vases.

20 ――― Vent du Nord. Journée très froide. Bot, adrien qui est revenu et les manœuvres ont maçonné le mur du côté du cers et monté la moitié des petites fenêtres de l'étage. Ils ont bien souffert du froid. Les 3 tailleurs ont fait des consoles. Malet et Guillaume ont scié toute la journée. Moi j'ai commencé à nétoyer le fourrage de Bonhoume. À la nuit arrivée de Limoux de Marie et Mᵉ Caminade; Marie raconte les nouvelles diverses.――

15	Temps couvert, brumeux, à la pluie. Marty monte et termine son travail. Hypolitte fait deux voyages de pierres blanches (4 p). Les 3 tailleurs de pierres scient et continuent à préparer leurs pierres. Bot sa famille et les deux manœuvres montent le 3ème coin et maçonnent sur la façade de devant, chemin rural. Le temps jusqu'à la nuit reste frais, sombre avec à la fin du brouillard. Moi j'ai continué à nettoyer le chemin de la chapelle. Monsieur Caminade, encore ici dirige le travail de la couverture de la fenêtre qui doit supporter le S. Cœur. En plus des 4 pierres Hypolitte a monté <u>5 sacs de plâtre de chez Conquet.</u>

21 ⸺ Vent du Nord. Journée moins froide. Bot, Adrien et les manœuvres ont maçonné presque toute la muraille du second côté Cers. Les 3 tailleurs ont commencé la corniche. Mielet et Guillaume ont scié. Mr Caminade a dirigé tous les travaux. Moi, j'ai continué à nettoyer le jardin de Bonhomme, les fourrages. Envoi d'une carte postale à Mme Caminade pour lui dire que son mari ne rentrerait que samedi soir.

22 ⸺ Vent du Nord. Journée froide, temps nuageux. Fête de Ste Cécile. Les 3 tailleurs ont continué le travail de la corniche. Bot, Adrien et les aides ont maçonné encore le mur de l'étage du côté du Cers. Ils ont monté 3 angles à bras et le soir ont posé les 18 corniches du couronnement. Martin, maçon des Bains de Rennes est venu les voir. Mr Caminade a présidé tous les travaux. Hypolitte a fait 2 voyages : 1 de 5 sacs de chaux et tuiles, carrots, briques et 1 autre de 10 sacs de chaux et briques, avec 2 pairs et la femme. Guillaume a été cueillir le millet. Moi j'ai continué à nettoyer le fourrage de Bonhomme.

23 ⸺ La pluie a commencé de tomber ce matin avant le travail, aussi Bot et ses ouvriers sont partis pour Luc pour monter une chèvre et reprendre leur tâche lundi matin. Le mauvais temps a fait rentrer aussi Mr Caminade. Quant aux 3 tailleurs de pierres, après avoir travaillé jusqu'au déjeuner, la pluie devenant plus forte, ils ont cessé, rentré leurs outils et n'ont plus rien fait de toute la journée, si ce n'est de dîner, ils doivent rentrer à 4 h 1/2 après avoir réglé leur quinzaine s'élevant à la somme de 131 frs. Hypolitte a fait 2 voyages avec l'ours et 2 p. : 1 de 10 comportes de sable et 1 du reste du bois de Mérial. Guillaume s'est occupé du millet et moi, à cause du mauvais temps, je n'ai pu continuer mon travail de nettoyage.

24 ⸺ Vent du Nord très fort et très froid, il a gelé un peu. Visite d'un peintre conduit par Bousquet de Pailhès qui vient voir l'église et me montrer des échantillons de papier peint pour la nouvelle maison. Peu de monde aux offices. Pas de prône à cause du froid. Le soir, après le chapelet sans vêpres, nous rentrons les vases dans l'église et moi j'installe mon bureau de travail à la sacristie. Nuit très froide, il gèle. On nous annonce qu'Hypolitte a été à Quillan voir marier sa belle sœur.

25 ⸺ Temps clair, sans vent, malgré la gelée, annonce d'une belle journée. Monsieur Caminade monte avec les 3 tailleurs de pierre. Bot et ses aides ne viennent pas malgré le beau temps et la parole donnée à Mr Caminade. Alexandrine est déjeunée pour aller voir ce qu'ils font ; elle les trouve en train de monter la chèvre et reçoit la promesse qu'ils viendront demain mardi. Auguste du château a été chargé d'aller les prendre avec sa charrette bœuf, etc. Vers les 10 h le temps commence à se couvrir et vers les 2 h du soir la neige commence à tomber du matin, mais malgré cela, les tailleurs ne se dérangent point et moi j'ai continué à nettoyer le fourrage de Bonhomme. La femme du moulin du plâtre de Coustaussa vient visiter nos travaux et nous propose son plâtre. Il lui est répondu qu'on s'en entendra avec son mari. Nous ramassons le millet, le mauvais temps à la maison.

26 ⸺ Temps clair, sans vent, mais froid. Les 3 tailleurs sont à leur travail sous l'œil de Mr Caminade. Arrivée de Bot et sa famille, Baptiste et 1 aide mineur sont avec. Joseph du château a été leur prendre la nouvelle chèvre, bois, vis, etc. Le matin par un temps splendide, ils montent la chèvre et continuent les maçonneries des consoles du couronnement. Le soir, idem ; ils montent la seconde partie du plancher, c'est-à-dire les poutrelles, qu'ils posent avec de longues pointes. Bot fait le travail avec les deux manœuvres. Mais je commence à nettoyer l'intérieur de la bergerie mouline. Mr Caminade surveille toujours. Les 3 tailleurs travaillent la corniche. Les gendarmes viennent nous voir et prennent un petit verre de rhum.

27 ⸺ Temps couvert, vent du Nord, très froid. Les 3 tailleurs sont à leur tâche. Bot et ses aides continuent à poser les poutrelles du 2e plancher, avec Mr Caminade. Adrien et les autres recrépissent à l'intérieur. Le soir, Bot, Adrien, et les autres

21 | Vent du nord, journée moins froide. Bot, Adrien et les manœuvres ont
maçonné presque toute la muraille du second côté Cers. Les 3 tailleurs ont commencé la corniche. Malet et Guillaume ont scié. M. Caminade a dirigé tous
les travaux. Moi, j'ai continué à nettoyer le jardin de Bonhomme, le fourrage.
Envoi d'une carte postale à Mme Caminade pour lui dire que son mari ne rentrerait que samedi soir.

22 | Vent du nord, journée froide, temps nuageux. Fête de Ste Cécile. Les
3 tailleurs ont continué le travail de la corniche. Bot, Adrien et les aides ont
maçonné encore le mur de l'étage du côté du Cers. Ils ont monté 3 angles à
bas et le soir ont posé les 18 consoles du couronnement. Martin, maçon des
Bains de Rennes est venu les voir. M. Caminade a présidé tous les travaux.
Hypolitte a fait 2 voyages : 1 de 5 sacs de chaux et tuiles, barrots, briques et 1
autre de 10 sacs de chaux et briques, avec 2 paires et sa femme. Guillaume
a été cueillir le millet. Moi j'ai continué à nettoyer le fourrage de Bonhomme.

23 | La pluie a commencé de tomber ce matin avant le travail. Aussi Bot et
ses ouvriers sont partis pour Luc pour monter une chèvre et reprendre leur tâche lundi
matin. Le mauvais temps a fait rentrer aussi M. Caminade. Quant aux 3
tailleurs de pierres, après avoir travaillé jusqu'au déjeuner, la pluie devenant plus
forte, ils ont cessé, rentré leurs outils et n'ont plus rien fait de toute la journée, si ce
n'est de diner ; ils doivent rentrer à 4 h ½ après avoir réglé leur quinzaine s'élevant
à la somme de *131 frs*. Hypolitte a fait 2 voyages avec Louise et 2 p. : 1 de 10 comp.
de sable et 1 du restant du bois de Mérial. Guillaume s'est occupé du millet et
moi, à cause du mauvais temps, je n'ai pu continuer mon travail de nettoyage.

24 | Vent du nord très fort et très froid, il a gelé un peu. Visite d'un peintre
conduit par Bousquet de Paillères qui vient voir l'église et me montre des échantillons
de **papier peint** pour la nouvelle maison. Peu de monde aux offices. Pas de prône
à cause du froid. Le soir, après le chapelet sans Vêpres, nous rentrons les vases
dans l'église et moi j'installe mon **bureau de travail** à la sacristie. Nuit très
froide, il gèle. On nous annonce qu'Hypolitte a été à Quillan voir Marie sa
belle-sœur.

25 | Temps clair, sans vent malgré la gelée. Annonce d'une belle journée.
Monsieur Caminade monte avec les 3 tailleurs de pierre. Bot et ses aides ne viennent
pas malgré le beau temps et la parole donnée à M. Caminade. Alexandrine est
députée pour aller voir ce qu'ils font. ; elle les trouve en train de monter la chèvre et
reçoit la promesse qu'ils viendront demain mardi ; **Auguste du château** a été chargé
d'aller les prendre avec sa charrette bœufs etc. Vers les 10 h le temps commence à se
couvrir et vers les 2 h du soir la neige commence à tomber du marin, mais malgré
cela, les tailleurs ne se dérangent point et moi je continue à nettoyer le fourrage
de Bonhomme. La femme (---) du moulin du plâtre de Coustaussa vient visiter
nos travaux et nous propose son plâtre. Il lui est répondu qu'on s'en entendra
avec son mari. Nous ramassons le millet. Le meunier soupe à la maison.

26 | Temps clair, sans vent, mais froid. Les 3 tailleurs sont à leur travail
sous l'œil de M. Caminade. Arrivée de Bot et sa famille ; Baptiste et Saunièrou
sont avec. **Joseph du château** a été leur prendre la nouvelle chèvre, bois vin, etc.
Le matin par un temps splendide ils montent la chèvre et continuent les maçonneries des consoles du couronnement. Le soir, idem ; ils montent la seconde partie
du plancher, c'est-à-dire les poutrelles qu'ils fixent avec de longues pointes. Bot fait
le travail avec les deux manœuvres. Moi je commence à nettoyer l'intérieur
de la bergerie Moulines. M. Caminade surveille toujours. Les 3 tailleurs travaillent
la corniche. Les gendarmes viennent nous voir et prennent un petit verre de rhum.

27 | Temps couvert, vent du nord, très froid. Les 3 tailleurs sont à leur tâche.
Bot et ses aides continuent à poser les poutrelles du 2ème plancher avec M. Caminade.
Adrien et les autres recrépissent à l'intérieur. Le soit, Bot, Adrien et les autres

terminent de poser les poutrelles du second plancher sous la surveillance de Mr Caminade. Moi, malgré le froid, je continue à netoyer l'intérieur de la bergerie de Moulinié. Dans la journée, Alexandrine a été à Couiza chercher des pointes grosses 5 kilos 2f 75 et ensuite au moulin du platre de Coustaussa. Les platriers, après mille promesses refusent de nous le monter à Rennes pour 90 cent. et en veulent 80c pris chez eux. De plus, Alexandrine va à Carla dire à Hypolitte d'aller chercher 10 sacs de platre demain jeudi.

28 — Gelée, temps légèrement voilé, et très froid. impossible de maçonner. Les trois tailleurs continuent leur travail, mais le vent est si froid qu'ils sont obligés de faire du feu. Bot, Adrien, et les deux aides, sous la surveillance de Mr Caminade netoient complètement les sous-sol. à cause du froid toute la journée je ne continue pas mon travail de netoyage de la bergerie Moulinié. Marcel a été avec 1 paire prendre 10 sacs de platre au moulin de Coustaussa. Barthélemy a eu une fille.

29 — même temps qu'hier, vent plus fort et presque aussi froid. Les 3 tailleurs continuent leur tâche, les deux maçons et les deux manœuvres, sous la surveillance de Mr Caminade achèvent de netoyer les sous-sol de la maison le matin et le soir, ils crépissent le sous-sol. Alexandrine a été à Couiza échanger des mandats et prendre 1 cartouche de pointes de 6 centim.

30 — belle journée, beau soleil, cependant vent froid. Les 3 tailleurs continuent leur travail. Bot, Adrien et les deux manœuvres, préparent les échaffaudages et la nouvelle chèvre pour monter des materiaux pour maçonner. Le soir, ils montent 2 pierres de la corniche et font la pose de celle de l'angle droit de la principale façade et terminent d'employer le mortier, tout cela sous les yeux de Mr Caminade qui après avoir toujours part pour Limoux avec les 3 tailleurs. Hypolitte avec Virginie a été avec 2 paires faire deux voyages de sable; en tout 20 comportes. Moi j'ai continué à netoyer la bergerie Moulinié. Guillaume était au Bals.

1 Décembre. belle journée, beau soleil, mais vent du Nord froid. Nuit dernière très froide. 1er Dimanche de l'Avent. Peu de monde à l'Eglise. Lettre de Maman donnant des nouvelles de Narbonne sur sa nouvelle situation. beau lapin pris au Bals. Je réponds sans retard à la lettre de Maman.

2 — Annonce d'une belle journée un peu froide vent du Nord. à 9 heures arrivée de Bousquet et Authier, seulement; ils continuent leur pierre à escargots. Arrivée de Bot, sa famille, Adrien et les deux manœuvres. Le matin ils maçonnent le fin du mur du côté de la Cour. Le soir, ils posent les deux pierres qui doivent encadrer les tuiles mouillés et en écornent celle du côté du jardin. Ils maçonnent du côté du levant. moi je continue à netoyer la bergerie Moulinié.

3 — après une grosse gelée pendant la nuit, journée calme, couverte mais belle. à la fin, le vent du Nord souffle. Arrivée de Mr Caminade et de Jules l'autre tailleur de pierre. tous les 3 continuent leur pierre à escargot. Les 2 maçons et les deux manœuvres, après avoir crépi à l'intérieur jusqu'à 10 h. montent les pierres blanches de la corniche principale et les posent dans la journée en présence de Mr Caminade. Moi je continue à netoyer l'ancienne bergerie Moulinié. Hypolitte arrive dans la nuit avec 1 voyage de sable - 10 C.

4 — pas de gelée dans la nuit, mais ce matin vent froid du Nord qui va en progressant vers la fin de la journée. Le matin, les maçons travaillent à crépir en dans. Le soir, après avoir terminé la pose de la corniche, ils descendent à cause du froid et continuent à crépir dedans. Les 3 tailleurs de pierre, ont terminé les 4 p. à escargots et continuent. Malet et Guillaume ont scié toute la journée. Mr Caminade a surveillé et Moi j'ai continué à netoyer la bergerie Moulinié. Hypolitte est arrivé très tard avec 10 comportes de sable.

5 — Matinée calme, ciel couvert. belle soirée. Les tailleurs continuent leur travail. Guillaume et Malet scient. Les maçons, après avoir crépi à l'intérieur jusqu'à 11 h. posent jusqu'à la nuit les tuiles mouillés, côté du presbytère. Mr Caminade dirige. moi je netoie toujours la bergerie. Alexandrine ensemence les fèves au 9e champ avec Hypolitte.

terminent de poser les poutrelles du second plancher sous la surveillance de M.
Caminade. Moi, malgré le froid, je continue de nettoyer l'intérieur de la bergerie
de Moulines. Dans la journée, Alexandrine a été à Couiza chercher des pointes
grosses 5 kilog *2frs 75* et ensuite au moulin du plâtre de Coustaussa. Les plâtriers, après mille promesses refusent de nous le monter à Rennes pour 90 cent
et en veulent 80c pris chez eux. De plus, Alexandrine va à Carla dire à Hypolitte d'aller chercher 10 sacs de plâtre demain jeudi.

28 | Gelée, temps légèrement voilé et très froid ; impossible de maçonner. Les trois
tailleurs continuent leur travail, mais le vent est si froid qu'ils sont obligés de faire du feu.
Bot, Adrien et les deux aides, sous la surveillance de M. Caminade nettoient complètement le sous-sol. À cause du froid, toute la journée je ne continue pas mon travail de nettoyage de la bergerie Moulines. Marcel a été avec 1 paire prendre 10 sacs de plâtre
au moulin de Coustaussa. Barthélémy a eu une fille.

29 | Même temps qu'hier ; vent plus fort et presque aussi froid. Les 3 tailleurs
continuent leur tâche. Les deux maçons et les deux manœuvres, sous la surveillance
de M. Caminade achèvent de nettoyer les sous-sols de la maison. Le matin et le
soir, ils crépissent les sous-sols. Alexandrine a été à Couiza échanger des mandats
et prendre 1 cartouche de pointes de 6 centimètres.

30 | Belle journée, beau soleil, cependant vent froid. Les 3 tailleurs continuent
leur travail. Bot, Adrien et les deux manœuvres préparent les échafaudages et la
nouvelle chèvre puis montent des matériaux pour maçonner. Le soir, ils montent
2 pierres de la corniche et font la pose de celle de l'angle droit de la principale façade et terminent d'employer le mortier tout cela sous les yeux de M. Caminade qui
après avoir soupé part pour Limoux avec les 3 tailleurs. Hypolitte avec Virginie
a été avec 2 paires faire deux voyages de sable ; en tout 20 compostes. Moi
j'ai continué à nettoyer la bergerie Moulines. Guillaume était au Bals.

1er | <u>Décembre</u>. Belle journée, beau soleil mais vent du nord froid. Nuit dernière très froide.
Dimanche de l'Avent. Peu de monde à l'église. Lettre de Maman donnant des nouvelles
de Narbonne sur sa nouvelle situation. Beau lapin pris aux Bals. Je réponds sans
retard à la lettre de Maman.

2 | Annonce d'une belle journée un peu froide vent du nord. À 9 heures
arrivée de Bousquet et Authier seulement. Ils continuent leur pierre à escargots.
Arrivée de Bot, sa famille, Adrien et les deux manœuvres. Le matin ils maçonnent
la fin du mur du côté de la cour. Le soir, ils posent les deux pierres qui doivent encadrer
les tuiles mouillées et en écornent celle du côté du jardin. Ils maçonnent du côté du levant.
Moi je continue à nettoyer la bergerie Moulines.

3 | Après une grosse gelée pendant la nuit, journée calme, couverte
mais belle. À la fin, le vent du nord souffle. Arrivée de M. Caminade et de
Jules l'autre tailleur de pierre. Tous les 3 continuent leur pierre à escargots. Les
maçons et les deux manœuvres, après avoir crépi à l'intérieur jusqu'à 10 h
montent les pierres blanches de la corniche principale et les posent dans la journée en présence de M. Caminade. Moi je continue à nettoyer l'ancienne
bergerie Moulines. Hypolitte arrive dans la nuit avec 1 voyage de sable. 10 C.

4 | Pas de gelée dans la nuit, mais ce matin vent froid du nord qui va
en progressant vers la fin de la journée. Le matin, les maçons travaillent à crépir dedans. Le soir, après avoir terminé la pose de la corniche, ils descendent à cause du froid
et continuent à crépir dedans. Les 3 tailleurs de pierres ont terminé les 4 p. à escargots et
continuent. <u>Malet et Guillaume</u> ont scié toute la journée. M. Caminade a
surveillé et moi j'ai continué à nettoyer la bergerie Moulines. Hypolitte est arrivé
très tard avec 10 compostes de sable.

5 | Matinée calme, ciel couvert, belle soirée. Les tailleurs continuent leur travail. Guillau-
me et Malet scient. Les maçons, après avoir crépi à l'intérieur jusqu'à 11 h, posent jusqu'à la
nuit la tuile mouillée, côté du presbytère. M. Caminade dirige. Moi je nettoie toujours la bergerie.
Alexandrine ensemence les fèves au Gd champ avec Hypolitte.

6 —— Journée un peu froide le matin et tempérée dans l'après midi. —
Les 3 tailleurs continuent leur travail — Guillaume et Malet continuent
à Scier — Les 2 maçons et les 2 manœuvres, après avoir creusé la matricé
dans la maison, posent le soir quelques pierres blanches aux coins et maconnent un peu sous le regard de Mr Camisade. — Hypolitte fait 2
voyages de sable avec 2 paires (20 c). Moi je continue à netoyer la
bergerie Moulines et transporte sur le toit, du haut du futur jardin quelques brouettées de moëllons un peu terreux que Mr Camisade ne veut
pas qu'on emploie dans la maçonnerie de la nouvelle maison —
Marie a été à Couiza porté 200 fr aux Mrs Labécède et 50 fr au boucher —
nous donnons à Mr Bot 400 frs comme 5e acompte

7 —— Vent du Nord. Journée froide. Moi je ne netoie pas de toute la
matinée; mais le soir, je brouette des pierres pour les futures maçonneries de la
terrasse. Les 4 maçons, après avoir crépi toute la matricé à l'intérieur de
la maison, montent le toit, sous la Surveillance de Mr Camisade les 8 pierres
grosses dont les 4 en escargots et quelques petites; font 3 Rolis de Sacs 6 à 46,
et 40; rentrent leurs outils et à cause de leur fête patronale qui a lieu le
9, s'absentent jusqu'à jeudi prochain. Guillaume et Malet, après avoir
Scié toute la matinée, sous le toit du Bals sèment des fèves. — Marie
fait les amandes au sucre pour le baptême de sa petite nièce. Les 3 tailleurs
après avoir travaillé à leurs pierres toute la journée, rentrent à Limoux
à 7 h 1/2 après avoir Soupé et reglé leur Quinzaine montant à 140 fr.
Mr Camisade rentre avec eux. Marie leur remet pour sa demoiselle une
boite de dragées, souvenir du baptême de sa nièce et un cornet aux 3 tailleurs

8 —— Dimanche 11 avent. Immaculée Concept. très belle journée. Très peu de
monde à l'église. Lettre du chapitre de Carcassonne Annonçant la mort de
Monseigneur Billard. Sépulture demain lundi 9 h. Distribution aux enfants du
Catéchisme des Nouveaux Catéchisme. Chez Barthelemy on fait le repas du
baptême de sa fille Emma. Le Greffier du Juge de Paix demande s'il peut appo-
ser l'huile commandée?

9 —— Arrivée des 3 tailleurs de Pierre vers le 9 h — Sépulture de Monseigneur
Billard à laquelle beaucoup de prêtres et de laïques ont été assistés. très belle
matinée; temps doux. Le soir, le ciel se couvre et un grand vent du Sud ouest
se lève. Fête patronale à Luc. Les maçons ne remonteront que jeudi. à Montazels sépulture de Mme Planel. Moi je passe la journée à brouetter les pierres
de la bergerie Moulines au haut du futur jardin. Arrivée du Wagon de
100 sacs de chaux depuis Samedi 7 courant, seulement nous n'avons
pas été avertis. Alexandrine va à Carla prévenir Hypolitte.

10 —— très grand vent toute la nuit, et jusqu'à midi de ce jour. quelque peu
de pluie à la suite. Par suite de cette tempête, les Tuiles récemment posées au
faite de la maison sont levées en partie; les sacs, pour garantir les maçonneries
des gelées sont emportés (je les fais enlever); les planches renversées, je les fais rentrer.
Les 3 tailleurs, sont à leur travail, malgré la bourrasque — Hypolitte a été faire
un voyage de chaux et délivre le Wagon — Moi je ne travaille pas dehors.

11 —— très grand vent la nuit jusqu'au midi. après pluie menue. Hypolitte avec
Louis ont été faire un autre voyage de chaux. et ne pouvant y revenir à cause
du mauvais temps, emportent les 3 ballots de Sacs chez eux pour les faire partir lorsqu'
reviendront à la gare. Les 3 tailleurs, malgré le mauvais temps, continuent leur
travail. Marie arrange les papiers avec Hypolitte. moi je n'ai pas travaillé

12 —— un peu de vent marin humide; mais en résumé belle journée.
Arrivée de Bot de sa femme et des deux manœuvres, car la fête est finie: adieu
n'est pas venu — Arrivée de Mr Camisade. Le matin, Bot et Saunièrou posent
une pierre d'un angle, déposent la chèvre, font du matin prejrasent une

6 | Journée un peu froide le matin et tempérée dans l'après-midi.
Les 3 tailleurs continuent leur travail. Guillaume et Malet continuent
à scier. Les 2 maçons et les 2 manœuvres, après avoir crépi la matinée
dans la maison, posent le soir quelques pierres blanches aux coins et maçonnent un peu sous les regards de M. Caminade. Hypolitte fait 2
voyages de sable avec 2 paires (20 C.). Moi je continue à nettoyer la
bergerie Moulines et transporte sur le soir du haut du futur jardin quelques brouettes de moëllons un peu terreux que M. Caminade ne veut
pas qu'on emploie dans la maçonnerie de la nouvelle maison.
Marie a été à Couiza porter **200 frs** à M. Labécède et 50 frs au boucher.
Nous donnons à M. Bot **400 frs** comme 5ème acompte.

7 | Vent du nord, journée froide. Moi je ne nettoie pas de toute la
matinée, mais le soir, je brouette des pierres pour les futures maçonneries de la
terrasse. Les 4 maçons après avoir crépi toute la matinée à l'intérieur de
la maison, montent le soir, sous la surveillance de M. Caminade, les 8 pierres
grosses dont les 4 en escargots et quelques petites ; font 3 colis de sacs 62 46
et 40, rentrent leurs outils et à cause de leur fête patronale qui a lieu le
9 (---), s'absentent jusqu'à jeudi prochain. Guillaume et Malet, après avoir
scié toute la matinée, vont le soir aux Bals semer des fèves. Marie
fait des amendes au sucre pour le baptême de sa petite nièce. Les 3 tailleurs,
après avoir travaillé à leurs pierres toute la journée, rentrent à Limoux
à 7h ½ après avoir soupé et réglé leur quinzaine montant à **140 frs**.
M. Caminade rentre avec eux. Marie lui remet pour sa demoiselle une
boîte de dragées, souvenir du baptême de sa nièce et un cornet aux 3 tailleurs.

8 | Dimanche d'Avent. Immaculée Concept. Très belle journée. Très peu de
monde à l'église. Lettre du chapitre de Carcassonne annonçant la **mort de
Monseigneur Billard** 3 décembre. Sépulture demain lundi 9 Ct. Distribution aux enfants du
Catéchisme des nouveaux Catéchismes. Chez Barthélémy on fait le repas du
baptême de sa fille Emma. Le greffier du juge de Paix demande s'il peut apporter
l'huile commandée ?

9 | Arrivée des 3 tailleurs de pierre vers les 9 h. Sépulture de Monseigneur
Billard à laquelle beaucoup de prêtres et des laïques ont été assister. Très belle
matinée ; temps doux. Le soir, le ciel se couvre et un grand vent du sud-ouest
se lève. Fête patronale à Luc. Les maçons ne remonteront que jeudi. À Montazels sépulture de Mme Planel. Moi je passe la journée à brouetter les pierres
de la bergerie Moulines au haut du futur jardin. Arrivée du wagon de
100 sacs de chaux depuis samedi 7 courant, seulement nous n'avons
pas été avertis. Alexandrine va à Carla prévenir Hypolitte.

10 | Très grand vent toute la nuit, et jusqu'à midi de ce jour, quelque peu
de pluie à la suite. Par suite de cette tempête, les briques récemment posées au
faîte de la maison sont levées en partie ; les sacs pour garantir les maçonneries
des gelées sont emportés (je les ai enlevés), les planches renversées, je les fais rentrer.
Les 3 tailleurs sont à leur travail, malgré la bourrasque. Hypolitte a été faire
un voyage de chaux et délivrer le wagon. Moi je ne travaille pas dehors.

11 | Très grand vent la nuit jusqu'au midi. Après pluie menue. Hypolitte avec
Louise ont été faire un autre voyage de chaux et ne pouvant y parvenir, à cause
du mauvais temps, emportent les 3 ballots de sacs chez eux pour les faire partir lorsqu'ils
reviendront à la gare. Les 3 tailleurs, malgré le mauvais temps, continuent leur
travail. Marie arrange les papiers avec Hypolitte. Moi je n'ai pas travaillé.

12 | Un peu de vent marin humide, mais en résumé belle journée.
Arrivée de Bot de sa femme et des deux manœuvres, car la fête est finie ; Adrien
n'est pas venu. Arrivée de M. Caminade. Le matin, Bot et Saunièrou posent
une pierre d'un angle, disposent la chèvre, font du mortier, préparent une

petite poutre (sablière) la montent et le soir la mettent en place sur le
toit mouillé du coté de la cour. Ils posent un autre cours et maçonnent jusqu'a la nuit — Des 3 tailleurs Bouriquet et Brauzil ont travaillé toute la
journée a scier une pierre et n'ont pu l'acheuer tant disent ils elle a été mauvaise
authru a fait de petites briques pour la cheminée du toit. Hyppolitte et Virginie ont
fait le dernier voyage de Chaux et la barrique de ciment — Moi a cause des
boues je n'ai travaillé que le soir a brouetter des moellons pour la terrase —
13 ———— Après une nuit de pluie, belle journée — Des 3 tailleurs deux ont
scié toute la journée, l'autre a retouché les deux marches de la porte d'entrée
en pierre — Adrien ne venant pas, un neveu de Bot, maçon a Couiza est venu
a sa place. Dans toute la journée, ils ont posé les 6 dernières pierres des coins, les
2 consoles de la fenêtre du galetas, coté du levant et maçonné au levant et
au couchant, le tout sous la surveillance de Mr Camisade. Hyppolitte avec
Louis ont fait deux voyages de sable (20) avec les 2 paires, et le cheval, ce
dernier pour rien, a cause des mauvais chemin. Moi j'ai netoyé une partie
du chemin, en face la maison — Le vent ayant renversé la Croix de Aug.
Rouge, ta mère a essayé de se mettre dans la tête que c'était nous qui l'avions
renversé a — Gelée la nuit
14 ————. Après une averse dans la nuit, très belle journée. Les tailleurs
préparent les pierres pour la fenêtre du galetas donnant sur le calvaire et celles
des cheminées. Bot, son neveu maçon de Couiza et les deux manœuvres, reposent
les briques enlevées par le vent et maçonnent la sablière et continuent le mur
du levant. sous les yeux de Mr Camisade qui rentre ce soir a Limoux avec
les ouvriers, après leur soupe. Moi je brouette toute la journée — Bot loue
pour 40r la maison des Baserson —
15 ———— Dimanche. Journée un peu glacial. Peu de monde a l'église, quatre
jeunes filles de la 1re Communion viennent se confesser pour se préparer a la Noël
Annonce du service funèbre pour Mgr Billard, pour le lendemain lundi a 11 heures, et lecture
au prône, des obsèques du Vénéré Prélat.
16. ———— Arrivée bon matin de Bot, son neveu maçon et les deux manœuvres. La
petite Marcelline va mieux de la fièvre. Sa femme ne pouvant rester, a cause de
la malade, on leur fait cuire au presbytère tout pot — belle matinée, mais froide
soirée par suite du grand vent marin qui s'est levé — Arrivée de Mr Camisade
avec les 3 tailleurs qui continuent les pierres du Couronnement des cheminées.
Bot et les aides commencent la pose de la fenêtre du galetas coté du levant et
maçonnent en même temps. Le Matin a 11 heures, service funèbre pour Mgr
Billard; rien que des enfants presque — Le Soir, je continue a brouetter de pierres
aidé que je suis par Julie et Antoinette — Très froid vent marin —
17 ———— Nuit de pluie et matinée pluvieuse. Les 3 tailleurs travaillent dedans
et dehors vers le milieu de la Soirée. Ne pouvant rien faire les maçons sont partis
avant de se mettre au travail et reviendront demain si le temps le permet. Mr Camisade reste dans l'espoir que demain Bot reviendra. Il nous annonce a notre
grand étonnement que un autre wagon de f. blanche doit arriver.
18 ———— Très belle journée. Hyppolitte fait 2 voyages de sable (20 c.) Les 3 tailleurs
scient et continuent la taille. Bot arrive un peu tard, avec les ouvriers termine
en présence de Mr Camisade la fenêtre du galetas du levant et maçonnent
ensuite. Moi avec Julie, nous tirons des pierres du mur du chemin de la
chapelle et je les brouette — Barthélemy ne travaille pas.
19 ———— Après une nuit de pluie, les 3 tailleurs scient et continuent leur tache —
Les maçons, ne font rien de la matinée et dans la soirée à 2 heures travaillent a la pose des
seuils des portes du sous-sol (2 maçons et 2 manœuvres). Moi je ne travaille pas
a cause du vent, on ne continue pas a monter le mur du galetas (levant) Mr
Camisade est présent. Hyppolitte fait 1 voyage de sable. Je coupe Bot part
pour Luc, Marcelline étant plus malade —

petite poutre (sablière), la montent et le soir la mettent en place sur la
tuile mouillé du côté de la cour. Ils posent un autre coin et maçonnent jusqu'à la nuit. Les 3 tailleurs, Bousquet et Bauzil ont travaillé toute la
journée à scier une pierre et n'ont pu l'achever tant disent-ils elle a été mauvaise.
Authier a fait de petites briques pour la cheminée du toit. Hypolitte et Virginie ont
fait le dernier voyage de chaux et la barrique de ciment. Moi à cause des
boues je n'ai travaillé que le soir à brouetter des moellons pour la terrasse.

13 | Après une nuit de pluie, belle journée. Des 3 tailleurs deux ont
scié toute la journée, l'autre a retouché les deux marches de la porte d'entrée
en p. dure. Adrien ne venant pas, un neveu de Bot, maçon à Couiza, est monté
à sa place. Dans toute la journée, ils ont posé les 6 dernières pierres des coins, les
2 consoles de la fenêtre du galetas, côté du levant et maçonné au levant et
au couchant, le tout sous la surveillance de M. Caminade. Hypolitte avec
Louise ont fait deux voyages de sable (20 s avec les 2 paires et le cheval ; ce
dernier pour rien, à cause des mauvais chemins. Moi j'ai nettoyé une partie
du chemin en face la maison. Le vent ayant renversé la Croix de Aug.
Rougé, sa mère a essayé de se mettre dans la tête que c'était nous qui l'avions
renversée. Gelée la nuit.

14 | Après une averse dans la nuit, très belle journée. Les tailleurs
préparent les pierres pour la fenêtre du galetas donnant sur le calvaire et celles
des cheminées. Bot, son neveu maçon de Couiza et les deux manœuvres, reposent
les briques enlevées par le vent et maçonnent la sablière et continuent le mur
du levant sous les yeux de M. Caminade qui rentre ce soir à Limoux avec
les ouvriers, après leur soupé. Moi je brouette toute la journée. Bot loue
pour 40 frs la maison de M. Jouannou.

15 | Dimanche. Journée un peu froide. Peu de monde à l'église. Quatre
jeunes filles de la 1ère Communion viennent se confesser pour se préparer à la Noël.
Annonce du service funèbre pour Mgr Billard pour le lendemain lundi à 11 heures et lecture
au prône des obsèques du vénéré Prélat.

16 | Arrivée bon matin de Bot, son neveu maçon et les deux manœuvres. La
petite Marcelline va mieux de la fièvre. Sa femme ne pouvant rester à cause de
la malade, on leur fait cuire au presbytère son pot. Arrivée de M. Caminade
avec les 3 tailleurs qui continuent les pierres du couronnement des cheminées.
Bot et ses aides commencent la pose de la fenêtre du galetas côté du levant et
maçonnent en même temps. Le matin à 11 heures, service funèbre pour Mgr
Billard ; rien que des enfants presque. Le soir, je continue à brouetter des pierres
aidé que je suis par Julie et Antoinette. Très froid vent marin.

17 | Nuit de pluie et matinée pluvieuse. Les 3 tailleurs travaillent dedans
et dehors vers le milieu de la soirée. Ne pouvant rien faire les maçons sont partis
avant de se mettre au travail et reviendront demain si le temps le permet. M. Caminade reste dans l'espoir que demain Bot reviendra. Il nous annonce à notre
grand étonnement que un autre wagon de p. blanche doit arriver.

18 | Très belle journée. Hypolitte fait 2 voyages de sable (20 C.) Les 3 tailleurs
scient et continuent la taille. Bot arrivé un peu tard, avec les ouvriers termine
en présence de M. Caminade la fenêtre du Galetas du levant et maçonnent
ensuite. Moi avec Julie, nous tirons des pierres du mur du chemin de la
chapelle et je les brouette. Barthélémy ne travaille pas.

19 | Après une nuit de pluie, les 3 tailleurs scient et continuent leur tâche.
Les maçons ne font rien de la matinée et dans la soirée, à 2 heures, travaillent à la pose des
seuils des portes du sous-sol (2 maçons et 2 manœuvres). Moi je ne travaille pas
à cause du vent, on ne continue pas à monter le mur du Galetas (levant) M.
Caminade est présent. Hypolitte fait 1 voyage de sable. 10 composes. Bot part
pour Luc, Marcelline étant plus malade

20 —— temps sombre, couvert, brouillard, il neige quelque peu. malgré
cela les 3 tailleurs continuent leur travail. Marcellin étant plus malade et
Bot n'étant pas revenus, le maçon de Couiza et les deux manœuvres, sur l'ordre
de Mr Caminade posent la 1re marche d'entrée du chemin rural, le seuil de
la porte de la buanderie et reposent le seuil mal posé la veille, de la porte du
corridor coté de la cour. Après cela, à 11 heures, ils ramassent les sacs pleins
les cordages, rentrent les outils et partent jusqu'à nouvel ordre — Mr Caminade
ayant reçu ordre de retourner à Limoux et ne pouvant pas s'occuper ici, Bot
n'y étant pas, rentre par le train de 4 heu. 30m et ne remontera que lorsque
Bot le lui dira

21 —— Assez belle journée, mais un peu froide. grosse gelée dans la nuit et
bonne idée d'avoir rentré les vases avant. Pas de maçons. Moi je travaille un
peu dans la matinée à brouetter. Les 3 tailleurs continuent leur travail, scient
et après avoir soupé et réglé, ils partent pour Limoux en emportant 144 f

22 —— Dimanche; arrivée de Maman; très peu de monde aux offices
probablement à cause de la fête de Noël. Pas de Vêpres. à la veillée nous
arrêtons ou à peu près notre voyage à Fiton. Bot m'écrit qu'il reviendra
lundi 23 continuer les travaux de la mairie car sa petite va mieux.
Curé de St Jean m'écrit pour m'inviter à son abattoir.

23 —— Assez belle journée malgré une bise froide — Bon matin, arrivée
des deux maçons et des deux manœuvres qui semblent avoir fait peu
de choses, surtout les manœuvres. Mr Caminade mandé par télégramme
de Bot est arrivé à midi pour présider les travaux — Bousquet seul
est arrivé pour continuer la taille des pierres — Vers les 9 heures du matin
départ de maman que Marie et moi avons accompagné jusqu'à
Couiza ou je me fais faire les cheveux et remontons à midi avec
Mr Caminade que j'avais été prendre à la gare ou j'ai vu Martial.
Je vais voir le régisseur du château qui est plus malade — Bot rentre
à Luc pour voir sa petite malade

24 —— très belle journée, quoique temps couvert. Bousquet continue son
travail. Bot seul et ses deux manœuvres ont maçonné et posé 3 pierres des pente
coté du levant. sous la surveillance de Mr Caminade. Atelier a nous envoyé
1 colis de 3 belles Anguilles que nous mangeons à souper avec Mr Caminade
Bousquet et nous tous. Nous donnons de notre dîner à Bot et les siens. J'écris
à Sylvestre pour les remercier. On a volé le grand café d'Espéraza — Mr Caminade rentre à Limoux; Bousquet et Guillaume vont l'accompagner un peu —

25 —— Noël. Beaucoup de monde aux offices — Chant tapageur. Belle
matinée; mais vers 11 h tempête de vent et pluie. temps un peu froid. Bousquet
le tailleur de pierre est resté à Rennes avec nous. Par suite du temps humide
l'église a été toute maculée de boue. Pendant la nuit de Noël, la lune
avait 2 grands cercles coupés entre eux.

26 —— Assez belle journée quoique un peu froide — Arrivée de Mr Caminade
qui dans Couiza rencontre le fils Bot qui lui dit de ne pas venir, son frère étant malade.
ayant peu de confiance en ce dire, Guillaume qui ne travaille pas est envoyé à Luc
s'assurer du fait et trouve Bot malade d'un coup d'air et fait dire que lundi prochain
il remontera. Mr Caminade dîne et rentre à Limoux à 4 h 1/2 — Bousquet
travaille la p blanche. quant à moi, le vent étant trop froid je travaille à la
sacristie. Vent toute la nuit

27 —— Neige le matin. mauvaise journée — Hypolitte fait 2 voyages sabb. 20
Bousquet continue son travail — Marie malade reste au lit — Eloi me sert la messe
Je travaille à la sacristie — Singe queue coupée.

28 —— Journée belle douce, calme; Marie va mieux; Barthélemy me sert la
messe. Le soir je brouette des pierres du chemin de la chapelle — Bousquet continue son travail et part pour Limoux après soupé.

20 | Temps sombre, couvert, brouillard, il neige quelque peu. Malgré
cela les 3 tailleurs continuent leur travail. Marcelline étant plus malade et
Bot n'étant pas revenu, le maçon de Couiza et les deux manœuvres, sur l'ordre
de M. Caminade posent la 1ère marche d'entrée du chemin rural, le seuil de
la porte de la buanderie et reposent le seuil mal posé la veille, de la porte du
corridor côté de la cour. Après cela, à 11 heures, ils ramassent les sacs, plient
les cordages, rentrent les outils et partent jusqu'à nouvel ordre. M. Caminade
ayant reçu ordre de retourner à Limoux et ne pouvant pas s'occuper ici, Bot
n'y étant pas, rentre par le train de 4 heu. 30 m et ne remontera que lorsque
Bot le lui dira.

21 | Assez belle journée, mais un peu froide, grosse gelée dans la nuit et
bonne idée d'avoir rentré les vases avant. Pas de maçons. Moi je travaille un
peu dans la matinée à brouetter. Les 3 tailleurs continuent leur travail, scient
et après avoir soupé et réglé, ils partent pour Limoux en emportant *144 frs.*

22 | Dimanche ; Arrivée de Maman. Très peu de monde aux offices
probablement à cause de la fête de Noël. Pas de Vêpres. À la veillée nous
arrêtons ou à peu près notre voyage à Fitou. Bot m'écrit qu'il reviendra
lundi 23 continuer les travaux de la maison car sa petite va mieux.
Curé de St Jean m'écrit pour m'inviter à son Adoration.

23 | Assez belle journée malgré une bise froide. Bon matin. Arrivée
des deux maçons et des deux manœuvres qui semblent avoir fait peu
de choses, surtout les manœuvres. M. Caminade mandé par télégramme
de Bot est arrivé à midi pour présider les travaux. Bousquet seul
est arrivé pour continuer la taille des pierres. Vers les 9 heures du matin
départ de Maman que Marie et moi avons accompagnée jusqu'à
Couiza où je me fais faire les cheveux et remontons à midi avec
M. Caminade que j'avais été prendre à la gare où j'ai vu Martial.
Je vais voir le vieux du château qui est plus malade. Bot rentre
à Luc pour voir sa petite malade.

24 | Très belle journée, quoique temps couvert. Bousquet continue son
travail. <u>Bot seul</u> et ses deux manœuvres ont maçonné et posé 3 pierres des pentes
côté du levant, sous la surveillance de M. Caminade. Adeline nous envoie
1 colis de 3 belles anguilles que nous mangeons à souper avec M. Caminade,
Bousquet et nous tous. Bous donnons de notre diné à Bot et les siens. J'écris
à Sylvestre pour les remercier. On a volé le grand café d'Espéraza. M. Caminade rentre à Limoux. Bousquet et Guillaume vont l'accompagner un peu.

25 | Noël. Beaucoup de monde aux offices. Chant tapageur. Belle
Matinée ; mais vers 11 h tempête de vent et pluie, temps un peu froid. Bousquet
le tailleur de pierre est resté à Rennes avec nous. Par suite du temps humide
l'église a été toute maculée de boue. Pendant la nuit de Noël, la lune
avait 2 grands cercles coupés entre eux.

26 | Assez belle journée quoique un peu froide. Arrivée de M. Caminade
qui dans Couiza rencontre le fils Bot qui lui dit de ne pas venir, son père étant malade.
Ayant peu de confiance en ce dire, Guillaume qui ne travaille pas est envoyé à Luc
s'assurer du fait et trouve Bot malade d'un coup d'air et fait dire que lundi prochain
il remontera. M. Caminade dine et rentre à Limoux à 4h ½. Bousquet
travaille la p. blanche. Quant à moi, le vent étant trop froid je travaille à la
sacristie. Vent toute la nuit.

27 | Neige le matin, mauvaise journée. Hypolitte fait 2 voyages sable 20.
Bousquet continue son travail. Marie malade reste au lit. Éloi me sert la messe.
Je travaille à la sacristie. Singe queue coupée.

28 | Journée belle, douce, calme ; Marie va mieux ; Barthélémy me sert la
messe. Le soir je brouette des pierres du chemin de la chapelle. Bousquet continue son travail et part pour Limoux après soupé.

29 | Après une ~~journée~~ nuit de pluie, belle journée. Dimanche, très peu de monde à l'église. Marie n'est pas venue à la messe mais va de mieux en mieux. Le singe continue à se ronger la queue. Arrivée du beau-frère de Guillaume de **la Vialasse**, il soupe, dort au presbytère et part le lendemain après déjeuné.

30 | Une des plus belles journées de fin d'année. Arrivée de Bousquet seul. M. Caminade ne vient pas parce que Bot lui a fait savoir qu'il n'était pas guéri. Il souffre de l'influenza gastrique. C'est bien dommage car le temps est très beau sous tous les rapports. Avec Julie, et Antoinette, je brouette toute la journée des pierres du chemin de la chapelle. Le temps était si chaud que j'ai changé de linge 2 fois. Bousquet a porté un peu de **touron**.

31 | Belle journée, mais vent marin très fort et humide. Bousquet continue son travail. Bot, son maçon et ses deux manœuvres, montent à midi pour leur besogne de la maison. Ils font la demi-journée et posent 3 pierres blanches sur les murs. Bot n'est pas encore rétabli ; il a écrit à M. Caminade de monter demain 1 janvier. Marie est guérie, mais sa mère s'est alitée. Moi j'ai nettoyé toute la journée la bergerie Moulines. Julia a apporté de Couiza 1 l. rhum et 1 Micheline de chez Igounet. Nous entamons tout cela à souper.

1902

31a

1er Janvier 1902 ———— très belle journée. Pas d'office — Les maçons continuent à maçonner le galetas du coté du levant — Bousquet continue son travail — Marie a payé la bonne Année aux maçons en leur donnant un petit verre — Alexandrine est toujours souffrante — M. Caminade attendu ne vient pas, moi j'écris à la Sacristie jusqu'à midi. après dine, nous donnons le Café à tous les ouvriers et pendant que les maçons déménagent de chez malet pour chez le Mounou, Guillaume, Barthelemy, Bousquet qui n'a fait que la matinée et moi, nous allons nous promener au Moulin et à Carla pour voir le Cochon. Dans les deux endroits nous buvons. Au retour, à la nuit, Bot et ses aides ont changé les échaffaudages de la nouvelle maison. —

2 ———— Temps sombre, beaucoup de vent de Sers, surtout dans la soirée et légère pluie qui n'a pas arrêté les maçons qui continuent la pente des eaux coté du levant sous les yeux de M. Caminade qui est arrivé ce matin. Bousquet continue son travail. Guillaume et Barthelemy sont au bois. Alexandrine va mieux. M. Suffont médecin, réclame à Barthelemy l'gé d'une visite qu'il n'a pas faite. Le soir, jusqu'à 4 h je travaille aux chemins de la Chapelle — Le vent souffle toujours

3 ———— Vent toute la nuit et toute la journée, accompagné de temps à autre d'un peu de pluie. Les maçons, sauf celui de Couiza ne pouvant monter à cause du vent sur l'échaffaudage se sont occupés toute la matinée à scier et préparer la pièce sablière qui doit être posé du coté du chemin rural. après dine la pluie persévérant ils sont partis pour Luc décidé à remonter le lendemain si le temps le permet. M. Pinel nous a apporté avec sa charette le baril de 58 litre d'eau de vie à 0° 90 le litre, 4 ou 5 bouteilles de Cartagène et vin blanc, 1 calendrier et un sous-main. Nous l'avons gardé à déjeuner avec M. Caminade et est rentré dans l'après dine après avoir bu 52 fois peu de l'eau de vie — M. Caminade ne pouvant rien faire est rentré à Limoux à 4 h. après avoir reçu un à compte de 200 fr ce qui fait en tout 600 fr; il doit remonter Lundi 2

4 ———— brouillard dans la matinée, mais très belle journée — Bousquet continue sot son maçon et ses deux aides après avoir passé la matinée à préparer les poutres de la toiture les montent sur le chantier avec d'autre matériel et le soir, pendant que le maçon de Couiza avec Baptiste maçonnent le mur du galetas du coté du couchant, Bot et Saunierou commencent à monter la base de la cheminée du levant. Ils posent à peine 2 pierres blanches. Moi, après avoir écrit toute la matinée ne pouvant pas brouetter pendant la soirée, le terrain n'étant pas sec, je me repose un peu et à surveiller les travaux. Les maçons partent pour Luc. Seul Bousquet ne rentre pas à Limoux.

1er **Janvier 1902**. Très belle journée. Pas d'office. Les maçons
continuent à maçonner le galetas du côté du levant. Bousquet continue
son travail. Marie a payé la bonne année aux maçons en leur donnant
un petit verre. Alexandrine est toujours souffrante. M. Caminade
attendu ne vient pas. Moi j'écris à la Sacristie jusqu'à midi. Après
diné, nous donnons le café à tous les ouvriers et pendant que les maçons déménagent
de chez Malet pour chez le Mounou, Guillaume, Barthélémy, Bousquet qui n'a fait
que la matinée et moi, nous allons nous promener au moulin et à Carla pour
voir le cochon. Dans les deux endroits nous buvons. Au retour, à la nuit, Bot
et ses aides ont changé les échafaudages de la nouvelle maison.

2 Temps sombre, beaucoup de vent de Sers, surtout dans la soirée et
légère pluie qui n'a pas arrêté les maçons qui continuent la pente des eaux côté du
levant sous les yeux de M. Caminade qui est arrivé ce matin. Bousquet continue
son travail. Guillaume et Barthélémy sont aux Bals. Alexandrine va mieux.
M. Laffont médecin réclame à Barthélémy 5 frs d'une visite qu'il n'a pas faite. Le
soir, jusqu'à 4 h je travaille aux chemins de la chapelle. Le vent souffle toujours.

3 Vent toute la nuit et toute la journée, accompagné de temps à autre
d'un peu de pluie. Les maçons, sauf celui de Couiza ne pouvant monter à cause du
vent sur l'échafaudage, se sont occupés toute la matinée à scier et préparer la
pièce sablière qui doit être posé du côté du chemin rural. Après diné la pluie
persévérant, ils sont partis pour Luc décidés à remonter le lendemain si le temps le
permet. M. Pinet nous a apporté avec la charrette le baril de 58 litres d'eau de
vie à 0,90 le litre, 4 ou 5 bouteilles de Carthagène et vin blanc, 1 calendrier et un
sous-main. Nous l'avons gardé à déjeuner avec M. Caminade et est rentré dans
l'après-midi après avoir reçu 52 frs pour de l'eau de vie. M. Caminade ne pouvant
rien faire est rentré à Limoux à 4 h après avoir reçu **un acompte de *200 frs***,
ce qui fait en tout 600 frs ; il doit remonter lundi.

4 Brouillard dans la matinée, mais très belle journée. Bousquet continue.
Bot son maçon et ses deux aides, après avoir passé la matinée à préparer les poutres de
la toiture, les montent sur le chantier avec d'autre matériel et le soir, pendant
que le maçon de Couiza avec Baptiste maçonnent le mur du galetas du côté du
couchant, Bot et Saunièrou commencent à monter la base de la cheminée du
levant. Ils posent à peine 2 pierres blanches. Moi, après avoir écrit toute la matinée,
ne pouvant pas brouetter pendant la soirée, le terrain n'étant pas sec, je me repose
à lire et à surveiller les travaux. Les maçons partent pour Luc. Seul Bousquet
ne rentre pas à Limoux.

5 —— Dimanche; très peu de personnes aux offices; Bousquet est resté; au Catéchisme, à l'occasion du 1er de l'an, je donne des images aux enfants; Je devais partir après dîné pour St Jean de Paracol, mais devant les boues et un temps douteux, je suis resté à Rennes. J'écris au Curé pour le prévenir.

6 —— Adoration à St Jean de Paracol. temps un peu brumeux très froid — Il fait bon au soleil — Bousquet taille le matin et scie le soir avec Guillaume après dîné, ne pouvant travailler aux pierres à cause du froid. Je vais lire un peu au soleil — Ni les maçons, ni Mr Caminade, personne n'est monté. La lettre qui devait prévenir Mr Gachez a été prise par Barthélemy.

7 —— Vent froid, mais belle journée — Bousquet continue son travail — Arrivée de Mr le Curé de Coustaussa avec son neveu. Ils déjeunent et après avoir vu la nouvelle maison ils redescendent — Arrivée de Mr Caminade — Arrivée de Bot. Son maçon et ses aides. Ils maçonnent le mur du galetas côté nord; commencent la porte de la fenêtre sous les yeux de Mr Caminade qui leur a fait dutiusé les deux pierres de taille posée 3 jours auparavant et posée sans ordre — on vient me prendre pour aller voir le vieux du château qui va plus mal — Je suis un peu influencé.

8 —— Forte gelée, mais très belle journée. Je suis malade. Je souffre du gosier, de la tête, j'ai du frisson. Je n'ai pas pour ainsi dire dormi de toute la nuit, car j'avais froid. Je me lève un peu tard mais me plaignant toujours je reviens au lit dans l'après dîné. Les sœurs ayant fait savoir que demain elles doivent monter, nous les faisons prévenir de ne pas monter, étant malade — Les maçons travaillent au galetas côté nord. Julie et Antoinette montent d'Espéraza en disant que les sœurs ne viendront pas et de les prévenir lorsque je serais guéri.

9 —— Je passe toute la journée au lit; je ne dis pas de messe; je souffre toujours de la tête, du gosier et ne prends que des tisanes, car j'ai la bouche bien mauvaise — Le tailleur continue son travail. Les 4 maçons, après avoir, les jours précédents posé la fenêtre du galetas côté Cers, monté et monté les maçonneries, posent aujourd'hui les poutres du couvert; série de belles journées — Mr Caminade est toujours à diriger les travaux.

10 —— Je vais un peu mieux; me suis levé à 10 h.; Joseph Dalbies de château est mort, sépulture demain. Le wagon de pierre blanche étant arrivé hier, ce matin Guillaume a été prévenir Carla. Arrivé à la gare, ils n'ont pas pu charger le bloc (7 cont. 130) étant trop fort. Louise est envoyée à Rennes pour demander des aides. Bousquet et Guillaume partent après dîné pour cela. Les maçons sont toujours au galetas à la pose des poutres — Je n'ai pas dit la messe n'étant pas à jeun. Mr Caminade surveille — La charrette arrive à la nuit avec 1 pierre. Soupé. Je vais de mieux en mieux. Je prends 2 bols de bouillon et un petit verre de Banyuls. Nuit sans sommeil.

11 —— Toujours très belle journée, après de forte gelée, mais aujourd'hui le petit vent qui s'élève fait prévoir que le temps se dérangera. Sorcy à 8 h fait la barbe, sépulture à 11 heures; pas mal de monde et de curieux pour visiter la nouvelle maison. Dîné à 1 heure. Carla a porté une autre pierre, mais le fer d'une roue de leur charrette a cassé. Désormais, tant que la route de Couiza restera gelée, ils feront le tour par Coulevry. Bousquet et Guillaume ont été chercher le wagon de pierre et le soir, ils scient. Bousquet règle les comptes et emporte la somme de 66 fr, après avoir soupé. Mr Caminade rentre avec lui. Les deux maçons et les 2 aides ont continué à maçonner, crépir le galetas, posé des chevrons. Le soir, Bot et Saunière sous la surveillance de Mr Caminade recommencent à poser les bases de la cheminée côté levant.

12 —— Dimanche. Peu de monde aux offices. Visite du tourneur du chat qui dîne avec une petite fille et part. Visite de la sœur de Guillaume. Visite de gens d'Espéraza — Soleil voilé journée moins chaude.

13 —— Départ de la sœur de Guillaume — Arrivée de Mr Caminade, de Baugé et Laurent seuls; Bousquet est malade — En montant Mr Caminade
mène son travail et part pour Limoux après soupé.

5	Dimanche ; très peu de personnes aux offices ; Bousquet est resté ; au catéchisme, à l'occasion du 1er de l'an, je donne des images aux enfants ; je devais partir après diné pour St Jean de Paracol, mais devant les boues et un temps douteux, je suis resté à Rennes. J'écris au curé pour le prévenir.
6	Adoration à St Jean de Paracol. Temps un peu brumeux très froid. Il fait bon au soleil. Bousquet taille le matin et scie le soir avec Guillaume. Après diné, ne pouvant travailler aux pierres à cause du froid, je vais lire un peu au soleil. Ni les maçons, ni M. Caminade, personne n'est monté. La lettre qui devait prévenir M. Gachen a été prise par Barthélémy.
7	Vent froid, mais belle journée. Bousquet continue son travail. Arrivée de M. le curé de Coustaussa avec son neveu. Ils déjeunent et après avoir vu la nouvelle maison ils redescendent. Arrivée de M. Caminade. Arrivée de Bot son maçon et ses aides. Ils maçonnent le mur du galetas côté nord ; et commencent la pose de la fenêtre sous les yeux de M. Caminade qui leur a fait détruire les deux pierres de taille posées 3 jours auparavant et posées sans ordre. On vient me prendre pour aller voir le vieux du château qui va plus mal. Je suis un peu influenzé.
8	Forte gelée, mais très belle journée. Je suis malade. Je souffre du gosier, de la tête, j'ai des frissons. Je n'ai pas pour ainsi dire dormi de toute la nuit car j'avais froid. Je me lève un peu tard mais me plaignant toujours je reviens au lit dans l'après-midi. Les sœurs ayant fait savoir que demain elles doivent monter, nous les faisons prévenir de ne pas monter étant malade. Les maçons travaillent au galetas côté nord. Julie et Antoinette montent d'Espéraza en disant que les sœurs ne viendront pas et de les prévenir lorsque je serai guéri.
9	Je passe toute la journée au lit ; je ne dis pas de messes ; je souffre toujours de la tête, du gosier et ne prends que des tisanes car j'ai la bouche bien mauvaise. Le tailleur continue son travail. Les 4 maçons, après avoir, les jours précédents, posé la fenêtre du galetas côté Cers, ~~mont~~ et monté les maçonneries, posent aujourd'hui les poutres du couvert ; série de belles journées. M. Caminade est toujours à diriger les travaux.
10	Je vais un peu mieux ; me suis levé à 10 h ; Joseph Dalbiès du château est mort, sépulture demain. Le wagon de pierre blanche étant arrivé hier, ce matin Guillaume a été prévenir Carla. Arrivés à la gare, ils n'ont pas pu charger les blocs (7 coût : *130*) étant trop fort. Louise est envoyée à Rennes pour demander des aides. Bousquet et Guillaume partent après diné pour cela. Les maçons sont toujours au Galetas à la pose des poutres. Je n'ai pas dit la messe n'étant pas à jeun. M. Caminade surveille. La charrette arrive à la nuit avec 1 pierre. Souper. Je vais de mieux en mieux. Je prends 2 bols de bouillon et un petit verre de Banyuls. Nuit sans sommeil.
11	Toujours très belle journée, après de fortes gelées, mais aujourd'hui le petit vent qui s'élève fait prévoir que le temps se dérangera. Lever à 8 h fait la barbe, sépulture à 11 heures ; pas mal de monde et de curieux pour visiter la nouvelle maison. Diner à l'heure. Carla a porté une autre pierre, mais le fer d'une roue de leur charrette a cassé. Désormais, tant que la route de Couiza restera gelée, ils feront le tour par **Couleur**. Bousquet et Guillaume ont été achever le wagon de pierre et le soir, ils scient. Bousquet règle les comptes et emporte la somme de *66 frs*, après avoir soupé. M. Caminade rentre avec lui. Les deux maçons et les 2 aides ont continué à maçonner crépir le Galetas, poser des chevrons. Le soir Bot et Saunièrou, sous la surveillance de M. Caminade recommencent à poser les bases de la cheminée côté levant.
12	Dimanche. Peu de monde aux offices. Visite du tourneur du **Clat** qui dine avec une petite fille et part. Visite de la sœur de Guillaume. Visite de gens d'Espéraza. Soleil voilé. Journée moins chaude.
13	Départ de la sœur de Guillaume. Arrivée de M. Caminade, de Bauzil et Laurent seuls ; Bousquet est malade. En montant M. Caminade

rencontre Hypolitte allant a la pierre blanche. Ce dernier demande pourquoi on ne l'a pas attendu. M. Caminade répond qu'ils auraient eu bien tort. Hypolitte lui demande de lui donner un des deux ouvriers pour l'aider a charger; M. Caminade refuse en disant que les ouvriers sont payés 4ᶠ par jour et que s'il lui faut quelqu'un qu'il se le cherche. Hypolitte, dans ce cas, je m'en reviens a Carla, M. Caminade: Eh bien, revenez vous en — Hypolitte n'a pas osé; il a été prendre 1 pierre et est monté pour dîner: il a boudé et est reparti avec Louise sans rien dire — Bot sa famille et Saunerou seul sont montés avant midi. M. Caminade souffrait de ce retard, a cause du beau temps. Ils font la demi journée a la cheminée du levant — Laurent taille la pierre — Bauzil et Guillaume scient —

14 —————— Belle journée, mais ciel un peu voilé — Guillaume et Bauzil scient la pierre blanche. Laurent taille des briques pour la cheminée du levant que Bot et Saunerou montent sous la surveillance de M. Caminade. au presbytère on égorge les oies. Moi j'écris a Guillan et a Esperaza pour les inviter pour Jeudi Dans la nuit le temps se met au froid.

15 —————— Journée couverte venteuse et froide. Bot ne pouvant a cause de cela continuer la Cheminée du levant pose quelques pierres blanches de la niche. Les tailleurs continuent leur travail. a midi Bousquet arrive et fait la demi journée. En prévision de l'arrivée des sœurs et du vicaire de Guillan, Marie et Julie netoie l'église — Anniversaire de Victorine Maury. Moi je travaille toute la journée a la sacristie. M. Caminade garde les ouvriers.

16 —————— très belle journée — a 10 h. arrivée des sœurs, de 11 h. le vicaire de Guillan et de ses parents. Après avoir vu, je pense au repas a 4 h. — Les tailleurs de pierre continuent. Bot, Saunerou et M. Caminade continuent la Cheminée du coté du levant.

17 —————— très belle journée — fin et Couronnement de la Cheminée du coté du levant. Pose de quelques pierres de la niche. préparation pour la pose du cordon p. blanche du coté du Couchant. Les tailleurs continuent. Bousquet et Bauzil travaillent aux ouvertures et intérieur de la maison. M. Caminade part ce soir parce que Bot ne reviendra pas demain a cause du tirage au sort

18 —————— Journée voilée en partie; moins belle que les précédentes — tirage au sort — Les 3 tailleurs après leur journée sont partis et rentrent a Limoux. Hypolitte a été prendre une pierre blanche. Le meunier m'a invité a aller souper au moulin a cause du tirage au sort de son fils, mais je n'accepte pas. Les sœurs m'ont envoyé une boite de bonbons a cause de mon influenza.

19 —————— Journée couverte, froide, un peu de pluie en le matin — Dimanche peu de monde aux offices — suis toujours influenzé. Je remercie les sœurs de leurs bonbons —

20 —————— Journée couverte et froide — Arrivée de J. Rieu qui vient nous voir et rentre a Limoux a 10 h du matin en bicyclette — Arrivée de Bot, le maçon de Couiza et les deux manœuvres. Ils montent et posent quelques p. blanches du cordon du coté du Couchant — Arrivée des 3 tailleurs qui continuent leur travail Hypolitte avec Marcel vont prendre en deux voyages les 2 dernières p. blanches.

21 —————— belle journée. M. Caminade n'est pas venu — Bot et les aides continuent a monter le cordon de p. bl. — les tailleurs continuent leur travail. Julie a eu un malaise subit qui a failli l'emporter. Moi j'ai eu une rude journée, de tout après avoir passé une nuit sans sommeil. Le greffier du Juge de paix nous a apporté gratis une bouteille de Vieille carthagène et 3 petits flacons d'extraits pour faire de la liqueur de ménage — Suis plus malade, très enrhumé —

22 —————— très belle journée — arrivée de M. caminade pour surveiller la pose du cordon et le commencement de la Cheminée du Couchant — Bot et ses maçons sont la les 3 tailleurs continuent leur travail — Julie ce matin a eu une nouvelle et terrible attaque des nerfs — Moi, après une nuit de souffrance, de toux, de transpiration et sans sommeil, me lève a 11 heur, ne dis pas la messe et fais ma correspondance au salon bien calfeutré — ne puis manger et vais au lit de bonne heure

rencontre Hypolitte allant à la pierre blanche. Ce dernier demande pourquoi on ne
l'a pas attendu. M. Caminade répond qu'ils auraient eu bien tort. Hypolitte lui demande de lui donner un des deux ouvriers pour l'aider à charger ; M. Caminade refuse
en disant que ses ouvriers sont payés 4 frs par jour et que s'il lui faut quelqu'un qu'il
se le cherche. Hypolitte, dans ce cas, je m'en reviens à Carla. M. Caminade : eh bien revenez
vous en. Hypolitte n'a pas osé. Il a été prendre une pierre et est monté pour diné ;
il a boudé et est reparti avec Louise sans rien dire. Bot sa famille et Saunièrou
seul sont montés avant midi. M. Caminade souffrait de ce retard à cause du
beau temps. Ils font la demi-journée à la cheminée du levant. Laurent taille
la pierre. Bauzil et Guillaume scient.

14	Belle journée, mais ciel un peu voilé. Guillaume et Bauzil scient la pierre blanche. Laurent taille des briques pour la cheminée du levant que Bot et Saunièrou montent sous la surveillance de M. Caminade. Au presbytère on égorge les oies. Moi j'écris à Quillan et à Espéraza pour les inviter pour jeudi. Dans la nuit le temps se met au froid.
15	Journée couverte venteuse et froide. Bot, ne pouvant à cause de cela continuer la cheminée du levant, pose quelques pierres blanches de la niche. Les tailleurs continuent leur travail. À midi Bousquet arrive et fait la demi-journée. En prévision de l'arrivée des sœurs et du vicaire de Quillan, Marie et Julie nettoient l'église. Anniversaire de Victorine Maury. Moi je travaille toute la journée à la Sacristie. M. Caminade garde les ouvriers.
16	Très belle journée. À 10 h arrivée des Sœurs, de M. le Vicaire de Quillan et de ses parents. Après avoir vu, déjeuné on repart à 4 h. Les tailleurs de pierre continuent. Bot, Saunièrou et M. Caminade continuent la cheminée du côté du levant.
17	Très belle journée. Fin et couronnement de la cheminée du côté du levant. pose de quelques pierres de la niche, préparation pour la pose du cordon p. blanche du côté du couchant. Les tailleurs continuent. Bousquet et Bauzil travaillent aux ouvertures et intérieur de la maison. M. Caminade part ce soir parce que Bot ne revient pas demain à cause du tirage au sort.
18	Journée voilée en partie ; moins belle que les précédentes. Tirage au sort. Les 3 tailleurs après leur journée soupent et rentrent à Limoux. Hypolitte a été prendre une pierre blanche. Le meunier m'a invité à aller souper au moulin à cause du tirage au sort de son fils, mais je n'accepte pas. Les Sœurs m'ont envoyé une boîte de bonbons à cause de mon influenza.
19	Journée couverte, froide, un peu de pluie sur le matin. Dimanche, peu de monde aux offices. Suis toujours influenzé. Je remercie les Sœurs de leurs Bonbons.
20	Journée couverte et froide. Arrivée de J Rieu qui vient nous voir et rentre à Limoux à 10 h du matin en bicyclette. Arrivée de Bot, le maçon de Couiza et les deux manœuvres. Ils montent et posent quelques p. blanches du cordon du côté du couchant. Arrivée des 3 tailleurs qui continuent leur travail.
21	Belle journée. M. Caminade n'est pas venu. Bot et les aides con- tinuent à monter le cordon de p. bl. Les tailleurs continuent leur travail. Julia a eu un malaise subit qui a failli l'emporter. Moi j'ai eu une rude journée de toux après avoir passé une nuit sans sommeil. Le greffier du juge de paix nous a apporté gratis une bouteille de vieille Carthagène et 3 petits flacons d'extraits pour faire de la liqueur de ménage. Suis plus malade, très enrhumé.
22	Très belle journée. Arrivée de M. Caminade pour surveiller la pose du Cordon et le commencement de la cheminée du couchant. Bot et ses maçons sont là. Les 3 tailleurs continuent leur travail. Julie ce matin a eu une nouvelle et terrible attaque des nerfs. Moi, après une nuit de souffrance, de toux, de transpiration et sans sommeil, me lève à 11 heures, ne dit pas la messe et fait ma correspondance au salon bien calfeutré. Ne puis manger et vais au lit de bonne heure.

23 —— Belle journée – vent marin; foire des porcs à Espéraza. La veille, nous avons donné 400 fr à Mr Bot qui doit aller acheter un cochon. Aussi aujourd'hui, il est absent. Son maçon de Couiza avec Saunirou seuls sont sur le chantier, à monter la cheminée sous la surveillance de Mr Caminade. Les tailleurs sont à leur travail. Julie est plus malade, reste au lit et Guillaume va prendre Mr Dufour. Alexandrine est encore souffrante. Marie surchargée d'occupation, est bien fatiguée et tousse. Moi, après une nuit passable me lève à 11h. ne dis pas la messe, me rend au salon, prends deux tasses de bouillon, un œuf et comme la veille me mets à ma correspondance. Je ne souffre pas de la tête mais le rhume est fort tenace. cependant il y a du mieux. — Mr Roché invite Marie à se rendre à Couiza chez le Percepteur pour lui remettre son titre contre gargaignand. Mr Dufour, ne trouve rien d'extraordinaire à Julie. il commande la diète, de garder le lit et un sirop pour son rhume. Pour moi, il m'ordonne le lait.

24 —— Très belle journée. après une meilleure nuit, je me lève vers 9h. et vais dire la messe. Mon rhume a muri, je tousse moins. Julie va mieux. Marie fatiguée tousse beaucoup. Vers les 11h. visite de Mr Sabarthès ferblantier qui vient voir les travaux et déjeune au Presbytère. Il se rend chez Mr Hussard réclamer quelque compte de fournitures. Les maçons Bot compris achèvent de monter la cheminée sous la surveillance de Mr Caminade et crépissent l'intérieur. Les tailleurs continuent. Je passe une assez bonne journée à garder le feu et écrire. Je soupe d'une soupe à l'ail et passe une assez bonne nuit.

25 —— Vers 11h. le temps se dérange, mais il ne pleut pas, le vent étant trop fort, les maçons travaillent dedans sous le regard de Mr Caminade. Les 3 tailleurs sont à leur tâche. Mr Dufour arrive voir Julie vers les 10h. Il me trouve bien mieux ainsi qu'à Julie. Je vais dire la messe et de suite après prend un peu de lait, du potage. Je travaille au salon comme les jours précédents. Mr Caminade rentre à Limoux par le train de 4h, travaillé avec les 3 tailleurs qui ont fini leur quinzaine s'élevant à 131 fr pour 32 journées 3/4. Ils sont tous partis, maçons compris, parce qu'il ne pourraient rien faire par suite du vent. Je travaille à mon bureau jusqu'à 7h 1/2 et soupe de bon appétit, mais ne dors pas.

26 —— Mauvaise journée; fort vent, froid, a neigé un peu. Ai pris froid en me levant. quinte de toux. messe courte, peu de monde. Présence de Mme Claman et sa fille aînée chez Vidal. Diné de bon appétit avec Julie levée et Guillaume. Julie a beaucoup de visites dans la soirée; pas de chapelet ni vêpres à cause de mon refroidissement.

27 —— Nuit meilleure mais la toux n'a pas cessé; au contraire. Julie va à peu près. Servi à 8h., ai dit la messe et travaillé à mon salon toute la journée. Bauzie et Bousquet seuls sont arrivés; ils ont scié et travaillé la pierre blanche. Les maçons ne sont pas venus. Bot a été égorger le cochon à Castel-Nègre. Une lettre de Mr le Supérieur l'excuse. Belle journée en somme, quoique un peu venteuse. — Marcel arrivé à la nuit avec Élie portant 11 comportes de sable; ils couchent.

28 —— Nuit meilleure et journée aussi; moins toussé; mais Julie ne va guère mieux. Belle journée en somme quoique le vent soit un peu froid. Bousquet et Bauzie scient et taillent. Bot et son maçon arrivés de bon matin se mettent à crépir le premier étage. Reçu le colis postal de cartes de visite enveloppes, etc de Carcassonne Le tailleur de pierre ne fait pas de travail comme au début. à partir de ce matin je porte la flanelle.

29 —— Assez belle journée, mais vent assez froid. Arrivée d'Authier. Les 3 tailleurs continuent leur tâche. Bot et les autres crépissent le 1er étage. Julie et Alexandrine vont à peu près; moi j'ai assez bien dormi, mais parfois je tousse encore beaucoup.

30 —— Mauvaise journée. Les maçons n'ont pas travaillé. Les 3 tailleurs n'ont fait qu'une demi journée chacun dedans. Arrivée de Mr Caminade qui surveille les 3 tailleurs. Julie va un peu mieux et moi aussi. J'ai transpiré un peu cette nuit. j'ai changé de flanelle. et ai été dire la messe, malgré la rigueur du temps. Je garde le salon, ainsi toute la journée et de temps à autre tousse un peu ——

23	Belle journée, vent marin ; foire des porcs à Espéraza. La veille nous avons donné **400 frs** à M. Bot qui doit aller acheter un cochon. Aussi aujourd'hui, il est absent. Son maçon de Couiza avec Saunièrou seuls sur le chantier à monter la cheminée sous la surveillance de M. Caminade. Les tailleurs sont à leur travail. Julie est plus malade, reste au lit et Guillaume va prendre **M. Dufour**. Alexandrine est encore souffrante. Marie surchargée d'occupations est bien fatiguée et tousse. Moi, après une nuit passable me lève à 11 h, ne dit pas la messe, me rend au salon, prends deux tasses de bouillon, 1 œuf et comme la veille me mets à ma correspondance. Je ne souffre pas de la tête mais le rhume est fort tenace. Cependant il y a du mieux. M. Roché invite Marie à se rendre à Couiza chez le percepteur pour lui remettre son titre contre Gavignaud. M. Dufour ne trouve rien d'extraordinaire à Julie, il commande la diète, de garder le lit et un sirop pour son rhume. Pour moi, il m'ordonne le lait.
24	Très belle journée. Après une meilleure nuit, je me lève vers 9 h et vais dire la messe. Mon rhume a muri, je tousse moins. Julie va mieux. Marie fatiguée tousse beaucoup. Vers les 11 h visite de M. Sabarthès ferblantier qui vient voir les travaux et déjeune au presbytère. Il se rend chez M. Humard réclamer quelque compte de fournitures. Les maçons Bot compris achèvent de monter la cheminée sous la surveillance de M. Caminade et crépissent l'intérieur. Les tailleurs continuent. Je passe une assez bonne journée à garder le feu et écrire. Je soupe d'une soupe à l'ail et passe une assez bonne nuit.
25	Vers 11 h le temps se dérange mais il ne pleut pas, le vent étant trop fort. Les maçons travaillent dedans sous le regard de M. Caminade. Les 3 tailleurs sont à leur travail. M. Dufour arrive voir Julie vers les 10 h. Il me trouve bien mieux ainsi qu'à Julie. Je vais dire la messe et de suite après prends un peu de lait, du potage. Je travaille au salon comme les jours précédents. M. Caminade rentre à Limoux par le ~~dernier~~ train de 4 h avec les 3 tailleurs qui ont pris leur quinzaine s'élevant à **131 frs** pour 32 journées ¾. Ils sont tous partis, maçons compris parce qu'ils ne pouvaient rien faire par suite du vent. Je travaille à mon bureau jusqu'à 7 h et soupe de bon appétit mais ne dors pas.
26	Mauvaise journée ; fort vent, froid, a neigé un peu. Ai pris froid en me levant, quinte de toux. Messe courte, peu de monde. Présence de Mme Clamon et sa fille aînée chez Vidal. Diné de bon appétit avec Julie levée et Guillaume. Julie a beaucoup de visites dans la soirée ; pas de chapelet ni Vêpres à cause de mon refroidissement.
27	Nuit meilleure mais la toux n'a pas cessé, au contraire. Julie va à peu près. Levé à 8 h, ai dit la messe et travaille à mon salon toute la journée. Bauzil et Bousquet seuls sont arrivés ; ils ont scié et travaillé la pierre blanche. Les maçons ne sont pas venus. Bot a été égorger le cochon à Castelnègre. Une lettre de M. le Supérieur l'excuse. Belle journée en somme, quoique un peu venteuse. Marcel arrive à la nuit avec Élise portant 11 compostes de sable ; ils soupent.
28	Nuit meilleure et journée aussi ; moins toussé ; mais Julie ne va guère mieux. Belle journée en somme quoique le vent soit un peu froid. Bousquet et Bauzil scient et taillent. Bot et son maçon arrivés de bon matin se mettent à crépir le premier étage. Reçu le colis postal des cartes de visite enveloppes, etc. de Carcassonne. Les tailleurs de pierres ne font pas de travail comme au début. À partir de ce matin je porte la flanelle.
29	Assez belle journée, mais vent assez froid. Arrivée d'Authier. Les 3 tailleurs continuent leur tâche. Bot et les autres crépissent le 1er étage. Julie et Alexandrine vont à peu près ; moi j'ai assez bien dormi, mais parfois je tousse encore beaucoup.
30	Mauvaise journée. Les maçons n'ont pas travaillé. Les 3 tailleurs n'ont fait qu'une demi-journée chacun dedans. Arrivée de M. Caminade qui surveille les 3 tailleurs. Julie va un peu mieux et moi aussi. J'ai transpiré un peu cette nuit. J'ai changé de flanelle, et ai été dire la messe, malgré la rigueur du temps. Je garde le salon, écris toute la journée, et de temps à autre tousse un peu.

31 —— froide journée; malgré cela les 3 tailleurs ont travaillé sous les yeux de Mᵉ Caminade qui les ennuie de les garder ainsi. à cause du gel, les maçons sont partis; Hypolitte a fait un voyage de sable 11 comportes. ma grippe est à peu près. j'ai beaucoup toussé. Marie a fait à Mᵉ Caminade quelques réflexions fort justes au sujet des ouvriers qui ne travaille point comme par le passé.

1 Février —— Il neige toute la journée — Les maçons ne sont pas venus les 3 tailleurs travaillent dedans sous la surveillance de Mᵉ Caminade et comme le temps est mauvais, ils partent tous à 5 heures. — Mᵉ Caminade a emporté 200ᶠ pour lui et une lettre chargée de 750ᶠ pour le Maitre carrier de la pierre blanche montant de toute la pierre fournie jusqu'ici. Isidore a été payé d'un compte de ferrures et 21 aiguisages 2,50 en tout. Bot prétend que je dois payer les aiguisages à lui. pioches, soudées etc.

2 —— Journée humide et froide à cause de la neige qui fond un peu. Sexagésime. Purification. Bénédiction des cierges. peu de monde à l'église. Je fais catéchisme et chapelet malgré mon rhume. on nous annonce la mort de Mʳ le curé d'Alet et l'arrivée d'Adélina demain à Midi. — Je vais mieux.

3 —— Assez belle journée — Anthies et Bouquet arrivent seuls, Bauzil devant aller à une noce — Sépulture du curé d'Alet mort subitement. à l'heure qu'il est Adélina n'est pas encore arrivée. Je n'ai presque pas dormi et vais à peu près. Les maçons ne sont pas venus.

4 —— très belle journée — Les 2 tailleurs de pierre sont à leur travail, ils ont scié. Bot avec Saunieron est monté, mais n'a pas travaillé dans la crainte du gel — Guillaume, son fils et sa femme sont partis bon matin pour Carla pour l'égorgement des deux cochons: l'un de 230 et l'autre 130. à 1 heure et demie du soir, ils ont été de retour pour diner avec les deux Couches, le meunier, Marcel, Hypolitte et le facteur. après dîner vers les 3 h, ils sont partis et les 3 tailleurs ont repris leur travail. On nous apprend que le curé de Courtauza est malade et qu'Adélina n'est pas venu parce qu'on lui a dit qu'il y avait de la neige.

5 —— Vent marin très froid — les 3 tailleurs travaillent dedans sous la surveillance de Mᵉ Caminade qui vient d'arriver. Bot et Saunieron seuls ont travaillé aux voutains des escaliers porte d'entrée. Hypolitte a apporté 1 voyage de sable (10c) et 11 sac de plâtre de chez conquet. Moi je vais à peu près. Alexandrine ne va pas mieux. Hypolitte a apporté les cochons et le boucher les a arrangés ici. Diner avec lui et Mᵉ Caminade.

6 —— Bien belle journée. Les 2 tailleurs continuent à préparer des pierres pour la niche et les lucarnes — Bot et Saunieron montent la niche ils ont posé 3 pierres sous les yeux de Mᵉ Caminade. Pour cela des crochets étant nécessaires, on s'est servi de quelques rondins inutiles au jardin du Calvaire — Visite de ma sœur Mathilde qui nous a bien étonnés. Elle a passé la journée; je lui ai fait tout voir et est rentrée le soir; elle nous a invité; elle reviendra — Hypolitte a fait 2 voyages: un de 11 comportes de sable et 10 sacs de plâtre de chez conquet et l'autre de 10 comp. de sable.

7 —— très belle journée, un peu humide. Les deux tailleurs continuent de préparer des pierres pour la niche — Bot et Saunieron achèvent les voutains de la porte d'entrée et posent deux ou trois pierres de plus à la niche sous la surveillance de Mᵉ Caminade — Envoi d'un colis de 0,80c charcuterie à Adélina — Moi après avoir peu dormi et beaucoup toussé j'ai passé une assez bonne journée

8 —— après une pluie qui a duré toute la nuit, la journée a été très ventée à tel point que Bot ne pouvant rien faire est parti de bonne heure avec sa famille. Les 2 tailleurs ont travaillé dedans jusqu'à 3 h 1/2 et sont partis après avec Mᵉ Caminade après n'avoir fait que 3/4 de journée chacun. et avoir réglé la quinzaine; y compris celle de Bauzil. Le tout, 25 journées et 11/4 est monté à 181 francs qu'ils ont pris. Moi j'ai passé une bonne nuit, mais ai beaucoup toussé dans la journée.

31 | Froide journée. Malgré cela les 3 tailleurs ont travaillé sous les yeux
de M. Caminade qui les ennuie de les garder ainsi. À cause du gel, les
maçons sont partis. Hypolitte a fait un voyage de sable 11 compostes. Ma
grippe est à peu près, j'ai beaucoup toussé. Marie a fait à M. Caminade
quelques réflexions fort justes au sujet des ouvriers qui ne travaillent point
comme par le passé.

1 | **Février**. Il neige toute la journée. Les maçons ne sont pas venus.
Les 3 tailleurs travaillent dedans sous la surveillance de M. Caminade
et comme le temps est mauvais ils partent tous à 3 heures. **M. Caminade a emporté *200 frs*** pour lui et une lettre chargé de ***750 frs*** pour
le maître carrier de la pierre <u>blanche</u> montant de toute la pierre prise
jusqu'ici. Isidore a été payé d'un compte de ferrures et 21 aiguisages *2,50*
en tout. Bot prétend que je dois payer les aiguisages à lui : pioches soudées etc.

2 | Journée humide et froide à cause de la neige qui fond un peu.
Sexagésime. Purification. Bénédiction des cierges. Peu de monde à l'église. Je fais
Catéchisme et chapelet malgré mon rhume. On nous annonce la mort de M.
le curé d'Alet et l'arrivée d'Adelina demain à midi. Je vais mieux.

3 | Assez belle journée. Authier et Bousquet arrivent seuls. Bauzil
devant aller à une noce. Sépulture du curé d'Alet mort subitement. À l'heure
qu'il est Adelina n'est pas encore arrivée. Je n'ai presque pas dormi et vais
à peu près. Les maçons ne sont pas venus.

4 | Très belle journée. Les 2 tailleurs de pierres sont à leur travail, ils ont scié.
Bot avec Saunièrou est monté mais n'a pas travaillé dans la crainte du gel.
Guillaume, son fils et sa femme sont partis bon matin pour Carla pour l'égorgement des deux cochons ; l'un de 230 et l'autre 130. À 1 heure et demi du soir, ils
ont été de retour pour diner avec les deux bouchers, le meunier, Marcel, Hypolitte
et le facteur. Après diné vers les 3 h, ils sont partis et les 3 tailleurs ont repris leur
travail. On nous apprend que le curé de Coustaussa est malade et qu'Adelina
n'est pas venue parce que on lui a dit qu'il y avait de la neige.

5 | Vent marin très froid. Les 3 tailleurs travaillent dedans sous la surveillance
de M. Caminade qui vient d'arriver. Bot et Saunièrou <u>seuls</u> ont travaillé aux voutains
des escaliers porte d'entrée. Hypolitte a apporté 1 voyage de sable (10c) et <u>1 sac de plâtre de
chez Conquet</u>. Moi je vais à peu près. Alexandrine ne va pas mieux. Hypolitte apporte
les cochons et le boucher les a arrangés ici. Diner avec lui et M. Caminade.

6 | Très belle journée. Les 2 tailleurs continuent à préparer des pierres pour la niche
et les lucarnes. Bot et Saunièrou montent la niche. Ils ont posé 3 pierres sous les
yeux de M. Caminade. Pour cela des crochets étant nécessaires on s'est servi de
quelques rondins inutiles au jardin du Calvaire. Visite de ma sœur Mathide
qui nous a bien étonnés. Elle a passé la journée ; je lui ai fait tout voir et est rentrée
le soir ; elle nous a invités ; elle reviendra. Hypolitte a fait 2 voyages : un de 7
composts de sable et <u>10 sacs de plâtre de chez Conquet</u> et l'autre de 10 comp. de sable.

7 | Très belle journée, un peu humide. Les deux tailleurs continuent de
préparer des pierres pour la niche. Bot et Saunièrou achèvent les voutains de la
porte d'entrée et posent deux ou trois pierres de plus à la niche sous la surveillance
de M. Caminade. Envoi d'un colis de 0,80 c charcuterie à Adelina. Moi
après avoir peu dormi et beaucoup toussé j'ai passé une assez bonne journée.

8 | Après une pluie qui a duré toute la nuit, la journée a été très venteuse
à tel point que Bot ne pouvant rien faire est parti de bonne heure avec
sa famille. Les 2 tailleurs ont travaillé dedans jusqu'à 3 h ½ et sont partis
après avec M. Caminade après n'avoir fait que ¾ de journée chacun
et avoir réglé la quinzaine, y compris celle de Bauzil. Le tout, 25 journées
et 1¼ est monté à ***101 francs*** qu'ils ont pris. Moi j'ai passé une bonne
nuit, mais ai beaucoup toussé dans la journée.

9 —— Dimanche Quinquagésime; belle journée. peu de monde à l'Église après une assez bonne nuit, malgré ma faiblesse. J'ai lu le disponibl[?] du Carême etc; mais le soir plus rien que le Chapelet et le catéchisme, ne me sentant pas la force de faire autre chose. Vers les 3 heures, temps à l'orage. éclairs, coups de tonnerre et pluie. Bonne nuit.

10 —— temps un peu froid. Bot est arrivé avec Saunierou et montent les cloisons. Bousquet et Bauzil seuls sont montés pour continuer la préparation de la p. blanche; ils ont scié — je vais un peu mieux; l'appétit revient et les nuits sont assez bonnes.

11 —— Belle journée. Bot et Saunierou crépissent. Bousquet et Bauzil préparent la pierre blanche — Moi je vais mieux. après avoir passé une assez bonne nuit, j'ai moins toussé dans la journée et me suis promené à la Chapelle presque toute la soirée.

12 —— Journée couverte; vent un peu froid — Mercredi des Cendres; assez de mons. relativement à l'église à 9 h — Bot et Saunierou n'ont travaillé que le matin à crépir. Bousquet et Bauzil ont pris vacance le soir. quelques mascarades et bal chez Malet. Adelina accuse réception de la saucisse et fait savoir qu'elle viendra sous peu. Arrivée du Vin de Banyuls en gare. Quant à moi, je vais mieux. Alexandrine aussi.

13 —— Arrivée d'Authès et de Mr Caminade. très belle journée. Sous la surveillance de l'Architecte, les tailleurs de pierres continuent leur travail et Bot et Saunierou posent 2 pierres de plus à la niche. Pendant toute la soirée, je reste avec les ouvriers. La vieille Mise meurt sans demander les sacrements. bonne nuit.

14 —— Journée venteuse et froide — les 3 tailleurs continuent. Bousquet travaille la dernière pierre de la niche et les deux autres préparent les pierres des lucarnes. Bot et Saunierou montent des routains. Sépulture de la vieille Mise à 4 h du soir avec un temps très froid. Guillaume a obtenu 10 journées d'indemnités à 2e les J.

15 —— Même journée que hier, venteuse et très froide; quelques rafales de neige — à 9 h. messe pour la vieille Mise. Bot ne peut travailler à cause du vent froid — Visite dans l'après-dîner du Pape de Montazels et du tuilier de Brasse qui vient proposer sa terre cuite, trop tard — à 3 heures départ pour Limoux de Mr Caminade et des 3 tailleurs dont 2 Authès et Bauzil ne doivent pas revenir n'ayant plus de travail. Guillaume a été à Carla dire à Hypolitte d'aller prendre le vin de Banyuls à la gare : il l'a apporté ce soir (2 bonbonnes) avec 1 voyage de 10 comports de sable. Rhum n'est pas arrivé.

16 —— Dimanche. 3eme mauvaise journée; vent fort et froid; quelques flocons de neige, peu de monde à la messe. Pas d'autre exercice à cause du mauvais temps — Je vais mieux bien que je tousse de temps à autre.

17 —— belle journée, mais un peu couverte et froide — Ni maçons, ni tailleurs ni Architecte — Marie a été à Couiza régler; quelques comptes et échanger quelques mandats. Moi j'ai passé toute la soirée dehors.

18 —— mauvaise journée; vent froid, neige brouillard. Arrivée de Bousquet seul portant quelques artichauds, il fait la journée dedans — Après dîner, arrivée de Martial qui rentre à 4 heures — Guillaume a été à Carla puis Hypolitte d'Alet, prendre le fut de Rhum; il a été faire pour Couiza et a monté 10 comp. de sable et le fut Rhum il a soupé au presbytère —

19 —— Belle matinée; vent marin sur le soir, temps couvert — Bot Saunierou et Bousquet ont posé la dernière pierre de la niche. Bousquet a nettoyé le fronton. Bot et Saunierou ont garni les joints, et enlevé la chèvre. Bousquet a continué à préparer les pierres des lucarnes. La famille Pinet est venue nous voir avec leur Bébé en voiturette; ils ont goutté le Rhum reçu la veille. Hypolitte a fait l'expédition de 100 sacs vides en un ballots de 50 chacun — et a monté 1 voyage de sable de 10 comports. Moi je suis resté dehors toute la journée. Marie à Couiza.

9 | Dimanche Quinquagésime, belle journée, peu de monde à l'église.
Après une assez bonne nuit, malgré ma faiblesse, j'ai lu le dispositif du
Carême ; mais le soir plus rien que le chapelet et le catéchisme ne me
sentant pas la force de faire autre chose. Vers les 3 heures, temps à l'orage,
éclairs, coups de tonnerre et pluie. Bonne nuit.

10 | Temps un peu froid. Bot est arrivé avec Saunièrou et ~~montent~~ crépissent
~~les cloisons.~~ Bousquet et Bauzil seuls sont montés pour continuer la
préparation de la p. blanche ; ils ont scié. Je vais un peu mieux ; l'appétit
revient et les nuits sont assez bonnes.

11 | Belle journée. Bot et Saunièrou crépissent. Bousquet et Bauzil
préparent la pierre blanche. Moi, je vais mieux. Après avoir passé une
assez bonne nuit, j'ai moins toussé dans la journée et me suis promené
à la chapelle presque toute la soirée.

12 | Journée couverte ; vent un peu froid. Mercredi des Cendres ; assez de monde
relativement à l'église à 9 h. Bot et Saunièrou n'ont travaillé que le matin à crépir.
Bousquet et Bauzil ont pris vacances le soir. Quelques mascarades et bal chez
Malet. Adelina accuse réception de la saucisse et fait savoir qu'elle viendra sous peu. Arrivée du vin de **Banyuls** en gare. Quant à moi, je
vais mieux, Alexandrine aussi.

13 | Arrivée d'Authier et de M. Caminade. Très belle journée. Sous la surveil-
lance de l'architecte, les tailleurs de pierres continuent leur travail et Bot et Saunièrou
posent 2 pierres de plus à la niche. Pendant toute la soirée, je reste avec les ouvriers.
La vieille Mis meurt sans demander les sacrements. Bonne nuit.

14 | Journée venteuse et froide. Les 3 tailleurs continuent. Bousquet travaille
la dernière pierre de la niche et les deux autres préparent les pierres des lucarnes. Bot
et Saunièrou montent des voutains. Sépulture de la vieille Mis à 4 h du soir.
Avec un temps très froid. Guillaume a obtenu 10 journées d'indemnités à *2 frs la J.*

15 | Même journée qu'hier, venteuse et très froide ; quelques rafales de neige.
À 9 h messe pour la vieille Mis. Bot ne peut travailler à cause du vent froid. Visite
dans l'après-midi du Papé de Montazels et du tuillier de Bram qui vient proposer
sa terre cuite, trop tard. À 3 heures départ pour Limoux de M. Caminade
et des 3 tailleurs dont 2 Authier et Bauzil ne doivent pas revenir n'ayant
plus de travail. Guillaume a été à Carla dire à Hypolitte d'aller prendre le
vin de Bousquet à la gare ; il l'a apporté ce soir (2 bombonnes) avec 1 voyage de
10 compostes de sable. Rhum n'est pas arrivé.

16 | Dimanche. 3ème mauvaise journée ; vent fort et froid ; quelques flocons
de neige ; peu de monde à la messe. Pas d'autre exercice à cause du mauvais
temps. Je vais mieux bien que je tousse de temps à autre.

17 | Belle journée mais un peu couverte et froide. Ni maçons, ni tailleurs,
ni architecte. Marie a été à Couiza régler quelques comptes et échanger quelques mandats. Moi j'ai passé toute la soirée dehors.

18 | Mauvaise journée ; vent froid, neige, brouillard. Arrivée de Bousquet seul
portant quelques artichauts ; il fait la journée dedans. Après diné, arrivée de Martial
qui rentre à 4 heures. Guillaume a été à Carla prier Hypolitte d'aller prendre le fut
de rhum ; il a été parti pour Couiza et a monté 10 comp. de sable le fut **rhum**.
Il a soupé au presbytère.

19 | Belle matinée ; vent marin sur le soir, temps couvert. Bot, Saunièrou et
Bousquet ont posé la dernière pierre de la niche. Bousquet a nettoyé le fronton. Bot
et Saunièrou ont garni les joints et enlevé la chèvre. Bousquet a continué à préparer
les pierres des lucarnes. La famille Pinet est venue nous voir avec leur bébé en
voiturette ; ils ont gouté le rhum reçu la veille. Hypolitte a fait l'expédition
de 100 sacs vides en deux ballots de 50 chacun, et a monté 1 voyage de sable
de 11 compostes. Moi je suis resté dehors toute la journée. Marie à Couiza.

20 ——— Continuation du fort vent marin et ondée vers les 5 heures — Bot et Saunierou nivellent le salon et la cuisine et les préparent à récevoir le carrelage. Bousquet s'efforce de remplir la journée en bricolant, le sans-gêne de M. Caminade l'ayant laissé sans travail de trace; il a terminé la pierre blanche, a limé la scie et s'occupe à faire le pan coupé (pierre dure) de la porte d'entrée — malgré le grand vent, après dîné avec Marie et Julie, nous avons été nous promener et n'ai pas tenu de toute la soirée. Guillaume est au bal.

21 ——— temps humide, un peu pluvieux; mais belle demi journée — arrivée de M. Caminade qui commence à faire préparer et poser les premières pierres des lucarnes. Bot a monté un plé de cloisons du premier, Guillaume a scié avec Bousquet. Moi je suis resté dehors presque toute la soirée —

22 ——— très belle journée. continuation du montage des lucarnes et préparation de la pierre nécessaire. M. Caminade après soupé est rentré à Limoux; mais Bousquet est resté pour dimanche. Bot et sa famille à la fin de la journée sont rentrés à Luc. Je commande à M. Caminade 1 paire de sécateurs de chez Pagens.

23 ——— Dimanche, peu de monde à l'église — Messe, catéchisme et Vêpres. Bal après avec l'accordéon de Luc — nous allons nous promener avec Bousquet, soupé.

24 ——— Annonce d'une assez belle journée — Arrivée de M. Caminade apport- ant les sécateurs demandés et des pointes. Bousquet continue à préparer de pierre pour les lucarnes et Bot et Saunierou continuent à les monter — Je fais dire par le facteur à M. Gabelle que je ne veux rien de la propriété Sarda parce que il en veut beaucoup trop — Hyppolitte fait 2 voyages de sable (20 comportes) — un jeune maçon d'Esperaza vient me proposer du sable à 1,25 le M.C. Entendez-vous avec mon roulier lui ai-je répondu — Hyppolitte ne l'a pas rencontré ——

25 ——— Il a plu un peu dans la nuit — belle journée en somme. Hyppolitte a fait 2 voyages: le matin, 10 sacs de plâtre de chez Couquet et 9 comportes de sable. Le soir 10 comportes de sable; il a moins chargé ayant un bœuf boiteux. Il a rendu à Couquet 27 sacs vides. Reçu du maître de sable d'Esperaza une lettre où il se propose comme maçon. Bot et les siens ont monté les cloisons du second en présence de M. Caminade. Il manque encore 300 barrots pour les cloisons. Bousquet a travaillé le matin aux pierres; le soir, il a scié avec Guillaume. Moi je vais de mieux en mieux. et suis resté dehors toute la soirée —

26 ——— Il a plu un peu dans la nuit. très belle journée — Bot et les siens ont continué à poser les lucarnes — Bousquet a poli la pierre blanche — M. Caminade surveille. Guillaume au bal. Moi dehors à me balader, en attendant la complète guérison — Visite d'un limonadier de Limoux. M. Gabelle écrit de nouveau au sujet du bien de Sarda. Je réponds qu'il peut vendre —

27 ——— temps calme, couvert à la pluie, mais belle journée. Bot continue la pose des lucarnes et font quelques petits travaux à la base des cheminées. Bousquet prépare les dalles blanches. M. Caminade surveille. Moi je suis dehors à me promener. Guillaume au bal.

28 ——— Vent marin un peu fort et un peu froid, temps couvert gros nuages — mais belle journée. Sous la surveillance de M. Caminade Bot et Saunierou finissent les lucarnes — Bousquet termine quelques petits travaux et colle l'inscrip- tion: Villa Bethania — Marie a été à Couiza — moi je suis dehors. Reçu Biographie de M. Billard par Laborde Curé. Paziols. Je l'ai lu à M. Caminade.

1er MARS ——— très belle journée. Le soir, il a tonné vers St Hilaire — Bousquet sculpte l'inscription: Villa — Bot et Saunierou terminent les lucarnes et les côtés de la niche; échafaudent autour de la cheminée du levant et partent pour Luc — M. Caminade part à 4 h. Bousquet reste pour Dimanche. Moi après avoir passé la matinée à Sébans, je taille le soir la moitié des arbustes autour de la croix avec les sécateurs neufs. Guillaume après avoir travaillé le matin au bal s'occupe le soir sous l'allée.

20 | Continuation du fort vent marin et ondée vers les 5 heures. Bot et
Saunièrou nivellent le salon et la cuisine et les préparent à recevoir le carrelage.
Bousquet s'efforce de remplir la journée en bricolant, le sans-gêne de M. Caminade
l'ayant laissé sans travail de tracé, il a terminé la pierre blanche, a limé la scie
et s'occupe à faire le pan coupé (pierre dure) de la porte d'entrée. Malgré le
grand vent après diné avec Marie et Julie, nous avons été nous promener
et n'ai pas toussé de toute la soirée. Guillaume est aux Bals.

21 | Temps humide, un peu pluvieux, mais belle demi-journée. Arrivée de
M. Caminade qui commence à faire préparer et poser les premières pierres des
lucarnes. Bot a monté un peu de cloisons du premier. Guillaume a scié avec
Bousquet. Moi je suis resté dehors presque toute la soirée.

22 | Très belle journée. Continuation du montage des lucarnes et préparation
de la pierre nécessaire. M. Caminade après soupé est rentré à Limoux ; mais Bousquet
est resté pour dimanche. Bot et sa famille à la fin de la journée sont rentrés à
Luc. Je commande à M. Caminade 1 paire de sécateurs de chez Pagens.

23 | Dimanche. Peu de monde à l'église. Messe, catéchisme et Vêpres. Bal
après avec l'accordéon de Luc. Nous allons nous promener avec Bousquet, souper.

24 | Annonce d'une assez belle journée. Arrivée de M. Caminade appor-
tant les sécateurs demandés et des pointes. Bousquet continue à préparer des pierres
pour les lucarnes et Bot et Saunièrou continuent à les monter. Je fais dire par le
facteur à **M. Gabelle** que je ne veux rien de **la propriété Sarda** parce que il en
veut beaucoup trop. Hypolitte fait 2 voyages de sable (20 compostes). Un jeune
maçon d'Espéraza vient me proposer du sable à 1,25 le m. c. Entendez-vous
avec mon roulier lui ai-je répondu. Hypolitte ne l'a pas rencontré.

25 | Il a plu un peu dans la nuit. Belle journée en somme. Hypolitte a fait 2
voyages le matin, 10 sacs de plâtre de chez Conquet et 5 compostes de sable. Le soir 10
compostes de sable ; il a moins chargé ayant un bœuf boiteux. Il a rendu à
Conquet 27 sacs vides. Reçu du maître de sable d'Espéraza une lettre où il se propose
comme maçon. Bot et les siens ont monté les cloisons du second en présence de
M. Caminade. Il manque encore 300 barrots pour les cloisons. Bousquet a travaillé
le matin aux pierres ; le soir, il a scié avec Guillaume. Moi je vais de mieux
en mieux et suis resté dehors toute la soirée.

26 | Il a plu un peu dans la nuit. Très belle journée. Bot et les siens
ont continué à poser les lucarnes. Bousquet a poli la pierre blanche. M. Caminade
surveille. Guillaume aux Bals. Moi dehors à me balader en attendant la complète
guérison. Visite d'un limonadier de Limoux. M. Gabelle écrit de nouveau
au sujet du bien de Sarda. Je réponds qu'il peut vendre.

27 | Temps calme, couvert, à la pluie, mais belle journée. Bot continue
la pose des lucarnes et font quelques petits travaux à la base des cheminées.
Bousquet prépare les dalles blanches. M. Caminade surveille. Moi je suis dehors
à me promener. Guillaume aux Bals.

28 | Vent marin un peu fort et un peu froid, temps couvert gros nuages.
Mais belle journée. Sous la surveillance de M. Caminade Bot et Saunièrou
finissent les lucarnes. Bousquet termine quelques petits travaux et colle l'inscription : **Villa Béthania**. Marie a été à Couiza. Moi je suis dehors. Reçu biographie
de Mgr Billard **par Laborde curé Paziols**. Je l'ai lu à M. Caminade.

1 | **Mars**. Très belle journée. Le soir, il a tonné vers St Hilaire. Bousquet
sculpte l'inscription : Villa. Bot et Saunièrou termine les lucarnes et
les côtés de la niche ; échafaudent autour de la cheminée du levant et partent
pour Luc. M. Caminade part à 4 h, Bousquet reste pour dimanche. Moi
après avoir passé la matinée dedans, je taille le soir la moitié des arbustes
autour de la Croix avec les sécateurs neufs. Guillaume après avoir travaillé le
matin aux Bals s'occupe le soir sous l'allée.

2 —————— Dimanche belle matinée - peu de monde à l'église - Bousquet et Guillaume vont a couiza se faire raser - Soir, catéchisme, vêpres; visite de Tisseyre Antoine - Tonnerre, orage, bal - annonce des complies et chemin de la croix.

3 —————— Temps couvert frais, averses; Guillaume va aider le maçon à tailler la vigne - Arrivée de l'Espagnol d'Esperaza pour voir le travail de terrassement de la future terrasse - nous traitons. Il reviendra pour conclure définitivement lorsque M. Caminade sera arrivé. Le soir beau temps. je finis de tailler les arbustes du rond de la croix - Guillaume s'occupe de la plante de la passion. Bousquet, le matin termine l'inscription: Villa et le soir monte avec Bot et Saunierou pour polir et terminer la cheminée du coté du levant, et corrige la 1ère marche de la porte d'entrée -

4 —————— Vent Marin plus fort et plus froid vers la fin de la journée - Arrivée des M. Caminade qui est obligé de rentrer à 4 h le même jour - Menuiserie de Bot et Saunierou le soir et le matin donnent le dernier coup à la cheminée du coté du levant à laquelle travaille Bousquet presque toute la journée. Guillaume et moi sommes occupés toute la journée aux treilles du jardin. Départ de M. Caminade qui reviendra jeudi.

5 —————— Vent Marin plus fort et aussi froid. Ne pouvant pas s'occuper dans le jardin à cause du mauvais temps. Guillaume est au Bal et moi à mon Bureau - Bousquet n'ayant pas pu rester sur l'échaffaudage, s'est occupé à préparer des pierres pour le futur portail du jardin. Bot au début de la journée s'étant fait mal à un œil n'a plus rien fait et a laissé Saunierou s'occuper à piquer quelques Chevrons. Le vent a été si violent que nous avons jugé à propos de ne pas chanter les complies annoncées.

6 —————— Même vent, mais peut être moins fort - Bousquet continue à préparer des pierres pour le portail. Bot et Saunierou essayent de chaffauder le mur coté du levant. Statue arrivée en gare. Guillaume va avertir Hypolitte d'aller la prendre. L'Espagnol d'Esperaza est remonté ce matin avec quelques outils. Il a promis de prendre le travail à 0,75 c le m. Cube pour la terre et 1,50 la pierre - Il commencerait lundi prochain, à moins de Contr'ordre - Marie a été à Couiza. Bot crepit le mur du levant et Bousquet retouche la fenetre du galetas. Vers les 6 h et 1/2, Arrivée de M. Caminade, de Marie et d'Hypolitte apportant avec 2 paires la caisse renfermant la Statue (184 kilos) et 1 charette de sable. Soupé -

7 —————— On a fait dire par Barthelemy à l'Espagnol de venir seul lundi commencer le travail et à la journée (3 f et le vin) - Desemballage du Sacré Cœur que nous avons trouvé très beau - Au lieu de peindre l'inscription en noir, nous préférons de la dorer et M. Castex doit être avertir pour cela, car nous trouvons Imbert trop cher - Nous avons choisi les Carrelages pour Corridor, salon et salle à manger. nous avons aussi examiné les balustres en pierre blanche pour la terrasse - je vais répondre à une lettre de la Superieure d'Esperaza - Bot termine la 1ère couche de crepit coté du levant - Bousquet et echaffaude du coté du midi - Bousquet continue à préparer des petites pierres blanches pour portail - Soir - avec beaucoup de précautions, nous montons le S.C. dans la niche; mais comme il est un peu bas Bousquet sur les plans de M. Caminade lui fait un socle - chant de complies -

8 —————— Mauvaise journée; très fort et froid vent de Nord. Bot et Saunierou commencent à clouer les planches du couvert; Bousquet termine le socle du S. Cœur et vers les 10 h et demi on le met en place et on pose définitivement la statue qui produit un très grand effet - M. Caminade part à 4 h 1/2 avec Bousquet qui n'a fait que 3/4 de journée. Il a réglé pour lui et les 2 autres. Il a emporté 120 f montant de 30 journées de travail - M. Caminade a pris 200 et Bot aussi 200. Ce dernier a continué jusqu'à la fin à poser des planches et est parti avec sa famille pour Luc - Guillaume est au Bal - Reçu une lettre de l'abbé Rouanet qui nous invite à son adoration pour le 2 avril - arrivée de maman adèle et albert -

2 | Dimanche belle matinée, peu de monde à l'église. Bousquet
et Guillaume vont à Couiza se faire raser. Soir, catéchisme, Vêpres ; Visite
de Tisseyre Antoine. Tonnerre, orage, bal. Annonce des Complies et chemin de la Croix.

3 | Temps couvert frais, averses ; Guillaume va aider le Mounou
à tailler la vigne. Arrivée de l'Espagnol d'Espéraza pour voir le travail de
terrassement de la future terrasse. Nous traitons. Il reviendra pour conclure
définitivement lorsque M. Caminade sera arrivé. Le soir beau temps. Je
finis de tailler les arbustes du rond de la Croix. Guillaume s'occupe de la
plante de la passion. Bousquet, le matin termine l'inscription : villa et le
soir monte avec Bot et Saunièrou pour polir et terminer la cheminée du
côté du levant et corrige la 1ère marche de la porte d'entrée.

4 | Vent marin plus fort et plus froid vers la fin de la journée. Arrivée
de M. Caminade qui est obligé de rentrer à 4 h le même jour. Menuiserie de
Bot et Saunièrou le soir et le matin donne le dernier coup à la cheminée du côté
du Cers à laquelle travaille Bousquet presque toute la journée. Guillaume et
moi sommes occupés toute la journée aux treilles du jardin. Départ de M. Caminade
qui reviendra jeudi.

5 | Vent marin plus fort et aussi froid. Ne pouvant pas s'occuper dans le jardin
à cause du mauvais temps, Guillaume est aux Bals et moi à mon bureau.
Bousquet n'ayant pas pu rester sur l'échafaudage, s'est occupé à préparer des pierres pour
le futur portail du jardin. Bot au début de la journée s'étant fait mal à un œil
n'a plus rien fait et a laissé Saunièrou s'occuper à piquer quelques chevrons. Le vent
a été si violent que nous avons jugé à propos de ne pas chanter les Complies annoncées.

6 | Même vent, mais peut-être moins fort. Bousquet continue à prépa-
rer des pierres pour le portail. Bot et Saunièrou essayent d'échafauder le mur côté
du levant. Statue arrivée en gare. Guillaume va avertir Hypolitte d'aller la prendre.
L'Espagnol d'Espéraza est remonté ce matin avec quelques outils. Il a promis de
prendre le travail à 0,75 c le m. cube pour la terre et 1,50 la pierre. Il commencerait lundi prochain, à moins de contrordre. Marie a été à Couiza. Bot crépit
le mur du levant et Bousquet retouche les fenêtres du galetas. Vers les 6 h et ½,
arrivée de M. Caminade, de Marie et d'Hypolitte apportant avec 2 paires la
caisse renfermant la statue (184 kilog) et 1 charrette de sable. Soupé.

7 | On a fait dire par Barthélémy à l'Espagnol de venir seul lundi com-
mencer le travail et à la journée (3 frs et le vin). Désemballage du Sacré Cœur que
nous avons trouvé très beau. Au lieu de peindre l'inscription en noir, nous préférons
de la (---) et M. Castex doit être averti pour cela car nous trouvons Imbert
trop cher. Nous avons choisi les carrelages pour corridor, salon et salle à manger.
Nous avons aussi examiné les balustres en pierre blanche pour la terrasse. Je
vais répondre à une lettre de la Supérieure d'Espéraza. Bot termine la 1ère couche
de crépit côté du levant, ~~Bousquet~~ et échafaude du côté du midi. Bousquet
continue à préparer des petites pierres blanches pour portail. Soir. Avec beaucoup
de précautions, nous montons le J. C. dans la niche ; mais comme il est un peu bas
Bousquet sur les plans de M. Caminade lui fait un socle. Chant de Complies.

8 | Mauvaise journée ; très fort et froid vent du nord. Bot et Saunièrou
commencent à clouer les planches du couvert ; Bousquet termine le socle du J. C. avant
et vers les 10 h et demi on le met en place et on pose définitivement la statue qui
produit un très grand effet. M. Caminade part à 4 h ½ avec Bousquet qui
n'a fait que ¾ de journée. Il a réglé pour lui et les 2 autres. Il a emporté *120 frs*
montant de 30 journées de travail. **M. Caminade a pris *200*** et Bot aussi
200. Ce dernier a continué jusqu'à la fin à poser des planches et est parti avec
sa famille pour Luc. Guillaume est aux Bals. Reçu une lettre de l'abbé
Rouanet qui nous invite à son Adoration pour le 2 avril. Arrivée de Maman, Adeline et Albert.

28 ~~~~~ Mauvais temps. beaucoup de monde à l'office du matin. Annuel

9 ~~~~~ Dimanche. peu de monde à l'église. Le jeune homme de St Marcel chante à la Messe avec Barthelemy. prend le café chez moi, arrange l'Harmonium chante à Vepres et soupe avec nous. fort vent du Nord. le soir nous allons accompagner Maman qui va à Montazel et remontons avec Marie et Adelina pour Souges après lequel chante beaucoup le jeune homme de S. Marcel. Se rejoindre à l'abbé Rouanet que nous acceptons son invitation. —

10 ~~~~~ Meilleure journée; vent moins fort. arrivée de l'Espagnol qui vient commencer la semaine, mais demande 3,50 sans rien; accepté. arrivée de Bouquet seul. Adelina Marie et moi, allons nous promener à la Ferrière. et rentrons, extrêmement fatigués. Botel sa famille ne sont pas venus. J'écris à Sylvestre qu'Adelina ne rentrera que vendredi.

11 ~~~~~ Belle journée. arrivée des maçons et de Mr Caminade. Botel et Saunière continuent à clouer des planches. l'Espagnol est à sa tache de la terre. Bouquet continue à préparer des petites pierres. Dans la soirée nous allons attendre Maman qui doit monter de Montazel et nous remontons sans elle.

12 ~~~~~ Belle journée. Bouquet continue à travailler un peu partout. l'Espagnol continue sa tache. Les deux Maçons continuent à poser les planchers. arrivée de Maman, de Mathilde et sa petite Berthe; Adelina, ne voulant pas la voir, pleure et va se cacher avec Julie. Mathilde, apprenant la nouvelle, pleure à son tour. à dîner tout le monde se rend, mais on ne se réconcilie point. Dans la soirée départ de Maman, Mathilde et sa petite. Rentrée à Limoux de Mr Caminade. Compliés. —

13 ~~~~~ Temps couvert sombre. les maçons crépissent la facade du bassin coté de la cour et une partie de la nouvelle Marie facade de la cour. l'Espagnol prendrait le travail à la tache à 1,50 le cube terre et pierre. Bouquet continue à repasser les croisées. allons nous promener le soir.

14 ~~~~~ Temps sombre, mais belle journée quand même. Bouquet continue et l'Espagnol aussi. Botel et Saunière terminent le mur du bassin du coté de la cour. à 9 heures départ d'Adelina et d'Albert pour Fitou. Marie va à Limoux et moi à Montazels. à 4 h ½ arrivée de Marie et nous montons à Rennes. Guillaume en taillant le pavillon de la terre a brisé 2 grands Carreaux. Compliés.

15 ~~~~~ Temps sombre doux, il tombe quelque goutte. Bouquet est toujours à repasser et polir. Botel passe la seconde couche au mur du levant. l'Espagnol auquel nous avons dit que ne ne pouvions lui donner que 1,30 du metre cube dit que maintenant, il le continuera à la journée à cause de la difficulté de le mesurer, puis vers midi, après avoir réfléchi, il dit qu'il le prendra à 1,30 s'il trouve quelqu'un pour l'aider. Vers la fin de la journée, il pleut. Nous donnons à l'espagnol 21 fr montant de 6 journées à 3,50 la j. (Il a fait une vingtaine de metres cubes) Solde avec Bou

16 ~~~~~ Vent du nord très fort et froid. Dimanche. Bouquet reste. peu de monde à l'église. invitation du Curé de Coustaussa à l'adoration. jour de Ste TD. Le facteur de Coustaussa me demande 450 fr à prêter pour lui. Je ne lui en donne point. après Vepres nous allons nous promener. Arrive pour passer la journée et la nuit le neveu de Guillaume de la Ferrerie.

17 ~~~~~ même vent qu'hier. conseil de révision à Couiza où se rend ce matin le neveu de Guillaume. Bouquet continue à préparer les petites pierres du portail. Botel ne veut pas. l'Espagnol n'arrive tout seul et nous dit que demain son beau-frère arrivera pour l'aider et faire le travail à prix fait. Devant la suite réflexion que je lui fais que lorsque tout sera fini, on déduira des metres cubes tout ce qui aura été fait à la journée et les 21 fr reçu; il répond que cela ne lui va pas et qu'il refuse de le faire au prix convenu. Les 21 fr lui ont été remis devant Bouquet. Le soir, après n'avoir rien dit de toute la journée, il prend ses outils pour ne plus revenir. moi je travaille à enlever les pierres du mur du toit du jardin. Hypolitte fait 2 voyages de champ (50 sacs, plus les 30 kilog. des deux) pour ss pleus de lys. vent de cers très fort —

9	Dimanche, peu de monde à l'église. Le jeune homme de St Marcel chante à la messe avec Barthélémy, prend le café chez moi, arrange *l'harmonium*, chante à Vêpres et soupe avec nous. Fort vent du nord. Le soir nous allons accompagner Maman qui va à Montazels et remontons avec Marie et Adeline pour souper après lequel chante beaucoup le jeune homme de S. Marcel. Je réponds à l'abbé Rouanet que nous acceptons son invitation.
10	Meilleure journée, vent moins fort. Arrivée de l'Espagnol qui vient commencer la semaine, mais demande **3,50 sans rien** ; accepté. Arrivée de Bousquet seul. Adelina, Marie et moi allons nous promener à la Ferrière et rentrons extrêmement fatigués. Bot et sa famille ne sont pas venus. J'écris à Sylvestre qu'Adelina ne rentrera que vendredi.
11	Belle journée. Arrivée des maçons et de M. Caminade. Bot et Saunièrou continuent à clouer des planches. L'Espagnol est à sa tâche de la terre. Bousquet continue à préparer des petites pierres. Dans la soirée nous allons attendre Maman qui doit monter de Montazels et nous remontons sans elle.
12	Belle journée. Bousquet continue à travailler un peu partout. L'Espagnol continue sa tâche. Les deux maçons continuent à poser les planchers. Arrivée de Maman, de Mathilde et sa petite Berthe ; Adelina, ne voulant pas la voir, pleure et va se cacher avec Julie. Mathilde, apprenant la nouvelle, pleure à son tour. À diné tout le monde se rend, mais on ne se réconcilie point. Dans la soirée départ de Maman, Mathilde et sa petite. Rentrée à Limoux de M. Caminade. Complies.
13	Temps couvert sombre. Les maçons crépissent la façade du bassin côté de la cour et une partie de la nouvelle maison façade de la cour. L'Espagnol prendrait le travail à la tâche à 1,50 le cube terre et pierre. Bousquet continue à repasser les croisées. Allons nous promener le soir.
14	Temps sombre, mais belle journée quand même. Bousquet continue et l'Espagnol aussi. Bot et Saunièrou terminent le mur du bassin du côté de la cour. À 9 heures départ d'Adelina et d'Albert pour Fitou. Marie va à Limoux et moi à Montazels. À 4 h ½ arrivée de Marie et nous montons à Rennes. Guillaume en taillant le pavillon de la serre a brisé 2 grands carreaux. Complies.
15	Temps sombre doux, il tombe quelques gouttes. Bousquet est toujours à repasser et polir. Bot passe la seconde couche au mur du levant. L'Espagnol auquel nous avons dit que nous ne pouvions lui donner que 1,30 du mètre cube dit que maintenant, il le continuera à la journée à cause de la difficulté de le mesurer, puis vers midi, après avoir réfléchi, il dit qu'il le prendra à 1,30 s'il trouve quelqu'un pour l'aider. Vers la fin de la journée, il pleut. Nous donnons à l'Espagnol *21 frs* montant de 6 journées à 3,50 la j. (il a fait une vingtaine de mètres cube). Soldé devant Bousquet
16	Vent du nord. Très fort et froid. Dimanche. Bousquet reste, peu de monde à l'église. **Invitation du curé de Coustaussa** à l'Adoration ; jour de 1er Jh. Le facteur de Coustaussa me demande 1,50 à prêter pour lui. Je ne lui en donne point. Après Vêpres nous allons nous promener. Arrivé pour passer la journée et la nuit le neveu de Guillaume de la Ferrière.
17	Même vent qu'hier. Conseil de révision à Couiza où se rend ce matin le neveu de Guillaume. Bousquet continue à préparer les petites pierres du portail. Bot ne vient pas. L'Espagnol arrive tout seul et nous dit que demain son beau-père arrivera pour l'aider et faire le travail à prix (---). Devant la juste réflexion que je lui fais que lorsque tout sera fini, on détruira des mètres cube tout ce qui aura été fait à la journée et les 21 frs reçus ; il répond que cela ne lui va pas et qu'il refuse de le faire au prix convenu. Les 21 frs lui ont été remis devant Bousquet. Le soir, après n'avoir rien dit de toute la journée, il prend ses outils pour ne plus revenir. Moi je travaille à enlever les pierres du mur du tour du jardin. Hypolitte fait 2 voyages de chaux (50 sacs, plus les 30 kilog des deux fers à fleurs de lys. Vent de Cers très fort.

18 —— Arrivée de M⁰ Cammesiade. Arrivée de Bot et sa famille qui continue la façade du levant — Bousquet repasse les croisées et m'aide à la fin de la journée à transporter avec le bayard les plus grosses pierres du mur du jardin — Arrivée de l'entrepreneur de Lézignan — Belle journée — Hypolitte a fait 2 autres voyages de chaux et ciment — Arrivée de l'album de Vaucouleurs.

19 —— Belle journée — Adoration à Coustaussa où je me rends et d'où j'arrive en buxey. 9 confrère — Bousquet continue son travail. Bot et Saunieron terminent la façade du levant et commencent la toilette de l'écurie par le crépissage du haut du mur côté du jardin Verga — M⁰ Cammesiade dirige — L'Espagnol de Couiza monte avant la nuit pour le travail de la terrasse. Nous ne lui donnons pas le travail parce qu'il en veut 1,75 du mètre cube — complet — peu de monde —

20 —— Belle journée — Bousquet continue à repasser les ouvertures — Bot et son aide continue la toilette de l'écurie et partagent le jardin que Marie avait bien travaillé — M⁰ Huzard jeune nous prend à 1,30 le m cube toute la fouille de la future terrasse. C'est M⁰ Bot qui ne va pas être content. Je reste au bureau jusqu'à midi. Soir, M⁰ Huzard commence son travail de fouille avec courage. Mort du second enfant de Cassignac.

21 —— Belle journée — Bousquet continue le matin à repasser les ouvertures et le soir peint en rouge les ferrures qui ne l'avaient pas été — Bot et Saunieron continuent à réparer les murs et toiture de l'écurie — Huzard continue les fouilles de la future to— moi le matin, je continue à démolir la muraille de la future terrasse et le soir je fais la sépulture du petit de Cassignac. Son père fait la fosse. M⁰ Cammesiade, surveille — complet.

22 —— Matinée pluvieuse et froide par moment — Bousquet continue à préparer de petites pierres — Bot et Saunieron, après avoir crépi le mur de l'écurie du côté du midi, préparent l'échafaudage pour le crépi de la principale façade de la maison — Huzard continue ses fouilles — M⁰ Cammesiade passe sur papier libre, une police entre Edmond Dachy terrassier d'une part et Marie Dénarnau de l'autre. Signature des deux parties. <u>Réception de la lettre d'un fumiste</u> — M⁰ Cammesiade part à 4 h 3 avec Bousquet qui ne fait que 3/4 de journée et emporte sa solte s'élevant à 47 f. — 5 f² sont remis au Huzard —

23 —— Journée venteuse et froide. Dimanche des rameaux, beaucoup de monde à l'église — chant de la passion — Catéchisme, Vêpres — Comparaison des écritures au sujet de la lettre reçue l'avant veille — Nous soupçonnons J. Rougé. Nuit froide venteuse et pluvieuse.

24 —— Même journée qu'hier — Arrivée de Bousquet qui apporte le surplis et des gâteaux — Arrivée de maman — Arrivée de Bot et la famille. Après dîné, nous allons nous promener à l'abri — Bousquet répare la façade principale, Bot et Saunieron crépissent cette façade — E. Dachy continue ses fouilles et le soir, il demande encore 5 f qu'on lui donne après avoir signé un reçu—reçu.

25 —— Même vent plus fort et plus froid à tel point que les maçons ne peuvent continuer le crépi de la façade — Bousquet travaille dedans et s'en va le soir avec Guillaume. Nous allons un peu nous promener. E. Dachy continue les fouilles avec courage.

26 —— Même vent, moins froid, il a plu un peu dans la nuit. Bousquet et les maçons reprennent les travaux de crépi de la façade principale. E. Dachy est toujours à ses fouilles. J'écris à l'abbé Gazel pour lui dire que probablement je n'irai pas à Villefort. Après dîné, promenade avec maman seule et nous nous mouillons — le mauvais temps s'accentue. Il pleut avec furie — Marie souffre des dents. Mauvaise nuit.

27 —— Temps froid sombre, venteux. Jeudi saint — Quelques confessions; devra pascal beaucoup de monde le soir à l'office et au Habat — Bousquet travaille la matinée seulement et Bot de même. Dachy toute la journée — Maman est toujours ici — Marie souffre toujours des dents—

18	Arrivée de M. Caminade. Arrivée de Bot et sa famille qui continue la façade du levant. Bousquet repasse les croisées et m'aide de la fin de la journée à transporter avec le bagnard les plus grosses pierres du mur du jardin. Arrivée de l'entrepreneur de Lézignan. Belle journée. Hypolitte a fait 2 autres voyages de chaux et ciment. Arrivée de l'album de Vaucouleurs.
19	Belle journée. Adoration à Coustaussa où je me rends et d'où j'arrive en sueur. **9 confrères**. Bousquet continue son travail. Bot et Saunièrou terminent la façade du levant et commencent la toilette de l'écurie par le crépissage du haut du mur côté du jardin vierge. M. Caminade dirige. L'Espagnol de Couiza monte avant la nuit pour le travail de la terrasse. Nous ne lui donnons pas le travail, parce qu'il en veut 1,75 du mètre cube. Complies. Peu de monde.
20	Belle journée. Bousquet continue à repasser les ouvertures. Bot et son aide continue la toilette de l'écurie et pataugent le jardin que Marie avait bien travaillé. M. Huzard jeune nous prend à 1,30 le m cube toutes les fouilles de la future terrasse. C'est M. Bot qui ne va pas être content. Je reste au bureau jusqu'à midi. Soir, M. Huzard commence son travail de fouilles avec courage. Mort du second enfant de Cassignac.
21	Belle journée. Bousquet continue le matin à repasser les ouvertures et le soir peint en rouge les ferrures qui ne l'avaient pas été. Bot et Saunièrou continuent à réparer les murs et toitures de l'écurie. Huzard continue les fouilles de la future tour. Moi le matin je continue à démolir la muraille de la future terrasse et le soir je fais la sépulture du petit de Cassignac. Son père fait la fosse. M. Caminade surveille. Complies.
22	Matinée pluvieuse et froide par moment. Bousquet continue à préparer de petites pierres. Bot et Saunièrou, après avoir crépi le mur de l'écurie du côté du midi, préparent l'échafaudage pour le crépi de la principale façade de la maison. Huzard continue les fouilles. M. Caminade passe sur papier libre une police entre Edmond Dachy terrassier d'une part et Marie Dénarnaud de l'autre. Signature des deux parties. <u>Réception de la lettre d'un fumiste</u>. M. Caminade part à 4 h avec Bousquet qui ne fait que ¾ de journée et emporte sa solde s'élevant à *47 frs. 5 frs* sont remis au Huzard.
23	Journée venteuse et froide. Dimanche des rameaux : beaucoup de monde à l'église. Chant de la passion. Catéchisme, Vêpres. Comparaison des écritures au sujet de la **lettre reçue l'avant-veille**. Nous soupçonnons J. Rougé. Nuit froide venteuse et pluvieuse.
24	Même journée qu'hier. Arrivée de Bousquet qui apporte le surplis et des poteaux. Arrivée de Maman. Arrivée de Bot et sa famille. Après diné, nous allons nous promener à l'abri. Bousquet repasse la façade principale ; Bot et Saunièrou crépissent cette façade. E. Dachy continue ses fouilles et le soir, il demande encore *5 frs* qu'on lui donne après avoir signé un second reçu.
25	Même vent plus fort et plus froid à tel point que les maçons ne peuvent continuer le crépi de la façade. Bousquet travaille dedans et scie le soir avec Guillaume. Nous allons un peu nous promener. E. Dachy continue les fouilles avec courage.
26	Même vent moins froid, il a plu un peu dans la nuit. Bousquet et les maçons reprennent les travaux de crépi de la façade principale. E. Dachy est toujours à ses fouilles. J'écris à l'abbé Gazel pour lui dire que probablement Je n'irai pas à Villefort. Après diné, promenade avec Maman seule et nous nous mouillons. Le mauvais temps s'accentue, il pleut avec furie. Marie souffre des dents. Mauvaise nuit.
27	Temps froid sombre, venteux. Jeudi Saint. Quelques confessions ; devoir pascal beaucoup de monde le soir à l'office et au Shabat. Bousquet travaille la matinée seulement et Bot de même. Dachy toute la journée. Maman est toujours ici. Marie souffre toujours des dents.

28 —— Mauvais temps. beaucoup de monde à l'office du matin, auquel assiste Joseph avec ses sœurs qui viennent d'arriver — les ouvriers sauf Dachy ne travaillent pas le matin. Dîner. Le soir nous allons à la cueillette des violettes et des asperges. Nous levons 2 lièvres et 4 perdreaux. Joseph ses sœurs et maman ne partiront que demain samedi.

29 —— Départ de Miramay et les enfants de Mathilde — Bousquet a travaillé à repasser la façade principale — Bot et Saunieron ont crepi l'écurie et l'entrée de la cour — avant de partir par Luc, avec Bousquet, ils ont arrangé la croix de Zendroie. Je fais dire à Mr Caminade par Mr Husard que Bot est arrêté et qu'il monte le mardi de pâques par le 1er train — Husard a fait la communion et soupe au presbytère en rentrant de Limoux.

30 —— Pâques; journée venteuse et mauvaise — Bousquet reste — beaucoup de monde à l'Eglise matin et soir. belle fête — après nous allons, nous promener jusqu'au Tourges. Husard, sa femme sont à l'Eglise et nous les voyons après.

31 —— toujours du vent un peu froid; temps couvert — Allons faire l'omelette à Montazels au nombre de 6. Visite de 2 Pères de St Louis qui viennent passer un moment et voir nos travaux. Je vais leur montrer la route de Coustaussa et partons pour Montazels où nous trouvons un accueil chaleureux et sympathique. Je donne à Joseph les 5f de la bonne année. Nous rentrons à Rennes vers les 10h du soir. pas une très belle nuit. Bousquet ne travaillant pas, nous a accompagné et est rentré un peu gai et content. Pendant notre absence beaucoup d'étrangers sont venus visiter l'église —

1er **Avril** —— belle journée; léger vent marin — Matin. Bousquet est à son travail (façade principale) — Bot et Saunieron sont à restaurer le portail de l'entrée de la cour — E. Dachy est à ses fouilles comme hier — Arrivée de Mr Caminade — et des sœurs de Rennes-les-Bains avec leurs élèves. Nous offrons aux sœurs un verre de vin, vers des gâteaux et le café. Elles repartent dans la soirée — Soir Bot et Saunieron crepissent pour la dernière fois la façade principale — Bousquet repasse les ouvertures et commence le millésime — Dachy enlève la fin du mur de la future terrasse. Mr Caminade surveille; moi je me promène le temps se couvre et le vent cesse. Il a plu un peu dans la nuit.

2 —— temps couvert pluvieux — belle journée quand même. Crepi de la façade principale. Après avoir commencé à faire les lignes comme à la façade de devant, les pierres des angles ne concordant pas avec celles des ouvertures, on doit renoncer à continuer et adopter la tyrolienne. Pour cela, à la fin de la journée M. Caminade et Bot vont à Esperaza et d'Esperaza à Couiza afin de voir un ouvrier capable; ils le trouvent; il est de Carcassonne et doit monter après demain au prix de 6f et nourri. Bousquet a continué le millésime et la façade — Dachy a fait une bonne journée. Visite de Batudette avec sa fille et le bonne de Mr Balmigère. Elles sont venues prendre du persillet et de la parure —

3 —— Belle et chaude journée — Les maçons ont crepi pour la dernière fois la façade principale et travaillé un peu le portail de l'entrée de la cour — Bousquet a repassé encore les ouvertures et travaillé un peu dedans. Il a aidé un peu le terrassier Dachy qui a continué les fouilles et a reçu un acompte de 40f. Visite de Couiza — Il a plu beaucoup dans la nuit et a tonné.

4 —— Matinée humide et froide — l'ouvrier d'Esperaza qui doit crepir la façade à la tyrolienne n'est pas arrivé; mais Mr Caminade est monté — Bousquet travaille dedans les maçons terminent le portail de la porte de la cour et commencent le nettoyage de la citerne — Dachy est à ses fouilles, mais n'a commencé que vers 10 heures — on fait dire par Saunieron au tyrolien de monter demain samedi —

5 —— belle journée. à 9h, arrivée du tyrolien que nous payons 6f et nourri et qui n'a pas gagné 2f — Bot fait le béton du 1er de la maison et cimente la citerne — Dachy quitte les fouilles à 3h30 — soir pour aller seconder les préparatifs de son beaupère qui doit

28 | Mauvais temps. Beaucoup de monde à l'office du matin auquel
assiste Joseph avec ses sœurs qui viennent d'arriver. Les ouvriers sauf Dachy
ne travaillent pas le matin. Diner. Le soir nous allons à la cueillette des
violettes et des asperges. Nous levons 2 lièvres et 4 perdreaux. Joseph ses sœurs et
Maman ne partiront que demain samedi.

29 | Départ de Maman et les enfants de Mathilde. Bousquet a travaillé
à repasser la façade principale. Bot et Saunièrou ont crépi l'écurie et l'entrée
de la cour. Avant de partir pour Luc, avec Bousquet, ils ont arrangé la **Croix
de Zénobie**. Je fais dire à M. Caminade par M. Huzard que Bot ont arrêté et
qu'il monte le mardi de pâques par le 1er train. Husard a fait la commission
et soupe au presbytère en rentrant de Limoux.

30 | Pâques ; journée venteuse et mauvaise. Bousquet reste. Beaucoup de
monde à l'église matin et soir. Belle fête. Après nous allons nous promener
jusqu'au souper. Hussard, sa femme sont à l'église et nous les voyons après.

31 | Toujours du vent un peu froid ; temps couvert. Allons faire l'omelette
à Montazels au nombre de 6. Visite de 2 Pères de St Louis qui viennent passer un
moment et voir nos travaux. Je vais leur montrer la route de Coustaussa et
partons pour Montazels où nous trouvons un accueil chaleureux et sympathique. Je donne à Joseph les 5 frs de la bonne année. Nous rentrons à Rennes vers
les 10 h du soir par une très belle nuit. Bousquet ne travaillant pas, nous
a accompagnés et est rentré un peu gai et content. Pendant notre absence
beaucoup d'étrangers sont venus visiter l'église.

1er | **Avril**. Belle journée ; léger vent marin. Matin, Bousquet est à
son travail (façade principale). Bot et Saunièrou sont à restaurer le portail de
l'entrée de la cour. E. Dachy est à ses fouilles comme hier. Arrivée de M.
Caminade – et des **Sœurs de Rennes-les-Bains** avec leurs élèves. Nous offrons
aux Sœurs un verre de vin vieux, des gâteaux et le café. Elles repartent dans la
soirée. Soir, Bot et Saunièrou crépissent pour la dernière fois la façade principale. **Bousquet repasse les ouvertures et commence le millésime**. Dachy enlève
la fin du mur de la future terrasse. M. Caminade surveille ; moi je me promène.
Le temps se couvre et le vent Cers. Il a plu un peu dans la nuit.

2 | Temps couvert pluvieux. Belle journée quand même. Crépi de
la façade principale. Après avoir commencé de faire les lignes comme à la façade
du levant, les pierres des angles ne concordant pas avec celles des ouvertures, on
doit renoncer à continuer et adopter la tyrolienne. Pour cela, à la fin de la
journée M. Caminade et Bot vont à Espéraza et d'Espéraza à Couiza afin de voir
un ouvrier capable ; ils le trouvent ; il est de Carcassonne et doit monter après demain
au prix de 6 frs et nourri. Bousquet a continué le Millésime et la façade.
Dachy a fait une bonne journée. Visite de Batudette avec sa fille et la bonne
de M. Balmigère. Elles sont venues prendre du millet et de la farine.

3 | Belle et chaude journée. Les maçons ont crépi pour la dernière fois la
façade principale et travaillé un peu le portail de l'entrée de la cour. Bousquet a repassé
encore les ouvertures et travaillé un peu dedans. Il a aidé un peu le terrassier Dachy
qui a continué les fouilles et a reçu un acompte de ***40 frs***. Visite de Couiza.
Il a plu beaucoup dans la nuit et a tonné.

4 | Matinée humide et froide. L'ouvrier d'Espéraza qui doit crépir la façade à la
tyrolienne n'est pas arrivé ; mais M. Caminade est monté. Bousquet travaille dedans,
les maçons terminent le portail de la porte de la cour et commencent le nettoyage de la
citerne. Dachy est à ses fouilles, mais n'a commencé que vers 10 heures. On fait
dire par Saunièrou au tyrolien de monter demain samedi.

5 | Belle journée. À 7 h, arrivée du tyrolien que nous payons ***6 frs*** et nourri et
qui n'a pas gagné 2 frs. Bot fait le béton du 1er de la maison et cimente la citerne. Dachy
quitte les fouilles à 3 h du soir pour aller seconder les préparatifs de son beau-père qui doit

Le soir à 8h½ donner une représentation avec le concours de quelques amateurs et tiré la loterie - Bousquet a travaillé dedans - Mr Caminade est parti à 7h et demi et Bousquet est resté: Moi je me suis promené - Est resté aussi l'ouvrier de Carcassonne pour partir demain matin - Hyppolitte a fait 2 voyages de sable. 20

6 ——— Dimanche, temps couvert et pluie dans la soirée - peu de monde à l'église - visite de demoiselles de Montazels - le conseil de fabrique ne s'est pas réuni, 2 membres manquant - courte promenade après vepres - Espagnol de Couiza a vient voir la pierre à casser et l'a accepté au prix de 1.50 le mètre cube - vingt à elle

7 ——— Vent froid, mais bonne journée - Matin, Bot et Saunieron cimentent la nouvelle citerne et le soir raclent et nettoient le coté fini de la maison où la tyrolienne - Bousquet, le matin travaille dedans et le soir racle et nettoie également. Le tyrolien a fini la moitié de la maison et a commencé l'autre - l'Espagnol de Couiza est venu faire une 1ère journée de casser de la pierre et en a fait beaucoup. Dachy a aussi fait une bonne journée à ses fouilles et a la fin pendant une demi heure un espagnol l'a aidé - Hyppolitte a fait 2 voyages de sable 20 co

8 ——— Bonne et belle journée - Le Carcassonnais a terminé la tyrolienne. Demain, il corrige et bouchera les trous des barres - Bot et Saunieron ont nettoyé jusqu'à 10h. le soir ils ont continué de cimenter le bassin - Bousquet a nettoyé toute la journée la facade du midi - Dachy a continué les fouilles - l'espagnol de Couiza a fait une demi journée de casser des pierres. Marie a arrangé les pots de fleurs, moi j'ai surveillé --

9 ——— temps couvert, mais bonne journée - l'Espagnol de Couiza a cassé des pierres toute la journée et ne reviendra pas à moins qu'on le lui dise - Dachy a travaillé à ses fouilles toute la journée et a demandé dix francs qu'on lui a donné - Bousquet a nettoyé la facade du midi toute la journée - Bot et Saunieron ont échaffaudé le coté du couchant une moitié de journée et l'autre moitié nettoyé avec Bousquet la facade du midi. Le Carcassonnais après avoir tout terminé est parti le soir après soupé emportant 24 frs montant de ses 4 journées de crépi à 6f la journée et nourri. volontiers, il serait resté pour continuer les autres facades à meilleur marché - Maman et Alfred sont montés dans la soirée pour nous voir, visiter les travaux et m'inviter à aller à Narbonne le 20. J'ai promis et je dois partir lundi prochain 14 ct - Maman et Alfred sont rentrés le soir et j'ai été les accompagner jusqu'à moitié chemin -

10 ——— vent marin fort et froid; temps couvert et à la pluie - à 7h et demi il commence à pleuvoir et ne discontinue pas de toute la journée - Bousquet travaille dedans et scie le soir avec Guillaume - Dachy n'a travaillé qu'une demi le matin - Bot et les siens n'ont employé à crépir qu'un sac de mortier - moi je travaille toute la journée dedans. Fontanille amène boîte d'asperges

11 ——— un peu de vent, mais bonne journée - Bot et les siens ont crépi une fois le mur du couchant et fait les joints de pierres et briques - Bousquet a nettoyé cette facade en même temps que les maçons - Dachy a continué les fouilles le matin et le soir a été aidé par le facteur pour extraire les grosses pierres - Saunieron a arrangé la pierre tombale de la nine - Marie est souffrante de coliques et douleurs et a passé une mauvaise nuit. Arrivée des Asperges: 2 bottes. nous en faisons porter une à mon frère à Montazels par Julie et Antoinette qui en arrivant nous annoncent que Maman amène à Narbonne Mathilde et Berthou -

12 ——— fort vent marin - Le soir pluie jusqu'à 4h - Bot et les siens ont commencé à crépir pour la dernière fois la facade du couchant - Bousquet a poli les pierres des angles et des fenêtres - Dachy a travaillé jusqu'à 4h où il a plu et m'a demandé. je lui ai donné 20 frs, en lui disant que désormais il s'adressât à l'architecte - Je lui ai fait signer un 2e reçu au timbre de 30 frs. Bot est parti pour Luc avec sa famille et Bousquet parti pour Limoux avec 64 francs montant des 16 journées de travail. Marie va mieux - Guillaume et Barthélemy travaillent au Bain -

le soir à 8 h donner une représentation avec le concours de quelques amateurs et tirer la
loterie. Bousquet a travaillé dedans. M. Caminade est parti à 7 h et demi et Bousquet
est resté. Moi je me suis promené. Est resté aussi l'ouvrier de Carcassonne pour partir
demain matin. Hypolitte a fait 2 voyages de sable. 20

6 | Dimanche, temps couvert et pluie dans la soirée. Peu de monde
à l'église. Visite de demoiselles de Montazels. Le Conseil de Fabrique ne s'est pas
réuni, 2 membres manquants. Courte promenade après Vêpres. Espagnol de Couiza
vient voir la pierre à casser et l'accepte au prix de 1,40 le mètre cube. Visite d'Alet.

7 | Vent froid, mais bonne journée. Matin, Bot et Saunièrou ciment
la nouvelle citerne et le soir raclent et nettoient le côté fini de la maison à la
tyrolienne. Bousquet, le matin travaille dedans et le soir racle et nettoie également.
Le tyrolien a fini la moitié de la maison et a commencé l'autre. L'Espagnol de
Couiza est venu faire une 1ère journée de casse de la pierre et en a fait beaucoup.
Dachy a aussi fait une bonne journée à ses fouilles et à la fin pendant une
demi-heure un espagnol l'a aidé. Hypolitte a fait 2 voyages de sable 20 com.

8 | Bonne et belle journée. Le carcassonnais a terminé la tyrolienne. Demain il corrigera
et bouchera les trous des barres. Bot et Saunièrou ont nettoyé jusqu'à 10 h le soir ils ont continué
de cimenter le bassin. Bousquet a nettoyé toute la journée la façade du midi. Dachy a
continué les fouilles. L'Espagnol de Couiza a fait une demi-journée de casser des pierres.
Marie a arrangé les pots de fleurs ; moi j'ai surveillé.

9 | Temps couvert, mais bonne journée. L'Espagnol de Couiza a cassé des pierres
toute la journée et ne reviendra pas à moins qu'on le lui dise. Dachy a travaillé à
ses fouilles toute la journée et a demandé *dix francs* qu'on lui a donnés. Bousquet a
nettoyé la façade du midi toute la journée. Bot et Saunièrou ont échafaudé le
côté du couchant une moitié de journée et l'autre moitié nettoyé avec Bousquet
la façade du midi. Le carcassonnais après avoir tout terminé est parti le soir après
soupé emportant *24 frs* montant de ses 4 journées de crépi à 6 frs la journée et
nourri. Volontiers, il serait resté pour continuer les autres façades à meilleur marché.
Maman et **Alfred** sont montés dans la soirée pour nous voir, visiter les travaux
et m'inviter à aller à Narbonne le 20. J'ai promis et je dois partir lundi prochain
14 Ct. Maman et Alfred sont rentrés le soir et j'ai été les accompagner jusqu'à
moitié chemin.

10 | Vent marin fort et froid ; temps couvert et à la pluie. À 7 h et demi il
commence à pleuvoir et ne discontinue pas de toute la journée. Bousquet travaille
dedans et scie le soir avec Guillaume. Dachy n'a travaillé demi-heure le
matin. Bot et les siens n'ont employé à crépir qu'un sac de mortier. Moi je
travaille toute la journée dedans. Fontanelle annonce boîte d'asperges.

11 | Un peu de vent, mais bonne journée. Bot et les siens ont crépi une fois le
mur du couchant et fait le joint des pierres et briques. Bousquet a nettoyé cette façade
en même temps que les maçons. Dachy a continué les fouilles le matin et le soir a été
aidé par le facteur pour extraire les grosses pierres. Saunièrou a arrangé la pierre tombale de la Nine. Marie est souffrante de coliques et douleurs et a passé une mauvaise
nuit. Arrivée des asperges : 2 bottes. Nous en faisons porter une à mon frère à Montazels
par Julie et Antoinette qui en arrivant nous annoncent que Maman amène à
Narbonne Mathilde et Berthou.

12 | Fort vent marin. Le soir pluie jusqu'à 4 h. Bot et les siens ont commencé
à crépir pour la dernière fois la façade du couchant. Bousquet a poli les pierres des angles et
des fenêtres. Dachy a travaillé jusqu'à 1 h où il a plu et sur sa demande je lui ai
donné *20 frs* en lui disant que désormais il s'adresse à l'architecte. Je lui ai fait
signer un 2ème reçu avec timbre de 30 frs. Bot est parti pour Luc avec sa famille et
Bousquet parti pour Limoux avec *64 francs* montant des 16 journées de travail.
Marie va mieux. Guillaume et Barthélémy travaillent au Bals.

13 ———— Dimanche - peu de monde aux offices - Arrivée du père de Guillaume et
des deux jeunes gens de l'Armée parents d'Alexandrine - Réunion du Conseil de fabrique
Hypolitte apporte 1 lettre que je prends demain à Narbonne. Nous donnons à Hypolitte 20 f
sur sa demande. Arrivée de l'Espagnol d'Esperaza qui vient prendre la journée des 3.50
Marie est toujours malade. Réparatifs de départ pour Narbonne - -
14 ———— Lundi, départ pour Narbonne. à Carcassonne je vais déjeuner chez M. Louise.
à Floure, je vois à la gare l'abbé Gazel à qui je remets les comptes - Belle journée.
Les maçons maçons ont travaillé à la façade du couchant. Bousquet aussi - Dachy n'a
pas travaillé. il était malade -. Marie s'alite et souffre beaucoup
15 ———— Mardi, le temps est pluvieux, il a plu toute la nuit. Les maçons et Bousquet
ont travaillé jusqu'au déjeuner à la façade du couchant. Bousquet travaille
ensuite dedans - Dachy quitte son travail à 9 heures. Il pleut toute la journée et la nuit
à Narbonne, Mathilde et moi après dîné, nous allons à Coursan où nous ne trouvons
que la famille Cavaillé. rentrée le soir à Narbonne - Marie souffre toujours
16 ———— Mercredi - Les maçons commencent à 10 h à la même façade. De
même Bousquet — Dachy ne travaille qu'après dîné - à Narbonne
Repos et promenade en ville - Marie va un peu mieux.
17 ———— Jeudi — Les maçons commencent la façade de la cour, le temps
est très froid — Bousquet est à son travail — Arrivée de Mr Camirade
qui cube les travaux de Dachy, lui donne 50 fr et repart le soir - Dachy a quelque peu travaillé — Hypolitte le fait 2 voyages de sable (20 comptes) - à Narbonne
nous avons été entendre la musique — Marie se lève
18 ———— Vendredi — très belle journée - Les maçons et Bousquet continuent
la façade de la cour. Dachy n'a travaillé que le matin - à Narbonne
promenade. Allons avec maman voir Angèle à la Miséricorde - Marie s'occupe
au jardin avec Julie.
19 ———— Samedi — Dachy ne travaille pas — Les maçons continuent la façade
de la cour et quittent à 3 heures. Saunerou reste seul jusqu'à 6 heures
Bousquet travaille à la même façade jusqu'à la nuit. très belle journée. J'écris
à Filou passer quelques heures et qui rentre le soir. bon voyage - Marie guérie -.
20 ———— Dimanche — matinée pluvieuse - Le Curé de Luc est venu me remplacer et faire les offices. Bousquet en reste — à Narbonne très belle
fête du Patronage au Cercle où j'ai chanté les offices. à dîner et au souper étaient
présents Mr Catin, Paul, un abbé, Marty et moi -
21 ———— Lundi — Belle journée — Arrivée de Mr Camirade et de Sabarthès
d'Esperaza. Il prend la mesure et rentre après dîné. Mr Camirade
part à 4 h — Les maçons font le joint de la façade de la cour — Bousquet travaille
Hypolitte a fait un voyage de chaux 33 sacs avec les deux paires et le cheval. à
Narbonne repos +
22 ———— Mardi — Les maçons font toujours les joints - Bousquet est à son travail
au sous-sol de la pierre dure — Dachy ne fait rien — Hypolitte fait
2 voyages avec deux paires et le cheval + Avec Mathilde départ de Narbonne
pour Nevian où nous sommes obligés de coucher, par suite du mauvais temps.
23 ———— Mercredi — temps froid et couvert humide — foire à Limoux où
Bousquet s'est rendu — Les maçons se trouvant arrêtés par le manque
de chaux grasse que Mr Camirade devait envoyer mardi soir, font quelques
petites bricoles. Mathilde et moi partons de Villedaigne pour Carcassonne. Je vais dire
la messe à Floure, cause avec Gazel et pars pour Carcassonne et puis pour Couiza
avec Mathilde, par une pluie battante qui dure jusqu'à la nuit et avec Marie
et Julie qui sont venues m'attendre nous allons coucher à Montazels -
24 ———— Jeudi. Il pleut toujours - mauvaise journée — lutte sous averses
nous rentrons à Rennes où personne ne travaille. à 4 h du soir, arrivée de
Bousquet après avoir fait expédier la chaux grasse — —

13	Dimanche. Peu de monde aux offices. Arrivée du frère de Guillaume et des deux jeunes gens de l'annexe parents d'Alexandrine. Réunion du ***Conseil de Fabrique***. Hypolitte apporte un lièvre que je prends demain à Narbonne. Nous donnons à Hypolitte ***20 frs*** sur sa demande. Arrivée de l'Espagnol d'Espéraza qui vient prendre la journée due ***3,50***. Marie est toujours malade. Préparatif de départ pour Narbonne.
14	Lundi. Départ pour Narbonne. À Carcassonne je vais déjeuner chez M. Louise. Les maçons ont travaillé à la façade du couchant. Bousquet aussi. Dachy n'a pas travaillé, il était malade. Marie s'alite et souffre beaucoup.
15	Mardi, le temps est pluvieux, il a plu toute la journée. Les maçons et Bousquet ont travaillé jusqu'au déjeuner à la façade du couchant. Bousquet travaille ensuite dedans. Dachy quitte son travail à 9 heures. Il pleut toute la journée et la nuit. À Narbonne, Mathilde et moi après dîné, nous allons à Coursan où nous ne trouvons que la famille Cavailhé. Rentrée le soir à Narbonne. Marie souffre toujours.
16	Mercredi. Les maçons commencent à 10 h à la même façade. De même Bousquet. Dachy ne travaille qu'après dîné. À Narbonne repos et promenade en ville. Marie va un peu mieux.
17	Jeudi. Les maçons commencent la façade de la cour, le temps est très froid. Bousquet est à son travail. Arrivée de M. Caminade qui cube les travaux de Dachy, lui donne ***50 frs*** et repart le soir. Dachy a quelque peu travaillé. Hypolitte a fait 2 voyages de sable (20 compostes). À Narbonne nous avons été entendre la musique. Marie se lève.
18	Vendredi. Très belle journée. Les maçons et Bousquet continuent la façade de la cour. Dachy n'a travaillé que le matin. À Narbonne promenades. Allons avec Maman voir Angèle à la Miséricorde. Marie s'occupe au jardin avec Julie.
19	Samedi. Dachy ne travaille pas. Les maçons continuent la façade de la cour et quittent à 3 heures. Saunièrou reste seul jusqu'à 6 heures. Bousquet travaille à la même façade jusqu'à la nuit. Très belle journée. J'ai été à Fitou passer quelques heures et suis rentré le soir. Bon voyage. Marie guérie.
20	Dimanche. Matinée pluvieuse. Le curé de Luc est venu me remplacer et faire les offices. Bousquet est resté. À Narbonne très belle fête du Patronage **au cercle** où j'ai chanté les offices. À dîné et au souper étaient présents M. Catus, **Paul**, un abbé, Marty et moi.
21	Lundi. Belle journée. Arrivée de M. Caminade et de Sabarthès d'Espéraza. Il prend les mesures et rentre après dîné. M. Caminade part à 4 h. Les maçons font le joint de la façade de la cour. Bousquet travaille. Hypolitte a fait un voyage de chaux 33 sacs avec les deux paires et le cheval. À Narbonne repos.
22	Mardi. Les maçons font toujours les joints. Bousquet est à son travail au sous-sol de la pierre dure. Dachy ne fait rien. **Hypolitte fait 2 voyages avec deux paires et le cheval**. Avec Mathilde, départ de Narbonne pour **Névian** où nous sommes obligés de coucher par suite du mauvais temps.
23	Mercredi. Temps froid et couvert humide. Foire à Limoux où Bousquet s'est rendu. Les maçons se trouvant arrêtés par le manque de chaux grasse que M. Caminade devait envoyer mardi soir, font quelques petites bricoles. Mathilde et moi partons de **Villedaigne** pour Carcassonne. Je vais dire la messe à **Floure**. Cause avec **Gazel** et pars pour Carcassonne et puis pour Couiza. Avec Mathilde, par une pluie battante qui dure jusqu'à la nuit et avec Marie et Julie qui sont venues m'attendre nous allons coucher à Montazels.
24	Jeudi. Il pleut toujours. Mauvaise journée. Entre deux averses nous rentrons à Rennes où personne ne travaille. À 4 h du soir, arrivée de Bousquet après avoir fait expédier la chaux grasse.

Vendredi, 25 ——— Bouquet et les maçons travaillent à la façade de la cour. Hypue a fait un voyage de sable 10 comportes. Marie et Julie avec Antoinette au mariage d'Elise qui a lieu Demain.

Samedi, 26 ——— Belle journée. Marie, Julie, Antoinette et Barthélemy partent pour Esperaza pour aller assister au mariage d'Elise de celà les maçons et Bouquet travaillent à la façade de la Cour. Le soir les maçons partent pour Vie et Bouquet reste avec nous. Une femme de l'anneau me demande argent.

Dimanche 27 ——— Vent marin un peu froid. Vôte de députés. Saffont est battu par Beaumets. Après vêpres, promenade au Moulin où nous allons conclure le mariage d'Antoinette avec Bouquet. Nous rentrons pour souper.

Lundi, 28 ——— Belle matinée. Bot et les siens continuent la façade de la cour. Bouquet continue à tailler et embellir la pierre ouse du sou-sol. Dachy après avoir pris 1 sac Chaux et 1 sac plâtre Demande 1 sac de Ciment que nous ne pouvons lui donner. Hypolitte fait 1 voyage de sable 10 comportes et en descendant prend 2 colis sac ribe de 58 à chacun pour les faire partir. Soir. temps trouble, couvert, il pleut beaucoup. Les maçons sont dérangés plusieurs fois de leur travail. Bouquet travaille tantôt dedans, tantôt dehors. Il grêle beaucoup ce après et surtout sur les montagnes environnantes. au point que le pays en est blanc. à la tombée de la nuit, orage très fort et notre maison n'est pas couverte par la faute de Mr Camianade, Aussi tous les bois souffrent.

Mardi 29 ——— Matinée fraiche et venteuse. vent du nord froid. Les maçons continuent la façade de la cour et quittent de bonne heure à cause du froid. Bouquet travaille avec eux et puis dedans. Arrivée de Mme et Mr Camianade qui donne 20 à Dachy ce qui fait 50 + 20 = 70 et fait signer un reçu. Nous lui restons une douzaine de francs qui lui seront soldés plus tard lorsqu'il aura terminé les travaux. Arrivée de Mr Castex qui passe la journée. pose la Mistères devant recevoir la doure aux inscriptions de la Villa. Le Vieux François Dalbiès est mort sans sacrement comme il l'avait désiré Sépulture demain. fort vent. il pleut quelque peu. Hypolitte a fait 2 voyages de sable 20 comportes.

Mercredi 30 ——— même vent du Nord, mais beaucoup plus fort et plus froid. Les maçons ont toutes les peines du monde à rester au travail. Ils terminent ou à peu près la façade de la cour. seul le soubassement reste à faire, mais ce n'est pas sans souffrances. Bouquet a fait seulement une demi journée et est parti pour Limoux pour annoncer son mariage. Castex, après avoir doré vaille que vaille à cause du vent les chiffres et inscriptions (travail à refaire) est rentré à Limoux. Mme et Mr Camianade après de hâte, les travaux restent au presbytère. L'Espagnol de Mazarie N'est pas monté pour caser un gravier plus fin, on doit voir Dachy pour cela ou deux femmes de Couiza. Sépulture de François Dalbiès à 11h. Mathilde fait dire par Amour de Crabol que nous irrions demain de bon matin, pour assister à la fête de la Société. Le fort vent continue toujours.

Jeudi 1 Mai ——— Fête de la société de secours mutuel à Montazels où nous Allons avec Marie Julie et Barthélemy chez Mathilde qui se trouve seule en famille. Belle fête, mais dérangée par le mauvais temps sur le soir. Mme Rien sy trouve mais nous ne l'avons pas rencontrée. Nous rentrons le soir à 11h1/2. Les Maçons à Rennes, commencent la rigole qui doit conduire en Dehors les eaux de la cour, ils découvrent le puit Jadis ouvert et en arberent le matériaux, Bouquet sous les yeux de Mr Camianade. Bouquet parti la veille voir sa Mère et son père, arrive par le train de 4h. L'Espagnol de Couiza qui doit recaser la pierre arrive Vendredi matin.

Vendredi 2 Mai ——— Toujours mauvais temps. Bouquet continue de tailler la pierre ouse du sou-sol. Les maçons continuent de recreuser le puit fermé. Bot, sa femme et Saunieron. L'Espagnol de Couiza va commencer

Vendredi 25. Bousquet et les maçons travaillent à la façade de la cour. Hypolitte
a fait un voyage de sable 10 compostes. Marie et Julie avec
Antoinette au mariage d'Élise qui a lieu demain.
Samedi 26. Belle journée. Marie, Julie, Antoinette et Barthélémy partent
pour Espéraza pour aller assister au mariage d'Élise de Carla.
Les maçons et Bousquet travaillent à la façade de la cour. Le soir, les maçons partent
pour Luc et Bousquet reste avec nous. Une femme de l'annexe me demande argent.
Dimanche 27. Vent marin un peu froid. Vote des députés. **Laffont** est battu
par **Beaumetz**. Après Vêpres, promenade au moulin où nous
allons conclure le mariage d'Antoinette avec Bousquet. Nous rentrons pour souper.
Lundi 28. Belle matinée. Bot et les siens continuent la façade de la cour.
Bousquet continue à travailler et embellir la pierre dure du sous-
sol. Dachy après avoir pris 1 sac chaux et 1 sac plâtre demande 1 sac de ciment
que nous ne pouvons lui donner. Hypolitte fait un voyage de sable 10 compostes et en
descendant prend 2 colis sacs vides de 58 à chacun pour les faire partir. Soir. Temps
troublé, bouleversé, il pleut beaucoup. Les maçons sont dérangés plusieurs fois
de leur travail. Bousquet travaille tantôt dedans, tantôt dehors. Il grêle beaucoup à Arques et surtout sur les montagnes environnantes au point que le
pays en est blanc. À la tombée de la nuit, orage très fort et **notre maison**
n'est pas couverte par la faute de M. Caminade. Aussi tous les bois souffrent.
Mardi 29. Matinée fraiche et venteuse, vent du nord froid. Les maçons
continuent la façade de la cour et quittent de bonne heure à
cause du froid. Bousquet travaille avec eux et puis dedans. Arrivée de Mme et
M. Caminade qui donne *20 frs* à Dachy ce qui fait 50 + 20 = 70 et fait signer un
reçu. Nous lui restons une douzaine de francs qui lui seront soldés plus tard
lorsqu'il aura terminé les travaux. Arrivée de **M. Castex** qui passe la journée, pose la mixtion devant recevoir la (---) aux inscriptions de la villa.
Le vieux François Dalbiès est mort sans sacrement comme il l'avait désiré.
Sépulture demain. Fort vent. Il pleut quelque peu. Hypolitte a fait 2
voyages de sable 20 compostes.
Mercredi 30. Même vent du nord mais beaucoup plus fort et plus froid.
Les maçons ont toutes les peines du monde à rester au travail.
Ils terminent ou à peu près la façade de la cour. Seul le soubassement reste à
faire, mais ce n'est pas sans souffrances. Bousquet a fait seulement une
demi-journée et est parti pour Limoux pour annoncer son mariage.
Castex, après avoir doré vaille que vaille à cause du vent les chiffres et
inscriptions (travail à refaire) est rentré à Limoux. Mme et M. Caminade
afin de hâter les travaux restent au presbytère. L'Espagnol de Nazaire
n'est pas monté pour casser un gravier plus fin ; on doit voir Dachy pour
cela ou des femmes de Couiza. Sépulture de François Dalbiès à 11 h.
Mathilde fait dire par Annou de Crabol que nous arriverons demain de
bon matin pour assister à la fête de la Société. Le fort vent continue toujours.
Jeudi 1 Mai. Fête de la société du secours mutuel à Montazels où nous
allons avec Marie Julie et Barthélémi chez Mathilde qui
se trouve seule en famille. Belle fête, mais dérangée par le mauvais temps sur le
soir. Mme Rieu s'y trouve mais nous ne l'avons pas rencontrée. Nous rentrons le soir
à 11h ½. Les maçons à Rennes commencent la rigole qui doit conduire en
dehors les eaux de la cour, ils découvrent **le puits** jadis ouvert et en enlèvent les matériaux, ~~Bousquet~~ sous les yeux de M. Caminade. Bousquet, parti la veille voir
sa mère et son frère, arrive par le train de 4 h. L'Espagnol de Couiza qui doit recasser
la pierre arrivera vendredi matin.
Vendredi 2 mai. Toujours mauvais temps. Bousquet continue de tailler la
pierre dure du sous-sol. Les maçons continuent de recreuser
le puits fermé. Bot, sa femme et Saunièrou. L'Espagnol de Couiza va commencer

à la journée de recaser, plus mener le gravis du bassin, 3° je crois. Le soir avec Mr Caminade, sa femme, Barthélemy, Marie Julie et moi, nous allons visiter la carrière de grès de Fonds et nous rentrons par le moulin.

Samedi 3 Mai — Après la messe, Mr Caminade et moi allons visiter la pierre de grès de la Rouire et nous ne trouvons rien pour nous. — Bot et Saunierou ont terminé de nettoyer le puits et de le cimenter avant midi. L'Espagnol de Couiza termine aujourd'hui de recaser le gravis à 3° la journée. Le soir les deux maçons, avant de partir, font les joints des 3 ouvertures du sous-sol, côté de la cour, à 3 heures partent Mr Caminade, Mr Bouquet qui a réglé (57 frs) et Mr Caminade qui a pris pour lui 200 et en a donné 200 à Bot sur sa demande. — Aujourd'hui 4 ou 5 femmes ont commencé le nettoyage des saletés du puits et sont réglées le soir à 1,25 l'une. L'Espagnol de Couiza a été payé à 3,50 la journée 4 f et 1/2 réglés (15,75).

Dimanche 4 Mai — Journée couverte, humide, pluvieuse — peu de monde aux offices. Arrivée de Jules de l'Amasse. Le mariage de Bouquet avec Antoinette se dessine de plus en plus. Le meunier en est enchanté. Julie et Antoinette ont été à Montazels prendre ma douillette et la robe de Marie car demain nous partons pour Chalabre avec Mr Caminade.

Lundi 5 Mai — Journée nuageuse, quelques averses. Voyage avec Marie et Mr Caminade à Villefort par Belvèze. Déjeuner à Chalabre, hôtel de France, chez Rouanet. — Avant la nuit, rentrée à Villefort. Serge — Les maçons ne sont pas venus. Arrivée de Bouquet qui n'a pas travaillé; pluie dans la nuit.

Mardi 6 Mai — Journée froide, nuageuse. Séjour à Villefort; promenade du matin avec Mr Caminade et le soir tous ensemble. — Bouquet n'a travaillé qu'une demi-journée. Les maçons ne sont pas là.

Mercredi 7 Mai — Comme matinée, mais mauvaise soirée — Marie et Philippine vont à Chalabre. Caminade, Rouanet et moi allons promener, visite à Villefort du maire de St Jean et de Mr Vacquier de Roquefeuil. — Dîner. — 2 h du soir, départ de Villefort pour Couiza où nous arrivons avec la pluie qui nous accompagne jusqu'à Rennes où nous trouvons Martial et Pauline. — Foire et fête de la Société à Esperaza — Bouquet a fait la journée. — Les maçons manquent. — Soupe.

Jeudi 8 Mai — Ascension. Le matin, peu de monde à l'église — Gr de même quête. — Il fait un temps excessivement froid et beaucoup de vent du nord. Le soir, après dîner, tempête de neige et grésil, accompagnée de grands coups de tonnerre, très mauvais temps. À vêpres peu de monde. Pas de procession des Rogations. Après vêpres, départ pour Montazels de Pauline et Martial. Continuation du mauvais temps.

Vendredi 9 Mai — Même vent froid qu'hier. — Bouquet travaille dedans. Caminade et les maçons ne sont pas venus. Les maçons arrivent mais ne travaillent point. Il a neigé sur toutes les montagnes environnantes.

Samedi 10 Mai — Bonne journée quoique vent froid. Dachy a demandé encore 5 fr de plus, ce qui fait 10 fr à signer — Bouquet travaille dedans. Les maçons ont terminé la porte de la façade de la cour et ne pouvant plus s'occuper, Mr Caminade n'étant pas monté, ils sont repartis jusqu'à mardi. — Mr Caminade a écrit qu'il ne vient pas, mais que Bot peut s'occuper à équarrir des moellons pour les travaux de la tour. Je réponds à Mr Caminade que on ne commencera pas d'autres travaux avant d'avoir réglé la situation de Bot — Marie va à Couiza pour échanger quelques mandats. Je vais me promener de ce côté. Belle soirée.

Dimanche 11 Mai — Matinée pluvieuse. Achat de la maison de Bonhomme de ses dépendances et deux autres morceaux à 1060 fr. Peu de monde à l'église le matin et le soir à cause du mauvais temps. — Bouquet et Barthélemy partent pour Limoux au train de 4 h pour aller assister au Cirque Barnum le lendemain 12 mai. Arrivée du Wagon brique, Carcassonne.

Lundi 12 Mai — Très belle journée — Splendide représentation du Cirque Barnum à Carcassonne où nous allons tous, excepté Alexandrine.

à la journée de recasser plus menu les graviers du bassin, 3 frs je crois. Le soir avec M. Caminade, sa femme, Barthélémi, Marie, Julie et moi, nous allons visiter la carrière de grès de Fonds et nous rentrons par le moulin.

Samedi 3 mai. Après la messe, M. Caminade et moi allons visiter la pierre de grés de la Rouire et nous ne trouvons rien pour nous. Bot et Saunièrou ont terminé de nettoyer le puits et de le cimenter avant midi. L'Espagnol de Couiza termine aujourd'hui de recasser le gravier à 3 frs la journée. Le soir les deux maçons, avant de partir, font le point des 3 ouvertures du sous-sol côté de la cour. À 3 heures partent M. Caminade, M. Bousquet qui a réglé (*57 frs*) et **M. Caminade qui a pris pour lui *200 frs* et en a donné *200 frs*** à Bot sur sa demande. Aujourd'hui 4 ou 5 femmes ont commencé le nettoyage des saletés du puits et sont réglées le soir à *1,25 l'une (ndlr X5)*. L'Espagnol de Couiza a été payé à 3,50 la journée 4 j et ½ réglés (*15,75*).

Dimanche 4 mai. Journée couverte, humide, pluvieuse. Peu de monde aux offices. Arrivée de Justin de l'annexe. Le mariage de Bousquet avec Antoinette se dessine de plus en plus. Le meunier en est enchanté. Julie et Antoinette ont été à Montazels pendre ma douillette et la robe de Marie car demain nous partons pour Chalabre avec M. Caminade.

Lundi 5 mai. Journée mauvaise, quelques averses. Voyage avec Marie et M. Caminade à Villefort par Belvèze. Déjeuné à Chalabre hôtel de France, plus Rouanet. Avant la nuit, rentrée à Villefort soupé. Les maçons ne sont pas venus. Arrivée de Bousquet qui n'a pas travaillé ; pluie dans la nuit.

Mardi 6 mai. Journée froide, nuageuse. Séjour à Villefort, promenade du matin avec M. Caminade et le soir tous ensemble. Bousquet n'a travaillé qu'une demi-journée. Les maçons ne sont pas là.

Mercredi 7 mai. Bonne matinée, mais mauvaise soirée. Marie et Philippine vont à Chalabre. Caminade, Rouanet et moi allons promener. Visite à Villefort du maire de St Jean et de M. Vauquier de Roquefeuil. Diner. 2 h du soir. Départ de Villefort pour Couiza où nous arrivons avec la pluie qui nous accompagne jusqu'à Rennes où nous trouvons Martial et Pauline. Foire et fête de la Société à Espéraza. Bousquet a fait la journée. Les maçons manquent. Soupé.

Jeudi 8 mai. Ascension. Le matin, peu de monde à l'église. Gd messe quête. Il fait un temps excessivement froid et beaucoup de vent du nord. Le soir, après diné, tempête de neige et grésil accompagnée de grands coups de tonnerre. Très mauvais temps. À Vêpres peu de monde, pas de procession des Rogations. Après Vêpres départ pour Montazels de Pauline et Martial. Continuation du mauvais temps.

Vendredi 9 mai. Même vent froid qu'hier. Bousquet travaille dedans. Caminade et les maçons ne sont pas venus. Les maçons arrivent mais ne travaillent point. Il a neigé sur toutes les montagnes environnantes.

Samedi 10 mai. Bonne journée quoique vend froid. Dachy a demandé encore *5 frs de plus, ce qui fait 10 frs à signer.* Bousquet travaille dedans. Les maçons ont terminé la porte à la façade de la cour et ne pouvant plus s'occuper M. Caminade n'étant pas monté, ils sont repartis jusqu'à mardi. M. Caminade a écrit qu'il ne vient pas, mais que Bot peut s'occuper à équarrir des moellons pour les travaux de la tour. Je réponds à M. Caminade que on ne commencera pas d'autres travaux avant d'avoir réglé la situation de Bot. Marie va à Couiza pour échanger quelques mandats, je vais me promener de ce côté. Belle soirée.

Dimanche 11 mai. Matinée pluvieuse. Achat de la maison de Bonhomme, de ses dépendances et deux autres morceaux à *1060 frs*. Peu de monde à l'église le matin et le soir à cause du mauvais temps. Bousquet et Barthélémy partent pour Limoux au train de 4 h pour aller assister au cirque Barnum le lendemain 12 mai. Arrivée d'un wagon briques Carcassonne.

Lundi 12 mai. Très belle journée. Splendide représentation du cirque Barnum à Carcassonne où nous allons tous, excepté Alexandrine.

Il y a aussi Bouquet, camarade, Antoinette, etc. — rentrés par le dernier train
arrivé deux wagons de pierres blanches. Hypolitte a fait avec 2 paires et le cheval
2 voyages de briques, avec sa femme.

Mardi 13 Mai — Très belle matinée — Arrivée de Mr Camisiade, de
Bouquet et des maçons — Les maçons creusent la future rigole en ciment
qui doit conduire dehors les eaux de la cour. Dans la soirée le temps devenant très
mauvais, ils sont obligés d'interrompre leur travail presque tout le temps. Violents
coups de tonnerre, orage, etc. — Bouquet a taillé deux morceaux de pierre dure
pour poser de chaque côté de la 1er marche de la porte d'entrée du midi. Mr Camisiade
surveille le tout — Hypolitte et Louis avec 2 paires et le cheval ont fait 1 voyage
de carrots tronqués, ils rentrent le soir à Carla à cause du mauvais temps — Le
ferblantier ne peut monter encore, la marchandise n'étant pas venue

Mercredi 14 Mai — très mauvaise matinée; il a plu beaucoup — Les deux
maçons sous les yeux de Mr Camisiade ont monté une
petite voûtain au puits de la cour — Bouquet a été à la gare afin d'essayer de
débarasser le wagon de la pierre blanche (6 blocs dont 4 de bien lourds) avec
Hypolitte et le garde d'Aude. Bouquet est rentré à midi en disant qu'ils n'ont rien
pu rien faire, à cause du mauvais temps, de l'insuffisance des ouvriers et de
la mauvaise volonté d'Hypolitte. Nous décidons tous ensemble à la maison
de régler la situation avec lui et lui faire passer un bail pour l'avenir —
Demain, averti par Fayre de Couiza, Marie est prié de descendre pour
aller passer l'acte de vente de la maison et de l'enclos de Mr Bonhomme —
Après dîner, nous allons avec Mr Camisiade revoir la carrière de grès de
fond, pour savoir où serra passé le chemin de la charrette pendant que
Bouquet avec les deux maçons vont à la gare essayer de débarasser
le wagon — Madeleine a eu une fille — Fond. dit à Mr Camisiade que
nous pourrons extraire toute la pierre nécessaire, pourvu que nous relevions la
Buse et que nous lui aidions à retracer le chemin conduisant à la carrière —
Bouquet et les deux maçons rentrent le soir après avoir débarrassé le wagon de
pierre blanche — Hypolitte de plus en plus exigeant, avec 2 paires et le cheval n'a
monté qu'une pierre de 17 à 18 quintaux et une barrique d'engrais — Nous
décidons tous ensemble le soir de le régler définitivement plustôt que d'être
obligé de lui envoyer désormais des aides pour charger ou décharger —

Jeudi 15 Mai — fort vent du nord froid — Sous l'œil de Mr Camisiade les
deux maçons continuent et terminent ou à peu près la
margelle du puit de la cour — Bouquet travaille dedans aux petites meures —
Après dîner, Marie a été passer l'acte de vente à Couiza chez Mr Fayre l'ottier qui
pour le prix de 1060 lui donne 1 maison et 4 pièces de terre — Hypolitte a
fait 2 voyages. Il a monté 1 pierre des petites avec les 2 paires et le cheval et
le restant du carrot le soir. Il refuse, maintenant, à monter les 4 pierres
grosses à moins de les faire seul à Couiza. Nous lui disons que nous allons tâcher
de trouver quelqu'un qui nous les montera et ils rentrent chez eux un peu irrités —

Vendredi 16 Mai — continuation du vent et un peu de pluie, le soir — Bouquet
travaille dedans — Les deux maçons font le béton du trottoir
du côté de la cour de la nouvelle maison — Après dîner avec Mr Camisiade et
quelques enfants auxquels nous donnons 2 sous nous rentrons dans la
maison neuve tous les derniers carrots apportés de la gare. Comme il pleut
un peu, les 2 maçons en profitent pour continuer les cloisons du 1er étage
Je suis un peu enrhumé et courbaturé — Carla n'est pas revenue —

Samedi 17 Mai — Belle journée un peu venteuse — Bouquet travaille dedans et part à 3h du soir avec Mr Camisiade
qui a écrit aux carriers de monter mercredi prochain et a passé un bail avec
Mr Fons au sujet de la carrière de grès — Les deux maçons avec Hortense continuent et ciment la rigole de la cour avant de partir pour Luc — Visite
de Marie à Bonhomme qui regrette la maison vendue

Il y a aussi Bousquet, Caminade, Antoinette etc. Rentrée par le dernier train.
Arrivée d'un wagon de pierres blanches. Hypolitte a fait avec 2 paires et le cheval
2 voyages de briques avec sa femme.

Mardi 13 mai. Très belle ~~journée~~ matinée. Arrivée de M. Caminade, de
Bousquet et des maçons. Les maçons creusent la future rigole en ciment
qui doit conduire dehors les eaux de la cour. Dans la soirée, le temps devenant très
mauvais, ils sont obligés d'interrompre leur travail presque tout le temps. Violents
coups de tonnerre, orage, etc. Bousquet a taillé deux morceaux de pierre dure
pour poser de chaque côté de la 1ère marche de la porte d'entrée du midi. M. Caminade
surveille le tout. Hypolitte et Louise avec 2 paires et le cheval ont fait 1 voyage
de barrots troués ; ils rentrent le soir à Carla à cause du mauvais temps. Le
ferblantier ne peut monter encore la marchandise n'étant pas venue.

Mercredi 14 mai. Très mauvaise matinée, il a plu beaucoup. Les deux
maçons sous les yeux de M. Caminade ont monté deux
petits voûtins au puits de la cour. Bousquet a été à la gare afin d'essayer de
débarrasser le wagon de la pierre blanche (6 blocs dont 4 de bien lourds) avec
Hypolitte et le garde d'Aude ; Bousquet est rentré à midi en disant qu'ils n'avaient
pu rien faire à cause du mauvais temps, de l'insuffisance des ouvriers et de
la mauvaise volonté d'Hypolitte. Nous décidons tous ensemble à la maison
de régler la situation avec lui et lui faire passer un bail pour l'avenir.
Demain, avertie par Vayre de Couiza, Marie est priée de descendre pour
aller passer l'acte de vente de la maison et de l'enclos de M. Bonhomme.
Après diné, nous allons avec M. Caminade revoir la carrière de grés de
Fonds pour savoir où devra passer le chemin de la charrette pendant que
Bousquet avec les deux maçons vont à la gare essayer de débarrasser
le wagon. Madeleine a eu une fille. Fonds dit à M. Caminade que
nous pouvons extraire toute la pierre nécessaire pourvu que nous relevions la
buse et que nous lui aidions à retracer le chemin conduisant à la carrière.
Bousquet et les deux maçons rentrent le soir après avoir débarrassé le wagon de
pierre blanche. Hypolitte de plus en plus exigeant, avec 2 paires et le cheval n'a
monté qu'une pierre de 17 à 18 quintaux et une barrique d'engrais. Nous
décidons tous ensemble le soir de le régler définitivement plus tôt que d'être
obligé de lui envoyer désormais des aides pour charger ou décharger.

Jeudi 15 mai. Fort vent du nord froid. Sous l'œil de M. Caminade les
deux maçons continuent et terminent ou à peu près la
margelle du puits de la cour. Bousquet travaille dedans aux petites pierres.
Après diné, Marie a été passer l'acte de vente à Couiza chez M. Vayre bottier qui
pour le prix de *1060 frs* lui donne **1 maison et 4 pièces de terre**. Hypolitte a
fait 2 voyages. Il a monté 1 pierre, des petites avec les 2 paires et le cheval et
le restant du barrot le soir. Se refusant maintenant à monter les 4 pierres
grosses à moins de les faire scier à Couiza, nous lui disons que nous allons tacher
de trouver quelqu'un qui nous les montera et ils rentrent chez eux un peu montés.

Vendredi 16 mai. Continuation du vent et un peu de pluie le soir. Bousquet
travaille dedans. Les deux maçons font le béton du trottoir
du côté de la cour de la nouvelle maison. Après diné avec M. Caminade et
quelques enfants auxquels nous donnons 2 sous nous rentrons dans la
maison neuve tous les derniers barrots apportés de la gare. Comme il pleut
un peu, les 2 maçons en profitent pour continuer les cloisons du 1er étage.
Je suis un peu enrhumé et courbaturé. Carla n'est pas revenu.

Samedi 17 mai. Belle journée un peu venteuse. Bousquet travaille dedans et part à 3 h du soir avec M. Caminade
qui a écrit aux couvreurs de monter mercredi prochain et a passé un bail avec
M. Fons au sujet de la carrière de grés. Les deux maçons avec Hortense continuent et cimentent la rigole de la cour avant de partir pour Luc. Visite
de Marie Bonhomme qui regrette la maison vendue.

Dimanche 18 mai ——— Pentecôte - fort vent, mauvaise journée; peu de monde aux offices; même casse, pas de quête — le soir pendant les Vêpres, arrivée de Marie Louise avec toute la famille de Mathilde qui soupent et couchent ici — arrivée de Bousquet qui nous apprend que les affaires de mariage s'annoncent bien; et que sa maman viendra mardi pour demander Antoinette à ses parents. très fort vent et pluie pendant toute la nuit. Les gens de Carla sont venus au presbytère comme par le passé et le soir Marcal est reparti pour essayer de reprendre le travail et en effet les affaires paraissent s'être arrangées à condition de fournir un ouvrier toutes les fois que la charrette ira charger une grosse pierre blanche.

Lundi 19 mai ——— Continuation du mauvais temps et du froid. montagnes environnantes restant couvertes de neige plusieurs jours. C'est le mois de Mars dans sa plus grande rigueur et non le mois de mai — Pas d'ouvriers, pas de travail. Courte Promenade avec mes parents.

Mardi 20 mai ——— Même vent froid et pluie — Mariage de Marguerite et Bousquet Mme Bousquet n'arrive pas — Après dîné, départ de Jeanman pour Montazels. trouvaille à la Croix de la Corte derrière la muraille du colis Revue de l'instituteur, oubliée par le facteur — Les préparatifs faits au moulin pour recevoir Mme Bousquet sont mangés par ceux qui s'y trouvent — Bousquet n'a pas travaillé —

Mercredi 21 mai ——— Départ après déjeuné, de Me Louise et de la famille mathilde arrivée de Me Caminade, la mère Bousquet et les deux tailleurs de pierre Bauzil et Laurent qui viennent reprendre le travail pour la terrasse et le tour. Ces deux seuls travaillent à scier une pierre blanche — Les deux maçons commencent les joints de la mosaïque du sous-sol — Après dîné Me Caminade Bousquet, sa Mère, Marie, Julie et moi allons au moulin terminer le mariage de la fille du Meunier et en arrêtons la Célébration au 24 Juin fête de St J. Bapt Mme Bousquet part par le dernier train — Me Caminade écrit à l'électricité à Paris —

Jeudi 22 mai ——— Même mauvais temps — Laurent et Bauzil continuent à scier la pierre blanche — Bousquet part deux fois, va à la Gare aidé Hypolitte et Marcel à charger 2 grosses pierres blanches — Les deux maçons continuent les joints de la mosaïque du sous-sol. de la maison Me Caminade s'occupe. Moi je suis au bureau. Le soir on parle du mariage Bousquet

Vendredi 23 mai ——— Même temps; Il pleut jusqu'à 8h Les 3 tailleurs n'ont fait que 3/4 de journée. Bousquet a entrepris une grosse pierre les les deux autres ont scié Les deux maçons ont fini à midi les joints du sous sol de la maison, et après dîné ont crépi le puit et préparé le lambris en ciment du côté de la cour. Hypolitte avec son père et Bousquet ont été prendre une grosse pierre à la Gare. Il pleut beaucoup au moment du souper.

Samedi 24 mai ——— Journée très venteuse, mais bonne — Les deux maçons ont mis une première couche de ciment au lambris de la maison coté de la cour, terminé la rigole, fait les joints des 2 petites fenêtres en Zui coté couchant, fait la pose des dalles comme glacis au ciment entrée de l'Eglise jusqu'à le bassin de la cour et les degrés pour entrer à cette dernière et parti ensuite pour Lire — Bousquet a été aidé à la gare à charger la dernière grosse pierre à Hypolitte et le reste de la journée a travaillé tantôt la pierre blanche, tantôt les dalles pour le glacis du ciment entrée de l'Eglise — Authié et Bauzil ont scié le matin, puis ont été chercher chez Me Gabelle sous le jardin une grosse pierre pour Seuil et avec l'aide de Bousquet et des deux maçons l'ont montée avant dîné devant la maison. Alexandrine et nous les avons grondé pour avoir piétiné le fourage de Gabelle. Le soir, Authié a commencé à travailler ce Seuil pendant que Bauzil taillait tantôt la pierre blanche, tantôt les dalles pour la bordure du ciment, entrée de l'Eglise — Hypolitte a fait 2 voyages. Le matin il a apporté avec Marcel la dernière grosse pierre et le soir un voyage de sable. 10 compots. Après soupé; départ pour Limoux de Me Caminade, Authié et Bauzil. Bousquet reste.

Dimanche 25 mai ——— Journée venteuse et sèche — peu de monde aux offices promenade le soir au moulin — arrivée des deux coureurs et de Me Caminade —

Dimanche 18 mai. Pentecôte. Fort vent, mauvaise journée ; peu de monde aux
offices ; messe basse, pas de quête. Le soir pendant les Vêpres,
arrivée de **Marie-Louise** avec toute la famille de Mathilde qui soupent et couchent ici.
Arrivée de Bousquet qui nous apprend que les affaires de mariage s'annoncent bien ; et que
sa maman viendra mardi pour demander Antoinette à ses parents. Très fort vent et pluie
pendant toute la nuit. Les gens de Carla sont venus au presbytère comme par
le passé et le soir Marcel est repassé pour essayer de reprendre le travail et en effet les
affaires paraissent s'être arrangées à condition de fournir un ouvrier toutes les fois que la
charrette ira charger une grosse pierre blanche.
Lundi 19 mai. Continuation du mauvais temps et du froid ; montagnes
environnantes restent couvertes de neige plusieurs jours. C'est
le mois de mars dans sa plus grande rigueur et non le mois de mai. Pas d'ouvriers,
pas de travail. Courte promenade avec mes parents.
Mardi 20 mai. Même vent froid et pluie. Mariage de Marguerite et Bourrel.
Mme Bousquet n'arrive pas. Après-midi départ de Jeannou
pour Montazels. Trouvaille à la croix de la Coste derrière la muraille du colis revues
de l'instituteur oubliées par le facteur. Les préparatifs faits au moulin pour recevoir Mme
Bousquet sont mangés par ceux qui s'y trouvent. Bousquet n'a pas travaillé.
Mercredi 21 mai. Départ après déjeuné de M-Louise et de la famille Mathieu.
Arrivée de M. Caminade, la mère Bousquet et les deux tailleurs
de pierres Bauzil et Laurent qui viennent reprendre le travail pour la terrasse
et les tours. Eux deux seuls travaillent à scier une pierre blanche. Les deux maçons
commencent les joints de la mosaïque du sous-sol. Après diné M. Caminade,
Bousquet, sa mère, Marie, Julie et moi allons au moulin terminer le mariage
de la fille du meunier et en arrêtons la célébration au 24 juin fête de St J. Baptiste.
Mme Bousquet part par le dernier train. M. Caminade écrit à **l'électricité à Paris**.
Jeudi 22 mai. Même mauvais temps. Laurent et Bauzil continuent
à scier la pierre blanche. Bousquet pendant 2 fois va
à la gare aider Hypolitte et Marcel à charger 2 grosses pierres blanches. Les deux
maçons continuent les joints de la mosaïque du sous-sol de la maison.
M. Caminade s'occupe. Moi je suis au bureau. Le soir on parle du mariage Bousquet.
Vendredi 23 mai. Même temps ; il pleut jusqu'à 8 h. Les 3 tailleurs n'ont fait
que ¾ de journée. Bousquet a entrepris une grosse pierre et
les deux autres ont scié 1. Les deux maçons ont fini à midi les joints du sous-sol
de la maison et après diné ont crépi le puits et préparé le lambris en ciment du
côté de la cour. Hypolitte avec son père et Bousquet ont été prendre une grosse pierre
à la gare. Il pleut beaucoup au moment du souper.
Samedi 24 mai. Journée très venteuse mais bonne. Les deux maçons
ont mis une première couche de ciment au lambris de la
maison côté de la cour, terminé la rigole, fait les joints des 2 petites fenêtres en
grès côté couchant, fait la pose des dalles comme glacis au ciment entrée de l'église
rapiécé le bassin de la cour et les degrés pour entrer à cette dernière et partis ensuite pour
Luc. Bousquet a été aider à la gare à charger la dernière grosse pierre à Hypolitte
et le reste de la journée a travaillé tantôt la pierre blanche, tantôt les dalles pour le glacis
du ciment **entrée de l'église**. Authier et Bauzil ont scié le matin, puis ont été chercher
chez M. Gabelle sous le jardin une grosse pierre pour seuil et avec l'aide de Bousquet
et des deux maçons l'ont montée avant diné devant la maison. Alexandrine
et nous les avons grondés pour avoir piétiné le fourrage de Gabelle. Le soir, Authier
a commencé à travailler ce seuil pendant que Bauzil taillait tantôt la pierre
blanche, tantôt les dalles pour la bordure du ciment, entrée de l'église. Hypolitte
a fait 2 voyages. Le matin il a apporté avec Marcel la dernière grosse pierre et
le soir un voyage de sable. 10 compostes. Après soupé, départ pour Limoux de
M. Caminade, Authier et Bauzil. Bousquet reste.
Dimanche 25 mai. Journée venteuse et sèche. Peu de monde aux offices.
Promenade le soir au moulin. Arrivée des deux couvreurs et de M. Caminade.

Lundi 26 mai — Même vent qu'hier et même temps sec — Après avoir soupé à la maison et couché chez Jacques, les deux coureurs se mettent à choisir l'ardoise et passent la journée à ce travail — Arrivée des deux maçons. Saunieron va à allé prendre certaines fermes necessaires pendant que Bot continuent le plancher inachevé et pose le ciel ouvert sur la nouvelle maison — Sabarthès et son jeune garçon arrivés de bonne heure sur l'imitation de Guillaume commencent la pose des zinc et conduite d'eau — Dachy netoie sur mon ordre l'ancienne grange Mouline pour recevoir le sable au prix de 3f — Les 3 tailleurs sont à leur pièce, Cauthié continue le seuil de pierre dure — Hypolitte a fait 2 voyages 1 de 11 comportes de sable et 1 de 28 sacs de plâtre Les coureurs et les 2 zingueurs prennent leur repas à la maison — L'Inspecteur des postes est monté pour faire une enquête au sujet de notre facteur pour son affaire avec l'Instituteur. Il m'a demandé de lui faire une lettre en sa faveur auprès de ses supérieurs, ce que je me suis empressé à lui faire. Il vient la prendre à 6h du soir.

Mardi 27 mai — Très belle journée, chaude — Notre facteur Raynaud est changé à Montazels, mais Azema ne veut point lui ceder sa place — Les 3 tailleurs de pierres, bon matin sont allés commencer de rouvrir la carrière de Grès de Fonds; il reclament de la poudre et nous donnons de l'argent à Hypolitte afin qu'il en apporte 1 kilog. et de la mèche. Ils font aiguiser tous leurs outils, chez le forgeron — Hypolitte a fait 2 voyages de sable (20 comportes) — Sabarthès et son ouvrier sont remontés pour continuer leurs travaux de zinguerie — Fonds travaille avec nos tailleurs sur notre compte — Les 2 coureurs continuent et leur tâche et ont commencé à couvrir la partie du coté de la cour — Les deux maçons ont travaillé au toit de la nouvelle maison, fait et terminé le lambris en ciment de la nouvelle maison coté de la cour. pose le seuil en pierre dure de Gabelle à la porte de communication du jardin à la salle à manger —

Mercredi 28 mai — fort vent marin; temps sec, mais belle journée quand même Le facteur Azema de Montazels fait le service de Rennes à partir de ce jour, et Raynaud celui de Montazels. Cavérivière de Coustaussa le conduit pour lui apprendre les noms — Les 3 tailleurs de pierre sont à la carrière avec Fonds le propriétaire. Ils continue à deblayer le terrain et commencer la formation du chemin. Ils ont emporté la poudre et autres accessoires qui ne leur seront pas bien necessaires — Les deux coureurs continuent leur travail — Sabarthès et son aide ne sont pas venus — Mr Caminade dore lui même de nouveau les inscriptions: Villa Bethania. — Les deux maçons après avoir continué le beton de la salle à manger l'occupent au plancher. Après diné, Mr Caminade vais les prendre à la carrière pour hâter le travail et economiser, dit-il. Pour moi je trouve qu'il se fait peu de travail et que Fonds n'est pas vaillant — à l'occasion de la St Berenger, le soir à soupé, on donne le café et du cigare. Les maçons y sont.

Jeudi 29 mai — , même vent, même temps sec, mais belle journée — notre nouveau facteur, Azema a pris 2 ou 3 jours de congé — Monsieur Caminade essaye de dorer les inscriptions; mais ne reussit guère, le vent étant trop fort — Husard a fait remettre une lettre au sujet du Para-foudre Millé de Paris — Les 3 tailleurs sont revenu à la carrière deblayer — Sabarthès et son aide sont remontés avec d'autre marchandise et continuer les travaux — Les deux coureurs montent toujours — Les maçons après s'être occupés à la toiture montent les cloisons de barrot, crepissent et s'occupent à la citerne — Fonds continue à tracer le chemin de la carrière — après soupé notre ancien facteur Raynaud vient nous voir. Il a plu un peu dans la nuit.

Vendredi 30 mai — même vent fort et sec qu'hier — Sabarthès et son aide sont remontés pour continuer à zinguer — Depuis hier après midi les deux coureurs sont passés à la toiture du devant —

Lundi 26 mai. Même vent qu'hier et même temps sec. Après avoir soupé
à la maison et couché ~~au presbytère~~ chez Jacques, les deux
couvreurs se mettent à choisir l'ardoise et passent la journée à ce travail. Arrivée
des deux maçons. Saunièrou va à Alet prendre certaines ferrures nécessaires
pendant que Bot continue le plancher inachevé et pose le Ciel ouvert sur la
nouvelle maison. Sabarthès et son jeune garçon arrivés de bonne heure sur
l'invitation de Guillaume commencent la pose des zinc et conduits d'eau. Dachy
nettoie sur mon ordre l'ancienne grange Moulines pour recevoir le sable au prix
de 3 frs. Les 3 tailleurs sont à leurs pièces. Authier continue le seuil de pierre dure.
Hypolitte a fait 2 voyages 1 de 11 compostes de sable et 1 de 28 sacs de plâtre.
Les couvreurs et les 3 zingueurs prennent leurs repas à la maison. L'inspecteur des
postes est monté pour faire une enquête au sujet de notre facteur pour son affaire
avec l'instituteur. Il m'a demandé de lui faire **une lettre en sa faveur** auprès de ses
supérieurs, ce que je me suis empressé à lui faire. Il vient la prendre à 6 h du soir.
Mardi 27 mai. Très belle journée, chaude. Notre facteur Raynaud est
changé à Montazels mais Azéma ne veut point lui céder sa
place. Les 3 tailleurs de pierres, bon matin sont allés commencer de rouvrir
la carrière de grès de Fonds ; ils réclament de la poudre et nous donnons
de l'argent à Hypolitte afin qu'il en apporte 1 kilog et de la mèche. Ils
font aiguiser tous leurs outils chez le forgeron. Hypolitte a fait 2
voyages de sable (20 compostes). Sabarthès et son ouvrier sont remontés
pour continuer leurs travaux de zinguerie. Fonds travaille avec nos
tailleurs sur notre compte. Les 2 couvreurs continuent et leur tâche et
ont commencé à couvrir la partie du côté de la cour. Les deux maçons
ont travaillé au toit de la nouvelle maison, fait et terminé le
lambris en ciment de la nouvelle maison côté de la cour, posé le seuil en
pierre dure de Gabelle à la porte de communication du jardin à la salle à manger.
Mercredi 28 mai. Fort vent marin ; temps sec, mais belle journée quand même.
Le facteur Azéma de Montazels fait le service de Rennes à
partir de ce jour, et Raynaud celui de Montazels. Caverivière de Coustaussa le
conduit pour lui apprendre les noms. Les 3 tailleurs de pierre sont à la carrière
avec Fonds le propriétaire. Ils continuent à déblayer le terrain et commencer la formation du chemin. Ils ont emporté la poudre et autres accessoires qui ne leur seront
pas bien nécessaires. Les deux couvreurs continuent leur travail. Sabarthès
et son aide ne sont pas venus. M. Caminade dore lui-même de nouveau les
inscriptions : Villa Béthania. Les deux maçons après avoir continué le béton
de la salle à manger s'occupent au plancher. Après diné, M. Caminade doit
les prendre à la carrière pour hâter le travail et économiser bétail. Pour moi
je trouve qu'il se fait peu de travail et que Fonds n'est pas vaillant. À l'occasion de
la St Bérenger, le soir à soupé, on donne le café et des cigares. Les maçons y sont.
Jeudi 29 mai. Même vent, même temps sec, mais belle journée. Notre
nouveau facteur, Azéma a pris 2 ou 3 jours de congés.
Monsieur Caminade essaye de dorer les inscriptions mais ne réussit guère, le vent
étant très fort. Husard a fait remettre une lettre au sujet du parafoudre
Millé de Paris. Les 3 tailleurs sont revenus à la carrière déblayer. Sabarthès et son aide sont remontés avec d'autre marchandise et continuent les
travaux. Les deux couvreurs montent toujours. Les maçons après s'être
occupés à la toiture montent les cloisons de barrots, crépissent et s'occupent à la
citerne. Fonds continue à tracer le chemin de la carrière. Après soupé notre
ancien facteur Raynaud vient nous voir. Il a plu un peu dans la nuit.
Vendredi 30 mai. Même vent fort et sec qu'hier. Sabarthès et son
aide sont remontés pour continuer à zinguer.
Depuis hier après-midi les deux couvreurs sont passés à la toiture du devant.

Les 3 tailleurs de pierre commencent aujourd'hui à extraire la pierre de grès — Marie a été à Limoux pour divers achats de flanelle, robe, blé et volaille — Les maçons ont maçonné crépi au galetas et ensuite bétonné la citerne — Il pleut vers les 5 heures et je rentre de la carrière, mouillé. Sabarthez est rentré le soir et ne reviendra que Lundi.

Samedi 31 Mai — Journée de vent marin d'une violence inouïe — Mariage de Cassignac-Azaïs — Les deux coureurs continuent leur travail — Les deux maçons, crépissent au galetas, débarassent la maison et montent des cloisons. Ils partent le soir pour Luc. M. Caminade va voir les 3 tailleurs à leur carrière, règle avec nous la facture du tuillier de Limoux et part avec eux après avoir réglé leur compte qui monte à 146f — Fonds était avec eux.

Dimanche 1 Juin — Toujours vent violent et sec — Dimanche, fête de la Société de secours mutuel à Couiza et Fête-Dieu — Exposition du St Sacrement, mais pas de procession à la fin de la messe; assez de monde — nos deux coureurs ont été assistés à la messe à Couiza. Le soir, ils nous chantent les vêpres et nous allons nous promener le long du ruisseau. Publication de mariage d'Antoinette avec Bouquet — quelques étrangers.

Lundi 2 Juin — Annonce d'une bonne journée, mais le vent marin recommence après s'être arrêté la veille vers les 5h du soir — Les deux coureurs s'empressent de hâter leur travail — Arrivée de Bot et sa famille; de M. Caminade et des tailleurs de pierre; de Bouquet, ses deux sœurs et sa tante et du ferblantier d'Esperaza et son aide qui viennent poser les arêtes de la toiture et des lucarnes. Tout ce monde dîne au presbytère. Après déjeuner, Bouquet et ses 3 parents vont au Moulin avec Marie, Julie et moi; nous y prenons le café et nous remontons vers les 4h. Les 3 parents de Bouquet repartent à 7h3 du soir — Les deux coureurs ont terminé la couverture de la maison et y plantent le laurier — Les deux tailleurs de pierre ont travaillé toute la journée à la pierre blanche — Bouquet n'a rien fait — Sabarthez et son aide ont continué et ne sont partis qu'après souper — Les deux maçons se sont occupés à monter les cloisons et faire quelques petits bricolles — M. Caminade dirige — Il pleut un peu dans la nuit.

Mardi 3 Juin — Temps couvert et doux — il pleut une heure dans la matinée. Les deux coureurs couvrent d'ardoise la niche du chien et donnent tout ce qui leur reste à Barthelemy qui s'en servira pour couvrir ses 2 cabanes des bals; ils partent à 10h 40 après avoir déjeuné. Je leur ai donné les frais de pension qui montent à 42f environ pour les 9 journées et les 6 nuits chez Jacques; le meunier leur a porté les bagages — Guillaume a pris pas mal de poissons avec les Verraux — Sabarthez et son aide viennent terminer leur travail — Les 3 tailleurs ont été à la carrière avec Fonds — Les deux maçons travaillent un peu partout sous la surveillance de M. Caminade — Sabarthez rentre chez lui vers les 5h 1/2 emportant un fût vide pour le remplir d'eau de vie.

Mercredi 4 Juin — Annonce d'une belle journée, vent du nord — Les deux maçons passent la journée à cimenter les murs intérieurs du bassin de la nouvelle maison — Les 3 tailleurs sont à la carrière avec M. Caminade et Fonds. Moi j'y vais le soir pendant que Marie et Julie vont à Montazels chercher du fer — Il s'est fait peu de travail à la carrière et dépensé beaucoup d'argent; j'en fais la réflexion à M. Caminade. Les maçons travaillent à l'intérieur de la citerne jusqu'à 10h. du soir.

Jeudi 5 Juin — Très belle et chaude journée; un peu de vent — Les 3 tailleurs sont à la carrière — Les sœurs d'Esperaza arrivent — M. Caminade écrit jusqu'à 8h. puis Bot et Saunierou ayant fini de cimenter le bassin, vont à la carrière avec M. Caminade. Arrivée de M. Husard qui demande où nous en sommes du parafoudre et prend ses papiers communiqués. Le soir, je vais à la carrière au 6h. départ des Sœurs. Bonne journée de pierre — Fonds a fait 8 journées et a fini. Bot et Saunierou 1 journée chacun.

Les 3 tailleurs de pierres commencent aujourd'hui à extraire la pierre de grès.
Marie a été à Limoux pour divers achats de flanelle, robe, oies et volailles.
Les maçons ont maçonné, crépi au Galetas et ensuite bétonné la citerne. Il
pleut vers les 5 heures et je rentre de la carrière mouillé. Sabarthès est rentré le
soir et ne reviendra que lundi.

Samedi 31 mai. Journée de vent marin d'une violence inouïe. Mariage de Cassignac-Azaïs. Les deux couvreurs continuent
leur travail. Les deux maçons crépissent au galetas, débarrassent la maison
et montent des cloisons. Ils partent le soir pour Luc. M. Caminade va voir les
3 tailleurs à leur carrière, règle avec nous la facture du tuilier de Limoux et part
avec eux après avoir réglé leur compte qui monte à *146 frs* Fonds était avec eux.

Dimanche 1 juin. Toujours vent violent et sec. Dimanche, fête de la Société
de secours mutuel à Couiza et Fête-Dieu. Exposition du
St Sacrement, mais pas de procession à la fin de la messe ; assez de monde. Nos deux
couvreurs ont été assister à la messe à Couiza. Le soir, ils nous chantent les Vêpres et
nous allons nous promener le long du ruisseau. Publication de mariage d'Antoinette
avec Bousquet. Quelques étrangers.

Lundi 2 juin. Annonce d'une bonne journée, mais le vent marin recommence
après s'être arrêté la veille vers les 5 h du soir. Les deux couvreurs
s'empressent de hâter leur travail. Arrivée de Bot et sa famille ; de Caminade et des tailleurs de pierres ; de Bousquet, les deux sœurs et sa tante et
du ferblantier d'Espéraza et son aide qui viennent poser les arêtes de la toiture et
des lucarnes. Tout ce monde dine au presbytère. Après déjeuné, Bousquet et
ses 3 parents vont au moulin avec Marie, Julie et moi ; nous y prenons le café
et nous remontons vers les 4 h. Les 3 parents de Bousquet repartent à 7 h du soir.
Les deux couvreurs ont terminé la couverture de la maison et y plantent le
laurier. Les deux tailleurs de pierre ont travaillé toute la journée à la pierre blanche.
Bousquet n'a rien fait. Sabarthès et son aide ont continué et ne sont partis
qu'après souper. Les deux maçons se sont occupés à monter les cloisons et faire
quelques petites bricoles. M. Caminade dirige. Il pleut un peu dans la nuit.

Mardi 3 juin. Temps couvert et doux. Il pleut une heure dans la matinée.
Les deux couvreurs couvrent d'ardoise la niche du chien et
donnent tout ce qui leur reste à Barthélémy qui s'en servira pour couvrir ses 2
cabanes des Bals ; ils partent à 10 h 40 après avoir déjeuné. Je leur ai donné les
frais de pensions qui montent à *42 frs* environ pour les 9 journées et les 6 ~~jours~~
nuits chez Jacques ; le meunier leur a porté les bagages. Guillaume a pris pas
mal de poissons avec les verveux. Sabarthès et son aide viennent terminer
leur travail. Les 3 tailleurs ont été à la carrière avec Fonds. Les deux maçons
travaillent un peu partout sous la surveillance de M. Caminade. Sabarthès
rentre chez lui vers les 5 h ½ emportant un fut vide pour le remplir d'eau de vie.

Mercredi 4 juin. Annonce d'une belle journée, vent du nord. Les deux
maçons passent la journée à cimenter les murs intérieurs
du bassin de la nouvelle maison. Les 3 tailleurs sont à la carrière avec M.
Caminade et Fonds. Moi j'y vais le soir pendant que Marie et Julie vont à
Montazels chercher des fèves. Il s'est fait peu de travail à la carrière et dépensé
beaucoup d'argent ; j'en fais la réflexion à M. Caminade. Les maçons travaillent
à l'intérieur de la citerne jusqu'à 10 h du soir.

Jeudi 5 juin. Belle et chaude journée, un peu de vent. Les 3 tailleurs sont
à la carrière. Les sœurs d'Espéraza arrivent. M. Caminade
écrit jusqu'à 8 h puis Bot et Saunièrou ayant fini de cimenter le bassin vont à
la carrière avec M. Caminade. Arrivée de M. Husard qui demande où nous en
sommes du parafoudre et prend ses papiers communiqués. Le soir, je vais à la carrière.
À 6 h départ des sœurs. Bonne journée de pierre. Fonds a fait 8 journées et a
fini. Bot et Saunièrou 1 journée chacun.

Vendredi 6 Juin — Comme journée un peu venteuse — Les 3 tailleurs avec Bot et Saunieron sont revenus à la Carrière. Mr Caminade aussi. Le mariage de Bousquet et Antoinette ne s'enflamme guère.

Samedi 7 Juin — Comme journée un peu venteuse — Mr Caminade, les 3 tailleurs et les 2 maçons sont retournés à la Carrière. Tout le monde part ce soir, excepté Bousquet. Les maçons et Bot quittent trop de bonne heure. Il pleut un peu dans la nuit.

Dimanche 8 Juin — Matinée pluvieuse — Je refuse de l'argent à Dachy qui vient m'en demander. Journée très froide et menaçante peu de monde aux offices. Visite de Cassaigne et Espéraza — On va avertir Carla d'aller demain lundi charrier la pierre de Grès —

Lundi 9 Juin — Temps calme, couvert — Hypolitte avec Bousquet ont fait le matin 2 voyages de pierre de la Carrière de Fonds — Baux et Authier arrivés à 9 h. ont travaillé la pierre blanche le matin — Arrivée de Bot et les siens avant midi. Ils n'ont rien fait de la matinée — Soir, Hypolitte a fait avec Bousquet 2 autres voyages avec 1 paire et le cheval — Authier et Jules ont été préparer quelques autres pierres — Bot et Saunieron ont commencé les travaux de la Buse (2 demi journées) moi je surveillai. Il a plu dans la nuit —

Mardi 10 Juin — Il pleut toute la matinée. Les 3 tailleurs n'ont rien fait et les maçons non plus — Bousquet est parti pour Limoux par le train de 10 h. 40 — Fou est venu se faire payer les 8 j. de trav. à 2.50 la j. J'écris à Banyuls pour faire venir du vin pour la Noce de Bousquet. Soirée pluvieuse. Les tailleurs de pierre et les maçons n'ont pas travaillé.

Mercredi 11 Juin — Comme journée en somme — Bot et Saunieron ont été jusqu'à midi à la Carrière pour construire la Buse. à midi, Bot est parti pour Limoux pour un mandat à payer et Saunieron seul a continué ce travail. Fonds l'a aidé un peu — Bousquet est rentré de Limoux à 9 h du matin et avec les deux autres tailleurs ils ont passé la matinée à Scier et a préparer le pierre blanche. Le soir, tous les 3 ont été à la Carrière continuer à extraire et à monter quelques blocs à port de charrette. —

Jeudi 12 Juin — Belle journée, un peu venteuse — Arrivée de Mr Caminade et départ de Marie pour Limoux après avoir répondu à la lettre de Philippine — Carte de Couiza nous propose de nouveau son mobilier — Les 3 tailleurs sont à la pierre blanche — Bot et Saunieron sont à la Carrière à continuer les travaux de la Buse : Fons les aide. Mr Caminade va les voir et revient de suite pour faire dire à Hypolitte d'y aller ce soir avec Charette, bœufs, cheval et le bosse. Hypolitte ne viendra que demain au soir — Bot et Saunieron passent la soirée à trancher la pierre à la Carrière — Dachy demande du travail et je ne lui donne. Demain il doit aller terrasser à la Carrière — Il pleut dans la nuit —

Vendredi 13 Juin — Temps couvert et menaçant dans la matinée — Les 3 tailleurs sont à la pierre blanche à Scier et travailler, — ils n'ont pas fait grand chose. J'en parle à Mr Caminade et à Marie et il est décidé entre nous que ne pouvant plus les tenir à ces conditions, nous leur donnerons congé à la fin juin et le restant du travail, c'est à dire la terrasse sera donné à l'entreprise — Dachy a commencé à déblayer la carrière de Grès à 0 fr. 75 c. le mètre cube — sur ce travail il a reçu 5 fr — Hypolitte qui devait venir à la carrière trans- porter les dalles pour le petit pont n'a pas paru ni le matin ni le soir — Bot et Saunieron le matin ont extrait de la pierre de la Carrière et le soir, le mauvais temps se déclarant ils ont commencé sous la surveillance de Mr Caminade, les travaux du four — Le temps est froid et pluvieux —

Samedi 14 Juin — Temps couvert et froid — Les deux maçons sous la surveillance de Monsieur Caminade continuent le four — Dachy est à son entreprise de la Carrière et a fait beaucoup de besogne. Je lui donne 5 fr de plus

Vendredi 6 juin. Bonne journée un peu venteuse. Les 3 tailleurs avec Bot
et Saunièrou sont revenus à la carrière, M. Caminade
aussi. Le mariage de Bousquet et Antoinette ne s'enflamme guère.
Samedi 7 juin. Bonne journée un peu venteuse. M. Caminade, les 3
tailleurs et les 2 maçons sont retournés à la carrière.
Tout le monde part ce soir, excepté Bousquet. Les maçons et Bot quittent trop
de bonne heure. Il pleut un peu dans la nuit.
Dimanche 8 juin. Matinée pluvieuse. Je refuse de l'argent à Dachy qui
vient m'en demander. Journée très froide et menaçante.
Peu de monde aux offices. Visite de **Cassaigne** et Espéraza. On va avertir Carla d'aller
demain lundi charrier la pierre de grès.
Lundi 9 juin. Temps calme, couvert. Hypolitte avec Bousquet ont fait le
matin 2 voyages de pierres de la carrière de Fonts. Bauzil et
Authier arrivés à 9 h ont travaillé la pierre blanche le matin. Arrivée de Bot
et les siens avant midi. Ils n'ont rien fait de la matinée. Soir, Hypolitte a
fait avec Bousquet 2 autres voyages avec 1 paire et le cheval. Authier et Jules
ont été préparer quelques autres pierres. Bot et Saunièrou ont commencé les
travaux de la Buse (2 demi-journées), moi je surveillai. Il a plu dans la nuit.
Mardi 10 juin. Il pleut toute la matinée. Les 3 tailleurs n'ont rien fait
et les maçons non plus. Bousquet est parti pour Limoux
par le train de 10 h 40. Fons est venu se faire payer les *8 j de trav. à 2,50 la j*.
J'écris à Banyuls pour faire venir du vin pour la noce de Bousquet. Soirée pluvieuse.
Les tailleurs de pierre et les maçons n'ont pas travaillé.
Mercredi 11 juin. Bonne journée en somme. Bot et Saunièrou ont été
Jusqu'à midi à la carrière Fons construire la buse. À
midi, Bot est parti pour Limoux pour un mandat à payer et Saunièrou seul a continué le travail ; Fonds l'a aidé un peu. Bousquet est rentré de Limoux à 9 h du
matin et avec les deux autres tailleurs a passé la matinée à scier et à préparer la
pierre blanche. Le soir, tous les 3 ont été à la carrière continuer à extraire et à
monter quelques blocs à port de charrette.
Jeudi 12 juin. Belle journée, un peu venteuse. Arrivée de M. Caminade et
départ de Marie pour Limoux après avoir répondu à la lettre
de Philippine. Bartès de Couiza nous propose de nouveau son mobilier. Les 3
tailleurs sont à la pierre blanche. Bot et Saunièrou sont à la carrière à continuer les travaux de la buse ; Fons les aide. M. Caminade va les voir et revois de
suite pour faire dire à Hypolitte d'y aller ce soir avec charrette, bœufs, cheval et le
(---). Hypolitte ne viendra que demain au soir. Bot et Saunièrou passent la
soirée à trancher la pierre à la carrière. Dachy demande du travail et *5 frs* qu'on
lui donne. Demain il doit aller terrasser à la carrière. Il pleut dans la nuit.
Vendredi 13 juin. Temps couvert et menaçant dans la matinée. Les 3 tailleurs
sont à la pierre blanche à scier et travailler. Ils n'ont pas
fait grand-chose. J'en parle à M. Caminade et à Marie et il est décidé entre nous
que ne pouvant plus les tenir à ces conditions, nous leur donnerons congé à la fin
juin et le restant du travail c'est-à-dire la terrasse sera donnée à l'entreprise.
Dachy a commencé à déblayer la carrière de grès à 0,75 c le mètre cube,
sur ce travail il a reçu *5 frs*. Hypolitte qui devait venir à la carrière transporter les dalles pour le petit pont n'a pas paru ni le matin ni le soir. Bot et
Saunièrou le matin ont extrait de la pierre de la carrière et le soir, le
mauvais temps se déclarant, ils ont commencé sous la surveillance de M.
Caminade, les travaux du four. Le temps est froid et pluvieux.
Samedi 14 juin. Temps couvert et froid. Les deux maçons sous la surveillance
de Monsieur Caminade continuent le four. Dachy est
à son entreprise de la carrière et a fait beaucoup de besogne. Je lui donne *5 frs* de plus

Avec la promesse de le faire Scie la pierre bl. — Authié et Bauzil ont travaillé à la
pierre blanche. Bousquet est allé à la Carrière aidé Hypolitte qui a fait 4 voyages avec
2 paires. Dans l'intervalle, Bousquet s'est occupé à préparer d'autres pierres de grès; après
dîné vers 1h 1/2 je l'ai surpris faisant la lecture et n'ayant pas encore commencé son
travail lorsqu'il doit partir le soir pour Limoux. Cela m'a confirmé dans mon idée qu'on
ne peut point avoir confiance en eux. — À la fin de la journée, les 3 tailleurs ont réglé leur quinzaine, et emporté 125f pour 31 journées et 1/4 de travail. — et sont partis avec
Mr Caminade et les ouvriers de Luc — Arrivée de Martial et de toute sa famille.
Baptême d'un garçon de Élise Vals

Dimanche 15 Juin — Journée froide, pluvieuse — Mr Caminade nous écrit que le
dernier Wagon de pierre blanche est en gare et que le chairetier
soit demain matin à 8h sans faute à Couiza pour, avec l'aide des ouvriers qui doivent monter, et la Grue de la gare, mise à leur disposition, décharger le Wagon et
monter une grosse pierre; commission faite, le chairetier s'y trouvera — peu de
monde à l'église. Annonce de l'Adoration pour Dimanche prochain — Après
Vêpres, avec Martial nous allons à la Carrière de Grès et en remontant nous nous
mouillons un peu — Julie est souffrante depuis hier. —

Lundi 16 Juin — belle matinée, mauvaise fin de journée — J'ai été assisté à la
fête de l'adoration de Grisole, et suis rentré le soir avec la pluie
Marie et Julie étaient venues m'attendre — Hypolitte ou plutôt son beau père
avec Louise et leur attelage au complet sur l'ordre de Mr Caminade sont allés
à la gare décharger avec l'aide des tailleurs qui seraient montés, le dernier Wagon de
pierre blanche arrivé samedi dernier. Bousquet seul étant arrivé, et ne pouvant se
servir de la grue en question, ils n'ont pas pu décharger le Wagon, et ont monté du
sable au lieu de la pierre. Après dîné, Bousquet est redescendu avec Bot et Sau-
-nieron pour essayer de débarrasser le Wagon, mais Bot s'étant écrasé un doigt
on n'a pu rien faire. Le chef de gare moyennant 10f a fait décharger le Wagon
par les propriétaires de la grue. Voilà Bot blessé et condamné au repos et à bien
qui sait mal — faute à Mr Caminade et toujours perte d'argent.

Mardi 17 Juin — Dachy qui était hier à son travail de la Carrière, se plaint
aujourd'hui de la difficulté à continuer arrivé au roc —
Bousquet travaille la pierre blanche. Bot et Saunieron vont essayer de terminer
le four que Bot avait continué toute la matinée de la veille avec Saunieron; puis
ce travail fini, ils partiront pour Luc jusqu'à la guérison du doigt blessé. Il va se
continuer le four et va s'occuper pour cela de louer un ouvrier — Arrivée de Sylvestre
et son fils. Après dîné, avec Sylvestre, nous allons à la Carrière et de là à Carlie
avertir Hypolitte d'aller prendre le vin à la gare. Bousquet après avoir fait la journée
est parti pour Limoux, pour remonter demain.

Mercredi 18 Juin — Aujourd'hui Dachy est à la journée à la Carrière à
été   cause de la Difficulté du travail. Mme Verhet vient de
mourir. Marie solde à Sylvestre la boissellerie du vin et ce dernier part avec son fils à
L'entrée soir. Je vais à la Carrière voir le travail de Dachy. Belle journée — J'ai
écrit à Mr Cartes de me dire son dernier prix de la garniture de la Cheminée —
Départ de Sylvestre — Hypolitte a porté le vin de la gare avec 1 paire de bœufs. — arrivée de
Limoux de Bousquet.

Jeudi 19 Juin — belle journée; vent marin — Dachy vient Scie la pierre blanche
Avec Bousquet — Sépulture de Mme Verhet. menace d'orage le
soir. on donne 6f à Dachy sur sa demande.

Vendredi 20 Juin — Il pleut un peu à 5h du matin. aussi Dachy ne comm-
-ence sa journée de scie avec Bousquet qu'à 6h — arrivée
de Bot qui va un peu mieux de son doigt blessé et de toute sa famille — Venue aussi
de Gabalda — Ce dernier, Saunieron et les autres (sauf Bot) Bétonnent le dessus de la Citerne
nouvelle. arrivée de Mr Caminade qui mène à moi remous cours vertement au sujet
de l'accident Bot et du ouvriers. après dîné avec Mr Caminade nous allons à la carrière au

avec la promesse de le faire scier la pierre bl. Authier et Bauzil ont travaillé à la
pierre blanche. Bousquet est allé à la carrière aider Hypolitte qui a fait 4 voyages avec
2 paires. Dans l'intervalle, Bousquet s'est occupé à préparer d'autres pierres de grès ; après
dîné vers 1 h ½, je l'ai surpris faisant la lecture et n'ayant pas encore commencé son
travail lorsqu'il doit partir le soir pour Limoux. Cela m'a confirmé dans mon idée qu'on
ne peut point avoir confiance en eux. À la fin de la journée, les 3 tailleurs ont réglé leur quinzaine et emporté *125 frs* pour 31 journées et ¼ de travail, et sont partis avec
M. Caminade et les ouvriers de Luc. Arrivée de Martial et de toute sa famille.
Baptême d'un garçon de Élise Vals.

Dimanche 15 juin. Journée froide, pluvieuse. M. Caminade nous écrit que le
dernier wagon de pierre blanche est en gare et que le charretier
doit demain matin à 8 h sans faute à Couiza pour, avec l'aide des ouvriers qui doivent monter, et la grue de la gare mise à leur disposition, décharger le wagon et
monter une grosse pierre ; commission faite, le charretier s'y trouvera. Peu de
monde à l'église. Annonce de l'Adoration pour dimanche prochain. Après
Vêpres, avec Martial, nous allons à la carrière de grès et en remontant nous nous
mouillons un peu. Julie est souffrante depuis hier.

Samedi 16 juin. Belle matinée, mauvaise fin de journée. J'ai été assister à la
fête de l'Adoration de **Ginoles** et suis rentrée le soir avec la pluie.
Marie et Julie étaient venues m'attendre. Hypolitte ou plutôt son beau-père
avec Louise et leurs attelages au complet sur l'ordre de M. Caminade sont allés
à la gare décharger avec l'aide des tailleurs qui devaient monter le dernier wagon de
pierre blanche arrivé samedi dernier. Bousquet seul étant arrivé, et ne pouvant se
servir de la grue en question, ils n'ont pas pu décharger le wagon et ont monté le
sable au lieu de la pierre. Après dîné, Bousquet est redescendu avec Bot et Saunièrou pour essayer de débarrasser le wagon. Mais Bot s'étant écrasé un doigt,
on n'a pu rien faire. Le chef de gare moyennant *10 frs* a fait décharger le wagon
par les propriétaires de la grue. Voilà Bot blessé et condamné au repos et à soi-
gné son mal. Faute à M. Caminade et toujours perte d'argent.

Mardi 17 juin. Dachy qui était hier à son travail de la carrière se plaint
aujourd'hui de la difficulté à continuer arrivé au roc.
Bousquet travaille la pierre blanche. Bot et Saunièrou vont essayer de terminer
le four que Bot avait continué toute la matinée de la veille avec Saunièrou ; puis
ce travail fini, ils partiront pour Luc jusqu'à la guérison du doigt blessé. Il ne peut
continuer le four et va s'occuper pour cela de louer un ouvrier. Arrivée de Sylvestre
et son fils. Après dîné, avec Sylvestre, nous allons à la carrière et de là à Carla
avertir Hypolitte d'aller prendre les vins à la gare. Bousquet après avoir fait la journée
est parti pour Limoux pour remonter demain.

Mercredi 18 juin. Aujourd'hui Dachy est à la journée à la carrière à
cause de la difficulté du travail. Mme Vernhet vient de
mourir. Marie solde à Sylvestre la bordelaise de vin et ce dernier part avec son fils à
Luc. Du soir. Je vais à la carrière voir le travail de Dachy. Belle journée. J'ai
écrit à Mme Bartès de me dire son dernier prix de la garniture de la cheminée.
Départ de Sylvestre. Hypolitte a porté les vins de la gare avec 1 paire de bœufs . Arrivée de
Limoux de Bousquet.

Jeudi 19 juin. Belle journée ; vent marin. Dachy vient scier la pierre blanche
avec Bousquet. Sépulture de Mme Vernhet. Menace d'orage le
soir. On donne *6 frs* à Dachy sur sa demande.

Vendredi 20 juin. Il pleut un peu à 5 h du matin. Aussi Dachy ne commence sa journée de scier avec Bousquet qu'à 6 h. Arrivée
de Bot qui va un peu mieux de son doigt blessé et de toute sa famille. Venue aussi
de Gabalda. Ce dernier, Saunièrou et les autres (sauf Bot) bétonnent le dessus de la citerne
nouvelle. Arrivée de M. Caminade que Marie et moi semonçons vertement au sujet
de l'accident Bot et des ouvriers. Après dîné avec M. Caminade nous allons à la carrière (---)

le travail de Dachy qui monte à 18 50, en chemin nous parlons naturellement du peu
de reconnaissance qu'ont les ouvriers en ne travaillant pas consciencieusement. Marie
et sa mère ont fait des gateaux au four Boubomme.
Samedi 21 Juin — belle journée — Bousquet travaille la pierre blanche — Dachy commence à casser des pierres à 1.50 le m. cube et reçoit tout ce qu'il
a gagné jusque là sauf la journée du Samedi — sur les ordres de Mr Caminade, le meunier
va à Couiza prendre 2 sacs de ciment lent et les paye 8 fr (pour terminer le cimentage du
dessus du bassin de la maison nouvelle — Bot présente à Mr Caminade son compte
des travaux faits jusqu'ici et hy sa demande on lui donne un acompte de 500 fr — Mr
Caminade reçoit aussi pour lui 200 — Gabalda Saunerou et Hortense terminent le cimentage du bassin — Authié et Bauzil on passé la semaine chez hi à la chapelle —
arrivée de Mr Rouanet à midi — Après diné avec Mr Caminade nous allons à
Couiza, chez Mr Barte, voir le mobilier à vendre et demander son prix; il en veut 2.000
je lui en offre 1.200. nous n'avons pu nous accorder — nous allons à Montazels, voir
Mathilde, Pauline etc, allons au Cerie — Marie et Antoinette qui sont venues leur
ont apporté 2 gateaux à chacune et un pour Mr Caminade. Rentrée à Rennes à 8 h
soupez et au lit fort tard.
Dimanche 22 Juin — fête de l'adoration — annonce d'une belle journée. G. mem
assez de monde à l'église, quête — l'abbé Rouanet fais les
offices et prêche le matin et le soir — promenade - Préparatif de la noce. Soupé.
Lundi 23 Juin — Annonce d'une belle journée - Alexandrine va à Limoux à 8 h
Bousquet avec Guillaume vont à la Gare aider Hypolitte à garer les pierres
de taille et Bousquet après part pour Limoux. arrivé de Mr Armaynau pour faire le
diné de la noce, il prend le repas chez nous. Hypolitte a apporté 1 pierre le matin
avec du souffre. Le soir, il nous a apporté du vin avec du bois de chez lui. Le repas de
noce se fait à l'ancienne école. allons nous promener avec Rouanet.
Mardi 24 Juin — Annonce d'une belle journée — fête patronale à Couiza - Mariage
de Bousquet avec Antoinette. beaucoup d'invités de Limoux, un
4 musicien et tous viennent se rafraichir à la maison. Mue cass, tailleurs de pierres, famille
Caminade tout le monde s'y trouve — Cérémonie à 11 h 20, Allocution et bénédiction
de Rouanet; je dis la messe, quête — musique — Assistons au repas - Bal - Baptême
de l'enfant de Madeleine par l'abbé Rouanet. Les invités de Limoux se fachent de
ne pas avoir de lits et partent dans la nuit. Dachy a cassé des pierres. Chaude
journée - feux de la St Jean.
Mercredi 25 Juin — Annonce d'une très belle journée. Depuis 4 ou 5 jours, il fais
bien chaud. Dachy continue à casser des pierres - Pièce
montée de desert (mariage) oublié chez Jacques. Bousquet et Antoinette dinent
à la maison — arrivée de Philippine, promenade vent marin.
Jeudi 26 Juin — fort vent marin chaud et sec — Dachy casse toujours Me
après diné, promenade au moulin avec Rouanet Philippine, a
Vendredi 27 Juin — Continuation du fort vent marin. Départ de Philippin Moi
ligne de Belvèze - Départ de Rouanet que nous allons acc 4 h
un peu loin; il rentre par Espéraza. Dachy est à casser des pierres.
Samedi 28 Juin — toujours fort vent marin qui fait beaucoup de dégats — Dach
casse des pierres — Marie Louise a une fille. Il pleut un peu
pendant la journée. temps brumeux. Il pleut dans la nuit. (10 fr à Dachy.)
Dimanche 29 Juin — Peu de monde à l'Église. Bousquet et Antoinette vont
à Limoux - belle matinée, dans le soirée, le vent
marin reprend. Promenade - et soupez.
Lundi 30 Juin — Annonce d'une belle journée; un peu — vent marin
Dachy continue à casser des pierres — Authié et Bauzil
arrivent à 9 h pour commencer leur journée - et travaillent la pierre de Grès. Ils
m'ont dit que Mr Caminade viendrait demain — Bousquet et Antoinette arrivent de
Limoux à 4 h 1/2. Bousquet reprendra le travail demain -

le travail de Bachy qui monte à *18frs 50* ; en chemin nous parlons naturellement du peu de reconnaissance qu'ont les ouvriers en ne travaillant pas consciencieusement. Marie et sa mère ont fait des gâteaux au four Bonhomme.

Samedi 21 juin. Belle journée. Bousquet travaille la pierre blanche. Dachy commence à casser des pierres à 1,50 le m. cube et reçoit tout ce qu'il a gagné jusque-là sauf la journée du samedi. Sur les ordres de M. Caminade, le meunier va à Couiza prendre 2 sacs de ciment lent et les paye *8 frs* pour terminer le cimentage du dessus du bassin de la maison nouvelle. Bot présente à M. Caminade son compte des travaux faits jusqu'ici et sur sa demande on lui donne un acompte de *500 frs*. **M. Caminade reçoit aussi pour lui *200 frs***. Gabalda, Saunièrou et Hortense terminent le cimentage du bassin. Authier et Bauzil ont passé la semaine chez M. de la Chapelle. Arrivée de M. Rouanet à midi. Après diné avec M. Caminade nous allons à Couiza chez M. Bartès voir le mobilier à vendre et demander ses prix. Il en veut 2000, *je lui en offre 1200*. Nous n'avons pu nous accorder. Nous allons à Montazels voir Mathilde, Pauline etc. allons aux cerises. Marie et Antoinette qui sont venues leur ont apporté 2 gâteaux à chacune et un pour M. Caminade. Rentrée à Rennes à 8 h. Souper et au lit fort tard.

Dimanche 22 juin. Fête de l'Adoration. Annonce d'une belle journée. Gd messe assez de monde à l'église, quête. L'abbé Rouanet fait les offices et prêche le matin et le soir. Promenade. Préparatif de la noce soupé.

Lundi 23 juin. Annonce d'une belle journée. Alexandrine va à Limoux. À 8 h Bousquet avec Guillaume vont à la gare aider Hypolitte à garer les pierres de taille et Bousquet après part pour Limoux. Arrivée de M. Armagnac pour faire le diner de la noce ; il prend les repas chez nous. Hypolitte a apporté 1 pierre le matin avec du souffre. Le soir, il nous a apporté du vin avec du bois de chez lui. Le repas de noce se fait à l'ancienne école. Allons nous promener avec Rouanet.

Mardi 24 juin. Annonce d'une belle journée. Fête patronale à Couiza. Mariage de Bousquet avec Antoinette. Beaucoup d'invités de Limoux avec 4 musiciens et tous viennent se rafraichir à la maison. Maçons, tailleurs de pierres, famille Caminade tout le monde s'y trouve. Cérémonie à 11 h 20. Allocution et bénédiction de Rouanet ; je dis la messe, quête. Musique. Assistons au repas. Bal. Baptême de l'enfant de Madeleine par l'abbé Rouanet. Les invités de Limoux se fâchent de ne pas avoir de lits et partent dans la nuit. Dachy a cassé des pierres. Chaude journée. Feux de la St Jean.

Mercredi 25 juin. Annonce d'une belle journée. Depuis 4 ou 5 jours, il fait bien chaud. Dachy continue à casser des pierres. Pièces montées de dessert (mariage) oubliées chez Jacques. Bousquet et Antoinette dinent à la maison. Arrivée de Philippine, promenade vent marin.

Jeudi 26 juin. Fort vent marin chaud et sec. Dachy casse toujours des pierres. Après diné, promenade au moulin avec Rouanet, Philippine, et Marie.

Vendredi 27 juin. Continuation du fort vent marin. Départ de Philippine par la ligne de Belvèze. Départ de Rouanet que nous allons accompagner un peu loin ; il rentre par Espéraza. Dachy est à casser des pierres.

Samedi 28 juin. Toujours fort vent marin qui fait beaucoup de dégâts. Dachy casse des pierres. Marie Louise a une fille. Il pleut un peu pendant la journée. Temps brumeux. Il pleut dans la nuit (*10 frs à Dachy*.)

Dimanche 29 juin. Peu de monde à l'église. Bousquet et Antoinette vont à Limoux. Belle matinée ; dans la soirée, le vent marin reprend. Promenade et souper.

Lundi 30 juin. Annonce d'une belle journée ; un peu de vent marin. Dachy continue à casser des pierres. Authier et Bauzil arrivent à 9 h pour commencer leur journée, et travaillent la pierre de grès. Ils m'ont dit que M. Caminade viendrait demain. Bousquet et Antoinette arrivent de Limoux à 4 h ½. Bousquet reprendra le travail demain.

Mardi 1 Juillet — Belle et chaude journée; menace d'orage à la fin, mais ce n'est que du vent — Authié et Bauzil continuent à préparer du cordon de p. de grès pour la terrasse — Bousquet, après 8 jours de noce, reprend son travail et prépare des pierres blanches. Avant midi Bauzil s'est trouvé mal par suite d'un petit accident, mais cela n'a pas eu de suite — Après diné Marie a été à Couiza pour affaires, j'ai été l'accompagner un peu et suis revenu avec elle. Bousquet n'a pas touché à la maison, mais au moulin — Dachy a cassé des pierres.

Mercredi 2 Juillet — La chaleur commence à se faire sentir — Authié et Bauzil sont toujours au cordon de grès, Bousquet à la pierre blanche — Dachy à casser des pierres — nous lui avons donné 15ᶠ qu'il a demandé. Bousquet prend toujours ses repas ici, chez nous. Vent frais le soir.

Jeudi 3 Juillet — Vent frais. Monsieur Caminade n'est pas encore venu — Bot est monté pour prendre quelques outils, mais est reparti de suite — Dachy continue à casser des pierres — Bousquet travaille la pierre blanche — Authié et Bauzil continuent le cordon de grès — à 11 heures, arrivée de M. Caminade qui s'était arrêté chez M. Gabelle, me communique le plan de la terrasse et de tout et nous arrêtons le tout honoraire compris à 10.000ᶠ. Après diné, il fait travailler Bauzil et Authié aux futurs angles en grès du sous-sol de tout — Dachy ramasse tout le gravier qu'il a cassé; M. Caminade le mesure et il trouve qu'il a gagné 11 mètres cubes à 1.50. Dachy ayant déjà reçu 40ᶠ d'avance, M. Caminade me dit de ne plus lui en donner. Ce Vernier rentre à Limoux par le train dernier, après avoir pris 412.50 montant du couvert en ardoise de la villa — Dachy rentre chez lui bien attrapé d'avoir gagné pas son 2ᵐᵉ à peine lorsqu'il pensait en avoir gagné le double — Bousquet a été soupé au moulin où il y avait une belle future —

Vendredi 4 Juillet — Très chaude journée — invitation de M. Louis à aller Dimanche 6 ct à Carcassonne lui baptiser sa fille — Réponse: averti trop tard, ne puis y aller — Bauzil et Dachy scient la pierre blanche — Bousquet la travaille et Authié aussi dès le déjeuner à la fin; avant il travaillait le grès. Le soir, la chaleur est si grande que Authié et Bousquet la travaillent dedans — Bousquet va soupey au moulin.

Samedi 5 Juillet — Très chaude journée; la sécheresse commence — Bauzil et Dachy scient la pierre bl. pendant que Authié et Bousquet continuent à la travailler. Les 3 tailleurs quittent à 6ʰ1/4: Authié et Bauzil partent pour Limoux sans soupey. Bousquet va à Couiza — Dachy casse un peu de pierre après leur départ et rentre sans avoir touché l'argent qu'il me demandait — Arrosons le jardin.

Dimanche 6 Juillet — Matinée lourde, ciel un peu voilé chaleur accablante — peu de monde à l'Eglise — pas de procession après vêpres; malgré l'excessive chaleur, allons soupey au moulin à 8ʰ après avoir été promené à Coela. Montons à 9ʰ 1/2 à Rennes où Bousquet et Antoinette nous accompagne. Rafraîchissement. Au lit. Nous avions amené Mora

Lundi 7 Juillet — Toujours température très élevée — Dachy casse de pierre Bousquet prépare des pierres blanches — Arrivée à 6ʰ de Bot, Saunièrou et sa famille. Ils enlèvent le sable du dessus de la citerne neuve préparent un autre envoi de sacs vides, crépissent définitivement le mur extérieur de la citerne coté jardin, font quelques joints de pierre blanche qui restaient et garnissent le dessous des appuis des fenêtres — Les 2 tailleurs de pierres Authié et Bauzil ne sont pas venus — M. Caminade écrit qu'il n'écrivelera qu'à 6ʰ du soir. Dachy a demandé encore de l'argent; on lui donne 5ᶠ mais on ne lui donne plus argent d'avance. Marcel arrive avant portant avec les bœufs une pierre blanche grosse, mais le triste sire ne veut monter à la Croix; il faut envoyer renfort et ouvriers quel dérangement. On dîne tard et le soir on part à 3ʰ pour la carrière avec les bœufs et la charrette, Bot Saunièrou et Bousquet. Marcel attelle les bœufs au Rosé afin de traîner les sables pour couvrir amasselle fonds que Bot Bousquet et Saunièrou

Mardi 1 juillet. Belle et chaude journée ; menace d'orage à la fin, mais ce
n'est que du vent. Authier et Bauzil continuent à préparer
du cordon de p. de grès pour la terrasse. Bousquet, après 8 jours de noces reprend son travail et prépare des pierres blanches. Avant midi Bauzil s'est trouvé mal par suite d'un
petit accident, mais cela n'a pas eu de suite. Après diné Marie a été à Couiza pour
affaires, j'ai été l'accompagner un peu et suis revenu avec elle. Bousquet n'a pas soupé
à la maison, mais au moulin. Dachy a cassé des pierres.

Mercredi 2 juillet. La chaleur commence à se faire sentir. Authier et Bauzil sont
toujours au cordon de grès ; Bousquet à la pierre blanche, Dachy à
casser des pierres. Nous lui avons donné *15 frs* qu'il a demandés. Bousquet prend toujours les
repas ici chez nous. Vent frais le soir.

Jeudi 3 juillet. Vent frais. M. Caminade n'est pas encore venu. Bot est
monté pour prendre quelques outils mais est reparti de suite.
Dachy continue à casser des pierres. Bousquet travaille la pierre blanche. Authier
et Bauzil continuent le cordon de grès. À 11 heures, arrivée de M. Caminade qui
s'était arrêté chez M. Gabelle, me communique le plan de la terrasse et des tours et nous
arrêtons le tout honoraires compris à *10.000 frs*. Après diné, il fait travailler Bauzil et Au
thier aux futurs angles en grès du sous-sol des tours. Dachy ramasse tout le gravier
qu'il a cassé ; M. Caminade le mesure et il trouve qu'il a gagné 12 mètres cubes à
1,50. Dachy ayant déjà reçu 40 frs d'avance, M. Caminade me dit de ne plus lui
en donner. Ce dernier rentre à Limoux par le train dernier, après avoir pris *412,50*,
montant du couvert en ardoise de la villa. Dachy rentre chez lui bien attrapé d'avoir
gagné par jour *2 frs* à peine lorsqu'il pensait en avoir gagné le double. Bousquet a été
souper au moulin où il y avait une belle friture.

Vendredi 4 juillet. Très chaude journée. Invitation de M-Louise à aller dimanche 6 Ct à Carcassonne lui baptiser sa fille. Réponse :
averti trop tard, ne puis y aller. Bauzil et Dachy scient la pierre blanche. Bousquet la travaille et Authier aussi du déjeuner à la fin ; avant il travaillait le grès.
Le soir, la chaleur est si grande que Authier et Bousquet la travaillent dedans.
Bousquet va souper au moulin.

Samedi 5 juillet. Très chaude journée ; la sécheresse commence. Bauzil et
Dachy scient la pierre bl. pendant que Authier et Bousquet
continuent à la travailler. Les 3 tailleurs quittent à 6 h ¼. Authier et Bauzil
partent pour Limoux sans souper. Bousquet va à Couiza. Dachy casse un
peu de pierre après leur départ et rentre sans avoir touché l'argent qu'il me
demandait. Arrosons le jardin.

Dimanche 6 juillet. Matinée lourde, ciel un peu voilé, chaleur accablante. Peu de monde à l'église. Pas de procession
après Vêpres, malgré l'excessive chaleur. Allons souper au moulin à 8 h après avoir
été promener à Carla. Montons à 9 h ½ à Rennes où Bousquet et Antoinette
nous accompagne. Rafraichissements, au lit, nous avions amené **Mora**.

Lundi 7 juillet. Toujours température très élevée. Dachy casse des pierres.
Bousquet prépare des pierres blanches. Arrivée à 6 h de Bot,
Saunièrou et sa famille. Ils enlèvent le sable du dessus de la citerne neuve,
préparent un autre envoi de sacs vides, crépissent définitivement le mur ~~de~~
extérieur de la citerne côté jardin, font quelques joints de pierres blanches qui
restaient et garnissent le dessous des appuis des fenêtres. Les 2 tailleurs de pierres
Authier et Bauzil ne sont pas venus. M. Caminade écrit qu'il n'arrivera qu'à 6 h
du soir. Dachy a demandé encore de l'argent ; on lui donne *5 frs* mais on ne lui donnera
plus argent d'avance. Marcel arrive avant portant avec le bœuf une pierre blanche
grosse, mais le triste sire ne peut monter à la Croix ; il faut envoyer renforts et ouvriers.
Quel dérangement. On dine tard et le soir on part à 3 h pour la carrière avec les bœufs
et la charrette, Bot, Saunièrou, Bousquet. Marcel attelle les bœufs au rosse afin
de trainer les dalles pour couvrir la passerelle Fonds que Bot, Bousquet et Saunièrou

avec l'aide de Fonds sont en train de courir. En somme, mauvaise soirée à cause de la Chaleur, et de la lenteur de Marcel de plus en plus incapable. Nous rentrons fort tard avec une charrette de pierres que nous avons failli verser en passant sur la Buse. soupez très tard. arrivée de M. Caminade par le dernier train. Nuit insupportable a cause de la Chaleur. toute la nuit les fenêtres sont ouvertes.

Mardi 8 Juillet — même température très lourde — Dachy casse des pierres, Bousquet travaille le grès — Bot et Saunière sont occupés par M. Caminade à certains petits travaux comme par exemple au bassin nouveau et mesurage et préparation des futurs travaux de la terrasse. Ensuite ils terminent la journée à approfondir les fouilles de la tour du Midi; Dachy, après avoir cassé des pierres le matin, les aide le soir, et fait 1/2 journée à cela — Bousquet après avoir taillé le grès le matin, travaille le soir la pierre blanche Dedans, à cause du chaud — terrible soirée de Chaleur. Arrivée de M. Marre de la porte au sujet du livret de Julie à faire signer pour pouvoir toucher l'argent.

Mercredi 9 Juillet — Température de plus en plus forte et il ne pleut pas — à 3 h 1/2 du matin, M. Caminade avec Bot Saunière et Dachy sont partis pour la Carrière et soivent arrivés vers les 11 h — Dachy, ayant par mégarde blessé Saunière, celui-ci revient à 9 h 1/2 ne pouvant plus travailler à cause de son bras meurtri par un coup de levier — Bousquet taille ce matin le grès et le soir il termine les carreaux de p. blanche. Après dîner Bot et Dachy continuent les fouilles de la tour de midi et à la fin de la journée, la pluie menaçant de tomber, ils nétoient définitivement l'intérieur et l'extérieur de la Citerne nouvelle dans l'espoir qu'il va pleuvoir mais inutilement. Chaleur insupportable. Alexandrine va à Couiza prendre l'argent du Carnet de Julie. mauvaise nuit à cause de la chaleur. J'envoie un mot d'écrit à Hypolitte par le prix d'aller à la Carrière Vendredi matin —

Jeudi 10 Juillet — temps sombre, Couvert légèrement rafraîchi — Petit garçon de Jean Gavignaud à la croix — Bousquet est à son travail de pierre de grès depuis 4 h du matin. Bot et Dachy continuent le déblaiement de la tour du midi durant toute la journée — tonnerre, éclair, pluie aux environs — temps varié sur le soir — M. Caminade fait dire à Malet de venir au presbytère pour savoir ce qu'il veut de son lopin de terre de la Chapelle. Malet n'osant pas dire le chiffre vrai qu'il en désire répond qu'il ne veut pas vendre. Vent du nord toute la nuit — — —

Vendredi 11 Juillet — Il fait du vent et il bruine. malgré cela Bot, Saunière Dachy et M. Caminade ont été à la Carrière où doit se rendre Hypolitte avec ses attelages. Ce dernier n'arrive à Rennes que vers les 9 h apportant du bois et du vin et repart de suite pour la Carrière afin de faire un voyage de pierres avant midi — Bousquet ne commence la journée que vers 9 h du matin — Le soir, pendant que Bousquet travaille le Grès, Hypolitte va à la Carrière avec 1 paire de chevaux; il passe la soirée à tirer avec le traîneau des pierres de dans le ruisseau et monte à la fin de la journée avec 1 voyage de pierres. M. Caminade qui était descendu à la Carrière avec moi par a 1 h a déjeuné par Lemaur

Samedi 12 Juillet — belle journée — arrivée de Mathilde qui vient nous inviter à la fête du 14 Juillet. Elle repart à 9 h du matin — Bot Saunière et Dachy sont à la Carrière — Bousquet a été à la Gare aider Hypolitte à charger une grosse pierre blanche; ils y reviennent ce soir. À la fin de la journée départ de Bot et les siens par Luc. Donné 5 f à Dachy — Vers 3 heures, on est venu me prendre pour Elisa en danger de mort par une fausse digestion. vers les 6 h tout danger semblait conjuré. on a été prendre M. Dufour

Dimanche 13 Juillet — belle et chaude journée menace d'orage sur la fin — Très peu de monde aux offices. tout le monde est aux champs à couper les blés — veille du 14 Juillet. Soirée passée sur la future terrasse à écouter les musiques et à voir les pièces de feu d'artifice — Éclairs —

avec l'aide de Fonds sont en train de couvrir. En somme, mauvaise soirée à
cause de la chaleur, et de la lenteur de Marcel de plus en plus incapable. Nous
rentrons fort tard avec une charrette de pierres que nous avons failli verser en
passant sur la buse. Souper très tard. Arrivée de M. Caminade par le dernier train.
Nuit insupportable à cause de la chaleur. Toute la nuit les fenêtres sont ouvertes.
Mardi 8 juillet. Même température très lourde. Dachy casse des pierres,
Bousquet travaille le grès. Bot et Saunièrou sont occupés
par M. Caminade à certains petits travaux comme par exemple au bassin nouveau et
mesurage et préparation des futurs travaux de la terrasse. Ensuite ils terminent la
journée à approfondir les fouilles de **la tour du Midi** ; Dachy, après avoir cassé des
pierres le matin, les aide le soir, et fait ½ journée à cela. Bousquet après avoir
taillé le grès le matin, travaille le soir la pierre blanche dedans à cause du chaud.
Terrible soirée de chaleur. Arrivée de M. Marre de la poste au sujet du livret de Julie
à faire signer pour pouvoir toucher l'argent.
Mercredi 9 juillet. Température de plus en plus forte et il ne pleut pas. À 3 h ½
du matin, M. Caminade avec Bot, Saunièrou et Dachy sont
partis pour la carrière et doivent arriver vers les 11 h. Dachy ayant par mégarde
blessé Saunièrou, celui-ci revient à 5 h ½ ne pouvant plus travailler à cause de son
bras meurtri par un coup de levier. Bousquet taille ce matin le grès et le soir il
termine les carrés de p. blanche. Après diné Bot et Dachy continuent les fouilles de la
tour du midi et à la fin de la journée, la pluie menaçant de tomber, ils nettoient définitivement l'intérieur et l'extérieur de la citerne nouvelle dans l'espoir qu'il va pleuvoir
mais inutilement. Chaleur insupportable. Alexandrine va à Couiza prendre
l'argent du carnet de Julie. Mauvaise nuit à cause de la chaleur. J'envoie un
mot d'écrit à Hypolitte pour le prier d'aller à la carrière vendredi matin.
Jeudi 10 juillet. Temps sombre, couvert légèrement rafraichi. Petit garçon
de Jean Gavignaud a le croup. Bousquet est à son travail
de pierre de grès depuis 4 h du matin. Bot et Dachy continuent le déblaiement
de la tour du midi durant toute la journée. Tonnerre, éclairs, pluie aux environs.
Temps varié sur le soir. M. Caminade fait dire à Malet de venir au presbytère pour
savoir ce qu'il veut de son lopin de terre de la chapelle. Malet n'osant pas dire
le chiffre vrai qu'il en désire répond qu'il ne veut pas vendre. Vent du nord toute
la nuit.
Vendredi 11 juillet. Il fait du vent et il bruine ; malgré cela Bot, Saunièrou,
Dachy et M. Caminade ont été à la carrière où doit se
rendre Hypolitte avec ses attelages. Ce dernier n'arrive à Rennes que vers les 9 h
apportant du bois et du vin et repart de suite pour la carrière afin de faire
un voyage de pierres avant midi. Bousquet n'a commencé la journée que
vers 9 h du matin. Le soir, pendant que Bousquet travaille le grès, Hypolitte va
à la carrière avec 1 paire et le cheval ; il passe la soirée à tirer avec le traineau des
pierres dedans le ruisseau et monte à la fin de la journée avec 1 voyage de pierres.
M. Caminade qui était descendu à la carrière avec moi part à 7 h et demi pour Limoux.
Samedi 12 juillet. Belle journée. Arrivée de Mathilde qui vient nous inviter
à la fête du 14 juillet. Elle repart à 9 h du matin. Bot,
Saunièrou et Dachy sont à la carrière. Bousquet a été à la gare aider Hypolitte
à charger une grosse pierre blanche ; ils reviennent ce soir. À la fin de la journée
départ de Bot et les siens pour Luc. Donné *5 frs* à Dachy. Vers 3 heures, on est venu
me prendre pour Élise en danger de mort pour une fausse digestion. Vers les
5 h tout danger semblait conjuré. On a été prendre M. Dufour.
Dimanche 13 juillet. Belle et chaude journée, menace d'orage sur la fin. Très
peu de monde aux offices. Tout le monde est aux champs
à couper les blés. Veille du 14 juillet. Soirée passée sur la future terrasse à écouter
la musique et à voir les pièces de feu d'artifice. Éclairs.

Lundi 14 Juillet — Fête nationale — temps chaud, lourd. le soir orage pluie à Montazels
peu à Rennes — Dachy seul a fait la journée — J.B. de Mathile est
venu nous prendre pour aller chez lui passer la journée et nous y avons été Guillaume, Julie
Marie et moi, rentrée à 11 h à Rennes

Mardi 15 Juillet — temps toujours très lourd — Oscar Vila est venu pour prendre
sur les travaux un a-compte de 70 fr — Alexandrine et 4
ou 5 aides ont été à la gare décharger un wagon de briques de trebes — Bot, Saunière
et Dachy ont commencé la journée à la tour du midi à creuser les fondements —
arrivée de Mr Caminade et des deux tailleurs de pierre Bauzil et Authier — Ils
aident les maçons à lever quelques blocs et continuent à travailler la pierre de Grès —
Bouquet ne commence qu'à midi et ne soupe pas le soir au presbytère. quelques gouttes
de pluie vers les 2 h. Mr Caminade est loin. à la fin de la journée le temps se
refroidit. Wagon de chaux arrivée.

Mercredi 16 Juillet — temps couvert, légèrement pluvieux. Le matin les 3 tailleurs
travaillent le Grès et les maçons Dachy compris sont à chaux
la tour du midi — Alexandrine va à Carla dit à Hypolitte de décharger le wagon
de chaux. on ne l'écoute pas. Ils refusent — Après diné j'y vais avec Mr Caminade et
enfin à force de bonne parole nous obtenons de leur faire enlever les diverses marchan-
-dises de la gare; pendant ce temps Alexandrine est descendue à Couiza pour faire
décharger le wagon de chaux moyennant 5 fr — Après diné Bot, Saunière et Dachy
et Authier ont été à la carrière et sous le regard de Mr Caminade ont fait une bonne
soirée. Bouquet et Bauzil sont restés à Rennes à travailler le Grès.

Jeudi 17 Juillet — Temps couvert, pluvieux. Dachy nétoie le sous-sol — Bot et
Saunière arrivés au J.B. s'occupent d'abord, avec Dachy sous
la surveillance de Mr Caminade à ouvrir un grand passage dans la fourrage de
Bonhomme pour que le roulier avec son attelage puisse aller déposer le matériel sur
le pré. Authier et Bauzil travaillent le grès et Bouquet a été à la gare aidé
Hypolitte à charger la dernière pierre blanche grosse. Bot Saunière et Dachy nétoie
ensuite la cour et font deux colis de sacs à expédier l'un de 41, l'autre de 50.
achèvement des fours. Le soir Bouquet et Dachy scient la pierre blanche — Authier et
Bauzil continuent le grès. Hypolitte a été prendre 1 premier voyage de brique de trebes
et fait partir les deux colis de sacs. Marie de Marsa à qui on a donné 0.50 a été
à la gare aidé Hypolitte à charger les briques. Un porte 850 (environ, 34 quintaux.

Vendredi 18 Juillet — Annonce d'une chaude journée — Le matin, maçons et
tailleurs de pierre sont à la carrière. Je vais les voir et rentre
à 8 h — Nevian ne vient pas à la fête Patronale et nous invite à la 1ere communion
qui doit avoir lieu le 15 Août. Soir, Authier est à la pierre blanche; Bauzil au
Grès — Bouquet et Dachy scient — Les deux maçons enlèvent la brique du passage
de l'église, font un abri pour les tailleurs de pierre, changent de place celle qui sont taillé
et mettent à la maison Bonhomme l'armoire Sarda qui était à la serre — pluie d'un soir

Samedi 19 Juillet — Matin, temps couvert et à la pluie — Les maçons Dachy et
les tailleurs de pierres sont à la carrière — Hypolitte avec deux
paires, pendant la matinée, tirent du ruisseau des pierres de taille et monte à Rennes
à midi avec 1 voyage d'elles — Après diné, la pluie bienfaisante commence à
tomber jusques bien avant dans la nuit; tous les ouvriers ont perdu leur demi-journée
Bot fait p. Luc — Dachy a reçu 10 fr a-compte — Les trois tailleurs de pierres ont réglé
et emporté 163 fr et sont parti à 4 h avec Mr Caminade —

Dimanche 20 Juillet — temps couvert et frais. toutes les plantes se trouvent
bien de la bonne pluie de la veille — très peu de monde
aux offices. Je n'annonce pas la fête patronale volontairement — Le bon chapelet seulement
Le maire Rouge ne pouvant contenter la commune veut donner sa démission. Rousset dit
Ribouls de Couiza ayant su que nous avons extrait de la pierre de taille dans sa
propriété et traversé sa rigue abandonnée pour l'enlever envoie le garde et demande une indemnité. Le soir même nous allons le trouver pour le dédommager, mais refuse de dire ce qu'il veut

Lundi 14 juillet. Fête nationale. Temps chaud, lourd ; le soir orage, pluie à Montazels,
peu à Rennes. Dachy seul a fait la journée. Jh de Mathilde est
venu nous prendre pour aller chez lui passer la journée et nous y avons été Guillaume, Julien,
Marie et moi ; rentrée à 11 h à Rennes.
Mardi 15 juillet. Temps toujours très lourd. Oscar Vila est venu pour prendre
sur les travaux un acompte de *70 frs*. Alexandrine et 4
ou 5 aides ont été à la gare décharger un wagon de briques de Trèbes. Bot, Saunièrou
et Dachy ont commencé la journée à la tour du Midi à creuser les fondements.
Arrivée de M. Caminade et des deux tailleurs de pierres Bauzil et Authier. Ils
aident les maçons à lever quelques blocs et continuent à travailler la pierre de grès.
Bousquet ne commence qu'à midi et ne soupe pas le soir au presbytère. Quelques gouttes
de pluie vers les 2 h. M. Caminade est là. À la fin de la journée le temps se
refroidit. Wagon de chaux arrivé.
Mercredi 16 juillet. Temps couvert, légèrement pluvieux. Le matin les 3 tailleurs
travaillent le grès et les maçons Dachy compris sont à creuser
la tour du Midi. Alexandrine va à Carla dire à Hypolitte de décharger le wagon
de chaux. On ne l'écoute pas. Ils refusent. Après diné j'y vais avec M. Caminade et
enfin à force de bonnes paroles nous obtenons de leur faire enlever les diverses marchandises de la gare ; pendant ce temps Alexandrine est descendue à Couiza pour faire
décharger le wagon de chaux moyennant *5 frs*. Après-midi Bot, Saunièrou et Dachy
et Authier ont été à la carrière et sous le regard de M. Caminade ont fait une bonne
soirée. Bousquet et Bauzil sont restés à Rennes à travailler le grès.
Jeudi 17 juillet. Temps couvert, pluvieux. Dachy nettoie le sous-sol. Bot et
Saunièrou arrivés à 7 h s'occupent d'abord avec Dachy sous
la surveillance de M. Caminade à ouvrir un grand passage dans le fourrage de
Bonhomme pour que le roulier avec son attelage puisse aller déposer le matériel sur
le pré. Authier et Bauzil travaillent le grès et Bousquet a été à la gare aider
Hypolitte à charger la dernière pierre blanche grosse. Bot, Saunièrou et Dachy nettoient
ensuite la cour et font deux colis de sacs à expédier l'un de 41, l'autre de 50.
Achèvement du four. Le soir Bousquet et Dachy scient la pierre blanche. Authier et
Bauzil continuent le grès. Hypolitte a été prendre 1 premier voyage de briques de Trèbes
et fait partir les deux colis de sacs. Marie de Marsa à qui on a donné *0,50* a été
à la gare aider Hypolitte à charger les briques. Il en porte 850 (environ, 34 quintaux).
Vendredi 18 juillet. Annonce d'une chaude journée. Le matin, maçons et
tailleurs de pierres sont à la carrière. Je vais les voir et rentre
à 8 h. Névian ne vient pas à la fête Patronale et nous invite à la 1ère communion
qui doit avoir lieu le 15 août. Soir, Authier est à la pierre blanche ; Bauzil au
grès. Bousquet et Dachy scient. Les deux maçons enlèvent la brique du passage
de l'église, font un abri pour le tailleur de pierre, changent de place celles qui sont taillées
et mettent à la maison Bonhomme l'armoire Sarda qui était à la serre. Pluie d. l. nuit.
Samedi 19 juillet. Matin, temps couvert et à la pluie. Les maçons, Dachy et
les tailleurs de pierres vont à la carrière. Hypolitte avec deux
paires, pendant la matinée, tirent du ruisseau des pierres de taille et monte à Rennes
à midi avec 1 voyage d'elles. Après diné, la pluie bienfaisante commence à
tomber jusques bien avant dans la nuit ; tous les ouvriers ont perdu leur demi-journée.
Bot part p. Luc. Dachy a reçu *10 frs* à compte. Les trois tailleurs de pierres ont réglé
et emporté *163 frs* et sont partis à 4 h avec M. Caminade.
Dimanche 20 juillet. Temps couvert et frais. Toutes les plantes se trouvent
bien de la bonne pluie de la veille. Très peu de monde
aux offices ; je n'annonce pas la fête patronale volontairement. Le soir chapelet seulement.
Le maire Rougé ne pouvant contenter la commune veut donner sa démission. Rousset dit
déboulé de Couiza ayant su que nous avions extrait de la pierre de taille dans sa
propriété et traversé sa vigne abandonnée pour l'enlever envoie le garde et demande une indemnité. le soir même nous allons le trouver pour le dédommager, mais refuse de dire ce qu'il en veut.

Lundi 21 Juillet — temps couvert, vent froid. Arrivée de maman et 2 heures après
arrivée d'Alfred et de Mathilde qui passent la journée avec nous
discutent ceux qui doivent aller à la 1ère Communion de Nevian ; allons nous promener
au ruisseau j'ay cueilli des noix et partent le soir. Mr Caminade que nous avons mis
au courant de l'affaire de Rouinet Tibouli va à la Carrière avec Dachy et les maçons
et leur fait réparer le soi-disant dégats faits à sa propriété — Les 3 tailleurs de pierres
sont à Rennes à leur travail de pierre bl. et de grès — hier Dimanche nous avons donné
200f à Hypolite ce qui achève de payer le bois signé, plus 100f promis à la fin de
chaque mois (mois de Juillet)

Mardi 22 Juillet — temps couvert, mais moins frais — Dachy et les 2 maçons sont
à la Carrière — Les trois tailleurs à leur travail et Mr Caminade
s'occupe de rédiger une lettre au sujet de l'affaire Rouinet Tibouli, auquel elle est
adressée. Le soir Mr Caminade va à la carrière ou les ouvriers finissent enfin, de mettre
complètement à nu les bancs de grès. Moi je vais ramasser des grains de buis —
2: dénonce contre l'instituteur.

Mercredi 23 Juillet — Annonce d'une belle journée. Hypolitte a été faire un voyage de brique de Trebs à la gare — Marie de Marsa va lui
aider — Les trois tailleurs sont à leur travail. Comme hier et avant hier au soir, Authier
est à la pierre blanche avec Bouquet, et Bauzil est au grès. Mr Caminade est à la
Carrière avec les deux maçons et Dachy ou ils ont été commencé d'extraire le Grès
mis complètement à nu depuis hier. Soir — Hypolitte a été à la gare faire un 2ème
voyage de brique de Trebs avec 2 Paires et le Cheval. Marie de Marsa a été lui aider —
Mr Caminade a été à la Carrière avec Dachy, les deux maçons et Authier et Bauzil.
Bouquet est resté à Rennes pour acheter une pierre blanche. J'ai été à la Carrière
l'affaire Rouinet Tibouli est paraît il renvoyé à jeudi prochain 31 Juillet.

Jeudi 24 Juillet — temps chaud, malade, à la pluie : — Marie et Mr Camina
ont été à Limoux pour rentrer ce soir à 4h — Tailleurs et
maçons ont été avec Dachy à la Carrière — Hypolitte, avec 2 paires a été bon
misties tirer les grosses pierres de Grès du lit du ruisseau et est monté après
avec 1 voyage — Soir, les 3 tailleurs retournent à la Carrière — Dachy et les deux
maçons aussi — Hypolitte avec 2 paires a été faire à la gare 1 voyage de
briques de Trebs avec Marie de Marsa — moi je vais à la Carrière — Avancé
5f à Dachy. Arrivée de Mr Caminade et de Marie de Limoux ; on nous annonce
que l'affaire Rouinet Tibouli est mis sous le tapis.

Vendredi 25 Juillet — temps sec et chaud — Fête de St Jacques à Montazels —
à 5h Bot, Saunière et Dachy ont été à la Carrière pour
de leurs outils et ceux des 3 tailleurs qui passent la journée à trancher les gros
blocs de pierre dure de la future terrasse, pendant que Bot et ses deux aides
vont commencer de préparer le bassin de la terrasse, le tout sous la surveillance
de Mr Caminade — préparatifs de la fête —

Samedi 26 Juillet — temps sec et chaud ; vent marin — Mr Caminade est parti
pour St Paul de Fenouillet et ne remontera que mardi ma-
tin avec les tailleurs — Les 3 tailleurs jusqu'au déjeuner tranchent encore quelques blocs
de pierre dure et après travaillent la pierre de Grès — Bot et ses deux aides creusent
le bassin de la terrasse. à la fin de la journée, les 2 tailleurs Authier et Bauzil
partent pour Limoux emportant un gâteau pour eux, un pour Mr Caminade et
2 pour la famille Rieu. J'ai donné 16f de plus à Dachy ce qui fait 15f avec les 5
donnés dans la semaine. temps couvert, nuit obscure — On veut selon l'habitude
nous jouer une serenade. Je passe une mauvaise nuit —

Dimanche 27 Juillet — Solemnité de la fête Patronale — Assez de monde à la messe
Chantée — davantage à Vepres — autel paré et illuminé
nous avons Mr Pinet — musique venue au prélytu — Nombreuses visites toute la journée
enfants de Couiza insupportables — temps froid le soir nuit obscure ; départ de Mr Pinet
fatigué allons nous coucher — Dachy est venu prendre 5f de plus

Lundi 21 juillet. Temps couvert ; vent froid. Arrivée de Maman et 2 heures après
arrivée d'Alfred et de Mathilde qui passent la journée avec nous.
Discutent ceux qui doivent aller à la 1ère Communion de Névian ; allons nous promener
au ruisseau pour cueillir des noix et partent le soir. M. Caminade que nous avons mis
au courant de l'affaire de Rousset-Tibouli va à la carrière avec Dachy et les maçons
et leur fait réparer les soit disant dégâts faits à sa propriété. Les 3 tailleurs de pierres
sont à Rennes à leur travail de pierre bl. et de grès. Hier dimanche nous avons donné
200 frs à Hypolitte ce qui achève de payer le bon signé, *plus 100 frs promis* à la fin de
chaque mois (mois de juillet).
Mardi 22 juillet. Temps couvert, mais moins frais. Dachy et les 2 maçons sont
à la carrière. Les trois tailleurs à leur travail et M. Caminade
s'occupe de rédiger une lettre au sujet de l'affaire Rousset-Tibouli, auquel elle est
adressée. Le soir M. Caminade va à la carrière où les ouvriers finissent enfin de mettre
complètement à nu les bancs de grès. Moi je vais ramasser des graines de buis.
2ème dénonce contre l'instituteur.
Mercredi 23 juillet. Annonce d'une belle journée. Hypolitte a été faire un voyage de briques de Trèbes à la gare. Marie de Marsa va lui
aider. Les trois tailleurs sont à leur travail. Comme hier et avant-hier au soir, Authier
est à la pierre blanche avec Bousquet et Bauzil est au grès. M. Caminade est à la
carrière avec les deux maçons et Dachy où ils ont été commencer d'extraire le grès
mis complètement à nu depuis hier. Soir. Hypolitte a été à la gare faire un 2ème
voyage de briques de Trèbes avec 2 paires et le cheval. Marie de Marsa a été lui aider.
M. Caminade a été à la carrière avec Dachy, les deux maçons et Authier et Bauzil.
Bousquet est resté à Rennes pour achever une pierre blanche. J'ai été à la carrière.
L'affaire Rousset-Tibouli est paraît-il renvoyée à jeudi prochain 31 juillet.
Jeudi 24 juillet. Temps chaud, malade, à la pluie. Marie et M. Caminade
ont été à Limoux pour rentrer ce soir à 4 h. Tailleurs et
maçons ont été avec Dachy à la carrière. Hypolitte, avec 2 paires a été bon
matin tirer les grosses pierres de grès du lit du ruisseau et est monté après
avec 1 voyage. Soir, les 3 tailleurs retournent à la carrière. Dachy et les deux
maçons aussi. Hypolitte avec 2 paires a été faire à la gare 1 voyage de
briques de Trèbes avec Marie de Marsa. Moi je vais à la carrière, ai avancé
5 frs à Dachy. Arrivée de M. Caminade et de Marie de Limoux ; on nous annonce
que l'affaire Rousset-Tibouli est mise sous le tapis.
Vendredi 25 juillet. Temps sec et chaud. Fête de St Jacques à Montazels.
À 5 h Bot, Saunièrou et Dachy ont été à la carrière pren-
dre leurs outils et ceux des 3 tailleurs qui passent la journée à trancher les gros
blocs de pierres dures de la future terrasse, pendant que Bot et ses deux aides
vont commencer de préparer le bassin de la terrasse, le tout sous la surveillance
de M. Caminade. Préparatifs de la fête.
Samedi 26 juillet. Temps sec et chaud ; vent marin. M. Caminade est parti
pour St Paul de Fenouillet et ne remontera que mardi ma-
tin avec les tailleurs. Les 3 tailleurs jusqu'au déjeuner tranchent encore quelques blocs
de pierre dure et après travaillent la pierre de grès. Bot et ses deux aides creusent
le bassin de la terrasse. À la fin de la journée, les 2 tailleurs Authier et Bauzil
partent pour Limoux emportant un gâteau pour eux, un pour M. Caminade et
2 pour la famille Rieu. J'ai donné *16 frs* de plus à Dachy ce qui fait 15 frs avec les 5
donnés dans la semaine. Temps couvert, nuit obscure. On vient selon l'habitude
nous jouer une sérénade. Je passe une mauvaise nuit.
Dimanche 27 juillet. Solennité de la fête Patronale. Assez de monde à la messe
chantée. Davantage à Vêpres. Autel paré et illuminé.
Nous avons M. Pinet. Musique vient au presbytère. Nombreuses visites toute la journée,
enfants de Couiza insupportables. Temps froid le soir, nuit obscure ; départ de M. Pinet.
Fatigués, nous nous couchons. Dachy est venu prendre *5 frs* de plus.

Lundi 28 Juillet — temps froid et venteux — messe de SS nazaire et celse, assez de monde. offrande — après dîné promenade au moulin et Bals avec Martial, jeannon singe, etc. visite de beaucoup de gens

Mardi 29 Juillet — belle et chaude journée — Bot et Saunieron seuls font 1/2 journée à la terrasse, car la musique n'est pas encore partie — Martial à qui j'ai donné 20f pour la petite M. Rose qui fait sa 1ère communion part après dîné avec jeannon et Matthilde. les enfants de cette dernière seuls sont restés jusqu'à jeudi. J'ai écrit à l'abbé Cros d'Alet pour savoir s'il pourrait me remplacer le 15 août.

Mercredi 30 Juillet — belle et chaude journée — Bot et Saunieron seuls continuent les travaux des fouilles du futur canus de la terrasse — Bousquet taille la pierre de Grès — Arrivée de M. Caminade, de Bauzil et Authus qui s'occupent à la pierre de Grès — à la fin de la journée Bousquet va aider Bot à la terrasse. M. Caminade ayant sa fille malade rentre à Limoux, après avoir été avec moi à Carla dire à Hypolitte de venir demain charrier des pierres de la carrière —

Jeudi 31 Juillet — belle et chaude journée — Arrivée de Joseph de Matthilde qui vient prendre ses 3 sans et nous dit que leur cheval est assez malade — Je vais le soir avec lui à la carrière et il rentre à Montazels vers les 7 5 — Bot, Saunieron et Bousquet sont aux fouilles de la terrasse — Authus et Bauzil sont à la Carrière — Hypolitte avec 1 pair et le cheval a fait 4 voyages de la carrière et pris les 3 repas au presbytère —

Vendredi 1er Août — très chaude journée — Martial m'écrit que l'abbé Cros viendra me remplacer pour le 15 août — Bot Saunieron et Bousquet sont toujours aux travaux de fouilles de la terrasse — Authus et Bauzil sont revenus à la carrière. à la fin de la journée le temps se couvre et se met au froid.

Samedi 2 Août — temps couvert, bas, frais — Bot, Saunieron et Bousquet continuent les fouilles de la terrasse — Authus et Bauzil sont à la carrière. À midi, la pluie commence a tomber — tous les ouvriers n'ont fait que la demi journée et partent le soir les 3 tailleurs après avoir réglé leur quinzaine et reçu 114 frs pour 28 j et 1/2 de travail — Mort de la nanoux dite la Rouge. Je vais à la carrière voir le travail fait par les 2 tailleurs dans 2 jours et demi —

Dimanche 3 Août — temps frais, mais belle journée — Sépulture de la nanoux dite la Rouge à 9h. Peu de monde aux offices on dit que M. le Maire a donné sa démission, au Préfet; on lui avait fait une dénonce. L'opposition aurait été à Alqui, consulté M. Roché pour Maire et instituteur.

Lundi 4 Août — Annonce d'une belle journée — sont seuls à la terrasse Bot et Bousquet — Authus et Bauzil à leur arrivée vont à la carrière pour toute la journée — Je devais aller à Luc mais le curé n'y est pas. Le soir, je me rends à la carrière pour voir le travail de carriers

Mardi 5 Août — Annonce d'une belle journée — Bot et Bousquet sont à la terrasse et terminent ce soir le travail dont ils étaient chargés — Bauzil et Authus terminent aussi pour le moment à la carrière — J'écris à M. Caminade pour lui dire de monter demain — Hier et aujourd'hui Authus et Bauzil ont mangé à l'argent à la carrière.

Mercredi 6 Août — Belle journée — Arrivée de M. Caminade — Jusqu'à 9h3 Bot et Bousquet sont encore à la terrasse: de 9h3 à la fin de la journée, avec M. Caminade, ils mesurent l'emplacement de la future terrasse et prennent les dernières dispositions avant de commencer les travaux — Jusqu'au déjeuner Authus et Bauzil ont travaillé le grès - de là à la fin, M. Caminade les a occupés à tailler 2 premières pierres d'une devant servir de protection à l'angle de la tour- 2 heures avant la fin de la journée, Authus revient au Grès — Marie a été à Couiza et à Carla à cause de la brique qu'il faut enlever de la gare. Hypolitte ne peut y aller que Samedi prochain — Le cheval de Matthilde est beaucoup plus malade et considéré comme perdu. L'abbé Alfred écrit pour nous demander quand nous pensons aller à Nevian et Narbonne

Lundi 28 juillet. Temps froid et venteux. Messe des **SS Nazaire et Celse** ; assez de
monde, offrande. Après diné promenade au moulin et Bals avec
Martial, Jeannou, singe etc. Visite de beaucoup de gens.
Mardi 29 juillet. Belle et chaude journée. Bot et Saunièrou seuls font ½ journée
à la terrasse, car la musique n'est pas encore partie. Martial
à qui j'ai donné 20 frs pour la petite M. Rose qui fait sa 1ère Communion part après
diné avec Jeannou et Mathilde ; les enfants de cette dernière seuls sont restés jusqu'à
jeudi. J'ai écrit à **l'abbé Cros d'Alet** pour savoir s'il pourrait me remplacer le 15 août.
Mercredi 30 juillet. Belle et chaude journée. Bot et Saunièrou seuls continuent
les travaux des fouilles du futur bassin de la terrasse. Bousquet
taille la pierre de grès. Arrivée de M. Caminade, de Bauzil et Authier qui s'occupent à la pierre de grès. À la fin de la journée Bousquet va aider Bot à la terrasse.
M. Caminade ayant sa fille malade rentre à Limoux après avoir été avec moi à
Carla dire à Hypolitte de venir demain charrier des pierres de la carrière.
Jeudi 31 juillet. Belle et chaude journée. Arrivée de Joseph de Mathilde qui
vient prendre ses 3 sœurs et nous dit que leur cheval est assez
malade. Je vais le soir avec lui à la carrière et il rentre à Montazels vers les 7 h.
Bot, Saunièrou et Bousquet sont aux fouilles de la terrasse. Authier et Bauzil sont à la
carrière. Hypolitte avec 1 paire et le cheval a fait 4 voyages de la carrière et pris
ses 3 repas au presbytère.
Vendredi 1er août. Très chaude journée. Martial m'écrit que l'abbé Cros viendra
me remplacer pour le 15 août. Bot, Saunièrou et Bousquet
sont toujours aux travaux de fouilles de la terrasse. Authier et Bauzil sont
revenus à la carrière. À la fin de la journée le temps se couvre et se met au froid.
Samedi 2 août. Temps couvert, bas, frais. Bot, Saunièrou et Bousquet continuent les fouilles de la terrasse. Authier et Bauzil sont
à la carrière. À midi, la pluie commence à tomber. Tous les ouvriers n'ont fait
que la demi-journée et partent le soir, les 3 tailleurs après avoir réglé leur quinzaine
et reçu *114 frs* pour 28 j et ½ de travail. Mort de la Nanon dite <u>La Rouge</u>.
Je vais à la carrière voir le travail fait par les 2 tailleurs dans 2 jours et demi.
Dimanche 3 août. Temps frais, mais belle journée. Sépulture de la
Nanon dite La Rouge à 9 h. Peu de monde aux offices.
On dit que M. le Maire a donné sa démission au Préfet ; on lui avait fait une
dénonce. L'opposition aurait été à Arques consulter **M. Roché** pour Marie et instituteur.
Lundi 4 août. Annonce d'une belle journée. Sont seuls à la terrasse Bot
et Bousquet. Authier et Bauzil à leur arrivée vont à la carrière
pour toute la journée. Je devais aller à Luc mais le curé n'y est pas. Le soir, je
me rends à la carrière pour voir le travail des carriers.
Mardi 5 août. Annonce d'une belle journée. Bot et Bousquet sont à
la terrasse et terminent ce soir le travail dont ils étaient
chargés. Bauzil et Authier terminent aussi pour le moment à la carrière.
J'écris à M. Caminade pour lui dire de monter demain. Hier et aujourd'hui Authier
et Bauzil ont mangé de l'argent à la carrière.
Mercredi 6 août. Belle journée. Arrivée de M. Caminade. Jusqu'à 9 h Bot et
Bousquet sont encore à la terrasse ; de 9 h à la fin de la journée
avec M. Caminade, ils mesurent l'emplacement de la future terrasse et prennent les
dernières dispositions avant de commencer les travaux. Jusqu'au déjeuner Authier et
Bauzil ont travaillé le grès. De là à la fin, M. Caminade les a occupés à tailler
2 premières pierres dures devant servir de protection à l'angle de la tour. 2 heures avant
la fin de la journée, Authier revient au grès. Marie a été à Couiza et à Carla
à cause de la brique qu'il faut enlever de la gare. Hypolitte ne peut y aller que
samedi prochain. Le cheval de Mathilde est beaucoup plus malade et considéré
comme perdu. L'abbé Alfred écrit pour nous demander quand nous pensons
aller à Névian et Narbonne.

Jeudi 7 Août — Chaude journée; menace et orages dans les environs — Bot fait encore une journée à déblayer la terrasse; puis les maçonneries ne devant commencer que jeudi prochain, il fait le soir pour lui, jusqu'à lundi — Sous la direction de Mr Caminade, Authié, travaille un angle de grès et 3h avant la fin de la journée, retourne à la pierre dure — Bauzil passe toute la journée à la même pierre dure de la veille — Bousquet, après avoir terminé une pierre de grès commencée, va vers les 3h du soir commencer une pierre dure. — Mr l'instituteur m'annonce la démission définitive du Maire qui se retire après m'avoir fait une sottise en m'accusant à faux d'être l'inspirateur de la dénonce qu'on lui a fait à la S. Préfecture —

Vendredi 8 Août — temps couvert dans la matinée mais toujours chaud — Marie est partie pour Limoux et en rentrant va à Montazels prendre des nouvelles de la maladie du cheval de mathilde et savoir ce qu'ils ont arrêté touchant le voyage de Nérian — Les 3 tailleurs, sous la surveillance de Mr Caminade sont toujours à leur pierre dure: Authié est toujours à la même; Bauzil, après avoir terminé la première en entreprend une autre de plus inférieure; Bousquet est toujours à la même. = Avant de commencer les travaux de la terrasse, disons qu'en fait de matériel il reste des travaux précédents: 1° — (66 sacs de chaux — 2° — Environ 4 charrettes de sable.) 3° — Environ une grosse pierre blanche. 4° Environ 1000 barrot à 6 trous — 5° Environ 100 briques de 25c de Castelnau 6° 66 briques pour forges — Bousquet n'ayant plus d'outils en état quitte la pierre dure vers les 5h du soir et travaille le grès — Arrivée de Marie de Limoux et Montazels où elle a été s'informer si mathilde allait à Nérian — La femme de Rousset Ribouli voudrait maintenant arranger l'affaire de la carrière. Elle a arrêté Marie et Julie pour cela. Ces derniers lui ont répondu de s'adresser à Mr Caminade — A la fin de la journée, le temps devient froid.

Samedi 9 Août — Vent froid, mais bonne journée — Les 3 tailleurs sont toujours sur la pierre dure et font des moellons piqués — J'ai demandé au Vicaire Capitulaire pour le P. Cerceau, la permission de binage les 16 et 17 c.— Curé de Nérian me fait inviter à chanter les offices le jour de la 1ère communion. Je réponds que j'accepte — La famille Bihou de la Maurine vient placer une belle pierre tombale sur le fou Zacharie — Vers les 3 heures du soir, Mr Caminade s'apercevant un peu tard que la pierre dure taillée nous reviendrait trop cher, fait cesser ce travail trop coûteux (7 pierres taillées ont coûté dans les 60 ou 70 fr) Il fallait être fou pour continuer) et fait continuer le grès — à 6h 1/4, les 3 tailleurs et Mr Caminade partent pour Limoux ainsi qu'Antoinette — Vers midi et demi Marcel avec Hypolite des Taffes et 2 paires ont monté un très petit voyage des briques de Trèbes — Cheval de mathilde va mieux.

Dimanche 10 Août — Annonce d'une belle journée — très peu de monde à l'Église. Beaucoup de vent froid le matin et sec le soir. Visite de Marre de Coustaussa — cheval de mathilde va mieux — J'ai annoncé mon départ pour Nérian et mon remplacement pour le 16 et 17 août —

Lundi 11 Août — fait vent froid et sec — Arrivée des ouvriers et de l'architecte — Bot et saunières jusqu'au déjeuner continuent à déblayer la future terrasse — Du déjeuner à 3h du soir préparent le terrain pour commencer les maçonneries — à 3h 1/2 pose et bénédiction de la 1ère pierre de la future terrasse, tous du midi; hortense aide un peu — Bousquet taille encore la pierre toute la journée — Bauzil jusqu'à 3h et puis le grès — Authié taille le grès toute la journée — + Hypolite avec l'aide d'Alexandrine a porté en 2 voyages dont le second très fort, toute la brique de Trèbes, de la gare — Visite nombreuse de baigneurs de Rennes — Mazière de Couiza a appris que nous passions sur sa propriété pour aller prendre la pierre de taille — à la nuit, sans nous prévenir, arrivée de Mr Raynal et sa famille Mr Caminade est toujours ici — Cheval de mathilde va beaucoup mieux —

Jeudi 7 août. Chaude journée ; menace et orages dans les environs. Bot fait
encore une journée à déblayer la terrasse, puis les maçonneries
ne devant commencer que jeudi prochain, il part le soir pour Luc jusqu'à lundi.
Sous la direction de M. Caminade, Authier travaille un angle de grès et 3 h avant
la fin de la journée, retourne à la pierre dure. Bauzil passe toute la journée à la
même pierre dure de la veille. Bousquet, après avoir terminé une pierre de
grès commencée, va vers les 3 h du soir commencer une pierre dure. M. l'instituteur
m'annonce la **démission** définitive du **Maire** qui se retire après m'avoir fait une
sottise en m'accusant à faux d'être l'inspirateur de la dénonce qu'on lui a faite à la
S. Préfecture.
Vendredi 8 août. Temps couvert dans la matinée mais toujours chaud.
Marie est partie pour Limoux et en rentrant ira à Montazels
prendre des nouvelles de la maladie du cheval de Mathilde et savoir ce qu'ils ont
arrêté touchant le voyage de Névian. Les 3 tailleurs, sous la surveillance
de M. Caminade, sont toujours à leurs pierres dures ; Authier est toujours à la
même ; Bauzil après avoir terminé la première en entreprend une autre de plus
inférieure ; Bousquet est toujours à la même. Avant de commencer les
travaux de la terrasse, disons qu'en fait de matériel il reste des travaux précédents :
1°- (66 sacs de chaux – 2° - Environ 4 charretées de sable) 3° - Environ une grosse
pierre blanche. 4° - Environ 1000 barrots à 6 trous – 5° - Environ 100 briques de 25 c de Castelnau
6° - 66 briques pour foyer – Bousquet n'ayant plus d'outils en état quitte la pierre dure vers
les 5 h du soir et travaille le grès. Arrivée de Marie de Limoux et Montazels où
elle a été s'informer si Mathilde allait à Névian. La Femme de Rousset Tibouli
voudrait maintenant arranger l'affaire de la carrière. Elle a arrêté Marie et Julie
pour cela. Ces dernières lui ont répondu de s'adresser à M. Caminade. À la fin de
la journée, le temps devient froid.
Samedi 9 août. Vent froid, mais bonne journée. Les 3 tailleurs sont toujours
sur la pierre dure et font des moellons piqués. J'ai demandé
au Vicaire Capitulaire pour le **P. Cerceau, la permission de biner** les 15 et 17 Ct
curé de Névian me fait inviter à chanter les offices le jour de la 1ère Communion. Je
réponds que j'accepte. La famille Péchou de la Maurine vient placer une belle pierre
tombale sur la fosse Zacharie. Vers les 3 heures du soir, M. Caminade s'apercevant un
peu tard que la pierre dure taillée nous reviendrait trop cher, fait cesser ce travail
trop coûteux (7 pierres taillées ont coûté dans les 60 ou 70 frs) il fallait être
fou pour continuer) et fait continuer le grès. À 6 h ¼, les 3 tailleurs et M.
Caminade partent pour Limoux ainsi qu'Antoinette. Vers midi et demi
Marcel avec Hypolitte des Jaffus et 2 paires ont monté un très petit voyage
des briques de Trèbes. Cheval de Mathilde va mieux.
Dimanche 10 août. Annonce d'une belle journée. Très peu de monde
à l'église. Beaucoup de vent froid le matin et sec
le soir. Visite de Marre de Coustaussa. Cheval de Mathilde va mieux. J'ai
annoncé mon départ pour Névian et mon remplaçant pour le 15 et 17 août.
Lundi 11 août. Fort vent froid et sec. Arrivée des ouvriers et de l'architecte.
Bot et Saunièrou jusqu'au déjeuner continuent à déblayer la
future terrasse. Du déjeuner à 3 h du soir préparent le terrain pour commencer les
maçonneries. À 3 h ½ pose et bénédiction de la 1ère pierre de la future terrasse, tour
du midi ; Hortense aide un peu. Bousquet taille encore la pierre toute la journée.
Bauzil jusqu'à 3 h et puis le grès. Authier taille le grès toute la journée.
Hypolitte avec l'aide d'Alexandrine a porté en 2 voyages dont le second très fort, toute
la brique de Trèbes de la gare. **Visite** nombreuse **de baigneurs de Rennes**. Mazières
de Couiza a appris que nous passions sur sa propriété pour aller prendre la pierre de
taille. À la nuit, sans avoir prévenu, arrivée de M. Raynal et sa famille.
M. Caminade est toujours ici. Cheval de Mathilde va beaucoup mieux.

Mardi 12 Août — Mauvaise matinée à cause du vent et de quelques rafales de pluie — Le matin, Hypolitte et Saunièrou ont continué les bases (maçonnerie) de la tour du Midi, sous la surveillance de M. Caminade — et le soir, ils ont été à la Carrière essayer d'extraire un bloc de Grès et n'ont pas réussi — Dachy qui est enfin revenu, après une assez longue absence, le matin enlève de la terre à l'emplacement de la tour du Nord et part à à 9 h à 1/2 pour la Carrière avec M. Caminade où il reste toute la journée à nettoyer — Hypolitte, avec 1 paire et le cheval, après nous avoir apporté 2 barriques de son vin de Carla, se rend vers les 9 h à la Carrière, où après avoir sorti avec le traineau quelques pierres du ruisseau en monte 1 voyage à Rennes. Vers les 3 h du soir, il y revient, fait un soirée de traineau et monte à 6 h avec un second voyage. Il dîne et soupe au presbytère — Bousquet après avoir encore taillé de la pierre dure jusqu'à 9 h va continuer à en tailler de Grès avec les deux autres jusqu'à la nuit. M. Raynal et moi, avons été 2 fois à la Carrière où nous avons passé la soirée — Le singe nous a tué un poulet — Evêque donne au P. Cerceau autorisation de binez —

Mercredi 13 Août — Matinée fraîche, annonce d'une belle journée — Les 3 tailleurs sont à la taille de la pierre de Grès — M. Caminade est descendu à la Carrière avec Bot Saunièrou et Dachy, pour nettoyer et extraire un bloc; ils sont rentrés pour dîner. Le soir Dachy et les maçons ont continué de maçonner les bases de la tour de la terrasse sous la surveillance de M. Caminade — Arrivée des enfants d'Adeline et de J. Hugues — promenade avec eux — Dîner et départ à 3 heures — Marie fait les gâteaux pour emporter à Nevian. Mathilde n'y vient pas leur cheval étant mort —

Jeudi 14 Août — Belle et chaude journée — à 9 heures, je pars avec Marie pour Nevian assister à la 1re communion de Marie Rose — Bot Dachy et Saunièrou continuent la maçonnerie de la dite tour. Les 3 tailleurs continuent aussi leur travail de pierre dure et de Grès — Hypolitte avec 2 paires et le cheval fait 2 voyages de champs de Couiza. Donné à Bot 200 f et soldé la quinzaine aux 3 tailleurs de pierres (120 f). M. Caminade n'y a pas besoin.

Vendredi 15 Août — Belle et chaude journée — 1re Communion à Nevian à laquelle j'assiste avec Marie et Maman — Alfred dit la messe de 1re Communion et moi je chante les offices — à Rennes, le R. P. Cerceau de Castel négre est venu me remplacer pour tout ce qu'il y a à faire —

Samedi 16 Août — Belle journée — à Nevian à l'occasion de la St Roch, la Société de secours Mutuel célèbre sa fête en musique et fait le tour de ville. Après dîner, avec Maman et Marie nous partons pour Narbonne — à Rennes, pas d'ouvriers, pas de travail —

Dimanche 17 Août — Belle et chaude journée — à Narbonne, je vais dire la messe de Communauté au cercle catholique ainsi que les vêpres. Comme à Nevian, chaleur excessive. Le soir après soupé nous allons écouter la Musique et rentrons pour coucher, après avoir fait le tour de la ville et très fatigué par suite de la chaleur — à Rennes, le R. P. Cerceau est revenu encore pour me remplacer et tout s'est bien passé —

Lundi 18 Août — Belle et chaude journée — à Nevian. Arrivée de Paul et de Martial. Après déjeuner, tous ensemble, nous partons pour la Nouvelle où nous allons passer la journée — Chaude température — un noyé — après avoir être partis en 2e classe, nous rentrons en 1re. Marie est enchantée — Martial et Paul rentrent à Nevian après avoir soupé — à Rennes, Bot et Bousquet ont ramonné la cheminée de la cuisine dès leur arrivée à 8 h — De 9 h à midi Bot à préparé les moellons pour la tour — même travail jusqu'à 3 h 1/2. Combes malade il est parti — Les trois tailleurs ont travaillé le Grès toute la journée. Hypolitte a été à Couiza, avec 2 paires et le cheval prendre le dernier voyage de champs (Visite étrange)

Mardi 19 Août — Belle et chaude journée passée à Narbonne. Vers les 5 heures du soir nous partons pour Nevian et nous voyageons avec la famille La Croix de Leucate — à Rennes, Bot et Saunièrou ont encore travaillé à enlever des pierres aux fondements de la tour et préparé quelques moellons. Les 3 tailleurs de pierre sont à la Carrière. Hypolitte avec ses 2 paires et le cheval 1 journée à la Carrière — visite de baigneurs. famille Hugues —

Mardi 12 août. Mauvaise matinée à cause du vent et de quelques rafales de pluie.
Le matin, Hypolitte et Saunièrou ont continué les bases (maçonnerie) de
la tour du Midi sous la surveillance de M. Caminade. Et le soir, ils ont été à la carrière essayer
d'extraire un bloc de grès et n'ont pas réussi. Dachy qui est enfin revenu après une assez longue
absence, le matin enlève de la terre à l'emplacement de **la tour du nord** et part à 9 h et ½
pour la carrière avec M. Caminade où il reste toute la journée à nettoyer. Hypolitte, avec 1 paire
et le cheval, après nous avoir apporté 2 barriques de son vin de Carla, se rend vers les 9 h à la
carrière où après avoir sorti avec le traineau quelques pierres du ruisseau en monte 1 voyage
à Rennes. Vers les 3 h du soir, il y revient, fait une soirée de traineau et monte à 6 h avec un
second voyage. Il dine et soupe au presbytère. Bousquet après avoir encore taillé de la
pierre dure jusqu'à 9 h va continuer à en tailler de grès avec les deux autres jusqu'à la nuit.
M. Raynal et moi avons été 2 fois à la carrière où nous avons passé la soirée. Le singe
nous a tué un poulet. Évêché donne au P. Cerceau autorisation de biner.
Mercredi 13 août. Matinée fraiche, annonce d'une belle journée. Les 3 tailleurs sont
à la taille de la pierre de grès. M. Caminade est descendu à la
carrière avec Bot, Saunièrou et Dachy pour nettoyer et extraire un bloc ; ils sont rentrés pour
diner. Le soir Dachy et les maçons ont continué de maçonner les bases de la tour de la
terrasse sous la surveillance de M. Caminade. Arrivée des enfants d'Adeline et de
J. Hugues. Promenade avec eux. Diner et départ à 3 heures. Marie fait les gâteaux
pour emporter à Névian. Mathilde n'y vient pas, leur cheval étant mort.
Jeudi 14 août. Belle et chaude journée. À 9 heures, je pars avec Marie pour
Névian assister à la 1ère Communion de Marie Rose. Bot, Dachy
et Saunièrou continuent la maçonnerie de la dite tour. Les 3 tailleurs continuent aussi
leur travail de pierre dure et de grès. Hypolitte avec 2 paires et le cheval fait 2 voyages
de chaux de Couiza. Donné à Bot *200 frs* et soldé la quinzaine aux 3 tailleurs de
pierres (*120 frs*). M. Caminade n'en a pas besoin.
Vendredi 15 août. Belle et chaude journée. 1ère Communion à Névian à laquelle
j'assiste avec Marie et Maman. Alfred dit la messe de 1ère
Communion et moi je chante les offices. À Rennes le R. P. Cerceau du Castelnègre
est venu me remplacer pour tout ce qu'il y a à faire.
Samedi 16 août. Belle journée. À Névian à l'occasion de la St Roch, la
société de secours mutuel célèbre sa fête en musique et
fait le tour de ville. Après diné, avec Maman et Marie nous partons pour
Narbonne. À Rennes pas d'ouvriers, pas de travail.
Dimanche 17 août. Belle et chaude journée. À Narbonne, je vais dire la
messe de Communauté au **Cercle catholique** ainsi que
les Vêpres. Comme à Névian, chaleur excessive. Le soir après souper nous allons
écouter la musique et rentrons pour coucher après avoir fait le tour de la ville
et très fatigués par suite de la chaleur. À Rennes, le R. P. Cerceau est revenu
encore pour me remplacer et tout s'est bien passé.
Lundi 18 août. Belle et chaude journée. À Narbonne, arrivée de Paul et de
Martial. Après déjeuné, tous ensemble, nous partons pour **La
Nouvelle** où nous allons passer la journée. Chaude température. Un noyé. Après
~~avoir~~ être partis en 2ème classe, nous rentrons en 1ère. Marie est enchantée et Martine
et Paul rentrent à Névian après avoir soupé. À Rennes, Bot et Bousquet
ont ramené la cheminée de la cuisine dès leur arrivée à 8 h. De 9 h à midi,
Bot a préparé les moellons pour la tour. Même travail jusqu'à 3 h ½. Tombé malade
il est parti. Les trois tailleurs ont travaillé le grès toute la journée. ~~Hypolitte a été~~
~~à Couiza avec 2 paires et le cheval prendre le dernier voyage de chaux~~ (Visites étrangers).
Mardi 19 août. Belle et chaude journée passée à Narbonne. Vers les 5 heures demi du
soir nous partons pour Névian et nous voyageons avec la famille
Lacroix à **Leucate**. À Rennes, Bot et Saunièrou ont encore travaillé à enlever des
pierres aux fondements de la tour et préparé quelques moellons. Les 3 tailleurs de pierres
sont à la carrière. Hypolitte avec ses 2 paires et le cheval 1 journée à la carrière.
Visite de baigneurs. **Famille Hugues**.

Mercredi 20 Août — Très belle et chaude journée — à Névian, avec Marie et la famille Saunière, excursion à Fontfroide — à Rennes, Bot et Saunieron, jusqu'à midi, ont préparé moellons et les fondements de la tour, côté d'Espéraza — Le soir Bot, Martin et Saunieron ont préparé des moellons et maçonné. les 3 tailleurs de pierres, le matin à la Carrière et le soir taillé pierre de grès — Hyppolitte a fait 2 voyages de la Carrière, le 1er à 5 bêtes a porté 18 quintaux environ — étonnement et réflexion de Mr Caminade ; le 2e avec 2 paires a porté un peu plus. Le soir avec les 5 bêtes, il a été prendre le restant de la chaux.

Jeudi 21 Août — Très belle et chaude journée — Avec Marie, rentrée de notre voyage dans le Narbonnais. Arrêt à Carcassonne où nous avons vu Marie Louise, Adelina et fait quelques achats — à Rennes, Bot Martin et Saun ont maçonné et préparé des moellons toute la journée — et les 3 tailleurs ont préparé de pierre de grès et aussi taillé pierre dure.

Vendredi 22 Août — temps frais, mais belle journée. Sous la surveillance de Mr Caminade qui se trouve depuis lundi ici avec sa fille, Bot Martin et Saunieron continuent à préparer des moellons et à maçonner a ladite tour, Authez seul travaille le Grès. les 2 autres, la pierre dure. Horteur et son fils aident parfois pour faire le mortier. Barthelemi a rempli les offices de Marie depuis 5 ou 6 jours.

Samedi 23 Août — Bot Martin et Saunieron continuent à préparer des moellons et à maçonner, ladite tour. Des 3 tailleurs, Authez et Bauzil taillent le grès et Bousquet la pierre dure jusqu'à midi. Le soir, après la journée départ de tout le monde y compris Mr et Mlle Caminade.

Dimanche 24 Août — Très chaude journée — peu de monde aux offices — Dachy, en pleurant vient me raconter la séparation d'avec son beau frère — Election du nouveau Maire, Victor Rivière. Démission du secrétaire Mr Estein — Nouveau secrétaire, Mazières. je vais me promener à la carrière après Vêpres — Le ciel se couvre et tourne à l'orage —

Lundi 25 Août — Après quelques éclairs et quelques coups de tonnerre, la pluie tant désirée commence à tomber vers le 3 heures du matin et continue presque sans cesse jusque vers les 10 heures — Dachy revenu pour reprendre du travail ne peut commencer — Les maçons ne sont pas encore venus, ni les tailleurs de pierres. après dîné, la pluie reprend toute la soirée et toute la nuit.

Mardi 26 Août — La pluie tomba encore jusqu'à midi. Bot avec Saunieron font demi journée chacun. Le Petit Paul travaille avec eux. Les tailleurs de pierre ne sont pas arrivés — le vent du nord souffle un peu.

Mercredi 27 Août — belle matinée, dans la soirée quelques rares gouttes de pluie Bot Saunieron et Dachy sont à leur travail. Martin arrive à 7 heures et avec les autres continuent la maçonnerie de la tour de l'horloge. comme la veille Bot a passé toute la journée à tailler des pierres — Bousquet a commencé à 6h mais Bauzil et Authez ne sont arrivés qu'à 9h et demi et toute la journée les 3 ont taillé le grès — Hyppolitte a fait 2 voyages de sable que nous n'avons pas mesuré, dans l'espoir qu'il y avait à compter — Martial et Pauline étant arrivés Marie descend à Couiza et à Montazels pour aller prendre le panier de raisin Elle donne à Mr Pinet la réponse, au sujet de l'argent demandé à fre Verdié à Montazel

Jeudi 28 Août — Malgré vent marin et brouillard, bonne journée — arrivée de Pauline et de Martial — visite de Mr Cals professeur au Petit Séminaire de Mr le Curé de Brenac, sa sœur, un abbé des Ram... et un tem... — Hyppolitte a fait 2 voyages de sable — Les 3 tailleurs ont continué le grès. De temps à temps, Bousquet a tranché une pierre dure — Bot a continué à préparer de pierres piquées pour la tour de l'horloge. Martin et Saunieron ont maçonné ladite tour. Dachy et Paul ont fait les manœuvres. Pauline et Martial couchent au presbytère. Dans la nuit le vent marin redouble de force —

Mercredi 20 août. Très belle et chaude journée. À Névian, avec Marie et la
famille Saunière, excursion à Fontfroide. À Rennes, Bot
et Saunièrou jusqu'à midi ont préparé moellons et les fondements de la tour côté
d'Espéraza. Le soir Bot, Martin et Saunièrou ont préparé des moellons et maçonné.
Les 3 tailleurs de pierres, le matin à la carrière et le soir taillé pierre de grès. Hypolitte
a fait 2 voyages de la carrière, le 1ᵉʳ à 5 bêtes a porté 18 quintaux environ. Étonnement
et réflexion de M. Caminade ; le 2ᵉᵐᵉ avec 2 paires a porté un peu plus. Le soir avec
les 5 bêtes, il a été prendre le restant de la chaux.

Jeudi 21 août. Très belle et chaude journée. Avec Marie, rentrée de notre
voyage dans le Narbonnais. Arrêt à Carcassonne où nous avons
vu Marie Louise, Adeline et fait quelques achats. À Rennes, Bot, Martin et Saunièrou
ont maçonné et préparé des moellons toute la journée. Les 3 tailleurs ont préparé
des pierres de grès et aussi taillé pierre dure.

Vendredi 22 août. Temps frais, mais belle journée. Sous la surveillance de M.
Caminade qui se trouve depuis lundi ici avec sa fille, Bot,
Martin et Saunièrou continuent à préparer des moellons et à maçonner à la dite tour.
Authier seul travaille le grès. Les 2 autres, la pierre dure. Hortense et son fils aident
parfois pour faire le mortier. Barthélémi a rempli les offices du Maire depuis 5 ou 6 jours.

Samedi 23 août. Bot, Martin et Saunièrou continuent à préparer des moellons
et à maçonner la dite tour. Des 3 tailleurs, Authier et Bauzil
taillent le grès et Bousquet la pierre dure jusqu'à midi. Le soir, après la journée
départ de tout le monde y compris M. et Melle Caminade.

Dimanche 24 août. Très chaude journée. Peu de monde aux offices.
Dachy en pleurant vient me raconter la séparation
d'avec son beau-frère. Élection du nouveau Maire, Victor Rivière. Démission
du Secrétaire **M. Estieu**. Nouveau Secrétaire, Mazières. Je vais me promener
à la carrière après Vêpres. Le ciel se couvre et tourne à l'orage.

Lundi 25 août. Après quelques éclairs et quelques coups de tonnerre, la
pluie tant désirée commence à tomber vers les 3 heures du
matin et continue presque sans cesser jusque vers les 10 heures. Dachy revenu
pour reprendre du travail ne peut commencer. Les maçons ne sont pas
encore venus, ni les tailleurs de pierres. Après diné, la pluie reprend toute la
soirée et toute la nuit.

Mardi 26 août. La pluie tombe encore jusqu'à midi. Bot avec Saunièrou
font demi-journée chacun. Le petit Paul travaille avec eux.
Les tailleurs de pierre ne sont pas arrivés. Le vent du nord souffle un peu.

Mercredi 27 août. Belle matinée. Dans la soirée quelques rares gouttes de pluie.
Bot, Saunièrou et Dachy sont à leur travail. Martin arrive à
7 heures et avec les autres continuent la maçonnerie de **la tour de l'horloge**. Comme
la veille, Bot a passé toute la journée à tailler des pierres. Bousquet a commencé
à 6 h mais Bauzil et Authier ne sont arrivés qu'à 9 h et demi et toute la journée
les 3 ont taillé le grès. Hypolitte a fait 2 voyages de sable que nous n'avons pas
mesuré, dans l'espoir qu'il y avait le compte. Martial et Pauline étant arrivés,
Marie descend à Couiza et à Montazels pour aller prendre le panier de raisins.
Elle donne à M. Pinet la réponse au sujet de l'argent demandé. Pte vérole à Montazels.

Jeudi 28 août. Malgré vent marin et brouillard, bonne journée. Arrivée
de Pauline et de Martial. Visite de M. Cals professeur au
Petit Séminaire, de **M. le curé de Brénac**, sa sœur, un abbé des **Ramounichoux** et sa
sœur. Hypolitte a fait 2 voyages de sable. Les 3 tailleurs ont continué le grès. De
temps en temps, Bousquet a tranché une pierre dure. Bot a continué à préparer des
pierres piquées pour la tour de l'horloge. Martin et Saunièrou ont maçonné la
dite tour. Dachy et Paul ont fait la manœuvre. Pauline et Martial couchent
au presbytère. Dans la nuit le vent marin redouble de force.

Vendredi 29 Août — Vent marin toujours très fort; ciel orageux et menaçant;
éclairs, coup de tonnerre; la pluie tombe de 6h 1/2 a 9h 3 — Les 3
tailleurs ont perdu 1/4 de journée et les maçons et manœuvre de même. Je vais à la
carrière avec Martial — Adéline Rieu écrit que Dimanche, ils viendront une douzaine et
feront de la musique à l'Église — Les maçons ne pouvant continuer à maçonner préparent
des moellons jusqu'à midi — Arrivée de Mr Caminade que le mauvais temps avait empêché
pour jns dans moellons et prendre la mesure a la tour de l'horloge, il se perd toute la soirée
toujours par les lenteurs de Mr Caminade gaspillage de temps et d'argent. C'est bien triste.
Cet homme ne sachant prévoir il manque toujours quelque chose.
Samedi 30 Août — très belle journée. 25 sacs de plâtre qui se perdent par la faute
de Mr Caminade — Départ de Martial et de Pauline à 7h
du matin. Les maçons font la pose de quelques pierres de Grès et maçonnent. Il se perd
toujours beaucoup de temps et les travaux n'avancent pas a la tour de l'horloge. Les 3
tailleurs continuent la pierre de Grès. Après la journée, Mr Caminade part avec les
ouvriers pour Limoux, même Bonnet et Antoinette. Avant de descendre, ils ont réglé la
quinzaine montant à 117f. Dachy a été réglé, il n'a pris que 5f parce que je me lui
paye ce qu'il me devait. Les maçons sont aussi partis jusqu'à Lundi.
Dimanche 31 Août — Belle matinée, mais soirée pluvieuse — Arrivée de Mr Rieu avec ses
enfants et les visites — un peu plus de monde a l'Église a cause de la
musique qu'il y avait. Dîné de tous ces gens. Dissipation de tous ces jeunes gens; heureusement
qu'ils sont rentrés le soir malgré la pluie, après Vêpres — Pendant la messe réunion du
conseil municipal avec le nouveau Maire Victor et le nouveau Secrétaire Mazière
Pendant les Vêpres, 6 conseillers Municipaux ont rédigé une autre dénonce contre Mr Estieu
après le départ des jeunes gens, le calme et le Silence revinrent au presbytère et ce
n'était pas trop tôt. Quelque peu de pluie dans la nuit.
Lundi 1 Septembre — annonce d'une très belle journée; soleil ardent et bon pour sécher
l'humidité qui commença a pourrir les raisins. Bot Martin
et Saunière arrivent vers les 7h — Bousquet vers les 8h Dachy perd un quart de journée
Authiez, Bauzil, Mr Caminade et sa Demoiselle arrivent vers les 9h — Les maçons con-
-tinuent à maçonner la tour de l'Horloge. Les 3 tailleurs de pierre sont au Grès — Hypolitte
fait 2 voyages de sable et Marie lui donne 200f pour le mois d'août. La femme Rouret de
Couiza revenant sur l'affaire de la pierre, ne pouvant rien contre nous, menace Hypolitte de
le mettre en justice de prouvé comme lui ayant traversé la vigne avec son attelage —
Mardi 2 Septembre — annonce d'une belle journée. comme les jours précédents
on entend toute la journée les canons de grandes manœuvres. Bousquet
souffre d'un pied par suite dit on d'une pierre qui lui aurait roulé dessus — Bauzil Authiez
Mr Caminade et les maçons sont a la carrière jusqu'à midi et toute la soirée — Hypolitte
le matin fait un voyage de sable et le soir avec les 2 paires, tiré les pierres de la carrière et
monte, à la fin de la journée une charette a Rennes. Je vais à la carrière le soir.
Mercredi 3 Septembre — Rosée et brouillards dans les bas fonds — Les maçons continuent de monter les murs de la tour de l'Horloge. Les tailleurs
Bousquet compris, car il va mieux, préparent les pierres de Grès. Le soir, les tailleurs continuent de travailler le grès. Les maçons, sous la surveillance de Mr Caminade font les fouilles
d'une partie du mur qui borde le chemin tout attenant la tour de l'horloge. Pendant ce temps
moi je vais essayer de trouver des champignons du coté des Patiacés ou j'apporte 2 ou 3
lettres confiées par le facteur. Je rentre avec un peu de Cabarlasses. Belle et chaude journée
Jeudi 4 Septembre — Bonne journée, fort vent marin le soir — Éclairs et tonnerre mais
sans pluie — Le nouveau brigadier et un gendarme sont venus
visiter la nouvelle maison mais n'ont pas bu — Les 3 tailleurs ont été a la carrière. Les
maçons et les deux manœuvre, ont maçonné le matin les fouilles de la partie du mur
attenant la tour de l'horloge et le soir, après avoir posé un angle, ont maçonné dans les
fondements de la dite tour — Hypolitte des Taffus avec sa charette et sa paire de Vaches
et Hypolitte de Carla avec ses deux paires et le cheval ont fait 8 voyages de pierres de
taille de la carrière et dîné et soupé a la maison — . —— —— —

Vendredi 29 août. Vent marin toujours très fort ; ciel orageux et menaçant :
éclairs, coups de tonnerre, la pluie tombe de 6 h ½ à 9 h. Les 3
tailleurs ont perdu ¼ de journée et les maçons et manœuvre de même. Je vais à la
carrière avec Martial. Adeline Rieu écrit que dimanche, ils viendront une douzaine et
feront de la musique à l'église. Les maçons ne pouvant continuer à maçonner préparent
des moellons jusqu'à midi. Arrivée de M. Caminade que le mauvais temps avait empêché.
Pour poser deux moellons et prendre les mesures à la tour de l'horloge, il se perd toute la soirée
toujours par les lenteurs de M. Caminade gaspillage de temps et d'argent. C'est bien triste.
Cet homme ne sachant prévoir, il manque toujours quelque chose.
Samedi 30 août. Très belle journée. 25 sacs de plâtre qui se perdent par la faute
de M. Caminade. Départ de Martial et de Pauline à 7 h
du matin. Les maçons font la pose de quelques pierres de grès et maçonnent. Il se perd
toujours beaucoup de temps et les travaux n'avancent pas à la tour de l'horloge. Les 3
tailleurs continuent la pierre de grès. Après la journée, M. Caminade part avec les
ouvriers pour Limoux, même Bousquet et Antoinette avant de descendre, ils ont réglé la
quinzaine montant à *117 frs*. Dachy a été réglé ; il n'a pris que *5 frs* parce que je me suis
payé ce qu'il me devait. Les maçons sont aussi partis jusqu'à lundi.
Dimanche 31 août. Belle matinée, mais soirée pluvieuse. Arrivée de M. Rieu avec ses
enfants et ses visites. Un peu plus de monde à l'église à cause de la
musique qu'il y avait. Diné de tous ces gens. Dissipation de tous ces jeunes gens, heureusement
qu'ils sont rentrés le soir malgré la pluie, après Vêpres. Pendant la messe réunion du
Conseil municipal avec le nouveau maire Victor et le nouveau secrétaire Mazières.
Pendant les Vêpres, 6 conseillers municipaux ont rédigé une autre dénonce contre M. Estieu.
Après le départ des jeunes gens, le calme et le silence reviennent au presbytère et ce
n'était pas trop tôt. Quelque peu de pluie dans la nuit.
Lundi 1 septembre. Annonce d'une belle journée ; soleil ardent et bon pour sécher
l'humidité qui commence à pourrir les raisins. Bot, Martin
et Saunièrou arrivent vers les 7 h. Bousquet vers les 8 h. Dachy perd un quart de journée.
Authier, Bauzil, M. Caminade et sa Demoiselle arrivent vers les 9 h. Les maçons continuent à maçonner la tour de l'horloge. Les 3 tailleurs de pierre sont au grès. Hypolitte
fait 2 voyages de sable et Marie lui donne *200 frs* pour le mois d'août. La femme Rousset de
Couiza revenant sur l'affaire de la pierre, ne pouvant rien contre moi, menace Hypolitte de
le mettre en justice de paix comme lui ayant traversé la vigne avec son attelage.
Mardi 2 septembre. Annonce d'une belle journée. Comme les jours précédents
on entend tonner les canons des grandes manœuvres. Bousquet
souffre d'un pied par suite dit-on d'une pierre qui lui aurait roulé dessus. Bauzil, Authier,
M. Caminade et les maçons sont à la carrière jusqu'à midi et toute la soirée. Hypolitte
le matin fait un voyage de sable et le soir avec les 2 paires tire les pierres de la carrière et
monte, à la fin de la journée, une charretée à Rennes. Je vais à la carrière le soir.
Mercredi 3 septembre. Rosée et brouillard dans les bas-fonds. Les maçons continuent de monter les murs de la tour de l'Horloge. Les tailleurs,
Bousquet compris, car il va mieux, préparent les pierres de grès. Le soir, les tailleurs continuent de travailler le grès. Les maçons, sous la surveillance de M. Caminade, font les fouilles
d'une partie du mur qui borde le chemin tout attenant la tour de l'horloge. Pendant ce temps
moi je vais essayer de trouver des champignons du côté des **Patiacès** où j'apporte 2 ou 3
lettres confiées par le facteur. Je rentre avec un peu de cabarlarses. Belle et chaude journée.
Jeudi 4 septembre. Bonne journée, fort vent marin le soir. Éclairs et tonnerre mais
Sans pluie. Le nouveau brigadier et un gendarme sont venus
visiter la nouvelle maison mais n'ont pas bu. Les 3 tailleurs ont été à la carrière. Les
maçons et les deux manœuvres ont maçonné le matin les fouilles de la partie du mur
attenant la tour de l'horloge et le soir, après avoir posé un angle, ont maçonné dans les
fondements de la dite tour. Hypolitte des Jaffus avec sa charrette et sa paire de vaches
et Hypolitte de Carla avec ses deux paires et le cheval ont fait 8 voyages de pierres de
taille de la carrière et diné et soupé à la maison.

Vendredi 5 septembre — Avant le lever, vers les 3 h 1/2 éclairs tonnerre et pluie —
5 heures et demi, le ciel est couvert, et le tonnerre gronde encore
Les maçons, manœuvre compris ont maçonné à la tour de l'Horloge — Les 3 tailleurs ont été
à la carrière jusqu'à midi. Le soir, Authié est resté à Rennes pour préparer des marches
pour le sous sol de la tour. Bauzil et Bouquet et Dachy ont été à la carrière — Les ma-
çons ont continué à la tour. Visite de Toulouse recommandé par Mme Vve Pou
Je vai à la carrière — Averse à la fin de la journée — Alfred doit venir demain
Déjeuner avec les Catuis —
Samedi 6 septembre — Fraîche matinée, temps couvert, vent — Les maçons conti-
— nuent à monter les escaliers du sous sol de la tour de l'horloge
Les 3 tailleurs continuent à préparer les pierre de Grès — Hypolitte fait 2 voyages de sable
Arrivée de l'abbé, Catuis sa fille et Joseph — Arrivée aussi de la famille Huguet
tout entière qui n'a pas prévenu assez à l'avance — Somme un peu en peine, malgré
cette contrariété, il y a un bon déjeuner — Départ dans la soirée — Quelques instants
après, je vais à Montazels pour modifier le voyage de Limoux et rentre dans la nuit
avec Marie et Julie. On a réglé la semaine à Dachy. 14,50 —
Dimanche 7 septembre — Annonce d'une belle journée — sur le soir le temps se couvre
Vent marin fort — peu de monde à la messe — Pas de Vêpres
le chapelet à la place — Augustine Rousset nous invite à la Noce — Barthelemy vient
souper avec nous car nous avons quelque oiseaux
Lundi 8 septembre — Belle matinée, mais mauvaise soirée par suite d'un très fort
Vent d'Autan qui nous brise quelques pots de fleurs au jardin
Nous allons à Limoux à N. Dame de Marceille avec l'abbé, la famille Catuis, ma
Mary et Nous Trois. Déjeuner chez mon cousin Caminade. Rentrons à 4 h 1/2 —
Les maçons sauf Martin ont continué à maçonner la tour de l'Horloge — Les 3 tail-
-leurs ont préparé la pierre de Grès — Martin n'est pas venu — Le vent a cessé, mais
les deux fenêtres de la rosace ont bien souffert du vent et je suis obligé de le faire réparer
Mardi 9 septembre — Voyage avec les mêmes à la forêt de Fanges et Pierre Lys —
Journée de brouillards. Déjeuné à la forêt — rentrés à Rennes à
9 h et 1/2 du soir, il y avait Mlle Caminade et Joseph de plus — à partir de 10 h du
matin les 3 tailleurs se sont mis à préparer des moellons durs pour la tour — Les maçons
Martin compris ont continué de maçonner la tour de l'horloge sous la surveillance
de Mr Caminade qui arrivé la veille au soir est rentré ce soir à Limoux. Hypolitte
a fait ce soir 1 voyage de sable — oublié que Samedi dernier la femme Conques
est monté pour réclamer ses sacs vide. On lui en a donné 10 et tout compte fait, il en
manquerait 5 ou 6.
Mercredi 10 septembre — Chaude et calme matinée — Les 3 tailleurs sont à
préparer encore de moellons piqués en p. dure. Les 4 maçons
continuent à maçonner la tour de l'horloge. Un certain Laffitte, casse des
cailloux à 1 f 50 le mètre cube et pour Dachy les casse à 1 f 25 — Hypolitte a fait 2 voy.
de sable — Mariage de Hypolitte Gabelle avec Augustine Rousset — belle journée —
Mr Caminade n'est pas arrivé — Les ouvriers ne font pas grand chose —
Jeudi 11 septembre — Belle journée — Mr Caminade est monté vers les 10 heures
à cause d'un colis oublié dans le train — Le casseur de pierre
continue son travail, mais bien lentement — Authié travaille depuis trois au soir
la pierre de Grès — Bauzil et Bouquet préparent des moellons en p. dure
Bot et Dachy extraient de la p. dure chez communal — Martin et Saunière
continuent les maçonneries de la tour — Le soir, sauf Authié, tous les ouvriers
sous la surveillance de Mr Caminade sont à la pierre dure au communal
Alexandrine allant à Couiza, je lui confie la réponse relative au meuble
de Mr Cartes. Mes principes premiers sont irrévocables — sur mon ordre le petit Paul
a été à Carla dire à Hypolitte d'aller demain à la carrière avec les deux pairs
le temps se couvre le vent marin souffle

Vendredi 5 septembre. Avant le lever, vers les 3 h ½ ; éclairs, tonnerre et pluie. Vers
5 heures et demi, le ciel est couvert, et le tonnerre gronde encore.
Les maçons, manœuvres compris, ont maçonné à la tour de l'horloge. Les 3 tailleurs ont été
à la carrière jusqu'à midi. Le soir, Authier est resté à Rennes pour préparer des marches
pour le sous-sol de la tour. Bauzil et Bousquet et Dachy ont été à la carrière. Les maçons ont continué à la tour. Visite de Toulouse recommandée par Mme Vve Pons.
Je vais à la carrière. Averse à la fin de la journée. Alfred doit venir demain
déjeuner avec les Catius.
Samedi 6 septembre. Fraiche matinée, temps couvert, vent. Les maçons continuent à monter les escaliers du sous-sol de la tour de l'horloge.
Les 3 tailleurs continuent à préparer les pierres de grès. Hypolitte fait 2 voyages de sable.
Arrivée de l'abbé, Catius, sa fille et Joseph. Arrivée aussi de la famille Hugues
toute entière qui n'a pas prévenu assez à l'avance. Sommes un peu en peine, malgré
cette contrariété, il y a un bon déjeuné. Départ dans la soirée. Quelques instants
après, je vais à Montazels pour modifier le voyage de Limoux et rentre dans la nuit
avec Marie et Julie. On a réglé la semaine à Dachy *14,50*.
Dimanche 7 septembre. Annonce d'une belle journée. Sur le soir le temps se couvre,
vent marin fort. Peu de monde à la messe. Pas de Vêpres,
le chapelet à la place. Augustine Rousset nous invite à la ~~fête~~ noce. Barthélémy vient
souper avec nous car nous avons quelques oiseaux.
Lundi 8 septembre. Belle matinée, mais mauvaise soirée par suite d'un très fort
vent d'autan qui nous brise quelques pots de fleurs au jardin.
Nous allons à Limoux à **N. Dame de Marceille** avec l'abbé, la famille Catius, Maman et nous trois. Déjeuné chez M. Caminade. Rentré à 4 h ½.
Les maçons, sauf Martin, ont continué à maçonner la tour de l'Horloge. Les 3 tailleurs ont préparé la pierre de grès. Martin n'est pas venu. Le vent a cessé, mais
les deux fenêtres de la rosace ont bien souffert du vent et je suis obligé de les faire réparer.
Mardi 9 septembre. Voyage avec les mêmes à la **forêt des Fanges et Pierre Lys**.
Journée de brouillard. Déjeuné à la forêt. Rentrés à Rennes à
9 h et ½ du soir ; il y avait Melle Caminade et Joseph de plus. À partir de 10 h du
matin, les 3 tailleurs se sont mis à préparer des moellons durs pour la tour. Les maçons,
Martin compris, ont continué de maçonner la tour de l'horloge sous la surveillance
de M. Caminade qui arrivé la veille au soir est rentré ce soir à Limoux. Hypolitte
a fait ce soir 1 voyage de sable. Oublié que samedi dernier la femme Conquet
est montée pour réclamer ses sacs vides. On lui en a donné 10 et tout compte fait, il en
manquerait 5 ou 6.
Mercredi 10 septembre. Chaude et calme matinée. Les 3 tailleurs sont à
préparer encore des moellons piqués en p. dure. Les 4 maçons
~~prépare~~ continuent à maçonner la tour de l'horloge. Un certain Laffitte casse des
cailloux à 1fr50 le mètre cube et pour Dachy les casse à 1fr25. Hypolitte a fait 2 voy.
de sable. Mariage de Hypolitte Gabelle avec Augustine Rousset. Belle journée.
M. Caminade n'est pas arrivé. Les ouvriers ne font pas grand-chose.
Jeudi 11 septembre. Belle journée. M. Caminade est monté vers les 10 heures
à cause d'un colis oublié dans le train. Le casseur de pierres
continue son travail, mais bien lentement. Authier travaille depuis hier au soir
la pierre de grès. Bauzil et Bousquet préparent des moellons en p. dure.
Bot et Dachy extraient de la p. dure au communal. Martin et Saunièrou
continuent les maçonneries de la tour. Le soir, sauf Authier, tous les ouvriers,
sous la surveillance de M. Caminade, sont à la pierre dure au communal.
Alexandrine allant à Couiza, je lui confie la réponse relative au **meuble**
de M. Bartes. Mes prix premiers sont irrévocables. Sur mon ordre le petit Paul
a été à Carla dire à Hypolitte d'aller demain à la carrière avec les deux paires.
Le temps se couvre, le vent marin souffle.

Vendredi 12 Septembre — temps couvert; quelques averses le matin; mais bonne journée en somme — Tous les ouvriers, maçons et tailleurs sont à la Carrière avec Hypolitte qui avec 1 paire et le cheval a fait 1/2 journée de traineau et 3 voyages de pierre. Mr Caminade s'y trouve. Je m'y rends dans la soirée.

Samedi 13 septembre — temps couvert; vent froid. Tailleurs et maçons sont revenus à la Carrière avec Mr Caminade. Hypolitte fait 2 voyages de pierre et 1 journée de traineau avec 1 paire et le cheval. La Carrière du ruisseau étant à peu près épuisée — Mr Caminade en fait chercher au dessus du chemin nouveau — à la fin de la journée départ de tous. Mr Caminade part avec sa demoiselle et ne reviendra que dans 8 jours, après son voyage à Montauban. Il emporte un a-compte de 200^f — Les 3 tailleurs ont réglé et emporté 140^f. Ils ne reviendront que mardi ou mercredi à cause des fêtes de N. Dame — Dachy a réglé et a pris 15 et signé un reçu — Bot, martin et Saunière ne reviendront que dans 8 jours étant obligés d'aller à Montazels et Cassaigne. temps devenu froid et pluvieux. J'ai passé la soirée à la Carrière —

Dimanche 14 Septembre. température froide, vent — très peu de monde à la messe; pas de Vepres. Chapelet. beaucoup de personnes sont parties pour les Vendanges. Barthélemy a tué un lièvre — un grand nombre d'étrangers viennent voir les travaux. Invitation d'adeline Rieust de l'abbé Rouanet.

Lundi 15 septembre — même temps qu'hier — beaucoup d'étrangers viennent voir l'église etc. Pas d'ouvriers aujourd'hui. Le soir, pendant que marie et Julie vont à Couiza, moi je vais me promener à la Rouse. Nous mangeons le soir à souper le lièvre de Barthélemy qui est de la partie.

Mardi 16 Septembre. Belle journée — Arrivée des Sœurs qui passent la journée à Rennes et rentrent le soir à Esperaza — Arrivée des 3 tailleurs qui commencent leur travail à 9^h 1/2. Ils continuent à préparer des pierres de grès — Arrivée de Dachy qui casse des pierres environ une demi journée — Arrivée d'Hypolitte qui porte du riz, du bois, et soupe à la maison —

Mercredi 17 Septembre. Belle journée — Les 3 tailleurs continuent à préparer des pierres de grès — Dachy casse des pierres, mais part vers les 2 heures pour aller à Limoux chercher sa sœur mal logée — Hypolitte fait deux voyages de sable: au second, avec le cheval en plus des 2 paires, il apporte 1 bordelaise de vin — beaucoup de visite d'Esperaza. Philippine de Villefort écrit d'elles le vois.

Jeudi 18 septembre — Annonce d'une belle journée. Les 3 tailleurs sont à leur Grès. Dachy casse des cailloux toute la journée — Hypolitte fait 2 voyages de sable avec les 2 p. et le ch. pour soulager les bœufs. Visite de Boris, un enfant et Mr Vernette, ils prennent le café et redescendent — Visite à Coustaussa de M^g le Camus. réunion de prêtres où je ne suis pas invité; colère de Marie.

Vendredi 19 septembre — Belle journée. Les 3 tailleurs sont au Grès — Dachy casse des cailloux toute la journée. Bot nous fait dire par son petit Paul qu'il ne reviendra que lundi ou mardi. Les 3 tailleurs travaillent bien.

Samedi 20 Septembre. Belle journée. Les 3 tailleurs après leur journée au grès partent pour Limoux — Dachy après avoir cassé des cailloux toute la journée part après avoir reçu 10^f en tout pour la semaine — après dîner je vais à Montazels inviter Alfred, Paul et Martial et autres à monter pour souper Dimanche au soir. On me répond qu'ils viendront une autre fois. Je remets à l'abbé la lettre de Giscard demandant du vin — Je remonte à 6 heures.

Dimanche 21 septembre. Belle journée — Peu de monde aux offices — Le soir nous mangeons un lapin. Paul, martial et les autres ne sont pas montés — Les maçons ne reviendront que mardi —

Lundi 22 Septembre — Belle journée — Authier et Bauzil ne sont pas venus. Bousquet seul travaille — Dachy enlève la terre de la tour du Nord à la journée — Mr Caminade écrit qu'il montera demain mardi — Bot et Saunière après avoir passé à Cassaigne et montazels toute la semaine passée sont encore aujourd'hui à montazel — fin de la journée arrivée de Bot et sa famille —

Vendredi 12 septembre. Temps couvert ; quelques averses le matin ; mais bonne
journée en somme. Tous les ouvriers, maçons et tailleurs
sont à la carrière avec Hypolitte qui avec 1 paire et le cheval a fait ½ journée de
traineau et 3 voyages de pierres. M. Caminade s'y trouve. Je m'y rends dans la soirée.
Samedi 13 septembre. Temps couvert, vent froid. Tailleurs et maçons sont revenus
à la carrière avec M. Caminade. Hypolitte fait 2 voyages de
pierre et 1 journée de traineau avec 1 paire et le cheval. La carrière du ruisseau étant
à peu près épuisée, M. Caminade en fait chercher au-dessus du chemin nouveau. À la
fin de la journée départ de tous. M. Caminade part avec sa Demoiselle et ne reviendra
que dans 8 jours, après son voyage à Montauban. **Il emporte un acompte de *200 frs*.**
Les 3 tailleurs ont réglé et emporté *140 frs*. Ils ne reviendront que mardi ou mercredi à
cause des fêtes de **N. Dame**. Dachy a réglé et a pris *15* et signé un reçu. Bot, Martin
et Saunièrou ne reviendront que dans 8 jours étant obligés d'aller à Montazels et Cassaigne.
Temps devient froid et pluvieux, j'ai passé la soirée à la carrière.
Dimanche 14 septembre. Température froide. Très peu de monde à la messe ; pas
de Vêpres, chapelet, beaucoup de personnes sont parties pour
les vendanges. Barthélémy a tiré un lièvre. Un grand nombre d'étrangers viennent
voir les travaux. Invitation d'Adeline Rieu et de l'abbé Rouanet.
Lundi 15 septembre. Même temps qu'hier. Beaucoup d'étrangers viennent voir
l'église etc. Pas d'ouvriers aujourd'hui. Le soir, pendant que Marie
et Julie vont à Couiza, moi je vais me promener à *la Rouire*. Nous mangeons le soir
à souper le lièvre de Barthélémy qui est de la partie.
Mardi 16 septembre. Belle journée. Arrivée des Sœurs qui passent la journée à Rennes
et rentrent le soir à Espéraza. Arrivée des 3 tailleurs qui com-
mencent leur travail à 9 h ½. Ils continuent à préparer des pierres de grès. Arrivée de
Dachy qui casse des pierres environ une demi-journée. Arrivée d'Hypolitte qui porte
du vin, du bois, et soupe à la maison.
Mercredi 17 septembre. Belle journée. Les 3 tailleurs continuent à préparer des pierres
de grès. Dachy casse des pierres, mais part vers les 2 heures pour
aller à Limoux chercher sa sœur mal logée. Hypolitte fait deux voyages de sable ; au
second, avec le cheval en plus des 2 paires, il apporte 1 bordelaise de vin. Beaucoup de
visites d'Espéraza. Philippine de Villefort écrit d'aller les voir.
Jeudi 18 septembre. Annonce d'une belle journée. Les 3 tailleurs sont à leur grès.
Dachy casse des cailloux toute la journée. Hypolitte fait
2 voyages de sable avec les 2 p. et le ch. pour soulager les bœufs. Visite de Bonis, ses 2 enfants
et M. Vernet, ils prennent le café et redescendent. Visite à Coustaussa de **Mgr le Camus**.
Réunion de prêtres où je ne suis pas invité ; colère de Marie.
Vendredi 19 septembre. Belle journée. Les 3 tailleurs sont au grès. Dachy casse
des cailloux toute la journée. Bot nous fait dire par son
petit Paul qu'il ne reviendra que lundi ou mardi. Les 3 tailleurs travaillent bien.
Samedi 20 septembre. Belle journée. Les 3 tailleurs après leur journée au grès partent
pour Limoux. Dachy après avoir cassé des cailloux toute
la journée part après avoir reçu *10 frs* en tout pour la semaine. Après diné je
vais à Montazels inviter Alfred, Paul et Martial et autres à monter pour souper
dimanche au soir. On me répond qu'ils viendront une autre fois. Je remets à
l'abbé la lettre de **Giscard** demandant du vin. Je remonte à 6 heures.
Dimanche 21 septembre. Belle journée. Peu de monde aux offices. Le soir nous
mangeons un lapin. Paul, Martial et les autres
ne sont pas montés. Les maçons ne reviendront que mardi.
Lundi 22 septembre. Belle journée. Authier et Bauzil ne sont pas venus,
Bousquet seul travaille. Dachy enlève la terre de la
tour du nord à la journée. M. Caminade écrit qu'il montera demain mardi.
Bot et Saunièrou, après avoir passé à Cassaigne et Montazels toute la semaine passée
sont encore aujourd'hui à Montazels. Fin de la journée, arrivée de Bot et sa famille.

Mardi 23 Septembre. Arrivée de Mr Caminade de retour du baptême de Montauban après plus de 8 jours d'absence — Le matin, Bousquet et le deuxième autre tailleur arrivés ce matin sont à tailler le Grès — Bot, Martin, Saunière et Dachy sont à la carrière avec Mr Caminade. Le soir, tous à la carrière, sauf Dachy qui est parti pour Limoux. À la fin de la journée, le vent cessant, c'est la pluie qui commence. Hyppolitte a fait avec 2 paires et le cheval 2 voyages de chaux. Au second, il est arrivé fort tard et on a rentré les sacs avec une forte averse. Il a plu une bonne partie de la nuit —

Mercredi 24 Septemb. Il a plu jusqu'au déjeuné. Après tous les ouvriers sauf Dachy sont partis pour la carrière où ils ont fait 3/4 de journée chacun — comme la veille j'y ai été le soir. Hyppolitte a fait le dernier voyage de chaux avec 2 paires et le cheval et a apporté 4k de poudre mine et mèche — Le temps est toujours menaçant et il pleut dans la nuit — à Montazels tout le monde vendange et les ouvriers que nous avions loués pour l'abbé se dédisent du soir au matin — Au Bals, la pluie et les abeilles attaquent le raisin on décide de commencer demain à vendanger malgré la resolution d'attendre —

Jeudi 25 Septemb. Le temps est à la pluie et malgré quelques averses. Dans la matinée tous les ouvriers sauf Dachy partent pour la Carrière — Marie se donne beaucoup de peine pour trouver et envoyer à Montazels les vendangeurs promis. Le temps n'étant pas sûr, Hyppolitte n'a fait qu'un seul voyage de la Carrière le matin avant dîner et le terrain étant glissant, n'a porté que 18 quintaux environ avec 2 paires et le cheval et a dîné au Presbytère. Après dîné, la pluie étant tombée toute la soirée personne n'a travaillé — et Hyppolitte est rentré chez — Il a plu toute la nuit —

Vendredi 26 Septemb — Il pleut jusqu'au déjeuné — Les 3 tailleurs ont travaillé au Grès du déjeuné au midi et après dîné ont été à la Carrière avec les 4 maçons qui eux n'ont fait que demi journée. Le matin pendant que Bot arrangeait deux colis de sacs pour faire partir, Martin et Saunière travaillaient pour la jambe de bois. Le soir pendant que j'étais à la carrière, vers les 3 h est arrivé à Rennes l'Abbé Paul qui a soupé et couché au presbytère —

Samedi 27 Septembre — temps couvert frais, mais la journée s'annonce bonne — Maçons et tailleurs de pierre sont à la carrière avec Mr Caminade L'abbé Paul est parti à 7h 1/2 sans avoir dit la messe — hier il avait pris mal et a emporté une de mes flanelles. Le soir j'ai été à la carrière où comme à l'ordinaire les ouvriers malgré notre présence travaillent peu et s'en ventent. À la fin de la journée Dachy a réglé comme tous les Samedis — Les 3 tailleurs ont réglé et emporté 112 frs et sont partis avec Mr Caminade. Bot a emporté sur sa demande un a-compte de 400m. Les chapel ont réglé —

Dimanche 28 Septembre — Vent fort et froid. temps brumeux — très peu de monde aux offices. Visite d'Orcaz, de sa femme, du Brigadier et sa femme et d'autres — Barthelemy a donné à Marie 100m : Guillaume 53,30 — 200m à Hyppolitte — Nous causons longuement des travaux qui n'avancent pas et nous disons de le donner à l'entreprise — Mort de Mr Cros de Limoux — Alexandrine part à 4 h pour elle assister à la sépulture. Nous envoyons des vendangeurs à Montazels.

Lundi 29 Septembre — St Michel — Vent fort et froid — Bousquet nous a soldé le vin vieux de la Noce — Pas d'ouvriers — Barthelemy a été à Espéraza — Guillaume prépare les barriques pour vendanger, Alexandrine arrive de Limoux et raconte la sépulture de Mr Cros —

Mardi 30 Septembre — Foire à Espéraza. Marie y va avec Guillaume qui le matin y avait été prendre les 2 barriques neuve de 30m chacune — Je travaille au bureau toute la journée. On commence à vendanger demain. Je refuse de l'argent à Dachy qui vient en demander — Je vais attendre Marie et Guillaume sur la route d'Espéraza —

Mercredi 1 Octobre — Vent marin - annonce d'une belle journée — Commencement des Vendanges Captierou tirent le raisin — Pas d'ouvriers arrivés — Le soir, éclairs et tonnerre. Ouragan de vent petite grêle et pluie.

Jeudi 2 Octobre — Belle journée — Continuation des vendanges qui sont très belles Bousquet seul travaille. Je tire les comptes des travaux de la terrasse envoi d'une lettre à ce sujet à Mr Caminade — —

Mardi 23 septembre. Arrivée de M. Caminade de retour du baptême de Montauban
après plus de 8 jours d'absence. Le matin, Bousquet et les deux
autres tailleurs arrivés ce matin sont à tailler le grès. Bot, Martin, Saunièrou et Dachy
sont à la carrière avec M. Caminade. Le soir, tous à la carrière, sauf Dachy qui est parti
pour Limoux. À la fin de la journée, le vent cessant, c'est la pluie qui commence. Hypolitte a
fait avec 2 paires et le cheval 2 voyages de chaux. Au second, il est arrivé fort tard et on a rentré
les sacs avec une forte averse. Il a plu une bonne partie de la nuit.

Mercredi 24 septembre. Il a plu jusqu'au déjeuné. Après tous les ouvriers sauf Dachy sont
partis pour la carrière où ils ont fait ¾ de journée chacun. Comme
la veille j'y ai été le soir. Hypolitte a fait le dernier voyage de chaux avec 2 paires et le chev.
et a apporté 4 de poudre mine et mèche. Le temps est toujours menaçant et il pleut dans
la nuit. À Montazels tout le monde vendange et les ouvriers que nous avions loués pour
l'abbé se dédisent du soir au matin. Aux Bals, la pluie et les abeilles attaquent les raisins.
On décide de commencer demain à vendanger malgré la résolution d'attendre.

Jeudi 25 septembre. Le temps est à la pluie et malgré quelques averses dans la matinée
tous les ouvriers ~~sauf Dachy~~ partent pour la carrière. Marie se donne
beaucoup de peine pour trouver et envoyer à Montazels les vendangeurs promis. Le temps
n'étant pas sûr, Hypolitte n'a fait qu'un seul voyage de la carrière le matin avant diné et le
terrain étant glissant, n'a porté que 18 quintaux environ avec 2 paires et le cheval et a diné au
presbytère. Après diné, la pluie étant tombée toute la soirée personne n'a travaillé, et Hypolitte est
rentré chez. Il a plu toute la nuit.

Vendredi 26 septembre. Il pleut jusqu'au déjeuné. Les 3 tailleurs ont travaillé au grès du déjeuné
au midi et après diné ont été à la carrière avec les 4 maçons qui
eux n'ont fait que demi-journée. Le matin pendant que Bot arrangeait deux colis de
sacs pour faire partir, Martin et Saunièrou travaillent pour la jambe de bois. Le soir
pendant que j'étais à la carrière, vers les 3 h est arrivé à Rennes l'abbé Paul qui a soupé
et couché au presbytère.

Samedi 27 septembre. Temps couvert frais, mais la journée s'annonce bonne. Maçons
et tailleurs de pierres sont à la carrière avec M. Caminade.
L'abbé Paul est parti à 7 h sans avoir dit la messe. Hier il avait pris mal et a emporté une de mes flanelles. Le soir j'ai été à la carrière où comme à l'ordinaire les ouvriers
malgré notre présence travaillent peu et s'en vantent. À la fin de la journée ***Dachy a réglé
comme tous les samedis***. Les 3 tailleurs ont réglé et emporté ***112 frs*** et sont partis avec M.
Caminade. Bot a emporté sur sa demande un acompte de ***400 frs***. Les Chapel. ont réglé.

Dimanche 28 septembre. Vent fort et froid, temps brumeux. Très peu de monde aux
offices. Visite d'Oscar, de sa femme, du brigadier et sa femme et
d'autres. Barthélémy a donné à Marie ***100 frs*** ; Guillaume ***53,40***. ***200 frs*** à Hypolitte. Nous
causons longuement des travaux qui n'avancent pas et nous disons de le donner à l'entreprise. Mort de M. Cros de Limoux. Alexandrine part à 4 h pour aller assister à
la sépulture. Nous envoyons des vendangeurs à Montazels.

Lundi 29 septembre. St Michel. Vent fort et froid. Bousquet nous a soldé le
vin vieux de la noce. Pas d'ouvriers. Barthélémy a été
à Espéraza. Guillaume prépare les barriques pour vendanger. Alexandrine arrive de
Limoux et raconte la sépulture de M. Cros.

Mardi 30 septembre. Foire à Espéraza. Marie y va avec Guillaume qui le matin y avait
été prendre les 2 barriques neuves de 30 l chacune. Je travaille au
bureau toute la journée. On commence à vendanger demain. Je refuse de l'argent à
Dachy qui vient en demander. Je vais attendre Marie et Guillaume sur la route d'Espéraza.

Mercredi 1 octobre. Vent marin, annonce d'une belle journée. Commencement des vendanges,
Captierou tire les raisins. Pas d'ouvriers arrivés. Le soir, éclairs et
tonnerre, ouragan de vent, petite grêle et pluie.

Jeudi 2 octobre. Belle journée. Continuation des vendanges qui sont très belles.
Bousquet seul travaille. Je tire les comptes des travaux de la terrasse,
envoi d'une lettre à ce sujet à M. Caminade.

Vendredi 3 Octobre. — Belle journée — Alexandrine a été à la gare prendre le colis envoyé par Mr Pauline Saunière — Continuation des Vendanges - vent marin

Samedi 4 octobre - Matinée pluvieuse, brouillard calme; interruption des vendanges on nous annonce pour demain Dimanche la visite de maman martial, marie Louise et son mari - Je vais à la chasse des champignons, mais je n'en trouve point. Le soir on a vendange.

Dimanche 5 octobre - Journée sombre et froide - Avant la messe arrivée de maman marie Louise, son mari et martial - bien peu de monde aux offices nos invités repartent dans la soirée et nous allons les accompagner. Pas de reprise —

Lundi 6 octobre - Annonce d'une belle journée - Arrivée de Bot seul avec sa famille - Arrivée de Mr Caminade avec Authié et Bauzil seul - nous nous entretenons avec Mr Caminade de la lettre envoyée dans la semaine au sujet des travaux et nous arrêtons, la 1re partie de la tour, terminée de donner le restant à l'entreprise - Continuation de nos vendanges. Nous avons décidé hier d'aller à Coudons jeudi matin avec maman — Les deux tailleurs de pierre s'occupent aux première pierre de la Tourelle — Bot avec sa famille, fait 3/4 de journée aux fouilles du mur extérieur de la terrasse. pour quelques briques au foyer de la cuisine, quérit quelques gouttières sur le presbytère église et Serre, bouche un trou de rats. Il pleut un peu vers les 3 h et une grand averse sur la fin de la journée — Visite de Mme Roquefort et sa belle sœur — continuation des vendanges

Mardi 7 9bre — Annonce d'une belle journée — Conférence à Couiza; j'écris au doyen après la messe, de ne pas m'attendre car j'ai des visites — Continuation des Vendanges aux Bot — Authié et Bauzil, car Bouquet n'est pas venu continuent les appareils de la tourelle. Bot, martin qui est arrivé après déjeuner et Paul ont commencé à la tâche, le mur extérieur de la terrasse; en somme petite journée de Bot après dîner, Mr Caminade avec les deux tailleurs vont à la carrière ou Hyppolite avec 2 paires a été fait 2 voyages et porté les grosses pierres de la tourelle et quelque angles - Saunière vendange a lui et martin ne doit revenir que lundi prochain.

Mercredi 8 octobre — Annonce d'une belle journée — Bot Paul et la Mère continuent à la tâche le mur extérieur de la terrasse — Mr Caminade, Authié, Bauzil et Bouquet qui n'a commencé qu'après déjeuner sont revenus à la carrière ou Hyppolite avec 2 paires a été fait 4 voyages et a failli verser en bas de la passerelle, au second. Il a achevé d'apporter les grosses pierres de la tourelle et des angles — Mr Pinet et le beau-frère de Carcassonne sont venus déjeuner avec nous et ont apporté quelques saucissons. Ils sont repartis le soir par Esperaza après avoir visité la carrière et les dits dégats du sieur Rouvel de Couiza qui veut absolument nous envoyer en justice de paix — Arrivée de maman qui vient s'informer si ils doivent payer leurs vendangeurs à 1f25 ou 1,50 la journée. Elle repart de suite après avoir arrêté notre voyage à Coudons, demain si le temps le permet.

Jeudi 9 Octobre — Très fort vent marin; menace de pluie; le temps n'étant pas sûr nous renonçons à notre voyage de Coudons ou nous devions aller avec Marie et maman, prendre des Champignons — Depuis très a 5 h Mr Caminade est à Limoux et rentrera aujourd'hui ou demain — Bot sa famille et Saunière arrivé hier à la nuit continuent le mur extérieur de la terrasse — Les 3 tailleurs préparent des angles pour la tour et les pierres de la tourelle — Mr Caminade est arrivé à midi - le vent redouble d'effort, nous renverse les pots de fleurs et nous en brise un ou deux sans compter les plantes - ce la de la journée le vent cesse et le ciel s'étoile.

Vendredi 10 Octobre — Annonce d'une très belle journée. ciel pur - nous regrettons de n'être pas parti pour Coudons aux champignons — Sous la surveillance de Mr Caminade, les 3 tailleurs préparent des angles et les pierre de la tourelle — Bot sa famille et Saunière continuent le mur extérieur de la terrasse — moi, je profite de la belle journée pour aller aux champignons dans le camp aqua et j'en apporte un panier continuation des vendanges aux Bot. départ de Mr Caminade pour Limoux.

Samedi 11 octobre - Changement de temps - journée froide et venteuse - Bot et sa famille ayant besoin d'une demi journée quittent à midi leurs travaux d'entreprise et partent pour être — Les 3 tailleurs partent à la fin de la journée après avoir travaillé aux angles et pierres de la tourelle.

Vendredi 3 octobre. Belle journée. Alexandrine a été à la gare prendre le colis envoyé
par Mme Pauline Saunière. Continuation des vendanges. Vent marin.
Samedi 4 octobre. Matinée pluvieuse, brouillard calme ; interruption des vendanges.
On nous annonce pour demain dimanche la visite de Maman,
Martial, Marie-Louise et son mari. Je vais à la chasse des champignons, mais je n'en
trouve point. Le soir on a vendangé.
Dimanche 5 octobre. Journée sombre et froide. Avant la messe arrivée de Maman,
Marie-Louise, son mari et Martial. Bien peu de monde aux offices.
Nos invités repartent dans la soirée et nous allons les accompagner. Pas de Vêpres.
Lundi 6 octobre. Annonce d'une belle journée. Arrivée de Bot seul avec sa famille. Arrivée de M. Caminade avec Authier et Bauzil seul. Nous
nous entretenons avec M. Caminade de la lettre envoyée dans la semaine au sujet
des travaux et nous arrêtons, la 1ère partie de la tour terminée de donner le restant à
l'entreprise. Continuation de nos vendanges. Nous avons décidé hier d'aller à **Condons**
jeudi matin avec Maman. Les deux tailleurs de pierre s'occupent aux premières pierres
de la tourelle. Bot avec sa famille fait ¾ de journée aux fouilles du mur extérieur de la
terrasse, pose quelques briques au foyer de la cuisine. Guérit quelques gouttières sur le presbytère,
église et serre et bouche un trou de rats. Il pleut un peu vers les 3 h et une grande averse
sur la fin de la journée. Visite de M. Roquefort et sa belle-sœur. Continuation des vendanges.
Mardi 7 octobre. Annonce d'une belle journée. Conférence à Couiza ; j'écris au doyen,
après la messe, de ne pas m'attendre car j'ai des visites. Continuation
des vendanges aux Bals. Authier et Bauzil, car Bousquet n'est pas venu, continuent
les appareils de la tourelle. Bot, ~~Martin qui est arrivé après déjeuné~~ et Paul ont
commencé à la tâche, le mur extérieur de la terrasse ; en somme petite journée de Bot.
Après diné, M. Caminade avec les deux tailleurs vont à la carrière où Hypolitte avec 2 paires
a été faire 2 voyages et porter les grosses pierres de la tourelle et quelques angles. Saunièrou
vendange à Luc et Martin ne doit revenir que lundi prochain.
Mercredi 8 octobre. Annonce d'une belle journée. Bot, Paul et la Mère continuent à
la tour le mur extérieur de la terrasse. M. Caminade, Authier, Bauzil
et Bousquet qui n'a commencé qu'après déjeuné sont revenus à la carrière où Hypolitte avec
2 paires a été faire 4 voyages et a failli virer en bas de la passerelle, au second. Il a achevé
d'apporter les grosses pierres de la tourelle et des angles. M. Pinet et le bedeau de Carcassonne
sont venus déjeuner avec nous et ont apporté quelques saucissons. Ils sont repartis le soir
par Espéraza après avoir visité la carrière et les dits dégâts du sieur Rousset de Couiza qui veut
absolument nous envoyer en justice de paix. Arrivée de Maman qui vient s'informer si ils
doivent payer leurs vendangeurs à 1fr25 ou 1fr50 la journée. Elle repart de suite après avoir
arrêté notre voyage à Condons demain si le temps le permet.
Jeudi 9 octobre. Très fort vent marin ; menace de pluie ; le temps n'étant pas sûr,
nous renonçons à notre voyage de Condons où nous devions aller
avec Marie et Maman, prendre des champignons. Depuis hier à 5 h, M. Caminade est
à Limoux et rentrera aujourd'hui ou demain. Bot, sa famille et Saunièrou arrivé hier
à la nuit, continuent le mur extérieur de la terrasse. Les 3 tailleurs préparent des angles
pour la tour et les pierres de la tourelle. M. Caminade est arrivé à midi. Le vent redouble
d'effort, nous renverse les pots de fleurs et nous en brise un ou deux sans compter les plantes. À la
de la journée le vent cesse et le ciel s'étoile.
Vendredi 10 octobre. Annonce d'une belle journée, ciel pur. Nous regrettons de
n'être pas partis pour Condons aux champignons. Sous la surveillance
de M. Caminade, les 3 tailleurs préparent des angles et les pierres de la tourelle. Bot, sa
famille et Saunièrou continuent le mur extérieur de la terrasse. Moi, je profite de la
belle journée pour aller aux champignons dans la campagne et j'en apporte un panier.
Continuation des vendanges aux Bals. Départ de M. Caminade pour Limoux.
Samedi 11 octobre. Changement de temps. Journée froide et venteuse. Bot et sa famille
ayant besoin d'une demi-journée quittent à midi leurs travaux d'entreprise
et partent pour Luc. Les 3 tailleurs partent à la fin de la journée après avoir travaillé aux angles et
pierres de la tourelle.

Dimanche 12 Octobre — Journée venteuse et froide — peu de monde à l'église — Arrivée de Maman et Mathilde qui nous apportent des roubillouses et nous racontent leurs voyages à Coudous et leur accident — pas de vêpres —

Lundi 13 octobre — Annonce d'une belle journée — Seuls les 3 tailleurs de pierre sont arrivés et ont continué à préparer des angles et pieds droits — M. Caminade manque. Les maçons, Martin en plus, ont continué à monter le mur extérieur de la terrasse et comme le mortier laine a désiré, il m'a fallu m'y tenir toute la journée —

Mardi 14 octobre — Annonce d'une belle journée — Arrivée de M. Caminade auquel nous parlons du mur au mortier fait par les maçons à leur pièce. Les maçons Bot, Martin, Paul et Hortense (Saunieron ayant été malade à 8 h) ont continué de maçonner le mur extérieur de la terrasse — Les 3 tailleurs de pierre ont continué à travailler le grès — M. le Curé de Coustaussa m'écrit pour savoir si Dimanche prochain je puis lui dire une messe chez lui. Je réponds que oui. — Après midi, Bot, Martin et Saunieron, étant à la journée ont monté la chèvre et fait la pose de la 1ere pierre de la Tourelle et placé quelques angles — Bauzil et Bousquet terminent la 1re pierre de la Tourelle.

Mercredi 15 octobre — Annonce d'une belle journée — nous envoyons à Martial un petit colis foie d'oie etc — Arrivée de l'aube de l'œuvre des tabernacles — Les maçons continuent à poser des pierres de taille à la tour de l'Horloge et placent les 2 premières pierres du 11e appareil de la tourelle — Les 3 tailleurs continuent à en préparer —

Jeudi 16 octobre — Annonce d'une belle journée — Guillaume a été à Carla dire à Hypolite de venir demain vendredi à la Carrière prendre des pierres — Marie est partie pour Montazels, porte à Mathilde un présent d'oie. Les 3 maçons travaillent à la tour de l'Horloge jusqu'à [illisible] — Les 3 tailleurs continuent le matin de préparer des pierres de grès ou dure et après midi vont à la Carrière avec M. Caminade. Après dîné, avec Guillaume [illisible] d'oie aux sœur. — Visite des sœurs des Bains de Rennes avec la demoiselle gérente des Bains — à la fin de la journée le temps devient mauvais et la pluie commence à tomber —

Vendredi 17 octobre — Mauvaise journée — vent fort et froid; quelques averses dans la matinée et dans la soire — Avec Guillaume, nous avons semé les graines de Bui — Les 3 maçons, à cause du mauvais temps, ne pouvant continuer au mur extérieur de la Terrasse, ont été faire leur journée à la Carrière avec les 3 tailleurs et M. Caminade. — Malgré le mauvais temps, Hypolitte a fait deux voyages de pierre grès avec les deux paires et est reparti sans dîner pour continuer les Vendanges —

Samedi 18 octobre — Annonce d'une belle journée, quoique l'air soit frais, car les Pyrénées sont couvertes de neige — Adelina et Sylvestre annoncent leur arrivée pour ce soir à 4 h — Les 3 tailleurs avec les 3 maçons et M. Caminade sont revenus à la carrière de grès jusqu'à midi — Arrivée de parents de l'abbé Rouanet qui dînent avec nous et repartent après — Après midi, la pluie arrivant, les 3 maçons s'en vont chez eux sans faire la 1/2 journée; seuls les 3 tailleurs reviennent à la Carrière où Hypolitte a été faire deux voyages avec les 2 paires. à la fin de la journée les 3 tailleurs règlent et emportent 139 f et partent avec M. Caminade pour Limoux — Adelina et sa famille arrivent avec la pluie, apportent des rouillous et nous soupons avec Hypolitte arrivé en retard de la Carrière —

Dimanche 19 Octobre — Le temps qui semble à la pluie, prend meilleure tour — Nue dans la matinée — à 6 h du matin je pars avec Sylvestre pour aller dire la 1re messe à 8 h à Coustaussa; je dis la 2e à Rennes vers les 11 heures Maman est monté à Rennes avec nous — Pas de vêpres — le soir pendant que nous sommes en promenade, M. Caminade arrivé avec l'ouvrier de la Maison Mc Day de Paris pour le paratonnerre a placer; nous tombons d'accord et ils repartent avant la nuit —

Lundi 20 Octobre — Annonce d'une belle journée — arrivée de Bot et les siens, moins Martin; ils passent la journée à faire les joints du mur extérieur de la terrasse — Arrivée des 3 tailleurs qui le matin travaillent les grès et le soir vont à la carrière où Hypolitte a été faire 1 1/2 j. de transbeaux et 1 v de pierre, — nous allons en promenade avec Sylvestre, Adeline, Marie, et M. Caminade n'y est pas —

Dimanche 12 octobre. Journée venteuse et froide. Peu de monde à l'église. Arrivée
de Maman et Mathilde qui nous apportent des **roubillouses** et
nous racontent leur voyage à Condons et leur accident. Pas de Vêpres.
Lundi 13 octobre. Annonce d'une belle journée. Seuls les 3 tailleurs de pierres sont arrivés
et ont continué à préparer des angles et pieds droits. M. Caminade
manque. Les maçons, Martin en plus, ont continué à monter le mur extérieur de la terrasse et
comme le mortier laisse à désirer, il m'a fallu m'y tenir toute la journée.
Mardi 14 octobre. Annonce d'une belle journée. Arrivée de M. Caminade auquel nous
parlons du mauvais mortier fait par les maçons à leurs pièces. Les maçons,
Bot, Martin, Paul et Hortense (Saunièrou ayant été malade à 8 h) ont continué de maçonner
le mur extérieur de la terrasse. Les 3 tailleurs de pierres ont continué à travailler le grès. M.
le **Curé de Coustaussa** m'écrit pour savoir si dimanche prochain je puis lui dire une
messe chez lui. Je réponds que oui. Après-midi, Bot, Martin et Saunièrou étant à
la journée ont monté la chèvre et fait la pose de la 1ère pierre de la tourelle et placé
quelques angles. Bauzil et Bousquet terminent la 1ère pierre de la tourelle.
Mercredi 15 octobre. Annonce d'une belle journée. Nous envoyons à Martial un petit
colis foie d'oie etc. Arrivée de **l'aube de l'œuvre des tabernacles**. Les
maçons continuent à poser des pierres de taille à la tour de l'Horloge et placent les 2 premières
pierre du IIème appareil de la tourelle. Les 3 tailleurs continuent à en préparer.
Jeudi 16 octobre. Annonce d'une belle journée. Guillaume a été à Carla dire à Hypolitte
de venir demain vendredi à la carrière prendre des pierres. Marie est partie
pour Montazels, porter à Mathilde un présent doré. Les 3 maçons travaillent à la tour de
l'horloge jusqu'à ~~midi et le soir vont à la carrière~~ déjeuné. Du déjeuné à la fin ils sont à leur pièce.
Les 3 tailleurs continuent le matin de
préparer des pierres de grès ~~au diné~~ et après-midi vont à la carrière avec M. Caminade.
Après diné, ~~avec~~ Guillaume ~~nous allons semer les grains de buis~~ a été à Espéraza porter leur présent
doré aux Sœurs . Visite des
Sœurs des Bains de Rennes avec la demoiselle gérante des Bains. À la fin de la journée
le temps devient mauvais et la pluie commence à tomber.
Vendredi 17 octobre. Mauvaise journée. Vent fort et froid ; quelques averses dans la matinée et dans la soirée. Avec Guillaume, nous avons semé les grains
de buis. Les 3 maçons, à cause du mauvais temps, ne pouvant continuer au mur
extérieur de la terrasse, ont été faire leur journée à la carrière avec les 3 tailleurs et M.
Caminade. Malgré le mauvais temps, Hypolitte a fait deux voyages de pierres grès
avec les deux paires et est reparti sans diner pour continuer les vendanges.
Samedi 18 octobre. Annonce d'une belle journée, quoique l'air soit frais, car les Pyrénées
sont couronnées de neige. Adelina et Sylvestre annoncent leur arrivée
pour ce soir à 4 h. Les 3 tailleurs avec les maçons et M. Caminade sont revenus à
la carrière de grès jusqu'à midi. Arrivée des parents de l'abbé Rouanet qui dinent avec
nous et repartent après. Après-midi, la pluie arrivant, les 3 maçons s'en vont chez eux
sans faire la ½ journée ; seuls les 3 tailleurs reviennent à la carrière où Hypolitte a été
faire deux voyages avec les 2 paires. À la fin de la journée les 3 tailleurs règlent et emportent *139 frs* et partent avec M. Caminade pour Limoux. Adelina et sa famille arrivent
avec la pluie, apportent des Roussillons et nous soupons avec Hypolitte arrivé en retard
de la carrière.
Dimanche 19 octobre. Le temps qui semble à la pluie, prend meilleure tour-
nure dans la matinée. À 6 h du matin je pars avec
Sylvestre pour aller dire la 1ère messe à 8 h à Coustaussa ; je dis la 2ème à Rennes vers les 11 heures.
Maman est montée à Rennes avec nous. Pas de Vêpres. Le soir pendant que nous sommes
en promenade, M. Caminade arrive avec l'ouvrier de la Maison Milday de Paris pour
le paratonnerre à placer ; nous tombons d'accord et ils repartent avant la nuit.
Lundi 20 octobre. Annonce d'une belle journée. Arrivée de Bot et les siens, moins
Martin ; ils passent la journée à faire les joints du mur extérieur de
la terrasse. Arrivée des 3 tailleurs qui le matin travaillent les grès et le soir vont à la
carrière où Hypolitte a été faire 1 ½ j. de traineau et 1 v. de pierres. Nous allons
en promenade avec Sylvestre, Adeline, Marie, et M. Caminade n'y est pas.

Mardi 21 Octobre — Très chaude journée — arrivée de Mr Caminade à 9 h et départ de
Sylvestre seul pour Fiton — Les 3 tailleurs préparent les grosses pierres pour
la tourelle, pendant que les 3 maçons à leurs pièces terminent les joints du mur extérieur
et commencent à maçonner l'autre partie droite du mur extérieur — Vers les 2 heures, sans
avoir averti, arrivée en Omnibus, de Mr Cazal, Barrière et leur famille. Elles rentrent à Alet
après avoir gouté, visité les travaux — Mort de la mère de Gambette Garouste — Il pleut
presque toute la nuit —
Mercredi 22 Octobre — Il a plu; temps humide, vent fort et froid; Passage d'un vol d'oies sauvages
Mr Caminade est parti à 4 h 1/2 du soir pour Limoux où sa femme est
un peu malade — Sépulture à 10 heures, de la Vieille Garouste — Les 3 tailleurs continuent les
pierres de la tourelle — Les 3 maçons et la famille Bot continuent à maçonner la seconde
partie du mur extérieur de la terrasse sous la surveillance de Mr Caminade et quelque peu
de moi — Hypolitte a fait 2 voyages de sable
Jeudi 23 Octobre — même vent qu'hier, mais plus fort et plus froid, ce qui rend le travail
fort pénibles — Les 3 tailleurs ayant fini les grosses pierres de la tourelle
en préparent de petites — Les 3 maçons et la famille Bot continuent de maçonner la 2me
partie du mur extérieur de la terrasse, coté nord — Ils font le mortier vaille que vaille et
par suite du grand vent et du peu de soins perdent beaucoup trop de chaux — Hypolitte
n'a fait qu'un seul voyage de sable et est parti sans soupes — Guillaume avec le meunier
ont commencé de décuver. Visite de genr d'Alet —
Vendredi 24 Octobre — même vent froid — Les 3 tailleurs ont continué à préparer des pierres
de grès — Le 3 maçons et la famille Bot ont terminé de maçonner la
2me partie du mur extérieur de la terrasse — Guillaume et le meunier ont fini de décuver —
Hypolitte a fait 2 voyages de sable avec 2 paires et a fait partir 3 paquets de sacs vides
le 1er de 60 — le 2e de 50 — le 3e de 47
Samedi 25 Octobre — Bonne journée — Arrivée de Mr Caminade — Le matin, les 3 tailleurs
de pierre ont préparé tantôt des pierres de grès, tantôt des moëllons
piqués — les 3 maçons ont fait les joints de la 2e partie du mur extérieur de la terrasse — Le
soir, le 3 tailleurs ont continué de préparer de pierres de grès et les 3 maçons sous la surveillance de Mr Caminade ont posé la dernière pierre du 2e appareil de la tourelle et scellé
le tout — Bot a fait terre le fenetron de la cave de Bonhomme — Marie a fait des gateaux
tous les ouvriers sont partis —
Dimanche 26 Octobre — Assez belle journée — peu de monde aux offices — Promenade
après les Vêpres avec Adelina, Marie Julie et Albert
Lundi 27 Octobre — Vent du Nord fort et froid — à 9 heures, départ d'Adelina et d'Albert
et arrivée de Mr Caminade et des 3 tailleurs — Bot et Saumereou sans
Martin ont commencé à 9 heures leur journée — avec le concours des tailleurs, malgré le
fort vent froid, ils ont placé les deux pierres grosses du 3e appareil de la tourelle et passé le reste
de la journée à maçonner la tour — Les 3 tailleurs ont travaillé les pierres de grès — Nous
avons proposé à Mr Fons, à l'entreprise à 0,75 le M. cube la découverte d'autre pierre de grès
à sa carrière. Il a répondu qu'il n'avait pas le temps. Au moment de soupes,
arrivée de l'Électricien Mr Moura de Paris, avec le ferblantier de Bize pour l'aider après le
parcourand sur la nouvelle maison et le presbytère communal. Soupes, au lit. Ils toutseux sont logés
Mardi 28 Octobre — Journée mauvaise sous le rapport du vent glacial. De bonne heure,
Julie va à Carla dire à Hypolitte d'aller à la gare prendre les nombreux
lis de l'électricien environ 140 Kilog. et partir en même temps 1 voyage de sable. Hypolitte
n'allait au sable en fait 2 voyages — Le Matin, l'Électricien avec son aide mettent tout
net et commencent leur travail après dîner — Les 3 tailleurs ont continué à préparer des
pierres de grès. Bot et Saumereou, encore seuls, ont commencé les prises de terre nécessaire
à l'électricité et continué à maçonner la tour de l'horloge — Guillaume est revenu à Espéraza
et moi j'ai établi mon bureau à la serre pour tout l'hiver. Avant d'aller au lit, nous nous
entretenons avec Marie de la perte de temps et d'argent que nous occasionnent les 3 tailleurs de
pierres et nous décidons de ne pas continuer à les tenir, à partir de la toussaint jusqu'à Paques, car
il y a une perte de 2 h 1/2 de travail tous les jours, pour chacun d'eux.

Mardi 21 octobre. Très chaude journée. Arrivée de M. Caminade à 9 h et départ de
Sylvestre seul pour Fitou. Les 3 tailleurs préparent les grosses pierres pour
la tourelle pendant que les 3 maçons à leurs pièces terminent les joints du mur extérieur
et commencent à maçonner l'autre partie droite du mur extérieur. Vers les 2 heures, sans
avoir averti, arrivée en omnibus, de Mmes Cazal, Barrière et leurs familles. Elles rentrent à Alet
après avoir gouté et visité les travaux. Mort de la mère de Gambette Garouste. Il pleut
presque toute la nuit.

Mercredi 22 octobre. Il a plu ; temps humide, vent fort et froid ; passage d'un vol d'oies sauvages.
M. Caminade est parti à 4 h ½ du soir pour Limoux où sa femme est
un peu malade. Sépulture à 10 heures de la vieille Garouste. Les 3 tailleurs continuent les
pierres de la tourelle. Les 3 maçons et la famille Bot continuent à maçonner la seconde
partie du mur extérieur de la terrasse sous la surveillance de M. Caminade et quelque peu
de moi. Hypolitte a fait 2 voyages de sable.

Jeudi 23 octobre. Même vent qu'hier, mais plus fort et plus froid, ce qui rend les travaux
fort pénibles. Les 3 tailleurs ayant fini les grosses pierres de la tourelle
en préparent de petites. Les 3 maçons et la famille Bot continuent de maçonner la 2ème
partie du mur extérieur de la terrasse côté nord. Ils font le mortier vaille que vaille et
par suite du grand vent et du peu de soins perdent beaucoup trop de chaux. Hypolitte
n'a fait qu'un seul voyage de sable et est parti sans souper. Guillaume avec le meunier
ont commencé de décuver. Visite de gens d'Alet.

Vendredi 24 octobre. Même vent fort. Les 3 tailleurs ont continué à préparer des pierres
de grès. Les 3 maçons et la famille Bot ont terminé de maçonner la
2ème partie du mur extérieur de la terrasse. Guillaume et le meunier ont fini de décuver.
Hypolitte a fait 2 voyages de sable avec 2 paires et a fait partir 3 paquets de sacs vides
le 1er de 60 – le 2ème de 50 – le 3ème de 47.

Samedi 25 octobre. Bonne journée. Arrivée de M. Caminade. Le matin, les 3 tailleurs
de pierres ont préparé tantôt des pierres de grès, tantôt des moellons
piqués. Les 3 maçons ont fait les joints de la 2ème partie du mur extérieur de la terrasse. Le
soir, les 3 tailleurs ont continué de préparer des pierres de grès et les 3 maçons sous la surveillance de M. Caminade ont posé la dernière pierre du 2ème appareil de la tourelle et scellé
le tout. Bot a fait tenir le fenestron de la cave de Bonhomme. Marie a fait des gâteaux.
Tous les ouvriers sont partis.

Dimanche 26 octobre. Assez belle journée. Peu de monde aux offices. Promenade
après les Vêpres avec Adelina, Marie, Julie et Albert.

Lundi 27 octobre. Vent du nord fort et froid. À 9 heures, départ d'Adelina et d'Albert
et arrivée de M. Caminade et des 3 tailleurs. Bot et Saunièrou sans
Martin ont commencé à 9 heures leur journée. Avec le concours des tailleurs, malgré le
fort vent froid, ils ont placé les deux pierres grosses du 3ème appareil de la tourelle et passé le reste
de la journée à maçonner la tour – Les 3 tailleurs ont travaillé les pierres de grès. Nous
avons proposé à M. Fons à l'entreprise à 0,75 fr le m. cube la découverte d'autres pierres de grès
à sa carrière. Il a ~~accepté~~ répondu qu'il n'avait pas le temps. Au moment de souper,
arrivée de l'électricien M. Moura de Paris, avec le ferblantier de Bize pour l'aider à poser le
parafoudre sur la nouvelle maison et le pallier communal. Souper. Au lit. Ils sont hébergés.

Mardi 28 octobre. Journée mauvaise sous le rapport du vent glacial. De bonne heure,
Julie va à Carla dire à Hypolitte d'aller à la gare prendre les nombreux
colis de l'électricien, environ 140 kilog. et porter en même temps 1 voyage de sable. Hypolitte
qui allait au sable en fait 2 voyages. Le matin, l'électricien avec son aide mettent tout
prêt et commencent leur travail après diné. Les 3 tailleurs ont continué à préparer des
pierres de grès. Bot et Saunièrou, encore seuls, ont commencé les prises de terres nécessaires
à l'électricité et continue à maçonner la tour de l'horloge. Guillaume est revenu à Espéraza
et moi j'ai établi mon bureau à la serre pour tout l'hiver. Avant d'aller au lit, nous nous
entretenons avec Marie de la perte de temps et d'argent que nous occasionnent les 3 tailleurs de
pierres et nous décidons de ne pas continuer à les tenir à partir de la Toussaint jusqu'à Pâques, car
il y a une perte de 2 h ½ de travail tous les jours, pour chacun d'eux.

Mercredi 29 Octobre. Même vent, mais journée moins froide — De Bon matin, j'avertis M. Camisade de faire préparer par les 3 tailleurs les pierres qui pressent le plus, car, après la Toussaint nous ne devons pas les reprendre à la journée jusqu'à après Pâques à cause du peu de travail qui se fait, les journées étant trop courtes. — Les 3 tailleurs, terminent quelques pierres de grès et entreprennent des moellons en pierre dure pour la tour de l'Horloge. Bot et Saunierou terminent la prise de terre pour le parafoudre, du côté du Couchant et entreprennent celui du midi — Sur le désir de M. Camisade, Saunierou étant obligé de partir, il sera venu demain 2 ouvriers ou 3me sans rien pour aider Bot dans les travaux de tranchée — Les deux électriciens continuent la pose du paratonnerre. Dans la Soirée, visite de Mme Hartignole, sa fille et son gendre; ils mangent, boivent, visitent les travaux et repartent.

Jeudi 30 Octobre. Bonne journée — L'électricien et son aide continuent la pose du parafoudre. Les 3 tailleurs de pierre continuent à préparer des moellons de pierre dure pour la tour de l'Horloge — Bot, Saunierou, Paul et Baptiste arrivé bon matin de Luc avec Saunierou continuent la prise de terre dans l'Ancienne propriété Bonhomme jusqu'à midi. Le soir, ils font du mortier, transportent des moellons piqués et pendant que Bot et Saunierou maçonnent la tour de l'Horloge. Baptiste remet la terre dans le fossé du paratonnerre côté du chemin — M. Camisade préside — Marie a été à la folie de Couiza faire les provisions et a acheté 1 paire de dindons.

Vendredi 31 Octobre. Journée froide et venteuse — L'électricien M. Moural a terminé son travail vers les 10 heures du matin; a fait fonctionner son système devant tous et est reparti avec son Aide, après dîné. Nous l'avons hébergé gratis avec son ouvrier — Hypolitte qui a fait 2 voyages de sable, a descendu au second ses colis — Bot et Saunierou ont maçonné à la tour de l'horloge, placé quelques moellons piqués, placé 2 pierres du Cordon et commencé un peu du mur intérieur de la terrasse. Baptiste et Paul ont tantôt fait manœuvre, tantôt comblé les fossés de l'électricité. — M. Camisade a annoncé de notre part au 3 tailleurs de pierre que, à partir du 1er Novembre jusqu'à après Pâques nous ne voulions leur donner que 3me et nourris par jour au lieu de 4me. Ces derniers, après avoir un peu maugréé ont fini par accepté d'autant plus qu'ils n'avaient rien à faire à Limoux et à la fin de la journée, ils sont partis avec M. Camisade après avoir réglé et emporté 132e de leur quinzaine —

Samedi 1 Novembre — Assez belle journée — Toussaint; assez de monde à l'église; quête. Exposition du 1er St. visite aux travaux.

Dimanche 2 Novembre — Belle et chaude journée — peu de monde à la messe — La famille de Mathilde, Joseph compris viennent nous inviter à la fête. Ils dînent, passent la journée, pas de vêpres, nous allons les accompagner. Assurance de la maison Bonhomme réclamé à Marie par le représentant de la Compagnie, de guillem

Lundi 3 Novembre — Vent marin fort et froid — Fête des morts; très peu de monde à la messe — Arrivée de M. Camisade de M. Pagens quincailler et des 3 tailleurs de pierre qui vont commencer la série des journées à 3me et nourri au lieu de 4me à 9 heures arrivée de Bot qui fait avec Saunierou les 3/4 de journée à maçonner soit la tour de l'horloge, soit le mur en mosaïque et intérieur de la terrasse — Les 3 tailleurs préparent toujours de pierres de grès. M. Camisade surveille — M. Pagens, après avoir tout visité déjeune avec nous, cause et rentre après dîné —

Mardi 4 Novembre — Même vent fort et froid qu'hier, beaucoup de vases renversés — lettre de M. Gachen qui m'écrit d'aller le voir avec Gazel qui doit passer Espéraza à 4h 1/2; je réponds que je ne puis — Les 3 tailleurs continuent de préparer des pierres de Grès — Bot toute la journée et Saunierou le soir seulement, continuent de maçonner la tour de l'horloge — Baptiste, Raynaud et Garrigue de Luc ont été occupés le matin à la future terrasse et le soir ont commencé à la tâche à 0,75 le M. cube la découverte de la pierre de Grès à la carrière Fons — Hypolitte le matin a porté un voyage de bois et le soir a porté au champ 2 charettes de fumier — à la fin de la journée, visite du brigadier qui vient demander des nouvelles de Dachy au sujet du vol de 12e fait aux Sieurs Rousset dit conte. Les 2 Gendarmes ont bu, causé et repartis. Le vent est toujours le même —

Mercredi 5 Novembre — toujours même vent, mais fort, moins froid — Bot et Saunierou

Mercredi 29 octobre. Même vent, mais journée moins froide. De bon matin, j'avertis
M. Caminade de faire préparer par les 3 tailleurs les pierres qui pressent le
plus, car après la Toussaint nous ne devons pas les reprendre à la journée jusqu'à après Pâques à
cause du peu de travail qui se fait, les journées étant trop courtes. Les 3 tailleurs terminent
quelques pierres de grès et entreprennent des moellons en pierre dure pour la tour de l'Horloge.
Bot et Saunièrou terminent la prise de terre pour le parafoudre, du côté du couchant
et entreprennent celui du midi. Sur le désir de M. Caminade, Saunièrou étant obligé
de partir, il fera venir demain 2 ouvriers à 3 frs sans rien pour aider Bot dans les travaux de
tranchées. Les deux électriciens continuent la pose du paratonnerre. Dans la soirée,
visite de M. Caminade, sa fille et son gendre. Ils mangent, boivent, visitent les travaux
et repartent.
Jeudi 30 octobre. Bonne journée. L'électricien et son aide continuent la pose du parafoudre.
Les 3 tailleurs de pierre continuent à préparer des moellons de pierre dure
pour la tour de l'Horloge. Bot, Saunièrou, Paul et Baptiste arrivé bon matin de Luc avec
Saunièrou continuent la prise de terre dans l'ancienne propriété Bonhomme jusqu'à
midi. Le soir, ils font du mortier transportant des moellons piqués et pendant que Bot
et Saunièrou maçonnent la tour de l'Horloge, Baptiste remet la terre dans le fossé du
paratonnerre côté du chemin. M. Caminade préside. Marie a été à la foire de Couiza
faire les provisions et a acheté 1 paire de dindons.
Vendredi 31 octobre. Journée froide et venteuse. L'électricien M. Mourat a terminé son travail
vers les 10 heures du matin, a fait fonctionner son système devant tous et est
reparti avec son aide après dîné. Nous l'avons hébergé gratis avec son ouvrier. Hypolitte qui a
fait 2 voyages de sable, a descendu au second ses colis. Bot et Saunièrou ont maçonné à la
tour de l'horloge, placé quelques moellons piqués, placé 2 pierres du cordon et commencé un
peu du mur intérieur de la terrasse. Baptiste et Paul ont tantôt fait manœuvre, tantôt comblé les fossés de l'électricité. M. Caminade a annoncé de notre part aux 3 tailleurs de
pierres que à partir du 1er novembre jusqu'àprès Pâques nous ne voulions leur donner que 3 frs
et nourris par jour au lieu de 4 frs. Ces derniers, après avoir un peu maugréé ont fini par accepter d'autant plus qu'ils n'avaient rien à faire à Limoux et à la fin de la journée, ils sont
partis avec M. Caminade après avoir réglé et emporté *132 frs* de leur quinzaine.
Samedi 1 novembre. Assez belle journée. Toussaint ; assez de monde à l'église ; quête, exposition de **St St**. Visite aux travaux
Dimanche 2 novembre. Belle et chaude journée. Peu de monde à la messe. La famille
de Mathilde, Joseph compris viennent nous inviter à la fête. Ils
dinent, passent la journée ; pas de Vêpres. Nous allons les accompagner. Assurance de la
maison Bonhomme réclame à Marie par le représentant de la Compagnie de Quillan.
Lundi 3 novembre. Vent marin fort et froid. Fête des morts ; très peu de monde à la
messe. Arrivée de M. Caminade, de M. **Pugens** quincailler et des 3
tailleurs de pierres qui vont commencer la série des journées à 3 frs et nourri au lieu de 4 frs.
À 9 heures arrivée de Bot qui fait avec Saunièrou les ¾ de journée à maçonner soit la
tour de l'horloge, soit le mur en mosaïque et intérieur de la terrasse. Les 3 tailleurs préparent
toujours des pierres de grès. M. Caminade surveille. M. Pugens, après avoir tout visité déjeune avec nous, cause et rentre après dîné.
Mardi 4 novembre. Même vent fort et froid qu'hier ; beaucoup de vases renversés. Lettre
de M. Gachen qui m'écrit d'aller le voir avec Gazel qui doit passer à
Espéraza à 4 h ½. Je réponds que je ne puis. Les 3 tailleurs continuent de préparer des pierres de
grès. Bot toute la journée et Saunièrou le soir seulement continuent de maçonner la tour de
l'horloge. Baptiste, Raynaud et Garrigues de Luc ont été occupés le matin à la future terrasse
et le soir ont commencé à la tâche à 0,75 le m. cube la découverte de la pierre de grès à la
carrière Fons. Hypolitte le matin a porté un voyage de bois et le soir a porté au champ
2 charrettes de fumier. À la fin de la journée, visite du brigadier qui vient demander des
nouvelles de Dachy au sujet du vol de 12 frs fait sur sieur Rousset dit Couette. Les 2
gendarmes ont bu, causé et repartis. Le vent est toujours le même.
Mercredi 5 novembre. Toujours même vent, moins fort, moins froid. Bot et Saunièrou

ont terminé à la journée les escaliers du sous sol de la tour de l'horloge et après diné avec Mr Caminade ont mesuré pour la dernière fois l'emplacement du mur extérieur au coude de la terrasse — Les 3 tailleurs de pierre ont passé la journée à la Carrière, le matin avec Mr Caminade — Hypolitte a fait 4 voyages de la Carrière. Au second, il a eu une altercation avec Mr Caminade au sujet du peu de pierres qu'il portait à chaque voyage. Les choses paraît il étaient envenimées à tel point que après diné, Hypolitte ne savait que faire. Nous avons décidé sur cela de laisser Mr Caminade libre d'agir comme il l'entendrait, puisque Hypolitte ne veut pas de contrôle et veut porter ce qui il lui plaira — Les 3 ouvriers de Luc ont continué la découverte du grès — Mr Caminade va partir ce soir pour Limoux. Marie qui devait l'accompagner a réfléchi d'attendre Edouard a, enfin, envoyé 14 kilog de marrons. Sa mère est guérie.

Jeudi 6 Novembre — toujours même vent fort, surtout ce matin, mais moins froid — Bot, sa famille et Saunierou ont commencé ce matin, à la tâche le large (1m 35) mur extérieur et circulaire du futur bassin de la terrasse — Les 3 tailleurs ont passé la journée à la Carrière à extraire de la pierre. J'ai été les voir et suis rentré navré du peu de travail qui se fait — Les 3 ouvriers de Luc ont continué leur entreprise, mais ils commencent à se décourager et le trouvent dur — Marie a été à la gare prendre les marrons de Castres et échangé le mandat.

Vendredi 7 Novembre — Cessation du vent marin — Pluie cette nuit et jusqu'au déjeuner — Bot, Saunierou, Hortense et Paul ont continué à la tâche le large mur extérieur de la terrasse (Bassin) — Mort subite de la Mère de Madeleine Raynaud — Les 3 tailleurs à cause de la pluie n'ont fait que chacun 3/4 de journée — Hypolitte avec 2 pairs a fait un seul voyage fort tard et est arrivé avec la pluie — Il pleut avant de souper — Visite des travaux par l'inspecteur primaire — Les 3 ouvriers de Luc n'étaient pas à la Carrière.

Samedi 8 Novembre — Belle journée — Arrivée de Mr Caminade à 9 heures et départ avec les 2 tailleurs le soir à la nuit, après avoir fait donner à Bot 200f et réglé les 3 terrassiers de Luc pour leur travaux s'élevant à la somme de :
Bot, sa famille et Saunierou ont continué à maçonner le mur extérieur du futur bassin de la terrasse et sont partis pour Luc après avoir reçu les 200f à compte, plus la note aussi le montant pour les terrassiers — Les 3 tailleurs ont continué à préparer des pierres de grès. Sépulture à 11 h du matin de la mère de Madeleine Raynaud. Fossoyage.

Dimanche 9 Novembre — Temps sombre, calme à la pluie — peu de monde aux offices — Visite des nièce de Guillaume — temps humide ; quelques gouttes de pluie sur le tard. J'ai recommancé les instructions des Dimanches.

Lundi 10 Novembre — malgré le vent marin froid vers le soir, belle journée — arrivée de Bot, Saunierou et le autre. Arrivée de Mr Caminade et les 3 tailleurs qui ont continué à préparer des pierres de grès — Bot et Saunierou ont continué de construire le mur extérieur du Bassin de la terrasse sous la surveillance de Mr Caminade — Nous avons réglé aux 3 terrassiers de Luc la somme de 36,75 due. Mazière est monté au sujet du chemin qui lui a été fait à sa propriété de la Carrière Fons. Sur sa réclamation Mr Caminade l'a très mal reçu. Il est venu me dire d'avertir Fons d'aller le trouver pour s'entendre avec lui, ou bien de lui acheter la propriété 50f — Hypolitte a fait 2 voyages de sable — Marie a été échanger des mandats —

Mardi 11 Novembre — Très belle journée — Rieux chasseur de Campagne allant à Laval dieu est passé pour me voir — Les deux maçons avec Paul et un peu Hortense après avoir corrigé le mur du bassin de la terrasse, ont continué ce travail toute la journée. à 3 h 1/2 Mr Caminade est parti pour Limoux emportant 200f pour lui et 363f pour solder les 2 derniers wagons de la pierre blanche ; en passant à Couiza, il devait commander à Oscar une caisse-cube pour mesurer le sable pour nous rendre compte surtout de la quantité due — Les 3 tailleurs ont continué à préparer du pierre de grès — Hypolitte a fait encore 2 voyages de sable et lui ai fait part de mon projet au sujet de la caisse-cube. J'ai fait à Fons la commission de Mazière relativement au chemin sur sa propriété de la carrière. Vers la fin de la journée, arrivé de Martial vers les 3 h 1/2 ; il cause avec Marie de beaucoup de choses pendant que j'avais travaillé ; nous soupons ensemble et après souper est obligé de repartir, car on vient de le prendre pour aller s'entretenir avec un commissionnaire en vin —

ont terminé à la journée les escaliers du sous-sol de la tour de l'horloge et après diné avec M. Caminade ont mesuré pour la dernière fois l'emplacement du mur extérieur au coude de la terrasse. Les 3 tailleurs de pierres ont passé la journée à la carrière, le matin avec M. Caminade. Hypolitte a fait 4 voyages de la carrière. Au second, il a eu une altercation avec M. Caminade au sujet du peu de pierres qu'il portait à chaque voyage. Les choses paraît-il étaient envenimées à tel point que après diné, Hypolitte ne savait que faire. Nous avons décidé sur cela de laisser M. Caminade libre d'agir comme il l'entendrait puisque Hypolitte ne veut pas de contrôle il veut porter ce qu'il lui plaira. Les 3 ouvriers de Luc ont continué la découverte du grès. M. Caminade va partir ce soir pour Limoux. Marie qui devait l'accompagner a réfléchi d'attendre. Édouard a enfin envoyé 14 kilog. de marrons. Sa mère est guérie.

Jeudi 6 novembre. Toujours même vent fort, surtout ce matin, mais moins froid. Bot sa famille et Saunièrou ont commencé ce matin, à la tâche le large (1m35) mur extérieur et circulaire du futur bassin de la terrasse. Les 3 tailleurs ont passé la journée à la carrière à extraire de la pierre. J'ai été les voir et suis rentré navré du peu de travail qui se fait. Les 3 ouvriers de Luc ont continué leur entreprise, mais ils commencent à se décourager et le trouvent dur. Marie a été à la gare prendre les marrons de Castres et échanger le mandat.

Vendredi 7 novembre. Cessation du vent marin. Pluie cette nuit et jusqu'au déjeuné. Bot, Saunièrou, Hortense et Paul ont continué à la tâche le large mur extérieur de la terrasse (bassin). Mort subite de la mère de Madeleine Raynaud. Les 3 tailleurs à cause de la pluie n'ont fait que chacun ¾ de journée. Hypolitte avec 2 paires a fait <u>un seul</u> voyage fort tard et est arrivé avec la pluie. Il pleut avant de souper. Visite des travaux par l'inspecteur primaire. Les 3 ouvriers de Luc n'étaient pas à la carrière.

Samedi 8 novembre. Belle journée. Arrivée de M. Caminade à 9 heures et départ avec les 2 tailleurs le soir à la nuit, après avoir fait donner à Bot *200 frs* et réglé les 3 terrassiers de Luc pour leurs travaux *s'élevant à la somme de* : Bot, sa famille et Saunièrou ont continué à maçonner le mur extérieur du futur bassin de la terrasse et sont partis pour Luc après avoir reçu les *200 frs* acompte, plus la note ~~avec le montant~~ pour les terrassiers. Les 3 tailleurs ont continué à préparer des pierres de grès. Sépulture à 11 h du matin de la mère de Madeleine Raynaud. Fossoyeur.

Dimanche 9 novembre. Temps sombre, calme, à la pluie. Peu de monde aux offices. Visite des nièces de Guillaume. Temps humide, quelques gouttes de pluie sur le tard. J'ai recommencé les instructions des dimanches.

Lundi 10 novembre. Malgré le vent marin froid vers le soir, belle journée. Arrivée de Bot, Saunièrou et les autres. Arrivée de M. Caminade et les 3 tailleurs qui ont continué à préparer des pierres de grès. Bot et Saunièrou ont continué de construire le mur extérieur du bassin de la terrasse sous la surveillance de M. Caminade. Nous avons réglé aux *3 terrassiers* de Luc la somme de *36,75* due. Mazières est monté au sujet du chemin qui lui a été fait à sa propriété de la carrière Fons. Sur ses déclarations M. Caminade l'a très mal reçu. Il est venu me dire d'avertir Fons d'aller le trouver pour s'en entendre avec lui ou bien de lui acheter la propriété 50 frs. Hypolitte a fait 2 voyages de sable. **Marie a été échanger des mandats**.

Mardi 11 novembre. Très belle journée. Rieux charron de Campagne allant à Lavaldieu est passé pour me voir. Les deux maçons avec Paul et un peu Hortense après avoir corrigé le mur du bassin de la terrasse ont continué ce travail toute la journée. À 3 h ½ **M. Caminade est parti pour Limoux emportant *200 frs* pour lui et *303 frs* pour** solder les 2 derniers wagons de la pierre blanche ; en passant à Couiza, il devait commander à Oscar une caisse-cube pour mesurer le sable pour nous rendre compte surtout de la quantité due. Les 3 tailleurs ont continué à préparer des pierres de grès. Hypolitte a fait encore 2 voyages de sable et lui ai fait part de mon projet au sujet de la caisse-cube. J'ai fait à Fons la commission de Mazières relativement au chemin sur sa propriété de la carrière. Vers la fin de la journée, Arrivée de Martial vers les 3 h ½ ; il cause avec Marie de beaucoup de choses pendant que je vais travailler ; nous soupons ensemble et après souper est obligé de repartir car on vient de le prendre pour aller s'entretenir avec un commissionnaire en vin.

Mercredi 12 Novembre – Vent marin, mais bonne journée en somme – Foire à Limoux vers la fin de la journée, le temps se couvre, devient froid et menace de se mettre à la pluie – Hypolitte a fait 2 voyages de sable – Bot, Saunièron et la famille ont continué de maçonner le mur extérieur du bassin de la terrasse – Des 3 tailleurs Laurent et Jules ont fait la journée; Bourquet a fait le 1er quart et est parti pour la foire de Limoux. Marie et Julie doivent partir pour Limoux demain.

Jeudi 13 Novembre – Très belle journée – Marie et Julie sont parties pour Limoux par le 1er train – Authié et Bauzil ont fait leur journée à l'ap. de grès Bourquet n'a fait que 3/4 de journée – Bot et les siens ont continué de maçonner le mur du Bassin de la terrasse et ont fini la chaux – Saunièron n'a fait environ que 1/2 journée à cause du départ des Conscrits – Notre gros chat est bien mal par suite de quelque tannée qu'on lui a flanqué cette nuit; – il meurt et les ouvriers l'enterrent – Arrivée de Marie et Julie de Limoux avec Me Caminade.

Vendredi 14 Novembre – Très belle journée – Les 3 tailleurs de pierres avec Bot seul et Me Caminade ont été à la Carrière essayer d'extraire d'autre pierre de grès mais la besogne va bien lentement – Le différend entre la commune de Montazels d'une part et Me Ribm Jacques de l'autre s'accentue –

Samedi 15 Novembre – très belle journée – Les 3 tailleurs avec Me Caminade, Bot et Saunièron ce dernier depuis le déjeuner seulement sont revenus à la Carrière extraire de la pierre – Fous est venu nous dire que Mazières veut vendre cette propriété ou plaider le chemin – Me Caminade va consulter Me Tiffeux – à la fin de la journée les 3 tailleurs de pierre après avoir réglé et reçu 102,75 partent avec Me Caminade pour Limoux – Arrivée de Martial qui vient passer la nuit –

Dimanche 16 Novem. – temps couvert et un peu plus frais. très peu de monde à la messe mais un peu plus à Vêpres. nombreuse visite de Granes – départ de Martial le matin, par Nébias – Le soir, Guillaume apporte des Bals un énorme blaireau que des chasseurs avaient déjà blessé. Avec le meunier, ils le pèlent afin de faire tanner la peau il pleut beaucoup la nuit –

Lundi 17 Novembre – temps frais et couvert – Bot et Saunièron, la chaux n'étant pas encore arrivée, se rendent à la Carrière pour y faire leur journée de 3/4, car ils n'ont commencé qu'après déjeuner – Bauzil seul est arrivé et s'est mis à tailler de pierres avec Bourquet. Me Caminade ne sait qu'y reviendra – Authié n'est arrivé qu'après dîné et a fait 1/2 journée avec les autres – après dîné j'ai été à la Carrière où Bot a fait une bonne journée – Saunièron, lui n'a pas gagné 1er – Demain s'il ne pleut pas, maçons et tailleurs iront à la Carrière où il y a de la besogne

Mardi 18 Novembre – temps très froid, surtout après midi. Les 3 tailleurs de pierres avec les 2 maçons Bot et Saunièron ont été à la Carrière, les maçons pour extraire, les tailleurs pour équarrir – J'ai été les surveiller et c'est nécessaire – Les tailleurs voulaient y revenir le lendemain; j'ai répondu non, tout court –

Mercredi 19 Novembre – Annonce d'une belle journée. Il a un peu gelé dans la nuit. quelques Géraniums sont pris – il faut les rentrer – Les 2 maçons sont à la Carrière Les 3 tailleurs sont à Rennes à préparer du pierres – à midi arrivée de Me Caminade – Marie va à Couiza au sujet du chemin de la Carrière et ne peut rien traiter. après la journée Bot et Saunièron partent pour Luc et prennent une dizaine de jours de congé Dans la nuit, le froid redouble; il neige un peu.

Jeudi 20 Novembre – Matinée excessivement froide – Les 3 tailleurs de pierres ne pouvant pas travailler par suite du mauvais temps, partent pour Limoux après déjeuner et ne font que 1/4 chacun – Me Caminade rentre avec eux emportant 370fr Montant du Paratonnerre Milde qui a demandé ce paiement – Enfin, après plusieurs jours d'un retard inexpliqué, on nous annonce l'expédition des 100 sacs de chaux – Marie a achevé de rentrer les géraniums en pleine terre –

Vendredi 21 Novembre – meilleure journée; temps s'est radouci – Alexandrine a été à Limoux prendre les robes de Marie et Julie pour la fête de 1re Communion et n'étant pas prêt ne les a pas apportées – on les enverra demain – Envoi de la part des Cros de deux mauvais souliers.

Mercredi 12 novembre. Vent marin mais bonne journée en somme. Foire à Limoux.
Vers la fin de la journée, le temps se couvre, devient froid et menace
de se mettre à la pluie. Hypolitte a fait 2 voyages de sable. Bot, Saunièrou et sa fa-
mille ont continué de maçonner le mur extérieur du bassin de la terrasse. Des 3 tailleurs
Laurent et Jules ont fait la journée ; Bousquet a fait le 1ᵉʳ quart et est parti pour la foire de
Limoux. Marie et Julie doivent partir pour Limoux demain.

Jeudi 13 novembre. Très belle journée. Marie et Julie sont parties pour Limoux par
le 1ᵉʳ train. Authier et Bauzil ont fait leur journée à la p. de grès
Bousquet n'a fait que ¾ de journée. Bot et les siens ont continué de maçonner le mur
du bassin de la terrasse et ont fini la chaux. Saunièrou n'a fait environ que ½ journée
à cause du départ des conscrits. Notre gros chat est bien mal par suite de quelque tannée
qu'on lui a flanqué cette nuit. Il meurt et les ouvriers l'enterrent. Arrivée de Marie et Julie
de Limoux avec M. Caminade.

Vendredi 14 novembre. Très belle journée. Les 3 tailleurs de pierres avec Bot seul et M. Caminade ont été à la carrière essayer d'extraire d'autres pierres de grès,
mais la besogne va bien lentement. Le différend entre la commune de Montazels d'une
part et M. Rieu Jacques de l'autre s'accentue.

Samedi 15 novembre. Très belle journée. Les 3 tailleurs avec M. Caminade, Bot et Saunièrou,
ce dernier depuis le déjeuner seulement, sont revenus à la carrière ex-
traire de la pierre. Fons est venu nous dire que Mazières veut vendre cette propriété ou plaider
le chemin. M. Caminade va consulter M. Pugens. À la fin de la journée les 3 tailleurs de
pierres après avoir réglé et reçu *102,75* partent avec M. Caminade pour Limoux. Arrivée
de Martial qui vient passer la nuit.

Dimanche 16 novembre. Temps couvert et un peu plus frais. Très peu de monde à la messe
mais un peu plus à Vêpres. Nombreuses visites de Granes. Départ de
Martial le matin pour Névian. Le soir, Guillaume apporte des Bals un énorme blaireau que
des chasseurs avaient déjà blessé. Avec le meunier, ils le pèlent afin de faire tanner la peau.
Il pleut beaucoup la nuit.

Lundi 17 novembre. Temps frais et couvert. Bot et Saunièrou, la chaux n'étant pas
encore arrivée, se rendent à la carrière pour y faire leur journée de
¾ car ils n'ont commencé qu'après déjeuné. Bauzil seul est arrivé et s'est mis à tailler des
pierres avec Bousquet. M. Caminade ne sait qu'en reviendra. Authier n'est arrivé qu'après
diné et a fait ½ journée avec les autres. Après diné j'ai été à la carrière où Bot a fait une
bonne journée. Saunièrou lui n'a pas gagné 1 fr. Demain s'il ne pleut pas, maçons et
tailleurs iront à la carrière où il y a de la besogne.

Mardi 18 novembre. Temps très froid, surtout après midi. Les 3 tailleurs de pierres avec les 2
maçons Bot et Saunièrou ont été à la carrière. Les maçons pour
extraire, les tailleurs pour équarrir. J'ai été les surveiller et c'est nécessaire. Les tailleurs
voulaient y revenir le lendemain ; j'ai répondu non tout court.

Mercredi 19 novembre. Annonce d'une belle journée. Il a un peu gelé dans la nuit, quelques
géraniums sont pris, il faut les rentrer. Les 2 maçons sont à la carrière ;
les 3 tailleurs sont à Rennes à préparer des pierres. À midi arrivée de M. Caminade. Marie
va à Couiza au sujet du chemin de la carrière et ne peut rien traiter. Après la
journée Bot et Saunièrou partent pour Luc et prennent une dizaine de jours de congé.
Dans la nuit, le froid redouble ; il neige un peu.

Jeudi 20 novembre. Matinée excessivement froide. Les 3 tailleurs de pierres ne pouvant
pas travailler par suite du mauvais temps, partent pour Limoux
après déjeuné et ne font que ¼ chacun. M. Caminade rentre avec eux emportant
70 frs montant du paratonnerre Mildé qui a demandé ce paiement. Enfin après
plusieurs jours d'un retard inexpliqué, on nous annonce l'expédition des 100 sacs de
chaux. Marie a achevé de rentrer les géraniums en pleine terre.

Vendredi 21 novembre. Meilleure journée ; temps s'est radouci. Alexandrine a été à Limoux
prendre les robes de Marie et Julie pour la fête de Ste Cécile et
n'étant pas prêtes ne les a pas apportées. On les enverra demain. Envoi de la part des Cros
de deux images souvenir.

Samedi 22 Novembre — Fête à Montazels ou je vais assister, avec Marie Julie et son père. Nous y trouvons Melle Catus, maman, Marie Louise et son mari. temps humide, presque pluvieux; mais belle journée quand même —

Dimanche 23 novembre — Meilleure journée - vers les 8 h du matin, après avoir couché à Montazels je pars avec Guillaume pour aller dire à 10 h la messe à Rennes ou peu de personnes assistent, beaucoup de campagnes arrivant en retard - Après la messe, nous redescendons à Montazels pour y passer la journée; et nous y trouvons Joseph du lycée venu pour y passer le Dimanche. Après souper, Guillaume monte et nous autres nous y passons la nuit.

Lundi 24 Novembre — temps couvert et à la pluie; vent marin - vers les 8 h avec Marie et Julie, nous prenons congé de Montazels et nous remontons à Rennes ou j'y dis la messe - Rouanet nous écrit et nous invite avec Marie à sa fête Patronale du 30 Novembre St André - temps à la pluie - Je réponds à Rouanet au sujet de la fête.

Mardi 25 novembre — Après avoir écrit une lettre aux R. Pères de Castelnègre pour leur demander de me remplacer Dim. proch. 1er de l'avent; je me décide à ne pas envoyer la lettre et d'aller les trouver. Après avoir déjeuné à Luc avec Mr le Curé, nous partons pour Castelnègre. Supérieur malade; un autre père malade; conclusion: Mr le Curé de Luc viendra me remplacer. Je rentre à Rennes, fort fatigué - Bot et sa famille venus le matin pour continuer de maçonner sont obligés de rentrer à Luc, la chaux n'étant pas arrivée — Nous avons Bouquet et aut. à souper.

Mercredi 26 Novembre — Très fort vent d'ouest, mais pas de pluie — Marie, ayant pris froid à la fête de Montazels, se trouve indisposée et meurtrie, enrhumée. Hypolitte a fait 2 voyages de sable avec les 2 paires. Guillaume n'est pas au chapeau.

Jeudi 27 Novembre — Journée pluvieuse, humide - Guillaume a été aux chapeaux — Marie est à peu près guérie — Barthomeuf envoie la facture d'un manteau drap que je n'ai pas commandé; Marie ou Marsa a été à la gare rendre ce colis postal

Vendredi 28 novem. — Assez belle journée, un peu humide - Hypolitte a fait avec 2 paires et le cheval 1 voyage de sable — Arrivée de la chaux — Ce soir à 4 h je pars avec Marie pour Villefort et Limoux — visite du fils de Mr Fabre instituteur. Couiza Hypolitte a fait un voyage de champ avec 2 p. et le cheval — les chemins sont mauvais par suite des pluies et des boues — Souper à Limoux et couché ch. Mr Rieux qui nous entretient de son affaire avec la commune de Montazels.

Samedi 29 novembre — Même temps à peu près que la veille — après avoir dit la messe bon matin à St Louis nous partons pour Villefort ou nous arrivons vers les 11 heures et demi — belle soirée — Hypolitte a fait 2 voyages de champ de la gare et a crevé de débarrasser le Vagon — Grand vent dans la nuit et pluie à la suite.

Dimanche 30 Novembre — Journée de pluie et de Boue — à Villefort peu de monde aux offices. à Rennes Mr le Curé d'Luc qui me remplace arrive à midi 1/4 et repart de suite après dîner — peu de monde à l'église ——

Lundi 1 Décembre — temps toujours pluvieux et humide — Bot et sa famille montent pour continuer à construire le Mur du bassin de la terrasse et font une petite journée — à Villefort, nous avons à déjeuner le Curé de Peirrefort. même temps.

Mardi 2 Décembre — même temps que la veille — Bot et sa famille continuent à maçonner le Mur du bassin de la terrasse et comme la veille font une petite journée - à Villefort, temps humide et pluvieux.

Mercredi 3 Décembre — même temps que la veille mais un peu plus froid. Bot et sa famille est remonté pour continuer à maçonner le mur de la terrasse mais toujours très petite journée — un mot à Villefort.

Jeudi 4 Décembre — Très mauvaise journée - le vent ayant changé, le temps se met au froid — à Villefort, sépulture, mauvaise matinée et aussi soirée — aucun ouvrier — Mr Rieu a gagné son procès contre la commune de Montazels

Vendredi 5 Décembre — Après une très froide nuit, la neige se met à tomber; — avec Marie nous partons de Villefort vers les 10 h pour Chalabre et après un voyage mauvais et un arret à Limoux chez Mme Rieu nous arrivons à Rennes vers le 6 h du soir aucun ouvrier à cause du froid ——

Samedi 22 novembre. Fête à Montazels où je vais assister avec Marie, Julie et son père,
nous y trouvons Melle Catius, Maman, Marie-Louise et son mari.
Temps humide, presque pluvieux ; mais belle journée quand même.
Dimanche 23 novembre. Meilleure journée. Vers les 8 h du matin, après avoir couché à
Montazels, je pars avec Guillaume pour aller dire à 10 h la messe
à Rennes où peu de personnes assistent, beaucoup de campagnes arrivant en retard.
Après la messe, nous redescendons à Montazels pour y passer la journée, et nous y trouvons
Joseph du Lycée venu pour y passer le dimanche. Après souper, Guillaume monte et nous
autres nous y passons la nuit.
Lundi 24 novembre. Temps couvert et à la pluie ; vent marin. Vers les 8 h avec Marie et
Julie, nous prenons congé de Montazels et nous remontons à Rennes
où j'y dis la messe. Rouanet nous écrit et nous invite avec Marie à sa fête Patronale
du 30 novembre St André. Temps à la pluie. Je réponds à Rouanet au sujet de la fête.
Mardi 25 novembre. Après avoir écrit une lettre aux R. Pères de Castelnègre pour leur demander
de me remplacer dim. proch. Jr. de l'Avent, je me décide à ne pas envoyer la lettre
et d'aller les trouver. Après avoir déjeuné à Luc avec M. le Curé, nous partons pour Castelnègre.
Supérieur malade, un autre père malade ; conclusion : M. le Curé de Luc viendra me remplacer. Je
rentre à Rennes fort fatigué. Bot et sa famille venus le matin pour continuer de maçonner sont
obligés de rentrer à Luc, la chaux n'étant pas arrivée. Nous avons Bousquet et Aut. à souper.
Mercredi 26 novembre. Très fort vent d'Ouest, mais pas de pluie. Marie ayant pris froid
à la fête de Montazels, se trouve indisposée et meurtrie, enrhumée.
Hypolitte a fait 2 voyages de sable avec les 2 paires. Guillaume n'est pas aux chapeaux.
Jeudi 27 novembre. Journée pluvieuse, humide. Guillaume a été aux chapeaux. Marie
est à peu près guérie. Barthomeuf envoie la facture d'un manteau.
Drap que je n'ai pas commandé ; Marie de Maria a été à la gare prendre ce colis postal.
Vendredi 28 novembre. Assez belle journée, un peu humide. Hypolitte a fait avec 2 paires
et le cheval 1 voyage de sable. Arrivée de la chaux. Ce soir à 4 h,
je pars avec Marie pour Villefort et Limoux. Visite du fils de M. Fabia institut. Couiza.
Hypolitte a fait un voyage de chaux avec 2 p. et le chev. Les chemins sont mauvais par suite
des pluies et des boues. Souper à Limoux et coucher ch. M. Rieu qui nous entretient de son affaire
avec la commune de Montazels.
Samedi 29 novembre. Même temps à peu près que la veille. Après avoir dit la messe bon
matin à St Louis, nous partons pour **Villefort** où nous arrivons vers les
11 heures et demi. Belle soirée. Hypolitte a fait 2 voyages de ~~plâtre~~ chaux de la gare et
achevé de débarrasser le wagon. Grand vent dans la nuit et pluie à la suite.
Dimanche 30 novembre. Journée de pluie et de boues. À Villefort peu de monde aux
offices. À Rennes M. le curé de Luc qui me remplace arrive
à midi ¼ et repart de suite après diné. Peu de monde à l'église.
Lundi 1 décembre. Temps toujours pluvieux et humide. Bot et sa famille montent
pour continuer à construire le mur du bassin de la terrasse et font
une petite journée. À Villefort, nous avons à déjeuner le **curé de Puivert**, même temps.
Mardi 2 décembre. Même temps que la veille. Bot et sa famille continuent à
maçonner le mur du bassin de la terrasse et comme la veille font
la petite journée. À Villefort, temps humide et pluvieux.
Mercredi 3 décembre. Même temps que la veille mais un peu plus froid. Bot, et sa
famille, est remonté pour continuer à maçonner le mur de la terrasse
mais toujours très petite journée. Un mort à Villefort.
Jeudi 4 décembre. Très mauvaise journée. Le vent ayant changé, le temps se met
au froid. À Villefort, sépulture. Mauvaise matinée et aussi
soirée. Aucun ouvrier. M. Rieu a gagné son procès contre la commune de Montazels.
Vendredi 5 décembre. Après une très froide nuit, la neige se met à tomber. Avec Marie,
nous partons de Villefort vers les 10 h pour Chalabre et après un voyage
mauvais et un arrêt à Limoux chez Mme Rieu nous arrivons à Rennes vers les 6 h du soir.
Aucun ouvrier à cause du froid.

Samedi 6 Décembre — très froide nuit — gel sur toute la ligne — Après un peu d'ordre j'ai repris ma place et mon travail à la Serre — Hypolitte a apporté un chargement de bois de chauffage et a pris les 200ᶠ convenus à la fin de chaque mois — Bot à l'occasion de la fête de Luc est monté aussi pour demander 200ᶠ qui lui ont été donnés avec reçu — Pas donnés d'aucune sorte — Sylvestre est chargé à Arle

Dimanche 7 Décembre — matinée froide et gel; mais ensuite bonne journée à cause du soleil. peu de monde aux offices, pas de prône, catéchisme. Gavignaud a chargé un homme d'affaire d'alet de lui vendre le bien; ils viennent au presbytère pour savoir si nous désirons quelques pièces; nous n'en voulons pas — Ils prennent le café —

Lundi 8 Décembre — grosse gelée blanche. temps couvert, vent marin — Gavignaud vient nous voir et parle encore de sa vigne et autre morceaux à vendre

Mardi 9 Décembre — temps humide; il a plu dans la nuit; vent marin. fête à Luc — tous les soirs nous faisons la lecture au coin du feu. pas d'ouvriers.

Mercredi 10 Décembre — même temps qu'hier; venteux plus une humide. mauvais fête à Luc — beaucoup de gouttières et d'eau au presbytère par suite du f. vent

Jeudi 11 Décembre — Vent plus fort; pluie plus abondantes; gouttière à l'Église, à la serre les Rivières grossissent, nos citernes se remplissent. Lecture du soir —

Vendredi 12 Décemb. — Encore un peu de vent — ralentissement des pluies — quelques sacs de plâtre perdus par suite de l'écoulement des eaux au sous sol de la nouvelle maison — toujours faute à Mᵉ Camisade — Curé de St Ferriol condamné à Limoux

Samedi 13 Décembre — Temps calme et doux — très belle journée — Mora tue casse pas tout le monde se révolte contre marie et tente de la mordre. En pénitence

Dimanche 14 Décembre — Belle journée — peu de monde aux offices — Gavignaud et son homme d'affaire reviennent pour l'achat de la vigne, mais inutilement.

Lundi 15 Décembre — Belle journée, mais un peu venteuse le soir — Hypolitte fait 2 voyages de charue avec les 2 paires et le cheval; chemins mauvais — Mᵉ Camisade a répondu à ma lettre au sujet de l'humidité dans la nouvelle maison. Ce serait la faute aux maçons — Les jeunes filles doivent venir chanter ce soir à la veillée et viennent en effet nombreuses et bien disposées — Il pleut dans la nuit et Hypolitte ne peut rentrer que fort tard.

Mardi 16 Décembre — Journée froide, couverte — Les tailleurs de pierre sont venus prendre les outils pour travailler à Limoux jusqu'à ce que le temps se soit arrangé. Je leur ai fait constater l'humidité de la nouvelle maison et les dégâts de la pluie, les priant de dire à Mᵉ Camisade de monter pour le voir lui même — Hypolitte a été prendre le dernier voyage de charue les jeunes filles reviendront ce soir chanter

Mercredi 17 Décembre — Vent et pluie — Mᵉ camisade n'est pas monté pour constater les dégâts causés par la pluie à la nouvelle maison. Barthomeuf répond qu'il laisse le manteau pour 90ᶠ au lieu de 100ᶠ. Les jeunes filles reviennent chanter Je réponds à Barthomeuf que je ne lui donne que 80ᶠ du manteau au lieu de 90ᶠ.

Jeudi 18 Décembre — Journée venteuse, froide, mauvaise — Arrivée de Mathilde qui passe la journée à Rennes et nous annonce la guérison de Berthe — nous la prions de venir avec sa famille passer chez nous la fête de Noël. Le soir, nous mangeons à souper un lapin sauvage tué par Barthélemy.

Vendredi 19 Décembre — Journée toujours venteuse, mais plus froide. Mᵉ camis.. e n'est pas encore venu. Les jeunes filles continuent à chanter —

Samedi 20 Décemb. — à peu près même journée qu'hier, moins froide — Les jeunes filles continuent à venir chanter tous les soirs.

Dimanche 21 Décemb. — Journée froide et couverte — peu de monde aux offices — Gavignaud continue à vendre — Arrivée de la sœur de Guillaume, clotil de

Lundi 22 Décembre — Journée toujours froide — Départ de la sœur de Guillaume Alexandrine a été à Limoux faire des provisions — marie a été à Couiza échanger des mandats

Mardi 23 Décembre — très belle journée; beau soleil. Les filles viennent chanter —

Mercredi 24 Décembre — temps calme, couvert à la pluie. on fait des gateaux sucrés Alexandrine a été à Couiza — Veillée de Noël —

Samedi 6 décembre. Très froide nuit. Gel sur toute la ligne. Après un peu d'ordre,
j'ai repris ma place et mon travail à la serre. Hypolitte a
apporté un chargement de bois de chauffage et a pris les *200 frs* convenus à la fin de
chaque mois. Bot à l'occasion de la fête de Luc est monté aussi pour demander *200 frs* qui
lui ont été donnés avec reçu. Pas d'ouvriers d'aucune sorte. Sylvestre est changé à Arles.
Dimanche 7 décembre. Matinée froide et gel ; mais ensuite bonne journée à cause
du soleil ; peu de monde aux offices, pas de Prône, Catéchisme.
Gavignaud a chargé un homme d'affaires d'Alet de lui vendre le bien ; ils viennent au presbytère pour savoir si nous désirons quelques pièces ; nous n'en voulons pas. Ils prennent le café.
Lundi 8 décembre. Grosse gelée blanche, temps couvert, vent marin. Gavignaud vient
nous voir et parle encore de sa vigne et autres morceaux à vendre.
Mardi 9 décembre. Temps humide ; il a plu dans la nuit, vent marin. Fête à Luc. Tous les
soirs nous faisons la lecture au coin du feu. Pas d'ouvriers.
Mercredi 10 décembre. Même temps qu'hier ; venteux, pluvieux, humide, mauvais. Fête à
Luc. Beaucoup de gouttières et d'eau au presbytère par suite du f. vent.
Jeudi 11 décembre. Vent plus fort, pluie plus abondante, gouttières à l'église, à la serre.
Les rivières grossissent, nos citernes se remplissent. Lecture du soir.
Vendredi 12 décembre. Encore un peu de vent. Ralentissement des pluies. Quelques sacs de
plâtre perdus par suite de l'écoulement des eaux au sous-sol de la
nouvelle maison. Toujours faute à M. Caminade. **Curé de St Ferréol condamné** à Limoux.
Samedi 13 décembre. Temps calme et doux. Très belle journée. Mora tracassé par tout le
monde se révolte contre Marie et tente de la mordre. En pénitence.
Dimanche 14 décembre. Belle journée. Peu de monde aux offices. Gavignaud et son homme
d'affaires reviennent pour l'achat de sa vigne, mais inutilement.
Lundi 15 décembre. Belle journée, mais un peu venteuse le soir. Hypolitte fait 2 voyages de chaux avec les 2 paires et le cheval ; chemin mauvais. **M.**
Caminade a répondu à ma lettre au sujet de l'humidité dans la nouvelle maison. Ce serait
la faute aux maçons. Les jeunes filles doivent venir chanter ce soir à la veillée et viennent
en effet nombreuses et bien disposées. Il pleut dans la nuit et Hypolitte ne peut rentrer que fort tard.
Mardi 16 décembre. Journée froide, couverte. Les tailleurs de pierres sont venus prendre les
outils pour travailler à Limoux jusqu'à ce que le temps se soit arrangé.
Je leur ai fait constater l'humidité de la nouvelle maison et les dégâts de la pluie, les priant de dire
à M. Caminade de monter pour le voir lui-même. Hypolitte a été prendre le dernier voyage de
chaux. Les jeunes filles reviendront ce soir chanter.
Mercredi 17 décembre. Vent et pluie. M. Caminade n'est pas monté pour constater les
dégâts causés par la pluie à la nouvelle maison. Barthomeuf
répond qu'il laisse le manteau pour 90 frs au lieu de 100 frs. Les jeunes filles reviennent chanter.
Je réponds à Bathomeuf que je ne lui donne que 80 frs du manteau au lieu de 90 frs.
Jeudi 18 décembre. Journée venteuse, froide, mauvaise. Arrivée de Mathilde qui
passe la journée à Rennes et nous annonce la guérison de Berthe.
Nous la prions de venir avec la famille passer chez nous les fêtes de Noël. Le soir, nous
mangeons à souper un lapin sauvage tué par Bathélémy.
Vendredi 19 décembre. Journée toujours venteuse, mais plus froide. M. Caminade
n'est pas encore venu. Les jeunes filles continuent à chanter.
Samedi 20 décembre. À peu près même journée qu'hier, moins froide. Les jeunes filles
continuent à venir chanter tous les soirs.
Dimanche 21 décembre. Journée froide et couverte. Peu de monde aux offices. Gavignaud
continue à vendre. Arrivée de la sœur de Guillaume, Clotilde.
Lundi 22 décembre. Journée toujours froide. Départ de la sœur de Guillaume.
Alexandrine a été à Limoux faire des provisions. Marie a été
à Couiza échanger des mandats.
Mardi 23 décembre. Très belle journée ; beau soleil. Les filles viennent chanter.
Mercredi 24 décembre. Temps calme, couvert à la pluie. On fait des gâteaux sucrés.
Alexandrine a été à Couiza. Veille de Noël.

[Manuscrit]

Jeudi 25 décembre. Messe de minuit et du jour splendides. Beau temps. Beaucoup de monde, beau chant. Joseph le lycéen avec ses parents
sont venus passer deux ou 3 jours à l'occasion des vacances. Barthélémy a acheté un furet.
Je souffre du gosier, Marie aussi et sommes un peu fatigués.
Vendredi 26 décembre. Journée convenable. Allons nous promener au ruisseau et
rentrons pour souper. Jeannou va à Montazels pour remonter
le lendemain au soir et ne repartir que dimanche après-midi avec les autres.
Samedi 27 décembre. Même journée que la veille. Allons nous promener à Carla
avec Mathilde et Joseph. Rentré pour souper.
Dimanche 28 décembre. Temps plus sec et plus froid. Peu de monde à l'église. Après
diné, départ pour Montazels de la famille Mathilde. Pas
de Vêpres ; le chapelet seulement. Souper avec de petits oiseaux. Arrivée du
neveu de Bot à qui nous parlons des humidités de la nouvelle maison.
Lundi 29 décembre. Belle journée un peu fraîche. Visite de M. Raynaud marchand
de fer à Couiza avec 2 parents. Ils visitent tous les travaux.
Mardi 30 décembre. Temps plus froid, il neige mais fond à mesure. Je réponds à M. Pontiès
d'Alet que nous tacherons de nous entendre au sujet de la vigne
de Gavignaud et de l'ort. Guillaume et Barthélémy ne travaillent point.
Mercredi 31 décembre. Temps humide et froid. Marie a été à Couiza pour être payée
de l'hypothèque de Gavignaud. Alfred nous écrit de lui trouver
un cochon de 3 quintaux environ. Marie n'a pas pu toucher de l'argent.

1903

cheminée de
la Cour
Tour de
l'horloge
Magdala
Escalier en colimaçon
22 marches
pour l'échauguette
Trilobe de la
fenêtre de
la Tour
Magdala

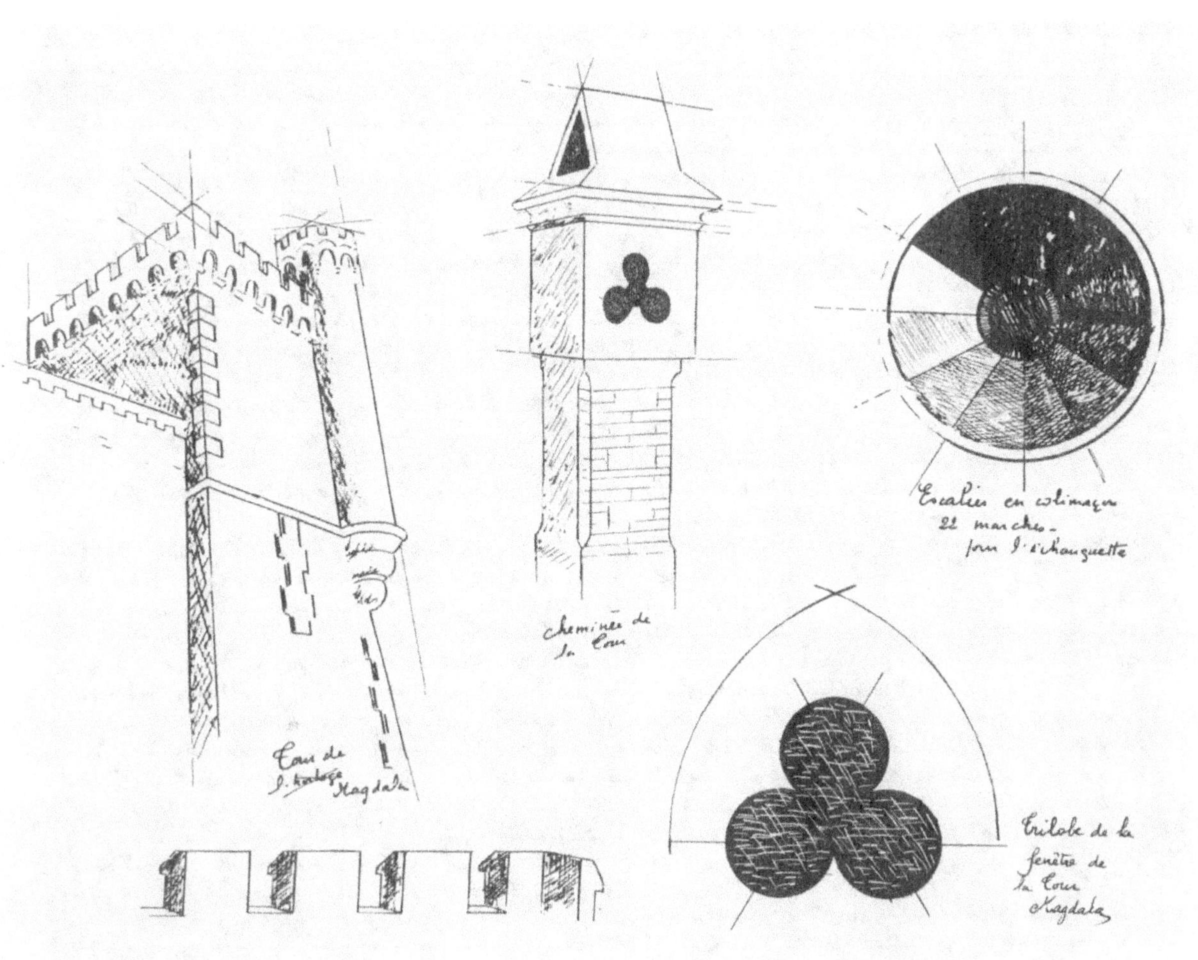

Jeudi 1 Janvier — très belle journée ; pas d'offices — Joseph et Marguerite sont
1903.   montés pour nous souhaiter la bonne année. Ils ont déjeuné
avec nous et sont redescendus après avec en tout 8ᶠ et 1 boite d'amendes — Deux
espagnols de Couiza sont venus nous demander du travail. Nous leur avons repons
que nous allions voir de leur en trouver avec Mᵉ Caminade — Annonce de la mort
de Marguerite Baruteau des Boudous (2ᵉ classe). Comme tous les ans les enfants
et quelqu'autre grande personne sont venus nous souhaiter la bonne année
Vendredi 2 Janvier. Très belle journée — Sépulture de Marguerite Baruteau à 11 h
               Assez de monde — Probablement j'aurai trouvé pour l'abbé Alfa
le cochon demandé — Édouard a envoyé l'almanach Hachette pour 1903 — Alexandrine
a été à Limoux acheter deux sacs de millet pour les oies, elle a apporté 2 calendrier
et le nouvel ordo et a vu Mᵉ Caminade pour l'humidité de la nouvelle maison.
Samedi 3 Janvier. Très belle journée — Vers les 8 h et 1/2 est arrivé Pierre sire de St Just
               s'offrant à fournir à mon frère l'abbé le cochon demandé ; il le lui
apportera mardi matin et sera rendu vers les 9 h. ; Je le fais savoir à Mathilde par le
facteur — à midi Tabarthès ferblantier à Espéraza vient prendre de l'argent ; nous lui montrons
les dégats de l'eau occasionnés à la nouvelle maison et rentré à Espéraza après avoir pris un
à compte de 400ᶠ — Le temps se couvre.
Dimanche 4 Janvier. Très belle journée — peu de monde aux offices — Vepres — Nous
               avons offert à Gavignaud 900ᶠ de la vigne et de l'hort. Il a
refusé — Nous avons acheté le cochon à Moulines au prix de la foire d'Espéraza — nous
avons donné 200ᶠ à Carla — Election des Sénateurs.
Lundi 5 Janvier. — Journée de plus en plus belle et chaude à tel point que les lilas,
               poussent à grand train — Je renvoie à demain matin mon voyage
St Jean de Paracol à cause de mes occupations — Hypolitte a été faire 2 voyages de sable
et saunieron revenus, ont été maçonner au moulin — Marie convoque par Gavignaud
Couiza, fait savoir à Mᵉ Bragan qu'elle ne peut se rendre et lui recommande de lui
mis le montant de l'hypotthèque et tous les frais — à la veillée visite de Bot que nous
mettons au courant des humidités de la nouvelle maison —
Mardi 6 Janvier — Même temps qu'hier — Je ne vais pas à St Jean de Paracol de crainte de la
               fatigue ; mais je descends à Montazels ou on tue le cochon de St Just pour
maman et l'abbé — Marie descend à Couiza prendre l'argent de l'hypothèque Gavignaud
a donné les 112ᶠ mais pas encore l'intérêt du 4 année — Le propriétaire du cochon de St Just

<u>Jeudi 1 janvier 1903</u>. Très belle journée ; pas d'offices. Joseph et Marguerite sont montés pour nous souhaiter la bonne année. Ils ont déjeuné
avec nous et sont redescendus après avec en tout 8 frs et 1 boîte d'amendes. Deux espagnols de Couiza sont venus nous demander du travail. Nous leur avons répondu que nous allons voir de leur en trouver avec M. Caminade. Annonce de la mort de Marguerite Baruteau des **Boudous** (2ème classe). Comme tous les ans les enfants et quelqu'autre grande personne sont venus nous souhaiter la bonne année.

<u>Vendredi 2 janvier</u>. Très belle journée. Sépulture de Marguerite Baruteau à 11 h, assez de monde. Probablement j'aurai trouvé pour l'abbé Alfred
le cochon demandé. Édouard a envoyé l'almanach Hachette pour 1903. Alexandrine a été à Limoux acheter deux sacs de millet pour les oies, elle a apporté 2 calendriers et le **nouvel ordo** et a vu M. Caminade pour l'humidité de la nouvelle maison.

<u>Samedi 3 janvier</u>. Très belle journée. Vers les 8 h et ½ est arrivé **Pierre Sire de St Just** s'offrant à fournir à mon frère l'abbé le cochon demandé, il le lui
apportera mardi matin et sera rendu vers les 9 h. Je le fais savoir à Mathilde par le facteur. À midi, Sabarthès ferblantier à Espéraza vient prendre de l'argent ; nous lui montrons les dégâts de l'eau occasionnés à la nouvelle maison et rentre à Espéraza après avoir pris un acompte de *400 frs*. Le temps se couvre.

<u>Dimanche 4 janvier</u>. Très belle journée. Peu de monde aux offices. Vêpres. Nous avons offert à **Gavignaud** 900 frs de la vigne et de l'hort. Il a
refusé. Nous avons acheté le cochon à Mouline au prix de la foire d'Espéraza. Nous avons donné *200 frs* à Carla. Élection des Sénateurs.

<u>Lundi 5 janvier</u>. Journée de plus en plus belle et chaude à tel point que les lilas poussent à grand train. Je renvoie à demain matin mon voyage
à **St Jean de Paracol** à cause de mes occupations. Hypolitte a été faire 2 voyages de sable. Bot et Saunièrou revenus ont été maçonner au moulin. Marie convoquée par Gavignaud à Couiza, fait savoir à M. Tragen qu'elle ne peut se rendre et lui recommande de dé-finir le montant de l'hypothèque et tous les frais. À la veillée visite de Bot que nous mettons au courant des humidités de la nouvelle maison.

<u>Mardi 6 janvier</u>. Même temps qu'hier. Je ne vais pas à St Jean de Paracol de crainte de la fatigue, mais je descends à Montazels où on tue le cochon de St Just pour
Maman et l'abbé. Marie descend à Couiza prendre l'argent de l'hypothèque Gavignaud qui donne les 112 frs mais pas encore l'intérêt des 4 années. Le propriétaire du cochon de St Just

... été content de s'est trompé de chemin. à Montazels on a été content de ce cochon — sur l'ordre de l'abbé et de Maman, la petite Marguerite va à Couiza dire à Marie de Montazels pour dîner. Marie monte et après dîné nous remontons à Rennes — Hypolitte a fait 2 voyages de Sable; au premier il a porté de Couiza les 2 sacs de millet; au second, il a descendu pour Montazels deux petits fûts pour blanquette et vinaigre — A la veillée Moulines est venu prendre la dernière parole au sujet de la vente du cochon —

Mercredi 7 Janvier — Même journée qu'hier, mais le temps semble vouloir se déranger — Guil-
-laume a porté hier la peau tannée du Blaireau, coût 2,50 —
J. Gavignaud a réglé la sépulture de son père A. Gavignaud — Vu le cochon de Moulines —
Bot est venu prendre pour lui 1 sac de chaux —

Jeudi 8 Janvier — Changement de temps, vent marin fort et froid — Bot et les siens
reprennent malgré le vent les maçonneries du mur épais du bassin
de la terrasse, après avoir avancé un peu de pierres — Arrivée de Mr Caminade qui
vient passer la journée seulement et se rendre compte, mais trop tard, des dégâts
causés à la Nouvelle Maison par les pluies récentes; après avoir tout visité depuis
le sous-sol jusqu'à la toiture avec Bot et arrêté les moyens de guérir cette humidité
et les gouttières, il rentre à Limoux, après avoir emporté 100ᶠ pour dernier paie-
-ment à Mr Pagens — Le vent redouble de rage.

Vendredi 9 Janvier — Même vent qu'hier, menace de pluie. Bot et Saunerou
continuent la maçonnerie du bassin de la terrasse, mal-
gré le fort vent et le soir rentre à Luc — Marie a été à Montazels porter à l'abbé un
foie d'oie — Bot marchande le cochon du Meunier.

Samedi 10 Janvier — Temps voilé, chaud et calme — pas d'ouvriers — Maman part pour
Narbonne amenant Berthou de Mathille — Publication annonce
du mariage d'Ernest Péchou avec une fille de campagne — et celui de Capra.

Dimanche 11 Janvier — Temps froid; journée de pluie — Peu de monde aux offices — 1ʳᵉ Pu-
-blication de mariage de Ernest Péchou et celui de Capra —

Lundi 12 Janvier — Temps plus froid qu'hier; vent — Anniversaire de Joseph d'Albis -
du château: il a neigé aux environs — temps plus mauvais -

Mardi 13 Janvier — Après une nuit glaciale, la neige se met à tomber avec un peu
de vent; les carreaux sont pris et à la terre où je travaille, il
n'y fait pas bon. Pas d'ouvriers ni de maçons, bien entendu

Mercredi 14 Janvier — Après une nuit très froide, la journée du lendemain est moins
rude à partir de 10 h du matin jusqu'à 2 h du soir.

Jeudi 15 Janvier — Même nuit que la veille; cependant le vent glacial s'est un
peu calmé; le temps s'est couvert, mais la neige ne fond guère.
Martial et Pauline nous font dire de nous rendre demain vendredi à la foire de Couiza
où ils doivent se trouver. Les cochons gras sont très chers, très chers — Bot le maçon
après nous avoir annoncé la mort du curé de Serres, vient prendre quelques petites
provisions de bouche et nous dit qu'il ne reviendra reprendre les maçonneries que
lorsque le temps se sera arrangé — Mr le Curé de Couiza me fait dire que la
sépulture de Mr le curé de Serres aura lieu demain matin. J'aurais bien désiré
y aller, mais le mauvais temps d'un côté et ma santé de l'autre me font un
devoir de ne pas descendre, bien au presbytère tous désireraient m'y voir aller.

Vendredi 16 Janvier — Bien que la neige fonde, par suite du marin qui a
commencé à souffler dans la nuit, la journée s'annonce
aussi mauvaise qu'hier, si non plus — Foire des cochons gras à Couiza — Sépulture de Mr le Curé de Serres, à laquelle ne me sentant pas le courage de me rendre
J'écris à Couiza et aux Bains pour leur dire tous mes regrets. Marie va à la
foire et remonte en disant que les cochons sont chers.

Samedi 17 Janvier — Même temps qu'hier; vent froid et fort — Mathille a acheté un
Cochon à Couiza et Martial aussi. Ce dernier fait dire qu'il ne
montera pas présentement à Rennes, étant obligé de partir pour Nérian — Hypo-
-litte a fait 1 voyage de Sable avec 2 pairs — toujours pas d'ouvriers —

~~a été content de ce~~ s'est trompé de chemin. À Montazels on a été content de ce cochon. Sur l'ordre de l'abbé et de Maman, la petite Marguerite va à Couiza dire à Marie de monter pour diner. Marie monte et après diné nous remontons à Rennes. Hypolitte a fait 2 voyages de sable ; au premier il a porté de Couiza les 2 sacs de millet ; au second, il a descendu pour Montazels deux petits futs pour blanquette et vinaigre. À la veillée Moulines est venu prendre la dernière parole au sujet de la vente de son cochon.

Mercredi 7 janvier. Même journée qu'hier, mais le temps semble vouloir se déranger. Guillaume a porté hier la peau tannée du blaireau, coût 2,50.
J. Gavignaud a réglé la sépulture de son père A. Gavignaud. Vu le cochon de Moulines.
Bot est venu prendre pour lui 1 sac de chaux.

Jeudi 8 janvier. Changement de temps, vent marin fort et froid. Bot et les siens reprennent malgré le vent les maçonneries du mur épais du bassin
de la terrasse après avoir avancé un peu de pierres. Arrivée de M. Caminade qui vient passer la journée seulement et se rendre compte, mais trop tard des dégâts causés à la nouvelle maison par les pluies récentes. Après avoir tout visité depuis le sous-sol jusqu'à la toiture avec Bot et arrêté les moyens de guérir cette humidité et les gouttières, il rentre à Limoux après avoir emporté *100 frs* pour dernier paiement à M. Pugens. Le vent redouble de rage.

Vendredi 9 janvier. Même vent qu'hier, menace de pluie. Bot et saunièrou continuent la maçonnerie du bassin de la terrasse malgré le fort vent et le soir rentre à Luc. Marie a été à Montazels porter à l'abbé un foie d'oie. Bot marchande le cochon du meunier.

Samedi 10 janvier. Temps voilé, chaud et calme. Pas d'ouvriers. Maman part pour Narbonne amenant Berthou de Mathilde. ~~Publicat~~ Annonce
du mariage d'Ernest Péchou avec une fille de Campagne et celui de Capia.

Dimanche 11 janvier. Temps froid, journée de plus. Peu de monde aux offices. Publication de mariage de Ernest Péchou et celui de Capia.

Lundi 12 janvier. Temps plus froid qu'hier, vent. Anniversaire de Joseph Dalbiès du Château. Il a neigé aux environs. Temps plus mauvais.

Mardi 13 janvier. Après une nuit glaciale, la neige se met à tomber avec un peu de vent ; les carreaux sont pris et à la serre où je travaille, il
n'y fait pas bon. Pas d'ouvriers ni de maçons bien entendu.

Mercredi 14 janvier. Après une nuit très froide, la journée du lendemain est moins rude à partir de 10 h du matin jusqu'à 2 h du soir.

Jeudi 15 janvier. Même nuit que la veille ; cependant le vent glacial s'est un peu calmé, le temps s'est couvert, mais la neige ne fond guère.
Martial et Pauline nous font dire de nous rendre demain vendredi à la foire de Couiza où ils doivent se trouver. Les cochons gras sont très chers, très chers. Bot le maçon, après nous avoir annoncé la mort du **curé de Serres**, vient prendre quelques petites provisions de bouche et nous dit qu'il ne reviendra reprendre les maçonneries que lorsque le temps se sera arrangé. M. le curé de Couiza me fait dire que la sépulture de M. le curé de Serres aura lieu demain matin. J'aurai bien désiré y aller, mais le mauvais temps d'un côté et ma santé de l'autre me font un devoir de ne pas descendre, bien au presbytère tous désireraient m'y voir aller.

Vendredi 16 janvier. Bien que la neige fonde, par suite du marin qui a commencé à souffler dans la nuit, la journée s'annonce
aussi mauvaise qu'hier, sinon plus. Foire des cochons gras à Couiza. Sépulture de M. le Curé de Serres à laquelle ne me sentant pas le courage de me rendre, j'écris à Couiza et aux Bains pour leur dire tous mes regrets. Marie va à la foire et remonte en disant que les cochons sont chers.

Samedi 17 janvier. Même temps qu'hier ; vent froid et fort. Mathilde a acheté un cochon à Couiza et Martial aussi. Ce dernier fait dire qu'il ne
montera pas présentement à Rennes, étant obligé de partir pour Névian. Hypolitte a fait 1 voyage de sable avec 2 paires. Toujours pas d'ouvriers.

Dimanche 18 Janvier — même vent fort et froid — très peu de monde aux offices —
on ne s'entretient que de la cherté des cochons — reproduchant
Lundi 19 Janvier — toujours même vent marin fort et froid — Le meunier a vendu le cochon
au facteur Azéma au prix de la foire d'Espéraza — Hypolitte a fait
deux voyages de sable avec les 2 paires. Il a fait dire, de ma part à Bot de venir demain
pour aller à la Carrière, aider Hypolitte à charger —
Mardi 20 Janvier — à la suite du gros vent marin de ces quelques jours, la pluie
est arrivée et n'a cessé de tomber toute la journée, abondante
et serrée et sans vent. Quel dommage que la citerne de la nouvelle maison verse —
Hypolitte qui ce matin était parti au sable, n'a pas pu probablement monter et est
resté à Couiza — Bot qui devait monter aujourd'hui fait dire par le facteur qu'il viendra
demain. Et maintenant quand est-ce qu'on pourra aller à la Carrière ? Mathilde
a été appelée par dépêche à Narbonne où mamans est malade — Ne trouvant personne
à Montazels pour leur arranger le cochon tué l'avant veille, sur le désir de Jeanmon
Marie y a été et est rentrée le soir et nous a confirmé le départ de Mathilde.
Mercredi 21 Janvier — Il a neigé une bonne partie de la nuit sans vent et ce
matin encore jusqu'à midi. Il y en a près de 30 centimètres
les arbres ploient sous le poids — je les secoue avec une canne de peur de voir les
branches cassées et trace un sentier jusqu'à la terre — Alfred m'écrit que mamans
a eu lundi à 2 heures une attaque qui a paralysé sa langue et les nerfs du
visage. Sur ce je me prépare à partir demain jeudi par le train de 10 h. 40 du matin
malgré le froid, la neige et la boue — j'annonce cette nouvelle à Édouard à Carcassonne
La neige fond rapidement dans la journée et la nuit —
Jeudi 22 Janvier — malgré encore pas mal de neige, la journée s'annonçant très belle, à
10 h. 40, je pars pour Narbonne voir mamans malade que je trouve moins
malade que je ne croyais — Hypolitte a fait 1 voyage de sable avec 2 paires et le cheval — ...
Vendredi 23 Janvier — La journée est moins belle qu'hier ; il pleut un peu vers 3 heures — Foire
des porcs gras à Espéraza. Ces animaux montent jusqu'à 60 fr le
quintal — Mamans qui est veillée toute la nuit par Mathilde, Adeline et autres va de
mieux en mieux et tout fait espérer qu'elle se relèvera — pas d'ouvriers pas de sable —
Samedi 24 Janvier — Annonce d'une assez belle journée — Après avoir veillé mamans
toute la nuit avec Mathilde je rentre de Narbonne à Rennes
après avoir rempli les commissions de Mathilde auprès de son mari à la gare de Couiza —
Hypolitte avec les 2 paires et le cheval a fait 2 voyages de sable
Dimanche 25 Janvier — Belle journée — très peu de monde aux offices ; pas de Veyres
Jeanmon qui devait monter avec les enfants ne vient pas —
Lundi 26 Janvier — Très belle journée — Mariage d'Ernest Péchou à Campagne —
Nous égorgeons le cochon acheté à Moulines au prix de 60 fr le
quintal ; il a pesé 220 k — tous les aides déjeunent à la maison et après dîner nous payons
Moulines devant tout le monde — — Hypolitte, après avoir porté 1 voyage de bois le matin
va faire un voyage de sable le soir avec 2 paires et le cheval — Guillaume taille les que...
que puisains d'autour de la Croix. Ce travail est fait trop tôt — Bot fait dire qu'il viendra
jeudi prochain, son fils est malade —
Mardi 27 Janvier — très belle journée — Mariage de Paris-Pesquié — Hypolitte avec 2 paires
fait 2 voyages de sable — Le boucher n'a pas pu monter pour dépecer
le cochon ; Sabarthie d'Espéraza étant de passage lui a coupé la tête — Batuelle a eu une
attaque ; mais va mieux. Le meunier a vendu le cochon au facteur Azéma — qui est content
Mercredi 28 Janvier — Très belle journée — Briage au fort à Couiza — Le boucher est venu
ce matin pour dépecer le cochon — Le maçon a fait dire qu'il mon-
tera demain pour aller à la Carrière. J'ai fait dire par Azéma à Martial de m'apporter
2 bouteilles de vin blanc pour la messe.
Jeudi 29 Janvier — Très belle journée bien que le ciel soit couvert — Bot et Saunierou
arrivés à 10 heures ont jusqu'à midi, changé de place les sacs de plâtre
dont 4 n'ont rien valu à cause de l'humidité dont ils étaient pénétrés — ; ils ont fait de la
place sur le chantier de la terrasse pour déposer les charettes de pierre de la Carrière. Soir.

Dimanche 18 janvier. Même vent fort et froid. Très peu de monde aux offices.
On ne s'entretient que de la cherté des cochons. Vêpres charité.
Lundi 19 janvier. Toujours même vent marin fort et froid. Le meunier a vendu le cochon
au facteur Azéma au prix de la foire d'Espéraza. Hypolitte a fait
deux voyages de sable avec les 2 paires. Il a fait dire, de ma part à Bot, de venir demain
pour aller à la carrière aider Hypolitte à charger.
Mardi 20 janvier. À la suite du gros vent marin de ces quelques jours, la pluie
est arrivée et n'a cessé de tomber toute la journée, abondante
et serrée et sans vent. Quel dommage que la citerne de la nouvelle maison verse.
Hypolitte qui bon matin était parti au sable n'a pas pu probablement monter et est
resté à Couiza. Bot qui devait monter aujourd'hui fait dire par le facteur qu'il viendra
demain. Et maintenant quand est-ce qu'on pourra aller à la carrière ? Mathilde
a été appelée par dépêche à Narbonne où Maman est malade. Ne trouvant personne
à Montazels pour leur arranger le cochon tué l'avant-veille, sur le désir de Jeannou, Marie y a été
et est rentrée le soir et nous a confirmé le départ de Mathilde.
Mercredi 21 janvier. Il a neigé une bonne partie de la nuit sans vent et ce
matin encore jusqu'à midi. Il y en a près de 30 centimètres,
les arbres ploient sous le poids ; je les secoue avec une barre de peur de voir les
branches casser et trace un sentier jusqu'à la serre. Alfred m'écrit que Maman
a eu lundi à 2 heures une attaque qui a paralysé sa langue et les nerfs du
visage. Sur ce je me prépare à partir demain jeudi par le train de 10 h 40 du matin
malgré le froid, la neige et la boue. J'annonce cette nouvelle à Édouard à Carla.
La neige fond rapidement dans la journée et la nuit.
Jeudi 22 janvier. Malgré encore pas mal de neige, la journée s'annonçant très belle, à
10 h 40, je pars pour Narbonne voir Maman malade que je trouve moins
mal que je ne croyais. Hypolitte a fait 1 voyage de sable avec 2 paires et le cheval.
Vendredi 23 janvier. La journée est moins belle qu'hier, il pleut un peu vers 3 heures. Foire
des porcs gras à Espéraza. Ces animaux montent jusqu'à 60 frs le
quintal. Maman qui est veillée toutes les nuits par Mathilde, Adelina et autres, va de
mieux en mieux et tout fait espérer qu'elle se relèvera. Pas d'ouvriers, pas de sable.
Samedi 24 janvier. Annonce d'une assez belle journée. Après avoir veillé Maman
toute la nuit avec Mathilde, je rentre de Narbonne à Rennes.
Après avoir rempli les commissions de Mathilde auprès de son mari à la gare de Couiza,
Hypolitte avec les 2 paires et le cheval a fait 2 voyages de sable.
Dimanche 25 janvier. Belle journée. Très peu de monde aux offices ; pas de Vêpres.
Jeannou qui devait monter avec les enfants ne vient pas.
Lundi 26 janvier. Très belle journée. Mariage d'Ernest Péchou à Campagne.
Nous égorgeons le cochon acheté à Moulines au prix de 60 frs le
quintal, il a pesé 220 kg. Tous les aides déjeunent à la maison et après diné nous payons
Moulines devant tout le monde. Hypolitte, après avoir porté 1 voyage de bois le matin,
va faire un voyage de sable le soir avec 2 paires et le cheval. Guillaume taille quelques fusains d'autour de **la Croux**. Ce travail est fait trop tôt. Bot fait dire qu'il viendra
jeudi prochain, son fils est malade.
Mardi 27 janvier. Très belle journée. Mariage de **Paris**–Pesquié. Hypolitte avec 2 paires
fait 2 voyages de sable. Le boucher n'a pas pu monter pour dépiécer
le cochon ; Sabarthès d'Espéraza étant de passage lui a coupé la tête. Bertinette a eu une
attaque, mais va mieux. Le meunier a vendu le cochon au facteur Azéma qui est content.
Mercredi 28 janvier. Très belle journée. Tirage au sort à Couiza. Le boucher est venu
bon matin pour dépiécer le cochon. Le maçon a fait dire qu'il mon-
tera demain pour aller à la carrière. J'ai fait dire par Azéma à Martial de m'apporter
2 bouteilles de vin blanc pour la messe.
Jeudi 29 janvier. Très belle journée bien que le ciel soit couvert. Bot et Saunièrou
arrivés à 10 heures ont jusqu'à midi changé de place les sacs de plâtre
dont 4 n'ont rien valu à cause de l'humidité dont ils étaient pénétrés. Ils ont fait de la
place sur le chantier de la terrasse pour déposer les charretées de pierre de la carrière. Soir

... et Saunierou ont été à la carrière continuer à extraire à préparer des pierres et aider Hypolitte
à charger les 2 voyages qu'il a fait. Ses 2 paires de bœufs, malgré de petits voyages avaient
beaucoup de peine à tirer la charette qui enfonçait dans le sol. (Vu un lièvre —)

Vendredi 30 Janvier — Très belle journée — Bot et Saunierou sont revenus à la carrière
extraire et préparer des pierres; relever et consolider un coté démoli
de la passerelle et aidé à charger la charette d'Hypolitte qui a fait 4 voyages avec les
deux paires et le cheval pour soulager les bœufs — Encore pas de nouvelles de Narbonne

Samedi 31 Janvier — Belle journée, mais vent matin froid — Bot et Saunierou sont à
la carrière pour extraire des pierres en préparer et aider Hypolitte à
charger la charette. 4 voyages ont été fait avec 2 paires et le cheval pour aider les bœufs.
Martial est à montazels; il viendra demain dimanche. Bonnes nouvelles de maman & Narbo...

Dimanche 1 Février — De bonne heure le temps se couvre, devient froid et la neige même
peu de monde aux offices — Après vêpres nous allons en nombre
à Carla voir le cochon acheté. Martial qui a passé la journée avec nous est du nombre —
il repart après souper — Mr Caminade écrit s'il peut envoyer les tailleurs de pierre; je lui
réponds que oui — Il a tonné dans la journée et des éclairs dans la nuit — Mr Caminade a
la fille ainée, gravement malade et à cause de cela ne peut venir surveiller les travaux.

Lundi 2 Février — Très mauvaise journée — vent du nord très froid; tourbillon de
neige toute la journée; aussi les ouvriers qui devaient remonter ne
sont pas venus — La nuit, les éclairs reprennent du coté du marin, malgré le mauvais
temps qui fait rage et ne veut pas cesser.

Mardi 3 février — Même mauvaise journée qu'hier; tout est gelé et pris : vent glacial
j'ai donné des nouvelles de maman à Esclaut et Mme cazal —

Mercredi 4 février — Assez belle journée, mais matinée froide — Bot et les siens, vers les 9 heu...
va avancer des pierres pour continuer le mur du bassin de la terrasse — Il
me comme ensuite jusqu'à la fin de la journée et recouvre son travail avec des sacs pour le
garantir contre la gelée de la nuit — Etant invité à la sepulture du Père de Mr le curé
d'Antugnac, je fais mes préparatifs — Hypolitte a fait 1 voyage de sable avec 2 paires —

Jeudi 5 février — Très belle journée — Bon matin, la messe dite, je me rends à Antugnac pour
la messe et puis à Esperaza pour la sepulture du Père de Mr le curé d'Antugnac
assez de monde et 7 ou 8 confrères. Je rentre vers les 5 3 et 1/2 — Mr Caminade monte par le
... train est rentré à 4 3 30, après avoir inspecté les travaux de Bot au bassin de la terrasse et
... à Authres et à Bauzil, arrivés à midi, les pierres à travailler. Ces deux messieurs n'ont
fait que demi journée et Bousquet aussi. Le soir vent marin froid —

Vendredi 6 février — Belle journée — Les 3 tailleurs sont à préparer des pierres de grès pour
les tours — Bot et les siens qui commencent toujours après 8 h du matin
continuent de maçonner les murs du bassin de la terrasse. Ils voudraient nous exiger à
... avancer à nos frais les pierres sur leur chantier —

Samedi 7 février — Très belle journée — Les 3 tailleurs sont à préparer des pierres de grès
Bot et les siens continuent de maçonner le mur après extérieur du
bassin de la terrasse — Visite de Mr Vernet et de deux autres messieurs — départ pour Limoux
de tailleurs de pierre — Martial et la femme doivent monter demain —

Dimanche 8 février — Très belle journée — peu de monde aux offices; pas de vêpres à cause
de l'absence des filles — Arrivée de Martial et de Pauline — Le soir nous
allons nous promener à Carla et rentrons pour souper bien fatigué — pendant notre absence
les deux espagnols qui devaient prendre le travail sont montés; ils reviendront demain —

Lundi 9 février — Très belle journée — Bon matin, Martial est descendu à montazels pour
son travail; Pauline est restée — Les 2 espagnols sont revenus et ont
accepté à 1f 40 le M. cube de nous extraire au communal de dessous la terrasse, toute
la pierre qui nous sera nécessaire pour les maçonneries. Ils ont commencé de suite — a 9 3
arrivée du tailleur de pierre seul, Mr Caminade montera un autre jour; ils continuent à
préparer des pierres de grès — Bot, après avoir reçu la somme de 250 f qui lui était nécessaire pour payer un mandat a repris son travail de maçonnerie du mur extérieur
du bassin de la terrasse — départ de Pauline après dîné. Les espagnols ont bien travaillé

Bot et Saunièrou ont été à la carrière continuer à extraire à préparer des pierres et aider Hypolitte
à charger les 2 voyages qu'il a faits. Ses 2 paires de bœufs, malgré de petits voyages avaient
beaucoup de peine à tirer la charrette qui enfonçait dans le sol. (Vu un lièvre).
Vendredi 30 janvier. Très belle journée. Bot et Saunièrou sont revenus à la carrière
extraire et préparer des pierres ; relever et consolider un côté démoli
de la passerelle et aider à charger la charrette d'Hypolitte qui a fait 4 voyages avec les
deux paires et le cheval pour soulager les bœufs. Encore pas de nouvelles de Narbonne.
Samedi 31 janvier. Belle journée, mais vent marin froid. Bot et Saunièrou sont à
la carrière pour extraire des pierres en préparer et aider Hypolitte à
charger la charrette. 4 voyages ont été faits avec 2 paires et le cheval pour aider les bœufs.
Martial est à Montazels, il viendra demain dimanche. Bonnes nouvelles de Maman de Narbonne.
Dimanche 1 février. De bonne heure le temps se couvre, devient froid et la neige menace.
Peu de monde aux offices. Après Vêpres nous allons en nombre
à Carla voir le cochon acheté. Martial qui a passé la journée avec nous est du nombre.
Il repart après souper. **M. Caminade écrit** s'il peut envoyer les tailleurs de pierres ; je lui
réponds que oui. Il a tonné dans la journée et des éclairs dans la nuit. M. Caminade a
sa fille aînée gravement malade et à cause de cela ne peut venir surveiller les travaux.
Lundi 2 février. Très mauvaise journée. Vent du nord très froid ; tourbillon de
neige toute la journée ; aussi les ouvriers qui devaient remonter ne
sont pas venus. La nuit, les éclairs reprennent du côté du marin, malgré le mauvais
temps qui fait rage et ne veut pas cesser.
Mardi 3 février. Même mauvaise journée qu'hier ; tout est gelé et pris ; vent glacial.
J'ai donné des nouvelles de Maman à Édouard et Mme Cazal.
Mercredi 4 février. Assez belle journée, mais matinée froide. Bot et les siens, vers les 9 heures,
va avancer des pierres pour continuer le mur du bassin de la terrasse. Il
maçonne ensuite jusqu'à la fin de la journée et recouvre son travail avec des sacs pour le
garantir contre la gelée de la nuit. Étant invité à la sépulture du Père de **M. le curé
d'Antugnac**, je fais mes préparatifs. Hypolitte a fait 1 voyage de sable avec 2 paires.
Jeudi 5 février. Très belle journée. Bon matin, la messe dite, je me rends à Antugnac pour
la messe et puis à Espéraza pour la sépulture du Père de M. le Curé Gaudissart.
Assez de monde et 7 ou 8 confrères ; je rentre vers les 5 h et ½. M. Caminade monté par le
1ᵉʳ train est rentré à 4 h 30, après avoir inspecté les travaux de Bot au bassin de la terrasse et
indiqué à Authier et à Bauzil, arrivés à midi, les pierres à travailler. Ces deux messieurs n'ont
fait que demi-journée et Bousquet rien. Le soir vent marin froid.
Vendredi 6 février. Belle journée. Les 3 tailleurs sont à préparer des pierres de grès pour
les tours. Bot et les siens, qui commencent toujours après 8 h du matin,
continuent de maçonner les murs du bassin de la terrasse. Ils voudraient nous exiger à
leur avancer à nos frais les pierres sur leur chantier.
Samedi 7 février. Très belle journée. Les 3 tailleurs sont à préparer des pierres de grès.
Bot et les siens continuent de maçonner le mur épais extérieur du
bassin de la terrasse. Visite de M. Vernet et de deux autres messieurs. Départ pour Limoux
des tailleurs de pierres. Martial et sa femme doivent monter demain.
Dimanche 8 février. Très belle journée. Un peu de monde aux offices, pas de Vêpres à cause
de l'absence des filles. Arrivée de Martial et de Pauline. Le soir, nous
allons nous promener à Carla et rentrons pour souper bien fatigués. Pendant notre absence,
les deux espagnols qui devaient prendre le travail sont montés ; ils reviendront demain.
Lundi 9 février. Très belle journée. Bon matin, Martial est descendu à Montazels pour
son travail ; Pauline est restée. Les 2 espagnols sont revenus et ont
accepté à 1 fr 40 le m. cube de nous extraire au communal de dessous la terrasse, toute
la pierre qui nous sera nécessaire pour les maçonneries. Ils ont commencé de suite. À 9 h
arrivée des tailleurs de pierre seuls, M. Caminade montera un autre jour ; ils continuent à
préparer des pierres de grès. Bot, après avoir reçu la somme de ***250 frs*** qui lui était nécessaire pour payer un mandat a repris son travail de maçonnerie du mur extérieur
du bassin de la terrasse. Départ de Pauline après dîné. Les espagnols ont bien travaillé.

Mardi 10 février — Encore très belle journée — Les 3 tailleurs de pierre ont continué à préparer des pierres pour la tour du Nord. Bourguet ayant tué le cochon n'a fait que 3/4 de journée. Les 3 tailleurs ont été soupés au moulin avec Guillaume, Bot et Saunièron — Bot après avoir égorgé le cochon du meunier a continué vers 8h avec Saunièron et Hortense les maçonneries du bassin de la terrasse — Les 2 espagnols ont continué à extraire des moellons ordinaires et dans les deux jours ont gagné de très fortes journées. Ils ne continueront pas jusqu'à nouvel ordre — Guillaume travaille aux bœufs. —

Mercredi 11 février — Très belle journée — Arrivée de M. Caminade qui nous dit que sa fille est toujours au même point. Nous lui racontons la difficulté que nous avons à monter les moellons pour la maçonnerie et le peu d'amabilité de Bot de plus en plus exigeant. Il s'efforce d'applanir toutes nos difficultés et réussit en partie. Je fais une lettre de recommandation pour Bot auprès de M. Pinet au sujet de sa contravention de café — Hypolitte a fait 2 voy. de sable avec 2 paires et à ce sujet nous nous sommes entretenus avec M. Caminade de la difficulté que nous aurions à savoir le nombre de mètres cubes, si nous ne le mesurions pas. — Les 3 tailleurs ont continué à préparer des pierres pour la tour du Nord — Bot et les siens, après avoir passé la matinée à continuer la maçonnerie du mur du bassin de la terrasse, ont écouté les propositions de M. Caminade au sujet du transport des pierres par la charette et les ont accepté. Ils se sont engagés à faire le chemin conduisant au tas de pierre à transporter, et me donner Saunièron pour aider à charger et à décharger la charrette de Carla — Le soir donc, tous ensemble, sous les yeux de M. Caminade, ils ont travaillé à l'arrangement du chemin. M. Caminade est rentré à Limoux à 4h 20 —

Jeudi 12 février — très belle journée — visite de Mme Fabre et les siens — Les 3 tailleurs ont continué à tailler des pierres pour la tour du Nord — Bot et les siens après avoir jusqu'au déjeuner terminé d'arranger le passage pour la charrette pour le transport de la pierre à maçonner et à leurs frais, comme la veille, ont continué les maçonneries du bassin de la terrasse. Bot, après l'avoir promis à M. Caminade s'est refusé à donner Saunièron à Hypolitte pour l'aider à charger et décharger la charette il n'a consenti qu'à aider à charger les trop lourdes. De là un peu de froid entre lui et moi — Hypolitte a fait une journée avec 1 paire, de transports de moellons bruts et en a enlevé une toise de 10 m. cubes. Il a été nourri au presbytère —

Vendredi 13 février — Changement de temps : journée froide, venteuse, mais non pluvieuse — Bot et les siens ont continué les maçonneries du bassin de la terrasse — Les 3 tailleurs ont continué de préparer des pierres de grès.

Samedi 14 février — Meilleure journée, mais toujours froide — Bot et les siens ont continué de maçonner les murs du bassin de la terrasse et sont partis de bonne heure, pour Luc — Les 3 tailleurs après leur journée aux travaux de la veille ont réglé, ont pris en tout 102,75 et sont partis pour Limoux — Hypolitte a fait 2 voyages de sable avec les 2 paires — L'extrayeur de sable de Couiza, ayant appris que nous allions mesurer le sable avec un cube, n'a pas voulu continuer à nous en donner à moins de 0.15c par conforte ; il a fallu continuer l'ancien système et payer 1,50 en plus de 8h par voyage d'Hypolitte — Ce dernier a porté de Montazels, la blanquette et le vinaigre donné par Mathilde — Hypolitte a porté au 1er voyage le m. cube de sable moins 8 centimètres.

Dimanche 15 février — Journée froide, mais belle - très peu de monde à l'église ; pas de vêpres — Le facteur, nous ayant annoncé que Marsan était arrivé à Montazels ; après la récitation du chapelet, je vais la voir et remonte à Rennes pour souper — Ayant vu en montant l'extracteur de sable, nous avons eu une petite explication avec lui au sujet du m. cube.

Lundi 16 février — Ciel couvert, journée très froide et venteuse — Nous égorgeons le cochon de Carla qui a pesé 164 Kilog. Le facteur nous a aidé et a déjeuné au presbytère — pas d'ouvriers, même pas de maçons à cause du froid — pas de sable. Les 3 tailleurs de pierres sont restés à Limoux pour terminer le four.

Mardi 17 février — Journée un peu moins froide — Le boucher est venu dépecer le cochon et est reparti après avoir déjeuné avec le facteur — Arrivée de M. Caminade qui inspecte les travaux, donne ses ordres et rentre à 4h 1/2 après avoir dîné - sa fille va mieux ; il m'a apporté les

Mardi 10 février. Encore une belle journée. Les 3 tailleurs de pierre ont continué à préparer des pierres pour la tour du nord. Bousquet ayant tué le cochon n'a fait que
¼ de journée. Les 3 tailleurs ont été souper au moulin avec Guillaume, Bot et Saunièrou. Bot, après avoir égorgé le cochon du meunier a continué vers 8 h avec Saunièrou et Hortense les maçonneries du bassin de la terrasse. Les 2 espagnols ont continué à extraire des moellons ordinaires et dans les deux jours ont gagné de très fortes journées. Ils ne continueront pas jusqu'à nouvel ordre. Guillaume travaille aux Bals.

Mercredi 11 février. Très belle journée. Arrivée de M. Caminade qui nous dit que sa fille est toujours au même point. Nous lui racontons la difficulté que nous avons
à monter les moellons pour la maçonnerie et le peu d'amabilité de Bot de plus en plus exigeant. Il s'efforce d'aplanir toutes nos difficultés et réussit en partie. Je fais une lettre de recommandation pour Bot auprès de M. Pinet au sujet de sa contravention de café. Hypolitte a fait 2 voy. de sable avec 2 paires et à ce sujet nous nous sommes entretenus avec M. Caminade de la difficulté que nous aurions à savoir le nombre de mètres cubes, su nous ne le mesurions pas. Les 3 tailleurs ont continué à préparer des pierres pour la tour du nord. Bot et les siens, après avoir passé la matinée à continuer la maçonnerie du mur du bassin de la terrasse, ont écouté les propositions de M. Caminade au sujet du transport des pierres par la charrette et les ont acceptées. Ils se sont engagés à faire le chemin conduisant au tas de pierres à transporter et me donner Saunièrou pour aider à charger et à décharger la charrette de Carla. Le soir donc, tous ensemble, sous les yeux de M. Caminade, ils ont travaillé à l'arrangement du chemin. M. Caminade est rentré à Limoux à 4 h 20.

Jeudi 12 février. Très belle journée. Visite de Mme Fabia et les siens. Les 3 tailleurs ont continué à tailler des pierres pour la tour du nord. Bot et les siens,
après avoir jusqu'au déjeuné terminé d'arranger le passage pour la charrette pour le transport de la pierre, a maçonné et à leurs frais, comme la veille, ont continué les maçonneries du ~~jardin~~ bassin de la terrasse. Bot, après l'avoir promis à M. Caminade, s'est refusé à donner Saunièrou à Hypolitte pour l'aider à charger et décharger la charrette. Il n'a consenti qu'à aider à charger les trop lourdes. De là un peu de froid entre lui et moi. Hypolitte a fait une journée, avec 1 paire, de transport de moellons bruts et en a enlevé une toise de 10 m. cubes. Il a été nourri au presbytère.

Vendredi 13 février. Changement de temps, journée froide, venteuse mais non pluvieuse. Bot et les siens ont continué les maçonneries
du bassin de la terrasse. Les 3 tailleurs ont continué de préparer des pierres de grès.

Samedi 14 février. Meilleure journée, mais toujours froide. Bot et les siens ont continué de maçonner les murs du bassin de la terrasse et sont partis
de bonne heure pour Luc. Les 3 tailleurs, après leur journée aux travaux de la veille, ont réglé, ont pris en tout *102,75* et sont partis pour Limoux. Hypolitte a fait 2 voyages de sable avec les 2 paires. L'extrayeur de sable de Couiza, ayant appris que nous allons mesurer le sable avec un cube, n'a pas voulu continuer à nous en donner à moins de 0,15 par composte ; il a fallu continuer l'ancien système et payer 1,50 en plus des 8 frs par voyage d'Hypolitte. Ce dernier a porté de Montazels la blanquette et le vinaigre donné par Mathilde. Hypolitte a porté au 1er voyage le m. cube de sable moins 8 centimètres.

Dimanche 15 février. Journée froide mais belle. Très peu de monde à l'église ; pas de Vêpres. Le facteur nous ayant annoncé que Maman était
arrivée à Montazels, après la récitation du chapelet, je vais la voir et remonte à Rennes pour souper. Ayant vu en montant l'extracteur de sable, nous avons eu une petite explication avec lui au sujet du m. cube.

Lundi 16 février. Ciel couvert, journée très froide et venteuse. Nous égorgeons le cochon de Carla qui a pesé 164 kilog. Le facteur nous a aidé et a déjeuné
au presbytère. Pas d'ouvriers, même pas de maçons à cause du froid. Pas de sable. Les 3 tailleurs de pierres sont restés à Limoux pour terminer le four.

Mardi 17 février. Journée un peu moins froide. Le boucher est venu dépiécer le cochon et est reparti après avoir déjeuné avec le facteur. Arrivée de M. Caminade qui inspecte les travaux, donne des ordres et rentre à 4 h ½ après avoir diné. Sa fille va mieux ; il m'a apporté les

arrivés a 9 heures, les 3 tailleurs de pierres ont continué a préparer des pierres de grès – Bot,
Saunieron et les autres, ayant commencé aprés déjeuner, ont continué, le matin, le mur
exterieur du bassin, et le soir sous la surveillance de M⁻ Caminade, ont travaillé a la journée
Bot, Saunieron et Paul, aux fouilles de la tour du Nord – pas de salle apporté
Mercredi 18 février – bien meilleure journée – Les 3 tailleurs continuent a préparer des pierres
de grès – Bot et les siens, aprés déjeuner continuent le mur exterieur du
bassin – Un seul Espagnol a continué a extraire de la pierre a la roche communale et a fait une
grosse journée – Hypolitte a fait avec les 2 paires 2 voyages de sable. Il tue le cochon demain –
Jeudi 19 février – Bonne journée – M⁻ Caminade n'est venu qu'à midi, mais il doit rester
le soir – Bot et les siens ont continué de maçonner le mur du bassin de
la terrasse – Les tailleurs de pierres ont continué leur travail sous la Direction de l'Architecte –
les deux espagnols ont extrait de la pierre et ont fait une bonne journée – Le P. Routhieau
de Cazelneuve m'offre en plus de la brique des marches en pierre dure –
Vendredi 20 février – Trés belle journée – Les deux espagnols sont remontés pour extraire
de la pierre dure; ont fait une bonne journée et ne reviendront pas
demain – Les 3 tailleurs de pierres ont continué à préparer des pierres de grès pour la tour –
Hypolitte a fait avec 2 paires 2 voyages de sable. Demain il doit venir faire avec 1
paire, 1 journée de transport de pierre dure – Bot et les siens ont terminé a 2 heures
1/4 du soir les maçonneries du mur exterieur du bassin de la terrasse – Aprés cela pendant
2 heures seulement sous la surveillance de M⁻ Caminade, Bot et Saunieron seuls
ont préparé le sol de la tour du Nord a recevoir les maçonneries –
Samedi 21 février – Journée calme et trop chaude pour la Saison – Hypolite avec
la charrette et 1 paire a fait une bonne journée de transport de
pierres dure du chemin de la chapelle. Le matin, Bot et Saunieron lui ont aidé à
2 ou 3 voyages a charger des grosses: le soir, Bauzil et Bousquet jusqu'à 4 heures lui
ont aidé a en charger de grosses – Chaleur étouffante – Les tailleurs de pierres ont continué a préparer des pierres de grès et sont partis pour Limoux, aprés souper avec
M⁻ Caminade et ne doivent remonter que jeudi prochain, aprés le carnaval – Bot
et les siens, aprés avoir passé la matinée au sous sol de la tour du Nord a prendre
les derniers points avec les dernières mesures, ont commencé aprés dîner a s'implanter
et a poser les premières pierres avec le premier angle. a la fin de la journée, ils sont partis
pour Luc d'où ils ne reviendront qu'aprés les cendres.
Dimanche 22 février – Même journée qu'hier, calme, légèrement voilée, étouffante:
Dans la nuit beaucoup de feux, un surtout de trés vaste du
coté de Peyrepicade – peu de monde aux offices; pas de Vêpres – a 3 heures, avec
Guillaume, nous allons a Montazels voir Maman et nous apportons quelques provisions
telles que: 1 poule, boudin, saucisse, etc – Nous remontons avant la nuit bien fatigués
et couvert de poussière – Nos jeunes filles et nos petits jeunes gens se masquent –
visite des parents de Ernest Pichon de Campagne
Lundi 23 février – Vers 9 heures, le vent du Cers commence à souffler, le ciel se voile
et le temps semble vouloir se rafraîchir. Alexandrine a été
a la gare prendre le colis de Cire et Marie s'occupe de pétrir quelques pâtisseries pour fêter
le lendemain Carnaval, car Joseph et ses parents doivent venir – a la tombée du jour, le vent
se lève, la pluie tombe assez longtemps
Mardi 24 février – Ciel couvert; vent frais: mais belle journée quand même. Le
Joseph du Lycée que nous attendions pour dîner avec son frère, n'est
pas venu – pas une seule masque; tout le monde travaille. Vent marin froid –
Mercredi 25 février – Il a un peu gelé cette nuit dernière – trés peu de monde a la
messe et distribution des cendres – Carnaval plus que terne, éteint.
M⁻ Courrieu françois l'extracteur de table est venu prendre 80 ᶠ à compte pour son travail et
m'a signé un reçu – vent marin toujours frais. nous avons été à la carrière voir un.
futur travail pour lui.
Jeudi 26 février – Maman a eu une 2ᵉ attaque ce matin; on est venu me prendre
et j'ai été passer la journée auprès d'elle – M⁻ Laffon appelé a bien reconnu son mal, a

que la suite (1 ligne ?)

Arrivés à 9 heures, les 3 tailleurs de pierres ont continué à préparer des pierres de grès. Bot, Saunièrou et les autres, ayant commencé après déjeuné, ont continué, le matin, le mur extérieur du bassin, et le soir, sous la surveillance de M. Caminade, ont travaillé à la journée, Bot, Saunièrou et Paul aux fouilles de la tour du nord. Pas de sable apporté.

Mercredi 18 février. Bien meilleure journée. Les 3 tailleurs continuent à préparer des pierres de grès. Bot et les siens, sauf Hortense, après déjeuné continuent le mur extérieur du bassin. Un seul Espagnol a continué à extraire de la pierre à la roche communale et a fait une grosse journée. Hypolitte a fait avec les 2 paires 2 voyages de sable. Il tue le cochon demain.

Jeudi 19 février. Bonne journée. M. Caminade n'est venu qu'à midi mais il doit rester le soir. Bot et les siens ont continué de maçonner le mur du bassin de la terrasse. Les tailleurs de pierres ont continué leur travail sous la direction de l'architecte. Les deux espagnols ont extrait de la pierre et ont fait une bonne journée. Le P. Routhiau de Castelnègre m'offre en plus de la brique des marches en pierre dure.

Vendredi 20 février. Très belle journée. Les deux espagnols sont remontés pour extraire de la pierre dure, ont fait une bonne journée et ne reviendront pas demain. Les 3 tailleurs de pierres ont continué à préparer des pierres de grès pour la tour. Hypolitte a fait avec 2 paires 2 voyages de sable. Demain il doit venir faire avec 1 paire 1 journée de transport de pierres dures. Bot et les siens ont terminé à 2 heures ¼ du soir les maçonneries du mur extérieur du bassin de la terrasse. Après cela pendant 2 heures seulement sous la surveillance de M. Caminade, Bot et Saunièrou seuls ont préparé le sol de la tour du nord à recevoir les maçonneries.

Samedi 21 février. Journée calme et trop chaude pour la saison. Hypolitte avec la charrette et 1 paire a fait une bonne journée de transport de pierres dures du chemin de la chapelle. Le matin, Bot et Saunièrou lui ont aidé à 2 ou 3 voyages à charger des grosses ; le soir, Bauzil et Bousquet jusqu'à 4 heures lui ont aidé à en charger de grosses. Chaleur étouffante. Les tailleurs de pierres ont continué à préparer des pierres de grès et sont partis pour Limoux, après souper avec M. Caminade et ne doivent remonter que jeudi prochain, après le carnaval. Bot et les siens, après avoir passé la matinée au sous-sol de la tour du Nord à prendre les derniers points avec les dernières mesures, ont commencé après diné à s'implanter et à poser les premières pierres avec le premier angle. À la fin de la journée, ils sont partis pour Luc d'où ils ne reviendront qu'après les Cendres.

Dimanche 22 février. Même journée qu'hier, calme, légèrement voilée, étouffante. Dans la nuit, beaucoup de feux, un surtout de très vaste du côté de **Peyrepicade**. Peu de monde aux offices ; pas de Vêpres. À 3 heures, avec Guillaume, nous allons à Montazels voir Maman et nous apportons quelques provisions telles que : 1 poule, boudin, saucisse etc. Nous remontons avant la nuit très fatigués et couvert de poussière. Nos jeunes filles et nos petits jeunes gens se masquent. Visite des parents de Ernest Péchou de Campagne.

Lundi 23 février. Vers 9 heures, le vent du Cers commence à souffler, le ciel se voile et le temps semble vouloir se rafraichir. Alexandrine a été à la gare prendre le colis de **cire** et Marie s'occupe de pétrir quelques pâtisseries pour fêter le lendemain Carnaval car Joseph et ses parents doivent venir. À la tombée du jour, le vent se lève, la pluie tombe assez longtemps.

Mardi 24 février. Ciel couvert ; vent frais, mais belle journée quand même. Le Joseph du Lycée que nous attendions pour diner avec son père n'est pas venu. Pas un seul masque, tout le monde travaille. Vent marin froid.

Mercredi 25 février. Il a un peu gelé cette nuit dernière. Un peu de monde à la messe et Distribution des Cendres. Carnaval plus que terne, éteint. M. Courrieu François extracteur de sable est venu prendre *80 frs* d'acompte pour son travail et m'a signé un reçu. Vent marin toujours frais. Nous avons été à la carrière voir un futur travail pour lui.

Jeudi 26 février. Maman a eu une 2ème attaque ce matin ; on est venu me prendre et j'y ai été passer la journée auprès d'elle. M. Laffon appelé a bien reconnu son mal, à ordonné à peu près les mêmes remèdes que les docteurs de Narbonne et n'a pas caché la gravité de l'état de la pauvre malade — on a télégraphié à l'abbé qui est arrivé à 4h 20 du soir, au moment où je remontais à Rennes — à 9h arrivée de Mr Caminade, des tailleurs de pierres et des maçons — Hypolitte a fait 2 voyages de sable avec 2 paires, ayant un bœuf malade, il n'y reviendra pas demain — Les 3 tailleurs ont travaillé à la p. de grès jusqu'à midi — Le soir, Authié est resté à la p. de grès et les deux autres ont commencé à préparer les moellons pour la tour du Nord que Bot et les siens continuent à maçonner pour la seconde journée sous la surveillance de Mr Caminade — Martin n'est pas arrivé — Le temps est toujours beau

Vendredi 27 février — belle journée — avec Marie, je dois aller à Montazels voir maman — Bot et les siens, sous le regard de Mr Caminade qui doit rentrer à Limoux ce soir, continuent les maçonneries de la tour du Nord — Authié travaille la p. de grès; Bauzil et Bousquet la pierre dure — Maman va de plus mal en plus mal — arrivée à Montazels de Marie Louise et les siens. À la nuit, nous rentrons avec Marie.

Samedi 28 février — belle matinée; fort vent; mauvaise comme journée — Maman va à peu près comme hier — Authié est toujours à la pierre de grès et les deux autres à la pierre dure pour des moellons piqués — Jusqu'à midi Bot et les siens continuent les maçonneries de la tour du Nord — Le soir, Bot, Saunieron et Paul avec l'aide de Bousquet et de Bauzil relèvent la pierre tombale de la fosse Péchou et la replacent en prenant toutes les précautions de solidité; tous les frais comptés s'élèvent à plus de 12f — après à travaillé Bot et les siens partent pour Luc d'où ils ne reviendront que lorsque je le leur dirai à cause de l'état de ma mère — Il en sera de même pour les tailleurs de pierres qui partent après soupé après avoir reçu leur quinzaine s'élevant à 72f.

Dimanche 1 mars — très belle journée — après les offices je vais à Montazels voir ma mère son état étant à peu près le même et le temps étant au beau, nous nous décidons à reprendre les travaux de la terrasse demain, et dans ce cas, Guillaume va à Luc avertir les maçons pendant qu'Alexandrine se rend à Limoux pour Mr Caminade et les tailleurs de pierre. Anna Péchou règle la note du cimetière et Armand vient nous dire s'il peut compter sur Julie …

Lundi 2 mars — très belle journée — bon matin, le ramoneur de Montazels vient me dire que maman va plus mal — Je descends à la hâte et ne remonte que à la fin de la soirée, la malade allant mieux. Alfred auquel on a télégraphié à Castelnaudary arrive aussi — Monsieur Caminade est monté à Rennes avec Bauzil et Bousquet seuls. Le matin ces deux ouvriers ont travaillé le grès et le soir encore la pierre dure — Sous la surveillance de Mr Caminade qui rentre à Limoux le soir après soupé, Bot, Saunieron et Paul ont continué à la journée les fouilles de la tour du Nord — Hypolitte en maugréant beaucoup a fait 2 voyages de sable dont le second assez faible. Il refuse les 200f du mois que Marie veut lui donner et part en disant qu'il ne peut pas continuer et demande à régler les comptes.

Mardi 3 mars — Vers les 2 heures du matin, un vent de cers, violent à tout casser se lève et dure toute la journée; vers les 9 heures, il est dans toute sa force: c'est un vrai cyclone. Les tuiles de l'église tombent de tout côté, la pluie fait rage: les ouvriers n'ont pu travailler de toute la journée. Bauzil est resté au coin du feu. La famille Bot a quitté la maison de Euphrasie pour prendre l'ancienne maison de Victor Sauzede. Bot vient demander du plâtre et des briques pour l'arranger — Auparavant, il nous avait demandé la maison de Bonhomme — Maman va un peu mieux Les ouvriers n'ont pas travaillé à cause du mauvais temps.

Mercredi 4 mars — Journée humide froide — Bauzil ne pouvant pas travailler, après avoir passé la veille à ne rien faire part pour Limoux à 10h 40 — Anniversaire à 11 heures, de la Mère Paris de Cayla. Après dîné, le temps s'arrangeant, Bot passe une demi heure sur la toiture de l'église pour guérir une gouttière pressante et passe la soirée avec les siens à changer de domicile — À 8 heures complies; assez de monde. Maman est à peu près. J'ai commencé à arranger les vignes neiges —

Jeudi 5 mars — belle et chaude journée — Maman va à peu près — Bot et les siens, le matin continuent à maçonner les fouilles de la tour du Nord

ordonné un peu près les mêmes remèdes que les docteurs de Narbonne et n'a pas caché la gravité de l'état de la pauvre malade. On a télégraphié à l'abbé qui est arrivé à 4 h 20 du soir, au moment où je remontais à Rennes. À 9 h arrivée de M. Caminade, des tailleurs de pierres et des maçons. Hypolitte a fait 2 voyages de sable avec 2 paires, ayant un bœuf malade, il n'y reviendra pas demain. Les 3 tailleurs ont travaillé à la p. de grès jusqu'à midi. Le soir, Authier est resté à la p. de grès et les deux autres ont commencé à préparer les moellons pour la tour du nord que Bot et les siens continuent à maçonner pour la seconde journée sous la surveillance de M. Caminade. Martin n'est pas arrivé. Le temps est toujours beau.

Vendredi 27 février. Belle journée. Avec Marie, je dois aller à Montazels voir Maman. Bot et les siens, sous le regard de M. Caminade qui doit rentrer à
Limoux ce soir, continue les maçonneries de la tour du nord. Authier travaille la p. de grès, Bauzil et Bousquet la pierre dure. Maman va de plus mal en plus mal. Arrivée à Montazels de Marie-Louise et les siens. À la nuit, nous rentrons avec Marie.

Samedi 28 février. Belle matinée, fort vent, mais bonne journée. Maman va à peu près comme hier. Authier est toujours à la pierre de grès et les deux autres à
la pierre dure pour des moellons piqués. Jusqu'à midi Bot et les siens continuent les maçonneries de la tour du nord. Le soir, Bot, Saunièrou et Paul avec l'aide de Bousquet et de Bauzil relèvent la pierre tombale de la fosse Péchou et la replacent en prenant toutes les précautions de solidité ; tous les frais comptés s'élèvent à plus de *12 frs*. Après ce travail, Bot et les siens partent pour Luc d'où ils ne reviendront que lorsque je le leur dirai à cause de l'état de ma mère. Il en sera de même pour les tailleurs de pierres qui partent après soupé après avoir reçu leur quinzaine s'élevant à *72 frs*.

Dimanche 1 mars. Très belle journée. Après les offices, je vais à Montazels voir ma mère ; son état étant à peu près le même et le temps étant au beau, nous
nous décidons à reprendre les travaux de la terrasse demain, et dans ce cas, Guillaume va à Luc avertir les maçons pendant qu'Alexandrine se rendra à Limoux pour M. Caminade et les tailleurs de pierre. Anna Péchou règle la note du cimetière et Armand vient nous dire s'il peut compter sur Jules.

Lundi 2 mars. Très belle journée. Bon matin, le Ramonet de Montazels vient me dire que Maman va plus mal. Je descends à la hâte et ne remonte
que à la fin de la soirée, la malade allant mieux. Alfred auquel on a télégraphié à Castelnaudary arrive aussi. Monsieur Caminade est monté à Rennes avec Bauzil et Bousquet seuls. Le matin ces deux ouvriers ont travaillé le grès et le soir encore la pierre dure. Sous la surveillance de M. Caminade qui rentre à Limoux le soir après soupé, Bot, Saunièrou et Paul ont continué à la journée les fouilles de la tour du nord. Hypolitte en maugréant beaucoup a fait 2 voyages de sable dont le second assez faible. *Il refuse les 200 frs du mois* que Marie veut lui donner et part en disant qu'il ne peut pas continuer et demande à régler les comptes.

Mardi 3 mars. Vers les 2 heures du matin, un vent de Cers, violent à tout casser se lève et dure toute la journée ; vers les 9 heures, il est dans toute sa
force ; c'est un vrai cyclone. Les tuiles de l'église tombent de tout côté, la pluie fait rage ; les ouvriers n'ont pu travailler de toute la journée. Bauzil est resté au coin du feu. La famille Bot a quitté la maison de Euphrésie pour prendre l'ancienne maison de Victor Sauzède. Bot vient demander du plâtre et des briques pour l'arranger. Auparavant il nous avait demandé la maison de Bonhomme. Maman va un peu mieux.
Les ouvriers n'ont pas travaillé à cause du mauvais temps.

Mercredi 4 mars. Journée humide, froide. Bauzil ne pouvant pas travailler, après avoir passé la veille à ne rien faire part pour Limoux à 10 h 40.
Anniversaire à 11 heures de la mère Paris de Capia. Après diné, le temps s'arrangeant, Bot passe demi-heure sur la toiture de l'église pour guérir une gouttière pressante et passe la soirée avec les siens à changer de domicile. À 8 heures Complies ; assez de monde. Maman est à peu près. J'ai commencé à arranger les vignes vierges.

Jeudi 5 mars. Belle et chaude journée. Maman va à peu près. Bot et les siens, le matin, continuent à maçonner les fouilles de la tour du nord.

Le soir, Bot, Saunièron et Paul passent la soirée sur les toitures de l'Église – pres-
-bytère, écurie, sacristie – Bonhomme, a guéri les gouttières causées par le Cyclone de
l'avant veille – Hypolitte qui ne devait plus continuer les travaux, arrive vers les 11 h
du matin avec les 3 attelages, nous apportant une belle charettée de bois. Après dine pouvant aller au sable n'en ayant pas de tirer, il se rend avec Bousquet à la
Carrière dire, malgré la boue, il nous apporte 2 belles charettes de pierre de taille
Ils soupent tous les deux au presbytère – Moi j'ai passé la journée à tailler a
jardin arbustes et treilles –

Vendredi 6 Mars – après avoir plu dans la nuit, la pluie continue a tombe, presque toute
               la journée à tel point que les maçons après avoir à peine comm-
encé la journée à maçonner, sont obligés de quitter vers les 9 heures et passent le reste de la
journée à réparer, l'intérieur de la Maison de Victor de S. Jean qu'ils ont prise. 2 sacs de
notre plâtre ont été employés par Bot à cela – Les 2 espagnols revenus pour continuer
d'extraire de la pierre, sont obligés de rentrer à cause du mauvais temps. Comme ils me
demandent de l'argent, je réponds que M. Caminade n'y est pas – Vers les 11 heures
Hypolitte apporte 1 voyage de sable avec 2 paires et le cheval – Le mauvais temps
continuant, il n'y retourne pas – Complies, moins de monde que mercredi –

Samedi 7 mars – Journée froide, venteuse, mais bonne – mamam va moins
               bien que la veille – Hypolitte n'a fait qu'un voyage de sable
dans la soirée avec 2 paires et le Cheval – Bot avec les siens ont fait 3/4 de journée
aux maçonneries des fouilles de la tour du Nord et sont partis pour Luc – moi
j'ai taillé arbustes et treilles du jardin –

Dimanche 8 mars. – Journée très mauvaise et très froide. Averses nombreuses de
               gresil et de neige poussés par le vent – peu de monde aux
offices – Rouanet m'invite à son adoration du 1er Avril – Le temps est si laid que le
soir, après vèpres, je ne puis aller voir mamam – Louise de Carla vient nous
prier d'arranger les comptes de son mari –

Lundi 9 mars. – Journée un peu moins froide, mais toujours venteuse – après
               dîner, je descends à montazels pour aller voir mamam qui va un
peu mieux. En remontant je vois l'abbé et Pauline qui arrivent – Monsieur Caminade
n'est pas monté; les maçons ne sont pas venus – Hypolitte a fait 1 voyage de sable
avec 2 paires et le cheval. – Il a gelé un peu dans la nuit.

Mardi 10 mars – Journée meilleure mais vent un peu froid – Les maçons
               arrivés à 9 heures, passent la matinée à deux ouvrages. Le soir, Bot
Saunièron et Paul continuent les ~~fouilles de la tour du Nord~~ – M. Caminade écrit qu'il
viendra demain mercredi. Donc les maçons n'ont rien fait ni hier ni aujourd'hui –
Hypolitte a fait avec 2 paires le cheval 2 voyages de chaux de la gare et a fait partir 3
paquets de 50 sacs l'un; en tout 150 – moi je suis un peu enrhumé – Pour réparer
la nouvelle demeure Bot a pris un autre sac de plâtre (3 en tout) –

Mercredi 11 Mars – arrivée de monsr Caminade qui, après avoir passé la journée avec les
               ouvriers rentre le soir par le dernier train – Bot, Saunièron Paul et Hos-
tenne seulement le matin, continuent les fouilles de la tour du Nord à la journée – Hypolitte
fait le matin avec 2 paires et le cheval le dernier voyage de chaux et le soir 1 voyage de sable.
Moi j'ai pincé l'influenza; j'ai dit la messe mais péniblement et ai passé toute la journée
au coin du feu – passé très mauvaise nuit

Jeudi 12 Mars – Bonne journée – Bot et tous les siens ont maçonné les fouilles de la tour du
               Nord sous la surveillance d'Alexandrine; moi étant malade de la grippe
au point que je n'ai pu dire la messe – Hypolitte avec Bousquet ont fait une bonne journée
avec 1 paire et le cheval à transporter de la pierre pour les maçonneries, à la roche communale
Julie est malade – comme moi et marie menace.

Vendredi 13 mars – Bonne journée – Bot et les siens, le matin, ont continué à maçonner
               la tour du Nord et aidés quelque peu Hypolitte et Bousquet a charger de
grosses pierres dures – le soir, à la journée, Bot, et tous les siens même Paul et hostense ont scié
en grande partie le fourrage de M. Gebelle – Hypolitte et Bousquet, comme la veille

Le soir, Bot, Saunièrou et Paul passent la soirée sur les toitures de l'église, presbytère, écurie, sacristie. Bonhomme, à guérir les gouttières causées par le cyclone de
l'avant-veille. Hypolitte qui ne devait plus continuer les travaux arrive vers les 11 h
du matin avec les 3 attelages, nous apportant une belle charrette de bois. Après diné,
ne pouvant aller au sable, n'en ayant pas de tiré, il se rend avec Bousquet à la
carrière ~~diri~~, malgré la boue, il nous apporte 2 belles charrettes de pierres de taille.
Ils soupent tous les deux au presbytère. Moi j'ai passé la journée à tailler au
jardin arbustes et treilles.

Vendredi 6 mars. Après avoir plu dans la nuit, la pluie continue à tomber presque toute
la journée à tel point que les maçons après avoir à peine commen-
cé la journée à maçonner, sont obligés de quitter vers les 9 heures et passent le reste de la
journée à réparer l'intérieur de la maison de Victor de S. Jean qu'ils ont prise. 2 sacs de
notre plâtre ont été employés par Bot à cela. Les 2 espagnols revenus pour continuer
d'extraire de la pierre, sont obligés de rentrer à cause du mauvais temps. Comme ils me
demandent de l'argent, je réponds que M. Caminade n'y est pas. Vers les 11 heures
Hypolitte apporte 1 voyage de sable avec 2 paires et le cheval. Le mauvais temps
continuant, il n'y retourne pas. Complies, moins de monde que mercredi.

Samedi 7 mars. Journée froide, venteuse, mais bonne. Maman va moins
bien que la veille. Hypolitte n'a fait qu'un voyage de sable
dans la soirée avec 2 paires et le cheval. Bot avec les siens ont fait ¾ de journée
aux maçonneries des fouilles de la tour du nord et sont partis pour Luc. Moi
j'ai taillé arbustes et treilles du jardin.

Dimanche 8 mars. Journée très mauvaise et très froide. Averses nombreuses de
grésil et de neige poussées par le vent. Peu de monde aux
offices. Rouanet m'invite à son Adoration du 1er avril. Le temps est si laid que le
soir, après Vêpres, je ne puis aller voir Maman. Louise de Carla vient nous
prier d'arranger les comptes de son mari.

Lundi 9 mars. Journée un peu moins froide, mais toujours venteuse. Après
diné, je descends à Montazels pour aller voir Maman qui va un
peu mieux. En remontant je vois l'abbé et Pauline qui arrivent. Monsieur Caminade
n'est pas monté ; les maçons ne sont pas venus. Hypolitte a fait 1 voyage de sable
avec 2 paires et le cheval. Il a gelé un peu dans la nuit.

Mardi 10 mars. Journée meilleure mais vent un peu froid. Les maçons
arrivés à 9 heures passent la matinée à déménager. Le soir, Bot,
Saunièrou et Paul continuent les ~~fouilles de la tour du nord~~ déménagements et (---) **M. Caminade
écrit qu'il viendra demain** mercredi. Donc les maçons n'ont rien fait ni hier ni aujourd'hui.
Hypolitte a fait avec 2 paires et le cheval 2 voyages de chaux de la gare et a fait partir 3
paquets de 50 sacs l'un ; en tout 150. Moi je suis un peu enrhumé. Pour réparer
sa nouvelle demeure Bot a pris un autre sac de plâtre (3 en tout).

Mercredi 11 mars. Arrivée de Monsieur Caminade qui, après avoir passé la journée avec les
ouvriers rentre le soir par le dernier train. Bot, Saunièrou, Paul et Hortense seulement matin, continuent les fouilles de la tour du Nord à la journée. Hypolitte
fait le matin avec 2 paires et le cheval le dernier voyage de chaux et le soir 1 voyage de sable.
Moi j'ai pincé l'influenza ; j'ai dit la messe mais péniblement et ai passé toute la journée
au coin du feu. Passé très mauvaise nuit.

Jeudi 12 mars. Bonne journée. Bot et tous les siens ont maçonné les fouilles de la tour du
nord sous la surveillance d'Alexandrine ; moi étant malade de la grippe
au point que je n'ai pu dire la messe. Hypolitte avec Bousquet ont fait une bonne journée
avec 1 paire et le cheval à transporter de la pierre pour les maçonneries, à la roche communale.
Julie est malade comme moi et Marie menace.

Vendredi 13 mars. Bonne journée. Bot et les siens, le matin, ont continué à maçonner
la tour du nord et aider quelque peu Hypolitte et Bousquet à charger de
grosses pierres dures. Le soir, à la journée, Bot et tous les siens même Paul et Hortense ont (---)
en grande partie le fourrage de M. Gabelle. Hypolitte et Bousquet, comme la veille

avec 1 paire et le cheval ont continué à transporté des pierres
non seulement du chemin de la chapelle, mais encore de la propriété de Mr Gabelle — Aujourdhui, tout le personnel du presbytère, sauf Guillaume est atteint de l'influenza; mais je
n'ai pas encore dit la messe, mais je vais mieux.

Samedi 14 Mars — Gros vent marin; mauvaise journée pour nous tous. je tousse beaucoup plus
et tout le monde, à part Guillaume qui est toujours aux chapeaux desire garder le lit. Je n'ai
pas encore dit la messe — arrivée de Mr Marie qui ayant appris que nous étions souf-
rent lui même nous payez les mandat. nous le récompensons d'une bouteille a Rhum — Bot
et les siens ont fait le matin la demi journée (Bot, Saunieron et hortense) a creusez les fosses de la
terrasse — Le soir, avant de partir pour Luc 3 ont fait environ 1/4 de journée à continuez les
maçonneries de la tour du Nord. — Envoi d'une Carte postale à Mr Caminade pour lui dire de
ne pas venir lundi, étant tous malade et Bot ne devant pas y être.

Dimanche 15 Mars. à la suite du gros vent marin pluie sur toute la ligne et très mauvais temps — Après une très mauvaise Nuit, Je ne puis dire la
messe et n'ai pas de remplaçant — 2 jours de suite au lit à suez comme dans une
étuve, ce qui me soulage beaucoup — Marie, sa mère, julie sont toujours bien atteints.

Lundi 16 Mars — très mauvaise journée — pas d'ouvriers d'aucune sorte — Mon Rhume
va un peu mieux; me lève vers les 11 h. mais ne dis pas la messe
Marie et les autres sont à peu près — je passe la soirée au coin du feu ou malgré le
bon feu et les bons soins, je continue à beaucoup toussez.

Mardi 17 Mars — Temps très froid — Rhume s'améliore — pas d'ouvriers — Marie Julie et
leur mère vont mieux — Je passe toute la journée au lit à toussez —

Mercredi 18 Mars. très belle journée — Mr Caminade qui devait venir n'est pas monté
Bot et les siens arrivés vers les 9 heures vont commencez les maçonnerie des murs latéraux du bassin, de la terrasse — Demain vers les 7½ arrivée à Couiza de
l'attellage de Castelnegre portant l'escalier en pierre dure — Allant bien mieux, je me
lève à 7 h et 1/2 et m'établis au coin du feu — Après diné très fort vent marin et pluie — Je
fais dire à Hypolitte de se rendre demain à Couiza avec les 3 attellage pour aller prendre
l'escalier de pierre de Castelnegre.

Jeudi 19 Mars. froide journée; vent — visite d'adelina — moi je vais à peu près. je tousse
toujours beaucoup — Hypolitte en 2 voyage avec les 2 paires et le ch.
à monté de Couiza l'escalier en pierre et les briques de Castelnegre — Bot et les siens
après avoir consacré tous les 4, 3 heures chacun à continuez les fouilles du Bassin de la
terrasse, ont passé le reste de la journée à continuez les maçonnerie de ce même bassin,
Je fais dire à Martial de montez pour une commande de vin —

Vendredi 20 Mars — très belle journée — vais mieux; meilleure nuit; suis sorti quelque peu
avec le manteau — arrivée de Martial que j'ai entretenu de cette
commande de vin; il repart après déjeuner — Bot et tous les siens ont maçonné les murs
latéraux du petit bassin de la terrasse — Hypolitte a fait 2 voyages de sable avec les 2 paires,
les autres malades du presbytère vont aussi mieux.

Samedi 21 Mars — très belle journée — Hypolitte a fait 2 voyages de sable avec les 2 paire
Bot et les siens, après avoir passé le 1er quart de la matinée à maçonnez
pour son compte — a passé le 2e quart à netoyez le terrain destiné à recevoir le mur intérieur
du bassin. à midi n'ayant plus rien à faire, ils sont partis pour Luc pour travaillez pour
eux. Bot a pris 200m pour lui et un à compte de 30 m par l'espagnol qui entrait la pierre
moi je vais à peu près, mais n'ai pas encore dit la messe.

Dimanche 22 Mars — belle journée quoique fort vent marin — J'ai recommancé à dire
la messe après avoir passé 10 jours sans la dire — pas de vepres — Soirée
passée à la Serre à lire et écrire — Bonne nuit —

Lundi 23 Mars. fort vent marin, mais belle journée; j'ai toussé encore un peu — Hypolitte a fait seul avec 1 paire une journée de transports de pierre — à
9 heures, arrivée de Mr Caminade avec Bot et les siens — Jusqu'à midi, Bot et Saunière
ont passé 2 heures à achevez de bien netoyez les fouilles qui doivent recevoir le dernier mur circulaire du bassin — Le soir, Bot et les 3 autres ont commencé les maçonnerie de ce mur — Mr Cami-
nate est rentré à Limoux vers l'Esperaza par vais à mesure ainsi clamai ———

avec une paire et le cheval ont continué à transporter des pierres
non seulement du chemin de la chapelle, mais encore de la propriété de M. Gabelle. Aujourd'hui, tout le personnel du presbytère, sauf Guillaume est attent de l'influenza ; moi je n'ai pas encore dit la messe, mais je vais mieux.

Samedi 14 mars. Gros vent marin ; mauvaise journée pour nous tous. Je tousse beaucoup plus et tout le monde, à part Guillaume qui est toujours aux chapeaux, désire garder le lit. Je n'ai pas encore dit la messe. Arrivée de M. Marre qui ayant appris que nous étions souffrants vient lui-même nous payer les mandats. Nous le récompensons d'une bouteille de rhum. Bot et les siens ont fait le matin la demi-journée (Bot, Saunièrou et Hortense) à creuser les fossés de la terrasse. Le soir, avant de partir pour Luc, 3 ont fait environ ¼ de journée à continuer les maçonneries de la tour du Nord. Envoi d'une carte postale à M. Caminade pour lui dire de ne pas venir lundi, étant tous malade et Bot ne devant pas y être.

Dimanche 15 mars. À la suite du gros vent marin pluie sur toute la ligne et très mauvais temps. Après une très mauvaise nuit, je ne puis dire la messe et n'ai pas de remplaçant. 2 jours de suite au lit à suer comme dans une étuve ; ce qui me soulage beaucoup. Marie, sa Mère, Julie sont toujours bien atteintes.

Lundi 16 mars. Très mauvaise journée. Pas d'ouvriers d'aucune sorte. Mon rhume va un peu mieux ; me lève vers les 11 h. mais ne dis pas la messe Marie et les autres sont à peu près. Je passe la soirée au coin du feu où malgré le bon feu et les bons soins, je continue à beaucoup tousser.

Mardi 17 mars. Temps très froid. Rhume s'améliore. Pas d'ouvriers. Marie Julie et leur mère vont mieux. Je passe toute la journée au lit à tousser.

Mercredi 18 mars. Très belle journée. M. Caminade qui devait venir n'est pas monté. Bot et les siens arrivée vers les 9 heures vont commencer les maçonneries des murs latéraux du bassin, de la terrasse. Demain vers les 7 h arrivée à Couiza de l'attelage de Castelnègre portant l'escalier en pierre dure. Allant bien mieux, je me lève à 7 h et ½ et m'établis au coin du feu. Après diné, très fort vent marin et pluie. Je fais dire à Hypolitte de se rendre demain à Couiza avec les 3 attelages pour aller prendre l'escalier de pierre de Castelnègre.

Jeudi 19 mars. Froide journée ; vent. Visite d'Adelina. Moi je vais à peu près ; je tousse toujours beaucoup. Hypolitte en 2 voyages avec les 2 paires et le ch. a monté de Couiza l'escalier en pierre et les briques de Castelnègre. Bot et les siens après avoir consacré tous les 4, 3 heures chacun à continuer les fouilles du bassin de la terrasse, ont passé le reste de la journée à continuer les maçonneries de ce même bassin. Je fais dire à Martial de monter pour une commande de vin.

Vendredi 20 mars. Très belle journée. Vais mieux ; meilleure nuit ; suis sorti quelque peu avec le manteau. Arrivée de Martial que j'ai entretenu de cette commande de vin ; il repars après déjeuné. Bot et tous les siens ont maçonné les murs latéraux du futur bassin de la terrasse. Hypolitte a fait 2 voyages de sable avec les 2 paires. Les autres malades du presbytère vont aussi mieux.

Samedi 21 mars. Très belle journée. Hypolitte a fait 2 voyages de sable avec les 2 paires. Bot et les siens, après avoir passé le 1ᵉʳ quart de la matinée à maçonner pour son compte, a passé le 2ᵉᵐᵉ quart à nettoyer le terrain destiné à recevoir le mur intérieur du bassin. À midi n'ayant plus rien à faire, ils sont partis pour Luc pour travailler pour eux. Bot a pris 200 frs pour lui et un acompte de 30 frs pour l'Espagnol qui extrait la pierre. Moi je vais à peu près, mais n'ai pas encore dit la messe.

Dimanche 22 mars. Très belle journée quoique fort vent marin. J'ai recommencé à dire la messe après avoir passé 10 jours sans la dire. Pas de Vêpres. Soirée passée à la serre à lire et écrire. Bonne nuit.

Lundi 23 mars. Fort vent marin, mais belle journée ; j'ai toussé encore un peu. Hypolitte a fait seul avec 1 paire une journée de transport de pierres. À 9 heures, arrivée de M. Caminade avec Bot et les siens. Jusqu'à midi Bot et Saunière ont passé 2 heures à achever de bien nettoyer les fouilles qui doit recevoir le dernier mur circulaire du bassin. Le soir, Bot et les 3 autres ont commencé les maçonneries de ce mur. M. Caminade est rentré à Limoux par Espéraza pour voir le menuisier **Clamou**.

Mardi 24 Mars très belle journée passée par Bot. Saunierou et Paul à continuer de maçonner le mur contre intérieur de la terrasse — Les 2 ouvriers terrassiers qu'on avait fait louer de Luc par Saunierou veulent 3ᶠ 50 par jour au lieu de 3ᶠ dit par Mᵉ Bot. On les refusera — Je vais un peu mieux, mais je tousse toujours beaucoup — à 5 h et demi, arrivée de Mᵉ Caminade et de Laurent seul (Bauzil étant malade) qui vient reprendre son travail de taille de pierres — Avant de souper, Mᵉ Caminade écrit aux deux terrassiers de Luc de venir après demain au prix de 3,50 la journée — Mauvaise nuit — j'ai beaucoup toussé —

Mercredi 25 Mars — Continuation du fort vent marin, mais bonne journée quand même — Bousquet avec Laurent arrivé la veille au soir, reprennent leur travail de taille des pierres de grès (Bauzil est malade de la grippe) — Bot. Saunierou et Paul, sous la direction de Mᵉ Caminade, font la pose de quelques pierres du cul de lampe de la tourelle du midi et maçonnent à mesure — Le fort vent marin les dérange un peu — Moi je suis à peu près de mon étonné —

Jeudi 26 Mars — Vent marin moins fort et moins froid. Aussi je vais mieux — Les deux terrassiers de Luc ne peuvent venir jusqu'à la semaine prochaine — Laurent continue à travailler le grès — Hypolitte avec les 2 paires a été à la carrière avec Bousquet. Après avoir retiré du ruisseau les pierres qui s'y trouvaient, Hypolitte a fait 3 voyages — Bot. Saunierou et Paul, sous la direction de Mᵉ Caminade ont commencé à poser le cordon de la tour du midi — Mᵉ Caminade est parti ce soir pour revenir lundi — Le vent change —

Vendredi 27 Mars — Il a plu presque toute la journée — Les maçons n'ont pas travaillé, ni Bousquet — Laurent seul a fait 3/4 de journée —

Samedi 28 Mars — Le mauvais temps et la pluie continuant, les 2 tailleurs de pierre Laurent et Bousquet après avoir fait un quart sont partis. Les maçons ont travaillé environ 10 minutes. Rien pour ainsi dire — toute la journée, il a tombé une vrai pluie de printemps —

Dimanche 29 Mars — Après une matinée maussade, le temps semble se remettre au beau avec un peu de vent — Messe seulement car je ne suis pas suffisamment rétabli — peu de monde —

Lundi 30 Mars — Gros vent de Cers, mais bonne journée quand même — Bot. Saunierou et Paul, arrivés à 9 heures ont passé la matinée deux maçonneries du bassin de la terrasse et la soirée, sous les yeux de Mᵉ Caminade arrivé le matin avec Laurent seul, à la continuation de la pose du cordon de la tour du midi — Authier et Bousquet seuls (Bauzil n'étant pas guéri de l'influenza) ont passé la journée à travailler la pierre de grès — Bousquet est malade — Hypolitte a fait 2 voyages de sable avec les 2 paires — Les 2 ouvriers de Luc, pères de familles sont venus sans outils, voyant Mᵉ Caminade le futur travail de la carrière forts et l'entreprise de l'extraction de la pierre dure. Ils décident de commencer demain, du prix de 3ᶠ 50 la journée et de 3ᶠ 40 le M.C. extraction de la pierre dure — à 10 h. arrivée du R. P. supérieur de Castelnègre avec Mᵉ le Curé de Luc — Ils inspectent les travaux, déjeunent au presbytère et après avoir réglé l'achat de l'escalier et de la brique prise à Castelnègre, le tout au prix de 148 fr., le temps ne paraissant pas très, ils redescendent —

Mardi 31 Mars — Encore gros vent de Cers, mais bonne journée — Les 2 ouvriers de Luc ont commencé la journée à la carrière fort, sous la surveillance de Mᵉ Caminade qui paraît content d'eux — Hypolitte a fait avec 2 paires, 2 autres voyages de sable — Bot. Saun. et Paul ont continué de maçonner le mur intérieur du bassin de la terrasse — Bousquet étant retenu au moulin pas trop mal, Authier seul fait sa journée — Moi je vais de mieux en mieux —

Mercredi 1 Avril — Bonne journée — Les deux ouvriers de Luc ont continué à découvrir de la pierre à la carrière — Hypolitte a fait encore 2 autres voyages de sable — Bot. Saunierou et Authier sont aussi à la carrière — Bousquet et Bauzil sont toujours malades — Moi j'y ai été me promener et y ai passé la soirée me suis aperçu que comme toujours nos ouvriers ne travaillent guère —

Mardi 24 mars. Très belle journée passée par Bot, Saunièrou et Paul à continuer de maçonner le mur cintré intérieur de la terrasse. Les 2
ouvriers terrassiers qu'on avait fait louer de Luc par Saunièrou veulent 3 frs 50 par jour au lieu de 3 frs dit par M. Bot. On les refusera. Je vais un peu mieux mais je tousse toujours beaucoup. À 5 h et demi, arrivée de M. Caminade et de Laurent seul (Bauzil étant malade) qui vient reprendre son travail de taille de pierres. Avant de souper, M. Caminade écrit aux deux terrassiers de Luc de venir après demain au prix de 3,50 frs la journée. Mauvaise nuit. J'ai beaucoup toussé.

Mercredi 25 mars. Continuation du fort vent marin, mais bonne journée quand même. Bousquet avec Laurent arrivé la veille au soir, reprennent
leur travail de taille des pierres de grès (Bauzil est malade de la grippe). Bot, Saunièrou et Paul, en ¼ d'heure, sous la direction de M. Caminade font la pose de quelques pierres de cul de lampe de la tourelle du Midi et maçonnent à mesure. Le fort vent marin les dérange un peu. Moi je suis à peu près de mon rhume.

Jeudi 26 mars. Vent marin moins fort et moins froid. Aussi je vais mieux. Les deux terrassiers de Luc ne peuvent venir jusqu'à la semaine prochaine.
Laurent continue à travailler le grès. Hypolitte avec les 2 paires a été à la carrière avec Bousquet. Après avoir retiré du ruisseau les pierres qui s'y trouvaient, Hypolitte a fait 3 voyages. Bot, Saunièrou et Paul, sous la direction de M. Caminade ont commencé à poser le cordon de la tour du Midi. M. Caminade est parti ce soir pour revenir lundi. Le vent change.

Vendredi 27 mars. Il a plu presque toute la journée. Les maçons n'ont pas travaillé, ni Bousquet. Laurent seul a fait ¾ de journée.

Samedi 28 mars. Le mauvais temps et la pluie continuant les 2 tailleurs de pierres Laurent et Bousquet après avoir fait un quart sont
partis. Les maçons ont travaillé environ 10 minutes. Rien pour ainsi dire. Toute la journée, il a tombé une vraie pluie de printemps.

Dimanche 29 mars. Après une matinée maussade, le temps semble se remettre au beau avec un peu de vent. Messe seulement car je ne suis pas suffisamment rétabli. Peu de monde.

Lundi 30 mars. Gros vent de Cers, mais bonne journée quand même. Bot, Saunièrou et Paul, arrivés à 9 heures ont passé la matinée aux maçonneries du bassin de la terrasse et la soirée, sous les yeux de M. Caminade arrivé le matin avec Laurent seul, à la continuation de la pose du cordon de la tour du Midi. Authier et Bousquet seuls (Bauzil n'étant pas guéri de l'influenza) ont passé la journée à travailler la pierre de grès. Bousquet est malade. Hypolitte a fait 2 voyages de sable avec les 2 paires. Les 2 ouvriers de Luc, pères de familles sont venus sans outils, voir avec M. Caminade le futur travail de la carrière Fons et l'entreprise de l'extraction de la pierre dure. Ils décident de commencer demain au prix de 3 frs 50 la journée et de 1 fr 40 le M. C. extraction de la pierre dure. À 10 h. arrivée **du R. P. Supérieur de Castelnègre avec M. le curé de Luc**. Ils inspectent les travaux déjeunent au presbytère et après avoir réglé l'achat de l'escalier et de la brique prise à Castelnègre, le tout au prix de *148 frs*, le temps ne paraissant pas sûr, ils redescendent.

Mardi 31 mars. Encore gros vent de Cers mais bonne journée. Les 2 ouvriers de Luc ont commencé la journée à la carrière Fons, sous la surveillance de M. Caminade qui paraît content d'eux. Hypolitte a fait avec 2 paires, 2 autres voyages de sable. Bot Saun. et Paul ont continué de maçonner le mur intérieur du bassin de la terrasse. Bousquet étant retenu au moulin par son mal, Authier seul fait sa journée. Moi je vais de mieux en mieux.

Mercredi 1 avril. Bonne journée. Les deux ouvriers de Luc ont continué à découvrir de la pierre à la carrière. Hypolitte a fait encore 2 autres bons voyages de sable. Bot, Saunièrou et Authier sont aussi à la carrière. Bousquet et Bauzil sont toujours malades. Moi j'y ai été me promener et y ai passé la nuit me suis aperçu que comme toujours nos ouvriers ne travaillent guère.

Jeudi 2 Avril — Assez mauvaise journée — Mr Caminade a été à la carrière avec Anthès,
Bouquet Saunieron et les 2 ouvriers de Luc — A cause du mauvais temps
Ces deux derniers sont partis à 11 h. pour Luc — Anthès et Saunieron ont travaillé
jusqu'à 11 h. et Bouquet n'a fait que la soirée — Hypolitte n'a fait que 2 bien petits voyages, surtout le second avec 2 paires et le cheval — Le soir, le temps étant toujours incertain et étant un peu mouillé du matin, il n'a pas voulu y revenir. — Bot avait
été à Montbournet pour une saisie.
Vendredi 3 Avril — Même temps froid qu'hier, mais sans ondée — Monr Caminade
est revenu à la Carrière avec Anthès et 3 ouvriers de Luc qui ont
fait la journée entière — Bot a fait la soirée — Saunieron et Bouquet absents. le 1er
malade du gosier — Hypolitte avec 2 p. et le cher a fait 2 voyages de la Carrière le soir
Mr Clamon à Esperaza le charpentier est monté pour voir Mr Caminade —
Samedi 4 Avril. — Journée meilleure; Sous la surveillance de Mr Caminade, Bot, Saunieron, Anthès et les 3 ouvriers de Luc ont travaillé toute la journée
à la Carrière ou ils ont fini par trouver abondance de pierres, mais un peu remise — Hypo-
litte a fait 4 voyages avec 2 p. et le cher pour Voulagy, les bœuf et un peu de transeau.
Mr Caminade avec Anthès sont partis pour Limoux, le 1er après avoir emporté 200 f pour
lui. Hypolitte s'est blessé un peu à un doigt. — Je vais beaucoup mieux.
Dimanche 5 Avril — Rameaux. — Messe basse — Assez de monde — pas de chant de la paroisse
Catéchisme - Vepres - Vent frais —
Lundi 6 Avril. Belle journée — Marie va à Limoux pour affaire — arrivée vers les 8 h
Bot, Saunieron Paul terminent jusqu'à 11 h. les maçonneries du morceau
de mur du bassin terrasse. De 11 h. à midi, ils apportent quelques brouettées de gravier, à la
journée, à côté du sable — Le soir, tous les 3 nétoient le sol du futur bassin de la terrasse —
Anthès avec Bouquet, arrivés à 9 h. passent la journée à tailler de la pierre de grès —
Gélis père et fils commencent l'entreprise de l'extrayage de la pierre dure à 1.40
le m. cube et en four 1/2 toise environ. Je vais toujours mieux
Mardi 7 Avril. La plus belle journée jusqu'ici et la plus chaude — Mr Caminade
arrivé à 9 h rentre à la fin de la journée — Anthès et Bouquet
continuent à travailler la pierre de grès — Les deux Gélis continuent l'extrayage
de la pierre dure — Bot, Saunieron et Paul, jusqu'au déjeuner font des travaux de
terrassement à la tour du Nord — Du déjeuner à la fin de la journée macomment le sol du
futur bassin de la terrasse — Marie arrange le jardin et moi suis à peu près guéri —
Mercredi 8 Avril. Vent du Nord très fort et très froid — Anthès ne pouvant pas y tenir
rentre à Limoux après déjeuner après avoir fait un quart de j.
et emporte la quinzaine. c. à d: 33 f — Bouquet gagne la journée entière et règle
aussi: il prend 30 f. 75. — Ses 3 terrassiers de Luc ne règlent que les onze journées faites
à la carrière C'est à dire: 38 f 50 — Malgré le mauvais temps, ils font chacun 3/4 de
journées à extraire de la pierre dure — Bot, Saun. et Paul terminent à 4 h du soir
les maçonneries du sol du futur bassin de la terrasse — Avant de partir pour Luc
ils ramassent quelques brouettées de gravier pour le beton — Marie a été à Couiza
à la gare pour le vin vieux et à Montazels pour voir maman qui va mieux.
Jeudi 9 Avril. Le vent du Nord redouble de violence — Assez de monde aux offices — Le
matin, Hypolitte a été prendre 1 voyage de sable et a apporté les 4 bonbonnes
de vin vieux. Vers la fin de la journée, ayant trop chanté je prends mal de nouveau
et de nouveau je tousse et je souffre — Mauvaise nuit.
Vendredi saint 10 avril toujours même vent, mais avec un peu de soleil. après l'office
de 9 heures je m'enferme dans la serre d'ou je ne sors que
pour aller souper. Je travaille au bureau toute la soirée et suis toujours pris de la gorge
Samedi saint 11 Avril — Même vent qu'hier, mais moins violent et moins froid par
suite du bon soleil — Hypolitte a fait avec 2 paires 2 voyages
de sable un peu pierreux pour beton — Marie essaye de faire des gateaux. à cause
de mon rhume j'ai écouté l'office de ce jour — Bénédiction de l'eau seulement et
messe —— Alexandrine a été à Limoux —

Jeudi 2 avril. Assez mauvaise journée. M. Caminade a été à la carrière avec Authier,
Bousquet Saunièrou et les 2 ouvriers de Luc. À cause du mauvais temps
ces deux derniers sont partis à 11 h. pour Luc. Authier et Saunièrou ont travaillé
jusqu'à 11 h. et Bousquet n'a fait que la soirée. Hypolitte n'a fait que 2 bien petits voyages, surtout le second avec 2 paires et le cheval. Le soir, le temps étant toujours incertain et étant un peu mouillé du matin, il n'a pas voulu y revenir. Bot avait
été à Mouthoumet pour une saisie.

Vendredi 3 avril. Même temps froid qu'hier, mais sans ondées. Monsieur Caminade
est revenu à la carrière avec Authier et 3 ouvriers de Luc qui ont
fait la journée entière. Bot a fait la soirée. Saunièrou et Bousquet absents ; le 1er
malade du gosier. Hypolitte avec 2 p. et le ch. a fait 2 voyages à la carrière le soir.
M. Clamou d'Espéraza le charpentier est monté pour voir M. Caminade.

Samedi 4 avril. Journée meilleure ; sous la surveillance de M. Caminade, Bot, Saun-
-ièrou, Authier et les 3 ouvriers de Luc ont travaillé toute la journée
à la carrière où ils ont fini par trouver abondance de pierres, mais un peu rousses. Hypolitte a fait 4 voyages avec 2 p. et le chev. pour soulager les bœufs et un peu de traineau.
M. Caminade avec Authier sont partis pour Limoux. Le 1er après avoir emporté *200 frs* pour
lui. Hypolitte s'est blessé un peu à un doigt. Je vais beaucoup mieux.

Dimanche 5 avril. Rameaux. Messe basse. Assez de monde. Pas de chant de la Passion.
Catéchisme. Vêpres. Vent froid.

Lundi 6 avril. Belle journée. Marie va à Limoux pour affaires. Arrivé vers les 8 h.
Bot, Saunièrou, Paul terminent jusqu'à 11 h. les maçonneries du morceau
de mur du bassin terrasse. De 11 h. à midi, ils apportent quelques brouettées de gravier à la
journée, à côté du sable. Le soir, tous les 3 nettoient le sol du futur bassin de la terrasse.
Authier avec Bousquet, arrivés à 9 h. passent la journée à tailler de la pierre de grès.
(…) père et fils commencent l'entreprise de **l'extrayage** de la pierre dure à 1,40
le m. cube et en font ½ toise environ. Je vais toujours mieux.

Mardi 7 avril. La plus belle journée jusqu'ici et la plus chaude. M. Caminade
arrivé à 9 h. rentre à la fin de la journée. Authier et Bousquet
continuent à travailler la pierre de grès. Les deux (…) continuent l'extrayage
de la pierre dure. Bot, Saunièrou et Paul, jusqu'au déjeuné font des travaux de
terrassement à la tour du Nord. Du déjeuner à la fin de la journée maçonnent le sol du
futur bassin de la terrasse. Marie arrange le jardin et moi suis à peu près guéri.

Mercredi 8 avril. Vent du nord très fort et très froid. Authier ne pouvant pas y tenir
rentre à Limoux après déjeuné après avoir fait un quart de j.
et emporté la quinzaine c.à.d : *33 frs*. Bousquet gagne la journée entière et règle
aussi ; il prend *30 frs 75 c*. **Les 3 terrassiers** de Luc ne règlent que les onze journées faites
à la carrière c'est-à-dire : *38 frs 50*. Malgré le mauvais temps ils font chacun ¾ de
journées à extraire de la pierre dure. Bot, Saun. Et Paul terminent à 4 h du soir
les maçonneries du sol du futur bassin de la terrasse. Avant de partir pour Luc
ils ramassent quelques brouettées de gravier pour le béton. Marie a été à Couiza
à la gare pour le vin vieux et à Montazels pour voir Maman qui va mieux.

Jeudi 9 avril. Le vent du nord redouble de violence. Assez de monde aux offices. Le
matin Hypolitte a été prendre 1 voyage de sable et a apporté les 4 bombonnes
de vin vieux. Vers la fin de la journée, ayant trop chanté je prends mal de nouveau
et de nouveau je tousse et je souffre. Mauvaise nuit.

Vendredi Saint 10 avril. Toujours même vent, mais avec un peu de soleil. Après l'office
de 9 heures je m'enferme dans la serre d'où je ne sors que
pour aller souper. Je travaille au bureau toute la soirée et suis toujours pris de la gorge.

Samedi 11 avril. Même vent qu'hier, mais moins violent et moins froid par
suite du bon soleil. Hypolitte a fait avec 2 paires 2 voyages
de sable un peu pierreux pour béton. Marie essaye de faire des gâteaux. À cause
de mon rhume, j'ai écourté l'office de ce jour. Bénédiction ordinaire de l'eau seulement et
messe. Alexandrine a été à Limoux.

Dimanche Pâques 12 Avril — Belle journée, mais toujours fort vent du Nord — Assez de monde aux offices — Messe chantée — exposition quête
Guillaume a été à Montazels apporter une poule — temps sec

Lundi 13 Avril — temps couvert, vent froid et fort — Bot et les siens sont arrivés, mais ayant des visites, ils ne font presque rien. Le matin, après avoir à peine commencé le Béton du futur bassin terrasse, une lettre de Mr Camisade reçue à 9h 1/2 leur dit de cesser et de l'attendre. Ils passent le reste de la journée à ramasser quelque peu de graviers pour le lendemain — après dîné, malgré le mauvais temps, je vais à Montazels voir maman, et rentre le soir. pas d'autre ouvrier.

Mardi 14 Avril Meilleure journée, mais vent du Nord toujours froid — Mr Camisade arrive avec Authié seul, Bauzil étant encore souffrant — Authié et Bousquet reprennent leur travail de pierre de taille — Bot, Saunieroux et Paul sous la surveillance de Mr Camisade, reprennent à prix fait le Béton du fond du bassin de la terrasse, en employant moitié moins de ciment, Bot en employait beaucoup trop — à 8h arrivée des Religieuses d'Esperaza de Mr le Vicaire de Guillon et de ses parents tous déjeunent et passent la journée à Rennes — Visite d'un pauvre malheureux que sa femme, nièce d'un curé veut quitter. Je l'adresse à l'abbé à Montazels —

Mercredi 15 Avril — Forte gelée dans la nuit — peu de mal à Rennes — très belle journée à midi fin du Béton du fond bassin terrasse par Bot, Saun. et Paul De midi à la fin, ces 3 hommes posent les 4 premières marches des escaliers qui descendent dans le sous-sol de la tour du Nord, sous la surveillance de Mr Camisade — Les deux tailleurs de pierres continuent à en préparer — Vers les 2 heures visite du nouveau Curé de Serres, qui goûte et repart — Gambus fils et Delfour ayant terminé la toise 2me partent et reviendront demain pour piocher au bois —

Jeudi 16 Avril — fort vent du Nord froid — Les deux tailleurs continuent leur travail sous la surveillance de Mr Camisade qui doit partir ce soir. Bot, Saun. et Paul terminent la journée à la pose des pierres de taille de la porte d'entrée du sous-sol de la tour du Nord (à la journée) — Comme d'habitude, Paul faisant seul le mélange du sable et de la chaux en plein vent, laissant périr sans profit une bonne partie de la chaux, je m'emporte Assez fort contre les maçons Mr Camisade présent — très mauvaise fin de journée; orage de vent fort et froid; un peu de pluie; les maçons quittent plutôt — départ de Mr Camisade après soupé — Guillaume rentre mouillé des bois où il piochait avec les 2 ouvriers de Luc

Vendredi 17 Avril — Après une mauvaise nuit froide et venteuse, plus mauvaise journée; les maçons n'ont rien fait à cause du froid — Authié et Bousquet n'ont fait qu'un 1/4 avant déjeuner — Hypolitte avec 2 paires a fait 2 voyages de sable Guillaume et son fils sont aux bois seuls — ne pouvant pas travailler, Authié est parti pour Limoux à 4h 20 — et Bousquet au moulin.

Samedi 18 Avril — Même vent froid et fort qu'hier — pas d'ouvrier, tout le monde parti — Guillaume et Barthélemy sont au bois à piocher — moi dans la serre je prépare les comptes de la fabrique pour demain. Grosse gelée qui a fait beaucoup de mal dans toute la France

Dimanche 19 Avril — Le Mauvais vent du Nord faiblit; tout le monde parle des grandes pertes causées par la gelée — Assez de monde à la même Réunion du Conseil de fabrique: assez belle journée

Lundi 20 Avril — Le vent marin remplace le vent du Nord — départ de Barthélemy pour faire ses 28 jours — Bot et les siens arrivés à 8h travaillent à la maçonnerie de la tour du Nord; posent quelques angles sous la surveillance de Mr Camisade — Arrivé à 9h Authié et Bousquet préparent la pierre de grès — Hypolitte avec 1 paire fait une journée de transport de pierres de la chapelle et enlève 2 toises — Guillaume est au bois — Hypolitte fait repos — Mr Camisade rentre le soir —

Mardi 21 Avril — Suite du vent marin — Les maçons continuent leur travail à la tour du nord — Authié et Bousquet sont toujours au grès — visite nombreuses d'Esperaza on les fait boire et elles repartent — Temps à l'orage

Dimanche Pâques 12 avril. Belle journée, mais toujours fort vent du nord. Assez de monde aux offices. Messe chantée. exposition quête.
Guillaume a été à Montazels apporter une poule. Temps sec.
Lundi 13 avril. Temps couvert, vent froid et fort. Bot et les siens sont arrivés, mais ayant des visites, ils ne font presque rien. Le matin après avoir à peine commencé le béton du futur bassin terrasse, une lettre de M. Caminade reçue à 9 h ½ leur dit de cesser et de l'attendre. Ils passent le reste de la journée à ramasser quelque peu de gravier pour le lendemain. Après diné, malgré le mauvais temps, je vais à Montazels voir maman et rentre le soir. Pas d'autres ouvriers.
Mardi 14 avril. Meilleure journée, mais vent du nord toujours froid. M. Caminade arrive avec Authier seul, Bauzil étant encore souffrant. Authier et Bousquet reprennent leur travail de pierre de taille. Bot, Saunièrou et Paul sous la surveillance de M. Caminade, reprennent (…) fait le béton du fond du bassin de la terrasse, en employant moitié moins de ciment, Bot en employait beaucoup trop.
À 8 h. arrivée des religieuses d'Espéraza de M. le Vicaire de Quillan et de ses parents ; tous déjeunent et passent la journée à Rennes. Visite d'un pauvre malheureux que sa femme nièce d'un curé veut quitter. **Je l'adresse à l'abbé à Montazels**.
Mercredi 15 avril. Forte gelée dans la nuit. Peu de mal à Rennes. Très belle journée.
À midi fin du béton du fond bassin terrasse par Bot, Saun. et Paul.
De midi à la fin, ces 3 hommes posent les 4 premières marches des escaliers qui descendent dans le sous-sol de la tour du Nord, sous la surveillance de M. Caminade. Les deux tailleurs de pierres continuent à en préparer. Vers les 2 heures visite du **nouveau curé de Serres** qui goute et repart. Gambus fils et Delfoux ayant terminé la toise 2ème partent et reviendront demain pour piocher au Bals.
Jeudi 16 avril. Fort vent du nord froid. Les deux tailleurs continuent leur travail sous la surveillance de M. Caminade qui doit partir ce soir. Bot, Saun. et Paul terminent la journée à la pose des pierres de taille de la porte d'entrée du sous-sol de la tour du Nord (à la journée). Comme d'habitude, Paul faisant seul le mélange du sable et de la chaux en plein vent, laissant périr sans profit une bonne partie de la chaux, je m'emporte assez fort contre le maçon M. Caminade présent. Très mauvaise fin de journée ; orage de vent fort et froid ; un peu de pluie ; les maçons quittent ~~½ heure~~ plus tôt. Départ de M. Caminade après soupé. Guillaume rentre mouillé des Bals où il piochait avec les 2 ouvriers de Luc.
Vendredi 17 avril. Après une mauvaise nuit froide et venteuse, plus mauvaise journée ; les maçons n'ont rien fait à cause du froid. Authier et Bousquet n'ont fait qu'un ¼ avant déjeuné. Hypolitte avec 2 paires a fait 2 voyages de sable, Guillaume et son fils vont aux Bals seuls. Ne pouvant pas travailler, Authier est parti pour Limoux à 4 h 30. et Bousquet au moulin.
Samedi 18 avril. Même vent froid et fort qu'hier. Pas d'ouvriers, tout le monde parti. Guillaume et Barthélémy sont au Bals à piocher. Moi dans la serre je prépare les comptes de la Fabrique pour demain. Grosses gelées qui a fait beaucoup de mal dans toute la France.
Dimanche 19 avril. Le mauvais vent du nord faiblit ; tout le monde parle des grandes pertes causées par la gelée. Assez de monde à la messe.
Réunion du Conseil de Fabrique ; assez belle journée.
Lundi 20 avril. Le vent marin remplace le vent du nord. Départ de Barthélémy pour faire ses 28 jours. Bot et les siens arrivés à 8 h travaillent à la maçonnerie de la tour du Nord, posent quelques angles sous la surveillance de M. Caminade. Arrivés à 9 h. Authier et Bousquet préparent la pierre de grès. Hypolitte avec 1 paire fait une journée de transport de pierres de la chapelle et enlève 2 toises. Guillaume est au Bals. Hypolitte fait 2 repas. M. Caminade rentre le soir.
Mardi 21 avril. Suite du vent marin. Les maçons continuent leur travail à la tour du Nord. Authier et Bousquet sont toujours au grès. Visite nombreuses d'Espéraza, on les fait boire et elles repartent. Temps à l'orage.

Mercredi 22 Avril — temps couvert à l'orage. La pluie commence à tomber à 10 h. 1/ oblige à quitter les maçons qui travaillaient aux maçonneries de la tour du Nord et les 3 tailleurs dont Bauzil arrivé guéri à 9 heures du matin — Hypolitte avec 2 pairs a fait 1 voyage de sable et s'est mouillé — Marie a été à Couiza malgré le mauvais temps — Delsous et Gambus fils empêchés de piocher au bals par la pluie sont rentrés à Luc — — Bot appelle dans la nuit par un mourant à Luc —

Jeudi 23 Avril — Journée pluvieuse et froide — Les 3 tailleurs ont travaillé jusqu'au Déjeuner environ — Le reste de la journée, ils n'ont plus rien fait à cause de la pluie et du froid, et ont été se promener — Les maçons sont à Luc à cause du mort Alexandrine a été à Couiza échanger le mandat —

Vendredi 24 Avril — Assez belle journée quoique temps couvert et vent froid — arrivée du Wagon de 80 sacs de Chaux et 20 de Ciment — Hypolitte a fait avec 2 pairs et le cheval 1 voyage de sable et 1 voyage de Chaux ou ciment — Les 3 tailleurs ont continué à préparer des pierres de grès — Bot et les siens ne sont pas encore rentrés de la sépulture — et ne reviendront que lundi —

Samedi 25 Avril — même journée qu'hier — invitation à la 1re communion d'Angèle — Hypolitte en 2 voyages a terminé d'apporter la Chaux et le ciment — Les 3 tailleurs ont continué à préparer des pierres de grès et ont réglé leur quinzaine avant départ pour Limoux. Cette dernière s'élève seulement à 57f — 19 j. à 3 = 57 — malgré la longueur de journée, les affaires s'annonçant mal nous les maintenons à 3f et nous ne les j...

Dimanche 26 Avril — très belle journée quoiqu'encore un peu de vent — peu de monde aux offices — Adeline Rieu nous invite à la 1re communion de sa fille le 9 Juin — Arrivée de Barthélemy en permission de 24 heures. Chapelet pas de vêpres —

Lundi 27 Avril — matinée pluvieuse vent de nord froid — Ni Mr Cassignade ni les tailleurs ne sont montés — Arrivée en gare de 130 dalles 18020 Kilog — Baptême pompeux de la petite de Péchou de Commesvieille — Marie a été à Couiza et à montazels voir Marnay — Arrivée à 5 heures de Bot et les siens — Guillaume aux Chapeaux —

Mardi 28 Avril — Belle journée, mais vent marin — Conférence à Couiza à laquelle je n'assiste pas — arrivée à 9 h. de Mr Cassignade, Authié, et Bauzil; ils passent la journée à tailler des pierres de grès avec Bouguet qui a commencé à 6 h. — Hypolitte avec 2 paires a fait 2 voyages de la gare, transportant chaque fois 18 quintaux de dalles pour les marches (il aurait pu, le cheval en plus porté le tout en un seul voyage — Bot 1 autre son et les siens C. à 9. Paul ont continué les maçonneries de la tour du nord et la pose de quelques angles sous la surveillance de Mr Cassignade — Les deux ouvriers de Luc sont au bals avec Alexandrine — Visite d'un voyageur de toiles. Les 3 ouvriers de Luc qui avaient pioché le bals ont été réglé le soir et en rentrant chez eux ont perdu les 40f —

Mercredi 29 Avril — Belle journée; mais à 4 h. et demi orage d'un quart d'heure avec éclairs et tonnerre — Les pauvres ouvriers de Luc ont cherché vainement leur argent, ils n'ont rien trouvé — Les 3 tailleurs ont préparé des pierres de grès — Les maçons y compris Portens ont passé la journée à la tour du Nord à maçonner et surtout à poser des angles et autres pierres de taille sous la direction de Mr Cassignade qui est parti par le dernier train après souper — Il tonne de nouveau à la nuit tombante et pleut abondamment

Jeudi 30 Avril — Belle journée; mais dans la soirée orage d'un fort vent et orage de pluie ou de grêle du coté de Limoux — Hypolitte a fait le matin avec 2 pairs 1 voyage de sable et le soir, le cheval en plus 1 voy. de briques de l'Ardèche; alexandrine a été pour lui aider — Les 3 tailleurs ont travaillé du grès et de la pierre dure — Bot et tous les siens ont continué à maçonner la tour du nord et à poser des angles et autres Les 3 ouvriers de Luc qui n'ont pas trouvé les 40f ont fait 3 journées à arraser le terrain à extraire des pierres dures. Ils ont fait partir la mine et vont continuer demain Montazels a annoncé la fête de la Société —

Vendredi 1 Mai — Mauvaise journée de vent, pluie et froid — Fête de la Société à Montazels très il a grêlé à Limoux et Alet — Bot et les siens continue la maçonnerie de la tour du Nord — Les 3 tailleurs sont à la Carrière seuls — Hypolitte a fait le matin avec 2 pairs et le cheval le second voyage de briques joli et le soir 1 voyage de sable — Les 3 ouvriers de Luc sont à extraire des pierres avec la poudre — orage à la fin de la journée —

Mercredi 22 avril. Temps couvert à l'orage. La pluie commence à tomber à 10 h ½ et
oblige à quitter les maçons qui travaillaient aux maçonneries de la tour
du Nord et les 3 tailleurs dont Bauzil arrivé guéri à 9 heures du matin. Hypolitte avec
2 paires a fait 1 voyage de sable et s'est mouillé. Marie a été à Couiza malgré le
mauvais temps. Delfous et Gambus fils empêchés de piocher au Bals par la pluie sont
rentrés à Luc. Bot appelle dans la nuit pour un mourant à Luc.
Jeudi 23 avril. Journée pluvieuse et froide. Les 3 tailleurs ont travaillé jusqu'au
déjeuné environ. Le reste de la journée, ils n'ont plus rien fait à cause
de la pluie et du froid, et ont été se promener. Les maçons sont à Luc à cause du mort.
Alexandrine a été à Couiza échanger les mandats.
Vendredi 24 avril. Assez belle journée quoique temps couvert et vent froid. Arrivée du
wagon de 80 sacs de chaux et 20 de ciment. Hypolitte a fait avec 2 paires
et le cheval 1 voyage de sable et 1 voyage de chaux ou ciment. Les 3 tailleurs ont continué à
préparer des pierres de grès. Bot et les siens ne sont pas encore rentrés de la sépulture
et ne reviendront que lundi.
Samedi 25 avril. Même journée qu'hier. Invitation à la 1ère Communion d'Angèle. Hypolitte
en 2 voyages a terminé d'apporter la chaux et le ciment. Les 3 tailleurs
ont continué à préparer des pierres de grès et ont réglé leur quinzaine avant de partir pour
Limoux. Cette dernière s'élève à *57 frs*. 19 j. à 3frs 57. Malgré la longueur des
journées les affaires s'annonçant mal nous les maintenons à 3 frs et nourri par jour.
Dimanche 26 avril. Très belle journée quoique encore un peu de vent. Peu de monde aux
offices. Adeline Rieu nous invite à la 1ère Communion de sa fille
le 9 juin. Arrivée de Barthélémy en permission de 24 heures. Chapelet pas de Vêpres.
Lundi 27 avril. Matinée pluvieuse, vent du nord froid. Ni M. Caminade ni les tailleurs
ne sont montés. Arrivée en gare des 130 dalles 18 à 20 kilo. Baptême
pompeux de la petite de Péchou de Coumesourde. Marie a été à Couiza et à Montazels
voir Maman. Arrivée à 5 heures de Bot et les siens. Guillaume aux Chapeaux.
Mardi 28 avril. Belle journée mais vent marin. Conférence à Couiza à laquelle je
n'assiste pas. Arrivée à 9 h. de M. Caminade, Authier et Bauzil ; ils passent
la journée à tailler des pierres de grès avec Bousquet qui a commencé à 6 h. Hypolitte avec
2 paires a fait 2 voyages de la gare, transportant chaque fois 18 quintaux de dalles
pour les marches (il aurait pu, le cheval en plus porter le tout en un seul voyage). Bot,
Saunièrou et les siens c.à d. Paul ont continué les maçonneries de la tour du Nord et
la pose de quelques angles sous la surveillance de M. Caminade. Les deux ouvriers de
Luc qui avaient pioché les Bals ont été réglés le soir et en rentrant chez eux ont perdu les *40 frs*.
Mercredi 29 avril. Belle journée ; mais à 4 h. et demi orage d'un quart d'heure avec
éclairs et tonnerre. Les pauvres ouvriers de Luc ont cherché vainement
leur argent, ils n'ont rien trouvé. Les 3 tailleurs ont préparé des pierres de grès. Les maçons
y compris Hortense ont passé la journée à la tour du Nord à maçonner et surtout à poser des
angles et autres pierres de taille sous la direction de M. Caminade qui est parti par le
dernier train après soupé. Il tonne de nouveau à la nuit tombante et pleut abondamment.
Jeudi 30 avril. Belle journée mais dans la soirée orage d'un fort vent et orage de pluie
ou de grêle du côté de Limoux. Hypolitte a fait le matin avec 2 paires
1 voyage de sable et le soir, le cheval en plus, 1 voy. de briques de l'Ardèche ; Alexandrine
a été pour lui aider. Les 3 tailleurs ont travaillé du grès et de la pierre dure. Bot
et tous les siens ont continué à maçonner la tour du Nord et à poser des angles et autres.
Les 3 ouvriers de Luc qui n'ont pas trouvé les 40 frs ont fait 3 journées derrière la terrasse
à extraire des pierres dures. Ils ont fait partir la mine et doivent continuer demain.
Montazels a annoncé la fête de la société.
Vendredi 1 mai. Mauvaise journée de vent, pluie et froid. Fête de la Société à Montazels
hier il a grêlé à Limoux et Alet. Bot et les siens continuent les maçonneries
de la tour du Nord. Les 3 tailleurs sont à la carrière seuls. Hypolitte a fait le matin avec
2 paires et le cheval le second voyage de briques jolies et le soir 1 voyage de sable. Les 3 ouvriers
de Luc sont à extraire des pierres avec la poudre. Orages à la fin de la journée.

[Samedi] 2 mai — Meilleure journée qu'hier quoique encore venteuse et froide — Les 3 tailleurs sont retournés à la carrière trancher du Bloc et équarrir. Bot et tous les siens continuent les maçonneries de la tour du Nord. Anniversaire de Fçois Dalbiès — Les 3 ouvriers de Luc continuent d'extraire de la pierre à la Chapelle — Bot a demandé et pris : 300ᵏ — A la fin, tous les ouvriers partent — Les ouvriers de Luc ont réglé les 3 toises et demi à 1.40 le m.c. et puis 39ᶠ — Après le départ des tailleurs, j'ai été à la carrière visiter leur travail et ai été content — Arrivée de Barthélemy de Narbonne — Mort du fils.

Dimanche 3 mai — Fort vent marin et sec — peu de monde aux offices — catéchisme Vêpres — peu de monde. Départ de Barthélemy pour Narbonne — visite du frère de Bousquet — ouverture des processions dominicales.

Lundi 4 mai — Annonce d'une très belle journée, matinée splendide — Pluie à Quillan — je vais à Montazels voir maman qui est à peu près — à 9 heures arrivée des ouvriers et de Monsieur Caminade — Bot et les siens, le matin continuent les maçonneries de la 1ᵉʳᵉ partie de la tour du Nord et le soir préparent les fondations de la seconde partie de la dite tour; seulement ils sont si dérangés par le mauvais temps qu'ils ne peuvent pas compter le quelques heures employées à ce travail sous la surveillance de Mᵉ Caminade — Les 3 tailleurs, après avoir passé la matinée à Rennes vont le soir à la carrière continuer à équarrir des pierres et sont aussi bien dérangés par la pluie — Hypolitte passe la matinée avec 1 paire à transporter les pierres vers le chemin de la chapelle et le soir, sur l'ordre de Mᵉ Caminade, il va en mangeant à la carrière le cheval en plus prendre 1 voyage de pierres de grès et rentre juste avant que l'orage éclate — Il est tombé un peu partout une petite grêle.

Mardi 5 mai — Bonne journée, un peu venteuse — Les maçons ont commencé à construire les fondations de la seconde partie de la tour du Nord du côté du jardin du presbytère et posé le 1ᵉʳᵉ marche de l'escalier tournant de la tourelle sous la surveillance de Mᵉ Caminade — Les 3 tailleurs ont préparé des pierres de grès et des pierres dures — Hypolitte avec 1 paire et le cheval, a fait demi journée, le matin de transport de moëllons ordinaires et a transporté dans les deux demi journées, hier et aujourd'hui près de deux toises — Les 3 tailleurs continuent à bouder et à faire les mauvaises têtes relativement à la journée complète.

Mercredi 6 mai — très belle journée et chaude — Les 3 tailleurs préparent toujours des pierres de grès — Bot et les siens continuent les maçonneries et les escaliers de la tourelle de la tour du Nord sous la surveillance de Mᵉ Caminade qui rentre ce soir à Limoux — Après explication avec Mᵉ Caminade au sujet de l'entêtement de Bauzil. Mᵉ l'architecte le sermone un peu et semble avoir réussi. — Nous faisons dire à Hypolitte de se rendre demain à la carrière prendre des pierres.

Jeudi 7 mai — Vent marin froid, mais belle journée — Les 3 tailleurs sont à la carrière à arracher et équarrir des pierres — Hypolitte avec 2 paires et le cheval y a été faire 4 voyages — Foire et fête de la société à Esperaza — Bot et les siens continuent de maçonner et de monter les escaliers de la tourelle du Nord —

Vendredi 8 mai — Belle et chaude journée — Les 3 tailleurs sont à la carrière — Bot et les siens continuent les maçonneries de la tourelle de la tour du Nord — A midi, Saunière malade est parti pour Luc —

Samedi 9 mai — Annonce d'une très belle journée — Les 3 tailleurs continuent à préparer des pierres de grès — Bot, Hortense et Paul seuls, jusqu'au déjeuner enlèvent la terre qui est dans le sous-sol de la tour du Nord, à la journée — Du déjeuner à la fin continuent à maçonner la tour du nord — A la fin, départ de tous — les 3 tailleurs ont réglé 99 francs.

Dimanche 10 mai — Belle journée un peu venteuse — peu de monde à l'église; visite. Le soir promenade à la Carrière et songer. Vent froid —

Lundi 11 mai — à 9 heures, arrivée de Authié et Bauzil seuls. Mᵉ Caminade ne viendra que demain; Bousquet prêche au moulin — Le matin, Bot, Hortense et Paul continuent les maçonneries de la tour du Nord — Saunière étant malade, sur le désir de Bot j'écris à Martin de venir de suite — Les tailleurs ont continué à préparer des pierres de grès — Le soir Bot, Paul et les 2 tailleurs et moi allons à la carrière extraire des pierres et équarrir. Sur la fin de la journée orage menaçant.

Samedi 2 mai. Meilleure journée qu'hier quoique encore venteuse et froide. Les 3
tailleurs sont retournés à la carrière trancher des blocs et équarris.
Bot et tous les siens continuent les maçonneries de la tour du Nord. Anniversaire de Fçois
Dalbiès. Les 3 ouvriers de Luc continuent d'extraire de la pierre à la chapelle. Bot a demandé
et pris : 300 frs. à la fin, tous les ouvriers partent. Les ouvriers de Luc ont réglé les 3 toises et
demi à 1 fr 40 le m. c. et pris 39 frs. Après le départ des tailleurs, j'ai été à la carrière visiter
leur travail et ai été content. Arrivée de Barthélémy de Narbonne. Mort du furet.
Dimanche 3 mai. Fort vent marin et sec. Peu de monde aux offices. Catéchisme
Vêpres. ~~Peu de mon~~ Départ de Barthélémy pour Narbonne.
Visite du frère de Bousquet. Ouverture des processions dominicales.
Lundi 4 mai. Annonce d'une très belle journée ; matinée splendide. Foire à Quillan.
Je vais à Montazels voir Maman qui est à peu près. À 9 heures arrivée
des ouvriers et de M. Caminade. Bot et les siens , le matin continuent les maçonneries de la 1ère partie de la tour du Nord et le soir, préparent les fondations de la seconde
partie de la dite tour ; seulement ils sont si dérangés par le mauvais temps qu'ils ne
doivent pas compter les quelques heures employées à ce travail sous la surveillance de
M. Caminade. Les 3 tailleurs, après avoir passé la matinée à Rennes vont le soir à la
carrière continuer à équarrir des pierres et sont aussi bien dérangés par la pluie. Hypolitte
passe la matinée avec 1 paire à transporter les pierres dures du chemin de la chapelle et le
soir, sur l'ordre de M. Caminade, il va en maugréant à la carrière le cheval en plus
prendre 1 voyage de pierres de grès et rentre juste avant que l'orage éclate. Il est
tombé un peu partout une petite grêle.
Mardi 5 mai. Bonne journée, un peu venteuse. Les maçons ont commencé de
construire les fondations de la seconde partie de la tour du Nord du côté
du jardin du presbytère et pose la 1ère marche de l'escalier tournant de la tourelle sous la
surveillance de M. Caminade. Les 3 tailleurs ont préparé des pierres de grès et des
pierres dures. Hypolitte avec 1 paire et le cheval, a fait demi-journée, le matin de
transport de moellons ordinaires et a transporté dans les deux demi-journées, hier et
aujourd'hui près de deux toises. Les 3 tailleurs continuent à bouder et à faire leur
mauvaise tête relativement à la journée complète.
Mercredi 6 mai. Très belle journée et chaude. Les 3 tailleurs préparent toujours
des pierres de grès. Bot et les siens continuent les maçonneries
et les escaliers de la tourelle de la tour du Nord sous la surveillance de M. Caminade qui
rentre ce soir à Limoux. Après explication avec M. Caminade au sujet de l'entêtement de Bauzils, M. l'architecte le sermonne un peu et semble avoir réussi. Nous
faisons dire à Hypolitte de se rendre demain à la carrière prendre des pierres.
Jeudi 7 mai. Vent marin froid, mais belle journée. Les 3 tailleurs sont à la carrière
a arracher et équarrir des pierres. Hypolitte avec 2 paires et le cheval
y a été faire 4 voyages. Foire et fête de la Société à Espéraza. Bot et les siens continuent
de maçonner et de monter les escaliers de la tourelle du Nord.
Vendredi 8 mai. Belle et chaude journée. Les 3 tailleurs sont à la carrière.
Bot et les siens continuent les maçonneries de la tourelle de la
tour du Nord. À midi, Saunièrou malade est parti pour Luc.
Samedi 9 mai. Annonce d'une très belle journée. Les 3 tailleurs continuent à préparer
des pierres de grès. Bot, Hortense et Paul seuls, jusqu'au déjeuner enlèvent
la terre qui est dans le sous-sol de la tour du Nord, à la journée. Du déjeuner à la fin continuent
à maçonner la tour du Nord. à la fin, départ de tous. Les 3 tailleurs ont réglé *99 francs*.
Dimanche 10 mai. Belle journée un peu venteuse. Peu de monde à l'église ; visites.
Le soir promenade à la carrière et souper. vent froid.
Lundi 11 mai. À 9 heures, arrivée de Authier et Bauzils seuls. M. Caminade ne
viendra que demain ; Bousquet pioche au moulin. Le matin
Bot, Hortense et Paul continuent les maçonneries de la tour du Nord. Saunièrou étant
malade, sur le désir de Bot j'écris à Martin de venir de suite. Les 2 tailleurs ont continué
à préparer des pierres de grès. Le soir Bot, Paul et les 2 tailleurs et moi allons à la
carrière extraire des pierres et équarries. Sur la fin de la journée orage menaçant

Les coteaux de Brenac, St Just, Bézu, Sougraigne et Bugarach sont blancs de grêle. Rennes
a été préservé ; nous n'avons eu que de la pluie —
<u>Mardi 12 mai</u> Temps couvert, sombre, à la pluie ; il pleut par averse toute la soirée —
M. Caminade arrive à 9 heures, inspecte les travaux, dîne et repart à
4 h. 1/2 du soir après avoir pris 470" 65 montant de la brique en ciment de l'Ardèche — Les 2
tailleurs de pierre à cause du mauvais temps travaillent tantôt dehors et tantôt devant
Bot, après avoir passé la matinée à maçonner avec Paul et Hortense, se rend le soir aux
Bains de Rennes s'informe si Martin veut venir l'aider — Martin viendra fin mai
<u>Mercredi 13 mai</u>. Temps couvert, froid, averses tonnerre — Les 3 tailleurs continuent à préparer
des pierres de grès et des colonnettes — Ils travaillent tantôt dehors et tantôt
dedans à cause du temps — Bot, Paul et Hortense continuent à maçonner la tour du nord.
Arrivée des fers et des dernières dalles — Nous le faisons savoir à Hypolitte —
<u>Jeudi 14 mai</u> — Temps à moitié couvert mais belle journée — Les 3 tailleurs continuent à pré-
parer des pierres de grès — Bot Paul et Hortense continuent à maçonner la tour
du Nord — Les 3 ouvriers de Luc recommencent à extraire de la pierre dure — Hypolitte avec
2 paires et le cheval fait 2 voyages de la gare : le 1er il porte les 50 dernières dalles (1770 kilz)
le 2e des poutrelles pour le terrasse — Les 3 ouvriers de Luc ne reviennent pas demain.
<u>Vendredi 15 mai</u> — Belle journée — Hypolitte a fait avec 2 paires le 2e voyage des poutrelles
de la gare et est rentré chez lui après dîner après avoir pris les 200 frs de
fin mai, lui étant nécessaire — Bot Paul et Hortense continuent les maçonneries de la
Tour du Nord — Des 3 tailleurs, un travaille la pierre de grès et leurs autres tantôt
la pierre dure, tantôt celle de grès —
<u>Samedi 16 mai</u> — Bonne journée — Bot Paul et Hortense ont fini presque de maçonner la
tour du Nord et de poser les pierres de taille — Les 3 tailleurs continuent de
préparer des pierres de grès et partent à 6 h. 1/2 pour Limoux — Marie a été à Couiza —
<u>Dimanche 17 mai</u> Très belle journée — 1ère communion à Espéraza et à Arques sur Tech —
peu de monde aux offices — nombreuses visites de Fa — promenade
après les vêpres et soupé. —
<u>Lundi 18 mai</u> — Temps couvert, à la pluie ; il pleut même un peu sans déranger les
travaux de la journée — Conseil de révision à Couiza où Saunieron
de Luc est ajourné — Marie a été à Carcassonne acheter un 1er Enfant Jésus pour offrir
à la petite Adeline à Limoux — Moi j'ai été passé la journée à Montazels avec maman
un thé et Bauzil arrivé à 9 h ont passé la journée à préparer des pierres de grès — M.
Caminade n'est pas venu — Bot et Paul, après avoir passé la matinée à Couiza à
l'occasion du Conseil de révision n'ont fait qu'1 ajourner à commencer de maçonner
le parapet de la terrasse — Hypolitte malgré sa promesse n'est pas rentré de la 1ère
communion d'Espéraza —
<u>Mardi 19 mai</u> — Temps couvert, doux printanier. Les 3 tailleurs ont été à la carrière
extraire de pierres et ès équarrir et ont fait peu de travail. De plus n'ayant
pas de pierres ; nous avons décidé de ne plus en chercher — Bot et son fils ont continué le
parapet de la terrasse — Hypolitte a fait le matin 1 voyage de sable avec 2 p. et le cher. et
le soir avec le même attelage 2 voy. de pierres de la carrière — visite d'Espéraza —
<u>Mercredi 20 mai</u> — Pluie printanière jusqu'à midi — Les 3 tailleurs continuent de
préparer des pierres en travaillant dedans et dehors. Ils partent à la
fin de la journée après avoir réglé (75 f). Bot et son fils continuent le parapet de la terrasse
après midi seulement et partent le soir pour Luc — Hypolitte a fait le soir, avec 2 paires 1 voyage
de sable.
<u>Jeudi 21 mai</u> — Chaude journée — Fête de l'Ascension ; un peu plus de monde à l'église : 1,90
de quête — Même Carne. Les plâtriers montent pour le travail de la nouvelle maison.
<u>Vendredi 22 mai</u>. Je vais à Montazels voir maman : Marie y vient le soir et après y avoir passé
la journée nous rentrons à 6 heures. Hypolitte a fait 2 voy. de sable avec 2 paires
<u>Samedi 23 mai</u> — Très chaude journée — pas d'ouvriers ni hier ni aujourd'hui — Guillaume
à Espéraza — restons dedans au repos —

les coteaux de Brenac, St Just, Bézu, Sougraignes et Bugarach sont blancs de grêle. Rennes
a été préservé ; nous n'avons eu que de la pluie.

Mardi 12 mai. Temps couvert, sombre, à la pluie ; il pleut par averse toute la soirée.
M. Caminade arrivé à 9 heures, inspecte les travaux. Dine et repart à
4 h. ½ du soir après avoir pris *470 frs 65* montant de la brique en ciment de l'Ardèche. Les 2
tailleurs de pierres à cause du mauvais temps travaillent tantôt dehors et tantôt dedans.
Bot, après avoir passé la matinée à maçonner avec Paul et Hortense, se rend le soir aux
Bains de Rennes s'informer si Martin veut venir l'aider. Martin viendra fin mai.

Mercredi 13 mai. Temps couvert, froid, averses tonnerre. Les 3 tailleurs continuent à préparer
des pierres de grès et des colonnettes. Ils travaillent tantôt dehors et tantôt
dedans à cause du temps. Bot, Paul et Hortense continuent à maçonner la tour du Nord.
Arrivée des fers et des dernières dalles. Nous le faisons savoir à Hipollyte.

Jeudi 14 mai. Temps à moitié couvert mais belle journée. Les 3 tailleurs continuent à préparer des pierres de grès. Bot, Paul et Hortense continuent à maçonner la tour
du Nord. Les 3 ouvriers de Luc recommencent à extraire de la pierre dure. Hypolitte avec
2 paires et le cheval fait 2 voyages de la gare : le 1er il porte les 50 dernières dalles (1770 kilo)
le 2ème des poutrelles pour la terrasse. Les 3 ouvriers de Luc ne reviennent pas demain.

Vendredi 15 mai. Belle journée. Hypolitte a fait avec 2 paires le 2ème voyage des poutrelles
de la gare et est rentré chez lui après diné après avoir pris les *200 frs* de
fin mai lui étant nécessaire. Bot, Paul et Hortense continuent les maçonneries de la
tour du Nord. Des 3 tailleurs, Authier travaille la pierre de grès et deux autres tantôt
la pierre dure, tantôt celle de grès.

Samedi 16 mai. Bonne journée. Bot, Paul et Hortense ont fini presque de maçonner la
tour du Nord et de poser les pierres de taille. Les 3 tailleurs continuent de
préparer des pierres de grès et partent à 6 h. ½ pour Limoux. Marie a été à Couiza.

Dimanche 17 mai. Très belle journée. 1ère Communion à Espéraza et Arles-sur-Tech.
Peu de monde aux offices. Nombreuses visites de Fa. Promenade
après les Vêpres et souper.

Lundi 18 mai. Temps couvert à la pluie ; il pleut même un peu sans déranger les
travaux de la journée. Conseil de révision à Couiza où Saunièrou
de Luc est ajourné. Marie a été à Carcassonne acheter un St Enfant Jésus pour offrir
à la petite d'Adeline à Limoux. Moi j'ai été passé la journée à Montazels avec Maman.
Authier et Bauzils arrivés à 9 h ont passé la journée à préparer des pierres de grès. M.
Caminade n'est pas venu. Bot et Paul, après avoir passé la matinée à Couiza à
l'occasion du Conseil de révision n'ont fait que ½ journée à commencer de maçonner
le parapet de la terrasse. Hypolitte malgré sa promesse n'est pas rentré de la 1ère
Communion d'Espéraza.

Mardi 19 mai. Temps couvert, doux printanier. Les 3 tailleurs ont été à la carrière
extraire des pierres et en équarrir et ont fait peu de travail. De plus n'ayant
pas de pierres, nous avons décidé de ne plus en chercher. Bot et son fils ont continué le
parapet de la terrasse. Hypolitte a fait le matin 1 voyage de sable avec 2 p. et le chev. et
le soir avec le même attelage 2 voy. de pierres de la carrière. Visite d'Espéraza.

Mercredi 20 mai. Pluie printanière jusqu'à midi. Les 3 tailleurs continuent de
préparer des pierres en travaillant dedans et dehors. Ils partent à la
fin de la journée après avoir réglé (75 frs). Bot et son fils continuent le parapet de la terrasse
après-midi seulement et partent le soir pour Luc. Hypolitte a fait le soir, avec 2 paires 1 voyage
de sable.

Jeudi 21 mai. Chaude journée. Fête de l'Ascension ; un peu plus de monde à l'église : 1,90
de quête. Messe basse. Les plâtriers montent pour le travail de la nouvelle maison.

Vendredi 22 mai. Je vais à Montazels voir Maman ; Marie y vient le soir et après y avoir passé
la journée nous rentrons à 6 heures. Hypolitte a fait 2 voy. de sable avec 2 paires.

Samedi 23 mai. Très chaude journée. Pas d'ouvriers ni hier ni aujourd'hui. Guillaume
à Espéraza. Restons dedans au repos.

Dimanche 24 mai - Journée suffocante — peu de monde aux offices — visite des frères de Guillaume et de Fa

Lundi 25 mai - très forte journée de chaleur — à 9 h, arrivée de M. Caminade qui repart par le dernier train, après avoir inspecté les travaux et le reçu 421 45 c montant de l'achat des Dalles — Arrivée de Bot et sa famille qui continue la banquette de la terrasse et commence la pose des premiers angles de la 2ème partie de la terrasse du midi — Arrivé des 2 tailleurs qui avec Bouquet continuent de préparer des pierres de grès — Barthélemy aux bals et Guillaume à Esperaza.

Mardi 26 mai — Annonce d'une chaude journée — Les 3 tailleurs continuent de préparer des pierres de grès et Bot va commencer le couronnement en briques de la banquette de la terrasse — Vers midi temps menaçant orageux — il pleut à verse dans tous les environs: pas à Rennes — Comme journée — Les tailleurs travaillent avec moins d'aides.

Mercredi 27 mai - légère pluie matinale; toujours temps chaud et lourd — Les 3 tailleurs continuent de préparer des pierres - Bot et les siens continuent le couronnement en brique de la banquette de la terrasse et la banquette elle même — Il a beaucoup tonné dans la nuit et plu un peu — Le temps s'est refroidi et il souffle un vent marin fort et frais qui fait beaucoup de mal — Hypolitte avait été au sable et n'y ayant pas de tiré est remonté sans rien — Annonce de la pendaison de Batudette de Montazels —

Jeudi 28 mai — Même vent marin fort et froid qui fait beaucoup de mal au jardin aux propriétés — Les 3 tailleurs continuent de préparer des pierres de grès — Bot et sa famille continuent la banquette et le couronnement — Les siens de M. le Curé de Luc sont venus nous voir et ont déjeuné au presbytère — Hypolitte avec 1 paire et le cheval a tiré des pierres dures de la chapelle toute la journée. Le soir, Bouquet l'a aidé, à cause du long trajet et des difficultés —

Vendredi 29 mai — temps sombre couvert; vent moins violent mais toujours froid — Bot termine le premier morceau de parapet et fait les joints avec Paul et Hortense — Les 3 tailleurs, Authier et Bauzil continuent à préparer des pierres de grès et Bouquet toute la journée a été à la carrière avec Hypolitte qui avec 1 paire et le cheval a fait 4 voyages — moi j'y ai été le soir — Marie a été à Limoux porter à Adeline la statue de l'enfant Jésus de Prague —

Samedi 30 mai — Cessation du vent — temps couvert - il a plu dans la nuit et la journée est mauvaise, aussi; Bouquet n'a pas travaillé et Authier et Bauzil, après avoir fait le 1er quart sont partis à 9 h pour Limoux — Bot n'a rien fait de la journée et est parti pour Luc sans vouloir attendre pour l'aider à décharger. Hypolitte qui a été à la gare prendre les lames de parquet (1350) avec 2 paires et le cheval est tombé. Il est arrivé à 6 h avec la pluie, mauvais chargeurs et 4 lames brisées au contour - tout: Guillaume a apporté 40 t.

Dimanche 31 mai: Pentecôte. Peu de monde aux offices; messe basse; exposition; quête peu fructueuse — temps nuageux et pluvieux. Visite

Lundi 1 Juin — temps lourd, menaçant; chaud — Je vais à Montazels voir maman vers les 2 heures grand orage jusqu'à 4 h; retour à Rennes — visite des parents de Bouquet de Limoux — pas d'ouvriers — nouvel orage dans la nuit

Mardi 2 Juin — temps frais, couvert et pluvieux toute la journée — à 9 heures arrivée de Bauzil et Authier, qui font la journée vaille que vaille Bouquet n'a pas travaillé — Bot et sa famille au retour d'une sépulture de Granès n'ont rien fait à cause du mauvais temps — M. Caminade n'est pas venu La Rivière ayant grossi, on ne pourra avoir du sable de 3 jours — M. Martin étant malade ne peut venir — Guillaume seul à Esperaza. Hypolitte porte du bois -

Mercredi 3 Juin — après une nouvelle nuit de pluie et une matinée maussade et humide, le temps se lève avec un peu de vent — Bot et Paul font 3/4 de journée à continuer les joints du Parapet — Authier et Bauzil font leur journée à tailler la pierre de grès - après dîner, ils commencent à débiter la pierre blanche. Bouquet arrivé après déjeuner taille du grès — Barthélemy est sans travail — grosse pluie à 6 h

Dimanche 24 mai. Journée suffocante. Peu de monde aux offices. Visite du frère
de Guillaume et de Fa.

Lundi 25 mai. Très forte journée de chaleur. À 9 h. arrivée de M. Caminade qui repart
par le dernier train après avoir inspecté les travaux et le reçu *421 frs 45 c*
montant de l'achat des dalles. Arrivée de Bot et sa famille qui continue la banquette
de la terrasse et commence la pose des premiers angles de la ~~prem~~ 2ème partie de la tour du
Midi. Arrivée des 2 tailleurs qui avec Bousquet continuent de préparer des pierres de
grès. Barthélémy aux Bals et Guillaume à Espéraza.

Mardi 26 mai. Annonce d'une chaude journée. Les 3 tailleurs continuent de préparer
des pierres de grès et Bot va commencer le couronnement en briques de la
banquette de la terrasse. Vers midi temps menaçant orageux. Il pleut à verses dans tous
les environs : pas à Rennes. Bonne journée. Les tailleurs travaillent avec moins d'ardeur.

Mercredi 27 mai. Légère pluie matinale : toujours temps chaud et lourd. Les 3 tailleurs
continuent de préparer des pierres. Bot et les siens continuent le couronnement en brique de la banquette de la terrasse et la banquette elle-même. Il a beaucoup tonné
dans la nuit et plu un peu. Le temps s'est refroidi et il souffle un vent marin fort et froid qui
fait beaucoup de mal. Hypolitte avait été au sable et n'en ayant pas de tiré est remonté
sans rien. Annonce de la pendaison de Batudette de Montazels.

Jeudi 28 mai. Même vent marin fort et froid qui fait beaucoup de mal au jardin et
aux propriétés. Les 3 tailleurs continuent de préparer des pierres de grès. Bot
et sa famille continuent la banquette et le couronnement. Les sœurs de M. le curé de Luc
sont venues nous voir et ont déjeuné au presbytère. Hypolitte avec 1 paire et le cheval a
tiré des pierres dures de la chapelle toute la journée. Le soir, Bousquet l'a aidé, à cause
du long trajet et des difficultés.

Vendredi 29 mai. Temps sombre couvert ; vent moins violent mais toujours froid.
Bot termine les premiers morceaux du parapet et fait les joints avec **Paul** et
Hortense. Les **3 tailleurs**, **Authier** et Bauzil continuent à préparer des pierres de grès et Bousquet
toute la journée a été à la carrière avec **Hypolitte** qui avec 1 paire et le cheval a fait ~~deux~~
4 voyages. Moi j'y ai été le soir. Marie a été à Limoux porter à Adeline la statue de
l'enfant **Jésus de Prague.**

Samedi 30 mai. Cessation du vent. Temps couvert. Il a plu dans la nuit et la
journée est mauvaise, aussi, Bousquet n'a pas travaillé et
Authier et Bauzil, après avoir fait le 1er quart sont partis à 9 h. pour Limoux. Bot
n'a rien fait de la journée et est parti pour Luc sans vouloir attendre pour l'aider
à décharger, Hypolitte qui a été à la gare prendre les lames de parquet (1350 kilo)
avec 2 paires et le chev. et Louise. Il est arrivé à 6 h. avec la pluie ; mauvais chargement
et 4 lames brisées au contour. Soupé. Guillaume a apporté *40 frs*.

Dimanche 31 mai. Pentecôte. Peu de monde aux offices ; messe basse ; exposition ;
quête peu fructueuse. Temps nuageux et pluvieux. Visites.

Lundi 1 juin. Temps lourd menaçant, chaud. Je vais à Montazels voir Maman.
Vers les 2 heures grand orage jusqu'à 4 h. ; Retour à Rennes. Visite des
parents de Bousquet de Limoux. Pas d'ouvriers. Nouvel orage dans la nuit.

Mardi 2 juin. Temps frais, couvert et pluvieux toute la journée. À 9 heures
arrivée de Bauzil et Authier qui font la journée vaille que vaille
Bousquet n'a pas travaillé. Bot et sa famille au retour d'une sépulture de
Granès n'ont rien fait à cause du mauvais temps. M. Caminade n'est pas venu
la rivière ayant grossi on ne pourra avoir du sable de 3 jours. M. Martin étant
malade ne peut venir. Guillaume seul à Espéraza. Hypolitte porte du bois.

Mercredi 3 juin. Après une nouvelle nuit de pluie et une matinée maussade et
humide, le temps se lève avec un peu de vent. Bot et Paul font
¾ de journée à continuer les joints du parapet. Authier et Bauzil font leur journée à
tailler la pierre de grès. Après diné, ils commencent à débiter la pierre blanche. Bousquet
arrivé après déjeuné taille du grès. Barthélémy est sans travail. Grosse pluie à 6 h.

Jeudi 4 Juin – toujours Ciel couvert, humide et froid – Bot ne fait rien de la journée
Martin ne peut venir – Bousquet reste au moulin – Authier et Banzel
après déjeuner partent pour Limoux ne pouvant travailler à cause du froid. Ils règlent 20
journées 3/4 à trois. total : 62 " 25 – J'écris toute la soirée au bureau journée d'hiver. –
Vendredi 5 Juin. toujours temps couvert et menaçant – ne pouvant s'occuper Bot et les
siens partent pour Luc jusqu'à Lundi et le travail ne se fait pas par la
faute de M. Caminade qui ne se gêne pas – Hypolitte va au sable avec 2 paires et le cheval
et n'en ayant pas trouvé de tiré, les eaux étant trop grosses, en ramène une demi
charrette et monte. Après dîné il fait 2 voyages de la carrière ; au premier Barthé
-lemy lui aide. belle journée.
Samedi 6 Juin. très belle journée – Visite de Serny et son fils qui dînent au presbytère
Hypolitte fait 4 voyages de la carrière avec 2 paires et le cheval. Il est à
regretter que nous n'ayons pas eu d'ouvriers –
Dimanche 7 Juin très belle journée – fête de la Société à Couiza – peu de monde aux
offices – Visite de personnes de St Jean de Paracol – Alexandrine
a été à Montazels voir Mamay et lui apporte des gâteaux – Nous irons prendre ma
mère après demain.
Lundi 8 Juin – Il a plu un peu sur le jour et la journée s'annonce moins belle qu'hier –
à 8 heures arrivée de Bot, Saunieron et les autres et continuent la banquette de la terrasse – M. Caminade ne viendra que mercredi avec Authier et Banzel –
Bousquet venu à 9 heures pour travailler rentre au moulin un peu de mauvaise
humeur – Arrivée de Oscar Vila pour voir le parquet et parler des futurs travaux de
menuiserie – temps menaçant, et à l'orage
Mardi 9 Juin. Après avoir plu toute la nuit la matinée s'annonce belle quoique
sombre – Bot Saunieron et les siens continuent la banquette de la terrasse
après dîné il pleut jusqu'à 2 heures – à la tombée du jour Hypolitte arrive avec 2 paires et
une charrette de sable ; Louise sa femme apporte fèves pois et salade – ils soupent et repart
Mercredi 10 Juin – Malgré temps couvert et menace de pluie, la journée est bonne – Bot
Saunieron et les autres terminent la seconde partie des maçonneries
du parapet (Courbe) et terminent les joints de la première partie – Arrivé à 9 h. les 3 tailleurs
passent la journée à Scié et préparent des pierres de grès – Monsieur Caminade monte avec
eux nous montre les plans des ouvertures de la villa ; le plan des tours. et donne le travail
de menuiserie en chêne à 10 " 6 m.c. à Oscar monte pour prendre les dernières mesures
M. Marie receveuse des postes est changée à Balaruc les bains –
Jeudi 11 Juin – temps doux chaud couvert menace de pluie et petit orage à la fin de la journée
Bot Saunieron et les autres ont échafaudé et commencé le couronnement de
la seconde partie du parapet de la terrasse – Les 3 tailleurs ont tour à tour taillé du grès et scié
Hypolitte a fait 2 voyages ordinaires de sable avec 2 paires et cher. 2 repas. –
Vendredi 12 Juin – à cause de la pluie, les 3 tailleurs n'ont commencé leur journée qu'à 9 heures
Bot a ramené le sacs et a fait 5 paquets de 4 de 50 et 1 de 52 – Les 3
tailleurs ont tour à tour Scié et taillé la p de grès – Bot Saunier et les autres ont échafaudé et
continué le couronnement du parapet de la terrasse – temps toujours froid, brumeux et à la pluie.
Samedi 13 Juin – journée mauvaise et très pluvieuse – Marie qui devait aller à Montazels
voir l'abbé de Mazaut, ne peut partir – tous les ouvriers sont partis sans
commencer leur journée. moi je travaille à la Serre – à la suite de ces grandes pluies, le puits
se remplit ; mais l'eau repart bientôt, le cimentage n'étant pas suffisant.
Dimanche 14 Juin – la pluie a cessé, et la journée est moins mauvaise – bien que ce soit la
Solennité du Corpus, il y a très peu de monde à l'Église ; pas de procession
du c. s. st – Dans la soirée, arrivée de Mathilde et ses enfants ; ils repartent après soupé avec
un peu de mauvais temps ; j'annonce pour dimanche la fête de l'adoration –
Lundi 15 Juin – Avec Marie, nous allons à Montazels voir Mamay que nous trouvons à
la maison de l'abbé bien soignée par Martial et Pauline – après j'avais
dîné, et avoir été aux cerises, nous remontons – M. Caminade est venu à Rennes et après
avoir inspecté les travaux et donné ses ordres pour la pierre blanche, il est rentré à dîner à

Jeudi 4 juin. Toujours ciel couvert, humide et froid. Bot ne fait rien de la journée.
Martin ne peut venir. Bousquet reste au moulin. Authier et Bauzil
après déjeuné partent pour Limoux ne pouvant travailler à cause du froid. Ils règlent 20
journées ¾ à trois. Total *62 frs 25*. J'écris toute la soirée au bureau. Journée d'hiver.
Vendredi 5 juin. Toujours temps couvert et menaçant. Ne pouvant s'occuper Bot et les
siens partent pour Luc jusqu'à lundi et le travail ne se fait pas par la
faute de M. Caminade qui ne se gêne pas. Hypolitte va au sable avec 2 paires et le chev.
et n'en ayant pas trouvé de tiré, les eaux étant trop grosses, en ramène une demi
charretée et monte. Après diné il fait 2 voyages de la carrière ; au premier Barthélémy lui aide. Belle journée.
Samedi 6 juin. Très belle journée. Visite de Serny et son fils qui dinent au presbytère.
Hypolitte fait 4 voyages de la carrière avec 2 paires et le cheval. Il est à
regretter que nous n'ayons pas eu d'ouvriers.
Dimanche 7 juin. Très belle journée. Fête de la Société à Couiza. Peu de monde aux
offices. Visite de personnes de St Jean de Paracol. Alexandrine
a été à Montazels voir Maman et lui apporter des gâteaux. Nous irons prendre ma
mère après-demain.
Lundi 8 juin. Il a plu un peu sur le jour et la journée s'annonce moins belle qu'hier.
À 8 heures arrivée de Bot, Saunièrou et les autres et continuent la banquette de la terrasse. M. Caminade ne viendra que mercredi avec Authier et Bauzil.
Bousquet venu à 9 heures pour travailler rentre au moulin un peu de mauvaise
humeur. Arrivée de Oscar Villa pour voir le parquet et parler des futurs travaux de
menuiserie. Temps menaçant et à l'orage.
Mardi 9 juin. Après avoir plus toute le nuit la matinée s'annonce belle quoique
sombre. Bot Saunièrou et les siens continuent la banquette de la terrasse.
Après diné il pleut jusqu'à 2 heures. À la tombée du jour Hypolitte arrivé avec 2 paires et
une charretée de sable ; Louise sa femme apporte fèves pois et salade. Ils soupent et repartent.
Mercredi 10 juin. Temps couvert et menace de pluie, la journée est bonne. Bot
Saunièrou et les autres terminent la seconde partie des maçonneries
du parapet (courbe) et terminent les joints de la première partie. Arrivés à 9 h. les 3 tailleurs
passent la journée à scier et préparer des pierres de grès. Monsieur Caminade monté avec
eux nous montre les plans des ouvertures de la villa ; le plan des tours et donne le travail
des menuiseries en chêne à 10 frs le m. c. à Oscar monté pour prendre les dernières mesures.
Mme Marre receveuse des postes est changée à Balaruc-les-Bains.
Jeudi 11 juin. Temps doux, chaud couvert menace de pluie et petit orage à la fin de la journée.
Bot, Saunièrou et les autres ont échafaudé et commencé le couronnement de
la seconde partie du parapet de la terrasse. les 3 tailleurs ont tour à tour taillé du grès et scié.
Hypolitte a fait 2 voyages ordinaires de sable avec 2 paires et chev. 2 repas.
Vendredi 12 juin. À cause de la pluie, les 3 tailleurs n'ont commencé leur journée qu'à 9 heures.
Bot a ramassé les sacs et a fait 5 paquets de : 4 de 50 et 1 de 52. Les 3
tailleurs ont tour à tour scié et taillé la p. de grès. Bot, Saunière et les autres ont échafaudé et
continué le couronnement du parapet de la terrasse. Temps toujours froid, brumeux et à la pluie.
Samedi 13 juin. Journée mauvaise et très pluvieuse. Marie qui devait aller à Montazels
voir l'abbé de ma part ne peut partir. Tous les ouvriers sont partis sans
commencer leur journée. Moi je travaille à la serre. à la suite de ces grandes pluies, le puits
a rempli, mais l'eau repart bientôt, le cimentage n'étant pas suffisant.
Dimanche 14 juin. La pluie a cessé, et la journée est moins mauvaise. Bien que ce soit la
solennité du Corpus, il y a très peu de monde à l'église ; pas de procession
du T. S. S. Dans la soirée, arrivée de Mathilde et ses enfants ; ils repartent après souper avec
un peu de mauvais temps ; j'annonce pour dimanche la fête de l'Adoration.
Lundi 15 juin. Avec Marie, nous allons à Montazels voir Maman que nous trouvons à
la maison de l'abbé bien soignée par Martial et Pauline. Après y avoir
diné, et avoir été aux cerises, nous remontons. M. Caminade est venu à Rennes et après
avoir inspecté les travaux et donné ses ordres pour la pierre blanche, il est rentré à Limoux

après avoir soupé et nous avoir communiqué le dernier plan des tours. Temps à la pluie —
Mardi 16 juin — temps couvert, frais; magnifique journée — Bot, Saunéron et Paul, après
avoir la veille fané la journée à terminer le couronnement de la seconde
partie du parapet de la terrasse sous la surveillance de Mr Camisade ont commencé aujour-
d'hui à faire les joints de cette seconde partie, avec un temps parfait — Authier a continué
à travailler la pierre de Grès, pendant que Bauzil et Bousquet ont scié la pierre blanche
Mercredi 17 Juin — très belle journée — Bot et les siens ont continué de faire les joints de la 2e
partie du mur de la terrasse — Bauzil et Bousquet ont scié jusqu'à 3 h
du soir et ont commencé après de travailler les seuils des fenêtres des tours avec Authier qui
les travaillait depuis après le déjeuner — sur la fin de la journée vent marin —
Jeudi 18 Juin — vent marin assez fort et fatigant — Saunéron continue à faire les joints
de la seconde partie du mur de la terrasse pendant que Bot et les siens commence le parapet de la troisième partie de la terrasse (côté [illisible]) Les 3 tailleurs de pierres
préparent la blanche et font une bonne journée — Marie et Julie ont été à Carla.
Vendredi 19 Juin — Bonne journée — Bot Saunéron et les autres ont continué le parapet de la
terrasse — Les 3 tailleurs ont préparé de pierre blanche et scié — Durant la
journée, le temps ayant été chargé de gros nuage, vers les 9 heures du soir un orage lointain
et menaçant, accompagné de nombreux et éblouissant éclairs a éclaté de Toulouse à
Carcassonne; nous a menacé un instant.
Samedi 20 Juin — jusqu'à 8 heures petite pluie qui n'a pas dérangé les ouvriers; temps chargé
vent très fort et froid — Il a grêlé beaucoup à Alet cette nuit pane et orage
terrible, mais court à Montazels — Les 3 tailleurs ont scié et préparé des pierres blanches,
ils ont réglé et pris 78x 75° — Bot, Saunéron et les autres ont terminé le parapet de la 3e
partie de la terrasse et commencé la banquette en carrots — et sont partis. Il fait bien froid.
Dimanche 21 Juin — toujours temps froid — Adoration anticipée; un peu plus de monde
aux offices: Rouanet invité n'a pas pu venir; quête peu fructueuse
après Vêpres, nous allons au moulin où nous soupons —
Lundi 22 Juin — meilleure journée — Les tailleurs de pierre de Limoux ne doivent remonter que mercredi: Bousquet seul est venu à 9 heures a fait une
console 1/2 et a quitté à 2 heures, se trouvant malade — Hypolite avec 2 paires a fait 2 voy.
de sable — Arrivé à 8h. les maçons ont passé la journée à faire les joints — Marie, Julie
et moi avons été à Montazels voir maman, malade et sommes remontés à 9 heures,
pensant que Rouanet viendrait et n'est pas venu —
Mardi 23 Juin — annonce d'une bonne journée — arrivée de l'abbé Rouanet à 10 heures
Alexandrine va à Limoux acheter des oies — Bot et les siens terminent la
banquête en brique du parapet de la 3eme partie de la terrasse — Four à Limoux, aucun
tailleur de pierre — Hypolite avec 2 paires a fait 2 voyages de sable — Mariage de J. Marty.
Mercredi 24 Juin. Bonne journée — à 9 h. arrivée d'Authier seul qui passe la journée
à faire des consoles en p. blanche — Bousquet malade et Bauzil fait
proche sa vigne — Fête Patronale à Couiza — Bot et les siens terminent les joints de la 3e
partie de la terrasse et partent le soir après avoir pris 300x; demain ils vont à la fête à Couiza
Visite de Mme Guillaumou du pays bas qui dîne au presbytère avec quelques baigneurs
Orage sur le soir; nuit fraîche — Visite de la nièce de Rouanet
Jeudi 25 Juin — temps frais, couvert, menacé de pluie — Foire à Couiza où Marie
prévenue se rend pour aller acheter de solde, Mr Roché — départ de Mr
l'abbé Rouanet pour Carcassonne et Fleure — Authier seul continue de préparer des pierres
blanches — Bousquet malade — Les maçons ont manqué toute la journée — je souffre des dents —
Vendredi 26 Juin — annonce d'une belle journée et chaude — à 9 heures arrivée de Mr Camisade — Authier continue à préparer des pierres: il est encore seul — Bot
Saunéron et Paul, à la journée, sous la surveillance de Mr Camisade font la pose des derniers appareils du cul de lampe et des fers à T à la tour du midi — Moi souffrant davantage
de la fluxion à la joue gauche, vais au lit de bonne heure — nuit sans sommeil —
Confirmation à Couiza par Mgr de Monthelby

après avoir soupé et nous avoir communiqué le dernier plan des tours. Temps à la pluie.
Mardi 16 juin. Temps couvert frais ; magnifique journée. Bot, Saunièrou et Paul après
avoir la veille passé la journée à terminer le couronnement de la seconde
partie du parapet de la terrasse sous la surveillance de M. Caminade ont commencé aujour-
d'hui à faire les joints de cette seconde partie, avec un temps parfait. Authier a continué
à travailler la pierre de grès, pendant que Bauzil et Bousquet ont scié la pierre blanche.
Mercredi 17 juin. Très belle journée. Bot et les siens ont continué de faire les joints de la 2ème
partie du mur de la terrasse. Bauzil et Bousquet ont scié jusqu'à 3 h.
du soir et ont commencé après de travailler les seuils des fenêtres des tours avec Authier qui
les travaillait depuis après le déjeuner. Sur la fin de la journée vent marin.
Jeudi 18 juin. Vent marin assez fort et fatiguant. Saunièrou continue à faire les joints
de la seconde partie du mur de la terrasse pendant que Bot et les siens commence le parapet de la troisième partie de la terrasse (côté Sarda). Les 3 tailleurs de pierres
préparent la blanche et font une bonne journée. Marie et Julie ont été à Carla.
Vendredi 19 juin. Bonne journée. Bot, Saunièrou et les autres ont continué le parapet de la
terrasse. Les 3 tailleurs ont préparé des pierres blanches et scié. Durant la
journée, le temps ayant été chargé de gros nuages, vers les 9 heures du soir un orage lointain
et menaçant accompagné de nombreux et éblouissant coloris a éclaté de Toulouse à
Carcassonne ; nous a menacé un instant.
Samedi 20 juin. Jusqu'à 8 heures petite pluie qui n'a pas dérangé les ouvriers ; temps chargé,
vent très fort et froid. Il a grêlé beaucoup à Alet cette nuit passée et orage
terrible, mais court à Montazels. Les 3 tailleurs ont scié et préparé des pierres blanches ;
ils ont réglé et pris *78 frs 75*. Bot, Saunièrou et les autres ont terminé le parapet de la 3ème
partie de la terrasse et commencé la banquette en barrots, et sont partis. Il fait bien froid.
Dimanche 21 juin. Toujours temps froid. Adoration anticipée ; un peu plus de monde
aux offices. Rouanet invité n'a pas pu venir ; quête peu fructueuse.
Après Vêpres nous allons au moulin où nous soupons.
Lundi 22 juin. Meilleure journée ? Les tailleurs de pierre de Limoux ne doivent remonter que mercredi. Bousquet seul est venu à 9 heures a fait une
console ½ et a quitté à 2 heures, se trouvant malade. Hypolitte avec 2 paires a fait 2 voy.
de sable. Arrivée à 8 h. les maçons ont passé la journée à faire les joints. Marie, Julie
et moi avons été à Montazels voir Maman malade et sommes remontés à 5 heures
pensant que Rouanet viendrait et n'est pas venu.
Mardi 23 juin. Annonce d'une bonne journée. Arrivée de l'abbé Rouanet à 10 heures.
Alexandrine va à Limoux acheter des oies. Bot et les siens terminent la
banquette en brique du parapet de la 3ème partie de la terrasse. Foire à Limoux ; aucun
tailleur de pierres. Hypolitte avec 2 paires a fait 2 voyages de sable. Mariage de J. Maury.
Mercredi 24 juin. Bonne journée. À 9 h. arrivée d'Authier seul qui passe la journée
à faire des consoles en p. blanche. Bousquet malade et Bauzil fait
piocher sa vigne. Fête patronale à Couiza. Bot et les siens terminent les joints de la 3ème
partie de la terrasse et partent le soir après avoir pris *300 frs* ; demain ils vont à la fête à Couiza.
Visite de Mme Guillaumou du pays bas qui dine au presbytère avec quelques baigneurs.
Orage sur le soir ; nuit fraîche. Visite de la mère de Rouanet.
Jeudi 25 juin. Temps frais, couvert, menace de pluie. Foire à Couiza où Marie
prévenue se rend pour aller achever de solder M. Roché. Départ de M.
l'abbé Rouanet pour Carcassonne et Floure. Authier seul continue de préparer des pierres
blanches. Bousquet malade. Les maçons ont manqué toute la journée. Je souffre de dents.
Vendredi 26 juin. Annonce d'une belle journée et chaude. À 9 heures arrivée de M. Caminade. Authier continue à préparer des pierres ; il est encore seul. Bot,
Saunièrou et Paul, à la journée, sous la surveillance de M. Caminade font la pose des derniers appareils du cul de lampe et des fers à T à la tour du Midi. Moi souffrant davantage
de la fluxion à la joue gauche, vais au lit de bonne heure. Nuit sans sommeil.
Confirmation à Couiza par **Mgr de Monthélhy**.

Samedi 27 Juin. La journée d'hier a été très chaude; celle d'aujourdhui le sera autant — Bot et les siens font, a la journée la pose du cordon du cul de lampe et un peu de maçonnerie à la fin de la journée — Authiez seul prepare des moellons de pierre dure Bousquet est toujours malade et moi aussi je souffre de la tête — a la fin de la journée, Mr Caminade et Authiez partent pour Limoux apres avoir soupé — Depart de Bot pour Luc

Dimanche 28 Juin — 1re Communion a Luc ou quoique invité je ne vais pas étant malade — 3me jour de grandes chaleurs — peu de monde a la messe. Le soir, pas d'office étant malade — au lit de bonne heure

Lundi 29 Juin — Chaude journée — Bousquet seul vient travailler — encore un peu malade — les deux de Limoux ne sont pas venus — Bot, saun. et Paul, jusqu'a midi travaillent a la journée a la pose de quelques pierres du cul de lampe — De midi a la fin ils sont a commencer a leurs pièces les maçonneries du pavillon de la tour du midi — Alexandrine va a Montazels porter des gateaux — moi je vais mieux — Hypolitte malade

Mardi 30 Juin — Belle et bonne journée — Bousquet et les deux autres arrivés a 9 heures avec Mr Caminade preparent des pierres — Sous la surveillance de l'architecte Bot et les siens, Sauniéron compris continuent a leurs pièces les maçonneries du pavillon de la tour du midi et font la pose du seuil d'une des deux grandes fenetres — Alexandrine va a Carla dire a Hypolitte d'aller demain au moulin de Conquet prendre 25 sacs de chaux de Cruas, celle d'Albi étant en retard — Solde a Conquet sa 1ere facture du platre: 55f (du 31 toiles)

Mercredi 1 Juillet — Annonce d'une tres chaude journée — les Cigales commencent a chanter. Les trois tailleurs continuent a preparer des pierres — Bot et les siens continuent les maçonneries du Pavillon de la tour du midi — Mr Caminade part aujourdhui pas Esperaza voir si le charpentier avance son travail et de la a Couiza pour voir des extracteurs de pierre et s'abouche avec eux — Bot en refusant Cardive qui se propose a l'aide, pour prendre Martinez qui ne peut venir, nous fait connaitre qu'il ne veut point d'autre maçons voulant reserver tout le travail. Hypolitte, le Vagon de chaux commandée n'arrivant pas encore, a été en prendre, avec 2 paires 25 sacs chez Conquet (Constanna) un peu plus cher que celle d'Albi — Le soir, il est été prendre 1 voyage de sable et dans la journée, il a transporté en outre sur le chantier 3 charrettes de pierres pour Bot (non comptées) vent marin dans la nuit.

Jeudi 2 Juillet — Chaude journée — Bot et les siens continuent la maçonnerie du pavillon de la Terrasse — Les 3 tailleurs continuent a preparer des pierres — Arrivée d'Adelina et de ses enfants. Ils rentrent le soir a Montazels

Vendredi 3 Juillet — Temps couvert et un peu frais; tres bonne journée — Les 3 tailleurs reparent des pierres — Bot et les Siens ont continué a maçonner le pavillon de la tour du midi. Reponse favorable de Bonel l'extracteur de pierres

Samedi 4 Juillet — Temps couvert, mais plus chaud qu'hier — Bot et les siens continuent a maçonner le pavillon de la tour du midi — Les 3 tailleurs apres avoir passé la journée a preparer des pierres sont partis le soir apres avoir reglé et pris: 60,75f).

Dimanche 5 Juillet — tres chaude journée — peu de monde aux offices — visite de jeunes gens de Montazels qui viennent voir les travaux; de gens de Luc qui montent au sujet de l'extraction de la pierre et de Canal de Couiza pour le même motif nous n'avons pas pu nous entendre — sur le soir et bien avant dans la nuit, ciel fortement troublé et courroucé: tonnerre fort et prolongé; éclairs nombreux eblouissants et de toute beauté; pluie bienfaisante —

Lundi 6 Juillet — temps frais, couvert, a la pluie — bonne journée en somme — Bauzil et Authiez n'étant pas arrivé, ni Mr Caminade, Bousquet a commencé la journée a 8h et demi et a quitté a 6h et demi — Bot et les siens ont continué de maçonner le pavillon de la tour du midi — Hypolitte avec 1 paire a fait une journée de transports de pierres toutes de un peu partout

Mardi 7 Juillet — Temps frais, ciel couvert vent de l'est fort — Authiez et Bauzil arrivent a 9h et avec Bousquet deja en travail, continuent a preparer des pierre de Grés et blanches — Mr Caminade malade n'a pas pu monter et son absence nous derange fort — Bot et les siens continue a maçonner le Pavillon de la tour du midi — Hypolitte avec 2 paires a fait 1 voy de sable — chaux arrivée —

Samedi 27 juin. La journée d'hier a été très chaude ; celle d'aujourd'hui le sera autant.
Bot et les siens font, à la journée, la pose du cordon du cul de lampe et un
peu de maçonnerie à la fin de la journée. Authier seul prépare des moellons de pierre dure.
Bousquet est toujours malade et moi aussi je souffre de la tête. À la fin de la journée, M.
Caminade et Authier partent pour Limoux après avoir soupé. Départ de Bot pour Luc.
Dimanche 28 juin. 1ère Communion à Luc où quoique invité je ne vais pas étant malade. 3ème jour de grandes chaleurs. Peu de monde à la messe. Le
soir, pas d'office étant malade. Au lit de bonne heure.
Lundi 29 juin. Chaude journée. Bousquet seul vient travailler. Encore un peu ma-
lade. Les deux de Limoux ne sont pas venus. Bot, Saun. et Paul,
jusqu'à midi travaillent à la journée à la pose de quelques pierres du cul de lampe. de
midi à la fin ils sont à commencer à leurs pièces les maçonneries du pavillon de la tour du
Midi. Alexandrine va à Montazels porter des gâteaux. Moi je vais mieux. Hypolitte
malade.
Mardi 30 juin. Belle et bonne journée. Bousquet et les deux autres arrivés à 9 heures avec M.
Caminade préparent des pierres. Sous la surveillance de l'Architecte bot et les
siens, Saunièrou compris, continuent à leurs pièces les maçonneries du pavillon de la tour du
Midi et font la pose du seuil d'une des deux grandes fenêtres. Alexandrine va à Carla dire
à Hypolitte d'aller demain au moulin de Conquet prendre 25 sacs de chaux de Cruas, celle d'Albi
étant en retard. Solde à Conquet sa 1ère facture du plâtre : 55 frs (de 31 toiles).
Mercredi 1 juillet. Annonce d'une très chaude journée. Les cigales commencent à chanter.
Les trois tailleurs continuent à préparer des pierres. Bot et les siens continuent
les maçonneries du pavillon de la tour du Midi. M. Caminade part après diné pour Espéraza
voir si le charpentier avance son travail et de là à Couiza pour voir des extracteurs de pierre et
s'aboucher avec eux. Bot en refusant Tardive qui se propose à l'aider pour prendre Martin qui ne
peut venir, nous fait connaître qu'il ne veut point d'autres maçons voulant se réserver tout le
travail. Hypolitte le wagon de chaux commandée n'arrivant pas encore, a été en prendre, avec 2
paires, 25 sacs chez Conquet (Coustaussa) un peu plus chère que celle d'Albi. Le soir, il a été
prendre 1 voyage de sable et dans la journée, il a transporté, en outre sur le chantier 3 charretées
de pierres pour Bot (non comptées). Vent marin dans la nuit.
Jeudi 2 juillet. Chaude journée. Bot et les siens continuent les maçonneries du pavillon de la
terrasse. Les 3 tailleurs continuent à préparer des pierres. Arrivée d'Adelina
et de ses enfants. Ils rentrent le soir à Montazels.
Vendredi 3 juillet. Temps couvert et un peu frais ; très bonne journée. Les 3 tailleurs préparent
des pierres. Bot et les siens ont continué à maçonner le pavillon de la tour
du Midi. Réponse favorable de Bonal l'extracteur de pierres.
Samedi 4 juillet. Temps couvert, mais plus chaud qu'hier. Bot et les siens continuent à
maçonner le pavillon de la tour du Midi. Les 3 tailleurs après avoir passé
la journée à préparer des pierres sont partis le soir après avoir réglé et pris : *60,75 frs*
Dimanche 5 juillet. Très chaude journée. Peu de monde aux offices. Visite de jeunes gens
de Montazels qui viennent voir les travaux ; de gens de Luc qui
montent au sujet de l'extraction de la pierre et de Carrel de Couiza pour le même motif,
nous n'avons pu nous entendre. Sur le soir et bien avant la nuit, ciel fortement
troublé et courroucé ; tonnerre fort et prolongé ; éclairs nombreux éblouissants et de toute
beauté ; pluie bienfaisante.
Lundi 6 juillet. Temps frais couvert, à la pluie. Bonne journée en somme. Bauzil et
Authier n'étant pas arrivés, ni M. Caminade, Bousquet a commencé la
journée à 8 h. et demi et a quitté à 6 h. et demi. Bot et les siens ont continué de maçonner
le pavillon de la tour du Midi. Hypolitte avec 1 paire a fait une journée de transport de
pierres brutes de un peu partout.
Mardi 7 juillet. Temps frais, ciel couvert, vent de cers fort. Authier et Bauzil arrivent à 9 h.
et avec Bousquet déjà au travail, continuent à préparer des pierres de grès et
blanches. **M. Caminade malade** n'a pas pu monter et son absence nous dérange fort. Bot et les
siens continue à maçonner le pavillon de la tour du Midi. Hypolitte avec 2 paires a fait 1 voy de
sable – chaux arrivée.

Mercredi 8 Juillet — Comme hier, très fort vent de Cers — Les 3 tailleurs, comme hier au soir ont
continué a préparer des moellons piqués en grès pour la tourelle tour du nord —
Hypolite, avec 2 paires et le cheval a fait de la gare 2 voyages de chaux — Bot, Sauniéron
Paul et (Hortense jusqu'au déjeuner) ont commencé la pose du cordon de la tour du Nord, en
attendant la guérison de M. Caminade et ont fini vers les 4 heures. De 4 h. à la fin, ils ont terminé la porte d'entrée du pavillon de la tour du ~~nord~~ midi et fait au ciment les joints du couronnement en brique de la terrasse — Le roulier a fait partir 6 colis sacs : 50 + 50 + 50 + 50 + 52 + 40 = 292.
Jeudi 9 Juillet — Vent de Cers moins fort, mais toujours frais — Les 3 tailleurs continuent de
préparer des moellons piqués en grès pour la tourelle — Bot et les siens continuent de faire au ciment les joints de la banquette en brique de la terrasse — Hypolite après
avoir fait le 3ᵐ voyage de chaux de la gare, fait 1 voyage de sable avec 2 paires —
Vendredi 10 Juillet — toujours vent de Cers fort et sec — Les 3 tailleurs continuent a préparer pour
la tourelle des moellons piqués en grès — Bot et les siens continuent et
terminent au ciment les joints du couronnement de la terrasse — et puis partent pour une
de bonne heure, après avoir refusé carrément de s'atteler a extraire de la pierre comme le
lui avait écrit M. Caminade — M. le Curé tachera de se souvenir de ce refus.
Samedi 11 Juillet — très forte journée de chaleur — Les 3 tailleurs de pierre après avoir fait
leur journée au même travail que la veille partent pour Limoux d'où ils
ne doivent remonter que mercredi prochain après le 14 Juillet — En faisant voler un cerf-volant
le fils de M. l'Instituteur a fait une chute très grave —
Dimanche 12 Juillet — très forte journée de chaleur — le soir, éclair, tonnerre et orage dans la
montagne — très peu de monde a la messe; le soir plus rien, tous les
gens sont a moissonner — Le fils de l'Instituteur allant plus mal et une opération chirurgicale étant jugée nécessaire, les deux médecins de Couiza et d'Espéraza sont montés — Matthieu
est venu nous inviter à la fête du 14 Juillet — L'opération du pauvre blessé n'a pas eu lieu
Monsieur Estieu père a été a Carcassonne prendre un homme de l'art.
Lundi 13 Juillet — Temps lourd et a l'orage — Marie et Julie ont été a Limoux et moi a Montazels
voir mamans et l'abbé — a la tombée du jour la pluie étant survenue — Marie
et Julie sont venues coucher a Montazels au lieu de monter a Rennes — peu dormi —
Mardi 14 Juillet — Temps frais le matin et chaud le soir — Denis chez Mathilde, Marie piché et
moi seuls, car les relations avec la maison de l'abbé sont rompues par suite de
mauvais vouloir de Mathilde — Visite du chef de gare a Montazels — nous sommes rentrés à Rennes
vers les 7 heures du soir et après avoir été voir la fête de dessus la future terrasse nous avons été au
Mercredi 15 Juillet — Annonce d'une belle journée — Bousquet travaille depuis ce matin — a 9 heures arrivée des Maçons, M. Caminade et les 2 tailleurs de pierre — Ces deux derniers
avec Bousquet préparent la 1ʳᵉ assise des pierres de taille de la tourelle — Les 3 maçons sous
la surveillance de M. Caminade disposent a la journée les dernières pierres du cul de lampe
un exprès est envoyé a Carla dire a Hypolite d'aller demain a la Carrière prendre des
pierres — Vers les 10 heures de la nuit on est venu prendre les maçons, la femme du remoneur
de Montazels allant au plus mal —
Jeudi 16 Juillet — temps un peu couvert; moins chaud qu'hier — les 3 tailleurs de p.
continuent de préparer des pierres de grès le matin et le soir vont a la
Carrière avec M. Caminade — Hypolite avec 2 paires et le cheval a été faire 2 voyages de grès et
de dalles — Bot après avoir fait la matinée a terminer le cordon du cul de lampe avec Sauniéron
et Paul qui n'a fait qu'un ¼ étant malade, est parti a Midi pour Montazels voir la malade
et est rentré a 4 h.; de 4 h. à la fin, il a employé un sac de chaux a crépir le mur intérieur
de la terrasse et a commencé a monter la chèvre pour le pavillon de la tour du ~~nord~~ midi —
Vendredi 17 Juillet — temps calme, couvert, a la pluie — Les 3 tailleurs de pierre ont
continué a préparer des grès — Bot et les siens ont fini d'abord de
monter la chèvre a 10 heures du matin — de 10 h. à la fin de la journée, ils ont continué
tous les 3 la pose des la première assise et de la 1ʳᵉ marche de la tourelle et avec l'aide
des 3 tailleurs, ils ont monté les 2 pierres triplées des fenêtres ogives — Le travail de la
tourelle n'avance pas vite — a 6 h. arrivée en voiture de M. l'abbé Maynard qui
veut passer un jour a son retour de Ginoles.

Mercredi 8 juillet. Comme hier, très fort vent de cers. Les 3 tailleurs, comme hier au soir ont continué à préparer des moellons piqués en grès pour la tourelle tour du Nord.
Hypolitte, avec 2 paires et le cheval a fait de la gare 2 voyages de chaux. Bot, Saunièrou, Paul et (Hortense jusqu'au déjeuné) ont commencé la pose du cordon de la tour du Nord, en attendant la guérison de M. Caminade et ont fini vers les 4 heures. De 4 h. à la fin, ils ont terminé la porte d'entrée du pavillon de la tour du ~~Nord~~ Midi et fait au ciment les joints du couronnement en brique de la terrasse. Le roulier a fait partir 6 colis sacs : 50+50+50+50+52+40 = 292.
Jeudi 9 juillet. Vent de cers moins fort mais toujours frais. Les 3 tailleurs continuent de préparer des moellons piqués en grès pour la tourelle. Bot et les siens continuent de faire au ciment les joints de la banquette en brique de la terrasse. Hypolitte après avoir fait le 3ᵉᵐᵉ voyage de chaux de la gare fait 1 voyage de sable avec 2 paires.
Vendredi 10 juillet. Toujours vent de cers fort et sec. Les 3 tailleurs continuent à préparer pour la tourelle des moellons piqués en grès. Bot et les siens continuent et terminent au ciment les joints du couronnement de la terrasse. Et puis partent pour Luc de bonne heure. Après avoir refusé carrément de s'atteler à extraire de la pierre comme le lui avait écrit M. Caminade. M. le curé tâchera de se souvenir de ce refus.
Samedi 11 juillet. Très forte journée de chaleur. Les 3 tailleurs de pierres après avoir fait leur journée au même travail que la veille partent pour Limoux d'où ils ne doivent remonter que mercredi prochain après le 14 juillet. En faisant voler un cerf-volant, le fils de R. l'instituteur a fait une chute très grave.
Dimanche 12 juillet. Très forte journée de chaleur. Le soir, éclair tonnerre et orage dans la montagne. Très peu de monde à la messe ; le soir plus rien, tous les gens sont à moissonner. Le fils de l'instituteur allant plus mal et une opération chirurgicale étant jugée nécessaire. Les deux médecins de Couiza et d'Espéraza sont montés. Matthieu est venu nous inviter à la fête du 14 juillet. L'opération du pauvre blessé n'a pas eu lieu. Monsieur Estieu Père a été à Carcassonne prendre un homme de l'art.
Lundi 13 juillet. Temps lourd et à l'orage. Marie et Julie ont été à Limoux et moi à Montazels voir Maman et l'abbé. À la tombée du jour la pluie étant survenue, Marie et Julie sont venues coucher à Montazels au lieu de monter à Rennes. Peu dormi.
Mardi 14 juillet. Temps frais le matin et chaud le soir. Denis chez Mathilde, Marie Julie à moi seuls, car les relations avec la maison de l'abbé sont rompues par suite de mauvais vouloir de Mathilde. Visite du chef de gare à Montazels. Nous sommes rentrés à Rennes vers les 7 h. du soir et après avoir été voir la fête de dessus la future terrasse nous avons été au lit.
Mercredi 15 juillet. Annonce d'une belle journée. Bousquet travaille depuis ce matin. À 9 heures arrivée des maçons, M. Caminade et les 2 tailleurs de pierre. Ces deux derniers avec Bousquet préparent la 1ᵉʳᵉ assise des pierres de taille de la tourelle. Les 3 maçons sous la surveillance de M. Caminade disposent à la journée les dernières pierres du cul de lampe. Un exprès est envoyé à Carla dire à Hypolitte d'aller demain à la carrière prendre des pierres. Vers les 10 heures de la nuit on est venu prendre les maçons, la femme du Ramonet de Montazels allant au plus mal.
Jeudi 16 juillet. Temps un peu couvert ; moins chaud qu'hier. Les 3 tailleurs de p. continuent de préparer des pierres de grès le matin et le soir vont à la carrière avec M. Caminade. Hypolitte avec 2 paires et le cheval a été faire 2 voyages de grès et de dalles. Bot après avoir fait la matinée à terminer le cordon du cul de lampe avec Saunièrou et Paul qui n'a fait qu'un ¼ étant malade, est parti à midi pour Montazels voir la malade et est rentré à 4 h ; de 4 h. à la fin, il a employé un sac de chaux à crépir le mur intérieur de la terrasse et a commencé à monter la chèvre pour le pavillon de la tour du ~~Nord~~ Midi.
Vendredi 17 juillet. Temps calme, couvert, à la pluie. Les 3 tailleurs de pierres ont continué à préparer des grès. Bot et les siens ont fini d'abord de monter la chèvre à 10 heures du matin. De 10 h. à la fin de la journée, ils ont continué tous les 3 la pose de la première assise et de la 1ᵉʳᵉ marche de la tourelle et avec l'aide des 3 tailleurs, ils ont monté les 2 pierres trèfle des fenêtres ogives. Le travail de la tourelle n'avance pas vite. À 6 h. arrivée en voiture de M. l'abbé Maynard qui vient passer un jour à son retour de Ginoles.

Samedi 18 Juillet — Belle et bonne journée — Les 3 maçons et quelque peu porteuse
ont continué à monter la tourelle en pierre de taille et les maçonne-
ries de droite et de gauche (la journée et la tâche ont été mêlées). Ces travaux de la tourelle
ne vont pas vite — Les 3 maçons tailleurs de pierre ont continué à en préparer et sont
partis le soir pour Limoux, après soupé et réglé; ils ont emporté la somme de : 84ᶠ
Mᵉ Caminade est parti avec eux et après à Limoux l'abbé Maynard est parti à 3 heures —
le fils de Mᵉ Estieu a passé une mauvaise nuit — un peu de pluie dans la nuit.
Dimanche 19 Juillet — temps couvert et frais; légère pluie — très peu de monde aux offices
visite à Édouard Estieu — Les gens moissonnent.
Lundi 20 Juillet — temps frais, gras, à la pluie — vais à Montazels voir maman,
lui souhaite la fête et lui apporte des œufs et un bouquet — Marie
va à Limoux et rentre à 4 h. pour voir maman, lui apporte quelques gateaux et
rentre avec moi à Rennes — Depuis la lettre, Mathilde boude et n'a pa voulu me
voir — Les 3 tailleurs sont remontés et ont continué à préparer des pierres de grès —
Bot à cause de la sepulture de sa nièce ne remontera que demain avec maitre
Caminade — Cette nuit, on est venu me faire lever pour aller à la maison extrême-
-tre la vieille Cantié; suis rentré à 3 h. 1/2
Mardi 21 Juillet — temps toujours frais et venteux — Les 3 tailleurs ont continué de
préparer des pierres de grès — Bot, Saun. Paul et Hot. arrivés à 11 heures,
ont continué toute la journée, à la journée et à la tâche à monter la tourelle du midi et les deux
coté sous la surveillance de Mᵉ Caminade arrivé à 9 heures — Montrous d'Esperaza est
venu dire qu'il monterait les escaliers sous peu — Hypolitte a fait 2 voyages de sable
Mercredi 22 Juillet — très belle journée — Hypolitte, avec 2 pairs a fait encore 2 voyages de sable
Les 3 tailleurs ont continué à préparer des pierres de grès — Les 2 maçons
Paul et (Hortense le soir) ont continué à monter la tourelle et les maçonneries des deux cotés —
Ce travail est bien long et les maçons à la journée font peu de besogne —
Jeudi 23 Juillet — Vers huit heures, éclairs tonnerre et pluie; matinée fort dérangée par la
pluie intermittente; à 4 h. du soir, pluie jusqu'à la fin; temps froid et fort
vent du Nord — Maçons et tailleurs à cause de cela n'ont fait que 3/4 de journée et
encore ont travaillé peu. Surtout Saunieron et Paul dont les travaux sont arrêtés à
chaque instant par les travaux de la tourelle qui vont lentement. Tout cela continue à se
faire à la journée et à la tâche en même temps — Monsieur Caminade part le soir après
soupé après avoir pris le montant de la facture de la fourniture de pierres des Frères : 156,80
Mᵉ Caminade remontera mardi prochain avec Bot et les maçons —
Vendredi 24 Juillet — Vent froid; annonce d'une assez belle journée — Les 3 tailleurs conti-
-nuent de préparer des pierres de grès — Les maçons continuent de monter
la tourelle et les maçonneries latérales avec, toujours travail bien lent — Bot part à 3 h. pour
Carcassonne; Saunieron et les autres quittent à 5 heures — Au lieu de remonter mardi matin
comme c'était convenu pour reprendre le travail, ils ne reviendront que le lundi d'après
avec Mᵉ Caminade. De la sorte, ils pourront s'occuper un peu de leurs propriétés — avant de
partir Bot a nettoyé le cul de lampe et enlevé l'échaffaudage.
Samedi 25 Juillet — très chaude journée — Les 3 tailleurs de pierres ont continué de préparer du
grès — Musique à Montazels à l'occasion de la fête de S. Jacques — Je fais
savoir à Mᵉ Caminade de ne remonter que le 3 Août — à la fin de la journée départ p. Limoux
Les ouvriers emportent des gateaux — Belle nuit.
Dimanche 26 Juillet — temps couvert; fraiche journée; quelques gouttes de pluie — Fête nationale
très peu de monde à la messe; un peu plus à vepres — quête peu fructueuse
nous avons Mathilde et toute sa famille — Dans la journée beaucoup de visites à l'église et
aux travaux — allons au lit de bonne heure.
Lundi 27 Juillet — temps frais — Hypolitte apporte du bois et de canard. Toujours de nom-
-breuses visites — peu de monde à la messe des morts, mais tous les chantres
Mardi 28 Juillet — Départ de Mathilde et sa famille — arrivée d'Alfred Paul, Martial et
ses deux enfants. Ils dinent souvent et après la visite des travaux
repartent pour Montazels à 8 h. du soir — Belle journée

Samedi 18 juillet. Belle et bonne journée. Les 3 maçons et quelque peu Hortense
ont continué à monter la tourelle en pierre de taille et les maçonne-
ries de droite et de gauche (la journée et la tâche ont été mêlées). Ces travaux de la tourelle
ne vont pas vite. Les 3 ~~maçons~~ tailleurs de pierre ont continué à en préparer et sont
partis le soir pour Limoux, après soupé et réglé, ils ont emporté la somme de : 84 frs.
M. Caminade est parti avec eux ~~et a pris~~ à Limoux. L'abbé Maynard est parti à 3 heures.
Le fils de M. Estieu a passé une mauvaise nuit. Un peu de pluie dans la nuit.
Dimanche 19 juillet. Temps couvert et frais ; légère pluie. Très peu de monde aux offices.
Visite à Edmond Estieu. Les gens moissonnent.
Lundi 20 juillet. Temps frais, gras à la pluie. Vais à Montazels voir Maman,
lui souhaiter la fête et lui apporter des œufs et un bouquet. Marie
va à Limoux et rentre à 4 h. pour voir Maman lui apporter quelques gâteaux et
rentrer avec moi à Rennes. Depuis la lettre, Mathilde boude et n'a pas voulu me
voir. Les 3 tailleurs sont remontés et ont continué à préparer des pierres de grès.
Bot à cause de la sépulture de sa nièce ne remontera que demain avec Monsieur
Caminade. Cette nuit, on est venu me faire lever pour aller à la Maurine extrêmonctier la vieille Cautier ; suis rentré à 3 h. ½.
Mardi 21 juillet. Temps toujours frais et venteux. Les 3 tailleurs ont continué de
préparer des pierres de grès. Bot, Saun. Paul et Hort. arrivés à 11 heures
ont continué toute la journée, à la journée et à la tâche, à monter la tourelle du Midi et les deux
côtés sous la surveillance de M. Caminade arrivé à 9 heures. Montrous d'Espéraza est
venu dire qu'il monterait les escaliers sous peu. Hypolitte a fait 2 voyages de sable.
Mercredi 22 juillet. Très belle journée. Hypolitte avec 2 paires a fait encore 2 voyages de sable.
Les 3 tailleurs ont continué à préparer des pierres de grès. Les 2 maçons
Paul et (Hortense le soir) ont continué à monter la tourelle et les maçonneries des deux côtés.
Ce travail est bien long et les maçons à la journée font peu de besogne.
Jeudi 23 juillet. Vers huit heures, éclairs, tonnerre et pluie ; matinée fort dérangée par la
pluie intermittente ; à 4 h. du soir pluie jusqu'à la fin ; temps froid et fort
vent du nord. Maçons et tailleurs à cause de cela n'ont fait que ¾ de journée et
encore ont travaillé peu. Surtout Saunièrou et Paul dont les travaux sont arrêtés à
chaque instant par les travaux de la tourelle qui vont lentement. Tout cela continue à se
faire à la journée et à la tâche en même temps. Monsieur Caminade part le soir après
souper après avoir pris le montant de la facture de la fourniture de pierres des frères : *136,80*.
M. Caminade remontera mardi prochain avec Bot et les maçons.
Vendredi 24 juillet. Vent froid ; annonce d'une assez belle journée. Les 3 tailleurs continuent de préparer des pierres de grès. Les maçons continuent de monter
la tourelle et les maçonneries latérales avec toujours travail bien lent. Bot part à 3 h. pour
Carcassonne ; Saunièrou et les autres quittent à 5 heures. Au lieu de remonter mardi matin
comme c'était convenu pour reprendre le travail, ils ne reviendront que le lundi d'après
avec M. Caminade. De la sorte, ils pourront s'occuper un peu de leurs propriétés. Avant de
partir Bot a nettoyé le cul de lampe et enlevé l'échafaudage.
Samedi 25 juillet. Très chaude journée. Les 3 tailleurs de pierres ont continué de préparer du
grès. Musique à Montazels à l'occasion de la fête de S. Jacques. Je fais
savoir à M. Caminade de ne remonter que le 3 août. À la fin de la journée départ p. Limoux.
Les ouvriers emportent des gâteaux. Belle nuit.
Dimanche 26 juillet. Temps couvert ; fraîche journée ; quelques gouttes de pluie. Fête patronale,
très peu de monde à la messe ; un peu plus à Vêpres. Quête peu fructueuse.
Nous avons **Mathilde et toute sa famille**. Dans la journée beaucoup de visites à l'église et
aux travaux. Allons au lit de bonne heure.
Lundi 27 juillet. Temps frais. Hypolitte apporte du bois et des canards. Toujours de nombreuses visites. Peu de monde à la messe des morts, mais tous les chantes.
Mardi 28 juillet. Départ de Mathilde et sa famille. Arrivée d'Alfred, Paul, Martial et
ses deux enfants. Ils dinent, soupent et après la visite des travaux
repartent pour Montazels à 8 h du soir. Belle journée.

Mercredi 29 juillet — Annonce d'une chaude journée — temps se couvre — le soir je vais à la pêche me récréer; pluie à la fin de la journée et dans la nuit —

Jeudi 30 Juillet — temps frais — pluie à différentes heures de la journée, aussi je reste dedans toute la soirée pour arranger des comptes.

Vendredi 31 Juillet — Meilleure journée, temps toujours frais —

Samedi 1 Août — très belle et chaude journée: vais à Montazels voir Maman et rentre à 6 h.

Dimanche 2 Août — menace d'orage bon matin; mais belle journée; peu de monde aux offices

Lundi 3 Août — après 8 jours de congé, reprise des travaux — temps couvert, à la pluie mais belle journée quand même — Bot, Saun. et les 2 autres arrivés à 7 h ne commencent leur journée qu'à 9 h 1/4, après la venue de Mr Caminade, et sont à la journée — le matin, ils font posent 1 meneau et 1 trèfle d'une fenêtre du pavillon tour du midi — ils perdent tout le temps à attendre la retouche des pierres par Bousquet qui y passe 1/2 journée matinée perdue — Le soir, ils en font autant à l'autre fenêtre et posent quelques autres pierres de taille — Hortense paraît de temps en temps et Paul se promène à l'ordinaire (peu de besogne) arrivés à 9 h les 2 tailleurs occupent leur journée à la pierre de grès. Le soir ils quittent à 6 h 1/2 et sur une simple réflexion très juste de ma part, ils font leur baluchon pour partir — tout s'arrange et ils restent — Hyppolite, le matin, avec 1 paire et le cheval a été prendre les escaliers à Esperaza et est arrivé à 10 h. au lieu de 8h. — Le soir, avec 2 paires et le cheval, il a été prendre une forte charrette de sable — Oscar Vila a commencé de monter une partie du parquet sous la surveillance de Mr Caminade — Le charpentier d'Esperaza et 3 ouvriers sont arrivés à 9 h. 1/2 pour commencer de monter les escaliers. Ils ont posé la charpente du 1er escalier, et sont partis le soir après avoir dîné et soupé au presbytère avec tous les autres ouvriers en tout plus de 14.

Mardi 4 Août — Annonce d'une belle journée — Vent — Le matin, les 3 tailleurs continuent de préparer des pierres de Grès — Bot, Saun. et Paul sont à la tourelle qu'ils montent sous la surveillance de Mr Caminade; avant déjeuner, ils ont posé le meneau de la 2e fenêtre du pavillon — le charpentier et un ouvrier continuent la pose des escaliers — Oscar Vila continue de poser le parquet — Le Soir — Bot, continue la tourelle avec les petits escaliers: Saunieron et Paul maçonnent un peu les côtés — Les trois tailleurs travaillent la pierre de Grès et recommencent à scier la pierre blanche — Oscar Vila terminent de poser les parquets du côté du jardin vierge — Les 2 charpentiers continuent les escaliers à oiseaux — Hyppolite avec 2 paires a fait 2 voyages de sable

Mercredi 5 Août — belle et chaude journée — Le Matin, Bot, Saun. Paul et Hortense continuent le montage de la tourelle avec les maçonneries de droite et de gauche — Les 3 tailleurs, 2 scient et le 3e travaille la pierre de Grès — Clamou et son ouvrier continue le montage de l'escalier en oiseaux — Oscar Vila passe la matinée à la modification d'un travail commandé par Mr Caminade, à la cage du second escalier; plus 1/4 de journée de la soirée — le reste du temps, il pose du parquet — Le Soir, Saunieron est malade; Bot, Paul et Hortense continuent de monter la tourelle et vers la fin de la journée les maçonneries — Clamou est parti après dîné après avoir pris 200 d'acompte: son ouvrier seul continue —

Jeudi 6 Août — temps couvert; mais belle journée — Visite de Cyprien Pochou qui déjeune avec nous — Saunieron, malade, est absent — Bot, Paul et Hortense font la journée à leurs pièces aux maçonneries du pavillon de la tour du midi — Oscar Vila, est absent — Des 3 tailleurs 2 scient et l'autre prépare des pierres de grès — 4 ouvriers charpentiers continuent la pose des deux escaliers — pluie d'orage dans la nuit.

Vendredi 7 Août — très chaude journée; menace d'orage — 3 ouvriers charpentiers continuent la pose des escaliers — Les 3 tailleurs, un est au Grès; les deux autres scient la p. blanche et la travaillent — Bot, Saunieron guéri; Hortense et Paul continuent à leurs pièces les maçonneries du pavillon tour du midi sous la surveillance de Mr Caminade

Samedi 8 Août — très chaude journée: à 9 heures, arrivée du forgeron d'Alet avec un ouvrier pour prendre les mesures de la rampe de l'escalier et des fenêtres; ils dînent et rentre le soir après avoir reçu le dernier à-compte du vieux compte c.a. 235 — Les 3 tailleurs ont passé la journée à travailler l'un à la pierre de Grès; les 2 autres à la pierre blanche: ils ont réglé et pris: 105.75 — Les maçons ont continué de maçonner à leurs pièces le pavillon de la tour du midi et pris avant de partir 350 — Mr Caminade est rappelé

Mercredi 29 juillet. Annonce d'une chaude journée. Temps se couvre. Le soir je vais à la pêche me récréer ; pluie à la fin de la journée et dans la nuit.

Jeudi 30 juillet. Temps frais. Pluie à différentes heures de la journée, aussi je reste dedans toute la soirée pour arranger des comptes.

Vendredi 31 juillet. Meilleure journée, temps toujours frais.

Samedi 1 août. Très belle et chaude journée ; vais à Montazels voir Maman et rentre à 6 h.

Dimanche 2 août. Menace d'orage bon matin ; mais belle journée ; peu de monde aux offices.

Lundi 3 août. Après 8 jours de congé, *reprise des travaux*. Temps couvert, à la pluie mais belle journée quand même. Bot, Saun. et les 2 autres arrivés à 7 h. ne commencent leur journée qu'à 9 h ¼, après la venue de M. Caminade, et tout à la journée. Le matin, ils font le mortier posent 1 meneau et 1 trèfle d'une fenêtre du pavillon tour du Midi Ils perdent tout le temps à attendre la retouche des pierres par Bousquet qui y passe ½ journée matinée perdue. Le soir, ils en font autant à l'autre fenêtre et posent quelques autres pierres de taille. Hortense paraît de temps en temps et Paul se promène à l'ordinaire (peu de besogne). Arrivée à 9 h les 2 tailleurs occupent leur journée à la pierre de grès. Le soir ils quittent à 6 h ½ et sur une simple réflexion très juste de ma part, ils font leur baluchon pour partir. Tout s'arrange et ils restent. Hypolitte, le matin, avec 1 paire et le cheval a été prendre les escaliers à Espéraza et est arrivé à 10 h. au lieu de 8 h. Le soir, avec 2 paires et le cheval, il a été prendre une forte charretée de sable. Oscar Vila a commencé de monter une partie du parquet sous la surveillance de M. Caminade. Le charpentier d'Espéraza et 3 ouvriers sont arrivés à 9 h ½ pour commencer de monter les escaliers. Ils ont posé la charpente du 1er escalier, et sont partis le soir après avoir diné et soupé au presbytère avec tous les autres ouvriers, en tout plus de 14.

Mardi 4 août. Annonce d'une belle journée. Vent. <u>Le matin</u>, les 3 tailleurs continuent de préparer des pierres de grès. Bot, Saun. et Paul sont à la tourelle qu'ils mont-tent sous la surveillance de M. Caminade ; avant déjeuné, ils ont posé le meneau de la 2ème fenêtre du pavillon. Le charpentier et un ouvrier continuent la pose des escaliers. Oscar Vila continue de poser le parquet. <u>Le soir</u>. Bot continue la tourelle avec les petits escaliers ; Saunièrou et Paul maçonnent un peu les côtés. Les trois tailleurs travaillent la pierre de grès et recommencent à scier la pierre blanche. Oscar Vila terminent de poser les parquets du côté du jardin Vierge. Les 2 charpentiers continuent l'escalier d'Ormeaux. Hypolitte avec 2 paires a fait 2 voyages de sable.

Mercredi 5 août. Belle et chaude journée. <u>Le matin</u>, Bot, Saun. Paul et Hortense continue le montage de la tourelle avec les maçonneries de droite et de gauche. Les 3 tailleurs, 2 scient et le 3ème travaille la pierre de grès. Clamou et son ouvrier continue le mon-tage de l'escalier en ormeaux. Oscar Vila passe la matinée à la modification d'un travail commandé par M. Caminade, à la cage du second escalier ; plus ¼ de journée de la soirée. Le reste du temps, il pose du parquet. <u>Le soir</u>, Saunièrou est malade ; Bot, Paul et Hortense con-tinuent de monter la tourelle et vers la fin de la journée les maçonneries. Clamou est parti après diné après avoir pris *200 frs* d'acompte, son ouvrier seul continue.

Jeudi 6 août. Temps couvert, mais belle journée. Visite de **Cyprien Péchou** qui déjeune avec nous. Saunièrou, malade est absent. Bot, Paul et Hortense font la journée à leurs pièces aux maçonneries du pavillon de la tour du Midi. Oscar Vila est absent. Des 3 tailleurs 2 scient et l'autre prépare des pierres de grès. 4 ouvriers char-pentiers continuent la pose des deux escaliers. Pluie d'orage dans la nuit.

Vendredi 7 août. Très chaude journée ; menace d'orage. 3 ouvriers charpentiers continuent la pose des escaliers. Les 3 tailleurs, un est au grès ; les deux autres scient la p. blanche et la travaillent. Bot, Saunièrou guéri, Hortense et Paul continuent à leurs pièces les maçonneries du pavillon tour du Midi sous la surveillance de M. Caminade

Samedi 8 août. Très chaude journée ; à 9 heures, arrivée du forgeron d'Alet avec un ouvrier pour prendre les mesures de la rampe de l'escalier et des fenêtres ; ils dinent et rentrent le soir après avoir reçu le dernier acompte du vieux compte c-à-d *235 frs*. Les 3 tailleurs ont passé la journée à travailler l'un à la pierre de grès ; les 2 autres à la pierre blanche ; ils ont réglé et pris : *105,75*. Les maçons ont continué de maçonner à leurs pièces le pavillon de la tour du Midi et pris avant de partir *350 frs*. M. Caminade et sa fille

après avoir passé la semaine entière à Reims sont rentrés à Limoux
Les charpentiers sont aussi rentrés à Esperaza après la fin de la pose des 2 escaliers depuis 4 h 30.
Dimanche 9 Août — très chaude journée — très peu de monde aux offices — une seule famille
déjeune. Nous nous entretenons du mauvais esprit des ouvriers.
Lundi 10 Août — un peu de vent; temps couvert, sombre; il bruine — belle journée en
somme — Arrivés à 8 h les 3 maçons ont préparé jusqu'à 10 h et demie
dans le jardin communal 4 charrettes de moellons nécessaires pour terminer la tour du Midi: ils
ont ensuite tout disposé afin de continuer la maçonnerie de la dite tour, à leurs pièces — Hypolite
entre les deux voyages de sable qu'il a fait avec les 2 pairs, a transporté avec l'aide des
maçons, à leurs pièces les dites 4 charrettes au pied de la tour du Midi — Authié et Bauzil
seuls, arrivés à 9 heures ont continué de préparer des pierres blanches et de grès — Bousquet est
malade — En l'absence de M. Caminade, sa demoiselle avec son père est revenue ici
après d'y passer cette seconde semaine: ils sont arrivés après dîner.
Mardi 11 Août — très chaude journée — les gens déjeunent — Joseph de Mathilde arrive à 8 h
après dîner nous allons passer la soirée au ruisseau — Les maçons continuent
de monter la maçonnerie du pavillon de la tour du Midi, à leurs pièces sous la surveillance
de M. Caminade — Les 3 tailleurs scient et préparent des pierres —
Mercredi 12 Août — très chaude journée — Hypolite avec 2 pairs a fait 2 voyages de sable et avec
les deux, a fait gratis 5 charrettes de pierres au jardin — Les maçons ont
continué à monter la maçonnerie du pavillon de la tour du Midi — Les 3 tailleurs sous la surveillance de M. Caminade obligé de partir ce soir pour remonter vendredi matin, ont continué à
préparer des pierres blanches et de grès — Après midi, avec Joseph, je vais passer la soirée au ruis-
Dans la nuit, éclairs tonnerre et pluie: à cause d'elle les tailleurs de pierre et les maçons ne
commenceront la journée de demain qu'à 6 heures.
Jeudi 13 Août — à 6 heures la pluie cessant, les ouvriers commencent leur journée — temps
sombre lourd, menaçant jusqu'à 10 heures — Les maçons continuent la
maçonnerie de la tour du Midi — les 3 tailleurs scient et travaillent la pierre blanche
Joseph et M.elle Caminade sont toujours avec nous
Vendredi 14 Août — très belle et chaude journée — Les 3 tailleurs scient et préparent la
pierre blanche et partent pour Limoux après souper — Les maçons continuent de maçonner la tour du Midi le matin et le soir font la pose des 4 poutrelles
sous la surveillance de M. Caminade arrivé à 9 heures. Ce dernier part après souper pour
Limoux avec M.elle sa belle fille tailleurs après avoir pris 200 f — Les maçons partent pour Luc — Joseph
part pour Montazels — quelques visites.
Samedi 15 Août — temps froid, venteux et pluvieux — Fête de l'Assomption de la b. s. V.
très peu de monde aux offices: quête peu fructueuse — office chanté
Dimanche 16 Août — belle journée — très peu de monde aux offices — chapelet — Grand
nombre de visiteurs de Couiza et d'ailleurs — quelques uns de mes
paroissiens déjeunent — Visite de Pauline, ses enfants et des amis qui soupent au
presbytère et repartent — temps frais le soir.
Lundi 17 Août — très belle journée — fort vent du Nord — Bot, Paul et Hortense (Sau-
-nicou déjeunent) commencent leur journée à 9 heures et continuent
les maçonneries du pavillon de la tour du Midi, à leurs pièces — Les deux tailleurs de
pierre de Limoux ne sont pas montés, ni M. Caminade — Bousquet qui les attend
d'abord n'a commencé la journée qu'à 9 heures — Martial est monté pour me
raconter quelques misères de Mathilde; il a passé la journée avec nous.
Mardi 18 Août — journée très chaude — Bousquet travaille dès le matin à la pierre blanche
Bot, Saunicou et Paul changent les échaffaudages jusqu'à 9 heures — De là
au soir posent les 3 dernières pierres blanches du cours; la dernière marche de la tourelle et 4
anneaux de plus à la tourelle — portent pétrol — à 9 heures arrivée de 2 tailleurs qui contin-
-uent à préparer des grès et des pierres blanches; arrivée du Carnès d'Alet qui consent à vernir
extrait de la pierre à 1.50 h M.C. arrivée de M. Caminade et de son gendre — Le soir, avec
ce dernier, nous allons au ruisseau et nous rentrons fort fatigués — éclairs dans la nuit
et changement de température — Grand vent de Cers

après avoir passé la semaine entière à Rennes sont rentrés à Limoux.

Les charpentiers sont aussi rentrés à Espéraza après la fin de la pose des 2 escaliers et pris *450 frs*.

Dimanche 9 août. Très chaude journée. Très peu de monde aux offices. Une seule famille dépique. Nous nous entretenons du mauvais esprit des ouvriers.

Lundi 10 août. Un peu de vent ; temps couvert, sombre ; il bruine. Belle journée en somme. Arrivés à 8 h, les 3 maçons ont préparé jusqu'à 10 h. et demi dans le jardin communal 4 charretées de moellons nécessaires pour terminer la tour du Midi ; ils ont ensuite tout disposé afin de continuer les maçonneries de la dite tour, à leurs pièces. Hypolitte entre les deux voyages de sable qu'il a fait avec les 2 paires, a transporté avec l'aide des maçons à leurs pièces les dites 4 charretées au pied de la tour du Midi. Authier et Bauzil seuls, arrivés à 9 heures ont continué de préparer des pierres blanches et de grès. Bousquet est malade. En l'absence de M. Caminade, sa demoiselle avec son frère est revenu ici afin d'y passer cette seconde semaine ; ils sont arrivés après diné.

Mardi 11 août. Très chaude journée. Les gens dépiquent. Joseph de Mathilde arrive à 8 h. Après diné nous allons passer la soirée au ruisseau. Les maçons continuent de monter les maçonneries du pavillon de la tour du Midi, à leurs pièces sous la surveillance de M. Caminade. Les 3 tailleurs scient et préparent des pierres.

Mercredi 12 août. Très chaude journée. Hypolitte avec 2 paires a fait 2 voyages de sable et entre les deux, a fait gratis 5 charretées de pierres du jardin. Les maçons ont continué à monter les maçonneries du pavillon de la tour du Midi. Les 3 tailleurs sous la surveillance de M. Caminade obligé de partir ce soir pour remonter vendredi matin, ont continué à préparer des pierres blanches et de grès. Après midi, avec Joseph, je vais passer la soirée au (…) Dans la nuit, éclairs tonnerre et pluie. À cause d'elle les tailleurs de pierre et les maçons ne commenceront la journée de demain qu'à 6 heures.

Jeudi 13 août. À 6 heures, la pluie cessant, les ouvriers commencent leur journée. Temps sombre lourd, menaçant jusqu'à 10 heures. Les maçons continuent les maçonneries de la tour du Midi. Les 3 tailleurs scient et travaillent la pierre blanche. Joseph et Melle Caminade sont toujours avec nous.

Vendredi 14 août. Très belle et chaude journée. Les 3 tailleurs scient et préparent la pierre blanche et partent pour Limoux après souper. Les maçons continuent de maçonner la tour du Midi le matin et le soir font la pose des 4 poutrelles sous la surveillance de M. Caminade arrivé à 9 heures. Ce dernier part après souper pour Limoux avec Melle sa fille et les tailleurs **après avoir pris** *200 frs*. Les maçons partent pour Luc. Joseph part pour Montazels. Quelques visites.

Samedi 15 août. Temps froid, venteux et pluvieux. Fête de l'Assomption de la T. S V. très peu de monde aux offices ; quête peu fructueuse. Offices chantes.

Dimanche 16 août. Belle journée. Très peu de monde aux offices. Chapelet. Grand nombre de visiteurs de Couiza et d'ailleurs. Quelques-uns de mes paroissiens dépiquent. Visite de Pauline, ses enfants et des amies qui soupent au presbytère et repartent. Temps frais le soir.

Lundi 17 août. Très belle journée. Fort vent du nord. Bot, Paul et Hortense (Saunièrou dépique) commencent leur journée à 9 heures et continuent les maçonneries du pavillon de la tour du Midi, à leurs pièces. Les deux tailleurs de pierre de Limoux ne sont pas montés, ni M. Caminade. Bousquet qui les attendait n'a commencé la journée qu'à 9 heures. Martial est monté pour me raconter quelques misères de Mathilde ; il a passé la journée avec nous.

Mardi 18 août. Journée très chaude. Bousquet travaille dès le matin à la pierre blanche. Bot, Saunièrou et Paul changent les échafaudages jusqu'à 9 heures. De là au soir posent les 3 dernières pierres blanches des coins ; la dernière marche de la tourelle et 4 anneaux de plus à la tourelle. Hortense pétrit. À 9 heures, arrivée des 2 tailleurs qui continuent à préparer des grès et des pierres blanches ; arrivée du carrier d'Alet qui consent à venir extraire de la pierre à 1,50 le m. c. ; arrivée de M. Caminade et de son gendre. Le soir, avec ce dernier, nous allons au ruisseau et nous rentrons fort fatigués. Éclairs dans la nuit et changement de température. Grand vent de cers.

Mercredi 19 Août — Vent; temps frais, il bruine légèrement — Vent de cers très violent
après dîné — Le carrier d'Alet a commencé après dîné l'extraction de la pierre
dure derrière le terrain; il a passé une pièce de 2f — Le gendre de Mr Caminade est parti à 3 h
du soir — Oscar Vila a repris la pose du parquet et a fait 1 journée — Les maçons en face du
vent violent ont commencé les voutains du pavillon de la tour du Midi — Les 3 tailleurs scient
et préparent des pierres blanches — Mr Caminade surveille tout ce monde —
Jeudi 20 Août — Très belle et très chaude journée — Mr Caminade est parti après dîné pour
Espéraza et de là pour Limoux, après avoir laissé du travail — Oscar Vila a
continué toute la journée à poser le parquet du galetas — Samuel Mandouil d'Alet a
continué à extraire de la pierre; Mr Caminade lui a fait passer une police au sujet des accidents — Bousquet a manqué à cause du départ de son beau frère — Les deux autres tailleurs
ont travaillé la pierre blanche — Bot a fait 1/4 de j. à l'intérieur de la villa à la pose de
quelques carroti — Saunière seul hâteur (1 journée) Bot 3/4 a continué les m a commencé
du pavillon de la tour du midi —
Vendredi 21 Août — Très chaude journée, vent marin — Le carrier d'Alet a continué l'extraction de la pierre dure — Oscar Vila n'est pas venu — Exprès envoyé
à Carla pour dire à Hypolitte de venir demain transporter des pierres dures — Les 3 tailleurs
ont scié et continué de préparer des pierres blanches — Les maçons ont fini à midi de
maçonner et ont commencé ce soir la pose des consoles du pavillon de la tour du midi
Samedi 22 Août — Très chaude journée; vent marin — Le carrier d'Alet continue l'extraction de la pierre dure — Hypolitte avec 1 paire et le cheval a fait 1 jour
de transport de ces pierres soit avec la charrette, soit avec les traineaux — Les maçons ont
bétonné le matin, le 1er planches du pavillon de la tour du midi; et le soir après... et la
pose de 7 autres consoles, sont partis pour Lia vers les 3 heures avec des parents de Bizanet
venus pour les voir — Les 3 tailleurs, après avoir continué à préparer des pierres blanches
sont partis pour Limoux après avoir réglé et pris 87f — moi, j'ai été prendre Edouard
arrivé au train de 4 h. 20. sommes monté à Montazels voir maman
Dimanche 23 Août — Assez belle journée — très peu de monde à l'église — Edouard avec
Barthélemi ont été chasser sans rien prendre — visité
Lundi 24 Août — chaude journée; vent marin — temps couvert le soir — Edouard va à la
chasse le matin et tue un perdreau — Les 3 tailleurs arrivés a 9 h
passés, travaillent à scier et préparer des pierres blanches — Bot et les siens arrivés a 9 h
ne commencent qu'après dîné et sous la surveillance de Mr Caminade continuent la
pose des consoles de la tour du midi — Hypolitte a fait avec 2 pairs 2 voyages de sable
ni Oscar ni le carrier d'Alet ne sont montés —
Mardi 25 Août — Ciel couvert, orageux; menace de pluie; mais bonne journée quand
même — Mr Caminade est parti le soir à 7 h — nombreuse visite de
baigneurs de Rennes; ils boivent au presbytère — Ni le menuisier, ni le carrier ne sont montés — les 3 tailleurs continuent à scier et à préparer de pierres blanches — Les maçons après
avoir continué de maçonner; de poser des consoles, ont commencé les petits arceaux en
ogives de la tour du midi — temps froid et couvert; pluie dans la nuit
Mercredi 26 Août — Journée plus belle qu'hier, mais ciel chargé — La famille du maçon
continue les petits arceaux en ogives de la tour et la pose des consoles
Les 3 tailleurs continuent de préparer des pierres blanches — Edouard a été à la chasse sans rien
prendre — Encore beaucoup de visites — arrivée de Joseph de Mathilde
Jeudi 27 Août — journée belle et très chaude — Edouard a été à la chasse avec Joseph sans rien
prendre — a 9 h. arrivé de Mr Caminade qui repart à 7 h du soir — Il
voulait nous faire recommencer l'extraction de pierres à la carrière prétextant qu'il en manquait
pour la tourelle et le pavillon. J'ai refusé énergiquement, lui disant de terminer son travail
comme il pourrait — Les maçons ont continué à poser des consoles et à maçonner — Les 3
tailleurs ont toujours préparé des pierres blanches — Le soir, promenade à la carrière avec Joseph
et Edouard — Mr Caminade est rentré pas très content — Marie a été à Montazels chez
l'abbé pour leur demander de nous vendre quelques hectolitres de vin. on doit nous donner
la réponse demain par le facteur —

Mercredi 19 août. Vent, temps frais, il bruine légèrement. Vent de cers très violent
après diné. Le carrier d'Alet a commencé après diné l'extraction de la pierre
dure derrière la terrasse ; il a perdu une pièce de 2 frs. Le gendre de M. Caminade est parti à 3 h
du soir. Oscar Vila a repris la pose du parquet et a fait 1 journée. Les maçons en face du
vent violent ont commencé les voutains du pavillon de la tour du Midi. Les 3 tailleurs scient
et préparent des pierres blanches. M. Caminade surveille tout ce monde.
Jeudi 20 août. Très belle et chaude journée. M. Caminade est parti après diné pour
Espéraza et de là pour Limoux après avoir laissé du travail. Oscar Vila a
continué toute la journée à poser le parquet au Galetas. Samuel Mandouil d'Alet a
continué à extraire de la pierre ; M. Caminade lui a fait passer une police au sujet des accidents. Bousquet a manqué à cause du départ de son beau-frère. Les deux autres tailleurs
ont travaillé la pierre blanche. Bot a fait ¼ de j. à l'intérieur de la villa à la pose de
quelques barrots. Saunièrou, Paul, Hortense (1 journée) Bot ¾ à continuer les maçonneries
du pavillon de la tour du Midi.
Vendredi 21 août. Très chaude journée, vent marin. Le carrier d'Alet a continué l'extraction de la pierre dure. Oscar Vila n'est pas venu. Express envoyé
à Carla pour dire à Hypolitte de venir demain transporter des pierres dures.Les 3 tailleurs
ont scié et continué de préparer des pierres blanches. Les maçons ont fini à midi de
maçonner et ont commencé ce soir la pose des consoles du pavillon de la tour du Midi.
Samedi 22 août. Très chaude journée ; vent marin. Le carrier d'Alet continue l'extraction de la pierre dure. Hypolitte avec 1 paire et le cheval a fait 1 jour
de transport de ces pierres soit avec la charrette soit avec les traineaux. Les maçons ont
bétonné le matin le 1ᵉʳ plancher du pavillon de la tour du Midi et le soir ~~après avoir fait la~~ n'ont
rien fait et ~~pose de 7 autres consoles~~ sont partis pour Luc vers les 3 heures avec des parents de
Bizanet venus pour les voir. Les 3 tailleurs, après avoir continué à préparer des pierres blanches
sont partis pour Limoux après avoir réglé et pris *87 frs*. Moi, j'ai été prendre Édouard
Auriol au train de 4 h 20. Sommes montés à Montazels voir Maman.
Dimanche 23 août. Assez belle journée. Très peu de monde à l'église. Édouard avec
Barthélémi ont été chassé sans rien prendre. Visites.
Lundi 24 août. Chaude journée ; vent marin. Temps couvert le soir. Édouard va à la
chasse le matin et tue un perdreau. Les 3 tailleurs arrivés à 9 h
passées, travaillent à scier et préparer des pierres blanches. Bot et les siens arrivés à 9 h
ne commencent qu'après diné et sous la surveillance de M. Caminade continuent la
pose des consoles de la tour du Midi. Hypolitte a fait avec 2 paires 2 voyages de sable.
Ni Oscar ni le carrier d'Alet ne sont montés.
Mardi 25 août. Ciel couvert, orageux ; menace de pluie ; mais bonne journée quand
même. M. Caminade est parti le soir à 7 h. Nombreuses visites de
baigneurs de Rennes ; ils boivent au presbytère. Ni le menuisier ni le carrier ne sont montés. Les 3 tailleurs continuent à scier et à préparer des pierres blanches. Les maçons après
avoir continué de maçonner, de poser des consoles, ont commencé les petits arceaux en
ogives de la tour du Midi. Temps froid et couvert ; pluie dans la nuit.
Mercredi 26 août. Journée plus belle qu'hier, mais ciel chargé. La famille du maçon
continue les petits arceaux en ogives de la tour et la pose des consoles.
Les 3 tailleurs continuent de préparer des pierres blanches. Édouard a été à la chasse sans rien
prendre. Encore beaucoup de visites. Arrivée de Joseph de Mathilde.
Jeudi 27 août. Journée belle et très chaude. Édouard a été à la chasse avec Joseph sans rien
prendre. À 9 h. arrivée de M. Caminade qui repart à 7 h du soir. Il
voulait nous faire recommencer d'extraire des pierres à la carrière prétextant qu'il en manquerait
pour la tourelle et le pavillon. J'ai refusé énergiquement, lui disant de terminer son travail
comme il pourrait. Les maçons ont continué à poser des consoles et à maçonner. Les 3 tailleurs
ont toujours préparé des pierres blanches. Le soir, promenade à la carrière avec Joseph
et Édouard. M. Caminade est rentré pas trop content. Marie a été à Montazels chez
l'abbé pour leur demander de nous vendre quelques hectolitres de vin. On doit nous donner
la réponse demain par le facteur.

Vendredi 28 Août — très chaude journée — Les maçons continuent les arceaux en ogive
et les maçonneries — Les 3 tailleurs continuant de préparer des pierres blanches
et ne font que 3/4 de journée chacun, monsieur Caminade n'ayant pas laissé de travail, ils partent
pour Limoux jusqu'à nouvel ordre — Visite des curés de Nébias et vicaire d'Espéraza. Ils dînent
et rentrent le soir — Départ aussi de Joseph — Édouard va à la chasse — et n'apporte rien — Marie
redescend à Montazels au sujet du vin et en prend pour 150 f.
Samedi 29 Août — très chaude journée — foire à Couiza — Baptême des Jaffus — Les maçons
n'ont fait que 1/2 journée à maçonner, le haut de la tour du midi et sont
partis pour la foire — Mr Caminade écrit qu'il manque encore 4 m 50 cube de pierre de grès
à la fin de la journée, arrivée de Marie Louise, son mari et joseph de Mathilde qui remonte...
Dimanche 30 Août. temps couvert, vent frais — Chienne boiteuse Édouard ne peut aller à la
chasse avec Barthélemi — Tirage de photographies — peu de monde à l'Église
nombreuses visites d'Espéraza et Luc — préparation du départ d'Édouard.
Lundi 31 Août — très belle et chaude journée — à 9 h. départ d'Édouard de Marie Louise son
mari et Joseph — Arrivée de Mr Caminade et de 3 tailleurs à 9 h.
le matin, ils scient et préparent des pierres, le soir ils vont à la Carrière, rejoindre Bot
Saunière, Samuel et Dellac de Luc pour finir d'extraire la pierre nécessaire — Hypolitte
le matin avec 1 p. et le cheval a porté les gerbes, a fait 1 voyage de la Carrière et le soir a été
à Montazels prendre 5 hectol. de vin et plus. Soupé.
Mardi 1er Septembre. fort vent marin — temps sec et chaud — Les 3 tailleurs avec Mr
Caminade sont revenus à la Carrière équarrir des pierres — Bot
et Saunière, avec Dellac et Samuel y vont aussi pour la journée — Hypolitte, le matin
avec 1 p. et cheval a fait 8 voy. de pierres dure de la chapelle et le soir 2 voyages de grès de la
Carrière — Samuel ne reviendra pas demain — Mr Caminade est parti à 7 h pour Limoux
Mercredi 2 Septem. même fort vent marin qui dessèche tout et fait beaucoup de mal
Les 3 tailleurs reviennent à la Carrière avec Bot, Saunière et Abel
Samuel est resté à Rennes afin de continuer à extraire de la pierre dure — Ils vont le soir —
Jeudi 3 Septembre — Le vent Marin a cessé — temps Calme — Passage de troupes et petite
guerre — Les 3 tailleurs et Bot, à cause de cela ne font que la 1/2
journée du soir — Saunière n'a rien fait, ayant été à Couiza — Abel a fait la journée
ainsi que Maundoul à ses pierres dures — le matin venue de l'abbé, de Mr Katuirer sa
demoiselle, ils repartent à 9 h. pour aller recevoir les soldats à Montazels — Le soir, je vais
à la Carrière — il tonne mais sans pluie dans le pays
Vendredi 4 Septem — Très chaude journée — Continuation de manœuvre et départ
des troupes — Les 3 tailleurs sont à la Carrière avec Bot, Abel
et Saunière — Maundoul est à la pierre dure — Hypolitte, avec 2 paires et le cheval fait
2 voyages de la Carrière et soupe — Bot et Saunière, ayant une noce le lendemain partent
pour Luc à la fin de la journée —
Samedi 5 septembre — très chaude journée — Seuls les 3 tailleurs sont à la Carrière; ils
partent le soir après avoir réglé et pris : 94 f 50 au lieu de 92. 25
. différence : 2. 25 — Hypolitte avec 1 p. et le cheval, le matin a transporté avec la charrette
pierre de la Chapelle et le soir avec le traineau — Abel Dellac venu pour faire la
journée de terrassement aidait le matin et le soir — Samuel a continué à extraire des
pierres de la Chapelle — à la fin tous sont partis. Hypolitte a soupé —
Dimanche 6 septemb. Vent marin, très chaude journée — peu de monde aux offices
visite de Cralol dit timbou de Montazels avec sa famille. Ils
boivent un peu et rentrent après les Vêpres. Ciel couvert, à l'orage, il commença à pleuvoir
Lundi 7 septembre. Ciel sombre, couvert; il bruine — vais à la pêche presque rien, par d'eau
Bousquet fait la journée ainsi que Dellac et Samuel — tous les autres
manquent. La température se rafraîchit — un peu de pluie le soir (1 voyage de sable)
Mardi 8 Septembre — Nativité — temps couvert, froid — arrivée de Mr Caminade, des 2
tailleurs — de la famille Bot — La famille Bot et Saunière
ont fait 1/4 a pour la Mosaïque à la tour du midi — Bot et Saunière ont fait 3/4 j.
soit à la chapelle soit aux fouilles de la terrasse — Paul 1/2 journée — Abel Dellac

Vendredi 28 août. Très chaude journée. Les maçons continuent les arceaux en ogive
et les maçonneries. Les 3 tailleurs continuent de préparer des pierres blanches
et ne font que ¾ de journée chacun. Monsieur Caminade n'ayant pas laissé de travail ; ils partent
pour Limoux jusqu'à nouvel ordre. Visite des curés de Nébias et vicaire d'Espéraza. Ils dinent
et rentrent le soir. Départ aussi de Joseph. Édouard va à la chasse, et n'apporte rien. Marie
redescend à Montazels au sujet du vin et en prend pour *150 frs*.
Samedi 29 août. Très chaude journée. Foire à Couiza. Baptême des Jaffus. Les maçons
n'ont fait que ½ journée à maçonner le haut de la tour du Midi et sont
partis pour la foire. M. Caminade écrit qu'il manque encore 4 m 50 cube de pierres de grès.
À la fin de la journée, arrivée de Marie Louise, son mari et Joseph de Mathilde qui remonte…
Dimanche 30 août. Temps couvert, vent frais. Chienne boiteuse, Édouard ne peut aller à la
chasse avec Barthélémi. Triage de photographies. Peu de monde à l'église,
nombreuses visites d'Espéraza et Luc. Préparation du départ d'Édouard.
Lundi 31 août. Très belle et chaude journée. À 9 h départ d'Édouard de Marie-Louise son
mari et Joseph. Arrivée de M. Caminade et des 3 tailleurs à 9 h.
le matin, ils scient et préparent des pierres. Le soir ils vont à la carrière, rejoindre Bot,
Saunièrou, Samuel et Dellac de Luc pour finir d'extraire la pierre nécessaire. Hypolitte
le matin avec 1 p. et le chev. a porté les gerbes, a fait 1 voyage de la carrière et le soir a été
à Montazels prendre 6 hectol. de vin et plus. Soupé.
Mardi 1 septembre. Fort vent marin. Temps sec et chaud. Les 3 tailleurs avec M.
Caminade sont revenus à la carrière équarrir des pierres. Bot
et Saunièrou avec Bellac et Samuel y sont aussi pour la journée. Hypolitte, le matin
avec 1 p. et chev. a fait 8 voy. de pierres dure de la chapelle et le soir 2 voyages de grès de la
carrière. Samuel ne reviendra pas demain. M. Caminade est parti à 7 h. pour Limoux.
Mercredi 2 septembre. Même vent fort marin qui dessèche tout et fait beaucoup de mal.
Les 3 tailleurs reviennent à la carrière avec Bot, Saunièrou et Abel.
Samuel est resté à Rennes afin de continuer à extraire de la pierre dure. J'y vais le soir.
Jeudi 3 septembre. Le vent marin a cessé. Temps calme. Passage de troupes et petite
guerre. Les 3 tailleurs et Bor, à cause de cela, ne font que la ½
journée du soir. Saunièrou n'a rien fait, ayant été à Couiza. Abel a fait la journée
ainsi que Mandoul à ses pierres dures. Le matin venue de l'abbé ; de M. Catius et sa
Demoiselle ; ils repartent à 9 h. pour aller recevoir les soldats à Montazels. Le soir, je vais
à la carrière. Il tonne, mais sans pluie dans le pays.
Vendredi 4 septembre. Très chaude journée. Continuation des manœuvres et départ
des troupes. Les 3 tailleurs sont à la carrière avec Bot, Abel
et Saunièrou. Mandoul est à la pierre dure. Hypolitte, avec 2 paires et le cheval fait
2 voyages de la carrière et soupe. Bot et Saunièrou, ayant une noce le lendemain, partent
pour Luc à la fin de la journée.
Samedi 5 septembre. Très chaude journée. Seuls les 3 tailleurs sont à la carrière ; ils
partent le soir après avoir réglé et pris : 94 frs 50 au lieu de 92,25.
La différence : 2,25. Hypolitte avec 1 p. et le cheval, le matin a transporté avec la charrette
des pierres de la chapelle et le soir avec le traineau. Abel Dellac venu pour faire la
journée de terrassement aidait le matin et le soir. Samuel a continué à extraire des
pierres de la chapelle. À la fin tous sont partis. Hypolitte a soupé.
Dimanche 6 septembre. Vent marin ; très chaude journée. Peu de monde aux offices.
Visite de Crabol dit Bimbou de Montazels avec sa famille. Ils
boivent un peu et rentrent après les Vêpres. Ciel couvert, à l'orage, il commence à pleuvoir.
Lundi 7 septembre. Ciel sombre, couvert ; il bruine. Vais à la pêche, presque rien, pas d'eau.
Bousquet fait la journée ainsi que Dellac et Samuel. Tous les autres
manquent. La température se rafraichit. Un peu de pluie le soir. (1 voyage de sable)
Mardi 8 septembre. Nativité. temps couvert, froid. Arrivée de M. Caminade, des 2
tailleurs, de la famille Bot. La famille Bot et Saunièrou
ont fait ¼ j. pour la mosaïque à la tour du Midi. Bot et Saunièrou int fait ¾ j.
soit à la chapelle soit aux fouilles de la terrasse. Paul ½ journée. Abel dellac

a continué le matin, le travail du chemin de la chapelle et le soir 1/2 j. aux fouilles de la terrane avec Bot, Saun. et Paul — Les 3 tailleurs ont continué a préparez les pierres des Grès pour la Mosaïque — Samuel a continué a extraire des pierres dures — Hypolitte avec 2 paire fait 2 voyages de Sable — il pleut un peu
Mercredi 9 Septem. — Matinée fraiche, nuageuse; mais bonne journée — Hypolitte avec 2 paires et le cher. fait 4 voyages de la Carrière où est allé Bousquet afin de l'aidez à chargez — Authuz et Bauzil ont continué a préparez des pierres de grès pour la Mosaïque — Bot et Saunièrou et Paul, jusqu'à 11 heures ont, à la journée les deux premiers continué les fouilles du muz intérieur de la terrane et le dernier terrané au chemin de la chapelle avec Abel de Luc qui a fait sa journée — De 11 h à la fin du jour Bot, Saun. et Paul et hortense ont pris les derniers mesures et commencé de maçonnez les fouilles de ce muz intérieur sous la surveillance de Mr Cammirade — Samuel a continué d'extraire de la pierre dure
Jeudi 10 Septembre — beaucoup de vent de cers froid, mais bonne journée en somme — Bot et Saunièrou, avec Paul et hortense ont continué de maçonnez les fouilles du muz intérieur de la terrane, commencé un arceau, la Mosaïque et la pose des pierres de taille du cours du bassin terrane (on a perdu pas mal de temps a disposez le cintre qui avait pris un faux pli; travail a la tache — Les 3 tailleurs ont continué a préparez des pierres de grès pour la tour et la tourelle — Hypolitte, avec 1 paire et le cher a fait 5 journée de transport de pierre dure le matin pour la terrane; le soir, pour le nouveau muz de l'enclos de Bonhomme — Abel Dellac l'a aidé — Samuel a continué d'extraire la pierre dure de la chapelle: monsieur Cammirade surveillait — visite architecte de Guillan — Oscaz avec son beau père sont montés pour continuez de posz les parquets du Galetas —
Vendredi 11 Septembre — temps couvert froid; mais bonne journée en somme — Bot Saunièrou avec hortense et Paul ont continué les travaux du muz intérieur de la terrane et de la Mosaïque sous la surveillance de Mr Cammirade qui part le soir par le dernier train — Samuel continue d'extraire de la pierre dure et achève les terrassement de la chapelle — Les tailleurs de pierre sauf Bousquet malade ont continué de préparez des pierres de Grès — Moi j'ai été au ruisseau a la pêche — Oscaz et son beau père sont remontés pour terminez le travail de pose du parquet dont il manque encore quelques lames.
Samedi 12 Septembre — Matinée bonne quoique froide; vers les 2 h. moins un quart, la pluie commence a tombez, et continue jusqu'à la fin — Bot Saun. Paul et hortense n'ont fait que demi journée a continuez les maçonn. Mosaïque et arceau du muz intérieur de la terrane — Les 3 tailleurs y compris Bousquet guéri n'ont fait que demi journée et sont partis pour Limoux vers les 2 heures — Samuel a pris un 2e a-compte de 50f ce qui fait en tout 70f de reçu sur son travail d'extrachion de la pierre et est parti Abel est aussi parti; mais pour revenir lundi si possible
Dimanche 13 Septembre — journée venteuse et pluvieuse — très peu de monde a l'Eglise surtout le soir au chapelet — visite de MM. Pinet et Lac. de Limoux qui viennent visiter la villa et s'informez de l'assurance —
Lundi 14 septembre — journée venteuse, nombreuses averses — malgré le mauvais temps Bot Saunièrou et Paul ont essayé de faire 3/4 de journée, entrecoupée par de courtes mais nombreuses ondées, en continuant Saunièrou de maçonnez et Bot de faire la Mosaïque du muz intérieur de la terrane. Pas d'autres ouvriers — Le soir, arrivée inattendue des visites annoncées de Villefort et de Toulouse on soupe comme on peut et on couche de même
Mardi 15 Septem. — toujours température très froide, vent très fort et nombreuses ondées toute la journée — Les visites de Villefort et Toulouse sont au presbytère ne peuvent presque pas sortir a cause du mauvais temps — Bot, Saunièrou et Paul continuent la Mosaïque du muz intérieur de la terrane; maçonnent l'angle du Bassin Abel Dellac a creusé les fondements pour la suite du muz intérieur de la terrane et puis son travail de terrassement du chemin de la chapelle — Samuel n'est pas venu Bousquet a fait sa journée — visite de Caignenes — Philippine a été malade des nerfs—

a continué le matin, le travail du chemin de la chapelle et le soir ½ j. aux
fouilles de la terrasse avec Bot, Saun. et Paul. Les 3 tailleurs ont continué
à préparer les pierres de grès pour la mosaïque. Samuel a continué à extraire
des pierres dures. Hypolitte avec 2 paires fait 2 voyages de sable. Il pleut un peu.
Mercredi 9 septembre. Matinée fraiche, nuageuse ; mais bonne journée. Hypolitte
avec 2 paires et le chev. fait 4 voyages de la carrière où est allé
Bousquet afin de l'aider à charger. Authier et Bauzil ont continué à préparer des pierres
de grès pour la mosaïque. Bot et Saunièrou et Paul, jusqu'à 11 heures, ont à la journée
les deux premiers continué les fouilles du mur intérieur de la terrasse et le dernier terrassier
au chemin de la chapelle avec Abel de Luc qui a fait sa journée. De 11 h à la fin du
jour Bot, Saun. et Paul et Hortense ont pris les dernières mesures et commencé de maçonner les fouilles de ce mur intérieur sous la surveillance de M. Caminade. Samuel
a continué d'extraire de la pierre dure.
Jeudi 10 septembre. Beaucoup de vent de cers froid, mais bonne journée en somme.
Bot et Saunièrou, avec Paul et Hortense ont continué de maçonner
les fouilles du mur intérieur de la terrasse, commencé un arceau, la mosaïque et la pose des
pierres de taille du coin du bassin terrasse (on a perdu pas mal de temps à disposer le cintre
qui avait pris un faux pli) ; travail à la tâche. Les 3 tailleurs ont continué à préparer des
pierres de grès pour la tour et la tourelle. Hypolitte, avec 1 paire et le chev. a fait 1 journée
de transport de pierre dure le matin pour la terrasse ; le soir pour le nouveau mur de l'enclos
de Bonhomme. Abel Dellac l'a aidé. Samuel a continué d'extraire la pierre dure de
la chapelle ; Monsieur Caminade surveillait. Visites. Architecte de Quillan. Oscar
avec son beau-père sont montés pour continuer de poser les parquets de Galetas.
Vendredi 11 septembre. Temps couvert froid ; mais bonne journée en somme. Bot,
Saunièrou avec Hortense et Paul ont continué les travaux du
mur intérieur de la terrasse et de la mosaïque sous la surveillance de M. Caminade
qui part ce soir par le dernier train. Samuel continue d'extraire de la pierre dure et
Abel le terrassement de la chapelle. Les tailleurs de pierres sauf Bousquet malade
ont continué de préparer des pierres de grès. Moi j'ai été au ruisseau à la pêche. Oscar
et son beau-père sont remontés pour terminer le travail de pose du parquet dont
il manque encore quelques lames.
Samedi 12 septembre. Matinée bonne quoique froide ; vers les 2 h. moins un quart, la
pluie commence à tomber, et continue jusqu'à la fin. Bot, Saun.
Paul et Hortense n'ont fait que demi-journée à continuer les maçonn. Mosaïque et arceau
du mur intérieur de la terrasse. Les 3 tailleurs y compris Bousquet guéri n'ont fait que
demi-journée et sont partis pour Limoux vers les 2 heures. Samuel a pris un 2ème acompte
de *50 frs* ce qui fait en tout 70 frs de reçus sur son travail d'extraction de la pierre et est parti.
Abel est aussi parti ; mais pour revenir lundi si possible.
Dimanche 13 septembre. Journée venteuse et pluvieuse. Très peu de monde à l'église
surtout le soir au Chapelet. Visite de MM. Pinet et La…
de Limoux qui viennent visiter la villa et s'informer de l'assurance.
Lundi 14 septembre. Journée venteuse, nombreuses averses. Malgré le mauvais temps,
Bot, Saunièrou et Paul ont essayé de faire ¾ de journée, …
entrecoupée par de courtes mais nombreuses ondées, en continuant Saunièrou de
maçonner et Bot de faire la mosaïque du mur intérieur de la terrasse. Peu d'autres
ouvriers. Sur le soir, arrivée inattendue des visites annoncées de Villefort et de Toulouse.
On soupe comme on peut et on couche de même.
Mardi 15 septembre. Toujours température très froide, vent très fort et nombreuses ondées
toute la journée. Les visites de Villefort et Toulouse sont au pres-
bytère, ne pouvant presque pas sortir à cause du mauvais temps. Bot, Saunièrou et Paul
continuent la mosaïque du mur intérieur de la terrasse et maçonnent l'angle du bassin.
Abel Dellac a creusé les fondements pour la suite du mur intérieur de la terrasse et puis
son travail de terrassement du chemin de la chapelle. Samuel n'est pas venu.
Bousquet a fait sa journée. Visite de baigneurs. Philippine a été malade des nerfs.

Mercredi 16 Septem. — Matinée très froide; soirée meilleure — Bot. Saun. Paul et porteur montent le 2e arceau et font mosaïque et maçonnerie accompagnant — Arrivée des 2 tailleurs de pierre de Limoux; avec Bousquet, ils continuent à préparer des pierres de grès pour la tourelle — Abel continue son travail de terrassement — Samuel arrive à 8h continue d'extraire de la pierre dure — Visite du menuisier de Chalabre qui est aux Bains — Je vais confesser et extrêmonctier M. Cassignac de la Borde du Gendarme — Après déjeuner départ de Rouanet et sa suite. Arrivée de la chaux en gare

Jeudi 17 Septem. — Très belle journée — Le malade de la campagne du gendarme est mort dans la nuit — Jusqu'au déjeuner Bot et les autres ont continué la mosaïque et monté des caisses de matériaux. Du déjeuner à la fin tous ont travaillé à monter la tourelle et posé d'autres pierres — Les 3 tailleurs ont continué leur travaux de la veille — Abel Dellac a continué de terrasser — Samuel a arraché de la pierre — Visite de Couiza — Hyppolitte avec 2 paires et le cheval a fait de la gare 2 voyages de chaux et monté quelques contre vents d'Oscar. Il a pris pour les faire partir 2 colis de sacs de 56 sacs l'un = 112 —

Vendredi 18 sept. — Attendus: MM. Caminade et Denarnaud ne sont pas montés, j'écris au 1er de monter demain samedi, car Bot est arrêté — Ce dernier et les autres, sauf porteur, en l'attendant, tachent d'occuper leur journée vaille que vaille à poser quelques pierres de mosaïque au couronnement de la tour — ils voulaient partir pour Luc, ce qui était bien dommage par un si beau temps — Les 3 tailleurs continuent de préparer des pierres de grès — Hyppolitte dans 1 premier voyage avec 2 p. et le cher. a fini de monter le wagon de chaux et ciment. Le soir il a apporté un tout petit voy. de table au Abel Dellac a continué les terrassements et Samuel d'extraire de la pierre — Les 2 tailleurs de pierres n'ayant plus de travail, et demain étant samedi, nous décidons de les envoyer à la carrière avec les maçons qui pour s'occuper à la fin de la journée ont été obligés de crépir; ni les uns ni les autres n'ont d'occupation par la faute de M. Caminade et toujours par sa faute. Il oublie, le malheureux, que moins il y a de travail à faire dans un chantier, moins il s'en fait — Bot et les siens auraient pu, aujourd'hui en faire un tiers!

Samedi 19 Septem. — Vent marin assez fort, mais bonne journée quand même — Ne pouvant ou s'occuper, les 3 tailleurs, avec Bot, Saun. et Abel ont été à la carrière jusqu'à midi extraire de la pierre de grès — De midi à la fin, Bot, Saun. et Paul continuent le travail de pose de pierres de la tourelle et les 3 tailleurs scient et en préparent d'autres — Abel continue le terrassement; Samuel arrache de la pierre — M. Caminade arrive à 9 heures du matin, visite les travaux, cube les premiers transports de pierre dure qui monte à 55t dirige les travaux du soir et rentre à Limoux après avoir soupé avec les tailleurs qui ont réglé et pris: 79f 50

Dimanche 20 Sept. — Très fort vent marin, insupportable et faisant beaucoup de mal à tout: jardins, fleurs, etc. — Beaucoup de visiteurs — peu de monde à la messe et surtout à vêpres — Le vent redouble de force toute la soirée et la nuit; dégats incalculables; on ne peut sortir. Nous disons à Hyppolitte d'aller demain à Couiza —

Lundi 21 Septem. — Vent marin toujours plus violent et toute la journée. Temps couvert, nuageux, humide comme la veille — Vers les 9 heures arrivée de M. Caminade et d'Authiez seul. Ce dernier prépare des pierres toute la journée et Saun. Paul et porteur commencent vers les 9h et demi, malgré le vent de faire 2 sacs de mortier pour commencer les maçonneries des fouilles, du mur intérieur de la terrasse du côté du Nord; puis les 3 hommes font dans la cour l'échaffaudage réclamé par M. Denarnaud pour la pose des contre vents. Denarnaud voulait percer les murs, on s'y est refusé Abel Dellac continue les fouilles de la terrasse — Samuel arrive après dîné et fait 1/2 journée Hyppolitte avec 1 paire apporte le matin les contre vents et les ferrures du côté de la cour et le soir fait de la chapelle 1/2 journée de transports de pierre dure — Bot Saun. et Paul maçonnent. Oscar Vila est monté après dîné pour la pose des contre vents — à la fin de la journée, cessation du vent, et pluie toute la nuit

Mardi 22 Septem. — Temps couvert, gras, lourd, brouillard; il pleut pendant tout le déjeuner et puis belle journée — Marie et Julie ont été à Couiza pour les provisions — Jusqu'au déjeuner Bot. Saun. et Paul posent quelques pierres sur la tour —

Mercredi 16 septembre. Matinée très froide ; soirée meilleure. Bot, Saun, Paul et Hortense
montent le 2ème arceau et font mosaïque et maçonnerie accompa-
gnant. Arrivée des 2 tailleurs de pierre de Limoux ; avec Bousquet, ils continuent à préparer des pierres de grès pour la tourelle. Abel continue son travail de terrassement.
Samuel arrivé à 8 h. continue d'extraire de la pierre dure. Visite du menuisier de Chalabre
qui est aux Bains. Je vais confesser et extrêmonctier M. Cassignac de la Borde du
gendarme. Après déjeuné départ de Rouanet et sa suite. Arrivée de la chaux en gare.

Jeudi 17 septembre. Très belle journée. Le malade de la campagne du gendarme est mort dans
la nuit. Jusqu'ai déjeuné Bot et les autres ont continué la mosaïque et
monté des caisses de matériaux. Du déjeuner à la fin tous ont travaillé à monter la tourelle et
posé d'autres pierres. Les 3 tailleurs ont continué leurs travaux de la veille. Abel Dellac a
continué de terrasser. Samuel a arraché de la pierre. Visites de Couiza. Hypolitte
avec 2 paires et le cheval a fait de la gare 2 voyages de chaux et monté quelques contrevents d'Oscar. Il a pris pour les faire partir 2 colis de sacs de 56 sacs l'un = 112.

Vendredi 18 septembre. Attendus, MM. Caminade et Dénarnaud ne sont pas montés ; j'écris
au 1er de monter demain samedi car Bot est arrêté. Ce dernier et
les autres sauf Hortense en l'attendant, tachent d'occuper leur journée vaille que vaille
à poser quelques pierres de mosaïque au couronnement de la tour. Ils voulaient partir
pour Luc, ce qui était bien dommage par un si beau temps. Les 3 tailleurs continuent
de préparer des pierres de grès. Hypolitte dans 1 premier voyage avec 2 p. et le chev. a fini
de monter le wagon de chaux et ciment. Le soir, il a apporté un tout petit voy. de sable avec 2 p. et
le chev. Abel Dellac a continué le terrassement et Samuel d'extraire de la pierre. Les tailleurs
de pierres n'ayant plus de travail, et demain étant samedi, nous décidons de les
envoyer à la carrière avec les maçons qui pour s'occuper à la fin de la journée ont été obligés
de crépir ; ni les uns ni les autres n'ont d'occupation par la faute de M. Caminade et
toujours par sa faute. Il oublie, le malheureux que moins il y a de travail à faire dans
un chantier, moins il s'en fait. Bot et les siens aurait pu aujourd'hui en faire un tiers.

Samedi 19 septembre. Vent marin assez fort, mais bonne journée quand même. Ne sachant plus
où s'occuper, les 3 tailleurs, avec Bot, Saun. et Abel ont été à la
carrière jusqu'à midi extraire de la pierre de grès. De midi à la fin, Bot, Saun. et
Paul continuent le travail de pose de pierres de la tourelle et les 3 tailleurs scient et en
préparent d'autres. Abel continue le terrassement ; Samuel arrache de la pierre.
M. Caminade arrive à 9 heures du matin, visite les travaux, cube les premiers transports de pierre dure qui monte à 55. Dirige les travaux du soir et rentre à Limoux
après avoir soupé, avec les tailleurs qui ont réglé et pris : *79 frs 50*.

Dimanche 20 septembre. Très fort vent marin, insupportable et faisant beaucoup de mal à
tout : jardin, fleurs, etc. Beaucoup de visiteurs. Peu de monde à
la messe et surtout à Vêpres. Le vent redouble de force toute la soirée et la nuit ;
dégâts incalculables ; on ne peut sortir. Nous disons à Hypolitte d'aller demain à Couiza.

Lundi 21 septembre. Vent marin toujours plus violent et toute la journée temps couvert,
nuageux, humide comme la veille. Vers les 9 heures
arrivée de M. Caminade et d'Authier seul. Ce dernier prépare des pierres toute la journée
et Saun, Paul et Hortense commencent vers les 9 h et demi, malgré le vent de faire 2 sacs
de mortier pour commencer les maçonneries des fouilles du mur intérieur de la terrasse
du côté du nord ; puis les 3 hommes font dans la cour l'échafaudage réclamé par M.
Dénarnaud pour la pose des contrevents. Dénarnaud voulait percer les murs. On s'y est refusé.
Abel Dellac continue les fouilles de la terrasse. Samuel arrivé après diné et fait ½ journée.
Hypolitte, avec 1 paire apporte le matin les contrevents et les ferrures du côté de la cour et
le soir fait de la chapelle ½ journée de transport de pierres dures. Bot, Saun. et Paul
maçonnent. Oscar Vila est monté après diné pour la pose des contrevents. À la fin de la
journée, cessation du vent, et pluie toute la nuit.

Mardi 22 septembre. Temps couvert, gras, lourd, brouillard ; il pleut pendant tout le déjeuner
et puis belle journée. Marie et Julie ont été à Couiza pour les
provisions. Jusqu'au déjeuner Bot, Saun. et Paul posent quelques pierres sur la tour.

Du déjeuner à la fin, avec hauteur en plus, ils continuent les maçonneries du mur intérieur de la terrasse, côté nord — Abel n'a fait que 1/2 journée aux fouilles du mur
intérieur de la terrasse — Samuel a fait la journée, a extrait — Authier et Bousquet
seuls ont scié et préparé des pierres blanches — Denarnaud et son ouvrier ont continué avec
Oscar la pose des contrevents — Hypolitte avec 2 pays a fait 1 voyage de sable du roc de
France — N'ayant pour le moment plus de travail à faire, Abel a été réglé et a pris 63ᶠ
Mercredi 23 Septembre — très belle journée; vent marin qui favorise bien les raisins — très
          après soupé, Mʳ Caminade est parti promettant de remonter
vendredi — Samuel a passé une bonne partie de la journée a entoisé sa pierre; il ne
sait que faire tant il craint de perdre dans son travail — Hypolitte avec 2 pays a
fait 2 voyages de sable du roc de France — le maréchal d'Albet et son ouvrier, sans Oscar
ont continué la pose des contrevents — Les 3 tailleurs, julou compris ont scié et préparé des pierres blanches — Bot, Saun. Paul et Hort. ont continué de maçonner le
mur intérieur de la terrasse du côté du Nord — La famille du nouvel instituteur est
venue nous voir — Moi j'ai été à la carrière voir le travail fait dernièrement par les
ouvriers réunis. très peu de besogne.
Jeudi 24 Septembre — très belle journée; continuation du vent marin — Bot et les siens
jusqu'au déjeuner a été guérir les gouttières de la toiture de la maison d'école. Du déjeuner
à la fin, 3/4 de journ. a continué les arceaux du mur intérieur de la terrasse côté du
nord — Les 3 tailleurs, 2 ont scié, l'autre a préparé des pierres blanches — Samuel a été
occupé à sa pierre dure — Denarnaud et son ouvrier ont continué de poser les contrevents. Oscar n'est pas venu —
Vendredi 25 Septem. — vent marin, très belle journée — Samuel après nous avoir parlé
          d'entoiser toute sa pierre, renonce à ce travail et continue d'en
extraire — Oscar est venu le matin terminer son travail des contrevents que Denarnaud
et son ouvrier continuent de poser — Les 3 tailleurs continuent de préparer des pierres
blanches et de grès — Bot et les siens continuent de monter l'arceau et la mosaïque
du mur intérieur de la terrasse (côté nord) — Mʳ Caminade arrivé à 9 heures, surveille
à tout et tire le compte de Samuel Marandou — vers les 3 h et 1/2 Bot ayant fini, termine sa journée à poser des pierres à la tourelle —
Samedi 26 Septembre — Fort vent marin, mais bonne journée — Bot et les siens ont
          continué de poser des pierres à la tour et tourelle. Le soir hortense
était absente ÷ Bot a demandé 300ᶠ qu'on lui a donné — Les 3 tailleurs ont continué à
scier et a préparer des pierres de grès et blanche et sont partis à la fin pour Limoux avec
Mʳ Caminade, après avoir soupé — Denarnaud et son ouvrier, ayant fini leur travail de
pose des contrevents sont partis pour Alet à 7 h ½ — Samuel a passé la journée a extraire de la pierre dure et est rentré chez lui; à la fin après avoir réglé tout son travail
s'élevant à la somme de 42,50 —
Dimanche 27 sept — Belle journée; très peu de monde à l'église; les gens vendangent
          partout à grand train; j'ai été à Montazels voir maman après
et suis rentré pour souper à Rennes; visite des travaux par des étrangers —
Lundi 28 Septem. — Bousquet seul travaille; pas d'autres ouvriers — Je vais à la pê
et apporte quelques petits poissons — Belle journée vent marin.
Mardi 29 Septem. — Belle et chaude journée; vent marin — Bousquet seul continu...
          a préparer des pierres bl. — Samuel est venu terminer sa toise réglé à
12ᶠ franc et parti jusqu'à nouvel ordre - préparation de vendanges
Mercredi 30 Septembre — Bonne journée; un peu de pluie à la fin avec tonnerre — Bousquet
          ayant été à la fête d'Esperaza n'a pas travaillé — Oscar vila est venu
réglé et a pris 250ᶠ sur l'ordre de Mʳ Caminade — Pendant notre dîné sont arrivés 3 prêtres
Mʳ Médius de l'Ariège, Castelnaud de la Serpent et un abbé de Carcassonne; ils ont visite l'église et les travaux, ont dîné et sont rentrés à 4 heures — Guillaume a été à la foire
Jeudi 1ᵉ Octobre — belle matinée; orage le soir accompagné de tonnerre — Bousquet, Mʳ
          Caminade n'ayant pas envoyé de travail, n'a fait que 1/4 — Nous avons
commencé de vendanger les Bals, bonne récolte - on fait des confitures de figues.

Du déjeuner à la fin, avec Hortense en plus, ils continuent les maçonneries du mur intérieur de la terrasse, côté nord. Abel n'a fait que ½ journée aux fouilles du même mur intérieur de la terrasse. Samuel a fait la journée à extraire. Authier et Bousquet seuls ont scié et préparé des pièces blanches. Dénarnaud et son ouvrier ont continué avec Oscar la pose des contrevents. Hypolitte avec 2 paires a fait 1 voyage de sable du Roc de France. N'ayant pour le moment plus de travail à faire, Abel a été réglé et pris *63 frs*.

Mercredi 23 septembre. Très belle journée ; vent marin qui favorise bien les raisins. Hier après souper M. Caminade est parti promettant de remonter
vendredi. Samuel a passé une bonne partie de la journée à entoiser sa pierre ; il ne sait que faire tant il craint de perdre dans son travail. Hypolitte avec 2 paires a fait 2 voyages de sable du Roc de France. Le maréchal d'Alet et son ouvrier, sans Oscar ont continué la pose des contrevents. Les 3 tailleurs, **Julou** compris ont scié et préparé des pierres blanches. Bot, Saun, Paul et Hort. ont continué de maçonner le mur intérieur de la terrasse du côté du nord. La famille du nouvel instituteur est venue nous voir. Moi j'ai été à la carrière voir le travail fait dernièrement par les ouvriers réunis. Très peu de besogne.

Jeudi 24 septembre. Très belle journée ; continuation du vent marin. Bot et les siens jusqu'au déjeuné a été guérir les gouttières de la toiture de **la maison d'école**. Du déjeuner à la fin, ¾ de journée à continuer les arceaux du mur intérieur de la terrasse côté du nord. Les 3 tailleurs, 2 ont scié, l'autre a préparé des pierres blanches. Samuel a été occupé à sa pierre dure. Dénarnaud et son ouvrier ont continué de poser les contrevents. Oscar n'est pas venu.

Vendredi 25 septembre. Vent marin ; très belle journée. Samuel après nous avoir menacé d'enmêtrer toute sa pierre, renonce à ce travail et continué d'en
extraire. Oscar est venu le matin terminer son travail des contrevents que Dénarnard et son ouvrier continuent de poser. Les 3 tailleurs continuent de préparer des pierres blanches et de grès. Bot et les siens continuent de monter l'arceau et la mosaïque du mur intérieur de la terrasse (côté nord). M. Caminade arrivé à 9 heures surveille le tout et tire le compte de Samuel Mandoul. Vers les 3 h et ½ Bot ayant fini, termine sa journée à poser des pierres à la tourelle.

Samedi 26 septembre. Fort vent marin, mais bonne journée. Bot et les siens ont continué de poser des pierres à la tour et tourelle. Le soir Hortense
était absente. Bot a demandé *300 frs* qu'on lui a donné. Les 3 tailleurs ont continué à scier et à préparer des pierres de grès et blanches et sont partis à la fin pour Limoux avec M. Caminade, après avoir soupé. Dénarnaud et son ouvrier, ayant fini leur travail de pose des contrevents sont partis pour Alet à 7h ½. Samuel a passé la journée à extraire de la pierre dure et est rentré chez lui, à la fin après avoir réglé tout son travail s'élevant à la somme de *42,50*.

Dimanche 27 septembre. Belle journée ; très peu de monde à l'église ; les gens vendangent partout à grand train ; j'ai été à Montazels voir Maman …
et suis rentré pour souper à Rennes ; visite des travaux par des étrangers.

Lundi 28 septembre. Bousquet seul travaille ; pas d'autres ouvriers. Je vais à la pêche et apporte quelques petits poissons. Belle journée. Vent marin.

Mardi 29 septembre. Belle et chaude journée ; vent marin. Bousquet seul continue à préparer des pierres bl. Samuel est venu terminer sa toise régler *5…*
12 francs et partir jusqu'à nouvel ordre. Préparation des vendanges.

Mercredi 30 septembre. Bonne journée ; un peu de pluie à la fin avec tonnerre. Bousquet ayant été à la fête d'Espéraza n'a pas travaillé. Oscar Vila est venu
régler et a pris *250 frs* sur l'ordre de M. Caminade. Pendant notre diné sont arrivés 3 prêtres M. Médus de l'Ariège, Castelnaud de La Serpent et un abbé de Carcassonne ; ils ont visité l'église et les travaux, ont diné et sont rentrés à 4 heures. Guillaume a été à la foire.

Jeudi 1er octobre. Belle matinée ; orage le soir accompagné de tonnerre. Bousquet, M. Caminade n'ayant pas envoyé de travail, n'a fait que ¼. Nous avons
commencé de vendanger les Bals, bonne récolte. On fait des confitures de figues.

Vendredi 2 octobre — journée sombre et à la pluie, il pleut un peu dans la matinée. après-dîner on continue à vendanger les Bals malgré le temps incertain — Mr Caminade a envoyé du travail à Bousquet qui a fait 3/4 de journée — Pendant la nuit, vers les 11 h ou minuit, une main criminelle a tenté d'incendier la villa Bethanie en mettant le feu à quelques fagots de bois qui se trouvaient dans le sous-sol, coté du chemin rural. Guillaume réveillé par le pétillement s'est levé; mais tout était fini. Dégats: à peu près insignifiants.

Samedi 3 octobre — Belle journée — Bousquet a fait la journée à préparer des pierres de grès pour les créneaux de la tour — Hypolitte, avec 1 paire a fait 1 journée de transport de pierre dure de la chapelle — on continue de vendanger au bals — J'écris au Brigadier de Gendarmerie de montes pour constater la tentative d'incendie de la nuit — Les dégats causés par le feu sont beaucoup plus considérables que nous ne l'avions cru : ils s'élèvent au moins à la somme de 350 —

Dimanche 4 octobre - Très belle journée — très peu de monde aux offices, chapelet — nous vendangeons au bals dans la soirée — Arrivée de 2 gendarmes pour constater l'incendie et rédiger le procès verbal : nous veillons autour de la maison, visitée dans la journée par beaucoup de personnes, de partout —

Lundi 5 octobre — très belle et très chaude journée — nous continuons de vendanger au bals où il y a une très belle récolte — Mr Caminade écrit qu'il ne reviendra que demain avec Bot — Bousquet continue de préparer des p. blanches, avec J'accompagne le facteur dans les campagnes d'où nous rapportons une belle provision de champignons qu'il emporte à Montazels —

Mardi 6 octobre. très belle et très chaude journée — Arrivée de Mr Caminade avec les maçons qui ne font que 3/4 de. (les trois) à poser les créneaux de la tour du midi — Bousquet prépare des pierres et scie le soir avec Guillaume comme le samedi — Mariage de Marie Raymard — nous faisons constater l'incendie de la villa à Mr Caminade et les maçons.

Mercredi 7 octobre — très belle et chaude journée — Bot, Jaun. et Paul, jusqu'à 3 h du soir continuent de poser les créneaux. De 2h30 soir à la fin, les pierres nécessaires n'étant pas prêtes, ils commencent de faire les joints de la tour du coté du jardin — Bousquet continue à préparer des p. blanches — Mr Caminade surveille — nous continuons de vendanger les bals —

Jeudi 8 octobre — très belle journée; un peu de vent matin — Mr Caminade part ce soir après soupe — Bousquet continue de préparer des pierres blanches — Bot, Jaun. et Paul terminent au déjeune et à la journée, les joints du Couronnement de la tour, coté du jardin — Du déjeune à la fin, il continuent à leurs pièces, les joints des maçonneries où Hortense aide — on continue de vendanger les bals —

Vendredi 9 octobre — journée un peu froide, venteuse; mais bonne — Bousquet continue à préparer des pierres blanches et de Grès pour la tour — Les maçons, du matin au déjeune, les 3 ont continué à la tache, les joints des maçonneries de la tour; du déjeune à Midi, ils ont continué le même travail, sauf Bot qui a passé 1 heure 1/2 environ à poser quelques pierres de créneaux; de midi à la fin, continuation des joints (hier comme aujourd'hui; Hortense et Paul ont approché avec la brouette des grès pour les voutains) travail en dehors de celui d'aujourd —

Samedi 10 octobre — journée froide, pénible le matin pour les ouvriers — Bousquet a préparé des pierres de Grès pour la voute de la tourelle, comme la seconde demi-journée d'hier — Il a réglé 3 semaines de travail et pris 15 j. à 3 = 45 — Du matin à Midi les maçons ont à la journée fait les joints du Couronnement de la tour (coté du midi) et le soir a leur tache ont fait les joints de la maçonnerie; — Comme d'habitude, Paul et Hortense n'ont pas fait grand chose — nous avons achevé de vendanger — Serny l'artilleur et son frère le sourd sont venus nous voir, ont déjeune et filé — Edmond nous a expédié des photographies et du muscat.

Dimanche 11 octobre — journée froide surtout le soir — très peu de monde à l'Eglise; chapelet et vêpres — visites d'étrangers — dame au château — les gens vendangent. Marie et Julie voudraient demain aller à N. D. de Marceille

Vendredi 2 octobre. Journée sombre et à la pluie ; il pleut un peu dans la matinée. Après diné on continue à vendanger les Bals malgré le temps incertain. **M. Caminade
a envoyé du travail à Bousquet** qui a fait ¾ de journée. <u>Pendant la nuit, vers les 11 h ou minuit, une main criminelle a tenté d'incendier la villa Béthanie</u> en mettant le feu à quelques fagots de bois qui se trouvaient dans le sous-sol, côté du chemin rural. Guillaume réveillé par le pétillement s'est levé ; mais tout était fini. Dégâts : à peu près insignifiants.

Samedi 3 octobre. Belle journée. Bousquet a fait la journée à préparer des pierres de grès pour les créneaux de la tour. Hypolitte, avec 1 paire a fait 1 journée de transport
de pierre dure de la chapelle. On continue de vendanger au Bals. J'écris au brigadier de gendarmerie de monter pour constater la tentative d'incendie de la nuit. Les dégâts causés par le feu sont beaucoup plus considérables que nous l'avions cru. Ils s'élèvent au moins à la somme de 350 frs.

Dimanche 4 octobre. Très belle journée. Très peu de monde aux offices ; chapelet. Nous vendangeons au Bals dans la soirée. Arrivée de 2 gendarmes pour
constater l'incendie et rédiger le procès-verbal ; nous veillons autour de la maison visitée dans la journée par beaucoup de personnes de partout.

Lundi 5 octobre. Très belle et très chaude journée. Nous continuons de vendanger au Bals où il y a une très belle récolte. M. Caminade écrit qu'il ne reviendra
que demain avec Bot. Bousquet continue de préparer des p. blanches ~~avec~~. J'accompagne le facteur dans les campagnes d'où nous rapportons une belle provision de champignons qu'il emporte à Montazels.

Mardi 6 octobre. Très belle et très chaude journée. Arrivée de M. Caminade avec les maçons qui ne font que ¾ de j. (les trois) à poser les créneaux de
la tour du Midi. Bousquet prépare des pierres et scie le soir avec Guillaume comme le samedi. Mariage de **Marie Raynaud**. Nous faisons constater l'incendie de la villa à M. Caminade et les maçons.

Mercredi 7 octobre. Très belle et chaude journée. Bot, Saun. et Paul jusqu'à 3 h du soir continuent de poser les créneaux. De 2 h 30 soir à la fin, les pierres nécessaires n'étant pas prêtes, ils commencent de faire les joints de la tour du côté du jardin. Bousquet continue à préparer des pierres blanches. M. Caminade surveille. Nous continuons de vendanger les Bals.

Jeudi 8 octobre. Très belle journée ; un peu de vent marin. M. Caminade part ce soir après souper. Bousquet continue de préparer des pierres blanches. Bot, Saun.
et Paul terminent au déjeuné et à la journée, les joints du couronnement de la tour, côté du jardin. Du déjeuner à la fin, ils continuent à leurs pièces les joints des maçonneries où Hortense aide. On continue de vendanger les Bals.

Vendredi 9 octobre. Journée un peu froide, venteuse ; mais bonne. Bousquet continue à préparer des pierres blanches et de grès pour la tour. Les
maçons du matin au déjeuner, les 3 ont continué à la tâche, les joints des maçonneries de la tour ; du déjeuner à midi, ils ont continué le même travail, sauf Bot qui a passé 1 heure ½ environ à poser quelques pierres des créneaux ; de midi à la fin, continuation des joints (hier comme aujourd'hui, Hortense et Paul ont approché avec la brouette des briques pour les voûtains) travail en dehors de celui du jour.

Samedi 10 octobre. Journée froide, pénible le matin pour les ouvriers. Bousquet a préparé des pierres de grès pour la voûte de la tourelle, comme la seconde
demi-journée d'hier. Il a réglé 3 semaines de travail et pris 15 j. à 3 frs = *45 frs*. Du matin à midi les maçons ont à la journée fait les joints du couronnement de la tour (côté du midi) ; et le soir à leur tâche ont fait les joints de la maçonnerie. Comme d'habitude, Paul et Hortense n'ont pas fait grand-chose. Nous avons achevé de vendanger. Serny l'artilleur et son frère le sourd sont venus nous voir, ont déjeuné et filé. Édouard nous a expédié des photographies et des muscats.

Dimanche 11 octobre. Journée froide surtout le soir. Très peu de monde à l'église ; chapelet et Vêpres. Visites d'étrangers. Dame au château. Les gens
vendangent. Marie et Julie voudraient demain aller à N. D. de Marceille.

Lundi 12 octobre. Cette journée — après la messe, je vais à Espéraza voir Mr Espézel relativement au bien de Mr Rougé dit « Mitou » je suis de retour vers mi-Di
à la Carrière où se trouvent, depuis le matin Bot et Saunieron, Dellac et Bousquet, à extraire
la pierre. Mr le Curé d'Espéraza et son Vicaire étaient absents — Il pleut dans la nuit —
Mardi 13 octobre. temps frais. — Bot, Saunieron Abel et Bousquet sont à la carrière où
ils continuent d'extraire — Le soir, je m'y rends —
Mercredi 14 octobre. Très belle journée, je vais au Champignon et j'en apporte peu — En
rentrant je trouve Mr Carmisade arrivé à 11 h. du côté d'Espéraza et
repartant le soir — Bot, Saun. Abel et Bousquet sont toujours à la carrière —
Jeudi 15 octobre. Très belle journée — je vais encore aux champignons et j'en apporte
beaucoup — Bot, Saun. Abel et Bousquet sont toujours à la carrière
Hypolitte avec 2 paires dont 1 paire de bœuf nouveau et le cheval fait 4 voyages
de la Carrière et prend ses repas à la maison — Arrivée de Jacou Rougé —
Vendredi 16 octobre — journée assez belle — Violentois de domicile et de terrain
par Jacques Rougé et son compère; coup monté et préparé
d'avance; insultes de leur part et menaces — plainte au procureur de la République
Mauvaise journée; déposition chez le maire par les deux parties — 4 ouv. à la carrière
Samedi 17 octobre — pluie dans la nuit : matinée dérangée et pluie forte après
Diné — Bot, Saun. Abel et Bousquet qui hier avaient fait
la journée entière, ne font aujourd'hui, à cause du mauvais temps que la
demi journée du matin — Je travaille toute la journée à la serre — Baptême
d'un enfant de Cassignac
Dimanche 18 octobre — Journée venteuse et froide — peu de monde à l'église — quelques
Visites, entr'autre 2 hommes d'Espéraza, amis de la maison qui
dinent au presbytère et nous apportent un oiseau — Martiel invité à déjeuner ne veut
pas étant un peu malade — promenade après Vêpres avec Guillaume.
Lundi 19 octobre — Journée meilleure : vent toujours froid — pas d'ouvrier d'aucune
sorte — Hypolitte avec 2 p. et le ch. fait le matin 2 voyages de la carrière
et le soir, 1 voyage de sable — Visite de Martial dans l'après diné; il repart avant la nuit
emportant 1 poulet et 18 œufs —
Mardi 20 octobre — Journée venteuse, mais bonne : — Bousquet depuis 6 heures prépare
des pierres pour la tourelle — Arrivés à 9 heures, les 3 maçons font
3/4 de journée à faire les joints des briques et des pierres de l'ouverture de la tour, côté du
midi. Paul n'a rien à faire qu'à frotter de ci de là — Je fais dire par le facteur à Journer
de faire rentrer dans sa remise après les avoir comptées, les pièces de bois apportées par Mr
Lacroix et sises devant l'Église de Couiza — Nous donnons à Bot l'oiseau pour l'apprendre
Mercredi 21 octobre — Journée menaçante; mais bonne; quelques gouttes d'eau
dans la matinée — à 9 heures, arrivée de Mr Carmisade à qui
nous racontons l'affaire Rougé Jacou; il nous promet de s'en occuper — Il visite les
travaux; dine, donne ses ordres et repart à 3 heures — Bousquet a continué de
préparer des pierres de grès pour la tourelle — Les 3 maçons, après avoir échaffaudé
la veille ont commencé de faire les joints du côté du Serf; Paul ne remplit que
des commissions — Soirée sombre, un peu de pluie.
Jeudi 22 octobre — Journée douce et bonne — Bousquet continue de préparer des pierres de
Grès — Les 3 maçons, vers 10h 1/2 terminent les joints de la tour côté Serf
et de la jusqu'à la fin, commencent le 4e arceau de la terrasse — Dellac commence de
nettoyer le passage au fourage Bouhomme entre malet et le mur — Paul l'isseyre le
plâtrier vient voir le travail qui doit être commencé mardi prochain — Les gendarmes
montent pour rédiger le procès de Jacques Rougé : Ils rentrent à la nuit — pluie dans la nuit
Vendredi 23 octobre — Journée pluvieuse, humide, froide — Bousquet finit la journée dans
Bot, Saun. et Paul et hot. font 3/4 de journée à continuer le 4e arceau
de la terrasse — Arrivé à 10h. 1/2, Abel se rend avec moi au moulin et trois-baunes
pour voir le travail de défonçage et prend la tâche des 3 morceaux, les estons comptés
à 7 centimes le M. Carré à 35 et 40 centim de profondeur; ce qui est accepté —

Lundi 12 octobre. Belle journée. Après la messe, je vais à Espéraza voir M. Espézel relativement au bien de M. Rougé dit « Mitou » je suis de retour vers midi
à la carrière où se trouvent depuis le matin Bot et Saunièrou, Dellac et Bousquet, à extraire
la pierre. **M. le Curé d'Espéraza** et son Vicaire étaient absents. Il pleut dans la nuit.
Mardi 13 octobre. Temps frais. Bot, Saunièrou, Abel et Bousquet sont à la carrière où
ils continuent d'extraire. Le soir, je m'y rends.
Mercredi 14 octobre. Très belle journée, je vais au champignon et j'en apporte peu. En
rentrant je trouve M. Caminade arrivé à 11 h. du côté d'Espéraza et
repartant le soir. Bot, Saun. Abel et Bousquet sont toujours à la carrière.
Jeudi 15 octobre. Très belle journée. Je vais encore aux champignons et j'en apporte
beaucoup. Bot, Saun. Abel et Bousquet sont toujours à la carrière.
Hypolitte avec 2 paires dont 1 paire de bœufs nouveaux et le cheval fait 4 voyages
de la carrière et prend ses repas à la maison. Arrivée de Jacou Rougé.
Vendredi 16 octobre. Journée assez belle. **Violation de domicile et de terrain**
par Jacques Rougé et son compère. Coup monté et préparé
d'avance ; insultes de leur part et menaces. Plainte au procureur de la République.
Mauvaise journée ; déposition chez le maire par les deux parties. 4 ouvr. à la carrière.
Samedi 17 octobre. Pluie dans la nuit ; matinée dérangée et pluie forte après
diné. Bot, Saun. Abel et Bousquet qui hier avaient fait
la journée entière, ne font aujourd'hui, à cause du mauvais temps, que la
demi-journée du matin. Je travaille toute la journée à la serre. Baptême
d'une enfant de Cassignac.
Dimanche 18 octobre. Journée venteuse et froide. Peu de monde à l'église. Quelques
visites entre autre 2 hommes d'Espéraza, amis de la maison qui
dinent au presbytère et nous apportent un oiseau. Martial invité à déjeuner ne vient
pas étant un peu malade. Promenade après Vêpres avec Guillaume.
Lundi 19 octobre. Journée meilleure ; vent toujours froid. Pas d'ouvriers d'aucune
sorte. Hypolitte avec 2 p. et le Ch. fait le matin 2 voyages de la carrière
et le soir 1 voyage de sable. Visite de Martial dans l'après diné ; il repart avant la nuit
emportant 1 poulet et 18 œufs.
Mardi 20 octobre. Journée venteuse, mais bonne. Bousquet depuis 6 heures prépare
des pierres pour la tourelle. Arrivée à 9 heures, les 3 maçons font
¾ de journée à faire les joints des briques et des pierres de l'ouverture de la tour, côté du
midi. Paul n'a rien à faire qu'à frotter de ci de là. Je fais dire par le facteur à Igounet
de faire rentrer dans sa remise après les avoir comptés les pièces de bois apportées par M.
Lacroix et sises devant l'église de Couiza. Nous donnons à Bot l'oiseau pour l'apprendre.
Mercredi 21 octobre. Journée menaçante ; mais bonne ; quelques gouttes d'eau
dans la matinée. À 9 heures, arrivée de M. Caminade à qui
nous racontons l'affaire Rougé Jacou ; il nous promet de s'en occuper. Il visite les
travaux ; dine, donne ses ordres et repart à 3 heures. Bousquet a continué de
préparer des pierres de grès pour la tourelle. Les 3 maçons, après avoir échafaudé
la veille ont commencé de faire les joints du côté du cers ; Paul ne remplit que
des commissions. Soirée sombre, un peu de pluie.
Jeudi 22 octobre. Journée douce et bonne. Bousquet continue de préparer des pierres de
grès. Les 3 maçons, vers 10 h ½ terminent les joints de la tour côté cers
et de là jusqu'à la fin, commencent le 4ème arceau de la terrasse. Dellac commence de
nettoyer le passage au fourrage Bonhomme entre Malet et le mur. **Paul Tisseyre** le
plâtrier vient voir le travail qui doit être commencé mardi prochain. Les gendarmes
montent pour rédiger le procès de Jacques Rougé. Ils rentrent à la nuit. Pluie dans la nuit.
Vendredi 23 octobre. Journée pluvieuse, humide, froide. Bousquet finit la journée dedans.
Bot, Saun. et Paul et Hort. font ¾ de journée à continuer le 4ème arceau
de la terrasse. Arrivée à 10 h ½, Abel se rend avec moi au **Mounas** et **Trincs-Barral**
pour voir le travail de défourrage et prend la tâche des 3 morceaux les Estous compris
à 7 centimes le m. carré à 35 et 40 centimètres de profondeur ; ce qui est accepté.

il me promet un travail irréprochable sous tous les rapports — après dîné, il reprend sa tâche de nettoyage de la range malet; mais la pluie ne lui permet que de faire le 1ᵉʳ quart de soirée.
Samedi 24 Octobre — très belle journée — Abel aide Guillaume à presser — Bousquet continue à préparer des pierres de Grès — Bot, Saun., Paul et Hortense, (ces deux derniers comme à l'ordinaire ne font presque rien), ayant fini à déjeuner, le 4ᵉ arceau commencent le cinquième — Hypolitte avec 1 paire, vient apporter du bois à Mʳ l'Instituteur et à 10 heures et 1/2 environ commence sa journée de transport de pierre de la Chapelle et fait la journée quand même — Bousquet a réglé et pris 31.50. Il ne reviendra que mercredi.
Dimanche 25 octobre. Très belle journée — peu de monde à l'église le matin et le soir — Visite; après vêpres, avec Guillaume nous allons à la Carrière voir p. défrimage.
Lundi 26 Octobre — temps couvert, belle journée — Abel continue à nettoyer à la citerne de malet — à 9 h. Bot Paul et Hortense (Saunierou prend et de cure) continuent jusqu'à midi le 5ᵉ arceau de la terrasse. De midi à la fin sous la surveille de Mʳ Caminade arrivé à 1 h du soir, il commence les voutains de la terrasse de la tour de Magdala — Baptême de la petite Bouilles — Hypolitte avec 2 paire a porté le matin 30 sacs de plâtre de chez Conquet auquel il a remis les 25 sacs vides de la chaux en 3 colis et 6 sacs de plâtre — Le soir, il a monté 1 voyage de sable et les echaffaudages de Paul Tisseyre qui doit monter demain pour commencer à monter des cloisons. Entre les deux voyages, il a monté dans le pré 1 charrettée de terre — Éclairs dans la nuit.
Mardi 27 Octobre — Très belle journée — Bot, Paul et Hortense ont continué et fini à forfait les voutains de la terrasse de la tour carrée — Abel a fini le nettoyage du petit mur du chemin de la villa et démoli le vieux mur du fond du pré Bonhomme — Mandoul a recommencé d'extraire de la pierre à la chapelle (3/4 de j.) à 1,50 le m.c. — Paul Tisseyre a commencé le plâtrage de la maison, à forfait — Oscar a passé la journée à retoucher et corriger les escaliers de Mʳ Clamou avec l'aide de Paul et sous la surveillance de Mʳ Caminade — Nous avons acheté la parcelle de terre de Sauzede 100ᶠ et passé un simple acte de vente sur papier timbré — Noce de Mʳ Bourrel.
Mercredi 28 Octobre — après une bourrasque de vent dans la nuit, journée pluvieuse Bot, Paul et Hortense avaient à peine continué les voutains de la tour carrée qu'ils ont été obligés de cesser à cause de la pluie; après déjeuner, Mʳ Camin-ade occupe Bot dans la villa à quelques bricoles; mais tout seul — Sauzède Pierre est venu emprunter 1 sac de plâtre — P. Tisseyre le plâtrier a continué de monter des cloisons de cheminées sous l'œil de Mʳ Caminade.
Jeudi 29 Octobre — Journée couverte, froide, humide et quelques gouttes de pluie, mais bonne journée quand même — Bot, Saun. Paul et Hortense ont bétonné la terrasse de la tour carré sous la surveillance de Mʳ Caminade — Paul Tisseyre a continué de cloisonner des cheminées et fait 2 voutains de Fores — Bousquet après 3 jours d'absence a repris son travail de taille de pierre de Grès — Abel continue de démolir de vieux murs (de Sauzède) — Mandoul continue d'extraire la pierre dure de la chapelle — Le matin, Hypolitte avec les 2 paires a porté de la gare et de chez Oscar le 2ᵉ charretée de parquet et des pantelles — 2 repas — Il a porté chez le menuisier les 4 marches de l'escalier à refaire — et en remontant a porté 1 voy. de sable — Oscar ne remontera pas demain à cause de la foire.
Vendredi 30 Octobre. Journée très froide et très venteuse — Bot, Saun. Paul et Hortense sous la surveillance de Mʳ Caminade continue le béton de la terrasse de la tour carré — Bousquet n'a fait que la demi journée du matin, le soir il a été à la foire avec Marie et sa cousine de la Valam venue pour nous voir — Abel a été occupé à plusieurs choses — Mandoul n'a fait que fait — Hypolitte avec 1 paire a fait 1 journée de transport de la chapelle. Saunierou et Hortense ayant été à la foire n'ont fait que demi journée — mauvais temps, peu de travail.
Samedi 31 Octobre. Matinée pluvieuse — Bousquet n'a fait que 3/4 de j. la pierre — idem pour Mandoul et Abel qui a fait ce plus 1 h. le matin — Bot et les trois après avoir pendant 1 heure posé dans la villa des briques aux fenêtres pour garantir du mauvais temps sont partis pour Lia et n'entendent remonter que jeudi matin à mon grand mécontentement. Je lui fais écrire par Mʳ Caminade pour reprendre mardi matin Oscar a reglé et pris: 42. — Tisseyre ne peut accepter le travail visite la maison prise et enlève les escaliers.

il me promet un travail irréprochable sous tous les rapports. Après diné, il reprend sa tâche de nettoyage de la rampe Malet ; mais la pluie ne lui permet que de faire le 1ᵉʳ quart de soirée.

Samedi 24 octobre. Très belle journée. Abel aide Guillaume à presser. Bousquet continue à préparer des pierres de grès. Bot, Saun. Paul et Hortense (ces deux derniers
comme à l'ordinaire ne font presque rien) ayant fini à déjeuner le 4ᵉᵐᵉ arceau commencent le cinquième. Hypolitte avec 1 paire vient apporter du bois à M. P. Instituteur et à 10 heures et ½ environ commence sa journée de transport de pierres de la Chapelle et fait la journée quand même. Bousquet a réglé et pris 31 frs 50. Il ne reviendra que mercredi.

Dimanche 25 octobre. Très belle journée. Peu de monde à l'église le matin et le soir. Visites. Après Vêpres, avec Guillaume nous allons à la carrière voir p. de fourrage.

Lundi 26 octobre. Temps couvert ; belle journée. Abel continue à nettoyer à la citerne de Malet. À 9 h. Bot, Paul et Hortense (Saunièrou presse et décuve)
continuent jusqu'à midi le 5ᵉᵐᵉ arceau de la terrasse. De midi à la fin sous la surveillance de M. Caminade arrivé à 1 h du soir, il commence les voûtains de la terrasse de la tour de Magdala. Baptême de la petite Truillet. Hypolitte avec 2 paires a porté le matin 30 sacs de plâtre de chez Conquet auquel il a remis les 25 sacs vides de la chaux en 3 colis et 6 sacs de plâtre. Le soir, il a monté 1 voyage de sable et les échafaudages de Paul Tisseyre qui doit monter demain pour commencer à monter les cloisons. Entre les deux voyages, il a monté dans le pré 1 charretée de terre. Éclairs dans la nuit.

Mardi 27 octobre. Très belle journée. Bot, Paul et Hortense ont continué et fini à forfait les voûtains de la terrasse de la tour carrée. Abel a fini le nettoyage du futur mur du chemin de la villa et démoli le vieux mur du fond du pré Bonhomme. Mandoul a recommencé d'extraire de la pierre à la chapelle (3/4 de j.) à 1,50 le m. c. Paul Tisseyre a commencé le plâtrage de la maison, à forfait. Oscar a passé la journée à retoucher et corriger les escaliers de M. Clamou avec l'aide de Paul et sous la surveillance de M. Caminade. Nous avons acheté la parcelle de terre de Sauzet *100 frs* et passé un simple acte de vente sur papier timbré. Noce de M. Giburrel.

Mercredi 28 octobre. Après une bourrasque de vent dans la nuit, journée pluvieuse. Bot, Paul et Hortense avaient à peine continué les voûtains de la
tour carrée qu'ils ont été obligés de cesser à cause de la pluie ; après déjeuné, M. Caminade occupe Bot dans la villa à quelques bricoles, mais tout seul. Sauzède Pierre est venu emprunter 1 sac de plâtre. P. Tisseyre le plâtrier a continué de monter des cloisons de cheminées sous l'œil de M. Caminade.

Jeudi 29 octobre. Journée couverte, froide, humide et quelques gouttes de pluie, mais bonne journée quand même. Bot, Saun. Paul et Hortense
ont bétonné la terrasse de la tour carrée sous la surveillance de M. Caminade. Paul Tisseyre a continué de cloisonner des cheminées et faire 2 voûtains de foyer. Bousquet après 3 jours d'absence a repris son travail de taille de pierres de grès. Abel continue de démolir de vieux murs (de Sauzède). Mandoul continue d'extraire la pierre dure de la chapelle. Le matin, Hypolitte avec les 2 paires a porté de la gare et de chez Oscar la 2ᵉᵐᵉ charretée de parquet et des poutrelles. 2 repas. Il a porté chez le menuisier les 4 marches de l'escalier à refaire, et en remontant a porté 1 voy. de sable. Oscar ne remontera pas demain à cause de la foire.

Vendredi 30 octobre. Journée très froide et très venteuse. Bot, Saun. Paul et Hortense sous la surveillance de M. Caminade continuent le béton de la terrasse
de la tour carrée. Bousquet n'a fait que la demi-journée du matin, le soir il a été à la foire avec Marie et son cousin de **la Vialasse** venu pour nous voir. Abel a été occupé à plusieurs choses. Mandoul ~~n'a~~ a ~~peu près rien fait~~ entoisé. Hypolitte avec 1 paire a fait 1 journée de transport de la chapelle. Saunièrou et Hortense ayant été à la foire n'ont fait que demi-journée. Mauvais temps, peu de travail.

Samedi 31 octobre. Matinée pluvieuse. Bousquet ~~n'a~~ fait ~~que la soirée~~ ¾ de j. Idem pour Mandoul et Abel qui a fait de plus 1 h. le matin. Bot et les siens
après avoir pendant 1 heure posé dans la villa des briques aux fenêtres pour garantir du mauvais temps sont partis pour Luc et n'entendent remonter que jeudi matin à mon grand mécontentement. Je lui fais écrire par M. Caminade pour reprendre mardi matin. Abel a réglé et pris *42 frs*. Tardive ne peut accepter du travail. Visite la maison neuve et continue le travail.

Dimanche 1 novembre — Toussaint. mauvaise journée, temps sombre humide et pluvieux assez de monde aux offices - messe basse, quête matin et soir annonce les nouvelles heures de la messe et vepres les Dimanches — Arrivée de Martial et de Pauline qui repartent après les vepres. pluie et brouillard — Annonce 1re Communion pour l'année 1904 —

Lundi 2 Novembre — temps couvert doux; meilleure journée - messe des morts à 9 heures peu de monde — après dîner, nous allons avec Marie et Julie à Montazels voir maman et nous rentrons à la nuit — Bousquet a fait 1 demi journée de travail, le soir — Abel n'est pas venu mais Mandoul a travaillé un peu à la pierre.

Mardi 3 Novembre — Bousquet a fait 1 journée à la p. de grès — Abel a fait aussi la journée à démolir des murs — Mandoul n'ayant plus de travail pour le moment a été réglé, pris les 20 frs restant et est parti — Mr Caminade est monté à 9 heures, mais Oscar lui n'est pas venu. on le laissera de côté — Bot faché de la lettre de samedi vient pour régler son carnet où exige d'avoir seul tout le travail 5c de la journée et 4,50 le m.c. à forfait — nous discutons jusqu'à 10 heures. — De 10 heures à midi, avec Saunieron et Paul ils commencent à la journée et à pierre sèche la petite murette adossée à la citerne malet — De midi à la nuit, avec hortense anglès ils commencent à forfait 4,50 le m.c. le mur de soutainement de la rue et du chemin rural — Mr Caminade part à 4 heures.

Mercredi 4 Novembre — belle et bonne journée — Bot, Saun. Paul et hortense continuent le mur de soutainement — Abel terrasse au même endroit — Bousquet fait sa journée — Hyppolitte a fait 3 voyages de petites pierres qui nous embarrassaient, tout en venant presses —

Jeudi 5 Novembre — très bonne journée — à 9 heures arrivée de Mr Caminade qui me dit que Martin gagne 4m par jour et non 5c et non 5 comme l'avait prétendu Bot — Bousquet fait sa journée aux pierres de Grès — Abel continue de préparer les fondations du mur de soutainement du chemin rural — Oscar est monté pour continuer la pose du parquet. Jusqu'à midi, Bot, Saun. Paul et hortense ont continué à maçonner le mur de soutainement. de Midi au soir, les mêmes ont continué le dallage du haut de la tour carré — Visite de Mr Chaussinet et du percepteur d'Espéraza

Vendredi 6 Novembre. Vent marin mais bonne journée — Bousquet continue son travail du grès — Abel est à ses fondations du futur mur rural — Oscar pour les chevrons du plancher du Galetas et 2 marches du petit escalier — Bot, Saun. Paul et hortense, sous la surveillance de Mr Caminade continuent le Dallage de la tour carré et montent le morceau de maçonnerie du côté du nord —

Samedi 7 Novembre — très belle journée — Bot, Saun. Paul et hortense continuent et terminent le cimentage de la terrasse de la tour carré — Ils partent tard pour Luc, après avoir répandu du sable sur le ciment fraichement posé — Hyppolitte avec 2 paires a fait 2 voyages de Sable — Oscar a commencé de clouer le parquet du plancher du galetas et posé les 2 dernières marches du petit escalier Bousquet a continué de préparer des pierres de grès — Abel avec gambus fils ont continué les fondations du mur du chemin rural — départ de tout le monde

Dimanche 8 Novem. Assez belle journée; vent marin froid le soir — très peu de monde à l'église — Prone: vie de St Benoît — reprise des Catéchismes — promenade après vepres — Messe à 10 h Vepres à 3 h.

Lundi 9 Novembre. — très belle journée — après dîner je descends à Montazels voir ma mère malade — Bousquet seul fait sa journée au grès — les autres ne sont pas venus. maman montera demain —

Mardi 10 Novembre — matinée pluvieuse — Bot, Saun. Paul et hort. arrivés à midi font la demi journée à continuer de monter le mur de soutainement du chemin rural a forfait — Bousquet a fait la journée — Paul le platrier Mr Caminade attendu, n'étant pas monté a passé la journée à terminer les clôtures d'une cheminée et à monter des barreaux pour son travail — Hyppolitte avec 1 paire a fait 1 journée de transports de pierre de la Chapelle — nous avons été à Montazels ma mère prendre maman en voiture pour la garder chez nous — pluie dans la nuit

Dimanche 1 novembre. Tousaint. mauvaise journée ; temps sombre, humide et pluvieux. Assez de monde aux offices. Messe basse, quête matin et soir,
annonce les nouvelles heures de la messe et Vêpres les dimanches. Arrivée de Martial et de Pauline qui repartent après les Vêpres ; pluie et brouillard. Annonce 1ère Communion
pour l'année 1904.

Lundi 2 novembre. Temps couvert doux ; meilleure journée. Messe des morts à 9 heures, peu de monde. Après diné, nous allons avec Marie et Julie à
Montazels vois Maman et nous rentrons à la nuit. Bousquet a fait 1 demi-journée
de travail le soir. Abel n'est pas venu, mais Mandoul a travaillé un peu à la pierre.

Mardi 3 novembre. Bousquet a fait une journée à la p. de grès. Abel a fait aussi
la journée à démolir des murs. Mandoul n'ayant plus de
travail pour le moment a été réglé, pris les *20 frs* restants et est parti. M. Caminade
est monté à 9 heures, mais Oscar lui n'est pas venu. On le laissera de côté. Bot fâché
de la lettre de samedi vient pour régler son carnet ou exige d'avoir seul tout le travail
5 frs de la journée et 4,50 le m. c. à forfait. Nous discutons jusqu'à 10 heures. De 10 heures
à midi, avec Saunièrou et Paul, ils commencent à la journée et à pierre sèche la
petite muraille adossée à la citerne Malet. De midi à la nuit, avec Hortense en plus
ils commencent à forfait 4,50 le m. c. le mur de soutènement de la rue et du
chemin rural. M. Caminade part à 4 heures.

Mercredi 4 novembre. Belle et bonne journée. Bot, Saun. Paul et Hortense continuent le mur de soutènement. Abel Terrasse au même
endroit. Bousquet fait sa journée. Hypolitte a fait 3 voyages de petites pierres qui nous
embarrassaient, tout en venant presser.

Jeudi 5 novembre. Très bonne journée. À 9 heures, arrivée de M. Caminade qui me
dit que Martin gagne 4 frs par jour et non 5 frs et nourri comme
l'avait prétendu Bot. Bousquet fait sa journée aux pierres de grès. Abel continue de
préparer les fondations du mur de soutènement du chemin rural. Oscar est monté
pour continuer la pose des parquets. Jusqu'à midi, Bot, Saun. Paul et Hortense ont continué
à maçonner le mur de soutènement. De midi au soir les mêmes ont continué le dallage
du haut de la tour carrée. Visite de M. Chaussounet et du percepteur d'Espéraza.

Vendredi 6 novembre. Vent marin, mais bonne journée. Bousquet continue son travail
du grès. Abel est à ses fondations du futur mur rural. Oscar
pose les chevrons du plancher du Galetas et 2 marches du petit escalier. Bot, Saun. Paul
et Hostense, sous la surveillance de M. Caminade continuent le dallage de la tour carrée et
montent les morceaux de maçonnerie du côté du nord.

Samedi 7 novembre. Très belle journée. Bot, Saun, Paul et Hortense continuent et terminent le
cimentage de la terrasse et la tour carrée. Ils
partent tard pour Luc, après avoir répandu du sable. Oscar a commencé de clouer
le parquet du plancher du Galetas et posé les 2 dernières marches du petit escalier.
Bousquet a continué de préparer des pierres de grès. Abel avec Gambus fils ont
continué les fondations du mur du chemin rural. Départ de tout le monde.

Dimanche 8 novembre. Assez belle journée ; vent marin froid le soir. Très peu de
monde à l'église. Tronc vie de St Benoit. Reprise des Catéchis-
mes. Promenade après Vêpres. Messe à 10 h Vêpres à 3 h.

Lundi 9 novembre. Très belle journée. Après diné je descends à Montazels voir
ma mère malade. Bousquet seul fait sa journée au grès.
Les autres ne sont pas venus. Maman montera demain.

Mardi 10 novembre. Matinée pluvieuse. Bot, Saun. Paul et Hort. arrivés à midi
font la demi-journée à continuer de monter le mur de sou-
tènement du chemin rural à forfait. Bousquet a fait la journée. Paul le plâtrier,
M. Caminade attendu, n'étant pas monté a passé la journée à terminer les cloisons
d'une cheminée et à monter des barreaux pour son travail. Hypolitte avec 1 paire
a fait 1 journée de transports de pierre de la chapelle. Nous avons été à Montazels
avec Marie prendre Maman en voiture pour la garder chez nous. Pluie dans la nuit.

Mercredi 11 novem. — Bonne journée quoique vent froid — M. Caminade n'ayant pas pu venir hier à cause de la pluie, monte à 9 heures — Nous faisons faire au plâtrier de monter demain jeudi — Hyppolitte, avec 2 paires a fait 2 voyages de sable — Bousquet n'a fait que 3/4 de journée — Abel et Gambus fils sont enfin revenus reprendre leur fouille du mur du chemin rural — Bot, Saun. Paul et hortense ont fait la 1ère demi journée au mur du chemin rural et la seconde, à la journée (excepté hortense) à monter et poser des pierres de taille à la tourelle J'ai promené mamay, matin et soir et à ce sujet j'ai écrit à l'abbé, adeline et M. Louisou

Jeudi 12 Novembre — très belle journée — faré à Limoux où a été Bousquet et Alexandrine — Bot, Saun et Paul ont continué à la journée à monter des matériaux du la tour et à poser les consoles, etc de la tourelle — Paul le plâtrier sous la direction de M. Camin a commencé à monter les cloisons du petit escalier de la Villa — Abel et Gambus ont continué les fondations du petit mur de soutain. chemin rural — à 4 h. du soir les 3 maçons ont arrêté les travaux de la tourelle pour continuer jusqu'à la nuit le mur de soutain. ch. rural

Vendredi 13 novem. très belle journée, vent marin — Bot, Saun. et Paul continuent le mur du chemin rural à forfait — Bousquet fait sa journée — Paul le plâtrier continue de monter les cloisons du petit escalier et de la petite chambre — Abel et Gambus continuent les fouilles du mur rural — M. Caminade surveille et part ce soir à 4 h.

Samedi 14 Nov. une des plus belle, et des plus chaude, journée d'automne — Bot, Saun. Paul et hortense continuent les maçonneries à forfait du mur du chemin rural et enmurent le rubay du paratonnerre — Bot, avant de partir pour Lin prend un à-compte de 300 fr ce qui en tout fait 6000 fr. — Bousquet fait sa journée à scier la pierre blanche et règle: 37.50 montant de 12 j 1/2 — Abel et Gambus ont continué. Abel a scié avec Bousquet et Gambus fils n'a fait que 3/4 de journée à cause du départ de Conscrit — Hyppolitte avec 2 paires, a fait 2 voy. de sable — Le plâtrier Paul n'est pas venu à cause du mariage de sa fille — Visites de touristes —

Dimanche 15 nov. — journée sombre, humide, froide, pluvieuse — peu de monde à l'Eglise — distribution des médailles de St Benoit et de St Antoine de Padoue: prone sur la médaille et ses effets — Mathilde, jeanou et les enfants viennent nous inviter à la fête — invitation froide: mamay n'accepte pas et nous non plus — Vêpres

Lundi 16 nov. — temps couvert, sourp; menace de pluie — Hyppolitte, le matin, avec 2 paires a fait 1 voyage de plâtre de chez castel (30 sacs) selon le désir de M. Caminade le soir, il a monté 1 voyage de sable — Bousquet a préparé des pierres blanches — Paul le plâtrier a monté la cloison du cabinet de toilette du 1er étage, littonne le plancher et commence à le plâtrer — Abel et Gambus ont continué les fouilles du mur du chemin rural — Bot et les siens ont continué de maçonner le mur de soutainement du chemin rural —

Mardi 17 Nov. — Après pluie dans la nuit, temps très froid, mais bonne journée — Le plâtrier a littonné et plâtré les planchers du galetas — Bousquet a fait la journée à divers petits travaux et est parti pour Limoux enseveli son oncle — Abel et Céleste ont continué la demolition et les fondations du mur du pré — Jusqu'à déjeuner Bot et les siens ont continué la murette du mur rural. Comme il faisait bien froid, ils n'ont pas fait grand chose. Du déjeuner à la fin, sous la surveillance de M. Caminade, ils ont fait les 3/4 de journée à la journée, à la pose des fondations et des socles du portail du jardin de la villa très maigre journée de Bot, Saun. et surtout Paul qui n'a fait que sa mur. (hortense absente les 3/4), perte de temps par la faute de M. Caminade sout au moment de la pose, les pierres ne sont pas prêtes par manque de prévoyance (Pluie vers 9 h. 1/2)

Mercredi 18 Nov. — Vers les 6 h. et 1/2, la neige commence à tomber et oblige les ouvriers à cesser le travail — Bousquet est à Limoux pour sépulture — Hyppolitte avec 2 paires a fait 1 voyage de sable le soir — Le plâtrier a monté des cloisons au galetas — Abel et Céleste n'ont fait à cause du mauvais temps que 3 petits quarts de journée (7 heures de travail) Du matin au déjeuner, les maçons n'ont rien fait parce qu'il neigeait — de 9 h. et 1/2 à midi 2 h. 1/2 de travail et de 2 h. à 3 h. par conséquent 3 ou 4 heures de travail à la journée, à la pose de briques au portail du jardin de la villa — de 3 h. et 1/2 à la fin, à forfait, ils ont employé le mortier restant à crépir dans l'intérieur de la tour du midi. — Journée froide mauvaise où les maçons n'ont presque rien fait, surtout Paul — mamay est resté dedans nous avons rentré la plus grande partie des vases

Mercredi 11 novembre. Bonne journée quoique vent froid. M. Caminade n'ayant pas pu venir
hier à cause de la pluie, monte à 9 heures. Nous faisons dire au plâtrier de monter
demain jeudi. Hypolitte, avec 2 paires a fait 2 voyages de sable. Bousquet n'a fait que ¾
de journée. Abel et Gambus fils sont enfin revenus reprendre leurs fouilles du mur du chemin
rural. Bot, Saun. Paul et Hortense ont fait la 1ère demi-journée au mur du chemin rural
et la seconde, à la journée (exceptée Hortense) à monter et poser des pierres de taille à la tourelle.
J'ai promené Maman matin et soir et à ce sujet j'ai écrit à l'abbé, Adelina et M. Louise.
Jeudi 12 novembre. Très belle journée. Foire à Limoux où a été Bousquet et Alexandrine.
Bot, Saun. et Paul ont continué à la journée de monter des matériaux sur la
tour et à poser les consoles etc. de la tourelle. Paul le plâtrier sous la direction de M. Caminade
a commencé à monter les cloisons du petit escalier de la villa. Abel et Gambus ont continué les fondations du futur mur de soutèn. chemin rural. À 4 h. du soir les 3 maçons ont
arrêté les travaux de la tourelle pour continuer jusqu'à la nuit le mur de soutèn. ch. rural.
Vendredi 13 novembre. Très belle journée ; vent marin. Bot, Saun. et Paul continuent le
le mur du chemin rural à forfait. Bousquet fait sa journée. Paul
le plâtrier continue de monter les cloisons du petit escalier et de la petite chambre. Abel et
Gambus continuent les fouilles du mur rural. M. Caminade surveille et part ce soir à 4 h.
Samedi 14 novembre. Une des plus belles et des plus chaudes journées d'automne. Bot Saun.
Paul et Hortense continuent les maçonneries à forfait du mur du chemin rural
et emmurent le ruban du paratonnerre. Bot, avant de partir pour Luc prend un
acompte de *300 frs* ce qui en tout fait *6000 frs*. Bousquet fait sa journée à scier la pierre
blanche et règle : *37,50* montant de 12 j ½. Abel et Gambus ont continué, Abel a
scié avec Bousquet et Gambus fils n'a fait que ¾ de journée à cause du départ des conscrits. Hypolitte avec 2 paires a fait 2 voy. de sable. Le plâtrier Paul n'est pas venu
à cause du mariage de sa fille. Visites de touristes.
Dimanche 15 novembre. Journée sombre, humide, froide, pluvieuse. Peu de monde à l'église.
Distribution des médailles de St Benoit et de St Antoine de Padoue ; prône
sur la médaille et ses effets. Mathilde, Jeanou et les enfants viennent nous inviter à la
fête. Invitation froide ; Maman n'accepte pas et nous non plus. Vêpres.
Lundi 16 novembre. Temps couvert, doux ; menace de pluie. Hypolitte, le matin, avec 2 paires
a fait un voyage de plâtre de chez Castel (30 sacs). Selon le désir de M. Caminade,
le soir, il a monté un voyage de sable. Bousquet a préparé des pierres blanches. Paul le
plâtrier a monté la cloison du cabinet de toilette du 1er étage, littonné le plancher et commencé
à le plâtrer. Abel et Gambus ont continué les fouilles du mur du chemin rural. Bot et les
siens ont continué de maçonner le mur de soutènement du chemin rural.
Mardi 17 novembre. Après pluie dans la nuit, temps très froid, mais bonne journée. Le plâtrier a littoné et plâtré les planchers du Galetas. Bousquet a fait la
journée à divers petits travaux et est parti pour Limoux ensevelir son oncle. Abel et célestin
ont continué la démolition et les fondations du mur du pré. Jusqu'à déjeuner Bot et les
siens ont continué la murette du mur rural. Comme il faisait bien froid, ils n'ont pas fait
grand-chose. Du déjeuner à la fin, sous la surveillance de M. Caminade, ils ont fait les ¾
de journée à la journée, à la pose des fondations et des socles du portail du jardin de la villa ;
très maigre journée de Bot, Saun. et surtout Paul qui n'a fait que l'armurer (Hortense
absente des ¾), perte de temps par la faute de M. Caminade dont au moment de la
pose, les pierres ne sont pas prêtes par manque de prévoyance (pluie vers 9 h ½).
Mercredi 18 novembre. Vers les 6 h et ½, la neige commence à tomber et oblige les ouvriers à
cesser le travail. Bousquet est à Limoux pour sépulture. Hypolitte avec
2 paires a fait 1 voyage de sable le soir. Le plâtrier a monté des cloisons au Galetas. Abel
et Célestin n'ont fait à cause du mauvais temps que 3 petits quarts de journée (7 heures de travail).
Du matin au déjeuner, les maçons n'ont rien fait parce qu'il neigeait. De 9 h et ½ à midi
2 h ½ de travail et de 2 h à 3 h par conséquent 3 ou 4 heures de travail à la journée, à la
pose de briques au portail du jardin de la villa. De 3 h et ½ à la fin à forfait, ils ont
employé le mortier restant à crépir dans l'intérieur de la tour du Midi. Journée froide,
mauvaise où les maçons n'ont presque rien fait, surtout Paul. Maman est restée dedans,
nous avons rentré la plus grande partie des vases.

Jeudi 19 Nov. — Continuation du froid; neige toute la journée — M. Camisade est parti hier au train de 4 heures — Enterrement de Luc ne sont pas arrivés a cause du mauvais temps — Bousquet prépare des pierres blanches — Le plâtrier monte des cloisons au Galetas — Hypolitte a fait avec 2 paires 1 voyage de sable — Bot, Saum. et Paul, de 9 h à la nuit ont crépi à forfait dans le sous sol de la tour du midi — Oscar est monté pour prendre quelques mesures — Bousquet en rentrant chez lui après soupé, s'est perdu a cause de l'obscurité—

Vendredi 20 Nov. — Nuit venteuse et froide — matinée idem, il neige beaucoup — Bot, Saum. et Paul, a partir de 9 heures continuent de Crépir le sous sol de la tour du midi — Bousquet continue de préparer les pierre blanche — Le plâtrier continue de monter les cloisons du Galetas — à midi, a cause du froid, les ouvertures n'étant pas fermées par la negligence de Oscar, il est obligé de partir — Les macons ont fait peu de travail et Bousquet aussi —

Samedi 21 Novem. — Le temps s'est un peu radouci et la neige a disparue — Bousquet continue de préparer des pierres blanches; mais nous ne voyons pas beaucoup de travail sorti de ses mains — Bot, Saum et Paul, enlevent la chévre de la tour du midi, terminent le crépi de la tour du midi au sous sol et partent pour Luc de bonne heure.

Dimanche 22 Nov. — Mauvaise journée, humide, froide, sombre, Fête à Montazels ou nous n'allons pas, car Maman malade est avec nous a Rennes — peu de monde aux offices — Prône sur Ste Cecile et la prière pour les morts — nous faisons fête au presbytère catechisme

Lundi 23 Novem. — Assez bonne journée — Abel et Célestin ont repris leur travail de demolition et de nettoyage — Bousquet n'a commencé sa journée qu'à 9 heures — Bot, Saum et Paul ont aussi commencé a 9 h et travaillé au maçonnerie du parapet du mur du soutainement du chemin rural — Le plâtrier a fait la journée à continuer de monter les cloisons du grenier — Hypolitte avec 2 paires a fait 2 voyages de sable

Mardi 24 Nov. — très belle journée — Mort sans sacrement du vieux Moulines — Bousquet a fini les petites pierres blanches de la tourelle et commencé d'autres pierres de gris nécessaire — Abel et Célestin ont cessé leur travail de derochage pour commencer les fondations du mur de soutainement du jardin de la terrasse — Le plâtrier a continué les cloisons du galetas — Bot, Saum, Paul et Hortense ont continué le parapet du mur de soutainement du chemin rural — Visite de Marie Louise qui a passé la journée et est repartie le soir—

Mercredi 25 Nov. — Journée sombre et plurieuse le soir — Sépulture de vieux Moulines — Bot, Saum, Paul et Hortense jusqu'à midi ont continué de maçonner le mur de soutain. du chemin rural et monté le parapet — De 1 h et demi au soir, en perdant beaucoup de temps a cause du froid et la pluie, Bot, Saum. et Paul ont, a la journée continué de monter des briques au portail des jardin de la villa — Bousquet a continué de ne pas des ogives pour la tourelle et préparer des briques pour portail — Abel et Célestin ont continué les fondations du futur mur de soutainement du jardin terrasse et fait les fouilles du 6e arceaux terrasse — Le plâtrier a continué de monter des cloisons du galetas et plâtre

Jeudi 26 Nov. — temps sec et très froid — Bot, Saum et Paul comm. les maçonne du 6e arceaux terrasse — Abel et Célestin passent au crible les Debris du sous sol de la tour du midi et continuent les fondations du mur jardin — Bousquet prépare des pierres de gris — Le plâtrier littonne au 1er étage — Hypolitte après 1 voyage de bois de chauffage a été avec 2 paires prendre 1 voyage de sable — Il pleut dans la nuit

Vendredi 27 Novem. — Journée moins froide et bonne — Hypolitte est venu avec 2 paires faire une journée de transport de pierres de la Chapelle — Abel et Célestin lui ont aidé a charger et ont continué les fondations du mur du parc et les terrassements de derrière la terrasse — Bousquet a continué sa pierre de gris et le plâtrier son plâtrage du 1er étage après le littonage — Bot, Saum. et Paul jusqu'à midi ont continué le 6e arceau de la terrasse et de midi au soir, ont continué a la journée le montage du portail du jardin de la villa sous la surveillance de M. Camisade arrivé a 9 heures. — Visite de la noce Prehon Azema de Montazels / vent la nuit

Samedi 28 Nov. — Sous la surveillance de M. Camisade, Bot, Saum. et Paul, ont continué, jusqu'au dejeuner, le montage du portail du jardin de la villa, a la journée — Bousquet, comme la veille a continué a leur couper les briques a la meme Abel et Célestin ont fait 1/4 aux fondation des mur du jardin / a partir de 8 h, mauvais temps—

Jeudi 19 novembre. Continuation du froid toute la journée. M. Caminade est parti hier au train de 4 heures. Les terrassiers de Luc ne sont pas arrivés à cause du mauvais temps. Bousquet prépare des pierres blanches. Le plâtrier monte des cloisons au Galetas. Hypolitte a fait avec 2 paires 1 voyage de sable. Bot, Saun. et Paul, de 9 h à la nuit ont crépi à forfait dans le sous-sol de la tour du Midi. Oscar est monté pour prendre quelques mesures. Bousquet en rentrant chez lui après souper, s'est perdu à cause de l'obscurité.

Vendredi 20 novembre. Nuit venteuse et froide. Matinée idem, il neige beaucoup. Bot Saun. et Paul à partir de 9 heures continuent de crépir le sous-sol de la tour du Midi. Bousquet continue de préparer la pierre blanche. Le plâtrier continue de monter les cloisons du Galetas. À Midi, à cause du froid, les ouvertures n'étant pas fermées par la négligence de Oscar, il est obligé de partir. Les maçons ont fait peu de travail et Bousquet aussi.

Samedi 21 novembre. Le temps s'est un peu radouci et la neige a disparu. Bousquet continue de préparer des pierres blanches, mais nous ne voyons pas beaucoup de travail sortir de ses mains. Bot, Saun. et Paul, enlèvent la chèvre de la tour du Midi, terminent le crépi de la tour du Midi au sous-sol et partent pour Luc de bonne heure.

Dimanche 22 novembre. Mauvaise journée humide, froide et sombre ; fête à Montazels où nous n'allons pas, car Maman malade est avec nous à Rennes. Peu de monde aux offices. Prône sur Ste Cécile et la prière pour les morts. Nous faisons fête au presbytère, catéchisme.

Lundi 23 novembre. Assez bonne journée. Abel et Célestin ont repris leur travail de démolition et de nettoyage. Bousquet n'a commencé sa journée qu'à 9 heures. Bot, Saun et Paul ont aussi commencé à 9 h et travaillé aux maçonneries du parapet du mur du soutènement du chemin rural. Le plâtrier a fait la journée à continuer de monter les cloisons du grenier. Hypolitte avec 2 paires a fait 2 voyages de sable.

Mardi 24 novembre. Très belle journée. Mort sans sacrements du vieux Moulines. Bousquet a fini les petites pierres blanches de la tourelle et commencé d'autres pierres de grès nécessaires. Abel et Célestin ont cessé leur travail de dérochage pour commencer les fondations du mur de soutènement du jardin de la terrasse. Le plâtrier a continué les cloisons du Galetas. Bot, Saun. Paul et Hortense ont continué le parapet du mur de soutènement du chemin rural. Visite de Marie Louise qui a passé la journée et est repartie le soir.

Mercredi 25 novembre. Journée sombre et pluvieuse le soir. Sépulture du vieux Moulines. Bot, Saun. Paul et Hortense jusqu'à midi ont continué de maçonner le mur de soutèn. du chemin rural et monter le parapet. De 1 h et demi au soir, en perdant beaucoup de temps à cause du froid et la pluie. Bot, Saun. et Paul ont, à la journée, continué de monter des briques au portail du jardin de la villa. Bousquet a continué de préparer des ogives pour la tourelle et préparer des briques pour portail. Abel et Célestin ont continué les fondations du futur mur de soutènement du jardin terrasse et fait les fouilles du 6ème arceau terrasse. Le plâtrier a continué de monter des cloisons au Galetas et plâtrer.

Jeudi 26 novembre. Temps sec et très froid. Bot, Saun. et Paul commencent les maçonneries du 6ème arceau terrasse. Abel et Célestin passent au crible les débris du sous-sol de la tour du Midi et continuent les fondations du mur jardin. Bousquet prépare des pierres de grès. Le plâtrier littone au 1er étage. Hypolitte après 1 voyage de bois de chauffage a été avec 2 paires prendre 1 voyage de sable. Il pleut dans la nuit.

Vendredi 27 novembre. Journée moins froide et bonne. Hypolitte est venu avec 2 paires faire une journée de transport de pierres de la chapelle. Abel et Célestin lui ont aidé à charger et ont continué les fondations du mur du jardin et les terrassements de derrière la terrasse. Bousquet a continué sa pierre de grès et le plâtrier son plâtrage du 1er étage après le littonage. Bot, Saun. et Paul, jusqu'à midi, ont continué le 6ème arceau de la terrasse et de midi au soir, ont continué à la journée le montant du portail du jardin de la villa sous la surveillance de M. Caminade arrivé à 9 heures. Visite de la noce Péchou Azéma de Montazels. (vent la nuit)

Samedi 28 novembre. Sous la surveillance de M. Caminade, Bot, Saun. et Paul ont continué, jusqu'au déjeuné, le montage du portail du jardin de la villa, à la journée. Bousquet, comme la veille, a continué à leur couper les briques à la mesure. Abel et Célestin ont fait ¼ aux fondations du mur du jardin (à partir de 8 h mauvais temps),

il a plu toute la journée — Abel avec Allerès ont réglé et pris: 104ᶠ 15ᶜ montant de 29 j. 3/4 de travail
Bousquet a réglé et pris 30ᶠ Mʳ Caminade après avoir payé lui 200ᶠ et pour Mᵐᵉ Pugens 432ᶠ 25 — et tous
sont partis. Bot a essayé de sonder les taches d'humidité du 1ᵉʳ côté du gallery — maman a été
bien contrariée de ne pouvoir sortir —

Dimanche 29 Novem. — journée humide, froide et pluvieuse — peu de monde aux offices. maman
        languit et est triste — vent et pluie.

Lundi 30 Novembre — journée encore mauvaise — Les maçons et les deux terrassiers arrivés
        pour commencer leur journée ont cessé presque de suite et n'ont pas
repris à cause de la pluie ou des menaces de mauvais temps — Ni Bousquet ni le plâtrier ne
sont venus — J'envoie à Carla la lettre d'avis d'arrivage de wagon de chaux — Courrier
français de Couiza a demandé de l'argent (65ᶠ) pour le sable — Gelé dans la nuit

Mardi 1 Decembre — journée venteuse et très froide, gel — aucun ouvrier — Hypolitte avec 2 j. et le cheval
        a fait de la gare 2 voyages de chaux et ciment — chemins glissants — rentrée des voyages
après le second voyage, il a emporté en deux colis 100 sacs vides avec la lettre de voiture
voiture de l'avant dernier envoi, pour les faire partir —

Mercredi 2 Decembre — Continuation du gel et du temps rigoureux — Hypolitte avec 2 j.
        et le cheval a fait le 3ᵉ voyage de chaux et ciment, en tout 100 sacs — Le
soir, il a fait 1 voyage de sable — Les maçons et les 2 terrassiers étant montés pour travailler
avec le plâtrier, et n'ayant pas pu s'occuper à cause du froid, sont rentrés chez eux sans rien
faire — Arrivée de Mʳ Caminade qui passe la journée, prend quelques mesures et rentre
à 4 h. 20 après nous avoir présenté de nouveau le compte de Mʳ Pugens modifié et
corrigé — Olca, vila n'étant jamais disposé à travailler, j'ai nous, nous décidons de donner
le travail de menuiserie à un ouvrier de Limoux — visite de Martial qui vient voir
maman, déjeune et repart — Maman s'impatiente et nous fait des scènes —

Jeudi 3 Decembre — Continuation du gel et temps très rigoureux qui fait que depuis trois je
        travaille au salon et tiens compagnie à ma mère — pas d'ouvriers

Vendredi 4 Decem. — Continuation du temps très froid — toujours pas d'ouvriers — Bousquet
        vient nous annoncer la naissance d'une fille — pluie dans la nuit

Samedi 5 Decembre — temps couvert doux, à la pluie: sortie de maman dans l'après-midi — Marie
        et Julie ont été au moulin voir la fille d'Antoinette —

Dimanche 6 Decem. — mauvaise journée très froide — peu de monde aux offices — venue
        de Martial qui déjeune avec nous et repart — vent fort et froid

Lundi 7 Decembre — temps mauvais et pluie toute la journée — ce qui fait languir maman
        toujours pas d'ouvriers — nous restons dedans

Mardi 8 Decem. — après une nuit très mauvaise, journée de pluie très abondante — Gouttières
        et taches d'humidité nombreuses dans le nouvelle — Maman, pas d'ouvriers

Mercredi 9 Decem — journée calme: matinée pluvieuse et douce: soirée belle et bon soleil: maman
        va mieux, toujours pas d'ouvriers — sortie dans le jardin —

Jeudi 10 Decembre — journée couverte brumeuse, humide et à la pluie — Antoinette a pris
        la petite du moulin en nourrice: maman va un peu mieux.

Vendredi 11 Decem — matinée brumeuse humide — Bonne soirée: maman l'a passée
        dans le jardin — pas d'ouvriers — temps d'averse fait vers le soir

Samedi 12 Decem — journée froide — Je vais voir Antoine Captier très malade et le
        confesse — beaucoup d'humidité.

Dimanche 13 Decem — journée froide et humide — peu de monde aux offices: il neige
        les enfants de campagne ne sont pas venus. vais voir le malade

Lundi 14 Decembre — belle journée — décès de Antoine Captier — toujours pas d'ouvriers — 2ᵉ
        jour de la fête à Luc — Maman reste dehors.

Mardi 15 Decembre — belle journée — sépulture de A. Captier — beaucoup de monde, céré-
        -monie imposante — on vient voir maman — vent froid le soir

Mercredi 16 Decem — belle journée — hier baptême de la fille de Bousquet — Maman
        au soleil — toujours pas d'ouvriers, je travaille à la serre

Jeudi 17 Decem — journée sombre humide, après la pluie de la nuit aussi — il pleut
        un peu dans la soirée et vers la fin — pas d'ouvriers —

il a plu toute la journée. Abel avec Célestin ont réglé et pris ***104 frs 15***, montant de 29 j ¾ de travail. Bousquet a réglé et pris 30 frs, M. Caminade a pris pour lui ***200 frs*** et pour M. Pugens ***432 frs 25***, et tous sont partis. Bot a essayé de sonder les tâches d'humidité du 1ᵉʳ côté du jardin. Maman a été bien contrariée de ne pouvoir sortir.

Dimanche 29 novembre. Journée humide, froide et pluvieuse. Peu de monde aux offices. Maman languit et est triste. Vent et pluie.

Lundi 30 novembre. Journée encore mauvaise. Les maçons et les deux terrassiers arrivés pour commencer leur journée ont cessé presque de suite et n'ont pas repris à cause de la pluie ou des menaces de mauvais temps. Ni Bousquet ni le plâtrier ne sont venus. J'envoie à Carla la lettre d'avis d'arrivage du wagon de chaux. Courrieu François de Couiza demande de l'argent (65 frs) pour le sable. Gèle dans la nuit.

Mardi 1 décembre. Journée venteuse et très froide, gel. Aucun ouvrier. Hypolitte avec 2 p. et le chev. a fait de la gare 2 voyages de chaux et ciment. Chemins glissants. Rentrée des vases restants. Après le second voyage, il a emporté, <u>en deux colis 100 sacs vides</u> avec la lettre de Voiture de l'avant-dernier envoi, pour les faire partir.

Mercredi 2 décembre. Continuation du gel et du temps rigoureux. Hypolitte avec 2 paires et le cheval a fait le 3ᵉᵐᵉ voyage de chaux et ciment, en tout 200 sacs. Le soit, il a fait un voyage de sable. Les maçons et les 2 terrassiers étant montés pour travailler avec le plâtrier et n'ayant pas pu s'occuper à cause du froid sont rentrés chez eux sans rien faire. Arrivée de M. Caminade qui passe la journée, prend quelques mesures et rentre à 4 h 20 après nous avoir présenté de nouveau le compte de M. Pugens modifié et corrigé. Oscar Vila n'étant jamais disposé à travailler ; puis nous nous décidons de donner le travail de menuiserie à un ouvrier de Limoux. Visite de Martial qui vient voir Maman déjeune et repart. Maman s'impatiente et nous fait des scènes.

Jeudi 3 décembre. Continuation du gel et temps très rigoureux qui fait que depuis hier je travaille au salon et tient compagnie à ma mère. Pas d'ouvriers.

Vendredi 4 décembre. Continuation du temps très froid. Toujours pas d'ouvriers. Bousquet vient nous annoncer la naissance d'une fille. Pluie dans la nuit.

Samedi 5 décembre. Temps couvert, doux, à la pluie ; sortie de Maman dans l'après-midi. Marie et Julie ont été au moulin voir la fille d'Antoinette.

Dimanche 6 décembre. Mauvaise journée très froide. Peu de monde aux offices. Venue de Martial qui déjeune avec nous et repart. Vent fort et froid.

Lundi 7 décembre. Temps mauvais et pluie toute la journée. Ce qui fait languir Maman. Toujours pas d'ouvriers. Nous restons dedans.

Mardi 8 décembre. Après une nuit très mauvaise, journée de pluie très abondante. Gouttières et tâches d'humidité nombreuses dans la nouvelle maison. Pas d'ouvriers.

Mercredi 9 décembre. Journée calme ; matinée pluvieuse et douce, soirée belle et bon soleil ; Maman va mieux. Toujours pas d'ouvriers. Sortie dans le jardin.

Jeudi 10 décembre. Journée couverte, brumeuse, humide et à la pluie. Antoinette a pris la petite du moulin en nourrice ; Maman va un peu mieux.

Vendredi 11 décembre. Matinée brumeuse, humide. Bonne soirée ; Maman l'a passée dans le jardin. Pas d'ouvriers. Temps devient froid vers le soir.

Samedi 12 décembre. Journée froide. Je vais voir Antoine Captier très malade et le confesse. Beaucoup d'humidité.

Dimanche 13 décembre. Journée froide et humide. Peu de monde aux offices ; il neige, les enfants des campagnes ne sont pas venus. Vais voir le malade.

Lundi 14 décembre. Belle journée. Décès d'Antoine Captier. Toujours pas d'ouvriers. 2ᵉᵐᵉ Jour de la fête à Luc. Maman reste dehors.

Mardi 15 décembre. Belle journée. Sépulture de A. Captier. Beaucoup de monde céré-monie imposante. On vient voit Maman. Vent froid le soir.

Mercredi 16 décembre. Belle journée. Hier baptême de la fille de Bousquet. Maman au soleil. Toujours pas d'ouvriers. Je travaille à la serre.

Jeudi 17 décembre. Journée sombre, humide, après la pluie de la nuit passée. Il pleut un peu dans la soirée et vers la fin. Pas d'ouvriers.

Vendredi 18 Décembre — nuit et journée de fort vent marin. maman en est incommodée toujours pas d'ouvriers — mari va a Couiza

Samedi 19 Décembre — nuit et journée de pluies fortes et continuelles — maman ne peut sortir et cela la rend triste. Je suis à la serre

Dimanche 20 Décem. — Bonne journée — peu de monde aux office. — maman veut sortir dehors. Invitation aux jeunes filles de venir chanter le soir.

Lundi 21 Décembre — très belle journée — Mort de Diane dans la nuit — Abel et Célestin viennent faire la journée de triage de pierres. maman sort.

Mardi 22 Décembre — belle journée — vent marin se lève — Abel et Célestin continuent leur terrassement. maman est dehors — Voyage de sable avec 2 paires —

Mercredi 23 Décembre. — Bonne journée — Vicaire d'Esperaza est venu confesser maman pour la Noël: il a dîné et est rentré — aidé de Abel et Célestin, Hyppo-
-lite avec 1 paire et charrette a fait 1 journée de transport de terre et surtout de petites pierres qui ont été déposées au chemin de la Chapelle — temps à la pluie —

Jeudi 24 Décembre. — Bonne journée — Visite de Joseph de Mathilde qui est venu voir maman; a déjeuné et est reparti a 3 h. 1/2 — Visite de Bot et sa femme venus pour s'informer de la reprise des travaux — Bot m'a demandé 200 "que je lui ai refusé — Célestin et abel ont fait la journée et ont réglé; près 28" 8 journées ils ne reviendront qu'à la reprise des travaux — Visite comte de Planel de Toulouse temps à la pluie. alevant nuit à Couiza — Très belle messe de Minuit. beaucoup de monde

Vendredi 25 Décem. — Froide journée — beau office et beaucoup de monde, un peu de pluie froide à la fin — maman a fait la communion.

Samedi 26 Décembre — Pas d'office... Visite d'hommes de Montazels qui viennent voir les travaux et prennent un verre de rhum. Soir, allons a Coula voir cochon

Dimanche 27 Décem. — très peu de gens aux office — maman avait eu la journée d'hier très mauvaise: elle ne voulait pas que nous la quittions pour nous en aller.

Lundi 28 Décembre. — temps sec et froid: soleil voilé: les enfants de Mathilde attendus ne sont pas Venus, nous ignorons la raison — maman a fait une promenade

Mardi 29 Décembre — temps sec et froid — vent marin le soir — maman sort un peu je travaille à la serre et de lettres de nouvel an. lecture à la veillée

Mercredi 30 Décem. — Journée mauvaise humide venteuse et surtout pluvieuse maman ne pouvant sortir est triste — pas d'ouvriers —

Jeudi 31 Décembre. — nuit et matinée de neige qui avec la douce température disparaît aussi vite qu'elle est venue. pas d'ouvriers.

<u>Vendredi 18 décembre</u>. Nuit et journée de fort vent marin. Maman en est incommodée. Toujours pas d'ouvriers. Marie va à Couiza.

<u>Samedi 19 décembre</u>. Nuit et journée de pluies fortes et continuelles. Maman ne peut sortir et cela la rend triste. Je suis à la serre.

<u>Dimanche 20 décembre</u>. Bonne journée. Peu de monde aux offices. Maman peut sortir dehors. Invitation aux jeunes filles de venir chanter le soir.

<u>Lundi 21 décembre</u>. Très belle journée. Mort de **Diane** dans la nuit. Abel et Célestin viennent faire la journée de triage de pierres. Maman sort.

<u>Mardi 22 décembre</u>. Belle journée. Vent marin se lève. Abel et Célestin continuent leur terrassement. Maman est dehors. 1 voyage de sable avec 2 paires.

<u>Mercredi 23 décembre</u>. Bonne journée. Vicaire d'Espéraza est venu confesser Maman pour la Noël ; il a diné et est rentré. Aidé de Abel et Célestin, Hypo-litte avec 1 paire et charrette a fait 1 journée de transport de terre et surtout de petites pierres qui ont été déposées au chemin de la chapelle. Temps à la pluie.

<u>Jeudi 24 décembre</u>. Bonne journée. Visite de Joseph de Mathilde qui est venu voir Maman ; a déjeuné et est reparti à 3 h ½. Visite de Bot et sa femme venus pour s'informer de la reprise des travaux. Bot m'a demandé 200 frs que je lui ai refusés. Célestin et Abel ont fait la journée et ont réglé, pris *28 frs* 8 journées, ils ne reviendront qu'à la reprise des travaux. Visite courte de Planel de Toulouse. Temps à la pluie. Alexandrine à Couiza. Très belle messe de minuit. Beaucoup de monde.

<u>Vendredi 25 décembre</u>. Froide journée. Beaux offices et beaucoup de monde ; un peu de pluie froide à la fin. Maman a fait la Communion.

<u>Samedi 26 décembre</u>. Pas d'offices… Visites d'hommes de Montazels qui viennent voir les travaux et prennent un verre de rhum. Soir, allons à Carla voir cochon.

<u>Dimanche 27 décembre</u>. Très peu de gens aux offices. Maman avait eu la journée d'hier très mauvaise : elle ne voulait pas que nous la quittions pour nous en aller.

<u>Lundi 28 décembre</u>. Temps sec et froid : soleil voilé ; les enfants de Mathilde attendus ne sont pas venus, nous ignorons la raison. Maman a fait une promenade.

<u>Mardi 29 décembre</u>. Temps sec et froid. Vent marin le soir. Maman sort un peu, je travaille à la serre à des lettres de nouvel an. Lecture à la veillée.

<u>Mercredi 30 décembre</u>. Journée mauvaise, humide, venteuse et surtout pluvieuse, Maman ne pouvant sortir est triste. Pas d'ouvriers.

<u>Jeudi 31 décembre</u>. Nuit et matinée de neige qui avec la douce température disparaît aussi vite qu'elle est venue. Pas d'ouvriers.

1904

108a

Vendredi 1 janvier 1904. Temps humide ; marin ; neige fond. Joseph, Marguerite et Fer-
nande sont venus nous souhaiter la bonne année total : 13 frs et déjeuné.
Pas d'offices. Donné 5 frs au facteur.
Samedi 2 janvier. Journée de marin, humide, doux ; Marie a été à Limoux.
Le plâtrier est monté sans travailler. Les Boudous ont réglé.
Dimanche 3 janvier. Journée douce, humide. Peu de monde aux offices, neige disparaît.
Maman va de mieux en mieux. Abel est venu s'installer.
Lundi 4 janvier. Belle et douce journée. Le plâtrier Paul a continué son travail ; il manque
des liteaux. J'écris à Mérial. 1 voyage de sable 2 p. Marie à Couiza.
Mardi 5 janvier. Nuit et matinée de neige. Bonne couche. Paul, le plâtrier, a con-
tinué à littonner et plâtrer. Il continue à neiger dans la nuit.
Mercredi 6 janvier. 50 c. de neige environ. Très belle journée, beau soleil. Barthélémy et Guillau-
me ne pouvant aller à Espéraza, dégagent les alentours du presbytère. Neige générale.
Jeudi 7 janvier. Belle journée. À cause de l'abondance de neige, anniversaire des Boudous
renvoyé. Maman a fait une scène à propose de ses chaussures à rapiécer.
Vendredi 8 janvier. Ciel voilé ; journée moins douce ; la neige disparaît insensiblement.
Soirée et nuit pluvieuse.
Samedi 9 janvier. Matinée pluvieuse ; les airs ne sont pas sains. Guillaume et Barthélémy sont
rentrés d'Espéraza sans travailler ; Bourrel jeune mort. Baptême d'un
garçon de J. Verdier de La Maurine. Suis un peu malade.

Dimanche 10 Janvier – Bonne journée; vais mieux; peu de monde à l'église – la neige fond; mais les airs sont mauvais.

Lundi 11 Janvier – Journée humide et froide – Martial et Pauline viendront Dimanche. Je reste à la serre et maman toujours sort. Arrivée de la famille Dellac

Mardi 12 Janvier. Journée douce humide et pluvieuse. Commencement du défoncement des Mounas: bon travail; beaucoup de boue. 150° au plâtres bisseyre

Mercredi 13 Janvier. Journée douce, humide, boueuse – après midi, nous allons au mounas où les Dellac défoncent: 2e bouderie de maman qui ne veut pas nous laisser partir par méchanceté et jalousie. Ce travail de défoncement se fait bien.

Jeudi 14 Janvier. Bonne matinée; sur le soir le temps se dérange – Fçois Courrieu nous demande 50 fr que nous lui refusons en ayant déjà de pris d'avance. Vers les 8h du matin, Bot, Saunierou et Paul, viennent passer la journée à attacher la pierre brisée du tuyau de cheminée et cimenter les tâches d'humidité de l'intérieur de la Villa. L'eau est partout dans cette maison, au galetas comme dans les sous sol. La canalisation en zinc, coté presbytère a cédé contre la poussée de la neige; les soudures sont en partie brisées et l'eau entre dans les maçonneries. Que d'imprévus, que d'argent mal dépensé! À qui la faute – Bot a pris les 200 fr demandés à la Noël et est parti. Hippolyte avec les 2 paires a fait 1 voyage de sable et il a été décidé qu'on ne donnerait plus d'avance de l'argent à Courrieu françois – Il pleut.

Vendredi 15 Janvier – Journée un peu froide – anniversaire des Boudons – arrivée de Martial qui vient voir maman. Après diné, avec lui nous allons au mounas voir les ouvriers et à Caila; maman à moins boudé.

Samedi 16 Janvier – Matinée pluvieuse – Foire à Couiza manquée; peu de cochons et beaucoup d'acheteurs. Très mauvais temps.

Dimanche 17 Janvier – Une des plus froides journées de l'hiver: tempête de neige – peu de monde aux offices. Pas de vêpres. Terrible nuit.

Lundi 18 Janvier – Journée moins froide mais bien rude quand même – Marie va ce soir à la poste échanger quelque mandat. Pluie

Mardi 19 Janvier. Journée venteuse pluvieuse et froide. Par suite d'un logis froid je n'ai pas dormi de la nuit. Maman a été un peu dérangée.

Mercredi 20 Janvier. Journée meilleure ensoleillée, mais vent froid quand même. Gel – Soirée et nuit terrible. Guillaume et Barthélemy souffrent des dents.

Jeudi 21 Janvier – Recrudescence du froid et du gel. Partout les couloirs et les bassins sont pris; froid très vif – Nuit cruelle. Maman va bien – IV Sable 27

Vendredi 22 Janvier. Gelée sur gelée. Cessation du vent; froid mal terrible; glace des bassins très épaisse; Alexandrine aux provisions.

Samedi 23 Janvier. Nuit moins rigoureuse, un peu de neige – Foire à Esperaza où va Guilla. Arrivée de Martial et Pauline. Il pleut toute la nuit.

Dimanche 24 Janvier. Il pleut toute la journée – très peu de monde aux offices – rivière grossit – vent. Martial et Pauline ne peuvent partir. Vent et pluie toute la nuit.

Lundi 25 Janvier – Il pleut toujours. Je dis à Martial de venir prendre maman, car Marie est souffrante. Courrieu de Couiza réclame de l'argent mais inutilement. Marie ne veut pas encore renvoyer maman. Départ de Martial et de Pauline malgré la pluie persistante – Alexandrine aux provisions.

Mardi 26 Janvier – Annonce d'une belle journée – tirage au sort à Couiza – Courrieu fait redemander encore de l'argent et écrit

Mercredi 27 Janvier – Très belle et très chaude journée – engagement du cochon qui pèse 214 kilos déjeuné des aides – maman promène beaucoup

Jeudi 28 Janvier – belle journée; un peu de vent marin; dépècement du cochon – déjeuné avec le facteur et le boucher – Courrieu demande encore de l'argent.

Vendredi 29 Janvier – temps calme couvert et belle journée – maman a promené beaucoup ou arrange le cochon – maman a boudé

Samedi 30 Janvier – temps calme marin – maman veut partir pour montagne; elle n'a pas voulu déjeuner – après diné allons au mounas – bon travail

Dimanche 10 janvier. Bonne journée, vais mieux ; peu de monde à l'église. La neige fond mais les airs sont mauvais.

Lundi 11 janvier. Journée humide et froide. Martial et Pauline viendront dimanche. Je reste à la serre et Maman toujours sort. Arrivée de la famille Dellac.

Mardi 12 janvier. Journée douce, humide et pluvieuse. Commencement du **défoncement du Mounas** ; bon travail, beaucoup de boue. *150 frs* au plâtrier Tisseyre.

Mercredi 13 janvier. Journée douce, humide et boueuse. Après-mid nous allons au Mounas où les Dellac défoncent ; 2ème bouderie de Maman qui ne veut pas nous laisser partir par méchanceté et jalousie. Ce travail de défoncement se fait bien.

Jeudi 14 janvier. Bonne matinée ; sur le soir le temps se dérange. Fçois Courrieu nous demande 50 frs que nous lui refusons en ayant déjà de pris d'avance. Vers les 8 h du matin, Bot, Saunièrou et Paul viennent passer la journée à attacher la pierre brisée du tuyau de cheminée et cimenter les tâches d'humidité de l'intérieur de la villa. L'eau est partout dans cette maison, au Galetas comme dans le sous-sol. La canalisation en zinc, côté presbytère, a cédé contre la poussée de la neige ; les soudures sont en partie brisées et l'eau entre dans les maçonneries. Que d'imprévues ! Que tant d'argent mal dépensé ! À qui la faute. Bot a pris les *200 frs* demandés à la Noël et est parti. Hypolitte avec les 2 paires a fait 1 voyage de sable et il a été décidé qu'on ne donnerait plus d'avance de l'argent à Courrieu François. Il pleut.

Vendredi 15 janvier. Journée un peu froide. Anniversaire des Boudous. Arrivée de Martial qui vient voir Maman. Après diné, avec lui nous allons au Mounas voir les ouvriers et à Carla ; Maman a moins boudé.

Samedi 16 janvier. Matinée pluvieuse. Foire à Couiza manquée ; peu de cochons et beaucoup d'acheteurs. Très mauvais temps.

Dimanche 17 janvier. Une des plus froides journées de l'hiver ; tempête de neige. Peu de monde aux offices. Pas de Vêpres. Terrible nuit.

Lundi 18 janvier. Journée moins froide mais bien rude quand même. Marie va ce soir à la poste échanger quelques mandats. Pluie.

Mardi 19 janvier. Journée venteuse, pluvieuse et froide ; par suite d'un léger froid, je n'ai pas dormi de la nuit. Maman a été un peu dérangée.

Mercredi 20 janvier. Journée meilleure ensoleillée, mais vent froid quand même, gel, soirée et nuit terrible. Guillaume et Barthélémy souffrent des dents.

Jeudi 21 janvier. Recrudescence du froid et du gel, partout les carreaux et les bassins sont pris ; froid très vif. Nuit cruelle ; Maman va bien. 1 v. sable 2 p.

Vendredi 22 janvier. Gelée sur gelée ; cessation du vent, froid mal terrible ; glace des bassins très épaisse. Alexandrine aux provisions.

Samedi 23 janvier. Nuit moins rigoureuse ; un peu de neige. Foire à Espéraza où va Guillaume. Arrivée de Martial et Pauline. Il pleut toute la nuit.

Dimanche 24 janvier. Il pleut toute la journée. Très peu de monde aux offices. Rivière grossissant, Martial et Pauline ne peuvent partir. Vent et pluie toute la nuit.

Lundi 25 janvier. Il pleut toujours. Je dis à Martial de venir prendre Maman car Marie est souffrante. Courrieu de Couiza réclame de l'argent mais inutilement. Marie ne veut pas encore renvoyer Maman. Départ de Martial et de Pauline malgré la pluie persistante. Alexandrine aux provisions.

Mardi 26 janvier. Annonce d'une belle journée. Tirage au sort à Couiza. Courrieu fait redemander encore de l'argent et écrit.

Mercredi 27 janvier. Très belle et très chaude journée. Égorgement du cochon qui pèse 214 kilos, déjeuné des aides. Maman promène beaucoup.

Jeudi 28 janvier. Belle journée, un peu de vent marin ; dépècement du cochon. Déjeuné avec le facteur et le boucher. Courrieu demande encore de l'argent.

Vendredi 29 janvier. Temps calme, couvert et belle journée. Maman a promené beaucoup. On arrange le cochon. Maman a boudé.

Samedi 30 janvier. Temps calme, marin. Maman veut partir pour Montazels ; elle n'a pas voulu déjeuner. Après dîné allons au Mounas. Bon travail.

Dimanche 31 janvier — mauvaise journée, soirée pluvieuse et venteuse — peu de monde aux offices — visite de Jeannou et ses deux petites; maman qui ne parle plus de vouloir aller à Montazels en est bien contente — Ils partent le soir — M. Paris me présente pour la 1ère Communion un enfant de l'Hôpital

Lundi 1 février — Froide matinée, assez belle journée — Alexandrine et Julie partent ce soir à 7 h. pour aller assister à une noce à Carcassonne

Mardi 2 février — très belle journée — comme hier je continue de tailler la vigne et les arbustes dans le jardin — Guillaume au bois.

Mercredi 3 février — temps doux couvert à la pluie — je continue la taille des vignes — maman a de mauvais moments, elle veut partir à Montazels

Jeudi 4 février — temps couvert et doux — maman ay fait dire à Martial de venir la prendre Visite du curé de Fa et Vicaire d'Esperaza. Je travaille au jardin —

Vendredi 5 février — mauvaise journée — Martial fait dire qu'il viendra dimanche après dîner prendre maman. Je continue à tailler les vignes.

Samedi 6 février — meilleure journée — après dîner nous allons au mouras que les ouvriers terminent de défoncer et portent les outils après au bois.

Dimanche 7 février — Assez bonne journée — peu de monde aux offices — Martial avec un grand fracas de charrette vient prendre maman, procédé peu courtois.

Lundi 8 février — temps couvert, frais — 3/4 de journée de défonçage au bois (2 hommes) après dîner avec Marie allons à Couiza et Montazels voir maman. Nous sommes rentrés avant la nuit et la pluie.

Mardi février 9 — bonne journée, mais vent froid — Égorgement du 2e cochon qui a pesé 194 kilos. déjeuné des aides. Les 2 Dellac ont fait leur journée au bois

Mercredi 10 février — Pluie dans la nuit; matinée douce chaude déjeuné des bouchers, Fargis et Barthélemy — Mort de Fons Croux. 2 demi-journée au bois

Jeudi 11 février — chaude matinée, venteuse soirée et un peu de pluie — sépulture de Fons 1/2 journée au bois — taille des treilles au jardin.

Vendredi 12 février — bonne journée — 1 journée au bois — maman partie pour Narbonne continuation de la taille des vignes, au jardin

Samedi 13 février — matinée maussade, à la pluie — Expédition des 15 litres blanquette à Édouard par Marie qui va à Montazels 1 j. au bois

Dimanche 14 février — journée froide pluvieuse et venteuse — peu de monde aux offices suis un peu souffrant avec Marie —

Lundi 15 février — mauvaise journée — vais à Limoux avec Marie et Julie — 3/4 déj. au bois — soirée musicale chez M. Rivière

Mardi 16 février — journée froide, humide pluvieuse — reprise au retour à 16 Sous et carnaval de Limoux — vois des confrères — nuit sans sommeil — 1 j. au bois

Mercredi 17 février — annonce d'une belle journée — retour de Limoux — Cendres à 10 heures mauvais temps vers les 4 h — au bois. 3/4 de journée — Venue de Sanés

Jeudi 18 février — Journée froide venteuse, mauvaise — commencement du défoncement des estons par Abel — arrivée de Rouanet

Vendredi 19 février — Journée très froide; même temps qu'hier — Après dîner, départ de Rouanet et de Jeannet — Je travaille à la terre — Gel dans la nuit

Samedi 20 février — temps couvert, froid — après dîner vais aux Estons voir les ouvriers Marie est un peu malade

Dimanche 21 février — même vent froid — peu de monde aux offices surtout le soir, pas de vêpres — promenade — visite du clat.

Lundi 22 février — meilleure journée, mais toujours vent froid — Marie est presque guérie — Les ouvriers ni architecte venus — collection des vases — pluie dans la nuit

Mardi 23 février — Journée froide et venteuse — Marie va mieux — pas d'ouvriers excepté Abel et son père qui défoncent aux Estons où je me rends

Mercredi 24 février — temps toujours venteux et froid — arrivée de Mestre qui vient voir la maison et les futurs travaux de menuiserie — Abel aux Estons complète peu de monde Gel dans la nuit

Dimanche 31 janvier. Mauvaise journée, soirée pluvieuse et venteuse. Peu de monde aux offices. Visite de Jeannoun et ses deux petites ; Maman
qui ne parle plus de vouloir aller à Montazels en est bien contente. Ils parlent le soir.

Lundi 1 février. Froide matinée ; assez belle journée. Alexandrine et Julie partent ce soir à 7 h pour aller assister à une noce à Carcassonne.

Mardi 2 février. Très belle journée. Comme hier je continue de tailler la vigne et les arbustes dans le jardin. Guillaume au Bals.

Mercredi 3 février. Temps doux couvert à la pluie. Je continue la taille des vignes. Maman a de mauvais moments ; elle veut partir à Montazels.

Jeudi 4 février. Temps couvert et doux. Maman fait dire à Martial de venir la prendre. **Visite du curé de Fa** et Vicaire d'Espéraza. Je travaille au jardin.

Vendredi 5 février. Mauvaise journée. Martial fait dire qu'il viendra dimanche après-midi prendre Maman. Je continue à tailler les vignes.

Samedi 6 février. Meilleure journée. Après dîné nous allons au Mounas que les ouvriers terminent de défoncer et portent les outils après au Bals.

Dimanche 7 février. Assez bonne journée. Peu de monde aux offices. Martial avec un grand fracas de charrette vient prendre Maman : procédés peu courtois.

Lundi 8 février. Temps couvert, frais. ¾ de journée de défonçage au Bals (2 hommes). Après dîné, avec Marie allons à Couiza et Montazels voir Maman.
Nous sommes rentrés avant la nuit et le froid.

Mardi 9 février. Bonne journée, mais vent froid. Égorgement du 2ème cochon qui a pesé 194 kilos, déjeuné des aides. Les 2 Dellac ont fait leur journée au Bals.

Mercredi 10 février. Pluie dans la nuit, matinée douce, chaude, déjeuné du boucher, facteur et Barthélémy. Mort de Fonds Croux. 2 demi-journées au Bals.

Jeudi 11 février. Chaude matinée, venteuse soirée et un peu de pluie. Sépulture de Fonds. ½ journée au Bals. Taille des treilles au jardin.

Vendredi 12 février. Bonne journée. 1 journée au Bals. Maman partie pour Narbonne. Continuation de la taille des vignes au jardin.

Samedi 13 février. Matinée maussade, à la pluie. Expédition des 15 litres Blanquette à Édouard par Marie qui va à Montazels. 1 j. au Bals.

Dimanche 14 février. Journée froide, pluvieuse et venteuse. Peu de monde aux offices. Suis un peu souffrant avec Marie.

Lundi 15 février. Mauvaise journée. Vais à Limoux avec Marie et Julie. ¾ de j. au Bals. Soirée musicale chez M. Rieu.

Mardi 16 février. Journée froide, humide, pluvieuse. Représentation à St Louis et Carnaval de Limoux. Vois des confrères. Nuit sans sommeil. 1 j. au Bals.

Mercredi 17 février. Annonce d'une belle journée. Retour de Limoux. Cendres à 10 heures. Mauvais temps vers les 4 h. Au Bals ¾ de journée. Venue de Jannet.

Jeudi 18 février. Journée froide, venteuse, mauvaise. Commencement du défoncement des **Estons** par Abel. Arrivée de Rouanet.

Vendredi 19 février. Journée très froide, même temps qu'hier. Après dîné, départ de Rouanet et de Jeannet. Je travaille à la serre. Gel dans la nuit.

Samedi 20 février. Temps couvert, froid. Après dîné vais aux Estons voir les ouvriers. Marie est un peu malade.

Dimanche 21 février. Même vent froid. Peu de monde aux offices surtout le soir, pas de Vêpres . Promenade. Visite du Clat.

Lundi 22 février. Meilleure journée mais toujours vent froid. Marie est presque guérie. Les ouvriers ni architecte venus. (…) les vases. Pluie dans la nuit.

Mardi 23 février. Journée froide et venteuse. Marie va mieux. Pas d'ouvriers excepté Abel et son père qui défoncent aux Estons où je me rends.

Mercredi 24 février. Temps toujours venteux et froid. Arrivée de Mestre qui vient voir la maison et les futurs travaux de menuiserie. Abel aux Estons.
Complies, peu de monde. Gel dans la nuit.

Jeudi 25 février. Journée de détente et très froide quoique ensoleillée — Marie va à Couiza — Julie malade. Je vais avec Estans voir les ouvriers. Gel dans la nuit

Vendredi 26 février — Malgré le soleil, temps de plus en plus froid: il ne dégèle pas — vais aux Estons. A. Rousset de Couiza propose achat de terre — Chemin de la Croix

Samedi 27 février — journée moins rigoureuse — vais voir les ouvriers aux Estons — je fais demander par Abel à Rousset de Couiza le prix de sa terre —

Dimanche 28 fév. une des plus froide journée — peu de monde aux office — achat à 50 la puyente de A. Rousset de Couiza — arrivée des plandes vignes apporté par Martel —

Lundi 29 février — très forte journée de froid — il neige — Les plants de vignes que Guillaume a été prendre sont très beaux — je travaille à la serre — Gel dans la nuit

Mardi 1 mars — temps froid et sec — par poussières depuis hier — Je travaille à la serre Guillaume au bois — visite du curé de Couiza — vente de la terre de Tibouli

Mercredi 2 mars — matinée calme mais très froide — soirée neigeuse — ouvriers de Luc défoncent depuis lundi après dîné — Paul le plâtrier vient prendre 1/2 tonne plâtre pour Condes

Jeudi 3 mars — journée calme et ciel voilé — Sol couvert de 20e de neige (extraordinaire; hier à cause de la neige pas de complie — vers les 5 heures il neige à gros trons

Vendredi 4 mars. Chute de neige extraordinaire et gelée — temps calme et voilé — Guillaume n'a pas été à Esperaza — pas de Chemin de Croix.

Samedi 5 mars. belle journée. la neige disparait vite — Donné 100 à A. Dellac à compte du défonçage — petite promenade —

Dimanche 6 mars — belle journée: neige fond toujours — peu de monde aux office — visite de Martin à qui ou règle les 600 plants — Oscar et son ouvrier marty montent — 4 truites données par Juste

Lundi 7 mars — vent marin chaud fait disparaitre la neige — belle journée. après dîné allons nous promener avec Julie et Marie —

Mardi 8 mars — belle journée — le matin taille des arbustes du jardin — le soir vois les ouvriers et promenade vent marin fort

Mercredi 9 mars — journée sombre et soirée un peu brumeuse — le matin taille des arbustes le soir promenade — 3/4 de journée du plâtrier à la cuisine complies

Jeudi 10 mars — belle journée — travail au jardin et au mounas — pas d'ouvriers — visite d'Esperaza — arrivée de Mr Caminade à 4 h. il repart le soir —

Vendredi 11 mars. belle journée — travail au jardin — pas d'ouvriers. guillaume au bois — marie arrange le jardin — complie au lieu du Chemin de la Croix. Gelée

Samedi 12 mars. très belle journée — fin de la taille des arbres et arbustes — Marie continue d'arranger le jardin — Baptême du petit de Maselargue

Dimanche 13 m. — belle journée — peu de monde aux offices. après vêpres, promenade la veille les Gendarmes étaient montés pour enquêter sur le Chamon

Lundi 14 mars — belle et chaude journée — Abel et son père ont fait 3/4 de journée à repasser le mounas avant de le planter — promenade à Carla —

Mardi 15 mars — vent marin assez frais; mais bonne journée — Suite du travail du mounas par les Dellac vent marin pas fort.

Mercredi 16 mars — temps couvert; vent marin frais — Suite du travail du mounas par les Dellac Guillaume et Barthelemy au bois — complies pluie légère

Jeudi 17 mars — temps doux calme couvert — suite du travail du mounas par Dellac Fils (1/2 j.) a manqué le matin — Dellac peu malade.

Vendredi 18 mars — vent frais — suis un peu malade — Guill. et Barthele. au bois — Abel seul a continué le travail du mounas — par de réunion des filles, ce soir — (1/4 Dellac père —

Samedi 19 mars — journée un peu venteuse, mais bonne — n'étant pas bien rétabli; je ne vais pas à l'adoration de Coustaussa — seul Abel a fait la journée au mounas

Dimanche 20 mars — très belle journée, après un peu de pluie le matin — peu de monde aux office — promenade et visite de malades

Lundi 21 mars — très belle et chaude journée — Abel est malade et n'a pu continuer au mounas — Marie arrange le jardin — Guillaume au bois —

Mardi 22 mars. très belle journée — Abel malade Guillaume et son fils sont au mounas Disposition du jardin — vent du Cers —

Jeudi 25 février. Journée venteuse et très froide quoique ensoleillée. Marie va à Couiza.
Julie malade. Je vais aux Estons voir les ouvriers. Gel dans la nuit.
Vendredi 26 février. Malgré le soleil, temps de plus en plus froid, il ne dégèle pas. Vais aux
Estons. A. Rousset de Couiza **propose achat de terre. Chemin de la Croux.**
Samedi 27 février. Journée moins rigoureuse. Vais voir les ouvriers aux Estons. Je fais demander
par Abel à Rousset de Couiza le prix de sa terre.
Dimanche 28 février. Une des plus froides journée. Peu de monde aux offices. Achat à *50 frs* la
propriété de A. Rousset de Couiza. Arrivée des plants de vigne apportés par Martial.
Lundi 29 février. Très forte journée de froid. Il neige. Les plants de vigne que Guillaume a été
prendre sont très beaux. Je travaille à la serre. Gel dans la nuit.
Mardi 1 mars. Temps froid et sec. ~~Pas d'ouvriers depuis hier.~~ Je travaille à la serre.
Guillaume au Bals. Visite du curé de Couiza. Vente de la terre de Tibouli.
Mercredi 2 mars. Matinée calme mais très froide. Soirée neigeuse. Ouvriers de Luc défoncent
depuis lundi après dîné. Paul le plâtrier vient prendre ½ sac plâtre pour Coudiès.
Jeudi 3 mars. Journée calme et ciel voilé. Sol couvert de 20 cm de neige (extraordinaire). Hier
à cause de la neige pas de Complies. Vers les 5 heures il neige à grand train.
Vendredi 4 mars. Chute de neige extraordinaire et gelé. Temps calme et voilé. Guillaume
n'a pas été à Espéraza. Pas de chemin de Croux.
Samedi 5 mars. Belle journée ; la neige disparaît vite. Donné 100 frs à A. Dellac acompte
du défonçage. Petite promenade.
Dimanche 6 mars. Belle journée ; neige fond toujours. Peu de monde aux offices. Visite de Martial
à qui on règle les 600 plants. Oscar et son ouvrier Martin montent. 4 truites données par instituteur.
Lundi 7 mars. Vent marin, chaud fait disparaître la neige. Belle journée. Après dîné allons
nous promener avec Julie et Marie.
Mardi 8 mars. Belle journée. Le matin taille des arbustes du jardin. Le soir voir les ouvriers
et promenade, vent marin fort.
Mercredi 9 mars. Journée sombre et soirée un peu brumeuse. Le matin taille des arbustes.
Le soir promenade. ¾ de journée du plâtrier à la cuisine. Complies.
Jeudi 10 mars. Belle journée. Travail au jardin et au Mounas. Pas d'ouvriers. Visite
d'Espéraza. Arrivée de M. Caminade à 4 h. Il repart le soir.
Vendredi 11 mars. Belle journée. Travail au jardin. Pas d'ouvriers. Guillaume aux Bals. Marie
arrange le jardin. Complies au lieu de chemin de la Croux. Gelée.
Samedi 12 mars. Très belle journée. Fin de la taille des arbres et arbustes. Marie continue
d'arranger le jardin. Baptême du petit de Madeleine.
Dimanche 13 mars. Belle journée. Peu de monde aux offices. Après Vêpres promenade.
La veille les gendarmes étaient montés pour enquêter sur la Chan…
Lundi 14 mars. Belle et chaude journée. Abel et son père ont fait ¾ de journée
à repasser le Mounas avant de le planter. Promenade à Carla.
Mardi 15 mars. Vent marin assez frais ; mais bonne journée. Suite des travaux
au Mounas par les Dellac. Vent marin plus fort.
Mercredi 16 mars. Temps couvert ; vent marin frais. Suite du travail du Mounas par les Dellac.
Guillaume et Barthélémy au Bals. Complies, pluie légère.
Jeudi 17 mars. Temps doux calme, couvert. Suite du travail du Mounas par Dellac
fils (1/2 j.) a manqué le matin. Dellac peu malade.
Vendredi 18 mars. Vent frais. Suis un peu malade. Guill. Et Barthélé. au Bals. Abel seul a
continué les travaux du Mounas. Pas de réunion des filles ce soir. 1 ¼ Dellac père.
Samedi 19 mars. Journée un peu venteuse mais bonne. N'étant pas bien rétabli je ne
vais pas à l'Adoration de Coustaussa. Seul Abel a fait la journée au Mounas.
Dimanche 20 mars. Très belle journée, un peu de pluie le matin. Peu de monde aux
offices. Promenade et visite des malades.
Lundi 21 mars. Très belle et chaude journée. Abel est malade et n'a pas pu continuer
au Mounas. Marie arrange le jardin. Guillaume au Bals.
Mardi 22 mars. Très belle journée. Abel malade. Guillaume et son fils sont au Mounas.
disposition du jardin. Vent du Cers.

Mercredi 23 mars. – Vent de Cers fort et froid – Abel malade Guillaume et Barthélemy continue
le travail du Mounas. moi je vais me promener. complie. Giboulée.

Jeudi 24 mars. – Vent de Cers très froid; giboulée – Guillaume, Barthéle et Abel seul sont le
matin « al prat d'en Clavin; et le soir au bals à piocher. Dellac père malade.

Vendredi 25 mars. – journée posée – Plantation du Mounas par Guillaume, Barthélemy et Abel seul
promenade à Carla et au Mounas – complie.

Samedi 26 mars. – belle matinée; mais soirée froide et dérangée – Guillaume Barthélem
et Abel seul sont au bals et n'ont fait que 1/2 journée.

Dimanche 27 mars. – mauvaise journée venteuse et froid – assez de monde à la messe pas de
chant de parnez – Vente d'étoffes au château peu de monde à vêpres.

Lundi 28 mars – Assez belle journée – Guill. et Barthel. sont au bals – Abel n'est pas venu
Marie a été à Couiza avec hypoth le prendre engrais et bois – il a soupé.

Mardi 29 mars – journée moins froide – Guill. Barthil et abel sont au bals à piocher – Promenade
au ruisseau avec Marie et Julie – Arrivée de la famille Dellac

Mercredi 30 mars. – Journée froide, venteuse pluvieuse et mauvaise; on n'a peu rien faire
au bals où on s'était rendu – travail dedans.

Jeudi 31 mars – très mauvaise journée – Assez de monde aux offices du soir et du stabat
on quête pour le St sepulchre; chant réuni.

Vendredi 1 Avril – Vent moins fort, temps plus doux peu de monde à l'office – promenade aux
bals vers les ouvriers. qui ont fait 1/2 journée

Samedi 2 Avril – toujours un peu de vent – temps plus doux; ouvriers aux bals ont fait la
journée – famille Rieu doit venir le lundi de paque.

Dimanche 3 avril – Splendide journée très beaux offices: beaucoup de monde; quêté – après
les Vepres promenade; nuit très calme.

Lundi 4 Avril – Changement de temps: ciel couvert; pluvieux frais – arrivée de la famille
Rieu qui rentre à 6 heures – arrive d'abel et de la famille Bot

Mardi 5 Avril. – Matinée venteuse et froide. Reprise de travaux après 5 mois d'hiver –
visite de Normaliens en excursion – arrivée de Mr Caminade et de Jules
qui vient prendre ses outils et repart p. Limoux – arrivée de Vila et son ouvriers qui
viennent prendre les mesures des portes et fenêtres – Du matin au soir, Bot, Sauniéron et Paul crépissent l'interieur de la tour carrée 1er étage – Bousquet n'a rien fait
De midi à la fin du jour – Bousquet, Bot, Sauniéron et Paul vont à la carrière continuer
d'extraire la pierre de grès manquant. Le matin à la tache – le soir à la journée. Visite
de Marie Dervée et Marie maneng – arrivée de l'abbé Rouanet – Dellac père et fils avec
Guillaume et Barthélemi ont continué à piocher les bals – Départ de Mr Caminade.

Mercredi 6 Avril – Annonce d'une plus belle journée – Dellac père et fils continuent au
bals avec Guill et Barth. à piocher la vigne à la journée – Bot Sauniéron Paul
et Bousquet reprennent le montage, à la journée du portail du Verger – vers les 4 h du soir
les 3 maçons vont continuer à crépir à l'interieur de la tour carré pendant que Bousquet va préparer
6 petites pierres blanches manquantes – Visite de Limoux.

Jeudi 7 Avril – Voyage à Carcassonne avec l'abbé Rouanet à l'occasion de l'entrée de
Mr de Beauséjour – Dellac Père et fils ont continué de piocher au bals
avec Guillaume et Barthéle. – Bot, Saun. Paul et Bousquet ont passé la journée à achever
de monter le portail du verger, faire les joints – Le soir Bousquet s'est occupé à retoucher
quelques pierres de carreaux de la terasse – rentrée de Carcassonne à 10 h. avec Rouanet
achat d'une chapellière – journée couverte, froide et guere belle.

Vendredi 8 Avril – Journée assez belle; vent froid et fort – Dellac Père et Fils avec Guill
et Barthélemi sont toujours au bals – Bot, Saun. Paul et Bousquet
sont à la carrière à extraire – Alexandrine a été à Limoux acheter du pomme de terre
Rouanet est rentré à Villefort après diné – Barthélemi malade

Samedi 9 avril – Journée très chaude – arrivée d'un Photographe de Toulouse monté
pour prendre des epreuves – Les deux Dellacs sont au bals avec
Guillaume seul, Barthélemi étant malade – Bot, Saun. et Paul sont revenus à
la carrière avec Bousquet – Donné 100 fr à Dellac – Départ pour le de tou

Mercredi 23 mars. Vent de Cers fort et froid. Abel malade, Guillaume et Barthémély continuent le travail du Mounas. Moi je vais me promener. Complies. Giboulées.

Jeudi 24 mars. Vent de Cers très froid ; giboulées. Guillaume, Barthélémy et Abel seul sont le matin « **al Prats d'en Claou** » et le soir au Bals à piocher. Dellac père malade.

Vendredi 25 mars. Journée froide. Plantation au Mounas par Guillaume, Barthélémy et Abel seul. Promenade à Carla et au Mounas. Complies.

Samedi 26 mars. Belle matinée ; mais soirée froide et dérangée. Guillaume, Barthélémy et Abel seul sont au Bals et n'ont fait que ½ journée.

Dimanche 27 mars. Mauvaise journée venteuse et froid. Assez de monde à la messe, pas de chant de Passion. Vente d'étoffes au château. Peu de monde à Vêpres.

Lundi 28 mars. Assez belle journée. Guill. Et Barthél. Sont au Bals. Abel n'est pas venu. Marie a été à Couiza avec Hypolitte prendre engrais et bois. Il a soupé.

Mardi 29 mars. Journée moins froide. Guill. Barthél. Et Abel sont au Bals à piocher. Promenade au ruisseau avec Marie et Julie. Arrivée de la famille Dellac.

Mercredi 30 mars. Journée froide, venteuse, pluvieuse et mauvaise. On n'a pu rien faire au Bals où on s'était rendu. Travail dedans.

Jeudi 31 mars. Très mauvaise journée. Assez de monde aux offices du soir et du **Stabat** ou quête pour le St Sépulcre, chant réussi.

Vendredi 1 avril. Vent marin fort, temps plus doux. Peu de monde à l'office. Promenade aux Bals voir les ouvriers qui ont fait ½ journée.

Samedi 2 avril. Toujours un peu de vent. Temps plus doux. Ouvriers aux Bals ont fait la journée. Famille Rieu doit venir le lundi de Pâques.

Dimanche 3 avril. Splendide journée. Très beaux offices ; beaucoup de monde ; quête. Après les Vêpres, promenade ; nuit très calme.

Lundi 4 avril. Changement de temps ; ciel couvert ; pluvieux, frais. Arrivée de la famille Rieu qui rentre à 6 heures. Arrivée d'Abel et de la famille Bot.

Mardi 5 avril. Matinée venteuse et froide. <u>Reprise de travaux après 5 mois d'hiver</u>. Visite de normaliens en excursion. Arrivée de M. Caminade et de Julien qui vient prendre ses outils et repart p. Limoux. Arrivée de Vila et son ouvrier qui viennent prendre les mesures des portes et fenêtres. Du matin au dîner, Bot, Saunièrou et Paul crépissent l'intérieur de la tour carrée 1er étage. Bousquet n'a rien fait <u>de midi à la fin du jour</u>. Bousquet, Bot, Saunièrou et Paul vont à la carrière continuer d'extraire la pierre de grès manquant. Arrivée de l'abbé Rouanet. <u>Dellac père et fils</u> avec Guillaume et Barthélémy ont continué à piocher les Bals. Départ de M. Caminade.

Mercredi 6 avril. Annonce d'une plus belle journée. Dellac père et fils continuent au Bals avec Guill. Et Barth. à piocher la vigne à la journée. <u>Bot, Saunièrou, Paul et Bousquet</u> reprennent le montage, <u>à la journée</u>, du portail du verger. Vers les 4 h. du soir les 3 maçons vont continuer à crépir à l'intérieur de la tour carrée pendant que Bousquet va préparer 6 petites pierres blanches manquantes. Visites de Limoux.

Jeudi 7 avril. Voyage à Carcassonne avec l'abbé Rouanet à l'occasion de l'entrée de **Mgr de Beauséjour**. <u>Dellac Père et Fils</u> ont continué de piocher au Bals avec Guillaume et Barthélé. <u>Bot, Saun. Paul et Bousquet</u> ont passé la journée à achever de monter le portail du verger, faire les joints. Le soir <u>Bousquet</u> s'est occupé à retoucher quelques pierres des arceaux de la terrasse. Rentrée de Carcassonne à 10 h. avec Rouanet. Achat d'une chapelière. Journée couverte, froide et guère belle.

Vendredi 8 avril. Journée assez belle ; vent froid et fort. <u>Dellac Père et Fils</u> avec Guill. et Barthélémi sont toujours au Bals. <u>Bot, Saun. Paul et Bousquet</u> sont à la carrière à extraire. Alexandrine a été à Limoux acheter des pommes de terre. Rouanet est rentré à Villefort après dîné. Barthélémi malade.

Samedi 9 avril. Journée très chaude. Arrivée d'un photographe de Toulouse monté pour prendre des épreuves. Les deux Dellac sont au Bals avec Guillaume seul, Barthélémi étant malade. Bot, Saun. et Paul sont revenus à la carrière avec Bousquet. Donné ***100 frs*** à Dellac. Départ pour Luc de tous.

Hypolitte a fait 2 voyages de la Carrière dont 1 avec 1 p. et le cheval, et l'autre avec 2 paires et le cheval, la 2ᵐᵉ
paire se trouvant aux Estons a labourer — Soupé d'Hypolitte —
Dimanche 10 Avril — Très belle journée — peu de monde aux offices — Abonnement aux perru-
-ques — Baptème de l'enfant de Carla — promenade après Vêpres à la Caune
Lundi 11 Avril — très belle journée, menace d'orage le soir — Je descends a Couiza après diné rendre la
visite à M. le Doyen et lui apporter l'argent des dispenses — Bousquet a passé la
journée à préparer des pierres de grès — Arrivés à 8 h Bob. Saun. et Paul, jusqu'à midi, ont échafaudé
préparé les pierres, approché des briques et fait du mortier pour commencer le couronnement du mur
de soutainement du Verger (a la tache) — Arrivé à 11 h. 1/2 de M. Cammirade montant d'Espéraza. Le 1ᵉʳ
quart de la soirée jusqu'à 3 h. 20 a été employé (a la journée), a posé quelques pierres de grès a la tourelle
De 3 h. 20 a la fin, commencement du parapet en briques au mur du Verger — a 6 h. 1/2 Départ de M. Cami
Mardi 12 Avril — Vent marin froid. Bob. Saun. Paul ont continué le parapet du mur du
Verger, chemin rural (hortense aide a jeuné) — Bousquet continue a préparer des
pierres de grès — Vent redouble. Guillaume et Barthélemy au bois
Mercredi 13 Avril — Vent de Cers violent; temps a l'orage — Bousquet après avoir terminé la
dernière douelle de l'arceau de la terrasse, commence a préparer des briques pour
la tourelle (travail long et minutieux) Bob. Saun. Paul et quelque peu hortense continuent
a faire les joints du mur du Verger et a poser le parapet — Marie arrange les vases.
Jeudi 14 Avril — Vent redouble de violence et occasionne beaucoup de dégats partout — Bob. Saun
Paul et hortense quelque peu continuent le parapet en briques du mur du Verger et
la maçonnerie du même — Bousquet continue de préparer des briques et des pierres de grès —
Vendredi 15 Avril — Cessation du Vent destructeur — Bob. Saun. P. et hob. quelque peu maçonnent
et font les joints du mur du Verger — Bousquet prépare des pierres de grès —
Samedi 16 Avril — bonne matinée, annonce d'orage — Jusqu'à midi, Bousquet termine une
pierre de grès nécessaire; après diné il reprend la préparation des briques pour la
tourelle — Bob. Saun. P. et hortense jusqu'à 2 heures du soir, construisent et continuent le parapet
du mur du Verger; a partir de ce moment pendant 1 h. et demi éclate un terrible et long orage
accompagné de grands coups de tonnerre; pluie abondante — Départ des maçons pour Luc —
Dimanche 17 Avril — Assez bonne journée — peu de monde aux offices; annonce de la 1ʳᵉ
Communion pour le 22 juin — Visites — promenade après Vêpres —
Lundi 18 Avril — Journée couverte, venteuse et froide — Bousquet passe la journée a préparer des
briques pour la tourelle — Bob. Saun P. et hortense font 3/4 de journées a terminer
le parapet et faire les joints du mur du Verger — Hypolitte nous porte du bois —
Mardi 19 Avril — Journée de pluie, très abondante — Bousquet a continué a préparer des briques dedans.
Les maçons n'ont pu travailler — moi je me suis occupé a la serre — nuit pluvieuse
Mercredi 20 Avril — temps couvert, humide, menaçant — Bousquet termine la taille des briques pour la
tourelle — de 6 heures a 3 h. du soir, Bob. Saun. et Paul font a la journée les joints des
briques du portail du Verger — de 3 h. a la fin, avec hortense en plus, ils terminent a la tache les joints du
mur de soutainement du Verger — bonne journée
Jeudi 21 Avril — temps couvert, venteux, froid, et pluvieux par moment le soir — Bousquet conti
de préparer des pierres pour la tourelle — Bob. Saun. et Paul seuls jusqu'à 2 h. 1/2 du
soir crépissent le mur du Verger (côté du Verger) et Saun. seul bouche un trou au mur de la citerne
malet de notre coté — De 2 h. et demi du soir a la fin ils se remettent a l'arceau de la terrasse, inter
rompu avant l'hiver — temps dérangé jusqu'à la fin — Marie a été a Couiza
Vendredi 22 Avril — Continuation du vent froid et averses — a 9 heures arrivée de M. Cammirade qui
repart a 6 h après soupé — Bousquet continue a préparer des pierres de grès pour
la tourelle et quelques autres petits travaux aux arceaux de la terrasse — Jusqu'à environ 10 h
du matin, les 3 maçons seuls terminent le dernier arceau de la terrasse — De 10 h a 6 heures du
soir, sous la surveillance de l'Architecte, ils commencent la pose des fers a T de la terrasse
Samedi 23 Avril — foire a Limoux — Bonne journée sauf quelques ondées d'eau la matinée
Bousquet et les maçons sont a la foire — Je travaille a la serre —
Dimanche 24 Avril — temps toujours froid et venteux — Arrivée de Sylvestre qui vient passer la jour
peu de monde aux offices — Enf. de la 1ʳᵉ Commun. retenus a l'Eglise. Départ
après Vêpres de Sylvestre que nous allons un peu accompagner — Il fait froid.

Hypolitte a fait 2 voyages de la carrière dont 1 avec 1 p. et le cheval, et l'autre avec 2 paires et le cheval, la 2ème paire se trouvant au Estons à labourer. Soupé d'Hypolitte.

Dimanche 10 avril. Très belle journée. Peu de monde aux offices. Abonnement au perruquier. Baptême de l'enfant de Carla. Promenade après Vêpres à la carrière.

Lundi 11 avril. Très belle journée, menace d'orage le soir. Je descends à Couiza après dîné rendre la visite à **M. le Doyen** et lui apporter **l'argent des dispenses**. Bousquet a passé la journée à préparer des pierres de grès. Arrivés à 8 h. Bot, Saun. et Paul jusqu'à midi ont échafaudé et préparé des pierres, approché des briques et fait du mortier pour commencer le couronnement du mur de soutènement du verger (à la tâche). Arrivée à 11 h ½ de M. Caminade montant d'Espéraza. Le 1er quart de la soirée jusqu'à 3 h 20 a été employé (à la journée) a poser quelques pierres de grès à la tourelle . De 3 h 20 à la fin, commencement du parapet en briques au mur du verger. À 6 h ½ départ de M. Caminade.

Mardi 12 avril. Vent marin froid. Bot, Saun. Paul ont continué le parapet du mur du verger, chemin rural (Hortense aide à peine). Bousquet continue à préparer des pierres de grès. Vent redouble. Guillaume et Barthélémy au Bals.

Mercredi 13 avril. Vent de Cers violent ; temps à l'orage. Bousquet après avoir terminé la dernière douelle de l'arceau de la terrasse, commence à préparer des briques pour la tourelle (travail long et minutieux). Bot, Saun. Paul et quelque peu Hortense continuent à faire les joints du mur du verger et à poser le parapet. Marie arrange les vases.

Jeudi 14 avril. Vent redouble de violence et occasionne beaucoup de dégâts partout. Bot, Saun. Paul et Hostense quelque peu continuent le parapet en briques du mur du verger et la maçonnerie du même. Bousquet continue de préparer des briques et des pierres de grès.

Vendredi 15 avril. Cessation du vent destructeur. Bot, Saun. P. et Hort. quelque peu maçonnent et font les joints du mur du verger. Bousquet prépare des pierres de grès.

Samedi 16 avril. Bonne matinée, annonce d'orage. Jusqu'à midi, Bousquet termine une pierre de grès nécessaire. Après dîné, il reprend la préparation des briques pour la tourelle. Bot, Saun. p. et Hortense jusqu'à 2 heures du soir, construisent et continuent le parapet du mur du verger ; à partir de ce moment pendant 1 h. et demi éclate un terrible et long orage accompagné de grands coups de tonnerre ; pluie abondante. Départ des maçons pour Luc.

Dimanche 17 avril. Assez bonne journée. Peu de monde aux offices ; annonce de la 1ère Communion pour le 22 juin. Visites. Promenade après Vêpres.

Lundi 18 avril. Journée couverte, venteuse et froide. Bousquet passe la journée à préparer des briques pour la tourelle. Bot, Saun. p. et Hortense font ¾ de journée à terminer le parapet et faire les joints du mur du verger. Hypolitte nous porte du bois.

Mardi 19 avril. Journée de pluie très abondantes. Bousquet a continué à préparer des briques dedans. Les maçons n'ont pu travailler. Moi je me suis occupé à la serre. Nuit pluvieuse.

Mercredi 20 avril. Temps couvert, humide, menaçant. Bousquet termine la taille des briques pour la tourelle. De 6 heures à 3 h. du soir, Bot, Saun. et Paul font à la journée les joints des briques du portail du verger. De 3 h. à la fin, avec Hortense en plus, ils terminent à la tâche les joints du mur de soutènement du verger. Bonne journée.

Jeudi 21 avril. Temps couvert, venteux, froid et pluvieux par moment le soir. Bousquet continue de préparer des pierres pour la tourelle. Bot, Saun. et Paul seuls jusqu'à 2 h. ½ du soir crépissent le mur du verger (côté du verger) et Saun. seul bouche un trou au mur de la citerne Malet de notre côté. De 2 h. et demi du soir à la fin, ils se remettent à l'arceau de la terrasse, interrompu avant l'hiver. Temps dérangé jusqu'à la fin. Marie a été à Couiza.

Vendredi 22 avril. Continuation du vent froid et averses. À 9 heures arrivée de M. Caminade qui repart à 6 h. après soupé. Bousquet continue à préparer des pierres de grès pour la tourelle et quelques autres petits travaux aux arceaux de la terrasse. Jusqu'à environ 10 h. du matin, les 3 maçons seuls terminent le dernier arceau de la terrasse. De 10 h. à 6 heures du soir, sous la surveillance de l'Architecte, ils commencent la pose des fers à T de la terrasse.

Samedi 23 avril. Foire à Limoux. Bonne journée sauf quelques ondées dans la matinée. Bousquet et les maçons sont à la foire. Je travaille à la serre.

Dimanche 24 avril. Temps toujours froid et venteux. Arrivée de Sylvestre qui vient passer la journée. Peu de monde aux offices. Enf. De la 1ère Commu. Retenus à l'église. Départ après Vêpres de Sylvestre que nous allons un peu accompagner. Il fait froid.

Lundi 25 Avril – Même temps froid que la veille – Bousquet a continué à préparer des pierres de grès pour la tourelle – Tisseyre le plâtrier, n'ayant pas trouvé les pointes laissées en hiver passe la journée à échaffander et à monter des cloisons. Arrivés à 8 h 1/2 Bot, Saun. et Paul commencent par sceller les fers à I avec du ciment (1 h environ); puis n'ayant pas de cintre pour les voutes de la terrasse, le font commander à Couiza et pendant ce temps, eux et porteurs au plus crépissent l'interieur du 1er Etage de la tour – Hypolitte, avec 2 paires (cheval) va chez le tuillier de Luc prendre 500 barrots à 6 trous pour les voutains de la terrasse – Le matin, avant le jour, prières de Rogations à l'Eglise mais pas de procession faute de chantres et de monde..

Mardi 26 Avril – Ciel couvert et temps toujours froid – Bousquet n'ayant pas de travail est allé à la Carrière équarrir – Tisseyre P. littone et plafone – Abel D. continue de netoyer les fouilles du futur mur de Soutainement du jardin de la Villa – Sous la surveillance de Mr Caminade arrivé à 9 heures, après avoir jusqu'à midi, crépi l'interieur du 1er étage de la tour, Bot, Saun. Paul et porteur passent la soirée à commencer la maçonnerie du mur de Soutainement du futur jardin de la terrasse – Hypolitte avec 2 p. et le Ch. a fait de Luc deux autres voyages de barrots à 6 trous (portés 1003 barrots) Diné et Soupé au presbytère – au dernier voyage il a porté le Cintre pour les voutains de la terrasse – Depart de Mr Caminade.

Mercredi 27 Avril – Ciel toujours gris et Couvert: vent beaucoup plus froid – Tisseyre Platrier continue de littoner et de plafoner – Bot, Saun. Paul, Abel et Bousquet sont à la Carrière ou je me rends le soir – pour voir ce qui a été fait – temps glacial.

Jeudi 28 Avril – Même temps qu'hier (lune rousse désastreuse) – Bousquet est encore à la Carrière à équarrir – Tisseyre continue à littoner et à plafoner – Abel termine les fouilles qui doivent recevoir les maçonneries du mur de Soutainement du jardin de la terrasse – Bot. Saun. Paul et porteur, commencent à la tache les voutains de la terrasse. (Ils gaspillent pas mal de barrots pour aller vite) – Hypolitte avec 2 paires a fait le soir, 2 voyages de la Carrière – Marié a été à Couiza – pour le menuisier.

Vendredi 29 Avril – Le temps semble s'être remis au beau – Bousquet continue à préparer de pierres de grès pour la tourelle – N'ayant plus à s'occuper, le platrier tisseyre, après avoir travaillé environ 2 heures est parti pour Couiza – Marié est parti pour Tirsoup afin d'aller stimuler Mr Caminade et s'occuper des ferrures et verres des croisées – Abel a commencé de piocher le futur Verger – Bot. Saun. Paul et porteur ont terminé en 2 journées les 12 voutains de la terrasse, Côté de la tour Ouest –

Samedi 30 Avril – belle et chaude journée – Abel a continué de piocher le futur Verger et est parti pour Luc emportant une grille pour passer du sable – Bousquet a continué de préparer des pierres de grès pour la tourelle et a réglé le mois d'avril, emportant la somme de 64,50 – Bot. Saun. et Paul seuls jusqu'à 4 heures et demi du soir ont posé les fers à I du côté de la Veranda et les ont célés. Pour terminer leur journée, ils ont monté sur la tour toutes les pierres et briques, prêtes à être posées – et sont partis pour Luc – Nos futurs conseillers municipaux s'agitent pour les élections de demain –

Dimanche 1 Mai – belle et chaude journée – un peu plus de monde à la messe à cause des élections municipales – Menaces d'orage – réjouissance publique – vainqueurs.

Lundi 2 Mai – belle journée – Bousquet a continué de prep. des pierres pour la tourelle et des Angles pour la terrasse – Abel et son (?) extrayent du sable au chateau de Couiza – Tisseyre P. a fait 1/2 journée à plâtrer les voutains du sous-sol – Bot, Saunier Paul et porteur, arrivés à 8 heures; après avoir approché des barrots et maçonné un peu au mur de Soutainement du jardin de la terrasse ont passé la soirée à commencer de monter le 2e angle en pierre de taille de la terrasse sous la surveillance de Mr Caminade arrivé d'Espéraza à 11 heures – Vila Oscar est monté pour s'entendre avec lui au sujet des ferrures et de la pose des ouvertures –

Mardi 3 Mai – bonne journée; un peu de vent le soir – Bousquet continue à préparer des pierres de grès pour l'angle de la terrasse et pour la tourelle – Abel seul extrayent encore du sable – Hypolitte a fait 2 voyages de sable du château avec 2 paires – Tisseyre Paul a continué de plafoner les voutains du sous sol – Bot, Saun. Paul et port. ont continué à monter l'angle en pierre de taille de la terrasse, à faire la Mosaïque qui l'accompagne et à maçonner le mur de devant de la terrasse –

Lundi 25 avril. Même temps froid que la veille. Bousquet a continué à préparer des pierres de grès pour la tourelle. Tisseyre le plâtrier, n'ayant pas trouvé les pointes laissées en hiver
passe la journée à échafauder et à monter des cloisons. Arrivés à 8 h. ½ Bot, Saun. et Paul commencent par sceller les fers en I avec du ciment (1 h environ) puis n'ayant pas de cintres pour les voûtains de la terrasse , le font commander à Couiza et pendant ce temps eux et Hortense en plus crépissent l'intérieur du 1er étage de la tour. Hypolitte avec 2 paires cheval va chez le tuilier de Luc prendre des barrots à 6 trous pour les voûtains de la terrasse. Le matin, avant le jour, prières des Rogations à l'église mais pas de procession faute de Chantres et de monde.

Mardi 26 avril. Ciel couvert et temps toujours froid. Bousquet n'ayant pas de travail est allé à la carrière équarrir. Tisseyre P. littone et plafonne. Abel D. continue de nettoyer les fouilles du futur mur de soutènement du jardin de la villa. Sous la surveillance de M. Caminade arrivé à 9 heures, après avoir jusqu'à midi, crépi l'intérieur du 1er étage de la tour, Bot, Saun. Paul et Hortense passent la soirée à commencer les maçonneries du mur de soutènement du futur jardin de la terrasse. Hypolitte, avec 2 p. et le ch. A fait de Luc deux autres voyages de barrots à 6 trous (portés 1003 barrots). Dîné et soupé au presbytère. Au dernier voyage il a porté le cintre pour les voûtains de la terrasse. Départ de M. Caminade.

Mercredi 27 avril. Ciel toujours gris et couvert ; vent beaucoup plus froid. Tisseyre Plâtrier continue de littoner et de plafonner. Bot, Saun. Paul, Abel et Bousquet
sont à la carrière où je me rends le soir pour voir ce qui a été fait. Temps glacial.

Jeudi 28 avril. Même temps qu'hier (lune rousse désastreuse). Bousquet est encore à la carrière à équarrir. Tisseyre continue à littoner et à plafonner. Abel
termine les fouilles qui doivent recevoir les maçonneries du mur de soutènement du jardin de la terrasse. Bot, Saun. Paul et Hortense commencent à la tâche les voûtains de la terrasse (ils gaspillent pas mal de barrots pour aller vite). Hypolitte avec 2 paires a fait le soir 2 voyages à la carrière. Marie a été à Couiza pour les menuiseries.

Vendredi 29 avril. Le temps semble s'être remis au beau. Bousquet continue à préparer des pierres de grès pour la tourelle. N'ayant plus à s'occuper, le plâtrier Tisseyre,
après avoir travaillé environ 2 heures, est parti pour Couiza. Marie est partie pour Limoux afin d'aller stimuler M. Caminade et s'occuper des ferrures et verres des croisées. Abel a commencé de piocher le futur verger. Bot, Saun. Paul et Hortense ont terminé en 2 journées les 12 voûtains de la terrasse, côté de la tour carrée.

Samedi 30 avril. Belle et chaude journée. Abel a continué de piocher le futur verger et est parti pour Luc emportant une grille pour passer du sable. Bousquet a
continué de préparer des pierres de grès pour la tourelle et a réglé le mois d'avril, emportant la somme de *64,50*. Bot, Saun. et Paul seuls jusqu'à 4 heures et demi du soir ont posé les fers à I du côté de la véranda et les ont scellés. Pour terminer leur journée, ils ont monté sur la tour toutes les pierres et briques prêtes à être posées, et sont partis pour Luc. Nos futurs conseillers municipaux s'agitent pour les élections de demain.

Dimanche 1 mai. Belle et chaude journée. Un peu plus de monde à la messe à cause des élections municipales. Menaces d'orages. Réjouissances publiques voisines.

Lundi 2 mai. Belle journée. Bousquet a continué de prép. des pierres pour la tourelle et des angles pour la terrasse. Abel ~~et son père~~ seul ext~~rayent~~ du sable au château de Couiza. Tisseyre P. a fait ½ journée à plâtrer les voûtains du sous-sol. Bot, Saunièr.
Paul et Hortense, arrivés à 8 heures ; après avoir approché des barrots et maçonné un peu au mur de soutènement du jardin de la terrasse ont passé la soirée à commencer de monter le 2ème angle en pierre de taille de la terrasse sous la surveillance de M. Caminade arrivé d'Espéraza à 11 heures. Vila Oscar est monté pour s'entendre avec lui au sujet des ferrures et de la pose des ouvertures.

Mardi 3 mai. Bonne journée ; un peu de vent le soir. Bousquet continue à préparer des pierres de grès pour l'angle de la terrasse et pour la tourelle. Abel seul extrait
encore du sable. Hypolitte a fait 2 voyages de sable du château avec 2 paires. **Tisseyre** Paul a continué de plafonner les voûtains du sous-sol. Bot, Saun. Paul et Hort. ont continué à monter l'angle en pierre de taille de la terrasse ; à faire la mosaïque qui l'accompagne et à maçonner le mur de devant de la terrasse.

Mercredi 4 mai — Journée venteuse, fraiche mais bonne — P. Tisseyre a continué de plafonner les routains du sous-sol — Bousquet a continué de préparer des pierres de grès pour la tourelle — Bot. Saun. Paul et Hort. jusqu'au déjeuner ont fini de monter les maçonneries de l'angle de la terrasse et soudé 2 fers à I — De là jusqu'au soir, ils ont fait les routains à la terrasse du coté de la véranda — Hypolitte, avec 2 paires et le cheval pour soulager les bœufs a fait un voyage de sable.

Jeudi 5 mai — Bonne journée — Hypolitte avec 2 paires a fait 2 voyages de sable du château — P. Tisseyre a fait 1/2 journée à plafonner (il a pendant 1 heure prêté la main à Mr Castex monté à 9h pour enlever le vitrail du sanctuaire — Bousquet a continué à préparer des grès pour la tourelle — Bot. Saun. Paul et Hort. jusqu'à 11 heures ont continué les routains de la terrasse et ensuite ont jusqu'à la fin maçonné le mur de soutainement du jardin de terre arrivé à 11h du coté d'Esperaza, Mr Caminade est redescendu le soir avec Mr Castex —

Vendredi 6 mai — pluie sur le matin; journée froide, venteuse et averses légères — Bot. Saun Paul Hortense et 2 manœuvres Guy et Massa, bien que n'ayant commencé qu'à 8 heures environ on fait beaucoup de maçonnerie au mur de soutainement du jardin de la terrasse Bousquet a continué à préparer des pierres pour la voute de la tourelle — Tisseyre Paul a blanchi la petite chambre du premier et le plafond de l'escalier — Hypolitte n'est pas venu.

Samedi 7 mai — Bonne journée quoique un peu venteuse et fraiche — Foire à Esperaza — Bot. Saun Paul (Hortense le matin) et les 2 manœuvres de la veille ont continué le mur de soutainement du jardin de la terrasse — Tisseyre Paul a continué de plâtrer — Bousquet a continué de préparer des pierres de grès — Hypolitte, avec 2 paires et le cher. a porté 1 voyage de sable et le soir, une charretée de bois composée de 7 planches de moule et des premières ouvertures prêtes ce dernier voyage a paru petit pour 2 paires et le cheval — Bot a pris 200 f et est parti pour Lim.

Dimanche 8 mai — Belle matinée; orage le soir — peu de monde aux offices — visite d'Esperaza Ballotage; réussite de Cassignac —

Lundi 9 mai — Bousquet a travaillé dedans et dehors: pierre de grès et blanche — Le Plâtrier, arrivé un peu tard a travaillé à la corniche (qu'il a commencée) au plafond de l'escalier — Arrivés entre 9h 1/2 et 10 heures, Oscar et Marty se sont occupé à la pose des ouvertures apportées le samedi — Abel a surtout piochée au verger — Bot. Saun. Paul et Hortense aidés par Guy comme manœuvre ont continué la maçonnerie du mur du jardin de la terrasse — Mr Caminade arrivé à 9h. et reparti le soir après avoir inspecté les travaux et en avoir laissé d'autres — Avec 2 paires et le cheval, Hypolitte, le matin a fait un voyage de sable et porté en même temps 4 sacs de plâtre blanc de chez Castel; — le soir, il a monté de la gare un voyage de barrots de Limoux, après avoir descendu 30 sacs vides pour Castel — Barthélemy a été lui aider à décharger le wagon —

Mardi 10 mai — Belle et chaude journée; orage vers les 5 heures — Hypolitte avec 2 paires et cher a fait de la gare 2 voyages de barrots de Limoux, Barthélemy a été lui aider — Oscar et Marty ont continué à poser les ouvertures de la villa; mais Bousquet a passé la journée à leur faire les trous pour les fixer (cette journée doit être déduite sur le compte de Villa Oscar, — Tisseyre a passé la journée à la corniche de la cage de l'escalier; il gâche beaucoup de plâtre — Abel a continué de piocher le verger — Bot. Saun. Paul, Hortense et Guy, le matin ont terminé le mur prêt à recevoir le couronnement de barrots et fait un routain de la terrasse —; le soir, ont continué les routains Vers 5 heures, une petite averse

Mercredi 11 mai — Bonne journée; temps couvert lourd — Le matin, jusqu'au déjeuner Bot. Saun Paul et Hortense et Guy ont terminé les routains du coté de la véranda — De 9h à la fin, tous, sauf Hortense ont commencé le couronnement en brique du mur de soutainement du jardin de la terrasse et sont partis pour Luc — Jusqu'à midi; les 2 maçons ont continué la pose des ouvertures. De midi à la fin, pose du plancher supérieur du galetas. Départ pour Couiza — Tisseyre a terminé à midi la moulure et le plafond de la cage de l'escalier. Le soir, ailleurs — Abel a continué de travailler au jardin du verger et est parti par Luc — Hypolitte, avec 2 paires et le cheval a fait deux voyages de champ de la gare: apporté 66 sacs. Départ de 128 sacs vides en 2 colis de 61 + 67. Visite de Sabatthés d'Esperaza auquel j'ai monté le chevau a arrangé — Bousquet a continué de tailler le morceau de corday pour la 2e tour —

Mercredi 4 mai. Journée venteuse, fraîche mais bonne. P. Tisseyre a continué de plafonner les voûtains du sous-sol. Bousquet a continué de préparer des pierres de grès pour la tourelle. Bot, Saun. Paul et Hort, jusqu'au déjeuné ont fini de monter les maçonneries de l'angle de la terrasse et souder 2 fers à I. De là jusqu'au soir, ils ont fait les voûtains à la terrasse du côté de la véranda. Hypolitte, avec 2 paires et le cheval pour soulager les bœufs a fait un voyage de sable.

Jeudi 5 mai. Bonne journée. Hypolitte avec 2 paires a fait 2 voyages de sable du château. P. Tisseyre a fait ½ journée à plafonner (il a pendant 1 heure prêté la main à M. Castex monté à 9 h pour enlever le vitrail du Sanctuaire). Bousquet a continué à préparer des grès pour la tourelle. Bot, Saun. Paul et Hort. Jusqu'à 11 heures ont continué les voûtains de la terrasse et ensuite ont jusqu'à la fin maçonné le mur de soutènement du jardin de terrasse. Arrivé à 11 h du côté d'Espéraza, M. Caminade est redescendu le soir avec M. Castex.

Vendredi 6 mai. Pluie sur le matin ; journée froide, venteuse et averses légères. Bot, Saun. Paul, Hortense et 2 manœuvres Guy et Marsa, bien que n'ayant commencé qu'à 8 heures environ ont fait beaucoup de maçonnerie au mur de soutènement du jardin de la terrasse. Bousquet a continué à préparer des pierres pour la voûte de la tourelle. Tisseyre Paul a blanchi la petite chambre du premier et le plafond de l'escalier. Hypolitte n'est pas venu.

Samedi 7 mai. Bonne journée quoique un peu venteuse et froide. Foire à Espéraza. Bot, Saun. Paul (Hortense le matin) et les 2 manœuvres de la veille ont continué le mur de soutènement du jardin de la terrasse. Tisseyre Paul a continué de plâtrer. Bousquet a continué de préparer des pierres de grès. Hypolitte avec 2 paires et le chev. a porté 1 voyage de sable et le soir, une charretée de bois composée de 70 planches de mote et des premières ouvertures prêtes. Ce dernier voyage a paru petit pour 2 paires et le cheval. Bot a pris *200 frs* et est parti pour Luc.

Dimanche 8 mai. Belle matinée ; orage le soir. Peu de monde aux offices. Visite d'Espéraza. Ballottage ; réussite de Cassignac.

Lundi 9 mai. Bousquet a travaillé dedans et dehors : pierre de grès et blanche. Le plâtrier arrivé un peu tard a travaillé à la corniche (qu'il a commencée) au plafond de l'escalier. Arrivés entre 9 h ½ et 10 heures, Oscar et Marty se sont occupés à la pose des ouvertures apportées le samedi. Abel a surtout pioché au verger. Bot, Saun. et Hortense aidés par Guy comme manœuvre ont continué la maçonnerie du mur du jardin de la terrasse. M. Caminade arrivé à 9 h. et reparti le soir après avoir inspecté les travaux et en avoir laissés d'autres. Avec 2 paires et le cheval, Hypolitte, le matin a fait un voyage de sable et porté en même temps 4 sacs de plâtre blanc de chez Castel. Le soir, il a monté de la gare un voyage de barrots de Limoux, après avoir descendu 30 sacs vides pour Castel. Barthélémy a été lui aider à décharger le voyage.

Mardi 10 mai. Belle et chaude journée : orage vers les 5 heures. Hypolitte avec 2 paires et chev. a fait de la gare 2 voyages de barrots de Limoux ; Barthélémy a été lui aider. Oscar et Marty ont continué à poser les ouvertures de la villa ; mais Bousquet a passé la journée à leur faire les trous pour les fixer (Cette journée doit être déduite sur le compte de Vila Oscar). Tisseyre a passé la journée à la corniche de la cage de l'escalier ; il gâche beaucoup de plâtre. Abel a continué de piocher le verger. Bot, Saun. Paul, Horten. et Guy, le matin ont terminé le mur prêt à recevoir le couronnement de barrots et fait un voûtain de la terrasse. Le soir, ont continué les voûtains. Vers 5 heures une petite averse.

Mercredi 11 mai. Bonne journée, temps couvert lourd. Le matin, jusqu'au déjeuné Bot, Saun. Paul et Hortense et Guy ont terminé les voûtains du côté de la véranda. De 9 h. à la fin, tous, sauf Hortense ont commencé le couronnement en brique du mur de soutènement du jardin de la terrasse et sont partis pour Luc. Jusqu'à midi, les 2 menuisiers ont continué la pose des ouvertures. De midi à la fin, pose du plancher supérieur du Galetas. Départ pour Couiza. Tisseyre a terminé à midi la moulure et le plafond de la cage de l'escalier. Le soir, ailleurs. Abel a continué à travailler au jardin du verger et est parti pour Luc. Hypolitte, avec 2 paires et le cheval, a fait deux voyages de chaux de la gare : apporté 66 sacs. Départ de 128 sacs vides en 2 colis de 61 + 67. Visite de **Sabarthès d'Espéraza** auquel j'ai montré le chenau à arranger. Bousquet a continué de tailler le morceau de cordon pour la 2ème tour.

Jeudi 12 mai — Ascension — très belle journée — messe basse — peu de monde — quête insi-
-gnifiante — Barthélemy moulinier malade. —
Vendredi 13 mai — très belle journée — Le Plâtrier continue son travail de la villa — Bousquet
jusqu'à midi travaille le grès — Après dîner, il descend à la Carrière avec
Abel qui s'est occupé le matin au verger — Oscar et Marty ont posé le plancher du galetas — Hypolite
avec son aide et le cheval a porté de la gare le dernier voyage de chaux. Vers les 3 heures du soir, arrivée
de Mr Caminade qui repart à 6 heures — Oscar et Marty travaillent tantôt aux ouvertures tantôt aux
Samedi 14 mai — belle et chaude journée — Le plâtrier s'est occupé aux ouvertures et à la
Cage de l'escalier; il s'impatiente à cause du travail irrégulier et du temps
qu'on lui fait perdre — Abel a continué à piocher le futur verger et avant de partir pour Limoux
a réglé les douze dernières journées et pris: 42ᶠ — Bousquet, le matin, a été à la carrière et le
soir a fait les trous de 3 ouvertures (travail des menuisiers) — Oscar et Marty ont comme les jours
précédents continué la pose des ouvertures en même temps que les planchers — Oscar est parti vers les
3 heures probablement pour aller faire le cercueil de fils moulinier décédé — Mort de moulinier Barth.
Dimanche 15 mai — très belle et très chaude journée — nomination du Maire et de l'adjoint —
Visite de Louise et de Zoé. elles rentrent le soir à 6 heures sépulture de
moulinier Barthélemy. affluence — peu de monde aux offices.
Lundi 16 mai — belle et chaude journée: vent marin — Visite de Oscar Pagès qui vient nous
entretenir de son affaire avec les Rieux — Bousquet taille de pierre de gris
et blanches — Le plâtrier est occupé à une chambre de devant — Marty seul continue à poser
le plancher — Oscar monte pour prendre de l'argent, prend un à-compte de 500ᶠ sur les
travaux — Arrivé à 9 h, Mr Caminade rentre à 6ʰ après avoir tiré le compte d'Oscar et
distribué du travail — Bot, Saun et Paul ont fait 3/4 de j. à continuer le couronnement du
mur du jardin des terrasses — Abel, sa femme et son père ont commencé à la journée de
dégager le futur jardin de la terrasse — Messe de moulinier Barthélemy.
Mardi 17 mai — belle et chaude journée — Je descends à Couiza pour la Conférence — Marié
va à Limoux pour l'affaire Pagès-Rieux — Bousquet continue son travail
Le plâtrier de même — Oscar et Marty au plancher — Abel sa femme et son père aux fouilles
de l'escalier de la terrasse — Bot, Saun et Paul terminent les briques au Couronnement du mur et
commencent à faire les joints des briques au ciment — Hypolite en montant de Couiza porté le vin
nous monte 3 sacs de ciment demandés pour le couronnement des murs jardin et été —
Mercredi 18 mai — très chaude journée — Bousquet termine la pierre blanche et fait les trous
à la porte du jardin — Le Plâtrier continue de plâtrer la chambre de devant 1ᵉʳ
étage — Marty seul achève de poser les ouvertures et continue le plancher — Bot, Saun et Paul —
terminent vers les 2 heures du soir les joints du couronnement du mur jardin terrasse et commencent
les joints des maçonneries de ce même mur — Abel sa femme et son père continuent les fouilles
des escalier terrasse. la femme s'occupe à brouetter diverses choses — Temps à l'orage; il tonne —
Jeudi 19 mai — malgré les menaces de pluie, bonne mais chaude journée — Mr Caminade arrivé
à 10 heures, est rentré à 4 heures par Esperaza — Bot, Saun. Paul et quelques peu Hortense
après avoir terminé vers les 5 h du soir les joints du mur de soutènement du jardin ont échafaudé à
la tour carrée afin de boucher l'ouverture restante — Abel et son père ont continué les fouilles des futurs
escaliers de la terrasse — La femme Delbec a brouetté un peu partout — Le plâtrier a continué son
travail au 2ᵉ étage — Bousquet après avoir travaillé l'angle intérieur de la terrasse s'est mis à
graver l'inscription: Magdala. Vent sur le soir — Le plâtrier a pris un à-compte de 50ᶠ et
est parti pour 2 ou 3 jours — Grande pluie accompagnée d'éclairs et tonnerres.
Vendredi 20 mai — journée venteuse et fraîche — Bot, Saun et Paul après avoir fermé l'ouverture laissée au haut de la tour carrée en posent les créneaux et commencent
les joints — Bousquet continue à préparer des pierres de grès — Abel et les siens continuent les
fouilles des escalier terrasse et transportent des débris de grès —
Samedi 21 mai — temps couvert, mais bonne journée — Bot, Saun et Paul font les joints de la
tour façade terrasse — Abel et son père sont aux fouilles des escalier terrasse
femme Abel brouette des pierres — Bousquet retaille la gorge de la porte d'entrée de la tour
façade terrasse — moi je surveille Départ pour Limoux

Jeudi 12 mai. Ascension. Très belle journée. Messe basse. Peu de monde. Quête insignifiante. Barthélémy Moulines malade.

Vendredi 13 mai. Très belle journée. Le plâtrier continue son travail de la villa. Bousquet jusqu'à midi travaille le grès. Après dîné, il descend à la carrière avec Abel qui s'est occupé le matin au verger. Oscar et Marty ont posé le plancher du Galetas. Hypolitte avec 2 paires et le cheval a porté de la gare le dernier voyage de chaux . Vers les 3 heures du soir, arrivée de M. Caminade qui repart à 6 heures. Oscar et Marty travaillent tantôt aux ouvertures tantôt ailleurs.

Samedi 14 mai. Belle et chaude journée. Le plâtrier s'est occupé aux ouvertures et à la cage de l'escalier ; il s'impatiente à cause du travail irrégulier et du temps qu'on lui fait perdre. Abel a continué à piocher le futur verger et avant de partir pour Luc a réglé les douze dernières journées et pris : *42 frs*. Bousquet, le matin, a été à la carrière et le soir a fait les trous de 3 ouvertures (travail des menuisiers). Oscar et Marty ont comme les jours précédents continué la pose des ouvertures en même temps que les 2 planchers. ~~Oscar est parti vers les 3 heures probablement pour aller faire le cercueil du fils Moulines décédé~~. Mort de Moulines Bart.

Dimanche 15 mai. Très belle et très chaude journée. Nomination du Maire et de l'adjoint. Visite de Louise et de Zoë, elles rentrent le soir. À 6 heures sépulture de Moulines Barthélémy, affluence. Peu de monde aux offices.

Lundi 16 mai. Belle et chaude journée, vent marin. Visite de Oscar Pagès qui vient nous entretenir de son affaire avec les Rieux. Bousquet taille des pierres de grès et blanches. Le plâtrier est occupé à une chambre de devant. Marty seul continue à poser le plancher. **Oscar monté pour prendre de l'argent** prend un acompte de *500 frs* sur ses travaux. Arrivé à 9 h. M. Caminade rentre à 6 h. après avoir tiré le compte d'Oscar et distribué du travail. Bot, Saun. et Paul ont fait ¾ de j. à continuer le couronnement du mur du jardin des terrasses. Abel, sa femme et son père, ont commencé à la journée de dégager le futur jardin de la terrasse. Messe de Moulines Barthélémy.

Mardi 17 mai. Belle et chaude journée. Je descends à Couiza pour la conférence. Marie va à Limoux pour l'affaire Pagès-Rieux. Bousquet continue son travail, le plâtrier de même. Oscar et Marty au plancher. Abel, sa femme et son père aux fouilles de l'escalier de la terrasse. Bot, Saun. et Paul terminent les briques au couronnement du mur et commencent de faire les joints des briques au ciment. Hypolitte en montant de Couiza porter le vin nous monte 3 sacs de ciment demandés pour le couronnement du mur jardin et etc.

Mercredi 18 mai. Très chaude journée. Bousquet termine la pierre blanche et fait les trous à la porte du jardin. Le plâtrier continue de plâtrer la chambre de devant 1er étage. Marty seul achève de poser les ouvertures et continue le plancher. Bot, Saun. et Paul terminent vers les 2 heures du soir les joints du couronnement du mur jardin terrasse et commencent les joints des maçonneries de ce même mur. Abel, la femme et son père continuent les fouilles des escaliers terrasse, la femme s'occupe à brouetter diverses choses. Temps à l'orage ; il tonne.

Jeudi 19 mai. Malgré les menaces de pluie, bonne mais chaude journée. M. Caminade arrivé à 10 heures est rentré à 4 heures par Espéraza. Bot, Saun. Paul et quelque peu Hortense après avoir terminé vers les 5 h. du soir les joints du mur de soutènement du jardin ont échafaudé à la tour carrée afin de boucher l'ouverture restante. Abel et son père ont continué les fouilles des futurs escaliers de la terrasse. La femme Dellac a brouetté un peu partout. Le plâtrier a continué son travail au 2ème étage. Bousquet après avoir travaillé l'angle intérieur de la terrasse s'est mis à graver l'inscription : **Magdala**. Vent sur le soir. Le plâtrier a pris un acompte de *50 frs* et est parti pour 2 ou 3 jours. Grande pluie accompagnée d'éclairs et tonnerre.

Vendredi 20 mai. Journée venteuse et fraîche. Bot, Saun. et Paul après avoir fermé l'ouverture laissée au haut de la tour carrée en posent les créneaux et commencent les joints. Bousquet a préparé des pierres de grès. Abel et les siens continuent les fouilles des escaliers terrasse et transports des débris de grès.

Samedi 21 mai. Temps couvert, mais bonne journée. Bot, Saun. et Paul font les joints de la tour façade terrasse. Abel et son père sont aux fouilles des escaliers terrasse, femme Abel brouette des pierres. Bousquet retaille la gorge de la porte d'entrée de la tour façade terrasse. Moi je surveille. Départ pour Luc.

Dimanche 22 mai — Pentecôte; pas beaucoup de monde aux offices; quête le matin seulement — Chaude journée — Arrivée de Joseph de Mathilde et de Martial Pauline et Marie Rou — Joseph ne se trouvant pas à son aise repart de suite — Promenade après les Vêpres — La famille Martial rentre à Montazels après soupé. nous les accompagnons.

Lundi 23 mai — à la suite d'un fort vent de Cers pendant la nuit, et d'un peu de pluie le temps se rafraîchit — Le vent souffle toujours et brise pas mal de ceps aux vignes vierges du jardin — beaucoup de verdure.

Mardi 24 mai — belle et chaude journée — Bousquet est à la Carrière — Abel seul arrive continue les fouilles des escaliers de la terrasse et le soir prend des verres pour crépir — Bot Saun et Paul terminent le matin les joints de la tour carré façade terrasse et le soir avec Bortème en plus. Mr Caminade ne montant pas, ils crépissent les murs de la future serre de la terrasse —

Mercredi 25 mai — affreuse journée de vent marin qui renverse et casse des pots de fleurs et abîme les vignes vierges — Arrivée de Joseph de Mathilde — Bot, Saun, Paul et quelque peu Bortème Crépissent les murs intérieurs de la terrasse (coté Véranda) — Abel et son père seuls après avoir terminé les fouilles des futurs escaliers de la terrasse préparent le sol pour la pose des escaliers en pierre dure, de Castelnègre — Bousquet prépare les marches à poser. Envoi d'un mot d'écrit à Carla pour aller au Sable demain —

Jeudi 26 mai — Continuation de l'horrible vent marin qui dévaste tout — Jusqu'à 6 h. et 1/2 du matin, Abel et son père terminent les fondations du futur escalier en pierre dure du jardin — de 7 heures à la nuit, ils vont extraire du sable au château — Hypolitte avec 2 paires a fait 2 voyages de sable — Bousquet a continué de tailler la pierre dure — Bot Saun et B jusqu'au déjeuné ont fait au ciment les joints des arceaux de la terrasse — de 9 h. à 1 f.. sous la surveillance de Mr Caminade arrivé avec Bortème en plus, ils ont commencé les maçonneries du petit bassin et des escaliers de la terrasse — un billet de la part de Mr Caminade a été remis par le facteur à Tisseyre le plâtrier afin de reprendre de suite les travaux.

Vendredi 27 mai — Cessation du vent marin — Bonne journée — Abel et son père ont continué à extraire du sable — Hypolitte, avec 2 paires a fait le matin 1 voy de sable et le soir a été prendre chez Castel 35 sacs de plâtre — P. Tisseyre monte en manquant a fait la journée au cabinet de toilette — Bousquet est à Limoux depuis hier soir — Bot, Saun Paul et Bort. sous la direction de Mr Caminade ont commencé la pose de l'escalier de la terrasse — Faute de n'avoir pas préparé son travail, Mr Caminade fait perdre beaucoup de temps et marche en aveugle — départ de Mr Caminade et Bortème et Paul partis pour Luc —

Samedi 28 mai — très chaude journée — Bot, Saun. Aisé de Guy ont continué les maçonneries de l'escalier et du bassin de la terrasse — Bousquet a continué de préparer le cordon de pierre pour trottoir — Le Plâtrier a été occupé à la chambre de devant (Alcove) Abel et son père sont revenus au sable et ont réglé 82,50 — Bousquet aussi 63 — Les Bot sont partis pour Luc avant 6 heures — belle nuit. dern de pluie

Dimanche 29 mai — belle et chaude journée — peu de monde aux offices — Merveilleuse Bot ne viennent pas - belle nuit —

Lundi 30 mai — très chaude journée — Les Maçons ni le plâtrier ne sont venus — Bousque le matin continue le cordon du trottoir et le soir, Carrière. Les Deller ne sont pas venus — Hypolitte avec les 2 paires et le cher. a fait 2 voy. de ciment de la gare — Guillaume et Barthélemi travaillent au bal

Mardi 31 mai — Ciel couvert; un peu de pluie le matin; fraîche journée — Les Dellac ne sont pas venus — Bousquet, Bot, Saun et Paul ont fait 3/4 de journée à la Carrière Hypolitte avec 2 p. et le ch. a fait le matin de la gare le dernier voyage de ciment et le soir un seul voy. de la Carrière — Le plâtrier a passé la journée au premier étage de la corniche de la ch— Mercredi 1 juin — fort vent du Nord — Bot, Saun. Paul et Guy ont mis cornes aux escaliers de la terrasse et posé 6 marches — Abel et son père ont fauché le pré prouleurs des pièces dans le futur jardin de la terrasse et dans la future serre; la fermière n'a fait que demi journée — Bousquet a taillé la pierre de gris — Le plâtrier a travaillé au galetas — Marty seul le menuisier a posé le carrer de parquet au galetas — moi j'ai surveillé - temps sec besoin de pluie

Dimanche 22 mai. Pentecôte, pas beaucoup de monde aux offices ; quête le matin seulement.
Chaude journée. Arrivée de Joseph de Mathilde et de Martial
Pauline et Marie-Rose. Joseph ne se trouvant pas à son aise repart de suite. Promenade après
les Vêpres. La famille Martial rentre à Montazels après souper. Nous les accompagnons.
Lundi 23 mai. À la suite d'un fort vent de Cers pendant la nuit et d'un peu de pluie
le temps se rafraîchit. Le vent souffle toujours et brise pas mal de ceps
aux vignes vierges du jardin. Beaucoup de visiteurs.
Mardi 24 mai. Belle et chaude journée. Bousquet est à la carrière. Abel seul arrivé continue
les fouilles des escaliers de la terrasse et le soir passe des débris pour crépi. Bot
Saun. et Paul terminent le matin les joints de la tour carrée façade terrasse et le soir avec Hortense
en plus M. Caminade ne montant pas, ils crépissent les murs de la future serre de la terrasse.
Mercredi 25 mai. Affreuse journée de vent marin qui renverse et casse des pots de fleurs et abime
les vignes vierges. Arrivée de Joseph de Mathilde. Bot, Saun. Paul et quelque
peu Hortense crépissent les murs intérieurs de la terrasse (côté véranda). Abel et son père seuls
après avoir terminé les fouilles des futurs escaliers de la terrasse préparent le sol pour la pose
des escaliers en pierre dure, de Castelnègre. Bousquet prépare les marches à poser. Envoi d'un
mot d'écrit à Carla pour aller au sable demain.
Jeudi 26 mai. Continuation de l'horrible vent marin qui dévaste tout. Jusqu'à 6 h. et ½ du
matin, Abel et son père terminent les fondations du futur escalier en pierre dure
du jardin. De 7 heures à la nuit, ils vont extraire du sable au château. Hypolitte avec
2 paires a fait 2 voyages de sable. Bousquet a continué de tailler la pierre dure. Bot, Saun. et P.
jusqu'au déjeuné ont fait au ciment les joints des arceaux de la terrasse. De 9 h. à la fin, sous la
surveillance de M. Caminade arrivé, avec Hortense en plus, ils ont commencé les maçonneries
du petit bassin et des escaliers de la terrasse. Un billet de la part de M. Caminade a été
remis par le facteur à Tisseyre le plâtrier afin de reprendre de suite les travaux.
Vendredi 27 mai. Cessation du vent marin. Bonne journée. Abel et son père ont continué
à extraire du sable. Hypolitte, avec 2 paires a fait le matin 1 voy.
de sable et le soir a été prendre chez Castel 30 sacs de plâtre. P. Tisseyre monté en
maugréant a fait la journée au cabinet de toilette. Bousquet est à Limoux depuis
hier soir. Bot, Saun. Paul et Hort. sous la direction de M. Caminade ont commencé
la pose de l'escalier de la terrasse. Faute de n'avoir pas préparé son travail, M. Caminade
fait perdre beaucoup de temps et marche en aveugle. Départ de M. Caminade et
d'Hortense et Paul partis pour Luc.
Samedi 28 mai. Très chaude journée. Bot, Saun. aidé de Guy ont continué les maçonneries
de l'escalier et du bassin de la terrasse. Bousquet a continué de préparer
le cordon de pierre pour trottoir. Le plâtrier a été occupé à la chambre de devant (alcôve). Abel
et son père sont revenus au sable et ont réglé *82,50*. Bousquet aussi *63 frs*. Les Bot sont
partis pour Luc avant 6 heures. Belle nuit. Désir de pluie.
Dimanche 29 mai. Belle et chaude journée. Peu de monde aux offices. Marcellin et
Zoë ne viennent pas. Belle nuit.
Lundi 30 mai. Très chaude journée. Les maçons ni le plâtrier ne sont venus. Bousquet
le matin continue le cordon du trottoir et le soir carrière. Les Dellac ne sont
pas venus. Hypolitte avec les 2 paires et le chev. a fait 2 voy. de ciment de la gare. Guillaume et
Barthélémi travaillent au Bals.
Mardi 31 mai. Ciel couvert, un peu de pluie le matin, fraîche journée. Les Dellac ne sont
pas venus. Bousquet, Bot, Saun. et Paul ont fait ¾ de journée à la carrière.
Hypolitte avec 2 p. et le ch. a fait le matin de la gare le dernier voyage de ciment et le soir un
seul voy. de la carrière. Le plâtrier a passé la journée au premier étage à la corniche de la ch.
Mercredi 1 juin. Fort vent du nord. Bot, Saun. Paul et Guy ont maçonné aux escaliers de la
terrasse et posé 6 marches. Abel et son père ont fauché le pré et enlevé des pierres
dans le futur jardin de la terrasse et dans la future serre ; la femme n'a fait que ½ journée. Bousquet
a taillé la pierre de grès. Le plâtrier a travaillé au Galetas. Marty seul le menuisier a posé des
lames de parquet au Galetas. Moi, j'ai surveillé. Temps sec, besoin de pluie.

Jeudi 2 juin — Même vent du Nord sec — Bot, Saun. Paul et Guy ont continué de monter les escaliers de la terrasse — Abel sa femme et son père ont continué de nétoyer les futurs jardins — Bousquet continue à préparer des pierres de grès — Le platrier est au galetas — Marty seul continue de poser au 2e étage des lames de parquet — Arrivé à midi Mr Camisade visite les travaux, inspecte l'escalier du fond du jardin, dérange tout le monde, et… et nous nous disputons au sujet des escaliers de la terrasse qu'il faut refaire — Bot y sera pour 1 j. de travail et moi pour le matériel — Mr Camisade passe une bien mauvaise nuit et moi aussi.

Vendredi 3 juin — Ciel couvert à la pluie; temps froid — Bot, Saun. Paul et Guy après avoir passé la matinée à corriger à leurs frais les escaliers de la terrasse sont inspectés après dîné par Mr Camisade aux escaliers de pierre dure — Bousquet continue de préparer des p. de grès — Le platrier travaille au galetas — Marty seul pose des lames de parquet au grenier — Abel et son père seuls continue l'extraction de la pierre et le netoyage — leur petit est malade pendant la nuit

Samedi 4 juin — Temps calme; ciel couvert lourd couve l'orage — Hypolitte avec 2 paires fait 2 voy. de sable et entre les temps nous transporte 2 charrettes de pierres — Bousquet continue la taille de la pierre de grès — Le platrier est au galetas — Marty menuisier continue seul la pose de lame de parquet au plancher — Abel et son père continuent le netoyage du jardin — Bot, Saun, Paul, Guy et quelque peu Hot. après avoir terminé la pose des escaliers de pierre dure, vont continuer la maçonnerie du bassin et des escaliers de la terrasse — Départ de tous — Bot a pris 200 + P. Eisseyre 50 —

Dimanche 5 juin — Pluie abondante pendant la nuit et à 10 heures du matin; temps frais et venteux — Visites de Brenac passent la journée au presbytère — Fête de la Société à Couiza — Peu de monde aux offices — pas de procession de S. S. ni avant la messe.

Lundi 6 juin — Départ à 9 heures pour Limoux et Carcassonne — Bousquet continue son travail de p. de grès et aide Eisseyre et Castex à la pose de la rosace restaurée — Le platrier passe 3/4 de journée à la pose du vitrail et 1 un 1/4 à la villa — Mr Castex arrivé avant midi; pose la rosace et repart à 7 h. Bot, Saun. Paul, Hot. et Guy, arrivés à 8½ font 3/4 de journée aux maçonnerie du bassin terrasse — Abel et son père passent des débris et enlèvent des pierres — pas de menuisier — Hypolitte 2 voy. de sable.

Mardi 7 juin — Noces d'argent à Carcassonne — Bot, Saun. Paul, Hot. et Guy continuent les maçonnerie et la pose des escaliers de la terrasse — Abel et son père continuent à netoyer et à passer des débris — Bousquet prépare des pierres de grès — Le platrier, après avoir posé un carreau à la zone extérieure du sanctuaire travaille à littonner le petit escalier. pas de menuisier — retour de Carcassonne

Mercredi 8 juin — Temps couvert, lourd, orageux — Bot, Saun Paul, Hot. et Guy, après avoir fini les maçonnerie du bassin terrasse, commencent vers les 3 h. du soir la pose des fers à T sur le bassin terrasse — Hypolitte, avec 1 paire a été prendre les derniers vins vieux de la gare avec Marie — Bousquet est absent, malade — Eisseyre fait sa journée aux petits escaliers galetas — Abel et son père continuent à netoyer et à creuser les fouilles du mur clôture jardin potager — un peu de lui

Jeudi 9 juin — Pluie douce presque toute la journée — Hypolitte avec 2 paires et le cher. a fait un 1er voy. de sable; mais n'a pu en faire un second à cause du mauvais temps — Le platrier a continué à lessiver au 1er étage. — Bousquet toujours malade — Abel et son père se sont occupés tantôt dehors, tantôt dedans — Les maçons n'ont fait à peu près que le 1er 1/4 de journée du matin — moi j'ai travaillé à la terre.

Vendredi 10 juin — Pluie dans l'après dîné — Bot, Saun, Paul Hot. et Guy. après avoir fini de poser les fers à T jusqu'au déjeuner, ont modifié le centre pour les voutains du bassin l'ont mis en place et commencé les voutains jusqu'à la fin de la journée — Abel et son père ont continué les fouilles du mur extérieur du jardin chemin rural — Hypolitte avec 2 paires et cher. a fait 2 voyage de sable — Bousquet a fait 3/4 de journée — Le platrier n'est pas venu — fin de la journée Mr Camisade arrive pour voir les travaux — Courrier de Couiza me menace du juge de paix

Samedi 11 juin — Pluie douce et abondante toute la journée — aucun de nos ouvriers n'a pu travailler — Après dîné Mr Camisade est parti du côté d'Espéraza —

Dimanche 12 juin — Continuation de la pluie; les eaux grossissent et emportent une partie du sable ramassé à la Sals — peu de monde aux offices — Dégats à la maison

Lundi 13 juin — Bonne journée — Les maçons font 3/4 journée aux voutains du bassin terrasse Abel et son père continue leur travail un peu partout — Bousquet fait 3/4 de journée — Le platrier a commencé à 7½ et fait une petite journée — à 4 h. arrivée de Mr Camisade qui repart après souper; après avoir visité les travaux et constaté les dégats faits à toutes les constructions voy. les dernières pluies —

Jeudi 2 juin. Même vent du nord sec. <u>Bot, Saun. Paul et Guy</u> ont continué de monter les escaliers de la terrasse. <u>Abel, sa femme et son père</u> ont continué de nettoyer les futurs jardins. <u>Bousquet</u> continue à préparer des pierres de grès. <u>Le plâtrier</u> est au Galetas. <u>Marty seul</u> continue de poser au 2ème étage des lames de parquet. Arrivé à midi, M. Caminade visite les travaux ~~implante l'escalier du fond du jardin~~, dérange tout le monde etc. et nous nous disputons au sujet des escaliers de la terrasse qu'il faut refaire. Bot y sera pour 1 j. de travail et moi pour le matériel. M. Caminade passe une bien mauvaise nuit et moi aussi.

Vendredi 3 juin. Ciel couvert, à la pluie ; temps froid. <u>Bot, Saun. Paul et Guy</u> après avoir passé la matinée à corriger <u>à leurs frais</u> les escaliers de la terrasse sont implantés après dîné par M. Caminade aux escaliers de pierre dure. <u>Bousquet</u> continue de préparer des p. de grès. Le <u>plâtrier</u> travaille au Galetas. <u>Marty seul</u> pose des lames de parquet au grenier. Abel et son père seuls continuent l'extraction de la pierre et le nettoyage. Leur petit est malade. Pluie dans la nuit.

Samedi 4 juin. Temps calme ; ciel couvert, lourd couve l'orage. <u>Hypolitte</u> avec 2 paires fait 2 voy. de sable et entre les deux nous transporte 2 charretées de pierres. <u>Bousquet</u> continue la taille de la pierre de grès. <u>Le plâtrier</u> est au Galetas. <u>Marty</u> menuisier continue seul la pose des lames de parquet au plancher. <u>Abel et son père</u> continuent le nettoyage du jardin. Bot, Saun. Paul, Guy et quelque peu Hort. après avoir terminé la pose des escaliers de pierre dure, vont continuer les maçonneries du bassin et des escaliers de la terrasse. Départ de tous. Bot a pris *200 frs* P. Tisseyre *50*.

Dimanche 5 juin. Pluie abondante pendant la nuit et à 10 heures du matin : temps frais et venteux. Visites de Brenac passent la journée au presbytère. Fête de la Société à Couiza. Peu de monde aux offices. Pas de procession de **St St**. ni avant la messe.

Lundi 6 juin. Départ à 9 heures pour Limoux et Carcassonne. <u>Bousquet</u> continue son travail de p. de grès et aide Tisseyre et Castex à la **pose de la rosace restaurée**. <u>Le plâtrier</u> passe ¾ de journée à la pose du vitrail et un ¼ à la villa. <u>M. Castex</u> arrivé avant midi, pose la rosace et repart à 7 h. <u>Bot, Saun. Paul, Hort. et Guy</u>, arrivés à 8 h. font ¾ de journée aux maçonneries du bassin terrasse. <u>Abel et son père</u> passent des débris et enlèvent des pierres. Pas de menuisier. Hypolitte 2 voy. de sable

Mardi 7 juin. Noces d'argent à Carcassonne. <u>Bot, Saun. Paul, Hort. et Guy</u> continuent les maçonneries et la pose des escaliers de la terrasse. <u>Abel et son père</u> continuent à nettoyer et de passer des débris. <u>Bousquet</u> prépare des pierres de grès. <u>Le plâtrier</u>, après avoir posé un carreau à la (...) extérieure du Sanctuaire travaille à littoner les petits escaliers. Pas de menuisier. Retour de Carcassonne.

Mercredi 8 juin. Temps couvert, lourd, orageux. <u>Bot, Saun., Paul, Hort. et Guy</u>, après avoir fini les maçonneries du bassin terrasse, commencent vers les 3 h. du soir la pose des fers à I sur le bassin terrasse. <u>Hypolitte</u>, avec 1 paire a été prendre les divers vins vieux de la gare avec Marie. <u>Bousquet</u> est absent, malade. <u>Tisseyre</u> fait sa journée aux petits escaliers Galetas. <u>Abel et son père</u> continuent à nettoyer et à creuser les fouilles du mur clôture jardin potager. Un peu de pluie.

Jeudi 9 juin. Pluie douce presque toute la journée. <u>Hypolitte</u> avec 2 paires et le chev. a fait un 1er voy. de sable ; mais n'a pu en faire un second à cause du mauvais temps. Le plâtrier a continué à s'occuper au 1er étage. <u>Bousquet</u> toujours malade. <u>Abel et son père</u> se sont occupés tantôt dehors, tantôt dedans. <u>Les maçons</u> n'ont fait à peu près que le 1er ¼ de journée du matin. Moi j'ai travaillé à la serre.

Vendredi 10 juin. Plui dans l'après dîné. Bot, Saun. Paul, Hort. et Guy, après avoir fini de poser les fers à I jusqu'au déjeuné, ont modifié le cintre pour les voûtains du bassin, l'ont mis en place et commencé ces voûtains jusqu'à la fin de la journée. <u>Abel et son père</u> ont continué les fouilles du mur intérieur du jardin chemin rural. <u>Hypolitte</u> avec 2 paires et chev. a fait 2 voyages de sable. <u>Bousquet</u> a fait ¾ de journée. <u>Le plâtrier</u> n'est pas venu. Fin de la journée M. Caminade arrive pour voir les travaux. Courrieu de Couiza me menace du juge de paix.

Samedi 11 juin. Pluie douce et abondante toute la journée. Aucun de nos ouvriers n'a pu travailler. Après dîné, M. Caminade est parti du côté d'Espéraza.

Dimanche 12 juin. Continuation de la pluie ; les eaux grossissent et emportent une partie du sable ramassé à la Sals. Peu de monde aux offices. Dégâts à la maison.

Lundi 13 juin. Bonne journée. <u>Les maçons</u> font ¾ journée aux voûtains du bassin terrasse. <u>Abel et son père</u> continue leur travail un peu partout. <u>Bousquet</u> fait ¾ de journée. Le plâtrier a commencé à 7 h. et fait une petite journée. À 4 h. arrivée de M. Caminade qui repart après soupé, après avoir visité les travaux et constaté les dégâts faits à toutes les constructions par les dernières pluies.

Mardi 14 Juin — très belle journée — Les maçons, ayant fini d'employer les barrots destinés aux
voutains du bassin de la terrasse, commencent de le nettoyer et le rendre propre
a recevoir la 1ère couche de ciment — Bob malade depuis la nuit dirige quelque peu ce travail —
Bousquet est malade — Arrivé un peu tard, le platrier s'occupe au galetas — Abel et son père
passent presque toute la journée aux fondations du futur mur de clôture du chemin rural —
Hypolitte avec 2 paires porte 1 voyage de bois —
Mercredi 15 Juin — très belle journée — Jusqu'à midi, Bob, tardivé, Saun. Paul, Guy et Cassignac
passent la première couche de ciment au bassin de la terrasse — De midi
a la fin, ils commencent tous de maçonner le mur de clôture du chemin rural — a 4 heures
arrivée de Mr Carmisade qui repart a 6 heures — Bousquet a continué a travailler du grès —
Le platrier a posé les carreaux des petites fenêtres — Abel et son père continuent le triage —
Jeudi 16 Juin — très forte journée de chaleur — Le meunier, avec sa bête a été prendre à Couiza 2
sacs de platre blanc — j'ai continué les moulures de la chambre — Hypolitte ne peut
aller au sable à cause de son fourrage a rentrer — Le platrier a fait 3/4 d'p. aux moulures de la
chambre — Bousquet continue les pierres de grès — Abel et son père continuent le triage et nettoyage —
Bob, Saun, tardive, Paul, hortense, Guy et Cassignac continuent le cimentage du Bassin —
Vendredi 17 Juin — forte journée de chaleur; vent marin — Bob, Saun. Paul, tardivé et les 3 manœu-
font le cimentage du bassin de la terrasse (le sol) — Bousquet continue son grès —
Le platrier a la chambre du 1er étage — Les 2 Delloux au triage et nettoyage —
Samedi 18 Juin — Ciel couvert — Brouillards lumineux — Bob. Saun. P. et Guy. echaffaudent
la tourelle — Abel et son père continuent le triage — Le platrier est occupé à
la chambre de l'alcove — Bousquet continue la pierre de grès — Hypolitte avec 2 paires fait 2
voyages de sable, apporte les 3 sacs de platre blanc restant et apporte à la gare la barrique
de vin destinée à Castres — Marie est bien occupée — arrivée de l'abbé Alfred —
Dimanche 19 Juin — belle journée — Assez de monde à l'église surtout le soir à cause de l'ouverture
de la retraite par l'abbé — beau sermon: grande attention; promenade après —
Lundi 20 Juin — belle journée — Abel et son père continuent le nettoyage et passage de débris — Bousq.
le matin a Rennes, le soir à la carrière — Le platrier continue la chambre de l'alcove et
prend Certifiano — Arrivé a 8h les maçons et manœuvres continuent les echaffaudages de la tourelle jusqu'a 10h et demi et de la au soir continuent la maçonnerie du petit mur de
clôture du jardin rural (jardin terrasse) — Hypolitte avec 2 paires fait 2 voyages de sable — Au sermon
du soir beaucoup de monde et d'hommes. Mr Carmisade n'est pas venu —
Mardi 21 Juin bonne journée — Jusqu'à 9h. Les maçons continuent le mur extérieur chemin rural — après
Mr Carmisade étant arrivé, ils commencent le couronnement de la tourelle —
Bousquet est a la carrière — Le Platrier continue la chambre de l'alcove — Les Delloux continuent
le nettoyage — Hypolitte avec 2 paires a fait 2 voy. de la gare, plus le cheval — il a porté 2 barrots et
3 plaques, 2 cuvettes pour cabinet et dix choses ferrées. Arrivée de Mr Gachez — tous les ouvriers partent
a cause de la 1ère communion de demain —
Mercredi 22 Juin — 1ère Communion — belle matinée; soirée orageuse — foule énorme au catéchisme mes
Chaleur intense dans l'église — procession le soir à 7 heures.
Jeudi 23 Juin — très chaude journée — départ de tous les prêtres restant — Je descends a Montazel
voir ma mère — Bousquet a continué son travail — Abel et son père ont
continué le triage — Bob, Saun. Saun et hort. ont fait les 2 voutains restant du bassin de la
terrasse et ensuite, ne sachant faire les voutains de la terrasselle ont commencé le jointé —
J'écris à Mr Carmisade de monter sans retard —
Vendredi 24 Juin — forte journée de chaleur — Bob et Paul 1j. a la tourelle — Saun. 1/4 d'p. est est parti
pour la fête de S. Jean — Bousquet a la pierre blanche et de grès — Abel et son père au
triage — soirée orageuse — feu de S. Jean
Samedi 25 Juin. Ciel voilé sombré — Les maçons sont a la foire — Abel et son père continuent le triage
et règlent leur quinzaine (777) — Bousquet est le matin a la carrière avec Hypolitte
qui fait 2 voy. de pierre avec 1p. et loth. et le soir il va a la gare prendre les tuyaux de fonte — Bousqu.
travaille au grès et règle son mois — (54,75)
Dimanche 26 Juin — messe a 8 heures et départ pour Castres avec Marie et Julie —

Mardi 14 juin. Très belle journée. Les maçons, ayant fini d'employer les barrots destinés aux voûtains du bassin de la terrasse, commencent de le nettoyer et le rendre propre
à recevoir la 1ère couche de ciment. Bot malade depuis la nuit dirige quelque peu ce travail.
Bousquet est malade. Arrivé un peu tard, le plâtrier s'occupe au Galetas. Abel et son père
passent presque toute la journée aux fondations du futur mur de clôture du chemin rural.
Hypolitte avec 2 paires porte 1 voyage de bois.
Mercredi 15 juin. Très belle journée. Jusqu'à midi, Bot, Tardive, Saun. Paul, Guy et Cassignac
passent la première couche de ciment au bassin de la terrasse. De midi
à la fin, ils commencent tous de maçonner le mur de clôture du chemin rural. À 4 heures
arrivée de M. Caminade qui repart à 6 heures. Bousquet a continué à travailler du grès.
Le plâtrier a posé les carreaux des petites fenêtres. Abel et son père continuent le triage.
Jeudi 16 juin. Très forte journée de chaleur. Le meunier, avec sa bête a été prendre à Couiza 2
sacs de plâtre blanc pour continuer les moulures de la chambre. Hypolitte ne peut
aller au sable à cause de son fourrage à rentrer. Le plâtrier a fait ¾ du j. aux moulures de la
chambre. Bousquet continue les pierres de grès. Abel et son père continuent le triage et nettoyage.
Bot, Saun., Tardive, Paul, Guy et Cassignac continuent le cimentage du bassin.
Vendredi 17 juin. Forte journée de chaleur, vent marin. Bot, Saun. Paul, Tardive et les 3
manœuvres font le cimentage du bassin de la terrasse (le sol). Bousquet continue son grès.
le plâtrier à la chambre du 1er étage. Les 2 Dellac au triage et nettoyage.
Samedi 18 juin. Ciel couvert. Brouillard bruineux. Bot, Saun. P. et Guy échafaudent
la tourelle. Abel et son père continuent le triage. Le plâtrier est occupé à
la chambre de l'alcôve. Bousquet continue la pierre de grès. Hypolitte avec 2 paires fait 2
voyages de sable, apporte les 3 sacs de plâtre blanc restants et apporte à la gare la barrique
de vin destinée à Castres. Marie est bien occupée. Arrivée de l'abbé Alfred.
Dimanche 19 juin. Belle journée. Assez de monde à l'église surtout le soir à cause de l'ouverture
de la retraite par l'abbé. Beau sermon ; grande attention ; promenade après.
Lundi 20 juin. Belle journée. Abel et son père continuent le nettoyage et passage de débris.
Bousquet le matin à Rennes, le soir à la carrière. Le plâtrier continue la chambre de l'alcôve et
prend *cent francs*. Arrivés à 8 h. les maçons et manœuvres continuent les échafaudages de la
tourelle jusqu'à 10 h. et demi et de là au soir continuent les maçonneries du petit mur de
clôture du jardin rural (jardin terrasse). Hypolitte avec 2 paires fait 2 voyages de sable. Au sermon
du soir beaucoup de monde et d'hommes. M. Caminade n'est pas venu.
Mardi 21 juin. Bonne journée. Jusqu'à 9 h. les maçons continuent le mur extérieur chemin rural.
Après M. Caminade étant arrivé, ils commencent le couronnement de la tourelle.
Bousquet est à la carrière. Le plâtrier continue la chambre de l'alcôve. Les Dellac continuent
le nettoyage. Hypolitte avec 2 paires a fait 2 voy. à la gare, plus le cheval. Il a porté des barrots plus
3 plaques, 2 cuvettes pour cabinet et diverses ferrures. Arrivée de M. Gachem. Tous les ouvriers
partent à cause de la 1ère Communion de demain.
Mercredi 22 juin. 1ère Communion. Belle matinée ; soirée orageuse. Foule énorme aux cérémonies.
Chaleur intense dans l'église. Procession le soir à 7 heures.
Jeudi 23 juin. Très chaude journée. Départ de tous les prêtres restants. Je descends à Montazels
voir ma mère. Bousquet a continué son travail. Abel et son père ont
continué le triage. Bot, Saun. Paul et Hort ont fait les 2 voûtains restants du bassin de la
terrasse et ensuite, ne sachant faire les voûtains de la terrasse, ils ont commencé les joints.
J'écris à M. Caminade de monter sans retard.
Vendredi 24 juin. Forte journée de chaleur. Bot et Paul 1 j. à la tourelle. Saun. ¼ de j. et est parti
pour la fête de St Jean. Bousquet à la pierre blanche et de grès. Abel et son père au
triage. Soirée orageuse. Feu de St Jean.*
Samedi 25 juin. Ciel voilé sombre. Les maçons sont à la foire. Abel et son père continuent le triage
et règlent leur quinzaine (*77 frs*). Bousquet est le matin à la carrière avec Hypolitte
qui fait 2 voy. de pierres avec 1 p. et le ch. et le soir il va à la gare prendre les tuyaux de fonte.
Bousquet travaille au grès et règle son mois, *54,75*.
Dimanche 26 juin. Messe à 8 heures et départ pour Castres avec Marie et Julie.

Lundi 27 juin — Les maçons[3] ont commencé à 9 heure, sous la Direction de Mr Caminade les voutains de la tourelle; travail long, minutieux et cher — Bouquet a fait la journée à la pierre de grès et à la tourelle — Abel et son père ont fait la journée au bals ou à Rennes. Castres. avons été à la campagne

Mardi 28 juin — Les 3 maçons, à cause de la pluie, après la demi journée du matin ont quitté le travail à 2 heures et l'ont repris à 4 h (3/4 de journée environ en tout) — Bouquet, de même — Abel et son père ont fait 1/2 journée chacun, le matin —

Mercredi 29 juin — Les 3 maçons et Bouquet, à cause de la pluie, ont terminé leur journée à 5 heures du soir — Abel seul a fait la journée; son père a été malade —

Jeudi 30 juin — à cause de la pluie, maçons, tailleurs de pierre et terrassiers, ont laissé et repris à différentes fois leur travail. Journée a demi a ndu pour être fixée —

Vendredi 1 juillet — Les 3 maçons ont fait leur journée à la tourelle — Bouquet de même — Abel et son père ont fait la journée —

Samedi 2 juillet — Les 3 maçons et Bouquet ont fait la journée à la tourelle - Les terrassiers ont aussi fait leur journée. Arrivée de Castres à 7 heures.

Dimanche 3 juillet — La famille P. Raynal de Carcassonne arrivée à Rennes depuis mercredi sont repartis ce matin — belle journée peu de monde aux offices à cause de la moisson et de la 1re Com. à Granes

Lundi 4 juillet — Bonne journée — Arrivé à 8 h Les 3 maçons ont commencé les joints du sous-sol de la tour — Arrivé à 9 h. Bouquet a fait 3/4 de journée sur la plateforme de la tour carrée. Abel et son père avec Guillaume et Barthélemi ont été liés aux Bals — Barthélemi a été malade —

Mardi 5 juillet — Vers les 6 h menace d'orage — Après avoir pris 300r les 3 maçons ont continué et fini les joints du sous sol de la tour — Bouquet a continué la taille de pierre Abel et son père avec Guillaume sont au bals. Oscar est monté au sujet du travail à faire

Mercredi 6 juillet — belle journée — Fernande est montée pour nous apporter des pêches — Bouquet continue de tailler des pierres — Les 3 maçons font les joints de l'intérieur de la tourelle — Abel et son père ont fait une journée au bals avec Guillaume — La femme d'Abel a fait 1/2 journée — Arrivé à 7 heures de Mr Caminade

Jeudi 7 juillet — belle et chaude journée — Abel et son père sont au bals 1/2 j fernand sous la Direction de Mr Caminade Les 3 maçons continuent les joints de la tourelle à l'intérieur et commencent de monter la cheminée de la tour carrée — Bouquet taille la brique et tantôt la pierre — Mr Caminade rentre ce soir — Le maréchal d'Alet vient lundi.

Vendredi 8 juillet — belle et chaude journée — Bob, Jean et Paul continuent les joints tourelle et cimentage plateforme tour — Bouquet taille pierre blanche — Abel et son père sont au triage des débris — Guillaume au bals —

Samedi 9 juillet — Chaude journée — Bob, Jean et Paul terminent le cimentage de la banque de la plateforme terrasse tour, partent pour Luc et reprenent la semaine pour leurs travaux — Bouquet continue la pierre blanche — Abel et son père continuent le triage des débris, reglent leur quinzaine 75r et partent pour Luc. Marie et moi allons à Limoux

Dimanche 10 juillet — très chaude journée — Visite de Marcellin d'Alet et ses enfants — peu de personne à l'église tout le monde moisson — éclairs et tonnerre dans la nuit

Lundi 11 juillet — temps malade; matinée lourde — Le platrier a fait sa journée moins 1 heure à la tour à platres — Abel et son père continuent le triage et nettoyage — le meunier et Bouquet ont été bon matin à Couiza prendre les ferrures de l'escalier à Denarnaud et ses ouvriers — Après déjeuner de tous — les ferruriers ont commencé leur travail et Bouquet a été à la taille de pierre — Venue du Pr Clamou d'Esperaza prendre une déclaration au sujet de la nourriture donnée pour les pors de l'escalier — à la fin de la journée, épouvantable orage accompagné d'éclairs et de coups de tonnerre effrayants —

Mardi 12 juillet — matinée tranquille — arrivé à 7 h. le platrier a continué son travail de la tour — Bouquet continue la p. blanche — Abel et son père le nettoyage les 3 ouvriers d'Alet la pose des balustres de l'escalier et arrangent soufflet forneron

Mercredi 13 juillet — bonne journée — Le platrier à la tour — Bouquet p. blanche — Abel et son père triage les 3 ouvriers d'Alet et l'escalier; ils rentrent chez eux

Lundi 27 juin. Les maçons ont commencé à 9 heures, sous la direction de <u>M. Caminade</u> les voûtains de la tourelle, travail long, minutieux et cher. <u>Bousquet</u> a fait la
journée à la pierre de grès et à la tourelle. Abel et son père ont fait la journée au Bals ou à Rennes. <u>Castres</u>, avons été à la campagne.

Mardi 28 juin. <u>Les 3 maçons</u>, à cause de la pluie, après la demi journée du matin ont quitté le travail à 2 heures et l'ont repris à 4 h. (3/4 de journée environ en tout). <u>Bous-</u>
<u>quet</u>, de même. Abel et son père ont fait ½ journée chacun le matin.

Mercredi 29 juin. <u>Les 3 maçons et Bousquet</u>, à cause de la pluie, ont terminé leur journée à 5 heures du soir. Abel seul a fait la journée ; son père a été malade.

Jeudi 30 juin. À Cause de la pluie, maçons, tailleur de pierre et terrassiers ont laissé et repris à différentes fois leur travail. Journée à demander pour être fixé.

Vendredi 1 juillet. Les 3 maçons ont fait leur journée à la tourelle. Bousquet de même. Abel et son père ont fait la journée.

Samedi 2 juillet. Les 3 maçons et Bousquet ont fait la journée à la tourelle. Les terrassiers ont aussi fait leur journée. Arrivée de Castres à 7 heures.

Dimanche 3 juillet. La famille P. Raynal de Carcassonne arrivés à Rennes depuis mercredi sont repartis ce matin. Belle journée, peu de monde aux offices
à cause de la moisson et de la 1ère Com. À Granès.

Lundi 4 juillet. Bonne journée. Arrivés à 8 h. les 3 maçons ont commencé les joints du sous-sol de la tour. Arrivé à 9 h. Bousquet a fait ¾ de journée sur
la plate-forme de la tour carrée. Abel et son père avec Guillaume et Barthélémi ont été biner aux Bals. Barthélémi a été malade.

Mardi 5 juillet. Vers les 6 h. menace d'orage. Après avoir pris *300 frs* les 3 maçons ont continué et fini les joints du sous-sol de la tour. Bousquet a continué la taille des pierres,
Abel et son père avec Guillaume sont au Bals. Oscar est monté au sujet du travail à faire.

Mercredi 6 juillet. Belle journée. Fernande est montée pour nous apporter des pêches. Bousquet continue de tailler des pierres. Les 3 maçons font les joints de l'intérieur
de la tourelle. Abel et son père ont fait une journée au Bals avec Guillaume. La femme d'Abel a fait ½ journée. Arrivée à 7 heures de M. Caminade.

Jeudi 7 juillet. Belle et chaude journée. Abel et son père sont au Bals. Sous la direction de M. Caminade les 3 maçons continuent les joints de la tourelle à l'intérieur et
commencent de monter la cheminée de la tour carrée. Bousquet taille la brique et tantôt la pierre. M. Caminade rentre ce soir. Le maréchal d'Alet vient lundi.

Vendredi 8 juillet. Belle et chaude journée. Bot, Saun. et Paul continuent les joints tourelle et cimentage plate-forme tour. Bousquet taille pierre blanche. Abel et son père sont
au triage des débris. Guillaume au Bals.

Samedi 9 juillet. Chaude journée. Bot, Saun. et Paul terminent le cimentage de la banquette de la plate-forme terrasse tour, partent pour Luc et reprennent la semaine
pour leurs travaux. Bousquet continue la pierre blanche. Abel et son père continuent le triage des débris, réglant leur quinzaine *75 frs* et partent pour Luc. Marie et moi allons à Limoux.

Dimanche 10 juillet. Très chaude journée. Visite de Marcellin d'Alet et ses enfants. Peu de personnes à l'église ; tout le monde moissonne. Éclairs et tonne. dans la nuit.

Lundi 11 juillet. Temps malade, matinée lourde. Le plâtrier a fait sa journée moins 1 heure à la tour à plâtrer. Abel et son père continuent le triage et nettoyage.
Le meunier et Bousquet ont été bon matin à Couiza prendre les ferrures de l'escalier à Dénarnaud et ses ouvriers. Après déjeuner de tous. Les serruriers ont commencé leur travail et Bousquet a été à la taille de pierre. Venue du fils Clamou d'Espéraza prendre une déclaration au
sujet de la nourriture donnée pour la pose de l'escalier. À la fin de la journée, épouvantable orage accompagné d'éclairs et de coups de tonnerre effrayants.

Mardi 12 juillet. Matinée tranquille. Arrivé à 7 h. le plâtrier a continué son travail de la tour. Bousquet continue la p. blanche, Abel et son père le nettoyage,
les 3 ouvriers d'Alet la pose des balustres de l'escalier et arranger soufflet forgeron.

Mercredi 13 juillet. Bonne journée. Le plâtrier à la tour. Bousquet p. blanche. Abel et son père idem. Les 3 ouvriers d'Alet à l'escalier ; ils rentrent chez eux.

Jeudi 14 juillet — Belle et chaude journée — Abel et son père ont fait la journée idem
Bousquet aussi, à la p. blanche — Le plâtrier n'est pas monté —
Vendredi 15 juillet — Chaude journée — Les 3 ouvriers d'Alet remontés à 9h ont continué la
pose de la balustrade de l'escalier — Abel et son père ont continué le
travail — Bousquet de même — Le plâtrier remonté a terminé la tour et commencé l'office
et les cabinets du rez-de-chaussée —
Samedi 16 juillet — Chaude journée — Les 3 ouvriers d'Alet ont continué la pose des balustres
du grand escalier et sont rentrés à Alet (toujours nourris) — Arrivé
à 6h1/2, le plâtrier, après avoir continué l'office et les cabinets est parti à 8h1/2 — Abel
et son père ont continué le nettoyage et sont partis pour Esse — Bousquet a fait sa
journée à la pierre de grès et dîné —
Dimanche 17 juillet — Très chaude journée — presque pas de personnes aux offices — on achève
le vin du 14 juillet et on moissonne —
Lundi 18 juillet — Abel et son père sont absents — Le plâtrier idem — Bousquet s'occupe à
diverses choses — Les 3 ouvriers d'Alet continuent la pose de la balustrade de
l'escalier et sont nourris au presbytère — Arrivés à 9h, Bot et son fils seuls commencent à 9h1/2
la pose des chapiteaux de grès à la terrasse; ils quittent à 6h1/2 — Hypolitte avec 2 paires et l'âne cher.
Se rend bon matin chez Castel prendre 30 sacs de plâtre et monte avec quelques bois de Oscar
accablante journée de chaleur — Départ pour Alet de Denarnaud fils — (Saunerou absent)
Mardi 19 juillet — Continuation de la chaleur — Bousquet continue l'évier en p. dure et divers
après avoir terminé la pose des pierres de taille de la terrasse, Bot, Saun. et Saul
jusqu'à 10h du matin sont occupés à la cheminée de la tour carrée — De 10h. à la fin, ils s'occupent
tous les 3 à la journée aux fouilles du futur mur de soutien du Vergey — Le plâtrier, commence
les moulures de la salle à manger — Les 2 ouvriers d'Alet continuent les escaliers — chaleur atroce -
Mercredi 20 juillet — temps couvert et frais; bonne journée — Bot, Saun. aidés de Paul, mouhon
et quelque peu Hortense, commencent à la journée le mur du Vergey du
côté de Malet (0m.40 de large) — Abel et son père revenus continuent les fondations de ce
futur mur — Bousquet après avoir fini l'évier pose le crochet au fer au socle fendu de la croix du
calvaire — Le plâtrier continue les moulures de la salle à manger — Denarnaud et son ouvrier
terminent la pose de la balustrade de l'escalier — et parte définitivement
Jeudi 21 juillet — Continuation de la chaleur — Bot, Saun. P. Guy et quelque peu Hortense
continuent les maçonneries du long mur du Vergey — Abel et son père font
les fondations du futur mur à p. sèche — Le plâtrier continue la moulure et le plâtrage de la salle
à manger — Bousquet taille la pierre de grès —
Vendredi 22 juillet — Continuation de la chaleur — Bot, Saun. P. Guy et Hortense continuent
les maçonneries du mur du Vergey — Abel et son père s'occupe au rem-
plissage du vide de ce mur et à divers autres travaux — Le plâtrier continue la salle à manger
Bousquet la pierre de grès et dîne
Samedi 23 juillet — Toujours très forte chaleur; vers midi menace d'orage, tempête de vent
qui fait quelque mal au jardin — Les maçons ont continué le long
mur du Vergey — Les Dellacs le remplissage — Bousquet la pierre dure — Le plâtrier la
salle à manger — Les Dellacs et Bousquet ont réglé — Arrivée de Adeline Rieu et sa fille
Dimanche 24 juillet — fête Patronale — office en musique; beaucoup de monde
journée très chaude — Combes à Carcassonne. menace d'orage
Lundi 25 juillet — journée moins chaude; ciel couvert départ de nos invités — plus
de messe de mort à cause de St Jacques - Captème de Malet Baptiste
Mardi 26 juillet — Hypolitte a été à Couiza avec 1 p. et le cher. prendre chez Saunerou
15 sacs de chaux du teil et les bouteilles chez Oscar — Aucun ouvrier ne travaille
à cause du 3e jour de la fête — à la fin du jour, arrivée de Mme Cennini etc.
Mercredi 27 juillet — Chaude journée — Bot, Saun. Paul, Hortense et Guy continuent à la
tâche le long mur du Vergey — Abel continue son travail de nettoyage
et sa femme après avoir lavé le linge pour nous aide son mari — Bousquet fait la journée
le plâtrier aussi au garde à manger — Oscar pour les portes du galetas — Mr Cennini aide surveille
visite des bains de Rennes — Le plâtrier a fait 1/2 j. à la journée

Jeudi 14 juillet. Belle et chaude journée. Abel et son père ont fait la journée idem
Bousquet aussi, à la p. blanche. Le plâtrier n'est pas monté.
Vendredi 15 juillet. Chaude journée. Les 3 ouvriers d'Alet remontés à 9 h. ont continué la
pose de la balustrade de l'escalier. Abel et son père ont continué leur
travail. Bousquet de même. Le plâtrier remonté a terminé la tour et commencé l'office
et les cabinets du rez-de-chaussée.
Samedi 16 juillet. Chaude journée. Les 3 ouvriers d'Alet ont continué la pose des balustres
du grand escalier et sont rentrés à Alet (toujours nourris). Arrivé
à 6 h. ½, le plâtrier, après avoir continué l'office et les cabinets est parti à 9 h. ½. Abel
et son père ont continué le nettoyage et sont partis pour Luc. Bousquet a fait sa
journée à la pierre de grès et dîne.
Dimanche 17 juillet. Très chaude journée. Presque pas de personnes aux offices. On achève
le vin du 14 juillet et on moissonne.
Lundi 18 juillet. Abel et son père sont absents. Le plâtrier idem. Bousquet s'occupe à
diverses choses. Les 3 ouvriers d'Alet continuent la pose de la balustrade de
l'escalier et sont nourris au presbytère. Arrivés à 9 h, Bot et son fils seuls commencent à 9 h. ½
la pose des chapiteaux de grès à la terrasse ; ils quittent à 6 h. ½. Hypolitte avec 2 paires et le chev.
se rend bon matin chez Castel prendre 30 sacs de plâtre et monte avec quelques bois de Oscar.
Accablante journée de chaleur. Départ pour Alet de Dénarnaud fils. (Saunièrou absent).
Mardi 19 juillet. Continuation de la chaleur. Bousquet continue l'évier en p. dure et diverses.
Après avoir terminé la pose des pierres de taille de la terrasse, Bot, Saun. et Paul,
jusqu'à 10 h. du matin sont occupés à la cheminée de la tour carrée. De 10 h. à la fin, ils s'occupent
tous les 3 <u>à la journée</u> aux fouilles du futur mur de soutèn. du verger. Le plâtrier commence
les moulures de la salle à manger. Les 2 ouvriers d'Alet continuent les escaliers. Chaleur atroce.
Mercredi 20 juillet. Temps couvert et frais ; bonne journée. Bot, Saun. aidé de Paul, (…)
et quelque peu Hortense, commencent <u>à la journée</u> le mur du verger du
côté de Malet (0m 40 de largeur). Abel et son père revenus continuent les fondations de ce
futur mut. Bousquet après avoir fini l'évier pose le crochet en fer au socle fendu de la croix du
Calvaire. Le plâtrier continue les moulures de la salle à manger. Dénarnaud et son ouvrier
terminent la pose de la balustrade de l'escalier, et partent définitivement.
Jeudi 21 juillet. Continuation de la chaleur. Bot, Saun. P. Guy et quelque peu Hortense
continuent les maçonneries du long mur du verger. Abel et son père font
les fondations du futur mur à p. sèche. Le plâtrier continue la moulure et le plâtrage de la salle
à manger. Bousquet taille la pierre de grès.
Vendredi 22 juillet. Continuation de la chaleur. Bot, Saun. P. Guy et Hortense continuent
les maçonneries du mur du verger. Abel et son père s'occupent au remplissage du vide de ce mur et à divers autres travaux. Le plâtrier continue la salle à manger.
Bousquet la pierre de grès et dure.
Samedi 23 juillet. Toujours forte chaleur ; vers midi menace d'orage, tempête de vent
qui fait quelque mal au jardin. Les maçons ont continué le long
mur du verger. Les Dellac le remplissage. Bousquet la pierre dure. Le plâtrier la
salle à manger. Les Dellac et Bousquet ont réglé. Arrivée de Adeline Rieu et sa fille.
Dimanche 24 juillet. Fête patronale. Offices en musique ; beaucoup de monde,
journée très chaude. Combes à Carcassonne. Menace d'orage.
Lundi 25 juillet. Journée moins chaude ; ciel couvert, départ de nos invités. Pas
messe de mort à cause de St Jacques. Baptême de Malet Baptiste.
Mardi 26 juillet. Hypolitte a été à Couiza avec 1 p. et le chev. prendre chez Saunièrou
15 sacs de chaux du teil et les boiseries chez Oscar. Aucun ouvrier ne travaille
à cause du 3ème jour de la fête. À la fin du jour, arrivée de M. Caminade.
Mercredi 27 juillet. Chaude journée. Bot, Saun. Paul, Hortense et Guy continuent à la
tâche le long mur du verger. Abel continue son travail de nettoyage
et sa femme après avoir lavé la lessive pour nous aide son mari. Bousquet fait la journée,
le plâtrier aussi au garde à manger. Oscar pose les portes du Galetas. M. Caminade surveille.
Visite des Bains de Rennes. Le plâtrier a fait ½ j. à la journée.

Jeudi 28 juillet — temps sec, mais comme journée — Bol a fait 1 quart le matin a posé les petites pierres blanches des lucarnes du galetas — Saunière, Paul, Guy et porteurs ont fait la journée à maçonner le long mur du Verger (Bol 3/4 de j.) — Bousquet n'est pas venu — Abel, Auguste et femme continue a netoyer — Oscar et le plâtrier continuent à la journée la pose des cadres des portes du second — Mr Camuse surveille — peu de travail.

Vendredi 29 juillet — Abel Auguste et femme continue le travail de la veille — jusqu'au déjeuné, Bol, Saun. Paul Guy et port. continuent le long mur Verger le restant de la journée ils maçonnent le trottoir de la maison — Bousquet n'est pas venu Oscar et tisserye continuent la pose des cadres. Mr Camuse de surveille et fait après avoir pris 200 — le plâtrier a pris 100.

Samedi 30 juillet — très chaude journée et vent marin — Bol, Saun. Paul Guy et porteurs après avoir jusqu'au déjeuné maçonne au mur du trottoir, continuent de construire le long mur du Verger et partent à 5 3 et demi environ pour aller voir du sable a chercher, Abel sa femme et son père quittent aussi vers les 5 3 et demi pour aller voir en partant d'le Lue où il y a du sable — le plâtrier a continué et fini a 5 h 30 pour les cadres des portes et quelque autre petit travail; en même temps, il a travaillé a la tâche et à la journée (ramassé les sacs) — Bousquet n'est pas venu — menace d'orage.

Dimanche 31 juillet — temps couvert mais chaud; peu de monde aux offices; Election de Castilla — 1re communion à Couza —

Lundi 1er Août — chaude journée — arrivés à 9 heures, Bol, Saun. porteurs, marins sauf Paul malade, ont fait 3/4 au mur long du Verger — le plâtrier absent — Bousquet a continué a préparer des pierres — Hypolitte, avec 2 paires et le cheval et Joseph Dalbiès avec 2 p. de vaches ont fait 2 voyages chacun de briques (Dalbiès petits voyages) — Abel son père et les femmes ont le matin déchargé le vagon et le soir les 2 hommes ont été extraire du sable.

Mardi 2 Août — chaude journée — Bol. Saun. porteurs et Guy (Paul malade ont continué la construction du mur long — Abel et son père ont été extraire du sable au jardin potager de Lue — Bousquet a continué à travailler du grès — menace d'orage. Visite.

Mercredi 3 Août — chaude journée — Bol, Saun, port. et Guy continuent et terminent le mur long Abel et son père font la journée à Rennes — Bousquet continue la série de grès — Hypolitte avec 2 paires et le cheval fait 2 voyages de chaux de la gare et entre les deux voyages fait partir 3 Bol sacs vides : 60 + 60 + 48 = 168 Rend a Saunière 21 sacs. Lez 23 — Erreur de 100 sacs vides commise par la société d'Alby. on réclame 409 sacs vides au lieu de 309

Jeudi 4 Août — vent marin fort — journée chaude — après avoir terminé les maçonneries du mur long du Verger, les maçons continuent par le mur de clôture d'en face de l'école — Bousquet continue ses pierres — Abel seul netoie — Marie a lisse aux portes, les 120 à Mr Castex.

Vendredi 5 août — temps couvert. Moins chaud — arrivée de Joseph et Marguerite — à midi, incendie de la gerbière de Pierre Sauzède — nous donnons l'eau nécessaire pour l'éteindre — Bol, Saun, port. et Guy continuent de maçonner le mur Verger — Abel continue les fondations — Bousquet peint les ouvertures à l'huile cuite.

Samedi 6 Août — chaude journée — Bol, Saun, port. et Guy continuent les maçonneries du 2e mur long du Verger — Bol a la fin de la journée part pour Lue prenant 100 pour lui et 105 francs pour le tuilier Raynaud pour payer les 1500 carreaux — Bousquet continue a peindre — les 2 Dalbiès font la journée à Rennes et règlent. total 67 —

Dimanche 7 Août — très chaude journée — messe à 7h; 1re comms. à Coustaussa où je vais rentrée à 7 heures. fatigue.

Lundi 8 Août — très chaude journée — Bol seul, port. Guy et un paysan font 3/4 de jour au 2e mur long du Verger — Abel seul continue le netoyage — Bousquet les peintures de ouvertures — Le plâtrier commence moulure du salon — visite

Mardi 9 Août très chaude journée — continuation du 2e mur long verger par Bol, port. Paul et Guy — Abel seul continue le netoyage — Bousquet les peintures des ouvertures — le plâtrier le salon, moulures — a 3 h 1/2 pluie jusqu'à la fin — Abel et les maçons n'ont pu faire que 3/4 de j. Hypolitte n'a pas été au sable

Jeudi 28 juillet. Temps sec ; mais bonne journée. Bot a fait 1 quart le matin à poser les petites pierres blanches des lucarnes du Galetas. Saunièrou, Paul, Guy et Hortense ont fait la journée à maçonner le long mur du verger (Bot ¾ de j.) Bousquet n'est pas venu. Abel, Auguste et femme continuent à nettoyer. Oscar et le plâtrier continuent à la journée la pose des cadres des portes du second. M. Caminade surveille. Peu de travail.

Vendredi 29 juillet. Abel, Auguste et sa femme continuent le travail de la veille. Jusqu'au déjeuné, Bot, Saun. Paul, Guy et Hort. continuent le long mur verger, le restant de la journée, ils maçonnent le trottoir de la maison. Bousquet n'est pas venu. Oscar et Tisseyre continuent la pose des cadres. M. Caminade surveille et part après avoir pris **200 frs**. Le plâtrier a pris **100 frs**.

Samedi 30 juillet. Très chaude journée et vent marin. Bot, Saun. Paul, Guy et Hortense après avoir jusqu'au déjeuné maçonné au mur du trottoir, continuent de construire le long mur du verger et partent à 5 h. et demi environ pour aller voir du sable à charretter. Abel, sa femme et son père quittent aussi vers les 5 h. et demi pour aller voir en partant pour Luc où il y a du sable. Le plâtrier a continué et fini à 5 h de poser les cadres des portes et quelque autre petit travail ; en même temps, il a travaillé à la tâche et à la journée (ramassé les sacs).Bousquet n'est pas venu. Menace d'orage.

Dimanche 31 juillet. Temps couvert mais chaud. Peu de monde aux offices ; Élection de Castilla. 1ère Communion à Couiza.

Lundi 1er août. Chaude journée. Arrivés à 9 heures, Bot, Saun. Hortense, Marius sauf Paul malade ont fait ¾ au mur long du verger. Le plâtrier absent. Bousquet a continué à préparer des pierres. Hypolitte, avec 2 paires et le chev. et Joseph Dalbiès avec 2 p. de vaches ont fait 2 voyages chacun de briques (Dalbiès petits voyages). Abel, son père et la femme ont la matin déchargé le wagon et le soir les 2 hommes ont été extraire du sable.

Mardi 2 août. Chaude journée. Bot, Saun. Horten. et Guy (Paul malade) ont continué la construction du mur long. Abel et son père ont été extraire du sable au jardin potager de Luc. Bousquet a continué à travailler du grès. Menace d'orage. Visites.

Mercredi 3 août. Chaude journée. Bot, Saun. Hort et Guy continuent et terminent le mur long. Abel et son père font la journée à Rennes. Bousquet continue la pierre de grès. Hypolitte avec 2 paires et le cheval fait 2 voyages de chaux de la gare et entre les deux voyages fait partir 3 colis sacs vides : 60 + 60 + 48 = 168. Rend à Saunièrou 21 sacs sur 23. Erreur de 100 sacs vides commise par la Société d'Alby. On réclame 409 sacs vides au lieu de 309.

Jeudi 4 août. Vent marin fort. Journée chaude. Après avoir terminé les maçonneries du mur long du verger, les maçons continuent par le mur de clôture d'en face l'école. Bousquet continue ses pierres. Abel seul nettoie. Marie à Limoux porter les **120 frs** à M. Castex.

Vendredi 5 août. Temps couvert, moins chaud. Arrivée de Joseph et Marguerite. À midi, incendie de la gerbière de Pierre Sauzède. Nous donnons l'eau nécessaire pour l'éteindre. Bot, Saun. Hort. et Guy continuent de maçonner le mur verger. Abel continue les fondations. Bousquet peint les ouvertures à l'huile cuite.

Samedi 6 août. Chaude journée. Bot, Saun. Hort. et Guy continuent les maçonneries du 2ème mur long du verger. Bot à la fin de la journée part pour Luc prenant **100 frs** pour lui et **105 francs** pour le tuillier Raynaud pour payer les 1500 barrots. Bousquet continue à peindre. Les 2 Dellac font la journée à Rennes et règlent total **67 frs**.

Dimanche 7 août. Très chaude journée. Messe à 7 h. 1ère Comm. à Coustaussa où je vais. Rentrée à 7 heures. Fatigué.

Lundi 8 août. Très chaude journée. Bot seul, Hort. Guy et un peu Paul font ¾ de jour au 2ème mur du verger. Abel seul continue le nettoyage. Bousquet les peintures des ouvertures. Le plâtrier commence moulure du salon. Visite.

Mardi 9 août. Très chaude journée. Continuation du 2ème mur long verger par Bot, Hort. Paul et Guy. Abel seul continue le nettoyage. Bousquet les peintures des ouver-tures. Le plâtrier le salon, moulures. À 3 h. ½ pluie jusqu'à la fin. Abel et les maçons n'ont pu faire que ¾ de j. Hypolitte n'a pas été au sable.

mercredi 10 Août — chaude journée — Bot, Paul, Noel et Guy ont continué la maçonnerie du
2° mur long du Verger — Abel a fait la journée et son père 3/4 de j. — Le
plâtrier a continué le salon — Bouquet la peinture à l'huile — Hypolitte avec 1 paire et le cheval
a fait 2 petits voy. de sable du jardin de Lue et nous annonce qu'il ne sera plus permis d'entrer
de l'année — dépôt pour Noe des maçons et de Dellac. (renan a conquis par Hypolitte 30 sacs vides)
jeudi 11 Août — chaude journée, menaçante, orage vers les 9 h du soir. l'eau a encore
pénétré dans la maison — Le plâtrier a été occupé au salon — Bouquet a
peint — Bot et les Dellac sont au sable — visite —
Vendredi 12 août — journée moins chaude — Ciel nuageux — Le plâtrier n'ayant pas d'occupation
pour demain, j'écris à Mr Caminade de monter demain — Bouquet peint et
termine son travail à 1 h du soir (1/2 journée environ) — visite de M M Reyel Vialette —
Samedi 13 Août — a 9 heures arrivée de Mr Caminade — le plâtrier commence à 9 h
et ferme le corridor du rez de chaussée — Mr Caminade part à 4 h 50
Dimanche 14 août — matinée fraîche — peu de monde aux offices — visite Alexandrine
va à Couiza faire le provision.
Lundi 15 août — Assomption — un peu plus de monde à l'église mais peu d'hommes as
quête et visite — Ciel orageux.
mardi 16 août — Bot, Saun. Paul et Guy font 3/4 de j. au maçonnerie du mur long. 2°
— avant d'aller à Guillay. Hypolitte a été avec 1 paire et le cheval prendre
chez Castel 22 sacs de plâtre — Bouquet a aidé, Abel a extrait des pierres et a taillé ni
grès — Dellac père a fait aussi la journée — hortense malade.
Mercredi 17 Août — Bot, Saun. Paul et Guy continuent les maçonnerie du 2° mur long — Abel es
Auguste à Rennes — Bouquet fait les feuillure de arceaux — Le plâtrier
fait la corniche du corridor du Rez de Chaussée — un peu de dérangement le soir à cause du vent
Jeudi 18 août — Abel et son père à Rennes — Victor Rivière 1 journée de charroi de terre
— Le plâtrier continue le corridor, corniche — Bouquet les feuillures du arceaux
jusqu'au déjeuner, Bot, Saun. Paul et Guy continuent le 2° long mur. Du déjeuner à la fin
sous la présidence de Mr Caminade commencent de la pose du corridor en brique terrane — Paul ne fait
a peu près rien — Bouquet est occupé aux fenêtres de la Villa — Journée venteuse et forte
Vendredi 19 Août — journée plus douce — Bot, Saun. Paul et Guy continuent la pose du
Corridor en brique de trèfle, terrane — Abel, Auguste et Rivière continuent
les transports de terre — Bouquet est occupé aux fenêtres de la villa — Le plâtrier au corridor
du rez de chaussée — Mr Caminade surveille — Hypolitte avec 2 paires et le cheval pour salages
les bœufs porte un voyage de sable moyen — visite — après diné vers 1 h. à la journée, le plâtrier
Mr Caminade et Guy, après le nettoyage du salon, vont à la grotte faire le triage des carrelage pour le S.
Salon — Samedi 20 août — belle journée — Bot, Saun. et Paul continuent la pose du corridor de la terrane —
Abel et son père continuent les transports de terre avec Rivière qui n'a commen
cé sa journée qu'à 9 h. Ce dernier, à la fin de la journée est descendu à la gare avec Mr Caminade
pour monter les 2 premières cheminées de Castres et apportés les baveurs d'escas — Le plâtrier et Guy et Mr
Caminade après avoir pris les mesures voulues ont commencé à 9 h le carrelage du salon — Bouquet
a continué son travail — visite — Abel a réglé et pris : 70 m Arrivée des 2 premières cheminées
Dimanche 21 Août — bonne journée — peu de monde aux offices — visite — Dans la nuit
menou d'orages, éclairs, tonnerre — temps très sec
Lundi 22 Août — journée fraîche venteuse — Bot, Saun. et Paul font leur journée à continue
la pose du corridor en brique terrane — Abel, son père et Rivière continue
les transports de terre — Le plâtrier et Guy continuent carrelage du salon — Bouquet p. blanche
visite de Mr le curé de Courtauna et divers — très fort vent du nord —
mardi 23 Août — journée venteuse, froide, un peu de pluie — Bouquet a fait 3/4 de j.
Abel, son père et Rivière de même — Bot, Saun. Paul Guy 1 j. à
fait les joints du corridor brique terrane — le plâtrier a terminé avec l'aide de Bouquet la
pose de la bordure du carrelage salon — et pris ses mesures pour commencer le lendemain
la salle à manger
mercredi 24 Août Bonne matinée, mais averse sur le soir, ce qui a un peu dérangé malgré
cela Abel, Auguste et Rivière ont fait la journée — Bouquet a travaillé toute la
toute la p. blanche, la dure, le grès et la brique le plâtrier et Guy ont commencé le carrelage de la salle à

Mercredi 10 août. Chaude journée. Bot, Paul, Hort. et Guy ont continué le maçonnerie du 2ème mur long du verer. Abel a fait la journée et son père ¾ de j. Le plâtrier a continué le salon. Bousquet la peinture à l'huile. Hypolitte avec 1 paire et le chev. a fait 2 petits voy. de sable du jardin de Luc et nous annonce qu'il ne sera plus permis d'en tirer de l'Aude. Départ pour Luc des maçons et des Dellac. (Rendu à Conquet par Hypolitte 30 sacs vides).

Jeudi 11 août. Chaude journée, menaçant. Orage vers les 9 h. du soir. L'eau a encore pénétré dans la maison. Le plâtrier a été occupé au salon. Bousquet a peint. Bot et les Dellac sont au sable. Visites.

Vendredi 12 août. Journée moins chaude. Ciel nuageux. Le plâtrier n'ayant pas d'occupation pour demain, j'écris à M. Caminade de monter demain. Bousquet peint et termine son travail à 1 h. du soir (1/2 journée environ). Visiet de MM. Reyet Vialette.

Samedi 13 août. À 9 heures arrivée de M. Caminade. Le plâtrier commence à 9 h. et demi le corridor du rez-de-chaussée. M. Caminade part à 4 h 30.

Dimanche 14 août. Matinée fraîche. Peu de monde aux offices. Visites. Alexandrine va à Couiza faire les provisions.

Lundi 15 août. Assomption. Un peu plus de monde à l'église mais pas d'hommes, quête et visites. Ciel orageux.

Mardi 16 août. Bot, Saun. Paul et Guy font ¾ de j. aux maçonneries du mur long 2ème. Avant d'aller à Quillan, Hypolitte a été avec 1 paire et le chev. prendre chez Castel 22 sacs de plâtre. Bousquet a aidé Abel à extraire des pierres et à tailler du grès. Dellac père a fait aussi la journée. Hortense malade.

Mercredi 17 août. Bot, Saun. Paul et Guy continuent les maçonneries du 2ème mur long. Abel et Auguste à Rennes. Bousquet fait la feuillure des arceaux. Le plâtrier fait la corniche du corridor du rez-de-chaussée. Un peu de dérangement le soir à cause du vent.

Jeudi 18 août. Abel et son père à Rennes. Victor Rivière 1 journée de charroi de terre. Le plâtrier continue le corridor, corniche. Bousquet les feuillures des arceaux. Jusqu'au déjeuné, Bot, Saun. Paul et Guy continuent le 2ème mur long. Du déjeuner à la fin, sous la présidence de M. Caminade commencem. de la pose du cordon en brique terrasse. Paul ne fait à peu près rien. Bousquet est occupé aux fenêtres de la villa. Journée venteuse et froide.

Vendredi 19 août. Journée plus douce. Bot, Saun. Paul et Guy continuent la pose du cordon en brique de Trèbes terrasse. Abel, Auguste et Rivière continuent les transports de terre. Bousquet est occupé aux fenêtres de la villa. Le plâtrier au corridor du rez-de-chaussée. M. Caminade surveille. Hypolitte avec 2 paires et le chev. pour soulager les bœufs, porte un voyage de sable moyen. Visite = après dîné vers 1 h. à la journée, le plâtrier, M. Caminade et Guy, après le nettoyage du salon, vont à la grotte faire le triage du carrelage pour le S.

Samedi 20 août. Belle journée. Bot, Saun. et Paul continuent la pose du cordon de la terrasse. Abel et son père continuent les transports de terre avec Rivière qui n'a commencé sa journée qu'à 9 h. Ce dernier à la fin de la journée est descendu à la gare avec M. Caminade pour monter les 2 premières cheminées de Castres et apporter les boiseries d'Oscar. Le plâtrier et Guy et M. Caminade après avoir pris les mesures voulues ont commencé à 9 h. le carrelage du salon. Bousquet a continué son travail. Visites. Abel a réglé et pris **70 frs**. Arrivée des 2 premières cheminées.

Dimanche 21 août. Bonne journée. Peu de monde aux offices. Visites. Dans la nuit menace d'orages, éclairs, tonnerre. Temps très sec.

Lundi 22 août. Journée fraîche, venteuse. Bot, Saun. et Paul font leur journée à continuer la pose du cordon en brique terrasse. Abel, son père et Rivière continue les transports de terres. Le plâtrier et Guy continuent carrelage du salon. Bousquet p. blanche. Visite de M. le Curé de Coustaussa et divers. très fort vent du nord.

Mardi 23 août. Journée venteuse, froide, un peu de pluie. Bousquet a fait ¾ de j. Abel, son père et Rivière de même. Bot, Saun. Paul, Guy 1 j. à faire les joints du cordon brique terrasse. Le plâtrier a terminé avec l'aide de Bousquet la pose de la bordure du carrelage salon, et pris ses mesures pour commencer le lendemain la salle à manger.

Mercredi 24 août. Bonne matinée, mais averses sur le soir, ce qui a un peu dérangé, malgré cela Abel, Auguste et Rivière ont fait la journée. Bousquet a travaillé tour à tour la p. blanche, la dure, le grès et la brique. Le plâtrier et Guy ont commencé le carrelage de la salle à manger.

Bot, Saun et Paul après avoir jusqu'à 8 h. terminé les joints du cordon brique de la terrasse ont commencé à 9 h. sous la surveillance de M. Camisade la rampe du petit escalier de Castelnègre — Marié a
à Carla dit a Hyppolitte d'aller prendre chaux et Sable —
Jeudi 25 Août — Nuit venteuse, pluvieuse et froide : matinée de même : Le plâtrier continue le carrelage de la Salle à manger — Abel, son père et Rivière leurs transports — Bousquet comme la veille fait un peu de tout — Sous la Surveillance de M. Camisade
Les 3 maçons après avoir terminé la rampe de l'escalier de Castelnègre se mettent à la rampe des escaliers terrasse — Hyppolitte avec 2 p. et bch. a fait le matin 1 voyage de Chaux 34 sacs et le soir 1 voyage de Sable —
Vendredi 26 août — Annonce d'une meilleure journée — Le plâtrier n'est pas remonté —
Bousquet s'est occupé de Divers choses — Abel, Auguste et Rivière comme la veille — Les 3 maçons plus malins se sont occupés du couronnement en briques de la rampe de l'escalier de la terrasse et Marius après avoir netoyé la tour y a transporté les briques avec Paul — Marty menuisier a passé la journée à la pose des fenêtres du 1er Devant Oscas, après être monté est reparti pour aller prendre 1 pièce nécessaire et n'est pas remonté —
M. Camisade dirige le tout — Visite nombreuse
Samedi 27 Août — Belle journée — à 7 h mariage de Pierre Brueilles avec Pauline Fontécave —
Bot, Saun. Paul et Guy continuent les rampes et cordon en brique des escaliers terrasse, etc — Auguste (Abel malade 3/4 de j.) et Rivière continuent les transports de terre
Bousquet continue ses pierres de grès — Le plâtrier est à la tour pour carreler sous la surveillance de M. Camisade — Marty continue la pose de son travail — Les maçons ont perdu la soirée par la faute de M. Camisade qui n'entend rien au travail des rampes — Bousquet et Rivière ont réglé —
M. Camisade est parti (Marty a employé sa journée à corriger et replacer la porte de la salle à manger.
Dimanche 28 Août — temps très sec. Il ne pleut pas, poussière et vent marin — peu de monde aux offices — visite de Couiza et Coustaussa
Lundi 29 août — foire à Couiza — pas d'ouvriers, ti ce n'est le plâtrier qui croyant les menuisiers montés est venu et a travaillé seulement le matin au carrelage de la tour —
Mardi 30 Août — Belle journée, menace d'orage vers 1 h soir — Bot. Saun. Paul et Guy le matin ont fait en brique une des larges rampes de l'escalier terrasse et le soir, se sont occupés à l'ouverture de la fosse d'aisance et passage du tuyaux des eaux —
Abel, son père et Rivière ont continué les transports de terre — Bousquet a coupé de la brique et préparé des p. de grès — Le plâtrier a continué le carrelage de la tour — 2 voy. de sable 1 p. chez
Mercredi 31 Août — Bot Saun. Paul et Guy après avoir remis en place l'ouverture de la fosse d'aisance font à la chaux le béton du trottoir — Bousquet a ppf. Grès
Le plâtrier au carrelage de la tour et salle à manger — Rivière fait 1 ère journée de transport de terre et Abel et Auguste continuent leur travail — Les maçons sous la Surveillance de M. Camisade arrivé a 9 h. travaillent le soir au tuyaux des cabinets — Hyppolitte a fait avec 1 p. et cher. 2 v. S
Jeudi 1 septembre — journée venteuse, mais bonne — arrivée à midi de 6 confrères — Les maçons Guy compris, après le trottoir font la pose des marches de l'entrée de la maison et commencent le béton des sous sol — Bousquet prépare ces 5 marches et des briques
Le plâtrier continue et termine le carrelage de la tour et celui de la salle à manger — Abel et son père commencent la tranchée pour la pose des tuyaux de la conduite de l'eau le tout sous la Surveillance de M. Camisade.
Vendredi 2 septembre — journée fraiche et bonne — Sous la Surveillance de M. Camisade les maçons, Guy compris continuent les bétons des sous sol — Bousquet prépare des brique ou des pierres — Le plâtrier continue la salle à manger et le corridor — Abel et son père le travaux de la veille —
Samedi 3 septem — journée fraiche et venteuse — Les maçons continuent le mur de cloture au jardin de la terrasse avec le couronnement de brique — Le plâtrier continue le carrelage du corridor de la villa — Bousquet coupe des briques et des pierres — Camisade surveille
Abel et son père pischent et transportent des gravier — Bot a pris 300 et abel 74 S/. Départ.
Dimanche 4 septem — belle et fraiche journée — peu de monde aux offices — promenade au bois après vêpres — La veille Samedi, Marty était venu pour prendre soi-disant quelques mesures ; mais, il est rentré chez madeleine et riboté,

Bot, Saun. et Paul après avoir jusqu'à 8 h. terminé les joints du cordon brique de la terrasse ont commencé à 9 h. sous la surveillance de M. Caminade la rampe du petit escalier de Castelnègre. Marie a été à Carla dire à Hypolitte d'aller prendre chaux et sable.

Jeudi 25 août. Nuit venteuse, pluvieuse et froide ; matinée de même. Le plâtrier continue le carrelage de la salle à manger. Abel, son père et Rivière leurs
transports. Bousquet comme la veille fait un peu de tout. Sous la surveillance de M. Caminade, les 3 maçons, après avoir terminé la rampe de l'escalier de Castelnègre, se mettent à la rampe des escaliers terrasse. Hypolitte avec 2 p. et le chev. a fait le matin 1 voyage de chaux 34 sacs et le soir 1 voyage de sable.

Vendredi 26 août. Annonce d'une meilleure journée. Le plâtrier n'est pas remonté. Bousquet s'est occupé de diverses choses. Abel, Auguste et Rivière,
comme la veille. Les 3 maçons plus Marius se sont occupés du couronnement en briques de la rampe de l'escalier de la terrasse et Marius, après avoir nettoyé la tour, y a transporté les briques avec Paul. Marty menuisier a passé la journée à la pose des fenêtres du 1er devant. Oscar, après être monté est reparti pour aller prendre 1 pièce nécessaire et n'est pas remonté. M. Caminade dirige le tout. Visites nombreuses.

Samedi 27 août. Belle journée. à 7 h. mariage de Pierre Truillet avec Pauline Fontecave. Bot, Saun. Paul et Guy continuent les rampes et cordons en briques des escaliers terrasse etc. Auguste (Abel malade ¾ de j.) et Rivière continuent les transports de terre. Bousquet continue ses pierres de grès. Le plâtrier est à la tour pour carreler sous la surveillance de M. Caminade. Marty continue la pose de son travail. Les maçons ont perdu la soirée par la faute de M. Caminade qui n'entend rien au travail des rampes. Bousquet et Rivière *ont réglé*. M. Caminade est parti ; (Marty a employé sa journée à corriger et replacer la porte de la salle à manger).

Dimanche 28 août. Temps très sec. Il ne pleut pas, poussière et vent marin. Peu de monde aux offices. Visites de Couiza et Coustaussa.

Lundi 29 août. Foire à Couiza. Pas d'ouvriers, si ce n'est le plâtrier qui croyant les menuisiers montés est venu et a travaillé seulement le matin au carrelage de la tour.

Mardi 30 août. Belle journée, menace d'orage vers 1 h. soir. Bot, Saun. Paul et Guy le matin ont fait en brique une des larges rampes de l'escalier terrasse et
le soir, se sont occupés à l'ouverture de la fosse d'aisance et passage du tuyau des eaux. Abel, son père et Rivière ont continué les transports de terre. Bousquet a coupé de la brique et préparé des p. de grès. Le plâtrier a continué le carrelage de la tour. 2 voy. de sable 1 p. chev.

Mercredi 31 août. Bot, Saun. Paul et Guy après avoir remis en place l'ouverture de la fosse d'aisance font à la chaux le béton du trottoir. Bousquet à la p. grès. Le plâtrier au carrelage de la tour et salle à manger. Rivière fait 1 journée de transports de terre et Abel et Auguste continuent leur travail. Les maçons, sous la surveillance de M. Caminade arrivé à 9 h. travaillent le soir au tuyau des cabinets. Hypolitte a fait avec 1 p. et chev. 2 v. s.

Jeudi 1 septembre. Journée venteuse, mais bonne. **Arrivée à midi de 6 confrères**. Les maçons, Guy compris, après le trottoir font la pose des marches de l'entrée de la
maison et commencent le béton des sous-sols. Bousquet prépare ces 6 marches et des briques. Le plâtrier continue et termine le carrelage de la tour et celui de la salle à manger. Abel et son père commencent la tranchée pour la pose des tuyaux de la conduite des eaux, le tout sous la surveillance de M. Caminade.

Vendredi 2 septembre. Journée fraîche et bonne. Sous la surveillance de M. Caminade, les maçons, Guy compris, continuent les bétons des sous-sols. Bousquet
prépare des briques et des pierres. Le plâtrier continue la salle à manger et le corridor. Abel et son père les travaux de la veille.

Samedi 3 septembre. Journée fraîche et venteuse. Les maçons continuent le mur de clôture du jardin de la terrasse avec le couronnement de brique. Le plâtrier continue le carrelage du corridor de la villa. Bousquet coupe des briques et des pierres. Caminade surveille. Abel et son père piochent et transportent des graviers. Bot a pris *300 frs* et Abel *74,35 frs*. Départ.

Dimanche 4 septembre. Belle et fraîche journée. Peu de monde aux offices. Promenade au Bals après Vêpres. La veille samedi, Marty était venu pour prendre soi-disant quelques mesures ; mais, il est resté chez Madeleine à **riboter**.

reçu docteur en droit civil et envoyé comme auditeur de la nonciature à Madrid. Il fut ensuite préfet des études au séminaire romain, examinateur des évêques, protonotaire, secrétaire de la Propagande, consulteur des congrégations de l'Inquisition, du Concile et des affaires ecclésiastiques.

Il fut membre de plusieurs commissions pendant le Concile. Pie IX le fit en 1875, archevêque de Chalcédoine et l'envoya comme nonce à Madrid. Créé cardinal du titre de Saint-Pierre ès-liens, en 1875, il resta à Madrid comme pro-nonce jusqu'en 1876 et ne quitta l'Espagne que pour venir succéder au cardinal Antonelli dans l'importante charge de secrétaire de l'Etat, occupée aujourd'hui par S. E. Mgr Rampolla, lui aussi ancien nonce à Madrid.

S. E. le cardinal Simeoni avait été chargé par Léon XIII de la préfecture de la Propagande et des affaires du rite oriental. Il était protecteur de plusieurs Ordres religieux.

LE DUC DE CLARENCE

C'est à 9 h. 55 du matin que le fils aîné du prince de Galles, héritier présomptif de la couronne, a rendu le dernier soupir. On venait de célébrer, presque en même temps, le 28ᵉ anniversaire de sa naissance et ses fiançailles avec sa jeune cousine, la princesse de Teck.

La nouvelle en a été aussitôt télégraphiée au lord Maire qui l'a fait afficher et a fait sonner aussitôt le glas à la grosse cloche de l'église Saint-Paul.

Il a fallu, pour ainsi dire, arracher la pauvre mère au cadavre de son fils. Elle est complètement épuisée de fatigues et d'émotions et son état inquiète.

Les journaux anglais du soir ont tous paru encadrés de deuil, l'un d'eux, le *Globe*, signale que les cinq ducs de Clarence, dont fait mention l'histoire anglaise, sont tous morts sans enfants.

A la cour criminelle, le président a exprimé ses regrets du grand malheur qui frappe l'Angleterre, en même temps que la famille royale.

LE CARDINAL MANNING

L'illustre cardinal dont l'Angleterre pleure aujourd'hui la perte était né le 15 juillet 1808 à Totteridge, comté de Hertford, au sein d'une riche famille protestante. Après de brillantes études au collège de Hanon, il fit sa théologie à l'Université d'Oxford; et après un stage assez court fut pourvu, en 1833, du bénéfice de Lavington. Son éloquence et son savoir lui valurent une grande réputation parmi les anglicans, qui fondaient sur lui les plus grandes espérances. Archidiacre de Chichester en 1840, il prit part, à la grande indignation des protestants, au mouvement puséiste. Il ne devait pas s'arrêter là, et en 1851, il entrait dans le giron de l'Eglise. Quelque temps plus tard, après avoir complété ses études théologiques à Rome, il était ordonné prêtre.

Son savoir, sa haute intelligence, attirèrent sur lui l'attention du monde catholique. Successivement prévôt du chapitre de Westminster et prélat domestique de Sa Sainteté, il succédait en 1865, sur le siège de Westminster, au grand cardinal Wiseman.

Mgr THIBAUDIER

Mgr Thibaudier, archevêque de Cambrai, est mort cette nuit, à minuit dix minutes. Depuis plus d'un an déjà, sa vie n'était qu'une longue agonie : la paralysie avait frappé successivement chacun de ses membres et dans les derniers mois, il fallait l'aider pour le moindre mouvement.

Mais au milieu de cet état si paisible, son intelligence et son cœur étaient restés dans toute leur plénitude d'action : il s'intéressait à tout ce qui se passait dans son diocèse et en demandait un compte minutieux.

Pendant le dernier congrès des catholiques du Nord, en novembre, chaque jour les diverses questions étudiées lui étaient soumises ; à défaut de sa présence, sa bénédiction et ses encouragements accompagnaient ses travaux.

Il y a quelques jours encore, répondant aux vœux de son chapitre, Mgr Thibaudier disait : « je pourrais dire : *Quid existis videre?* » Et je répondrais : « *Arundinem vento agitatam* (1) ». Je ne suis plus en effet qu'un faible roseau que le moindre souffle peut renverser d'un moment à l'autre.

» Mais, comme dit Pascal, je suis un roseau *pensant* ; je pense à vous, je pense à mon diocèse, auquel je voudrais pouvoir rendre de meilleurs services. J'ajouterai : je suis un roseau *aimant* : je vous aime, j'aime mes chers diocésains et j'offre pour eux mes souffrances. Je suis encore un roseau *priant*, et je m'efforce ainsi, dans la mesure où je le puis, de seconder vos généreux travaux.

» Unissons nos cœurs, unissons nos prières pour le diocèse, pour la France, pour la Sainte Eglise et son auguste Chef, le grand Pape Léon XIII. »

Mgr Thibaudier est né à Millery (Rhône) le 30 septembre 1823.

Il a fait ses premières études au petit séminaire de Saint-Godard (Loire), et ses études théologiques dans la Société des prêtres de Saint-Irénée.

Littérateur et savant, l'abbé Thibaudier publia plusieurs ouvrages remarquables, et ses mérites comme sa piété le désignèrent au choix de Mgr de Bonald, qui le nomma, en 1867, directeur de l'école des hautes études de Lyon.

En 1875, Pie IX préconisa l'abbé Thibaudier évêque de Sidonie *in partibus*, et en 1876 évêque de Soissons ; en 1889, Léon XIII le nommait archevêque de Cambrai.

Notre correspondant particulier nous télégraphie :

Rome, 14 janvier, 9 h. 35 m.

Ce matin, à 5 h. 12, le cardinal Simeoni, préfet de la Propagande, qui avait reçu hier soir les derniers sacrements, est mort de l'influenza.

L'éminent prince de l'Eglise dont nous avons la douleur d'apprendre la mort était né à Paliano en 1816 et le 12 juillet. Après de brillantes études au collège romain, il fut

Lundi 5 septem. — belle journée — pas d'ouvriers — seul Hypolitte avec 1 p. et chev. porte deux
petits voyages de sable — Bouquet malade

Mardi 6 septem. — Bot et Paul font la journée et Saun. 1/2 journée, le soir, a la pose des marches
et maçonneries qui accompagnent a la porte d'autrée sous sol tour basse
a la journée (ils ne font presque rien —) Bouquet s'occupe de diverses choses — Abel fait la journée
et son père 1 1/4 a ramasser le gravier — Arrivée des rouliers Carbonneau de Limoux apportant
les 3 cheminées et divers ch. nous avons fourni 2 renforts Dalbies et Vedies - tous ont diné au
presbytère. Donné 2 f a Carbonneau qui est reparti de suite a 5 h et temps tempête de pluie

Mercredi 7 sept. — temps frais; ciel couvert — Bot Saun. Paul et quelque peu boiteux continuent
la maçonnerie et couron. en brique des escaliers sous sol terrasse — Abel et
son père se sont occupés au sous sol de la terrasse — Bouquet a la p. de grès — Hypolitte avec 1p.
et le chev. a fait un petit voy. de sable —

Jeudi 8 septembre — Belle journée — Bot, Saun. Paul et quelque peu boiteux continuent les joints
des escaliers tour basse et de la terrasse — Abel et son père piochent — Bouquet
a la pierre de grès — Hypolitte avec 1p. et le chev. fait 2 voy. de sable — Visite - arrivée du Marty et Pages
le soir allons promener au Patiasse voir Marguerite Cauriès très malade - Bot est parti a la fin journée pour Luc

Vendredi 9 septem. — belle journée — Seuls Saun et Paul continuent les joints des arceaux — Abel et
son père piochent — Bouquet est a ses pierres — Hypolitte avec 1p. et le chev. a fait
encore 2 voya. de sable — Les Marty et les Pages sont encore ici — visite - extrème onctié la malade de Patiasse

Samedi 10 septem. — belle et chaude journée — accident arrivé au Marie Rivière a la foire des Limoux
Bouquet malade — Bot Saun. Paul et boit. continuent les arceaux de terrasse et
font les petits escaliers d'accès aux serres — Les deux Dellacs continuent le terrassement — après diné
je descends a Montazel avec les Marty et les Pages en Marie — pendant que Antoine trouillet avec
la charrette et son cheval fait 1/2 journée de transport —

Dimanche 11 sept. — Belle journée — Visites; peu de monde aux offices a cause des vendanges
du pays bas — décès de Marguerite Cauriès —

Lundi 12 septem. — Belle journée — Sépulture de Marguerite Cauriès — Mr Caminade n'est pas venu
Bouquet est malade — Abel et son père sont au sable — le domestique de Mr
Marion a porté un très petit voyage de sable — Hypolitte en a porté 2 voy. avec 1p. et chev. Les maçons
ont continué les joints des arceaux et terrasse — le plâtrier après avoir terminé le carrelage du corridor
de la villa a commencé de poser le cheminée du salon —

Mardi 13 septem. — Chaude journée; temps couvert, malade — Bot, Saun. et Paul ont fait la
2e rangée en brique de l'escalier terrasse, terminé le cordon en brique et fait les joints
du petit banc — Abel et son père sont au sable — Hypolitte a fait encore 1 voy. avec 1p. et chev.
Bouquet a fait la journée — le plâtrier a posé le cheminée de la salle a manger et le bas tour — a
cause de la pluie de la soirée, Hypolitte n'a pas fait le voy. de sable —

Mercredi 14 septem. — fraîche journée — Bot, Saun. et Paul, après avoir terminé les joints des escaliers
de la terrasse ont posé les escaliers descendant dans la serre et échaffandé a la
tour basse — Abel et son père ont continué le terrassement — Bouquet a fait des marches — le
plâtrier a terminé la cheminée noire de la salle a manger — V. Rivière avec son cheval et charrette
a fait 1/2 journée — Hypolitte a fait 2 voy. de sable et porté chez Oscar la compote d'écles.

Jeudi 15 septembre — journée fraîche — Bot, Saun. et Paul, ne pouvant continuer de monter
la tour basse a cause de la difficulté des escaliers de la tourelle ont posé les
marches du escalier de la serre et fait le couronn. en brique du mur de clôture — Abel et son père
continuent le terrassement — le plâtrier achève la cheminée du salon — Bouquet fait sa journée
Mr Caminade ne venant pas, le plâtrier ne remontera pas demain.

Vendredi 16 septem. — Belle et chaude journée — Bot Saun. Paul et boit. après avoir fini les joints
du mur de clôture du jardin terrasse poursuivent les maçonneries de la p. tour
basse — Abel et son père sont aux terrassement — Bouquet s'occupe un peu partout — trouillet
avec le chev. et charrette est venu faire la matinée — le domestique de Marion a fait un 3e
petit voyage de sable — Mariage de Laffitte Rouge. eaux oyes.

Samedi 17 septem. — Les 3 maçons continuent la tourelle tour basse; boiteux malade — Les 2 Dellacs le terrasse
Bouquet le grès — trouillet 1/2 journée avec chev. et charrette — Hypolitte avec 1 p. et deux
voyage de sable — Abel règle 78, 85 — Marie a Limoux

Lundi 5 septembre. Belle journée. Pas d'ouvriers. Seul Hypolitte avec 1 p. et chev. porte deux
petits voyages de sable. Bousquet malade.

Mardi 6 septembre. Bot et Paul font la journée et Saun. ½ journée, le soir, à la pose des marches
et maçonneries qui accompagnent à la porte d'entrée sous-sol tour basse.
~~à la journée~~ (ils ne font presque rien). Bousquet s'occupe de diverses choses. Abel fait la journée
et son père 1 ¼ à ramasser le gravier. Arrivée du roulier Carbonnau de Limoux apportant
les 3 cheminées et diverses ch. Nous avons fourni 2 renforts Dalbiès et Victor. Tous ont dîné au
presbytère. Donné 2 frs à Carbonnau qui est reparti de suite. À 5 h. et demi tempête de pluie.

Mercredi 7 septembre. Temps frais, ciel couvert. Bot, Saun. Paul et quelque peu Hortense
continuent la maçonnerie et couron. en brique des escaliers sous-sol terrasse. Abel et
son père se sont occupés au sous-sol de la terrasse. Bousquet à la p. de grès. Hypolitte avec 1 p.
et le chev. a fait un petit voy. de sable.

Jeudi 8 septembre. Belle journée. Bot, Saun. Paul et quelque peu Hort. continuent les joints des
escaliers tour banc et de la terrasse. Abel et son père piochent. Bousquet à la pierre de grès. Hypolitte avec 1 p. et le chev. fait 2 voy. de sable. Visites. Arrivée des Marty et Pagès. Le soir allons
promener au Patiacès voir Marguerite coudiès très malade. Bot est parti à la fin journée pour Luc.

Vendredi 9 septembre. Belle journée. Seuls Saun. et Paul continuent les joints des arceaux. Abel
et son père piochent. Bousquet est à ses pierres. Hypolitte, avec 1 p. et le chev. a fait encore 2
voya. de sable. Les Marty et les Pagès sont encore ici. Extrêmonctiée la malade de Patiacès.

Samedi 10 septembre. Belle et chaude journée. Accident arrivé au Maire Rivière à la foire de
Limoux. Bousquet malade. Bot, Saun. Paul et Hort. continuent les arceaux de terrasse et
font les petits escaliers d'accès aux serres. Les deux Dellac continuent le terrassement. Après dîné,
je descends à Montazels avec les Marty et les Pagès et Marie, pendant que Antoine Truillet avec
la charrette et son cheval fait ½ journée de transport.

Dimanche 11 septembre. Belle journée. Visites. Vu peu de monde aux offices à cause des
vendanges du pays bas. Décès de Marguerite Coudiès.

Lundi 12 septembre. Belle journée. Sépulture de Marguerite Coudiès. M. Caminade n'est pas
venu. Bousquet est malade. Abel et son père sont au sable. Le domestique de M.
Mariou a porté un très petit voyage de sable. Hypolitte en a posté 2 voy. avec 1 p. et chev. Les
maçons ont continué les joints des arceaux et terrasse. Le plâtrier, après avoir terminé le carrelage
du corridor de la villa a commencé de poser la cheminée du salon.

Mardi 13 septembre. Chaude journée, temps couvert, malade. Bot, Saun. et Paul ont fait la
2ème rampe en brique de l'escalier terrasse, terminé le cordon en brique et fait les joints
du petit bassin. Abel et son père sont au sable. Hypolitte a fait ~~un avec~~ 1 voy. avec 1 p. et chev.
Bousquet a fait la journée. Le plâtrier a posé la cheminée de la salle à manger et de la tour. À
cause de la pluie de la soirée, Hypolitte n'a pas fait le 2ème voy. de sable.

Mercredi 14 septembre. Fraîche journée. Bot, Saun. et Paul, après avoir terminé les joints des
escaliers de la terrasse ont posé les escaliers descendant dans la serre et échafaudé la
tour basse. Abel et son père ont continué les terrassements. Bousquet a fait des marches. Le
plâtrier a terminé la cheminée noire de la salle à manger. V. Rivière avec son chev. et charrette
a fait ½ journée. Hypolitte a fait 2 voy. de sable et porté chez Oscar la compote d'Alet.

Jeudi 15 septembre. Journée fraîche. Bot, Saun. et Paul, ne pouvant continuer de monter
la tour basse à cause de la difficulté des escaliers de la tourelle, ont posé les
marches des escaliers de la serre et fait le couronn. en brique du mur de clôture. Abel et son père
continuent le terrassement. Le plâtrier achève la cheminée du salon. Bousquet fait sa journée.
M. Caminade ne venant pas, le plâtrier ne remontera pas demain.

Vendredi 16 septembre. Belle et chaude journée. Bot, Saun. Paul et Hort, après avoir fini les
joints du mur de clôture du jardin terrasse, poursuivent les maçonneries de la tour
basse. Abel et son père sont aux terrassements. Bousquet s'occupe un peu partout. Truillet
avec le chev. et charrette est venu faire la matinée. Le domestique de Mariou a fait un ¾
petit voyage de sable. Mariage de Laffitte Rougé renvoyé.

Samedi 17 septembre. Les 3 maçons continuent la tourelle tour basse. Hortense malade. Les 2
Dellac les terrassements. Bousquet le grès. Truillet ½ journée avec chev. et charrette. Hypolitte
avec 1 p. et ch. (…) voyage de sable. Abel règle **78,85**. Marie à Limoux.

Dimanche 18 septembre — Vent marin très violent — très peu de monde aux offices — promenade après les Vêpres — Milou malade —

Lundi 19 septembre — Continuation du même vent marin fort et froid — pas d'ouvriers, excepté Bouquet qui est venu faire sa journée —

Mardi 20 septem. — Même vent violent et de ce et froid — avec Bouquet sont revenus les Bot qui ont continué les maçonn. de la tour Bane — Visites de Séran

Mercredi 21 septem. — Même vent marin plus froid. Bouquet s'occupe des Diverses fouillures. Les Bot continuent les maçonn. de la tour Bane; mais le soir, à cause de la pluie, ils quittent vers les 4 h. Il pleut en deux fois — Hyppolitte avec 1 p. et cher. a fait 2 voy. barrots gare

Jeudi 22 septembre — temps couvert; journée fraîche — Bot, Saun. Paul et Hipol. continuent les maçonnerie de la tour et tourelle — Bouquet s'occupe un peu partout — Hyppolitte avec 1 p. et cher. a été prendre les Derniers barrots de la gare — petite charretée — le soir la porté 1 voy. de Sable — Bot souffrant horriblement des dents quitte le chantier à 11 heures et s'alite à 9 h arrivée de Mr Caminade qui repart à 4 h. arrivée de Oscar qui pour légitimer ses retards se fâche contre Mr Caminade — Saun. et Paul maçonnent seuls le soir —

Vendredi 23 Septembre — temps couvert frais — Bot souffrant toujours, il partent tous pour Esse. Bouquet travaille — Le Platrier commence vers les 7 heures le carrelage du sous sol (cage de l'escalier — Marion a fait 1 voyage de Sable à l'ordinaire

Samedi 24 septem. — Vent marin froid, temps couvert — Le platrier continue le carrelage du Sous sol (garage) — Bouquet comme hier travaille aux Tour banc de pierre — et Règle à. 60 et va a Limoux.

Dimanche 25 Septem. — temps varié — presque personne aux offices — promenade temps froid sur le Soir — mariage Laffitte Rouge fixé à mardi —

Lundi 26 Septem. — pas de maçons — Bouquet à Limoux — à 9 h. arrivée de Mr Caminade qui repart à Midi pour Espéraza — Le platrier fait la journée à se faire expliquer le travail par Mr Caminade et pose le rideau de la cheminée de la tour — Le soir nous allons à Carla dire à Hyppolitte d'aller demain prendre à Couiza les 3 fenêtre d'oscar —

Mardi 27 Septem — Mariage de Laffite-Rouge — arrivée de Mr Caminade qui n'ayant pas trouvé le platrier à son travail repart pour Alet après dîné — Bouquet a travaillé jusqu'au dejeuné et après est parti pour les Moulins afin de Vendanger — Hyppolitte descendu à Couiza pour porter les fenetres de chez oscar en rentre avec 1 voyage de Sable avec 1 p. et cher et pas de boueurs. pluie

Mercredi 28 Septem. — bonne journée; temps frais. nous commençons de vendanger. nous envoyons un exprès apporter à Carla la lettre d'avis d'arrivage du Wagon de 100 sacs de Chaux. Visite de enfants de Mme Rieu.

Jeudi 29 Septem — temps venteux et frais — continuation des Vendanges — averse sur le Soir. j'aide capteler comme la veille — 20 sacs de chaux apporté par Hyppolitte

Vendredi 30 Septem — même temps qu'hier, venteux et froid. Les vendanges se continuent jusqu'à Midi. le soir fini à Espéraza on va à Alexandrine —

Samedi 1 octobre — meilleure journée qu'hier — continuation des Vendanges — arrivée de Paul Bot qui vient nous donner des nouvelles de son père —

Dimanche 2 octobre — Arrivée de la famille Sylvestre — peu de monde aux offices — on vendange — pas de Vêpres — promenade

Lundi 3 octob. — Décès de Rouge Milou — continuation des Vendanges — promenade le Soir aux Jaffus avec Sylvestre — Les 2 Dellaus revenus font leur journée — Le platrier pose la cheminée du salon et continue le carrelage sous l'escalier —

Mardi 4 Octobre — Sépulture de Milou — continuation des vendanges — Les 2 Dellaus font leur journée et le Platrier la sienne au carrelage du petit petit Salon du sous sol — Les Sylvestre rentrent par parties —

Mercredi 5 octob. — Continuation et fin des Vendanges — Les 2 Dellaus continuent leur journée à Rennes — Le platrier le carrelage de la Veille sous sol Adeline et le sien sont partis la veille — Bot ne pourra pas monter demain Jeudi n'étant pas guéri —

Dimanche 18 septembre. Vent marin très violent. Très peu de monde aux offices. Promenade après les Vêpres. Milou malade.

Lundi 19 septembre. Continuation du même vent marin fort et froid. Pas d'ouvriers, excepté Bousquet qui est venu faire sa journée.

Mardi 20 septembre. Même vent violent et sec et froid. Avec Bousquet sont revenus les Bot qui ont continué les maçonn. de la tour basse. Visites de Léran.

Mercredi 21 septembre. Même vent marin plus froid. Bousquet s'occupe des diverses feuillures. Les Bot continuent les maçonn. de la tour basse ; mais le soir, à cause de la pluie, ils quittent vers les 4 h. Il pleut en deux fois. Hypolitte avec 1 p. et chev. a fait 2 voy. barrots gare.

Jeudi 22 septembre. Temps couvert, journée fraîche. Bot, Saun. Paul et Hort. continuent les maçonneries de la tour et tourelle. Bousquet s'occupe un peu partout. Hypolitte avec 1 p. et chev. a été prendre les derniers barrots de la gare. Petite charretée. Le soir il a porté 1 voy. de sable. Bot souffrant horriblement des dents quitte le chantier à 11 heures et s'alite. À 9 h. arrivée de M. Caminade qui repart à 4 h. Arrivée d'Oscar qui pour légitimer ses retards se fâche contre M. Caminade. Saun. et Paul maçonnent seuls le soir.

Vendredi 23 septembre. Temps couvert frais. Bot souffrant toujours, ils partent tous pour Luc. Bousquet travaille. Le plâtrier commence vers les 9 heures le carrelage du sous-sol (cage de l'escalier). Mariou a fait un voyage de sable à l'ordinaire.

Samedi 24 septembre. Vent marin froid, temps couvert. Le plâtrier continue le carrelage du sous-sol (passage). Bousquet comme hier travaille aux deux bancs de pierre, et règle (…) *60 frs* et va à Limoux.

Dimanche 25 septembre. Temps varié. Presque personne aux offices. Promenade. Temps froid sur le soir. Mariage Laffitte Rougé (…) à mardi.

Lundi 26 septembre. Pas de maçons. Bousquet à Limoux. À 9 h. arrivée de M. Caminade qui repart à midi pour Espéraza. Le plâtrier fait la journée à se faire expliquer le travail par M. Caminade et pose le rideau de la cheminée de la tour. Le soir nous allons à Carla dire à Hypolitte d'aller demain prendre à Couiza les 3 fenêtres d'Oscar.

Mardi 27 septembre. Mariage des Laffitte-Rougé. Arrivée de M. Caminade qui n'ayant pas trouvé le plâtrier à son travail repart pour Alet après dîné. Bousquet a travaillé jusqu'au déjeuné et après est parti pour le moulin afin de vendanger. Hypolitte descendu à Couiza pour porter les fenêtres de chez Oscar est rentré avec 1 voyage de sable avec 1 p. et chev. et pas de *(boiseries)*. Pluie.

Mercredi 28 septembre. Bonne journée, temps frais. Nous commençons de vendanger. Nous envoyons un express apporter à Carla la lettre d'avis d'arrivage du wagon de 100 sacs de chaux. Visite des enfants de Mme Rieu.

Jeudi 29 septembre. Temps venteux et froid. Continuation des vendanges. Averses sur le soir. J'aide Captierou comme la veille. 20 sacs de chaux apportés par Hypolitte.

Vendredi 30 septembre. Même temps qu'hier, venteux et froid. Les vendanges se continuent jusqu'à midi. Le soir foire à Espéraza où va Alexandrine.

Samedi 1 octobre. Meilleure journée qu'hier. Continuation des vendanges. Arrivée de Paul. Bot qui vient nous donner des nouvelles de son père.

Dimanche 2 octobre. Arrivée de la famille Sylvestre. Peu de monde aux offices. On vendange. Pas de Vêpres. Promenade.

Lundi 3 octobre. Décès de Rougé Milou. Continuation des vendanges. Promenade le soir aux Jaffus avec Sylvestre. Les 2 Dellac revenus font leur journée. Le plâtrier pose la cheminée du salon et continue le carrelage sous l'escalier.

Mardi 4 octobre. Sépulture de Milou. Continuation des vendanges. Les 2 Dellac font la journée et le plâtrier la sienne au carrelage du (…) petit salon du sous-sol. Les Sylvestre ne sont pas partis.

Mercredi 5 octobre. Continuation et fin des vendanges. Les 2 Dellac continuent leur Journée à Rennes. Le plâtrier le carrelage de la veille sous-sol. Adeline et les siens sont partis la veille. Bot ne pourra pas monter demain jeudi n'étant pas guéri.

Jeudi 6 octobre — à 9 h. arrivée de Mr Caminade qui passe une bonne partie de la journée à parler avec le plâtrier et lui explique son travail — Le plâtrier jusqu'à 9 heures s'occupe au carrelage du sous sol — de 9 h à midi, il cause avec Mr Caminade sur la pose des cheminées. De midi à 6 h il ne fait pas grand chose : il pose 1 rang de briques au cabinet de toilette — Les 2 Delbec continuent leur travail — Bouquet n'a rien à faire et part pour le moulin — Départ de Mr Camin.

Vendredi 7 octobre — Comme hier, belle journée — Les 2 Delbec continuent leur travail — le plâtrier continue le carrelage du cabinet de toilette et le soir n'ayant fait presque rien, je me fâche — Oscar de 2 h 1/2 à 6 h a préparé le foyer des deux cheminées du haut pas suite du mauvais temps dans la soirée les 2 Delbec n'ont travaillé ce soir que 1 heure l'un

Samedi 8 octobre — Comme hier au soir, très fort vent et très mauvaise journée — Abel et son père ont continué leur travail de terrassement — Bouquet a travaillé 1 heure — pas d'autre ouvrier — Marion a porté 1 petit voyage (revolte du songe)

Dimanche 9 octob. mauvaise journée venteuse et froide — très peu de monde aux offices je reste à la sacristie toute la journée (hier le singe a mordu Marie à 3 h)

Lundi 10 octobre — vent fort et froid — arrivée a 9 h les Bot ont commencé à 9 h 1/2 Elie, Saum Paul et Porter la 1ère couche de beton à la chaux sur la terrasse — Le plâtrier le matin a carrelé le petit cabinet de toilette et le soir commence la pose de la cheminée grise de Marie — Marion a fait 2 voy sable — Abel, son père et Marsa ont fait la journée à extraire des pierres ou fossés jardin terrasse — Antoine Ouillet avec charrette et cheval a fait le soir 1/2 journée de charroi —

Mardi 11 octobre — Avec Marsa en plus, les Bot continue la 1ère couche de beton de la terrasse — Abel, Auguste et Bouquet extraient des pierres devant la terrasse — Ouillet Antoine fait 3/4 de j. de transport Le plâtrier continue la pose cheminée grise chambre Marie arrivée de Mr Caminade a 11 h. (train a Déraillé après Limoux) sable Marion mesmes (Le soir le plâtrier a mesuré son travail et est parti de bonne heure pour Couiza — (1/2 journée seulement)

Mercredi 12 octobre — Meilleure journée qu'hier — le vent a cessé — hier baptême de la fille de Cogna avec Marion en plus, Bot, Saum, Paul, Port et Marsa ont continué la 1ère couche de beton sur la terrasse — Abel et son père continuent leur travail — Bouquet creuse la conduite des eaux de l'évier et extrait des pierres — Mr Caminade avec Oscar arrivés pour faire sa journée font la pose des fenêtres du rez de chaussée (devant) — Ouillet a fait le soir 1/2 journée de charroi — Le plâtrier a fait seulement 1/2 journée — Abel malade n'a fait que la matinée — Marion a porté au 1er voy. 8 sacs de chaux et au second du sable — Mr Caminade est parti par le dernier train —

Jeudi 13 octobre. vent marin froid. mais bonne journée — Bot, Saum, Paul, Marion, Port et Marsa le soir seulement ont continué la pose de beton terrasse — Bouquet seul a continué d'extraire des pierres — Abel malade, son père a transporté des débris de la claie pour mélanger au gravier du beton — Oscar continue les cadres des cheminées et la pose des croisées d'en bas le plâtrier a fait la journée aux cheminées d'en haut — 1 voy. de Marion sable (110ᵉ au plâtrier)

Vendredi 14 octobre — vent marin — on vient me prendre pour aller voir la domestique Eline de S. Just aux "Gendarme" où je vais le soir — Bot, Saum, Paul, Port et Marion ayant fini la pose de la 1ère couche de beton, ont terminé la pose du cordon et pouterelles tour basse — Bouquet a préparé 1 m. de cordon manquant — Le plâtrier a terminé les cheminées d'en haut Abel malade, son père s'est occupé a l'extraction de la pierre — Hippolite avec 2 p. et le char a fait 2 voy. de sable — Marion a fait 2 voy. le matin du sable et le soir 5 sacs de chaux et 3 sacs de ciment lent de chez Delouvy pour voutain tour basse.

Samedi 15 octobre — très belle journée — tous les maçons d'hier ont fait les voutains de la tour basse — Bouquet a continué le morceau de cordon manquant — Auguste a été occupé à diverses choses — le plâtrier a carrelé le garde-à-manger et divers — Hippolite avec 2 p. et le char en deux voy. a monté les 67 sacs de chaux restant et à la tuope — Baptiste de la a char arrivé, Bouquet et Sauveron n'ont fait que 1/2 journée — Marion a porté 2 voy. de sable La affermé qu'on nous avait volé sur la route (ou 6 m. cube de sable — Les Delbec ont pris 6 6/2

Dimanche 16 octob. — belle journée — beaucoup de monde aux offices — visite de Martial qui vient déjeuner — nous … toutes ses misères et repart — promenade oublié …
… matin au 3… … ade. 50 + 50 + 51 = 151

Jeudi 6 octobre. À 9 h. arrivée de M. Caminade qui passe une bonne partie de la journée
à parler avec le plâtrier et lui expliquer son travail. Le plâtrier jusqu'à 9 heures s'occupe au
carrelage du sous-sol. De 9 h. à midi, il cause avec M. Caminade sur la pose des cheminées. De
Midi à 6 h. il ne fait pas grand-chose : il pose 1 rang de briques au cabinet de toilette. Les 2 Dellac
continuent leur travail. Bousquet n'a rien à faire et part pour le moulin. Départ de M. Caminade
Vendredi 7 octobre. Comme hier, belle journée. Les 2 Dellac continuent leur travail. Le
Plâtrier continue le carrelage du cabinet de toilette et le soir n'ayant
fait presque rien, je me fâche. Oscar de 2 h. ½ à 6 h. a préparé le foyer des deux cheminées du haut
par suite du mauvais temps dans la soirée. Les 2 dellac n'ont travaillé ce soir que 1 heure l'un.
Samedi 8 octobre. Comme hier au soir, très fort vent et très mauvaise journée.
Abel et son père ont continué leur travail de terrassement. Bousquet
a travaillé 1 heure. Pas d'autres ouvriers. Mariou a porté un petit voyage. (révolte du singe).
Dimanche 9 octobre. Mauvaise journée venteuse et froide. Très peu de monde aux offices,
je reste à la Sacristie toute la journée. (Hier le singe a mordu Marie et 3 enfants)
Lundi 10 octobre. Vent fort et froid. Arrivés à 9 h. les Bot ont commencé à 9 h. ½. Élie, Saun.
Paul et Horten. La 1ère couche de béton à la chaux sur la terrasse. Le plâtrier
le matin a carrelé le petit cabinet de toilette et le soir commencé la pose de la cheminée grise de
Marie. Mariou a fait 2 voy. sable. Abel, son père et Marsa ont fait la journée à
extraire des pierres au futur jardin terrasse. Antoine Truillet avec charrette et cheval a fait
le soir ½ journée de charroi.
Mardi 11 octobre. Avec Marsa en plus, les Bot continuent la 1ère couche de béton de la terrasse.
Abel, Auguste et Bousquet extraient des pierres devant la terrasse. Truillet
Antoine fait ¾ de j. de transport. Le plâtrier continue la pose cheminée grise chambre Marie.
Arrivée de M. Caminade à 11 h. (train a déraillé après Limoux). Sable Mariou mesuré. (Le soir
le plâtrier a mesuré son travail et est parti de bonne heure pour Couiza (1/2 journée seulement).
Mercredi 12 octobre. Meilleure journée qu'hier. Le vent a cessé. Hier baptême de la fille de Capia.
Avec Marius en plus, Bot, Saun. Paul, Hort ~~et Maria~~ ont continué la
1ère couche de béton sur la terrasse. Abel et son père continuent leur travail. Bousquet creuse
la conduite des eaux de l'évier et extrait des pierres. M. Caminade avec Oscar arrivé pour
faire sa journée font la pose des fenêtres du rez-de-chaussée (devant). Truillet a fait
le soir ½ journée de charroi. Le plâtrier a fait seulement ½ journée. Abel malade n'a fait
que la matinée. Mariou a porté au 1er voy. 8 sacs de chaux et au second du sable. M. Caminade
est parti par le dernier train.
Jeudi 13 octobre. Vent marin froid ; mais bonne journée. Bot, Saun. Marius, Hort. et Marsa
~~le soir seulement~~ ont continué la pose du béton terrasse. Bousquet seul a continué d'extraire des
pierres. Abel malade, son père a transporté des débris de la claie pour mélanger au gravier du béton.
Oscar continue les cadres des ~~les~~ cheminées et la pose des croisées d'en bas. Le plâtrier a fait la
journée aux cheminées d'en haut. 1 voy. de Mariou sable (*150 frs* au plâtrier).
Vendredi 14 octobre. Vent marin. On veut me prendre pour aller voir la domestique curé de St
Just au « gendarme » où je vais le soir. Bot, Saun. Paul, Hort et Marius ayant
fini la pose de la 1ère couche de béton, ont terminé la pose du cordon et poutrelles tour basse.
Bousquet a préparé 1 m de cordon manquant. Le plâtrier a terminé les cheminées d'en haut.
Abel malade, son père s'est occupé à l'extraction de la pierre. Hypolitte avec 2 p. et le chev. a
fait 2 voy. de sable. Mariou a fait 2 voy. le matin de sable et le soir 5 sacs de chaux
et 3 sacs de ciment lent de chez Deloupy pour voûtains tour basse.
Samedi 15 octobre. Très belle journée. Tous les maçons d'hier ont fait les voûtains de la tour
basse. Bousquet a continué le morceau de cordon manquant. Auguste a été
occupé à diverses choses. Le plâtrier a carrelé le garde-manger et divers. Hypolitte, avec
2 p. et le chev. en deux voy. a monté les 67 sacs de chaux restant et a soupé. Baptiste de Luc étant
arrivé, Bousquet et Saunièrou n'ont fait que ½ journée. Mariou a porté 2 voy. de sable (…) a
affirmé qu'on nous avait volé sur la route 5 ou 6 m cube de sable. Les Dellac ont pris *66 frs 40*.
Dimanche 16 octobre. Belle journée. Peu de monde aux offices. Visite de Martial qui vient
déjeuner, nous raconte ses misères et repart. Promenade oubliée à
(… … … …) samedi en 3 fois (…) 50 + 50 + 51 = 151.

Lundi 17 Octobre — Julie et Marie sont à Limoux — Bousquet et Marsa extraient de gra...
Abel et son père sont au sable — Victor R. vient faire 1/2 journée de
charroi — Le plâtrier, après avoir passé la matinée au grenier, commence ой se dine à blanchir les
murs petit salon sous sol — Saunière absent — Bot, Paul et Bot... arrivés à 9 h continuent
et terminent le béton, terrasse et tout banc — M. Caminade viendra demain — Oscar étant mort
pour demander de l'argent a été renvoyé —

Mardi 18 Octobre — belle journée — Bousquet et Marsa continuent la tranchée pour la pose des tuyaux
Abel et son père sont ~~absent~~ — Le plâtrier, après avoir terminé avant midi
le plâtrage du petit salon du sous sol, part pour Couiza — Bot, Paul et Bot passent la matinée à
diverses petites choses et le soir commencent la soirée (à la journée) à poser le cordon en brique de la
tourelle de la Verandha (2 manœuvres pour un maçon dans un travail si minutieux) M. Caminade arrivé
à 9 h. dirige — Oscar monte pour prendre de l'argent, sur mon refus de lui en donner, redescend furieux

Mercredi 19 Octobre — belle journée — Visite de Rivet et sa femme qui apportent jus de savon
Bousquet et Marsa, après avoir aidé Guillaume à presser continuent la tranchée
pour la pose des tuyaux — Peu après, Bousquet prépare des pierres blanches et briques à Bot pour commenc...
le parapet de la Verandha, pendant que Marsa continue son travail — M. Caminade dirige et
part à la fin de la journée — Hippolite avec 2 p. et le ch. fait 2 voyages de sable — Abel et son père prenan...
pour eux à b... — La famille Rivet dîne avec nous et repart demandant gare les billets p. Arles.

Jeudi 20 Octob. — très belle journée — Bot, Paul et Bousquet continuent le parapet de la Verandha
Marsa, la tranchée — Abel et son père sont ~~au~~ sable — Hippolite avec
2 p. et le cher a fait encore 2 voy. de sable

Vendredi 21 Octobre — très belle journée — Bot, Paul et Bousquet continuent le parapet en brique de la
Verandha — Marsa avec Abel au plus la tranchée — id... pour le fer d'attel... ce...
10 h arrivée de M. Caminade qui vers la fin de la journée, commence de faire faire la pose de tuyaux
par Bot, Paul et Bousquet — V. Rivière a fait 1/2 j. de charroi

Samedi 22 Octobre — vent marin, ciel à couvr... — Bot Paul et Bousquet jusqu'au déjeuner continuent
la pose des tuyaux — après ils commencent de maçonner le parapet de la tour 6ème
côté nord — Bousquet prépare des pierres de grès — à 9 h départ de M. Caminade — Le soir, 1/2, oun...
de Rivière a transporté de la terre — Les deux Dellac et Marsa referment la tranchée — avant
de partir Bot a pris 300 — Bousquet 32,25 — Marsa 24,50 Rivier... aven 1 voy. sable d'Hippolite

Dimanche 23 Octobre — messe à 5 h 1/2 — Départ pour Arles avec Marie et Julie — 1 person...
de Coupia à la messe — beau temps. heureux voyage

Lundi 24 octobre — très belle journée. Sommes à Arles — pas d'ouvriers
Mardi 25 octobre — beau temps. pas d'ouvriers
Mercredi 26 octobre — beau temps. Hippolite avec 2 p. et le cher. fait 1 voy. de sable
Jeudi 27 octobre — belle journée
Vendredi 28 octobre — belle journée
Samedi 29 octobre — temps couvert, froid — retour d'Arles; excellent voyage
Dimanche 30 Oct. — beau temps — peu de monde aux offices
Lundi 31 octobre — beau temps. foire à Couiza — avec Marie nous allons voir maman
~~mardi 1 novem~~ à Montazels et rentrons tard.

Mardi 1 novembre. — Toussaint — peu de monde aux offices — messe et vêpres chantées
quête — assez belle matinée; mais soirée pluvieuse

Mercredi 2 novem. — belle journée — messe des morts — assez de monde — visites nombreuses et
parmi elles, Nini et Oscar — 1 voy. de sable par Hypol. 2 p. et cher.

Jeudi 3 novem. — 3/4 de j. de Bot, Saun. Paul et Bot. à maçonner parapet tour et
tourelle basse — 3/4 de j. des 2 Dellac — 3/4 de j. de Bousquet —
1/2 j. de Marsa — 1/2 j. de Ant. Trieilles avec le cher. beau temps.

Vendredi 4 nov. — 1 j. de Saun. Paul et Bot. et 1/2 j. de Bot (soir à Couiza téléphone) à
maçonnerie de tour et tourelle basse — 1 j. des deux Dellac — idem d
Bousquet — 1 j. de Marsa — 1/2 j. de Trieilles Ant. — 1/4 plus 1 j. 1/2 de Victor Rivière — b. ten
Samedi 5 novem — bonne journée — 1 j. — 1 h. (ce... soir 6 h.) de Bot, Saun. Paul et Bot.
maçonnerie et joints tour ve...   et tourelle — 1 j. de Bousquet
...et Père Dellac — 1/2 j. de Abel malade — 1 j....   V. et de...

Lundi 17 octobre. Julie et Marie sont à Limoux. Bousquet et Marsa extraient des pierres. Abel et son père sont au sable. Victor R. vient faire ½ journée de
charroi. Le plâtrier, après avoir passé la matinée au grenier, commence après dîner à blanchir les murs petit salon sous-sol. Saunièrou absent. Bot, Paul et Horten. arrivés à 9 h. continuent et terminent le béton terrasse et tour basse. M. Caminade viendra demain. Oscar était monté pour demander de l'argent a été renvoyé.

Mardi 18 octobre. Belle journée. Bousquet et Marsa continuent la tranchée pour la pose des tuyaux. Abel et son père sont ~~au sable~~. Le plâtrier, après avoir terminé avant midi le plâtrage du petit
salon du sous-sol, part pour Couiza. Bot, Paul et Hort. passent la matinée à diverses petites choses et le soir commencent la soirée (à la journée) à poser le cordon en brique de la tourelle de la véranda (2 manœuvres pour un maçon dans un travail si minutieux). M. Caminade arrivé à 9 h. dirige. Oscar monté pour prendre de l'argent, sur mon refus de lui en donner, redescend furieux.

Mercredi 19 octobre. Belle journée. Visite de Pinet et sa femme qui apportent huile et savon. Bousquet et Marsa, après avoir aidé Guillaume à presser, continuent la tranchée pour la pose des tuyaux. Peu après, Bousquet prépare des pierres blanches et briques à Bot pour commencer le parapet de la véranda pendant que Marsa continue son travail. M. Caminade dirige et part à la fin de la journée. Hypolitte avec 2 p. et le chev. fait 2 voyages de sable. Abel et son père pressent pour eux à Luc. La famille Pinet dîne avec nous et repart. Demandons gare les billets p. Arles.

Jeudi 20 octobre. Très belle journée. Bot, Paul et Bousquet continue le parapet de la véranda, Marsa, la tranchée. Abel et son père sont au sable. Hypolitte avec
2 p. et le chev. a fait encore 2 voy. de sable.

Vendredi 21 octobre. Très belle journée. Bot, Paul et Bousquet continuent le parapet en brique de la véranda, Marsa avec Abel en plus la tranchée. Idem pour le père d'Abel. À
10 h. arrivée de M. Caminade qui, vers la fin de la journée, commence de faire faire la pose des tuyaux par Bot, Paul et Bousquet. V. Rivière a fait ½ j. de charroi.

Samedi 22 octobre. Vent marin, ciel se couvre. Bot, Paul et Bousquet jusqu'au déjeuner continuent la pose des tuyaux. Après ils commencent de maçonner le parapet de la tour basse côté nord. Bousquet prépare des pierres de grès. À 9 h. départ de M. Caminade. Le soir, ½ journée de Rivière à transporter de la terre. Les deux Dellac et Marsa referment la tranchée. Avant de partir, Bot a pris **300 frs**. Bousquet **32 frs 25**. Marsa **24 frs 50, Rivière aussi**. 1 voy. sable d'Hypolitte.

Dimanche 23 octobre. Messe à 5 h. et ½. Départ pour **Arles** avec Marie et Julie. 1 personne de Capia à la messe. Beau temps. Heureux voyage.

Lundi 24 octobre. Très belle journée. Sommes à Arles. Pas d'ouvriers.

Mardi 25 octobre. Beau temps. Pas d'ouvriers.

Mercredi 26 octobre. Beau temps. Hypolitte avec 2 p. et le chev. fait 1 voy. de sable.

Jeudi 27 octobre. Belle journée.

Vendredi 28 octobre. Belle journée.

Samedi 29 octobre. Temps couvert, froid. Retour d'Arles ; excellent voyage.

Dimanche 30 octobre. Beau temps. Peu de monde aux offices.

Lundi 31 octobre. Beau temps. Foire à Couiza. Avec Marie nous allons voir Maman
~~Mardi 1 novembre~~ à Montazels et rentrons tard.

Mardi 1 novembre. Toussaint. Peu de monde aux offices. Messes et Vêpres chantées. Quête. Assez belle matinée ; mais soirée pluvieuse.

Mercredi 2 novem. Belle journée. Messe des Morts. Assez de monde. Visites nombreuses et parmi elles Nini et Oscar. 1 voy. de sable par Hypol. 2 p. et chev.

Jeudi 3 novem. ¾ de j. de Bot, Saun. Paul et Hort. à maçonner parapet tour et
tourelle basse. ¾ de j. des 2 Dellac. ¾ de j. de Bousquet.
½ j. de Marsa. ½ j. de Ant. Truillet avec le chev. Beau temps.

Vendredi 4 nov. 1 j. de Saun. Paul et Hort. et ½ j. de Bot (soir à Couiza téléphoner) aux maçonneries de tour et tourelle basse. 1 j. des deux Dellac. Idem de
Bousquet. 1 j. de Marsa. ½ j. de Truillet Ant. ¼ plus 1 h. ½ de Victor Rivière. B. temps.

Samedi 5 novem. Bonne journée. 1 j. – 1 h. (partis à 5 h.) de Bot, Saun. Paul et Hort. aux maçonneries et joint tour véranda et tourelle. 1 j. de Bousquet, (…)
(…) et père, Dellac. ½ j. de Abel malade. 1 j. (… … …) V. et de (… … …).

...nche ... novem. — belle journée — peu de monde aux offices — ouverture des ca...
Visite le soir de la famille Delpech d'Esperaza.
...ndi 7 novem. — belle journée; vers la fin temps se couvre et semble vouloir se déranger —
à 9 h. Arrivée de M. Caminade qui repart vers les 3 h. pour Rennes les-Bains.
Bot, Paul et Hort. Arrivés à 9 h. ont fait au ciment les joints du Cordon de la tourelle. ont continué la pose des briques côté terrasse et parlé beaucoup avec M. Caminade — Bousquet a
taillé pierres et brique et continué avec Marsa l'extraction des pierres — Dellac père seul
Abel malade, a fait 3/4 au même travail — à la nuit, pluie commence à tomber.
Mardi 8 novem. — fort vent du Nord, froid; quelques gouttes de pluie — Auguste, Rougé,
et Bousquet sont à l'extraction de la pierre et terrassement — Bot, Paul et
Hort. montent les derniers parements de Carrot, maçonnent et font les joints à la tour basse.
Victor Riv. fait 1/2 journée de transports — Hyppolite avec 2 p. et cher. fait 1 voy. de sable.
Abel est toujours malade —
Mercredi 9 novem. Journée moins froide — Bot, Paul et quelqu'un peu Hort continuent les joints de
maçonnerie de la tour basse — Auguste, Marsa et Bousquet continuent
les terrassement et extraction de la pierre — Euphrasie a emprunté 3 sacs de chaux.
Jeudi 10 novem. — Comme journée — Bot, Paul et Hort ont continué les joints de la tour basse —
Bousquet, Marsa et Auguste l'extraction et terrassement — Victor R.
1/2 j. de transports — un peu de vent — Visites.
Vendredi 11 novem. — belle journée — Bot, Paul et Hort. sont aux joints de la tour basse —
Bousquet Marsa et Auguste sont aux terrassement et extraction.
Samedi 12 novem. — très belle journée — foire à Limoux — Bot, Paul et Hort. (matin) ont terminé
les joints de la tour basse et continué les joints au ciment du couronn. brique
des murs jardin — partis avec Auguste à 5 h. — Auguste, Bousquet et Marsa ont continué
l'extraction et les terrassement — Rivière V. a fait 1/2 journée de transports — Marion a fait 3 v.
de sable dont 2 avec 2 cher. — les 2 premiers mesures ont donné 3 caisses 1/2 — Hyppolite
avec 2 p. et cher. a fait 1 voy. de 33 sacs de ciment de grenoble. ont réglé Rivière 24e
Cruillet 14e Bousquet 26, 25. Rougé 29, 75.
Dimanche 13 nov. — belle journée — peu de monde aux offices — Meethilde vient nous inviter à
la fête — et reçu un après dîné —
Lundi 14 novem — journée de fort vent marin — Abel et son père font la journée à Renn...
— M. Caminade arrive à midi et repart à 3 h pour le train — Bousquet y va
travailler — Bot, Paul et Hort n'ont fait que la soirée à posé la 2e couche de béton au trottoir de la
maison — ils attendent 1 ouvrier pour remplacer Saunereau parti le matin pour Narbonne
Mardi 15 novem. — très belle journée — Abel et son père creusent le futur jet d'eau — Bot, Paul
Hort marins et Marsa posent la 2e couche de béton à la terrasse — hier et
aujourd'hui, Marion a fait 3 petits voy. de sable à 1 cher. (idem hier et aujourd'hui) Hyppolite avec 2 p.
et le cher. a fait 3 voy. de Ciment et 1 voy. de sable — pas d'autres ouvrier.
Mercredi 16 novem. — journée froide et venteuse — Abel et son père cassent du gravier pour
la terrasse; nous ramassons les pierres pour cela — Bot, Paul, Hort et mee
cimentent le trottoir de la maison et continuent de poser la 2e couche de béton à la terrasse
Marion fait 1 petit voyage de sable dont le voleur serait Marion
Jeudi 17 novem — temps couvert et froid sec sans vent — Bot et les autres continuent la
pose de la 2e couche de béton à la terrasse — les deux Dellac continuent
de casser du gravier; cette couche une grande quantité est nécessaire - et terminé de casser le
futur jet d'eau — Hyppolite avec 2 p. et cher. a fait 2 voy. de gravier pour béton.
Vendredi 18 nov. — belle journée — à 10 h. 1/2 fin de la pose de la 2e couche de béton à la terrasse — nettoyage
du bassin trop plein et bétonnage à la chaux de lui — le soir Bot fait au ciment
les joints du couronn. murs jardin terrasse pendant que les autres passent le sable pour le cimentage
de la terrasse lundi — Abel et son père ont terminé le feuillé du futur jet d'eau et si rage
Samedi 19 novem. — très belle journée — mesuré le sable de Marion: 8 caisses moins 16e —
Bot avec Paul et Hort. a commencé les maçonneries du jet d'eau — à
midi, a placé la Croix de moulines — Abel et son père ont arraché des pierres et pioché — 1h. ont
réglé et pris: 707,70 — Marins et Marsa n'y sont pas.

Dimanche 6 novem. Belle journée. Peu de monde aux offices. Ouverture des catéchismes.
Visite le soir de la famille Delpech d'Espéraza.
Lundi 7 novem. Belle journée ; vers la fin, temps se couvre et semble vouloir se déranger.
À 9 h. arrivée de M. Caminade qui repart vers les 3 h. pour Rennes-les-Bains.
Bot, Paul et Hort. arrivés à 9 h. ont fait au ciment les joints du cordon de la tourelle, ont conti-
nué la pose des briques côté terrasse et parlé beaucoup avec M. Caminade. Bousquet a
taillé pierres et briques et continué avec Marsa l'extraction des pierres. Dellac père seul,
Abel malade, a fait ¾ au même travail. À la nuit, pluie commence à tomber.
Mardi 8 novem. Fort vent du nord, froid ; quelques gouttes de pluie. Auguste, Rougé
et Bousquet sont à l'extraction de la pierre et terrassement. Bot, Paul et
Hort. montent les derniers parements de barrots, maçonnent et font les joints à la tour basse.
Victor Riv. fait ½ journée de transports. Hypolitte avec 2 p. et chev. fait 1 voy. de sable.
Abel est toujours malade.
Mercredi 9 novem. Journée moins froide. Bot, Paul et quelque peu Hort. continuent les joints des
maçonneries de la tour basse. Auguste, Marsa et Bousquet continuent
les terrassements et extraction de la pierre. Euphrasie a emprunté 3 sacs de chaux.
Jeudi 10 novem. Bonne journée. Bot, Paul et Hort. sont aux joints de la tour basse.
Bousquet, Marsa et Auguste sont aux terrassements et extraction.
Samedi 12 novem. Très belle journée. Foire à Limoux. Bot, Paul et Hort (matin) ont terminé
les joints de la tour basse et continué les joints au ciment du couronn. brique
des murs jardin. Partis avec Auguste à 5 h. Auguste, Bousquet et Marsa ont continué
l'extraction et les terrassements. Rivière V. a fait ½ journée de transports. Mariou a fait 3 v.
de sable dont 2 avec 2 chev. Les 2 premiers mesurés ont donné 3 caisses ½. Hypolitte
avec 2 p. et le chev. a fait 1 voy. de 33 sacs de ciment de Grenoble. Ont réglé Rivière *24 frs*,
Truillet *14 frs*, Bousquet *26,25*, Rougé *29,75*.
Dimanche 13 nov. Belle journée. Peu de monde aux offices. Mathilde vient nous inviter à
la fête et repart après dîné.
Lundi 14 novem. Journée de fort vent marin. Abel et son père font la journée à Rennes.
M. Caminade arrive à midi et repart à 3 h. pour les Bains. Bousquet y va
travailler. Bot, Paul et Hort. n'ont fait que la soirée à poser la 2ème couche de béton au trottoir de la
maison. Ils attendent 1 ouvrier pour remplacer Saunièrou parti le matin pour Narbonne.
Mardi 15 novem. Très belle journée. Abel et son père creusent le futur jet d'eau. Bot, Paul,
Hort, Marius et Marsa posent la 2ème couche de béton à la terrasse. Hier et
aujourd'hui, Mariou a fait 3 petits voy. de sable à 1 chev. (idem hier et aujourd'hui), Hypolitte
avec 2 p. et le chev. a fait 3 voy. de ciment et 1 voy. de sable. Pas d'autres ouvriers.
Mercredi 16 novem. Journée froide et venteuse. Abel et son père cassent du gravier pour
la terrasse ; nous ramassons les pierres pour cela. Bot, Paul, Hort. et Marsa
cimentent le trottoir de la maison et continuent de poser la 2ème couche de béton à la terrasse.
Mariou fait 1 petit voyage de sable dont le voleur serait Mariou.
Jeudi 17 novem. Temps couvert et froid sec sans vent. Bot et les autres continuent la
pose de la 2ème couche de béton à la terrasse. Les deux Dellac continuent
de casser du gravier car ~~la couche~~ une grande quantité est nécessaire, et terminent de creuser le
futur jet d'eau. Hypolitte avec 2 p. et le chev. a fait 2 voy. de gravier pour béton.
Vendredi 18 nov. Belle journée. à 10 h. ½ fin de la pose de la 2ème couche de béton à la terrasse.
Nettoyage du bassin trop plein et bétonnage à la chaux de lui. Le soir Bot fait au ciment
les joints du couronn. mur jardin terrasse pendant que les autres passent le sable pour le cimentage
de la terrasse lundi. Abel et son père ont terminé les fouilles du futur jet d'eau et s'occupent.
Samedi 19 novem. Très belle journée. Mesure le sable de Mariou : 8 caisses moins 16 cm.
Bot avec Paul et Hort. a commencé les maçonneries du jet d'eau. À
midi, il a placé la Croix de Moulines. Abel et son père ont arraché des pierres et pioché. Ils ont
réglé et pris : 107 frs 70. Marius et Marsa n'y sont pas.

manche 20 nov. — très belle journée — peu de monde aux offices — visites ... ton ...
beaucoup d'endroit —
Lundi 21 novem — belle journée ; menace de pluie à la fin — Vais à l'Evêché appellé par M. V.
rentre avec Adeline et les siens — Hyppolitte avec 2p. et le cher. fait 2 voyag.
de sable — Abel et son père sont au sable — Bot, Paul, hort. marsa et 2 ouvriers d'Esperaza ont
commencé le cimentage de la terrasse travail délicat — Marion a porté 1 petit peu de sable —
Mardi 22 nov. — pluie vers la fin de la journée — continuation du cimentage de la terrasse
1 partie gèle n'ayant pas été recouverte la nuit — Abel et son père sont au
sable où Hyppolitte avec 2p. et le cher a été encore faire 2 voya — nous allons à la fête à Montazels
rentrons dans la nuit avec la pluie et la boue —
mercredi 23 nov. — temps froid et à la pluie — nous revenons à Montazels — continuation du
Cimentage ; froid contraire à ce travail — Abel et son père ont fait 1/2 journée
à Rennes (le soir) nous rentrons de Montazels avec la nuit très froide (gelée)
Jeudi 24 novem — annonce d'une bonne journée — continuation du cimentage de la terrasse
Abel et son père font la journée à Rennes — le ciment est recouvert de
beaucoup de sacs et de sable — mauvais temps pour ce travail — faute de M. camminade
et de Bot — jamais pressés — responsabilité. Vent très froid dans la nuit —
Vendredi 25 novem — foire à Carcassonne — journée de froid et de neige — personne
ne travaille — ciment compromis (grosse perte). Marion peu de sable
je travaille toute la journée à la terre — sol recouvert de neige nuit froide —
Samedi 26 novem — après une mauvaise nuit, mauvaise journée ; neige tombe sans
vent — tous les ouvriers sont partis — Anniversaire B. me moulines —
Dimanche 27 nov. — journée sombre humide et pluvieuse — peu de monde aux
offices — M. Gélis de Carcassonne n'est pas venu.
Lundi 28 nov. — Ciel couvert ; temps humide ; soleil perce difficilement — Les
Dalles ne pouvant pas s'occuper à Rennes ont été commencées
à défoncer à la Carrière — Bot est monté, mais n'ayant pas les ouvriers d'Esperaza
est reparti sans travailler. Hyppolitte avec 2p. et cher a fait 1 voy. de sable
Mardi 29 nov. — annonce d'une bonne journée après nuit de gel — Bot, Paul, hort marsa et
3 ouvriers d'Esperaza font continuent le cimentage de la terrasse — Hyppolitte avec 2p. cher a fait
1 voyag. de sable — Marie a été à Couiza 1 oltes Marion 80" et Saunière 48" Gel
mercredi 30 nov. — après nuit de Gel bonne journée — Les maçons avec leurs aides
continuent et terminent le cimentage de la terrasse. Hyppolitte avec
2p. et le cher a fait 1 voy. de sable — départ des ouvriers cimentiers Gel
Jeudi 1 Décem — Bot, Paul et hortense reviennent vers les 9h au ciment de la terrasse. Bot
s'occupe à la rigole de la Courbe — Meilleure journée
Vendredi 2 Décem — Bot et Paul vers les 9h. vont continuer la rigole en ciment de la terrasse — journée
sombre, humide et couvrant la neige — Clamou le charpentier est monté
avec 2 ouvriers pour dire qu'il monterait la semaine prochaine terminer un travail
Samedi 3 Décem — journée pluvieuse humide — hortense malade, les Bot n'ont rien fait et sont
partis pour Luc — mauvais temps —
Dimanche 4 Décem — Assez bonne journée — clôture du jubilé — visite de M. Gélis le pépinier
visite au sujet des plantations
Lundi 5 Décemb. — belle journée - temps doux — Les 3 Bot ont repris à 10h du matin les
maçonneries du jet d'eau — ai été à Montazels voir maman —
Mardi 6 Décem — belle journée — continuation des maçonneries du jet d'eau par les 3 Bot —
noces de Couiza — 2 voy. de sable par Hyppolitte avec 2p. et le cher.
mercredi 7 Décem — Bonne journée — fin des maçonn. du jet d'eau et continuation des maçonneries du Couvert du verger — Départ des 3 Bot pour préparer aux fêtes de
Jeudi 8 Décem — mauvaise journée froide venteuse et pluvieuse — Clamou père vient
commencer vers les 9h. la main courante de l'escalier. nous le nourrisons
Vendredi 9 Décem — 1 j. de Clamou à la main courante de l'escalier — 1 voyage de sable 2p. cher
Samedi 10 Décem — 3/4 de j. de Clamou, escalier — 2 voyage de sable avec 2p. et cher. (vol de
3 m. c.) été à Montazels avec marie, rentre avec la pluie — 2 pigeons
— M. camminade qui se rend aux bains.

Dimanche 20 nov. Très belle journée. Peu de monde aux offices. Visites (… … …)
beaucoup d'endroits.
Lundi 21 novem. Belle journée ; menace de pluie à la fin. **Vais à l'évêché appelé par Mgr**.
Rentre avec Adeline et les siens. Hypolitte avec 2 p. et le chev. fait 2 voyages
de sable. Abel et son père sont au sable. Bot, Paul, Hort. Marsa et 2 ouvriers d'Espéraza ont
commencé le cimentage de la terrasse, travail délicat. Mariou a porté 1 petit peu de sable.
Mardi 22 nov. Pluie vers la fin de la journée. Continuation du cimentage de la terrasse.
1 partie gêle n'ayant pas été recouverte la nuit. Abel et son père sont au
sable où Hypolitte avec 2 p. et le chev. a été encore faire 2 voy. Nous allons à la fête à Montazels,
rentrons dans la nuit avec la pluie et la boue.
Mercredi 23 nov. Temps froid et à la pluie. Nous revenons à Montazels. Continuation du
cimentage ; froid contraire à ce travail. Abel et son père ont fait ½ journée
à Rennes (le soir). Nous rentrons de Montazels avec la nuit très froide (gelée).
Jeudi 24 novem. Annonce d'une bonne journée. Continuation du cimentage de la terrasse.
Abel et son père font la journée à Rennes. Le ciment est recouvert de
beaucoup de sacs et de sable. Mauvais temps pour ce travail. Faute de M. Caminade
et de Bot. Jamais pressés. Responsabilité. Vent très froid dans la nuit.
Vendredi 25 novem. Foire à Carcassonne. Journée de froid et de neige. Personne
ne travaille. Ciment compromis (grosse perte). Mariou peu de sable.
Je travaille toute la journée à la serre. Sol recouvert de neige. Nuit froide.
Samedi 26 novem. Après une mauvaise nuit, mauvaise journée ; neige tombe sans
vent. Tous les ouvriers sont partis. Anniversaire Bmy. Moulines
Dimanche 27 nov. Journée sombre, humide et pluvieuse. Peu de monde aux
offices. M. **Gélis de Carcassonne** n'est pas venu.
Lundi 28 nov. Ciel couvert. Temps humide : soleil perce difficilement. Les
Dellac ne pouvant pas s'occuper à Rennes ont été commencer
à défoncer à la carrière. Bot est monté, mais n'ayant pas les ouvriers d'Espéraza
est reparti sans travailler. Hypolitte avec 2 p. et chev. a fait 1 voy. de sable.
Mardi 29 nov. Annonce d'une bonne journée après nuit de gel. Bot, Paul, Hort. Marsa et
3 ouvriers d'Espéraza ~~par~~ continuent le cimentage de la terrasse. Hypolitte avec 2 p. chev. a fait
1 voyage de sable. Marie a été à Couiza solder Mariou *80 frs* et Saunièrou *48 frs*. Gel.
Mercredi 30 nov. Après nuit de gel, bonne journée. Les maçons avec leurs aides
continuent et terminent le cimentage de la terrasse. Hypolitte avec
2 p. et le chev. a fait 1 voy. de sable. Départ des ouvriers cimenteurs. Gel.
Jeudi 1 décem. Bot, Paul et Hortense reviennent vers les 9 h. au ciment de la terrasse. Bot
s'occupe à la rigole de la courbe. Meilleure journée.
Vendredi 2 décem. Bot et Paul vers les 9 h. vont continuer la rigole en ciment de la terrasse.
Journée sombre, humide et couverte de neige. Clamou le charpentier est monté
avec 2 ouvriers pour dire qu'il monterait la semaine prochaine terminer son travail.
Samedi 3 décem. Journée pluvieuse humide. Hortense malade, les Bot n'ont rien fait et sont
partis pour Luc. Mauvais temps.
Dimanche 4 décem. Assez bonne journée. Clôture du Jubilé. Visite de M. Gélis le pépiniè-
riste au sujet des plantations.
Lundi 5 décem. Belle journée. Temps doux. Les 3 Bot ont repris à 10 h. du matin les
maçonneries du jet d'eau. Ai été à Montazels voir Maman.
Mardi 6 décem. Belle journée. Continuation des maçonneries du jet d'eau par les 3 Bot.
Visites de Couiza. 2 voy. de sable par Hypolitte avec 2 p. et le chev.
Mercredi 7 décem. Bonne journée. Fin des maçonn. du jet d'eau et continuation des maçon-
neries du couvert du verger. Départ des 3 Bot pour préparer leur fête de Luc.
Lundi 8 décem. Mauvaise journée, froide, venteuse et pluvieuse. Clamou Père vient
commencer vers les 9 h. la main courante de l'escalier. Nous le nourrissons.
Vendredi 9 décem. 1 j. de Clamou à la main courante de l'escalier. 1 voyage de sable 2 p. chev.
Samedi 10 décem. ¾ de j. Clamou escalier. 2 voyages de sable avec 2 p. et chev. (vol de
3 m. c.). été à Montazels avec Marie, rentré avec la pluie. 2 forgerons
(… …). M. Caminade qui se rend aux Bains.

Dimanche 11 Décem. — mauvaise journée — peu de monde à l'Église — fête patron. à Luc
Lundi 12 Décembre — journée pluvieuse — foré à Quillan — Clamou arrive à 2 heures du
soir pour continuer mais contente de l'escalier —
Mardi 13 Décem — très mauvaise journée — vent impétueux accompagné de pluie et neige
Clamou père et fils continuent leur travail des escaliers —
Mercredi 14 Décem — meilleure journée quoique toujours pluvieux — Clamou père
continue son travail et part ce soir vers les 3 h —
Jeudi 15 Décem. — vers les 10 h arrivée du charpentier pour continuer son travail — M. ta
Vendredi 16 Décem — Continuation du travail de Clamou — meilleure journée —
Samedi 17 Décem — continuation du travail de Clamou qui n'a fait que 3/4 de j. et est parti 3 1/2. soir
j'ai été à Montazels avec Marie et Trueilles prendre le blanquette et vinaigre
Dimanche 18 Décem — belle journée — peu de monde aux offices — visite de Binet, etc. — Alexandrine
a été à Montazels apporter 1 paire poulet à Mathilde.
Lundi 19 Décem — très belle journée — 3/4 de j. d'Abel et son père à Rennes — 3/4 de ju. de Bot et Paul
enlèvement du sable de dessus la terrasse — 3/4 de j. de Denarnaud et 1 ouvrier à
pose des barres de fer à la fenêtre chem. neuf et couvrent la porte salle à manger — 1 h. 1/2 d'ouvrier ai aa seau, à
ferrer les 2 portes de la cour — Guillaume et Barth. ne travaillent pas.
Mardi 20 Décem — très belle journée — Bot Paul et Mort, après avoir fait le béton, à le champ
du bassin jet d'eau ont continué les maçonneries de la volière — Augard
seul a fait la journée (Abel est parti pour Luc livrer son vin) — Denarnaud et son ouvrier ont continué
la pose du travail de la veille — Montfran est remonté vers les 8 h pour continuer la rampe de
l'escalier — M. Caminade allant au Bain est monté pour voir les travaux, voir Denarnaud
et donne quelques ordres — Guillaume et Barthélemy sont aux Bains.
Mercredi 21 Décem — vent marin violent et froid — Les 3 maçons Bot ont continué les ma
— commencé de la laquisière — Les deux Dellus l'extraction des pierres — Les
deux forgerons la pose des grilles et portes —
Jeudi 22 Décem — meilleure journée — Les 3 maçons Bot ont continué les maçonneries du
couvert de la volière — Les 2 forgerons d'Alet ont continué la pose des armat.
et les 2 Dellus l'extraction de la pierre au jardin terrasse.
Vendredi 23 Déc. — Comme journée; vent marin froid — Les 3 Bot continuent les maçonneries
de la volière — Les 2 Dellus continuent le défonçage et extrait pierres —
Les 2 forgerons d'Alet partent à 9 h. matin après avoir fini leur travail — (Hypol. porte bon
Samedi 24 Décem — belle journée — Bot et Paul seul à la journée commencent à démolir le four et à
l'arrivée de M. Caminade à 9 h. continuent à monter la cheminée de la tour —
son père s'occupent aux feuilles de la future volière — M. Caminade rentre à 7 1/2 du soir après a
pour lui — Marie et moi allons attendre à Couiza Édouard annuel.
Dimanche 25 Décem — belle journée — belle fête de noël — beaucoup de monde et beau c
chant assez bien réussi.
Lundi 26 Décembre — Les Bot n'ont rien fait que monter 1 v. de vin pour eux — Abel et son père
été au sable — Hypolitte avec 2 p. et chen a fait 2 voy de sable — Temp
sombre — avons été à la chasse — un peu de pluie sur le tard.
Mardi 27 Décem — mauvaise matinée froide et pluvieux — Abel et son père ont fait l
soirée à Carcas de cailloux — Bot et son fils ont comm. à 10 h peu fin
de démolir le four, nettoyé, fait la pose de tuyaux de Paris — M. Caminade arrivé à 9 heures en
reparti à 6 h après avoir dirigé et regardé le travail à faire car, il part le 1. ferrier pour Cahors.
Mercredi 28 Décem — journée de brouillards — avec 2 p. et le chen. Hypolitte a fait 2 voyages de
sable; au second il a monté l'évrés en marbre — M. Caminade n'est part
qu'après dîner pour les Bains, après avoir réglé entièrement Clamou le charpentier (1007) Abel et son
père ont cassé des cailloux et nettoyé le sous sol — Les 3 Bot après avoir cimenté le bas des escaliers
la tourelle ont bétonné la touillarde et l'épicerie —
Jeudi 29 Décem. — journée froide, mais belle — Les 3 Bot ont bétonné cimenté la cave de la
nouvelle maison — Les 2 Dellus ont continué le fouille des volières et
Laquisière — ce i et avant hier avec Édouard et Barthélemy nous avons été chasse —

Dimanche 11 décem. Mauvaise journée. Peu de monde à l'église. Fête patron. à Luc
Lundi 12 décembre. Journée pluvieuse. Foire à Quillan. Clamou arrive à 2 heures du
soir pour continuer main courante de l'escalier.
Mardi 13 décembre. Très mauvaise journée. Vent impétueux acoompagné de pluie et neige.
Clamou père et fils continuent leur travail des escaliers.
Mercredi 14 décem. Meilleure journée quoique toujours pluvieuse. Clamou père
continue son travail et part ce soir vers les 3 h.
Jeudi 15 décem. Vers les 10 h. arrivée du charpentier pour continuer son travail. M. temps.
Vendredi 16 décem. Continuation du travail de Clamou. Meilleure journée.
Samedi 17 décem. Continuation du travail de Clamou qui n'a fait que ¾ de j. et est parti à 3 h. du
soir. J'ai été à Montazels avec Marie et Truillet prendre la Blanquette et vinaigre.
Dimanche 18 décem. Belle journée. Peu de monde aux offices. Visite de Pinet, etc. Alexandrine
a été à Montazels apporter 1 paire poulets à Mathilde.
Lundi 19 décem. Très belle journée. ¾ de j. d'Abel et son père à Rennes. ¾ de j. de Bot et Paul,
enlèvement du sable de dessus la terrasse. ¾ de j. de Denarnaud et 1 ouvrier à la
pose des barres de fer à la fenêtre chem. rural et contrevent porte salle à manger. 1 h. ½ d'Oscar à
achever de ferrer les 2 portes de la cour. Guillaume et Barth. ne travaillent pas.
Mardi 20 décem. Très belle journée. Bot, Paul et Hort. après avoir fait le béton à la chaux
du bassin jet d'eau, ont continué les maçonneries de la volière. Auguste
seul a fait la journée (Abel est parti pour Luc livrer son vin). Denarnaud et son ouvrier ont
continué la pose du travail de la veille. Montrous est remonté vers les 8 h. pour continuer la rampe
de l'escalier. M. Caminade allant aux Bains est monté pour voir les travaux, voir
Dénarnaud et donné quelques ordres. Guillaume et Barthélémy sont aux Bals.
Mercredi 21 décem. Vent marin violent et froid. Les 3 maçons Bot ont continué les maçonneries de la lapinière. Les deux Dellac l'extraction des pierres. Les
deux forgerons la pose des grilles et portes.
Jeudi 22 décem. Meilleure journée. Les 3 maçons Bot ont continué les maçonneries du
couvert de la volière. Les 2 forgerons d'Alet ont continué la pose des ouvertures
et les Dellac l'extraction de la pierre au jardin terrasse.
Vendredi 23 déc. Bonne journée ; vent marin froid. Les 3 Bot continuent les maçonneries
de la volière. Les 2 Dellac continuent le défonçage et extract. pierres.
Les 2 forgerons d'Alet partent à 9 h. matin après avoir fini leur travail (Hypol. porte bois).
Samedi 24 décem. Belle journée. Bot et Paul seuls à la journée commencent à démolir le four et à
l'arrivée de M. Caminade à 9 h. continuent à monter la cheminée de la tour.
Abel et son père s'occupent aux fouilles de la future volière. M. Caminade rentre à 9 h. du soir
après avoir emporté *200 frs* pour lui. Marie et moi allons attendre à Couiza Édouard Auriol.
Dimanche 25 décem. Belle journée. Belle fête de Noël. Beaucoup de monde et beaucoup de
chants assez bien réussis.
Lundi 26 décembre. Les Bot n'ont rien fait que monter 1 v. de vin pour eux. Abel et son père ont
été au sable. Hypolitte avec 2 p. et chev. a fait 2 voy. de sable. Temps
sombre. Avons été à la chasse. Un peu de pluie sur le tard.
Mardi 27 décem. Mauvaise matinée froide et pluvieuse. Abel et son père ont fait la
soirée à casser des cailloux. Bot et son fils ont comm. à 10 h. par finir
de démolir le four, nettoyer, faire la pose de tuyaux de l'évier. M. Caminade arrivé à 9 heures ~~est
reparti à 6 h.~~ après avoir dirigé et regardé le travail à faire car il part le 1ᵉʳ février pour Cahors.
Mercredi 28 décem. Journée de brouillard. Avec 2 p. et le chev. Hypolitte a fait 2 voyages de
sable ; au second il a monté l'évier en marche. M. Caminade n'est parti
qu'après dîné pour les Bains, après avoir réglé entièrement Clamou le charpentier (*100 frs*). Abel
et son père ont cassé des cailloux et nettoyé le sous-sol. Les 3 Bot après avoir cimenté le bas des
escaliers de la tourelle ont bétonné la souillarde et l'épicerie.
Jeudi 29 décem. Journée froide, mais belle. Les 3 Bot ont ~~bétonné~~ cimenté la cave de la
nouvelle maison. Les 2 Dellac ont continué les fouilles des volières et
des lapinières. Hier et avant-hier avec Édouard et Barthélémy nous avons été chasser.

Vendredi 30 décem. Belle journée. Départ d'Édouard. Marie Julie et Barthélémy vont l'accompagner. Hypolitte, avec 1 p. et le chev. en descendant lui apporte la barrique de vin, donne la bonbon-ne de Blanquette et sa malle (Marie paye le port). Au retour, il monte 9 portes d'Oscar plus les 2 caisses marbres restantes et le coude et robinet. Les 3 Bot ont cimenté la souillade. Les 2 Dellac ont continué les fouilles volière. Oscar et son aide (Babou) ont passé ½ journée à ferrer les portes.
Samedi 31 décem. Après un très fort vent dans la nuit, journée pluvieuse et venteuse. Les 3 Bot, après avoir crépi ¼ 8 h. environ au sous-sol de la tour de la véranda, sont partis pour Luc, ne pouvant continuer. Abel et son père ont fait ¼ chacun.

1905

134a

Dimanche 1 janvier — Vent du Nord très fort et très froid — journée affreuse — très peu
(1905) de monde à l'église. Joseph de Mathilde vient nous souhaiter
la bonne année — Paul Lisseyre est monté au sujet de la reprise des travaux et
Bourguet de même — nuit affreuse de froid.
Lundi 2 janvier — Vent du Nord moins fort, mais aussi froid — aucun ouvrier ne tra...
Joseph de Mathilde est parti après dîné ; lui ai donné 13ᶠ — ...
Mardi 3 janvier — même vent très froid après une nuit de même — Abel et son père
ont essayé mais inutilement de continuer les fouilles de la lapinière —
Mercredi 4 janvier — Cessation du vent ; temps couvert ; menace de neige — Les géra-
niums enfermés à la serre ont été gelés pendant ces nuits de froid —
Jeudi 5 janvier — journée ensoleillée — température se radoucit — tuyau en
plomb du trop plein du bassin villa se crève et l'eau se ... — je ne
vais pas à St Jean où j'avais promis de me rendre
Vendredi 6 janvier — après un grand vent du Nord dans la nuit, journée venteuse et
pluvieuse — je reste à la serre pour écrire — temps froid —
Samedi 7 janvier — Continuation du vent violent qui s'est levé dans la nuit ; temps
couvert et froid — pas d'ouvriers.
Dimanche 8 janvier — Belle journée — peu de monde aux offices — après repas avancés nous
allons à Carla voir les cochons.
Lundi 9 janvier — Belle journée — à 9 h. arrivée de Mr Camisade qui rentre le soir
Vers les 9 h. 1/2 les 3 Bot commencent de nettoyer le bassin de la villa et
lui du presbytère — continuent d'ajouter les tuyaux de la canalisation et le bois avec
... fils quelques bricollages aux petites fenêtres du rez de chaussée et les 2 du galetas —
... du chemin rural — Oscar a passé une petite 1/2 j. à ferrer des portes du rez de chaussée
Mardi 10 janvier — Vent violent et très froid — Elie et Paul font 1/4 de j. à maçonner les seu...
des petites croix de galetas et du 1ᵉʳ étage — commencé à 9 h — après dîné
... en plus, ils commencent les maçonneries (à la tâche) du bassin lavoir
Mercredi 11 janvier — belle journée — Les 3 Bot continuent les maçonneries du bassin...
Arrivés à 10 heures. Oscar continue à ferrer les portes du rez de ch. à ...
... à tant par porte et repart à 4 h 30ᵐ — Hypolite avec 2 j. et cheval a fait 1 voyage
... a monté 2 caisses de carreaux ciment de 12 kil.
Jeudi 12 janvier — Assez bonne journée — Oscar arrivé à 10 h. a continué à ferrer des portes jusqu'à
5 h — Les 3 maçons ont continué le bassin lavoir — Avec 2 j. et cheval Hypolite a
... 2 voy. de sable — Derniers sacrements à Marie Delbrel.
Vendredi 13 janvier — forte gelée ; mais belle journée — Oscar, comme hier arrivé à 10 h. continua
à ferrer les portes jusqu'à 5 h. — Les 3 Bot, après avoir plié les sacs de chaux et
ciment, reprennent vers 10 h. les maçonneries du bassin lavoir — Hypolite avec 2 j. et le cheval a
été prendre le dernier voyage de sable et monté avec les 2 caisses verre
Samedi 14 janvier — forte gelée ; mais belle journée — Les 3 Bot continuent vers les 9 h. les maço...
du bassin lavoir — Ils ont empaqueté les sacs de ciment de Grenoble. 2 colis 8...
... leur = 130. et ceux de chaux d'Albi : 2 colis. 50 + 39 . 89 — Bot a pris 200ᶠ — Oscar remonte à ...
continue jusqu'à 4 h 1/2 le ferrement des portes de la villa —
Dimanche 15 janvier. Assez bonne journée — très peu de monde aux offices — promenade après repas —
Lundi 16 janvier — Journée froide et venteuse — foire à Couiza. Marie y va — moi je reste à la serre
à écrire et lire —
Mardi 17 janvier — vent, ... pas d'ouvriers

Dimanche 1 janvier. Vent du nord très fort et très froid. Journée affreuse. Très peu
     (1905)   de monde à l'église. Joseph de Mathilde vient nous souhaiter
la bonne année. Paul Tisseyre est monté au sujet de la reprise des travaux et
Bousquet de même. Nuit affreuse de froid.
Lundi 2 janvier. Vent du nord moins fort ; mais aussi froid. Aucun ouvrier ne travaille.
Joseph de Mathilde est parti après dîné ; lui ai donné 13 frs. Aude et Sals (…)
Mardi 3 janvier. Même vent très froid après une nuit de même. Abel et son père
ont essayé mais inutilement de continuer les fouilles de la lapinière.
Mercredi 4 janvier. Cessation du vent ; temps couvert ; menace de neige. Les géra-
niums enfermés à la serre ont été gelés pendant ces nuits de froid.
Jeudi 5 janvier. Journée ensoleillée. température se radoucit. Tuyaux en
plomb du trop-plein du bassin villa se crève et l'eau s'en va. Je ne
vais pas à St Jean où j'avais promis de me rendre.
Vendredi 6 janv. Après un grand vent du nord dans la nuit, journée venteuse et
pluvieuse. Je reste à la serre pour écrire. Temps froid.
Samedi 7 janv. Continuation du vent violent qui s'est levé dans la nuit : temps
couvert et froid. Pas d'ouvriers.
Dimanche 8 janv. Belle journée. Peu de monde aux offices. Après Vêpres avancées nous
allons à Carla voir les cochons.
Lundi 9 janvier. Belle journée. À 9 h. arrivée de M. Caminade qui rentre le soir.
Vers les 9 h. ½ les 3 Bot commencent de nettoyer le bassin de la villa et
celui du presbytère. Continuent d'ajouter les tuyaux de la canalisation et le soir avec
son fils quelques bricolages aux petites fenêtres du rez-de-chaussée et les 2 du Galetas,
côté du chemin rural. Oscar a passé une petite ½ j. à ferrer des portes du rez-de-chaussée.
Mardi 10 janv. Vent violent et très froid. Élie et Paul ½ de j. à maçonner les sent…
des petites croisées du Galetas et du 1er étage. Commencé à 9 h.. Après dîné,
Hortense en plus, ils commencent les maçonneries (à la tâche) du bassin lavoir.
Mercredi 11 janv. Belle journée. Les 3 Bot continuent les maçonneries du bassin lavoir.
Arrivé à 10 heures, Oscar continue à ferrer les portes du rez-de-chaussée à tant
(…) ou à tant par porte et repart à 4 h. 30 m. Hypolitte avec 2 p. et chev. a fait 1 voyage
sable et a monté 2 caisses de carreaux ciment de 125 kil.
Jeudi 12 janvier. Assez bonne journée. Oscar arrivé à 10 h. a continué à ferrer des portes jusqu'à
5 h. Les 3 maçons ont continué le bassin lavoir. Avec 2 p. et chev. Hypolitte a
fait 2 voy. de sable. Derniers sacrements à **Marie Dalbiez**.
Vendredi 13 janv. Forte gelée ; mais belle journée. Oscar, comme hier arrivé à 10 h. continue
à ferrer les portes jusqu'à 5 h. Les 3 Bot, après avoir plié les sacs de chaux et
ciment, reprennent vers 10 h. les maçonneries du bassin lavoir. Hypolitte avec 2 p. et le chev. a
été prendre le dernier voyage de sable et monté avec 2 caisses verres.
Samedi 14 janvier. Forte gelée ; mais belle journée. Les 3 Bot continuent vers les 9 h. les maçonneries du bassin lavoir. Ils ont empaqueté les sacs de ciment de Grenoble 2 colis 85 +
(45 l'un = 130 et ceux de chaux d'Albi : 2 colis : 50 + 39 = 89. Bot a pris *200 frs*. Oscar remonté
à 10 h. a continué jusqu'à 4 h. ½ le ferrement des portes de la villa.
Dimanche 15 janv. Assez bonne journée. Très peu de monde aux offices. Promenade après
Vêpres.
Lundi 16 janvier. Journée froide et venteuse. Foire à Couiza. Marie y va. Moi je reste à la serre
à écrire et lire.
Mardi 17 janv. Vent froid. Pas d'ouvriers.

Mercredi 18 janvier — Vent froid; un peu de soleil — pas d'ouvriers — mort subite de… Théophile…

Jeudi 19 janvier — toujours vent fort et froid; un peu de soleil.

Vendredi 20 janvier — belle journée — sépulture de Toulipe — promenade le soir avec maman et Julie

Samedi 21 janvier — Vent marin froid; un peu de soleil — pas d'ouvriers

Dimanche 22 janv. — Vent froid — peu de monde aux offices — allons à Carla après vêpres.

Lundi 23 janvier — foire à Espéraza — Paul Tisseyre revenu déballe les 2 caisses de verre et
en trouve de brisé 3 des lames longues et 2 des carrés côté cour — Ce verre est
assez laid et assez mince — Il commence la pose de ce verre — Hyppolitte
avec 2 p. et cher. malgré la pluie a fait de la gare 2 voy. de chaux

Mardi 24 janv. — bonne journée — Abel ayant égorgé le cochon fait seulement la soirée
avec son père à la future volière — Bot et Hortense (Paul malade) conti-
les maçonneries du Bassin lavoir a parti de 10 h du matin — Paul le plâtrier termine la pose
des lames de verre non brisées et le soir à 5 h va à Espéraza pour s'informer de l'iteaux — Hypo.
le matin a fait le dernier voyage de chaux avec 2 p. et cher. et le soir a monté le bois de 1 er
envoyé par Blanc de Quillan. bois qui se trouvait en détresse à Couiza depuis 3 ou 4 jours et n'
n'étions pas avisé — Il avait pris en gare pour les faire partir 1° 130 sacs de cim. vide
en deux paquets pour Berthelot et 2° 89 sacs chaux vide en deux paquets pour Albi.

Mercredi 25 janv. — bonne journée — Bot souffrant des dents n'a fait que la matinée aux
maçonneries du Bassin lavoir — Abel et son père n'ont fait que la soirée
à la future volière — Paul le plâtrier après avoir nettoyé la cuisine de la villa a ramassé les
de plâtre vide et à commencé de carreler la dite cuisine —

Jeudi 26 janv. — belle journée — Le maçon malade ne travaille pas — Le plâtrier conti-
carrelage de la cuisine — Les 2 Dellac continuent les fondations du f…
de la volière — Egorgement du 1 er cochon qui a fait 179 K. fort vent du nord dans la nuit

Vendredi 27 janv. — Les deux Dellac continuent les fondations de la volière — Bot toujours…
Le plâtrier finit le carrelement de la cuisine de la villa et pose des appuis
en marbre aux fenêtres du 1 er côté chemin rural — Journée ensoleillée mais froide.

Samedi 28 janv. — temps sec froid — Départ pour Luc de Bot toujours malade — Le pla…
pas venu — Seuls les 2 Dellac ont fait leur journée aux fondations de la

Dimanche 29 janv. — journée froide — peu de monde aux offices — visite des malades

Lundi 30 janv. — journée froide — Le plâtrier fait la journée au remis — Vais monter et tirer

Mardi 31 janv. — journée très froide et venteuse — Le plâtrier travaille au rez de chaussée — p…
et corniche fendillée — Hyppolitte avec 1 p. et cher. a été prendre 20 sacs de plâtre
et a monté 2 paquets de l'iteaux apportés d'Espéraza par le plâtrier.

Mercredi 1 février — journée encore froide — le plâtrier s'occupe à l'ouverture de la fenêtre
Oscar est monté pour prendre la mesure du bois nécessaire à
la villa et nous entretenir au sujet du travail de la journée — Il a déjeuné avec nous
du 2 e cochon qui a pesé 169 Kil. — ai porté le viatique à P. Artozoul — Le soir à
carrière vois les Abel et visité leur travaux de défoncement

Jeudi 2 février — Annonce d'une belle journée — Le plâtrier s'occupe à la cuisine
et plâtrier — Le gendre de Journet est monté pour couper le cochon
était monté la veille pour le tuer — Journet était malade. je vais à la carrière.

Vendredi 3 février — journée froide et venteuse — Le plâtrier continue et termine le pla…
cuisine et prépare la pose de la cheminée — Il ne fait pas grand c…
beaucoup de temps — après dîné je redescend à la carrière — mort de Pierre Artozoul.

Samedi 4 février — belle journée — arrivée du fils Desarnaud monté pour prendre les…
du foyer et du fourneau cuisine — Le plâtrier commence de poser le chem…

Dimanche 5 février — très belle journée — peu de monde aux offices — Le soir, après vêpres,
de G. Artozoul — promenade à la carrière — dire à Sabarthès de monter des…

Lundi 6 février — très belle journée — messe de P. Artozoul — arrivée à Couiza des bri…
par Oscar — Avec Marie allons à Montazels et dépêchons à Hyppolitte
à Couiza prendre 1 voy. de bois — Baptême de Louis Julien Rivière — Hyppolitte a
monté 1 voy. de bois de menuiserie — l'abbé nous gronde de ce que nous n'al…
… mère à repas le soir … pas d'ouvriers

Mercredi 18 janvier. Vent froid ; un peu de soleil. Pas d'ouvriers. Mort subite de Toulippe.
Jeudi 19 janvier. Toujours vent fort et froid ; un peu de soleil.
Vendredi 20 janvier. Belle journée. Sépulture de Toulipe. Promenade le soir avec Marie et Julie.
Samedi 21 janvier. Vent marin froid ; un peu de soleil. Pas d'ouvriers.
Dimanche 22 janv. Vent froid. Peu de monde aux offices. Allons à Carla après Vêpres.
Lundi 23 janvier. Foire à Espéraza. Paul Tisseyre revenu déballer les 2 caisses de verre et
en trouve de brisé 3 des lames longues et 2 des carrées côté cour. Ce verre est
assez laid et assez mince. Il commence la pose de ce verre. Hypolitte
avec 2 p. et chev. malgré la pluie a fait de la gare 2 voy. de chaux.
Mardi 24 janv. Bonne journée. Abel ayant égorgé le cochon fait seulement la soirée
avec son père à la future volière. Bot et Hortense (Paul malade) continuent
les maçonneries du bassin lavoir à partir de 10 h. du matin. Paul le plâtrier termine la pose
des lames de verre non brisées et le soir à 5 h. va à Espéraza pour s'informer de liteaux. Hypolitte
le matin a fait le dernier voyage de chaux avec 2 p. et chev. et le soir a monté le bois de sapin
envoyé par Blard de Quillan, bois qui se trouvait en détresse à Couiza depuis 3 ou 4 jours et nous
n'étions pas avisés. Il avait pris en gare pour les faire partir 1° 130 sacs de cim. Vides
en deux paquets pour Berthelot et 2° 89 sacs chaux vides en deux paquets pour Albi.
Mercredi 25 janv. Bonne journée. Bot souffrant des dents n'a fait que la matinée aux
maçonneries du bassin lavoir. Abel et son père n'ont fait que la soirée
à la future volière. Paul le plâtrier, après avoir nettoyé la cuisine de la villa a ramassé les sacs
de plâtre vides et a commencé de carreler la dite cuisine.
Jeudi 26 janv. Belle journée. Le maçon malade ne travaille pas. Le plâtrier continue le
carrelage de la cuisine. Les 2 Dellac continuent les fondations du fond
de la volière. Égorgement du 1er cochon qui a fait 179 k. Fort vent du nord dans la nuit.
Vendredi 27 janv. Les deux Dellac continuent les fondations de la volière. Bot toujours malade.
Le plâtrier finit le carrelage de la cuisine de la villa et pose des appuis
en marbre aux fenêtres du 1er côté chemin rural. Journée ensoleillée mais froide.
Samedi 28 janv. Temps sec froid. Départ pour Luc de Bot toujours malade. Le plâtrier n'est
pas venu. Seuls les 2 Dellac ont fait leur journée aux fondations de la volière.
Dimanche 29 janvier. Journée froide. Peu de monde aux offices. Visite des malades.
Lundi 30 janvier. Journée froide. Le plâtrier fait la journée au 1er. Vais à Montazels et Marie
Mardi 31 janvier. Journée très froide et venteuse. Le plâtrier travaille au rez-de-chaussée. (…)
et corniches fendillées. Hypolitte avec 1 p. et le chev. a été prendre 20 sacs de plâtre.
et a monté 2 paquets de liteaux apportés d'Espéraza par le plâtrier.
Mercredi 1 février. Journée encore froide. Le plâtrier s'occupe à l'ouverture de la fenêtre.
Oscar est monté pour prendre la mesure au bois nécessaire à (…)
la villa et nous entendre au sujet du travail à la journée. Il a déjeuné avec nous. (…)
du 2ème cochon qui a pesé 169 kil. Ai porté le viatique à P. Artozouls. Le soir ai été à la
carrière voir les Abel et visité leur travaux de défoncement.
Jeudi 2 février. Annonce d'une belle journée. Le plâtrier s'occupe à la cuisine (…)
et plâtrer. Le gendre d'Igounet est monter pour couper le cochon. (…)
était monté la veille pour le tuer. Igounet était malade. Je vais à la carrière.
Vendredi 3 février. Journée froide et venteuse. Le plâtrier continue et termine le plâtre de la
cuisine et prépare la pose de la cheminée. Il ne fait pas grand-chose et perd
beaucoup de temps. Après dîné je redescends à la carrière. Mort de Pierre Artozouls.
Samedi 4 février. Belle journée. Arrivée du fils Dénarnaud monté pour prendre les mesures
du foyer et du fourneau cuisine. Le plâtrier commence de poser la cheminée.
Dimanche 5 février. Très belle journée. Peu de monde aux offices. Le soir après Vêpres, (…)
de G. Artozouls. Promenade à la carrière. Dire à Sabarthès de monter demain.
Lundi 6 février. Très belle journée. Messe de P. Artozouls. Arrivée à Couiza des (…)
par Oscar. Avec Marie allons à Montazels et dépêchons à Hypolitte d'aller
à Couiza prendre 1 voy. de bois. Baptême de Louis Julien Rivière. Hypolitte avec 2 p. et chev. a
monté 1 voy. de bois de menuiserie. L'abbé nous gronde de ce que nous n'allons pas (…)
(… … … …) mère ne va pas la voir. Pas d'ouvriers.

di 7 février — très belle journée; un peu de brouillard le matin — Le plâtrier rentré de sa
fête à Rouffiac. Commence le littonnage et plafonnage des escaliers — Hyppolitte
et 1 paire a été prendre chez Oscar le restant du bois, plus le banc et quelques outils. Vers les 4 h
arrivée d'Oscar avec lequel je passe la soirée à reconnaître le bois expédié de Carcassonne et à le
rentrer — Le temps se rafraîchit et se couvre

Mercredi 8 février — Malgré le brouillard du matin belle journée — Oscar commence ses tra-
-vaux à 3 h et nourri la journée — Le plâtrier continue la cage de l'escalier
littonné et plafonné et plâtré les murs — Vers 9 h 1/2, les 3 Bot revenus et guéris reprennent les maçonne-
-ries du bassin lavoir — Après dîné, avec Marie et Julie nous allons au moulin voir le meunier
malade; il va mieux

Jeudi 9 février — Vent frais; mais bonne journée — Les 3 Bot ont continué les maçonneries du
bassin lavoir — Le plâtrier, le plâtrage de l'escalier et les côtés — Oscar son travail de
scie du bois — Les deux Dellac ont creusé à la journée les fossés de l'évier et canalisation des eaux
moi j'ai continué de tailler les arbustes du jardin —

Vendredi 10 février — Ciel couvert; brouillard, journée froide — Bot et Paul (Hortense malade) le
matin ont continué les maçonneries du couvert bassin lavoir et le soir, à eux
journée ont fait la pose des tuyaux enterrés pour l'écoulement des eaux de l'évier; Paul n'a
commencé la soirée que vers les 2 h environ — Les deux Dellac ont continué les fondations
et la pose des tuyaux de la canalisation — Le plâtrier a plâtré les escaliers et la fouillade —
et a continué son travail à 3 h la journée et est descendu à Couiza —

Samedi 11 février — Ciel couvert; journée froide — Le ferblantier d'Espéraza est monté pour voir à 3 h du soir
le travail à faire — Le plâtrier a posé les tablettes en chêne aux croisées
de la tour et quelques bricolages — Oscar a continué son travail — Les deux Dellac ont con-
-tinué les fondations de la conduite des eaux — Bot et Paul le matin jusqu'à 10 h ont fait et
terminé le béton de la future bibliothèque et terminé la pente de l'écoulement des eaux de l'évier l'a-
-près rural et après jusqu'au soir ont commencé le mur du soutènement du ... emplacement
et aide Sabarthès à voir le travail à faire — Donné 50 c à Abel —

Dimanche 12 février — Rude journée de froid — peu de monde aux offices — visite —

Lundi 13 février — Journée très froide — Après dîné je vais à Montazels voir ma mère; Marie va
à Couiza passer devant M. Roche l'acte de vente du plâtre del Cousch — Dellac
et Abel malade, continue les fondations pour les tuyaux — Oscar continue son travail de
scie — Les Bot arrivés vers les 11 h à cause du froid ne font que la soirée et continuent
à monter le petit mur de soutènement de la volière —

Mardi 14 février — à peu près même journée qu'hier; sur le soir neige sur la montagne —
Oscar continue son travail — Dellac père encore seul continue les fondations
des tuyaux — Arrivé à 9 h, Sabarthès avec l'aide de Paul soude le tuyau
de la villa; le raccord de tuyaux du trop plein du bassin terrasse et adapte d'autres tuy-
-aux robinet, etc. pendant ce temps Elie, depuis 9 h et 1/2 commence à faire dans la villa
le nécessaire à la pose des tuyaux de l'évier — Le soir, Sabarthès avec l'aide d'Elie
fait la pose de la canalisation et Paul s'emploie à la légère — Sabarthès part à 4 h du soir
vu son travail et Elie et Paul continuent leur journée à raser les fondations —

Mercredi 15 février — Journée moins froide — Auguste seul fait la journée — Oscar après
avoir travaillé jusqu'à 4 h du soir, descend à Couiza pour aller à la gare
avec briques vernies, etc. — Elie malade, Paul et Hort. font une très petite
journée maçonnerie volière —

Jeudi 16 février — Journée meilleure — Abel encore malade, Auguste seul fait la journée
seul aussi Paul fait sa petite journée à maçonnerie, Bot étant malade —
monté de Couiza à 8 h continue son travail — Hyppolitte avec les 2 paires seulement
avoir porté au voyage de bois va aussi prendre 1 voy de briques et porte au moulin
... briques vernies, le lui et les outils de Oscar, plus 400 B. 6 trous et 150 brun par long
Vendredi 17 février — Journée moins froide — Oscar est à son travail — Bousquet fait 3/4 de journée
moins 1/2 heure à préparer le passage au tuyaux de l'évier — Auguste seul fait 3/4
seul avec Hortense font 3/4 de journée aux maçonnerie volière (Elie malade)

Mardi 7 février. Très belle journée, un peu de brouillard le matin. Le plâtrier rentré de sa
fête à Rouffiac, commence le littonnage et plafonnage des escaliers. Hypolitte
avec 1 paire a été prendre chez Oscar le restant du bois, plus le banc et quelques outils. Vers les 4 h.
arrivée d'Oscar avec lequel je passe la soirée à reconnaître le bois expédié de Carcassonne et a le
rentrer. Le temps se rafraîchit et se couvre.
Mercredi 8 février. Malgré le brouillard du matin belle journée. Oscar commence ses travaux à 3 h. et nourri la journée. Le plâtrier continue la cage de l'escalier et à littoner
et plafonner et plâtrer les murs. Vers 9 h. ½ les 3 Bot revenus et guéris reprennent les maçonneries du bassin lavoir. Après dîné, avec Marie et Julie nous allons au moulin voir le meunier
malade ; il va mieux.
Jeudi 9 février. Vent frais ; mais bonne journée. Les 3 Bot ont continué les maçonneries du
bassin lavoir. Le plâtrier, le plâtrage de l'escalier et les côtés. Oscar son travail de
débit du bois. Les deux Dellac ont creusé à la journée les fossés de l'évier et canalisation des eaux.
Moi, je continue de tailler les arbustes du jardin.
Vendredi 10 février. Ciel couvert ; brouillard ; journée froide. Bot et Paul (Hortense malade) le
matin ont continué les maçonneries du couvert bassin lavoir et le soir, à la
journée ont fait la pose des tuyaux en terre pour l'écoulement des eaux de l'évier ; Paul n'a
commencé la soirée que vers les 2 h. environ. Les deux Dellac ont continué les fondations
pour la pose des tuyaux de la canalisation. Le plâtrier a plâtré les escaliers et la souillade.
Oscar a continué sont travail à 3 frs la journée et est descendu à Couiza.
Samedi 11 février. Ciel couvert ; journée froide. Le ferblantier d'Espéraza est monté à 3 h. soir
pour voir le travail à faire. Le plâtrier a posé les tablettes en chêne aux croisées du
(…) de la tour et quelques bricolages. Oscar a continué son travail. Les deux Dellac ont continué les fondations de la conduite des eaux. Bot et Paul, le matin jusqu'à 10 h. ont fait et
terminé le béton de la future bibliothèque et terminé la pente de l'écoulement des eaux de l'évier
dans chemin rural et après jusqu'au soir ont commencé le mur du soutènement de l'emplacement
(…) aidé Sabarthès à voir le travail à jour. Donné 50 frs à Abel.
Dimanche 12 février. Rude journée de froid. Peu de monde aux offices. Visite.
Lundi 13 février. Journée très froide. Après dîné, je vais à Montazels voir ma mère ; Marie va
à Couiza passer devant Me. Roché l'acte de vente du **Pla del Bouich**. Dellac
père seul, Abel malade, continue les fondations pour les tuyaux. Oscar continue son travail de
maçonnerie. Les Bot arrivés vers les 11 h. à cause du froid ne font que la soirée à continuer
de maçonner le petit mur de soutènement de la volière.
Mardi 14 février. À peu près, même journée qu'hier ; sur le soir neige sur la montagne.
Oscar continue son travail. Dellac père encore seul continue les fondations
et soude des tuyaux. Arrivé à 9 h. Sabarthès, avec l'aide de Paul soude les tuyaux
de l'évier de la villa ; le raccord du tuyau du trop-plein du bassin terrasse, et adapte d'autres tuyaux, robinets etc. Pendant ce temps Élie, depuis 9 h. et ½ commence de faire dans la villa
(…) nécessaire à la pose du tuyau de l'évier. Le soir, Sabarthès avec l'aide d'Élie
continuent la pose de la canalisation et Paul s'emploie à la légère. Sabarthès part à 4 h. du soir.
(…) son travail et Élie et Paul continuent leur journée à raser les fondations.
Mercredi 15 février. Journée moins froide. Auguste seul fait la journée. Oscar après
avoir travaillé jusqu'à 4 h. du soir, descend à Couiza pour aller à la gare
(…) briques vernies etc. Élie malade, Paul et Hort. font une très petite
journée aux maçonneries volière.
Jeudi 16 février. Journée meilleure. Abel encore malade, Auguste seul fait la journée.
Seul aussi Paul fait sa petite journée à maçonner Bot étant malade.
(…) monté de Couiza à 8 h. continue son travail. Hypolitte avec les 2 paires seulement
(…) avoir porté un voyage de bois va à Luc prendre 1 voy. de briques et porte en montant
des briques vernies ; la cire et les outils de Oscar, plus 400 B. 6 trous et 150 briques (…) long.
Vendredi 17 février. Journée moins froide. Oscar est à son travail. Bousquet fait ¾ de journée
(… …) moins ½ heure à préparer le passage aux tuyaux de l'évier. Auguste seul fait ¾
de j. Paul et Hortense font ¾ de journée aux maçonneries volière (Élie malade).

...errier — Journée moins froide ; un peu de pluie vers les 6 h. matin — Oscar con... sine son trav...
et rentre à Couiza, après avoir pris la note des ferrures à acheter à Limoux — Bousq...
de journée dans la Villa a fait des trous pour la pose du lambris et terminer la sam...
les Bot sont partis depuis hier — seul, comme hier, Auguste fait 3/4 de j. a cause m. temps.
a pris 30 c. pour 1 j. Demain il doit aller à Limoux.

...février — Journée venteuse et pluvieuse — peu de monde aux offices. Oscar à Limou...
...é — Journée froide et neigeuse — seul Oscar est arrivé à 8 h pour sa journée — pas d'autres domes...
...ez — Journée item vent et neige — Oscar seul — Éclairs et tonnerre —
...ez — Journée plus douce — Oscar seul —
...rnée froide — Oscar a continué et Bousquet a fait 3/4 au trous et aux feuillures —
...ez — Journée froide — Oscar et Bousquet : le 1er 1 j. et le second 3/4 — 1 voy. sable 2 j. cheval
...— Journée humide — à 8 h arrivée de Mr Carminade qui visite les travaux, second compte,
essay. de tirer au clair le compte de Oscar, et ne finissant pas, emporte les pièces à Cahors
... — Il repart à 3 3 après dîner et emporte la somme de 571, 80 pour solder les factures
... les deux tuilliers de Limoux ete — Bousquet fait la journée a percé des trous
...his dans la salle à manger — Oscar fait sa journée moins 2 h. ou il se rend à
...ière facture nécessaire à Mr Carminade — 2 voy de sable, par Hyppolite —
... belle journée — peu de monde aux offices — promenade après vêpres —
...vaise journée ; neige, vent — Oscar fait sa journée seul.
...er de soy mal. Bot, Paul et Noël font 3/4 de journée aux macommeries des
...lières — Les deux Abel font le soir seulement 1/2 j chacun — Brouettes de pierres
...fois — Oscar fait sa journée — femme d'Espéraza qui vient demander un secours
...Mars — Après 1 nuit de pluie, Bot et les siens ne font que 1/4 j. le soir aux soliers —
... Oscar fait la journée — Bousquet fait 3/4 au trous pour lambris dans la
...rie va à Couiza régler le boulanger. Oscar descend ce soir — 1 voy. de sable 2 j. et cher.
...i 2 Mars — Journée boueuse humide et froide — Oscar remonte de Couiza à 9 h à centime...
Bousquet a fait 3/4 de j. au sous-sol de la maison et tous — 1 voy. de sable 2 j. ch.
...dredi 3 mars. — Journée froide, humide neigeuse — Oscar seul a fait la journée — Abel et Bot ne
pouvant travailler sont partis pour Lic — Bousquet est monté mais n'a pe travaillé
...et resté à l'ateliers d'Oscar et est parti à 9 h. 1/2 ou 10 h. très mauvais temps — Suis malade —
...nedi 4 mars — Journée excessivement mauvaise ; le père de l'année, grande tourmente de neige
Oscar ne peut travailler du froid — il part à 3 h ; mais effrayé par la vue de la quantité
...neige il revient à Rennes tout bouleversé — Suis malade. Rhume et douleur du côté droit — nuit
...eure de très mauvais temps. beaucoup de neige
...anche 5 mars — très mauvaise journée — a cause de ma maladie, je ne dis pas le mieux
et reste toute la journée dedans — nous avons toujours Oscar qui est affolé par la peur
...ndi 6 mars — La neige commence à fondre — journée moins mauvaise — Oscar et le plâtriers
après avoir travaillé jusqu'à midi à la pose des Calets pour le lambris sont parti
...ei déjeune et Oscar a pris 236 c. en acompte par la trop grande faute de Mr Carminade qui après
...ous avoir promis de nous renvoyer les comptes de Oscar, ne l'a pas fait —
...ardi 7 mars — Nuit et journée venteuse ; neige disparait — vais mieux mais n'ai pas encore
la messe — Guillaume et Barthélemy ne travaillant pas ont été à Couiza avec le
...arnaud, prendre à la gare le fut Rhum et petite aussi briques et quelques lames de parquet
...credi 8 mars — Meilleure journée — pas d'Ouvriers — vais mieux ai dit la messe — tousse beaucoup
...udi 9 mars — Belle journée — Oscar reprend son travail et commence la pose du lambris du salon —
Le plâtrier, le matin pose quelques lames de verres manquant à l'envoi de Mr Pariot
...y, à la journée, commence vers les 2 heures, avec Sabarthès et Bousquet la pose des evies — Bousquet, après
...y jusqu'à 9 h. continué son travail de laton, aide Sabarthès à pose, les tuyaux divers de cuisines —
...barthès arrive vers les 9 h. 1/2 opère la pose des tuyaux en plomb ou au zinc aux cuisines, aux tours
...ai quelques soudures et pose les robinets — Hyppolite a fait avec 2 j. et ch. 2 voy de sable et 118 lames
de parquet de chez Oscar — Moi je vais mieux, me suis un peu amusé à tailler la vigne ; mais
...soleil étant trop chaud j'ai quitté — ni les Bot, ni les Dellau n'ont travaillé — Les chasse...
...ille ... les nôtres sont au bal — alexandrine au ruisseau — Hyppolite a pris 1 co...
...e jour... ... redi.

Samedi 18 février. Journée moins froide, un peu de pluie vers les 6 h. du matin. Oscar continue son travail et rentre à Couiza, après avoir pris la note des ferrures à acheter à Limoux. Bousquet (…) de journée dans la villa à faire des trous pour la pose du lambris et terminé la rainure (… …). Les Bot sont partis depuis hier. Seul, comme hier, Auguste fait ¾ de j. à cause m. temps. (… …) et pris *30 frs* pour 10 j. (demain il doit aller à Limoux).

Dimanche 19 février. Journée venteuse et pluvieuse. Peu de monde aux offices. Oscar à Limoux.

Lundi 20 février. Journée froide et neigeuse. Seul Oscar est arrivé à 8 h. pour sa journée. Pas d'autres (…)

Mardi 21 février. Journée idem, vent et neige. Oscar seul. Éclairs et tonnerre.

Mercredi 22 février. Journée plus douce. Oscar seul.

Jeudi 23 février. Journée froide. Oscar a continué et Bousquet a fait ¾ aux trous et aux feuillures.

Vendredi 24 février. Journée froide. Oscar et Bousquet : le 1er 1 j. et le second ¾. 1 voy. sable 2 p. chev.

Samedi 25 février. Journée humide. À 8 h. arrivée de M. Caminade qui visite les travaux, se rend compte, essaye de tirer au clair le compte de Oscar et ne finissant pas, emporte les pièces à Cahors (… …) Il repart à 3 h. après dîné et emporte la somme de *571,80* pour solder les factures (… … …) des deux tuilliers de Limoux etc. Bousquet fait la journée à percer des trous (… …) lambris dans la salle à manger. Oscar fait sa journée moins 2 h. où il se rend à (… … …) dernière facture nécessaire à M. Caminade. 2 voy. de sable par Hypolitte.

Dimanche 26 février. Belle journée. Peu de monde aux offices. Promenade après Vêpres.

Lundi 27 février. Mauvaise journée : neige, vent. Oscar fait sa journée seul.

Mardi 28 février. (…) guéri de son mal. Bot, Paul et Hort font ¾ de journée aux maçonneries des (… …) volières. Les deux Abel font le soir seulement ½ j. chacun à brouetter des pierres. (… …) foin. Oscar fait sa journée. Femme d'Espéraza qui vient demander un secours.

Mercredi 1 mars. Après 1 nuit de pluie, Bot et les siens ne font que ½ j. le soir aux volières. Oscar fait la journée. Bousquet fait ¾ aux trous pour lambris dans la (…). Marie va à Couiza régler le boulanger. Oscar descend ce soir. 1 voy. de sable 2 p. et chev.

Jeudi 2 mars. Journée boueuse, humide et froide. Oscar remonté de Couiza à 7 h. a continué. Bousquet a fait ¾ de j. au sous-sol de la maison et tour. 1 voy. de sable 2 p. chev.

Vendredi 3 mars. Journée froide, humide, neigeuse. Oscar seul a fait la journée. Abel et Bot ne pouvant travailler sont partis pour Luc. Bousquet est monté mais n'a pu travailler et est resté à l'atelier d'Oscar et est parti à 9 h. ½ ou 10 h. Très mauvais temps. Suis malade.

Samedi 4 mars. Journée excessivement mauvaise ; la pire de l'année, grande tourmente de neige. Oscar ne peut travailler du froid. Il part à 3 h. mais effrayé par la vue de la quantité de neige, il revient à Rennes tout bouleversé. Suis malade. Rhume et douleur du côté droit. Nuit (…) de très mauvais temps. Beaucoup de neige.

Dimanche 5 mars. Très mauvaise journée. À cause de ma maladie, je ne dis pas la messe et reste toute la journée dedans. Nous avons toujours Oscar qui est affolé par la peur.

Lundi 6 mars. La neige commence à fondre. Journée moins mauvaise. Oscar et le plâtrier après avoir travaillé jusqu'à midi à la pose des calets pour le lambris sont partis après déjeuné et Oscar a pris *236 frs* en acompte par *la très grande faute de M. Caminade* qui après nous avoir promis de nous renvoyer les comptes de Oscar ne l'a pas fait.

Mardi 7 mars. Nuit et journée venteuse ; neige disparaît. Vais mieux mais n'ai pas encore dit la messe. Guillaume et Barthélémi ne travaillant pas ont été à Couiza avec (…) Dénarnaud prendre à la gare le fut rhum et petite caisse briques et quelques lames de parquet.

Mercredi 8 mars. Meilleure journée. Pas d'ouvriers. Vais mieux, ai dit la messe, tousse beaucoup.

Jeudi 9 mars. Belle journée. Oscar reprend son travail et commence la pose du lambris du salon. Le plâtrier, le matin, pose quelques lames de verre manquant à l'envoi de M. Pairot. (…) à la journée, commence vers les 2 heures, avec Sabarthès et Bousquet la pose des éviers. Bousquet, après (…) jusqu'à 9 h. continue son travail de la tour, aide Sabarthès à poser les tuyaux divers des cuisines. Sabarthès arrivé vers les 9 h. ½ opère la pose des tuyaux en plomb ou en zinc aux cuisines aux tours et fait quelques soudures et pose les robinets. Hypolitte a fait avec 2 p. et ch. 2 voy. de sable et 118 lames de parquets de chez Oscar. Moi je vais mieux, me suis un peu amusé à tailler la vigne ; mais le soleil étant trop chaud j'ai quitté. Ni les Bot, ni les Dellac n'ont travaillé. Les chapes (… … …) les nôtres sont aux Bals. Alexandrine au ruisseau. Hypolitte a pris 1 colis (… … …) journée de vendredi.

Vendredi . . . mars — Journée venteuse; un peu de pluie le matin — ai passé une très
mauvaise nuit à cause de mon rhume — Hippolite avec 1 p. et le cher. a été
à Castel 20 sacs de plâtre gris et remis les 50 vides peints — Oscar a continué la pose du lo
salon — Le plâtrier a posé l'évier en marbre, fait le pavillon de la cheminée de la souillarde et q
loges — Bousquet, a travaillé à la tour et dans la villa

Samedi 11 mars — Belle et douce journée — Abel et son père ont continué à rem
sol du futur four et scié des pierres blanches avec Bousquet qui a
Le plâtrier a terminé la cheminée de la souillarde et posé le cadre du réduit de dessou
etc — Oscar a continué le lambris du salon et fait le bois de la cheminée souillard
réglé et pris 22 f 50 pour 7 — départ des ouvriers

Dimanche 12 mars — Bonne journée — peu de monde aux offices — après vep
je vais à Montazels voir maman qui est malade être

Lundi 13 mars — Belle journée; vent marin; je vais mieux — Les 3 Bot ser
3/4 de journée et continué les maçonneries volière — Les 2 E
extrait et approché des pierres — Oscar a continué le lambris du salon — l'est
après avoir posé 1 cadre et des taquets à la tour a continué le carrelage de
je l'ai vivement réprimandé de s'être permis de scier 1 lame de lam

Mardi 14 mars — pluie le matin; vent marin froid — Les 3 Bot ont conti
3/4 de j. — Les 2 Dellas 3/4 de j — Oscar a continué le laml
du sous sol — Le plâtrier après avoir terminé le carrelage de la future bibl
plâtrer le réduit de dessous les escaliers de la porte d'entrée —

Mercredi 15 mars — Belle journée — Les 3 Bot ont continué les maçom. du four — au
la charpente — Le plâtrier a passé le 1er 1/4 à vitrer la fenêtre du sous
et le restant de la j. à plâtrer la dite fenêtre et le dessous des escaliers sous sol — Les Abel ont à d

Jeudi 16 mars — Bonne journée — Les 3 Bot continuent les maçonneries du futur four — Oscar
- rue la charpente — Les deux Dellas cassent des cailloux — le plâtrier p
le corridor des sous sol de la maison — Arrivé à 10 h. Sabarthès, avec le concours des Bot et de Oscar pos
le pose de chenaux volière — Le facteur nous annonce l'attaque de l'abbé. vais le voir — Il pleut
vers les 4 heures et tous les ouvriers cessent sauf Oscar. Je me mouille beaucoup à mon retour de

Vendredi 17 mars — Bonne journée — Les 3 Bot maçonnent les chenaux des longs couvert
la pente des eaux — A cause du mauvais temps de la veille, Sabart
remonte 1/4 d'heure pour faire une soudure qui restait — Le plâtrier n'est pas monté — Osca
a continué de poser des chevrons et des lames de parquets sur la toiture. Les Abel ont enfonça
commencement du remontage du four à la fin de la journée.

Samedi 18 mars — Bonne journée. Les 3 Bot (horl. 1/2 j.) continuent le remontage du fo
Oscar continue la charpente — Le plâtrier fait 3/4 de j. avec l'ouvrier
arrivé à 9 h 1/2, a posé les moulures du four et du fourneau. Il a fait le 1er 1/4 le matin à
plâtre — Les deux Dellas ont tantôt brouetté, tantôt écrasé et passé au crible la te
du four et transportés les pierres du four sur les lieux — Hippolite avec 1 paire et cheval
monte les divers travaux du forgeron d'Alet et 2 balles d'engrais (petit voyage)

Dimanche 19 mars — Belle journée — peu de monde aux offices. à 2 h. je vais à Montazels voir m
malades — revenu à 7 h 1/2 à l'heure de S. Joseph —

Lundi 20 mars — Vent marin froid — Oscar ajoute les chevrons et ferre les ouvertures du so
Le plâtrier embâte le forge de la cuisine et commence la pose du fourneau
Élie et son fils, arrivés à 9 h. continuent le remontage du four — Hippolite avec 2 p. et cher. a f
2 voy. de tuiles de la tuilerie de Luc et porté 800 tuiles plus 50 briquettes —

Mardi 21 mars — Belle journée — Oscar prépare les moulures, baguettes et plinthes pour le lam
du salon — Le plâtrier continue le montage du fourneau de la cuisine — Les
Bot, Élie et Paul terminent le four et le peu de maçom. à l'emplacement du vieux four à l'extré de la
souillarde — Hippolite avec 2 p. et le cher. fait encore 2 voy. de tuiles à Luc rapporte 800 tuiles

Mercredi 22 mars — Vers 6 h. un peu de pluie — Oscar pose les moulures, baguettes, etc au lambris du
salon — Le plâtrier continue la pose du fourneau — Les 3 Bot continuent le
maçonneries de la volière — et font 3/4 de journée

Jeudi 23 mars — Oscar s'occupe de la plinthe du lambris et d'une bo . . . et . .

Vendredi 10 mars. Journée venteuse ; un peu de pluie le matin. Ai passé une très mauvaise
nuit à cause de mon rhume. Hypolitte avec 1 p. et le chev. a été prendre chez
Castel 20 sacs de plâtre gris et remis les 50 sacs vide pris hier. Oscar a continué la pose du lambris
au salon. Le plâtrier a posé l'évier en marbre, fait le pavillon de la cheminée de la souillarde et (…)
(…). Bousquet a travaillé à la tour et dans la villa.
Samedi 11 mars. Belle et douce journée. Abel et son père ont continué à (…)
sol du futur four et scié des pierres blanches avec Bousquet qui a (…)
Le plâtrier a terminé la cheminée de la souillarde et posé le cadre du réduit de dessous les escaliers
etc. Oscar a continué le lambris du salon et fait le bois de la cheminée souillarde. Il a
réglé et pris *22 frs 50* pour (…). Départ des ouvriers.
Dimanche 12 mars. Bonne journée. Peu de monde aux offices. Après Vêpres,
je vais à Montazels voir Maman qui est malade et reviens.
Lundi 13 mars. Belle journée, vent marin ; je vais mieux. Les 3 Bot (…)
¾ de journée et continué les maçonneries volière. Les 2 Dellac (…)
extrait et apporté des pierres. Oscar a continué le lambris du salon. (…)
après avoir posé 1 cadre et des taquets à la tour a continué le carrelage de (…)
je l'ai vivement réprimandé de s'être permis de scier 1 lame de (…).
Mardi 14 mars. Pluie le matin ; vent marin froid. Les 3 Bot ont continué (…)
¾ de j. Les 2 Dellac ¾ de j. Oscar a continué le lambris (…)
du sous-sol. Le plâtrier après avoir terminé le carrelage de la future bibliothèque (…)
plâtrer le réduit de dessous les escaliers de la porte d'entrée.
Mercredi 15 mars. Belle journée. Les 3 Bot ont continué les maçonn. du four (… …)
la charpente. Le plâtrier a passé le 1er ¼ à vitrer la fenêtre du sous-sol
et le restant de la j. à plâtrer la dite fenêtre et le dessous des escaliers sous-sol. Les Abel sont à (…).
Jeudi 16 mars. Bonne journée. Les 3 Bot continuent les maçonneries du futur four. Oscar continue les charpentes. Les deux Dellac cassent des cailloux. Le plâtrier (…) le corridor du
sous-sol de la maison. Arrivé à 10 h. Sabarthès avec le concours des Bot et de Oscar font la pose
des chenaux volière. Le facteur nous annonce **l'attaque de l'abbé**. Vais le voir. Il pleut vers les 4
heures et tous les ouvriers cessent sauf Oscar. Je me mouille beaucoup à mon retour de (…)
Vendredi 17 mars. Bonne journée. Les 3 Bot maçonnent les chenaux du long couvert (…)
la pente des eaux. À cause du mauvais temps de la veille, Sabarthès
remonte ¼ d'heure pour faire une soudure qui restait. Le plâtrier n'est pas monté. Oscar
a continué de poser des chevrons et des lames de parquet sur la toiture. Les Abel au défonçage.
Commencement du remontage du four à la fin de la journée.
Samedi 18 mars. Bonne journée. Les 3 Bot (Hort. ½) continuent le remontage du four.
Oscar continue la charpente. Le plâtrier fait ¾ de j. avec l'ouvrier (…)
Arrivée à 9 h. ½, a posé les montures du four et du fourneau. Il a fait le ¼ le matin à
plâtrer. Les deux Dellac ont tantôt brouetté, tantôt écrasé et passé au crible la (…)
du four et transporté les pièces du four sur les lieux. Hypolitte avec 1 paire et cheval a
monté les divers travaux du forgeron d'Alet et 2 balles d'engrais (petit voyage).
Dimanche 19 mars. Belle journée. Peu de monde aux offices. À 2 h. je vais à Montazels voir
Maman malade. Vêpres à 7 h. ½ à cause de S. Joseph.
Lundi 20 mars. Vent marin froid. Oscar ajoute les chevrons et ferre les ouvertures du sous-sol.
Le plâtrier monte le foyer de la cuisine et commence la pose du fourneau.
Élie et son fils, arrivés à 9 h. continuent le remontage du four. Hypolitte avec 2 p. et chev. a fait
2 voy. de tuiles de la tuilerie de Luc et porte 800 tuiles plus 50 briquettes.
Mardi 21 mars. Belle journée. Oscar prépare les moulures, baguettes et plinthes pour le lambris
du salon. Le plâtrier continue le montage du fourneau de la cuisine. Les 3
Bot, Élie et Paul terminent le four et le peu de maçonn. à l'emplacem. du vieux four à l'évier de la
souillarde. Hypolitte avec 2 p. et le chev. fait encore 2 voy. de tuiles à Luc avec ~~2 p. et~~ 800 tuiles.
Mercredi 22 mars. Vers 6 h. un peu de pluie. Oscar pose les moulures, baguettes, etc. au lambris
du salon. Le plâtrier continue la pose du fourneau. Les 3 Bot continuent les
maçonneries de la volière, et font ¾ de journée.
Jeudi 23 mars. Oscar s'occupe de la plinthe du lambris et d'une (… … …).

25 Avril. — belle journée; je promenade après dîné au moulin avec marie et julie — Oscar
a fait la journée aux planches bibliothèque — Brissepe a fait 3/4 de j. à carreler
l'escalier; Les 3 Bot ont amenté le sol du four et commencer le couronnement en barrots du
verger — Guillaume et Barthélemy vont au Bels — Décès de marie Dalbiès

Avril — très belle journée — Les 3 Bot continuent le couronnement en barrots du bassin rond —
Le plâtrier continue le carrelage des paliers de escaliers; pose à l'livre du sous-sol les briques vernies — Oscar continue à préparer les planches de la bibliothèque — Démission de Garignaud
ils ont passé 2 h chacun à poser 1 cadre aux cabinets du rez de chaussée; travail que Oscar aurait
fait de Couiza car c'était déjà payé à l'entreprise —

très belle journée; un peu de vent le soir — Le plâtrier pose le cadre et carrele cabinet rez de chau-
pose cadre porte petite chambre et divers — Oscar continue à préparer planches bibliothèque
du jet d'eau — Les 2 Bot contin. et terminent Couron.t en barrots bassin rond — Sépulture de
beaucoup de monde; nombreuses visites. Le plâtrier ne doit pas remonter de longtemps —

rid — très belle journée — Les 2 Bot ont continué le cimentage du bassin rond — Oscar a
fini le moule en bois du jet d'eau et travaille à la bibliothèque — menace de pluie —

un peu de pluie dans la nuit — ciel couvert et menaçant — forte pluie bienfaisante
à les 6 heures du soir — Avons été à Limoux avec marie et sommes rentrés à 9 h soir
de bonne pour montez — Oscar a travaillé à la bibliothèque — Les 2 Bot ont conti
bassin rond — Belle et calme nuit —

ent marié se lève; temps frais; peu de monde à l'église — réunion de la fabrique
Société à Montazels — 1re Conférence à Couiza où j'ai été — visité à Montazels — Oscar
Bousquet ne sont montés — Les 2 Bot ont fait 3/4 à Cornientes le pied était du jet d'eau
bassin à l'extérieur et terminer les 2 regards pour robinets — Les deux Dellac ont été extraire
luc où ils en trouvent peu et pas joli — Hyppolite avec les 2 paires seulement a été à la gar. le matin
et quittance de bois de Carcassonne — le soir, il a été avec les 2 paires prendre 1 voyage de sable à Luc.

ndi 2 mai — ciel couvert; Oscar continue la bibliothèque — Bousquet travaille les supports des arcs
et à la pierre blanche — Le 2 Bot rejoisent la toiture Bonhomm; bloquent à pierre sèche
les futurs escaliers de comm ms. des deux jardins du jet d'eau; maçonnent et bétonnel le corridor
de la porte de sortie lapinière et cette dernière — Les 2 Dellac font plusieurs travaux— temps froid —

mercredi 3 mai — temps frais — Oscar prépare les 4 dernières chevron volière et les pose — Bousquet
prépare le tour et continue la pierre blanche — Les 2 Bot, tainsme le beton de la
lapinière et commencent les maçonneries du petit mur de clôture jardin verger côté portail — Le 2
Dellac préparent les fouilles des murs de clôture des deux jardins — Sabarthès monté à 8 h pose
les chevaux de la maison Bonhomm et de la volière, côté jardin et par à 5 h ayant pris 200 f à compte

Jeudi 4 mai — mauvaise journée; froide et pluvieuse — Oscar seul fait la journée.

Vendredi 5 mai — Journée très froide, sombre, pluvieuse, averse; — Oscar fait 3/4 de j. et descend à la
gare vers 3 h du soir pour aller retirer les 7 paires perciennes et accessoires pour les faire montez
par Hyppolite qui a été faire 2 voy. de sable avec 2 p. et cher — Les 2 abels et Garignaud ont fait la
journée à Rennes — Les 2 Bot, après avoir travaillé environ 1 h. aux maçonneries du mur chemin rural
côté grand portail, ont quitté ne pouvant continuer à cause du froid — En descendant, Oscar a emporté
20,70 pour le port des perciennes et 25,90 montant de la facture Pariot-Camaby —

Samedi 6 mai — après une nuit de pluie, journée de pluie — seul de tous les ouvriers Oscar
est venu travailler à 8 h 1/2 — Bot a pris 200 f — Abel 100 f sur le défonçage carre

Dimanche 7 mai — nuit de pluie et journée pareille — venue de Mas peintre avec lequel n'
avons causé des futurs travaux — peu de monde aux offices

di 8 mai — nuit de pluie — matinée froide et venteuse douce de 4 h. à la nuit pluie — Les 3 Bot ont
1/2 journée au Couron.t en barrot du petit mur côté était du portail jet d'eau — Les 2 Dellac
ignaud ont fait 3/4 de j. à Rennes sous le ascenseur — Guillaume a aidé un peu — Oscar n'est pas mon
et marie et julie avons été à Couiza — montazels et moi et l'abbé à Espéraza voy.se maury — nous
sommes remontés à 4 h avec la pluie jusqu'à la nuit — Nuit de pluie. Bousquet a fait 3/4 de j.

mardi 9 mai — Les 3 Bot ont fait 3/4 à maçonner le petit mur de clôture chemin rural jardin terrasse
Les 2 Dellac et Garignaud ont fait 3/4 de j. à Rennes — Oscar et Bousquet ont fait les
m.r l'instituteur, m'a dans aidé à faire l'inventaire de l'Eglise — Barthélemy a été à la gare prendre l'énorme
allou... de ...rions de castres —

Il manque les pages du vendredi 24 mars au 24 avril 1905.

Mardi 25 avril. Belle journée ; promenade après dîné au moulin avec Marie et Julie. Oscar
a fait la journée aux planches bibliothèque. Tisseyre a fait ¾ de j. à carreler
(…) l'escalier. Les 3 Bot ont cimenté le sol ; du four et commencer le couronnement en barrots du
(… …) du verger. Guillaume et Barthélémy sont au Bals. Décès de Marie Dalbiès.
Mercredi 26 avril. Très belle journée. Les 3 Bot continuent le couronnement en barrots du bassin
rond. Le plâtrier continue le carrelage du palier des escaliers ; pose à l'évier du sous-sol les briques vernies (… …). Oscar continue à préparer les planches de la bibliothèque. Démission de
Gavignaud. (…) ont passé 2 h. chacun à poser 1 cadre aux robinets du rez-de-chaussée ; travail
qu'Oscar aurait (… …) de Couiza car c'était déjà payé à l'entreprise.
Jeudi 27 avril. Très belle journée ; un peu de vent le soir. Le plâtrier pose le cadre et carrèle
cabinets rez-de-chaussée. (… … …) pose cadre porte petite chambre et divers. Oscar continue à
préparer planches bibliothèque (… … …) jet d'eau. Les 2 Bot contin. et terminent couron. en
barrots ronds. Sépulture de Marie Dalbiès, beaucoup de monde ; nombreuses visites. Le plâtrier ne
doit pas remonter de longtemps.
Vendredi 28 avril. Très belle journée. Les 2 Bot ont ~~continué~~ mencé le cimentage du bassin rond.
Oscar a fini le moule en bois du jet d'eau et travaille à la bibliothèque. Menace de pluie.
Samedi 29 avril. Un peu de pluie dans la nuit. Ciel couvert et menaçant. Forte pluie bienfaisante.
(… … …) vers les 6 heures du soir. Avons été à Limoux avec Marie et sommes rentrés à 9 h. du
soir. (… …) de boue pour monter. Oscar a travaillé à la bibliothèque. Les 2 Bot ont
continué (… … …) bassin rond. Belle et calme nuit.
Dimanche 30 avril. Le vent marin se lève ; temps frais ; peu de monde à l'église. **Réunion de la
Fabrique.**
Lundi 1 mai. (… …) Société à Montazels. 1ère conférence à Couiza où j'ai été. Visite à
Montazels. Oscar (… …) Bousquet ne sont montés. Les 2 Bot ont fait ¾ à cimenter le pied mort
du jet d'eau (… …) bassin à l'extérieur et terminer les 2 regards pour robinet. Les deux Dellac ont
été extraire (… …) Luc où ils en trouvent peu et pas jolies. Hypolitte avec les 2 paires seulement a
été à la gare, le matin (… …) 21 quintaux de bois de Carcassonne. Le soir, il a été avec les 2
paires prendre 1 voyage de sable à Luc.
Mardi 2 mai. Ciel couvert. Oscar continue la bibliothèque. Bousquet travaille les supports des
éviers et à la pierre blanche. Les 2 Bot réparent la toiture Bonhomme ; bloquent à pierre sèche les
futurs escaliers de communic. des deux jardins du jet d'eau ; maçonnent et bétonnent le corridor
de la porte de sortie lapinière et cette dernière. Les 2 Dellac font plusieurs travaux. Temps froid.
Mercredi 3 mai.Temps frais. Oscar prépare les 4 derniers chevrons volière et les pose. Bousquet
prépare les trous et continue la pierre blanche. Les 2 Bot terminent le béton de la lapinière et
commencent les maçonneries du petit mur de clôture jardin verger côté portail. Les 2 Dellac préparent les fouilles des murs de clôture des deux jardins. Sabarthès monté à 8 h. pose les cheneaux
de la maison Bonhomme et de la volière côté jardin et part à 5 h. ayant pris ***200 frs*** acompte.
Jeudi 4 mai. Mauvaise journée, froide et pluvieuse. Oscar seul fait la journée.
Vendredi 5 mai. Journée très froide, sombre, pluvieuse : averses. Oscar fait ¾ de j. et descend à
la gare vers 3 h. du soir pour aller retirer les 7 paires persiennes et accessoires pour les faire monter par Hypolitte qui a été faire 2 voy. de sable avec 2 p. et chev. Les 2 Abel et Gavignaud ont fait
la journée à Rennes. Les 2 Bot après avoir travaillé environ 1 h. aux maçonneries du mur chemin
rural côté grand portail, ont quitté ne pouvant continuer à cause du froid. En descendant, Oscar a
emporté ***20 frs 50*** pour le port des persiennes et ***25 frs 90*** montant de la facture Pariot-Canaby.
Samedi 6 mai. Après une nuit de pluie, journée de pluie. Seul de tous les ouvriers Oscar
est venu travailler à 8 h. ½. Bot a pris ***200 frs***. Abel ***100 frs*** sur le défonçage carrière.
Dimanche 7 mai. Nuit de pluie et journée pareille. Venue de Mas peintre avec lequel nous
avons causé des futurs travaux. Peu de monde aux offices.
Lundi 8 mai. Nuit de pluie. Matinée ~~froide et venteuse~~ douce de 4 h. à la nuit pluie. Les 3 Bot ont
fait ½ journée au Couronn. en barrots du petit mur côté droit du portail jet d'eau. Les 2 Dellac et
Gavignaud ont fait ¾ de j. à Rennes sous les arceaux. Guillaume a aidé un peu. Oscar n'est pas
monté. Avec Marie et Julie avont été à Couiza – Montazels et moi et l'abbé à Espéraza voir sa
maison. Nous sommes remontés à 4 h. avec la pluie jusqu'à la nuit. Nuit de pluie. Bousquet fait ¾
de j.
Mardi 9 mai. Les 3 Bot ont fait ¾ à maçonner le petit mur de clôture chemin rural jardin terrasse.
Les 2 Dellac et Gavignaud ont fait ¾ de j. à Rennes. Oscar et Bousquet ont fait la journée.
M. l'instituteur m'a demandé à faire l'inventaire de l'église. Barthélémy a été à la gare prendre
l'énorme album de tapisseries de Castres

Mercredi 10 mai — journée venteuse et froide — arrivée des deux peintres Laffon de Carca
pour voir le futur travail de peinture — arrivée de l'abbé et sa demoi
promenade ; les uns et les autres passent la journée dînent et repartent le soir — Les 3 Bot o
le petit mur de clôture du jardin des fleurs — Les deux Dellacs et Garignaud ont nettoyé le
partie du jardin des pierres grosses et petites, qui les encombrait — Bousquet a continué
pierres blanches — Oscar a continué les chambranles — Hyppolite a pris 200 +
Jeudi 11 mai — même vent qu'hier — Les 3 Bot ont maçonné le coin malet et chemi
nue le couronnement en cailloux des murs de clôture du chemin russe
2 Dellacs et Garignaud ont continué le nettoyage du chemin et du jardin — Oscar et P
continué leur travail de la valle
Vendredi 12 mai — vent moins froid bonne journée — Les 3 Bot ont fait les joints du c
cailloux et ceux du mur chemin rural côté droit portail — Les 2 Deca
ont extrait pierres et terre sous les arceaux terran — Oscar et Bousquet ont travai
Hyppolite avec 2 p. et cheval a fait les deux derniers voyages de sable de Luc — Del
à Limoux — dépôt des albâtres de la pierreuse.
Samedi 13 mai — très violent vent du Nord — journée de souffrance pour les ou
maçonné sous les arceaux des terrasses — Des 3 terrassiers,
-guet et bonette — Auguste a brouetté avec garignaud, fait les fondations d'
Bousquet a scié et travaillé dans la Villa — Oscar a continué les chambran
Dimanche 14 mai. temps froid — 1re Communion à Montazels où nous
Lundi 15 mai — temps froid. Vais à Castres avec Marie. Seuls Bousquet et Oscar
Mardi 16 mai — même température — Les 3 Bot montent la veille crépissent l'inté
et Bousquet font leur journée. Depuis hier les 2 Dellacs sont à la pla
Mercredi 17 mai — journée plus douce — Les 3 Bot continuent le crépi des volières — Oscar et
travail. Les deux Dellacs sont à desfonce
Jeudi 18 mai — Belle journée — Avec Marie je rentre de Castres où nous avons passé 3 ...
Les 3 Bot continuent à crépir les volières — Oscar et Bousquet leur journée —
Vendredi 19 mai — temps couvert ; un peu de pluie le matin. Orage le soir — En deux voyages, avec
2 paires et le cheval Hyppolite va à la gare prendre les 73 sacs de ciment de
Grenoble — Les 3 Bot ont crépi le lavoir — Oscar et Bousquet ont continué leur travail
Samedi 20 mai — annonce d'une belle journée — Les 2 Bot ont cimenté le lavoir — Oscar
Bousquet ont continué leur travail — Mariage du fils de Maréchal al
Dimanche 21 mai — Belle journée ; peu de monde aux office — promenade après vepres
Lundi 22 mai — Les 2 Bot seuls sont montés pour faire la soirée à cimenter le lavoir — Averse le soir ;
pluie toute la nuit — Bot a terminé le ciment du lavoir dans la nuit.
Mardi 23 mai — matinée pluvieuse — Oscar est monté pour faire sa journée. Bousquet 3/4 j. a fait
les trous au grenier pour recevoir les plinthes que Oscar prépare — Soirée pluvieuse — Les 2 Bot, après
avoir terminé le lavoir ont passé 3/4 d'heure à peu près à poser les taquets du Galetas pour recevoir les plinthes —
Mercredi 24 mai — après une nuit de vent, les boues ont séché — Confirmation à Couiza où je me rends
avec 9 enfants — arrivée de Mr Rouanet — Les 2 Bot ont cimenté la lapinière et couvert
Bousquet a fait en premier les trous des plinthes pour Oscar a préparé les plinthes du 1er. Vent froid
(...) mai — annonce d'une bonne journée — Les 2 Bot continuent le cimentage escaliers lavoir, marc
et croisées four — Oscar pose les plinthes du galetas — Bousquet fait les trous des ouvert
de la lapinière — Rouanet est reparti avec vicaire Esperaza. Monté pour déjeuner,
26 mai — annonce d'une bonne journée — Les 2 Bot, après avoir cimenté les ouvertures du four,
font au ciment les escaliers communiquant le 1er avec le second jardin, font les
(...) des portes de la lapinière — Bousquet continue a fait de petits trous à la villa pour plinthes
(...) est descendu à Couiza pour s'entendre au sujet du sable — Courrier français n...
(...) dite par Azema qu'il en veut 2f le m.C.
Samedi 27 mai — bonne journée ; vent du Nord — Les 2 Bot continuent et terminent les escaliers au coin
avec les maçonneries latérale — Bousquet termine la série de son travail et règle
pose les plinthes du Galetas et règle et prend 78f et Bousquet 58f 50 — Abel de 9 heures à midi
fait 1/4 de journée à préparer le sol pour la fin des escaliers en ciment
Dimanche 28 mai. Belle journée — peu de monde office — nombreuses visite — promenade a

Mercredi 10 mai. Journée venteuse et froide. Arrivée des deux peintres Laffon de Carcassonne pour voir le futur travail de peinture. Arrivée de l'abbé et sa Demoiselle ; promenade ;
les uns et les autres passent la journée, dînent et repartent le soir. Les 3 Bot ont continué le petit mur de clôture du jardin des fleurs. Les deux Dellac et Gavignaud ont nettoyé le (…)
partie du jardin des pierres grosses et petites qui les encombraient. Bousquet a continué (…)
pierres blanches. Oscar a continué les chambranles. Hypolitte a pris *200 frs*.

Jeudi 11 mai. Même vent qu'hier. Les 3 Bot ont maçonné le coin Malet et chemin rural et continué le couronnement en barrots du mur de clôture du chemin rural. Les
2 Dellac et Gavignaud ont continué le nettoyage du chemin et du jardin. Oscar et Bousquet ont continué leur travail de la veille.

Vendredi 12 mai. Vent moins froid, bonne journée. Les 3 Bot ont fait les joints du couronnement en barrots et ceux du mur chemin rural côté droit portail. Les 2 Dellac et Gavignaud
ont extrait pierres et terre sous les arceaux terrasse. Oscar et Bousquet ont travaillé (…)
Hypolitte avec 2 p. et chev. a fait les deux derniers voyages de sable de Luc. Allons (…)
à Limoux. Départ des albums de tapisseries.

Samedi 13 mai. Très violent vent du nord. Journée de souffrance pour les ouvriers (… …)
maçonné sous les arceaux des terrasses. Des 3 terrassiers (… …)
-quel et brouetté. Auguste a brouetté avec Gavignaud, fait les fondations (… …)
Bousquet a scié et travaillé dans la villa. Oscar a continué les chambranles (… …)

Dimanche 14 mai. Temps froid. 1ère Communion à Montazels où nous allons (… …)

Lundi 15 mai. Temps froid. Vais à Castres avec Marie. Seuls Bousquet et Oscar (… …)

Mardi 16 mai. Même température. Les 3 Bot montés la veille crépissent l'intérieur (… …)
et Bousquet font leur journée. Depuis hier les 2 Dellac sont à la (… …)

Mercredi 17 mai. Journée plus douce. Les 3 Bot continuent le crépi des volières. Oscar et Bousquet (… ..) travail. Les deux Dellac sont à défoncer.

Jeudi 18 mai. Belle journée. Avec Marie je rentre de Castres où nous avons passé 3 ou 4 j. Les 3 Bot continuent à crépir les volières. Oscar et Bousquet leur journée.

Vendredi 19 mai. Temps couvert, un peu de pluie le matin, orage le soir. En deux voyages, avec 2 paires et le chev. Hypolitte va à la gare prendre les **73 sacs de ciment** de
Grenoble. Les 3 Bot ont crépi le lavoir. Oscar et Bousquet ont continué leur travail.

Samedi 20 mai. Annonce d'une belle journée. Les 2 Bot ont cimenté le lavoir. Oscar et Bousquet ont continué leur travail. Mariage du fils du Maréchal (…).

Dimanche 21 mai. Belle journée ; peu de monde aux offices. Promenade après Vêpres.

Lundi 22 mai. Les 2 Bot seuls sont montés pour faire la soirée à cimenter le lavoir. Averse le soir. Pluie toute la nuit. Bot a terminé le ciment du lavoir dans la nuit.

Mardi 23 mai. Matinée pluvieuse. Oscar est monté pour faire sa journée. Bousquet ¾ de j. à faire les trous au grenier pour recevoir les plinthes qu'Oscar prépare. Soirée pluvieuse. Les 2 Bot, après avoir terminé le lavoir ont passé ¾ d'heure à peu près à poser les taquets du Galetas pour recevoir les plinthes.

Mercredi 24 mai. Après une nuit de vent, les boues ont séchées. Confirmation à Couiza où je me rends avec 9 enfants. Arrivée de M. Rouanet. Les 2 Bot ont cimenté la lapinière et couloior. Bousquet a fait au premier les trous des plinthes. Oscar a préparé les plinthes du 1er. Vent froid.

Jeudi 25 mai. Annonce d'une bonne journée. Les 2 Bot continuent le cimentage escalier lavoir, marches et croisées four. Oscar pose les plinthes du Galetas. Bousquet fait les trous des ouvertures de la lapinière. Rouanet est reparti avec vicaire Espéraza monté pour déjeuner.

Vendredi 26 mai. Annonce d'une bonne journée. Les 2 Bot après avoir cimenté les ouvertures du four font au ciment les escaliers communiquant le 1er avec le second jardin, font les (…)
(… …) des portes de la lapinière. Bousquet continue à faire de petits trous à la villa pour plinthes. Alexandrine est descendue à Couiza pour s'entendre au sujet du sable. Courrieu François nous fait dire par Azema qu'il en veut 2 frs le m. c.

Samedi 27 mai. Bonne journée ; vent du nord. Les 2 Bot continuent et terminent les escaliers en ciment avec les maçonneries latérales. Bousquet termine la série de son travail et règle.
Oscar pose les plinthes du Galetas et règle et prend 78 frs. et Bousquet 58 frs 50. Abel de 9 heures à midi fait ¼ de journée à préparer le sol pour la fin des escaliers en ciment.

Lundi 29 mai — très belle journée — Oscar continue les plinthes — Les 2 Bot de 9 h. à midi posent des
taquets dans la véla — Le soir commencent le couronn.t à dos rond du mur de malet
Hypolitte avec 2 p. et le cher. fait deux voy. de sable préparé par Courrien à 2 h le m.c.
Mardi 30 mai — Oscar continue son travail. Les 2 Bot continuent le couronn.t à dos d'âne du mur
Hypolitte avec les 2 p. et cher. a fait 2 voy. de sable toujours de Courrien — Visites
Mercredi 31 mai — Oscar continue les fenêtres du four — Les 2 Bot crépissent et font les joints du mur
de séparation de malet — Il va à Montazels et à Bastabien et Espéraza —
Jeudi 1 juin — belle journée — Ascension peu de monde aux offices — visite. quête 1re com. à Couiza
Vendredi 2 juin — Oscar seul est monté — hier matin Sabatier est venu au sujet des plombs a fourni —
Oscar a travaillé environ 2 heures a une porte d'entreprise
Samedi 3 juin — Chaude journée — Oscar remonté a travaillé environ jusqu'à 10 heures à la porte d'entrée
prise et alléguant indisposition est reparti pendant que je disais la messe
Dimanche 4 juin — Chaude journée — peu de monde aux offices — à Couiza fête secours mutuel. 1. orage
Lundi 5 juin — bonne journée ; menace de pluie à la fin — vais à Couiza à la conférence
et de là à Montazels — Oscar ni Bousquet n'ont travaillé — Denarnaud d'Alet
avec 2 ouvriers est monté pour commencer la pose des grilles du jardin côté chemin rural et
ferrer les portes — Hypolitte avec 1 paire et le cher. a été prendre à Couiza les fers et la pierre
de grès commandée : environ 900 kilog — Bot et son fils, après avoir continué le couronn.t
du mur du verger côté malet, ont laissé ce travail vers les 10 h. pour continuer a couronner de barroti
le mur chemin rural afin de ne pas retarder Denarnaud — le temps se refroidit
Mardi 6 juin — Journée froide : il pleut vers les 7 h et dans l'après-dîné — malgré le mauvais
temps, Bousquet fait sa journée tantôt dedans tantôt dehors — Oscar pose
les plinthes et fait quelques autres petits travaux — Les 3 ouvriers d'Alet peuvent aussi s'occuper
soit à la pose des grilles, soit à ferrer les portes volière — Seuls les 2 Bot sont obligés d'interrompre
leurs tâches pendant qu'il pleut — Y. Saffon peintre de Carcassonne est monté comme
il l'avait écrit, a pris le travail et avons passé la police —
Mercredi 7 juin — Journée fraîche — Oscar et Bousquet continuent leurs travaux — Les 2
Bot continuent le couronn.t en barroti du mur chem. rural, le terminent et
commencent à faire les joints au ciment — Les 3 ouvriers d'Alet continuent la pose de la grille
et autres — quelques gouttes de pluie et menace d'orage.
Jeudi 8 juin — Oscar et Bousquet font leur journée — Les 3 ouvriers d'Alet font leur journée
Les 2 Bot continuent les joints au ciment du couronn.t mur rural
Vendredi 9 juin — Oscar, Bousquet et les 3 ouvriers d'Alet font leur journée — Bot avec sa
femme (Paul malade) ont terminé les joints du mur chemin rural
Samedi 10 juin — Oscar, Bousquet et les 3 ouvriers d'Alet ont fait la journée ; ces derniers
sont partis à 6 heures sans souper — Matinée de pluie — Bot, après avoir
travaillé environ 1/2 heure a cessé à cause du mauvais temps — lui ayant refusé 200 fr
qu'il me demandait 1 mais trop tôt, il est parti pour Luc après midi — Visite de
Mathilde venue pour nous apporter des cerises — maladie, agonie et décès de Pompomette
que nous avons enterré dans le jardin du verger après l'avoir mise dans une petite caisse
Marie et Julie ont beaucoup pleuré — Bousquet a été le fossoyer — Abel a pris 50 + 11. 25
Dimanche 11 juin — journée froide et pluvieuse — peu de monde aux offices. Visite.
Lundi 12 juin — belle journée — Oscar seul fait la journée aux plinthes — Les Bot ne sont pas
montés — beaucoup de visites d'Espéraza — Arrive par le train de 11 h 40, avec
Gazel allons d'1 jean avec voiture de Mathilde conduite par Joseph
Mardi 13 juin — belle journée — Oscar fait la journée aux cabinets d'aisance — Les 2 Bot
continuent le couronnement et joints du mur verger —
Mercredi 14 juin — belle journée — retour de 1 jean avec Gachon et Gazel par Rennes avec menace
de pluie — Oscar a travaillé aux cabinets — Les 2 Bot aux couronnement
Jeudi 15 juin — bonne journée — jusqu'au déjeuner les 2 Bot continuent les joints. Après, Paul
continue seul les joints pendant que Elie pour environ 3/4 de journée a arrangé
les cabinets et fosses d'aisance a la journée — Oscar continue les boiseries des cabinets
Vendredi 16 juin — Les 2 Bot terminent les joints et commencent la jetée murette du verger — Oscar
continue les chambranles de portes en chêne et dessus sol —

Lundi 29 mai. Très belle journée. Oscar continue les plinthes. Les 2 Bot de 9 h. à midi posent des taquets dans la villa. Le soir commencent le couronn. à dos rond du mur de Malet.
Hypolitte avec 2 p. et le chev. fait deux voy. de sable préparé par Courrieu à 2 frs le m. c.
Mardi 30 mai. Oscar continue son travail. Les 2 Bot continuent le couronn. à dos d'âne du mur.
Hypolitte avec les 2 p. et chev. a fait 2 voy. de sable toujours de Courrieu. Visites.
Mercredi 31 mai. Oscar continue les fenêtres du four. Les 2 Bot crépissent et font les joints du mur de séparation de Malet. Je vais à Montazels et à **Pastabrac** et Espéraza.
Jeudi 1 juin. Belle journée. Ascension. Peu de monde aux offices : visites, quête. 1ère Com. à Couiza
Vendredi 2 juin. Oscar seul est monté. Hier matin Sabarthès est venu au sujet des plombs à fournir. Oscar a travaillé environ 2 heures à une porte d'entreprise.
Samedi 3 juin. Chaude journée. Oscar remonté a travaillé environ jusqu'à 10 heures à la porte d'entreprise et alléguant indisposition est reparti pendant que je disais la messe.
Dimanche 4 juin. Chaude journée. Peu de monde aux offices. À Couiza fête secours mutuel. 1 orage
Lundi 5 juin. Bonne journée ; menace de pluie à la fin. Vais à Couiza à la conférence et de là à Montazels. Oscar ni Bousquet n'ont travaillé. Dénarnaud d'Alet avec 2 ouvriers est monté pour commencer la pose des grilles du jardin côté chemin rural et ferrer les portes. Hypolitte avec 1 paire et le chev. a été prendre à Couiza les fers et la pierre de grès commandée : environ 900 kilog. Bot et son fils, après avoir continué le couronn. du mur du verger côté Malet, ont laissé ce travail vers les 10 h. pour continuer à couronner de barrots le mur chemin rural afin de ne pas retarder Dénarnaud. Le temps se refroidit.
Mardi 6 juin. Journée froide ; il pleut vers les 7 h. et dans l'après-midi. Malgré le mauvais temps, Bousquet fait sa journée tantôt dedans tantôt dehors. Oscar pose les plinthes et fait quelques autres petits travaux. Les 3 ouvriers d'Alet peuvent aussi s'occuper soit à la pose des grilles, soit à ferrer les portes volière. Seuls les 2 Bot sont obligés d'interrompre leurs tâches pendant qu'il pleut. Y. Laffon peintre de Carcassonne est monté comme il l'avait écrit, a pris le travail et avons passé la police.
Mercredi 7 juin. Journée fraîche. Oscar et Bousquet continuent leurs travaux. les 2 Bot continuent le couronn. en barrots du mur chem. rural, le terminent et commencent à faire les joints au ciment. Les 3 ouvriers d'Alet continuent la pose de la grille et autres. Quelques gouttes de pluie et menace d'orage.
Jeudi 8 juin. Oscar et Bousquet font leur journée. Les 3 ouvriers d'Alet font leur journée. Les 2 Bot continuent les joints au ciment du couronn. mur rural.
Vendredi 9 juin. Oscar, Bousquet et les 3 ouvriers d'Alet font leur journée. Bot avec sa femme (Paul malade) ont terminé les joints du mur chemin rural.
Samedi 10 juin. Oscar, Bousquet et les 3 ouvriers d'Alet ont fait la journée ; ces derniers sont partis à 6 heures sans souper. Matinée de pluie. Bot, après avoir travaillé environ ½ heure a cessé à cause du mauvais temps. Lui ayant refusé 200 frs qu'il me demandait 1 mois trop tôt, il est parti pour Luc après-midi. Visite de Mathilde venue pour nous apporter des cerises. Maladie, agonie et décès de Pouponnette que nous avons enterrée dans le jardin du verger après l'avoir mise dans une petite caisse. Marie et Julie ont beaucoup pleuré. Bousquet a été le fossoyeur. Abel a pris *50 frs + 11 frs 25*.
Dimanche 11 juin. Journée froide et pluvieuse. Peu de monde aux offices. Visites.
Lundi 12 juin. Belle journée. Oscar seul fait la journée aux plinthes. Les Bot ne sont pas montés. beaucoup de visites d'Espéraza. Arrivé par le train de 11 h 40 avec Gazel allons à St Jean avec voiture de Mathilde conduite par Joseph.
Mardi 13 juin. Belle journée. Oscar fait la journée aux cabinets d'aisance. Les 2 Bot continuent le couronnement et joints du mur verger.
Mercredi 14 juin. Belle journée. Retour de St Jean avec Gachem et Gazel pour Rennes avec un peu de pluie. Oscar a travaillé aux cabinets. Les 2 Bot aux couronnements.
Jeudi 15 juin. Bonne journée. Jusqu'au déjeuné les 2 Bot continuent les joints. Après, Paul continue seul les joints pendant que Élie passe environ ¾ de journée à arranger les cabinets et fosses d'aisance à la journée. Oscar continue les boiseries des cabinets.
Vendredi 16 juin. Les 2 Bot terminent les joints et commencent la petite murette du (…). Oscar continue les chambranles des portes en chêne et du sous-sol.

Samedi 17 Juin — Départ de Gachen et Gazel qui passent à montazels avec moi. retour à Rennes vers les 5 heures; je me mouille — Oscar a continué les chambranles — Les 2 Bot après avoir posé le couronnement en barrots de la loge du singe et crépi un peu du mur du réservoir, partent par Luc vers les 5 h. du soir. Oscar descend à 6 h. 30 — Grands orages de pluie et de grêle —

Dimanche 18 Juin — C. 1te Unité — peude monde. Orage sur la montagne annonce fête extraordinaire —

Lundi 19 Juin — Oscar continue les chambranles et les pose au 1. sol — Les 2 Bot, le matin, arrivés à 9 h. bétonnent et ciment la queue du singe; le soir cimentent le puit après avoir tiré l'eau — Marie a été à Couiza faire partir coli papiers peints et barrique de vin pour Edouard — Les 2 Bot ayant fini de cimenter le puit à 4 h. vont faire au ciment les joints de la banquette des lapins. Antoine bouillet qui avait apporté à la gare le vin d'Edouard, a monté 4 sacs de chaux de chez Sabatier —

Mardi 20 Juin — Belle journée — Oscar a continué son travail — Les 2 Bot, après avoir crépi le mur extérieur du long couvert ont réparé la porte d'entrée de la maison bonhomme —

Mercredi 21 Juin — Chaude journée — Visite du représentant maison Courtadon — Oscar a fait la charpente de la loge du singe — Les 2 Bot jusqu'à midi ont travaillé au couronnement loge du singe; après pendant 2 heures ont passé du sable et préparé le sol de la terrasse pour refaire le ciment manqué — Vers les 3 heures ils sont revenus à la loge du singe —

Jeudi 22 Juin — très chaude journée — Fête de l'adoration renvoyée au Dimanche 25 Juin. Oscar continue son travail — Bousquet fait des trous pour taquets et prépare les trous pour recevoir la grille d'Alet — Les 2 Bot; après avoir terminé la loge du singe posent des taquets dans la villa et commencent la pose du piédestal de la Vierge terrasse —

Vendredi 23 Juin — très chaude journée — Oscar continue et règle 57 m — Bousquet continue les trous du mur — Les 2 Bot après avoir terminé le piédestal de la terrasse commencent la pose du fourron du parapet tour basse — Marie a Limoux achète des ris. Opiniâtre saignement de nez de Julie Sabatier. Guérit vendredi Dimanche —

Samedi 24 Juin — Chaude journée — S. Jean Baptiste — Bousquet a fait des trous et taillé pierre blanche — Les 2 Bot après avoir passé la matinée à continuer le couronnement de la tour basse avec les restes de pierre blanches, ont passé la soirée à faire au ciment les escaliers du sous sol terrasse côté tour crénelée — Suivant son habitude Paul gaspille son temps —

Dimanche 25 Juin — fraiche journée — fête de l'Adoration perpétuelle — très peude monde; pas de grêle — Sabatier et son fils nous font de la Musique. Visite des membres de la Société de Sciences — Repas le soir — beau juillet —

Lundi 26 Juin — Annonce d'une chaude journée — foire à Couiza — je vais à montazels —

Mardi 27 Juin — Bonne journée, un peu de pluie le soir — Bousquet seul a fait sa journée — Hyppolite avec 2 paires seulement a porté de la gare 400 barrots de trèbes, des ferrures d'Alet, 1 caisse huile et du suffa. Petit voyage. Les autres ouvriers ne sont pas montés.

Mercredi 28 Juin — Bonne journée — Oscar est remonté et a fait sa journée au lambris en chêne de la porte d'Entrée — Les 3 Bot remontés vers les 9 heures, ont commencé le cimentage du trop plein du bassin terrasse — Bousquet, le matin a continué à préparer briques et pierres. Le soir, avec Abel a scié — Auguste a préparé le terrain pour escaliers portail jardin verger —

Jeudi 29 Juin — journée de vent marin — Bousquet après avoir continué de préparer les briques pour tourelle. dresse le mur porte d'entrée villa pour lambris — Oscar après avoir continué le lambris en chêne laisse ce travail pour commencer la plinthe du Gd escalier — Les 2 Bellaro continuent et terminent les fondations pour recevoir le tuyau trop plein du bassin lavoir — Les 3 Bot continuent et terminent le cimentage du trop plein bassin terrasse. Nous envoyons le fossoyeur à Couiza prendre 2 sacs de chaux —

Vendredi 30 Juin — Ciel couvert; tonnerre; quelque peu de pluie — Les 3 Bot après avoir commencé les 2 marches en ciment du Gd portail sont dérangés par la pluie; ils terminent enfin ce travail dans la journée avec la petite réparation au ciment à gauche et droite de l'entrée de la villa pour recevoir le lambris — Oscar continue les plinthes des escaliers et Bousquet la pierre blanche —

Samedi 1 Juillet — Chaude journée — Oscar a continué les plinthes et lambris; il a réglé et pris 69 m 75 et est descendu avec sa femme et sa fille que nous avons depuis 2 ou 3 jours. Bousquet a continué la pierre blanche et la brique — Les 2 Bot ont terminé les 2 marches du Gd portail des vestibule, ont fait le ciment manqué de la terrasse et continué le couronnement tour basse —

Dimanche 2 Juillet — Chaude journée — peude monde aux offices — visites — promenade —

Samedi 17 juin. Départ de Gachem et Gazel qui passent à Montazels avec moi, retour à Rennes vers les 5 heures ; je me mouille. Oscar a continué les chambranles. Les 2 Bot après avoir posé le couronnement en barrots de la loge du singe et crépi un peu du mur du réservoir partent pour Luc vers les 5 h. du soir. Oscar descend à 6 h. 50 m. Grands orages de pluie et de grêle.

Dimanche 18 juin. T. Ste Trinité. Peu de monde. Orages sur la montagne. Annonce Fête Adoration

Lundi 19 juin. Oscar continue les chambranles et les pose au s-sol. Les 2 Bot, le matin arrivés à 9 h. bétonnent et cimentent la guérite du singe. Le soir cimentent le puits après avoir tiré l'eau. Ma rie a été à Couiza faire partir colis papiers peints et barrique de vin pour Édouard. Les 2 Bot ayant fini de cimenter le puits à 4h. vont faire au ciment les joints de la banquette des lapins. Antoine Truillet qui avait apporté à la gare le vin d'Édouard a monté 4 sacs de chaux de chez Saunièrou.

Mardi 20 juin. Belle journée. Oscar a continué son travail. Les 2 Bot, après avoir crépi le mur extérieur du long couvert ont réparé la porte d'entrée de la maison Bonhomme.

Mercredi 21 juin. Chaude journée. Vis. du représentant Maison Courtadon. Oscar a fait la charpente de la loge du singe. Les 2 Bot jusqu'à midi ont travaillé au couronnement loge du singe ; après pendant 2 heures ont passé du sable et préparé le sol de la terrasse pour refaire le ciment manqué. Vers les 3 heures ils sont revenus à la loge du singe.

Jeudi 22 juin. Très chaude journée. Fête de l'Adoration renvoyée au dimanche 25 juin. Oscar continue son travail. Bousquet fait des trous pour taquets et prépare les trous pour recevoir la grille d'Alet. Les 2 Bot, après avoir terminé la loge du singe posent des taquets dans la villa et commencent la pose du **piédestal de la Vierge** terrasse.

Vendredi 23 juin. Très chaude journée. Oscar continue et règle *57 frs*. Bousquet continue les trous du mur. Les 2 Bot, après avoir terminé le piédestal de la terrasse commencent la pose du couronn. du parapet tour basse. Marie à Limoux acheter des oies. Opiniâtre saignement de nez de Julie. Sabatier liquoriste viendra dimanche.

Samedi 24 juin. Chaude journée. S. Jean Baptiste. Bousquet a fait des trous et taillé pierre blanche. Les 2 Bot après avoir passé la matinée à continuer le couronnement de la tour basse avec les restes de pierres blanches, ont passé la soirée à faire en ciment les escaliers du sous-sol terrasse côté tour crénelée. Suivant son habitude Paul gaspille son temps.

Dimanche 25 juin. Fraîche journée. Fête de l'Adoration perpétuelle. Très peu de monde : pas de quête. Sabatier et son fils nous font de la musique ; **Visite des membres de la Société de sciences**. Repos le soir. Tranquillité.

Lundi 26 juin. Annonce d'une chaude journée. Foire à Couiza. Je vais à Montazels.

Mardi 27 juin. Bonne journée ; un peu de pluie le soir. Bousquet seul a fait la journée. Hypolitte avec 2 paires seulement a porté de la gare 400 barrots de Trèbes, des ferrures d'Alet, 1 caisse huile et du soufre. Petit voyage. Les autres ouvriers ne sont pas montés.

Mercredi 28 juin. Bonne journée. Oscar est remonté et a fait sa journée aux lambris en chêne de la porte d'entrée. Les 3 Bot remontés vers les 9 heures ont commencé le cimentage du trop-plein du bassin terrasse. Bousquet, le matin a continué à préparer briques et pierres. Le soir, avec Abel a scié. Auguste a préparé le terrain pour escaliers portail jardin verger.

Jeudi 29 juin. Journée de vent marin. Bousquet, après avoir continué de préparer les briques pour tourelle, dresse le mur porte d'entrée villa pour lambris. Oscar, après avoir continué le lambris en chêne laisse ce travail pour commencer la plinthe du Gd escalier. Les 2 Dellac continuent et terminent les fondations pour recevoir les tuyaux trop-plein du bassin lavoir. Les 3 Bot continuent et terminent le cimentage du trop-plein bassin terrasse. Nous envoyons le fossoyeur à Couiza prendre 2 sacs de chaux.

Vendredi 30 juin. Ciel couvert ; tonnerre, quelque peu de pluie. Les 3 Bot après avoir commencé les 2 marches en ciment du Gd portail sont dérangés par la pluie ; ils terminent enfin ce travail dans la journée avec la petite réparation au ciment à gauche et droite de l'entrée de la villa pour recevoir le lambris. Oscar continue la plinthe des escaliers et Bousquet la pierre blanche.

Samedi 1 juillet. Chaude journée. Oscar a continué les plinthes et lambris ; il a réglé et pris 69 frs 75 et est descendu avec sa femme et sa fille que nous avions depuis 2 ou 3 jours. Bousquet a continué la pierre blanche et la brique. Les 2 Bot ont terminé les 2 marches du Gd portail le vestibule ; ont fait le ciment manqué de la terrasse et continué le couronn. tour basse.

Dimanche 2 juillet. Chaude journée. Peu de monde aux offices. Visites. Promenade.

Lundi 3 juillet — forte chaleur; temps malade — 3e conférence ou je ne vais pas — Hypolitte avec 1 pair a été prendre les ferrures d'alet: 1 repas — Denarnaud Père et 2 de ses ouvriers sont montés pour poser la deuxième partie de la grille du jardin terrasse — Oscar monté avec eux n'a commencé qu'à 9 heures (le fainéant) — Les Bot ne sont pas venus — Oscar a porté 2 pièces de chêne pour la porte vitrée (Le 1er de 2m80 long. 33c larg. et 7c épais. prix: 12 90 — Le 2e de 2m25 + 12 + 5 — prix: 3.

Mardi 4 juillet — un vrai cyclone de vent a ravagé la contrée: dégats énormes; nous sommes consternés — Les Bot ne sont pas encore remontés — Oscar a continué depuis hier et samedi la porte vitrée: il la rend plus douce — Les 3 ouvriers d'alet ont fini la pose de la seconde partie de la grille et la loge du singe — Sabarthès monté vers les 8h a posé avec l'aide de Bousquet 1° les tuyaux moitié fonte et moitié plomb du trop plein du bassin lavoir au bassin vert 2° le trop plein du bassin terrasse et le tuyau de l'évier du sous-sol — Les maçons de Couiza ont fait en l'absence de Bot 3 soudures anciennes nous avons payé le café à tout le monde — Bousquet a travaillé un peu partout —

Mercredi 5 juillet — Journée venteuse couverte et fraîche — Arrivée à 9 h. Bot n'ont cimenté le trop plein du bassin terrasse et commencé le Couron[t] de la tourelle tour basse — Bousquet répare la brique. Les 3 forgerons après avoir partagé la grande plaque commencent avec Oscar la pose des persiennes et n'y avancent guère — Vers les 16 h. un des ouvriers est parti pour alet prendre des vis et est rentré vers midi et demi — visite de l'abbé, sa demoiselle et M. Sabière Père.

Jeudi 6 juillet — Nuit et journée fortement venteuse et froide — Les 2 Bot continuent le Couron[t] en brique de la tour basse — Bousquet s'occupe à diverses choses — Oscar continue la porte vitrée — Les 3 forgerons, après avoir grillé la loge du singe et coupé la plaque continuent la pose des persiennes après s'être fait échafauder par Bot 3 fois —

Vendredi 7 juillet — Meilleure journée — Les 3 forgerons d'alet finissent de couper la plaque et de griller la loge du singe — Les 2 Bot et Bousquet réparent la cheminée de la Villa entre le déjeuner et le diner — Dans le reste de la j. Les 2 Bot continuent et finissent le couron[t] de la tour basse et Bousquet à diverses choses — Oscar continue la porte vitrée de la Villa — Denarnaud rentre à alet après avoir pris 400f   Visite —

Samedi 8 juillet — Vent marin chaud; visite de baigneurs — Oscar a continué la porte vitrée — Bousquet s'est occupé de diverses choses: taille pierre nettoyages etc — Sabarthès est monté pour poser le zinc sur la loge du singe; pose la cuvette, etc et s'entretient avec le maçon pour arranger les chéneaux Villa du côté cour — Les 2 Bot ont grillé la main à Sabarthès, remis en les sacs et continué les joints aux biques d— parapet tour basse (200f donné à Bot.

Dimanche 9 juillet — temps frais et couvert: presque personne aux offices — Soir à la pêche

Lundi 10 juillet — temps venteux et couvert. Bot seul et son fils — Vais à Montazels avec Marie

Mardi 11 juillet — Jusqu'à midi les 2 Bot et Bousquet ont échafaudé dans la cour — Le soir Bousquet a réparé les trous pour les réparations des chéneaux et les 2 Bot ont fait en barrot le couronnement des petits murs escalier sous sol tour grande — Oscar a continué porte vitrée

Mercredi 12 juillet — comme hier journée de chaleur — Oscar s'occupe de poser des laisses au petit cavot du sous sol — Arrivé à 6h 1/2 Sabarthès avec Bot s'occupent de réparer le chéneau toiture, villa, côté cour, pendant que Bonil cimente le seuil des croisés à 10 heures Sabarthès ayant terminé son travail rentre chez lui après avoir pris 200f à compte Les 2 Bot ayant fini le cimentage du chéneau du toit vers 2 h du soir, enlèvent l'échaffaudage sans le secours de Bousquet et mettent de l'ordre à la toiture du presbytère — Visite de Douzens —

Jeudi 13 juillet — chaude journée et vent Cers — Oscar passe la j. à continuer la bibliothèque — Les 2 Bot, jusqu'à 3 h. du soir terminent les petits travaux: cimentées l'appendre porte et croisées, tourelle etc, etc — A 3 h du soir ils commencent à la journée les murs à pierres sèches —

Vendredi 14 juillet — Très chaude journée — Fête de la République — Les 2 Bot et Oscar obsent — Marie a limé une cuve achetée volaille — Les 2 Abels prêchent le Labadou — moi à la pêche

Samedi 15 juillet — très chaude journée — Oscar continue la bibliothèque — Les 2 abels sont au Labadou — Les autres manquent — arrivée liqueurs Sabatié —

Dimanche 16 juillet — très chaude j; menace d'orage — personne à l'église. tous aux champs Abel a pris 100f sur le défourage

Lundi 17 juillet — très chaude journée — vais à Carcassonne chez les Sabatié — Les 2 Bot ont continué les murs à pierre sèche — Oscar a continué la porte vitrée — Les 2 abels ont continué le Labadou — -

Lundi 3 juillet. Forte chaleur ; temps malade. 3ème conférence où je ne vais pas. Hypolitte avec 1 paire a été prendre les ferrures d'Alet : 1 repas. Dénarnaud Père et 2 de ses ouvriers sont montés pour poser la deuxième partie de la grille du jardin terrasse. Oscar monté avec eux n'a commencé qu'à 9 heures (le fainéant). Les Bot ne sont pas venus. Oscar a porté 2 pièces de chêne pour la por -te vitrée (le 1er de 2 m 80 long. et 7 cm épais. prix : *12,90*. Le 2ème de 2 m 25 + 12 + 5 prix *3 frs*.

Mardi 4 juillet. Un vrai cyclone de vent a ravagé la contrée : dégâts énormes ; nous sommes consternés. Les Bot ne sont pas encore remontés. Oscar a continué depuis hier et samedi la porte vitrée ; il la prend à la douce. Les 3 ouvriers d'Alet ont fini la pose de la seconde partie de la grille et la loge du singe. Sabarthès monté vers les 8 h. a posé avec l'aide de Bousquet 1° les tuyaux moitié fonte et moitié plomb du trop-plein du bassin lavoir rond. 2° le trop-plein du bassin terrasse et les tuyaux de l'évier du sous-sol. Les maçons de Couiza ont fait en l'absence de Bot 3 soudures au ciment. Nous avons payé le café à tout le monde. Bousquet a travaillé un peu partout.

Mercredi 5 juillet. Journée venteuse, couverte et fraîche. Arrivés à 9 h. Bot et Paul cimentent le trop-plein du bassin terrasse et commencent le couronn. de la tourelle tour basse. Bousquet prépare la brique. les 3 forgerons, après avoir partagé la grande plaque commencent avec Oscar la pose des persiennes et n'en avancent guère. Vers les 10 h. un des ouvriers est parti pour Alet pren -dre des vis et est rentré vers midi et demi. Visite de l'abbé, sa **Demoiselle et M. Salières Père**.

Jeudi 6 juillet. Nuit et journée fortement venteuses et froides. Les 2 Bot continuent le couronn. brique de la tour basse. Bousquet s'occupe à diverses choses. Oscar continue la porte vitrée. Les 3 forgerons, après avoir grillé la loge du singe et coupé la plaque, continuent la pose des persiennes après s'être fait échafauder par Bot 3 fois.

Vendredi 7 juillet. Meilleure journée. Les 3 forgerons d'Alet finissent de couper la plaque et de griller la loge du singe. Les 2 Bot et Bousquet réparent la cheminée de la villa entre le déjeuner et le dîner. Dans le reste de la j. les 2 Bot continuent et finissent le couronn. de la tour basse et Bousquet à diverses choses. Oscar continue la porte vitrée de la villa. Dénarnaud rentre à Alet après avoir pris *400 frs*. Visites.

Samedi 8 juillet. Vent marin chaud ; visite de baigneurs. Oscar a continué la porte vitrée. Bous- quet s'est occupé de diverses choses : taille pierre, nettoyage etc. Sabarthès est monté pour poser le zinc sur la loge du singe ; poser la cuvette etc. et s'entendre avec les maçons pour arranger les chenaux villa du côté cour. Les 2 Bot ont prêté la main à Sabarthès ; ramassé les sacs et continué les joints aux briques du parapet tour basse (*200 frs* donnés à Bot).

Dimanche 9 juillet. Temps frais et couvert ; presque personne aux offices. Soir à la pêche.

Lundi 10 juillet. Temps venteux et couvert. Bot seul et son fils. Vais à Montazels avec Marie.

Mardi 11 juillet. Jusqu'à midi les 2 Bot et Bousquet ont échafaudé dans la cour. Le soir Bousquet a préparé les trous pour les réparations des chenaux et les 2 Bot ont fait en barrots le couronnement du petit mur escalier sous-sol tour grande. Oscar a continué porte vitrée.

Mercredi 12 juillet. Comme hier journée de chaleur. Oscar s'occupe de poser des caisses au petit cavot du sous-sol. Arrivé à 6 h ½ Sabarthès avec Bot s'occupent de réparer le chenau toiture villa côté cour, pendant que Paul cimente le seuil des croisées. à 10 heures Sabarthès ayant terminé son travail, rentre chez lui après avoir pris *200 frs* acompte. Les 2 Bot ayant fini le cimentage du chenau du toit vers 2 h. du soir, enlèvent l'échafaudage sans le secours de Bousquet et mettent de l'ordre à la toiture du presbytère. Visites de Douzens.

Jeudi 13 juillet. Chaude journée et vent Cers. Oscar passe la j. à continuer la bibliothèque. Les 2 Bot, jusqu'à 3 h. du soir terminent les petits travaux : cimenter l'appui des portes et croisées, tourelle etc. etc. À 3 h. du soir, ils commencent à la journée les murs à pierres sèches.

Vendredi 14 juillet. Très chaude journée. Fête de la République. Les 2 Bot et Oscar absent. Marie à Limoux acheter volailles. Les 2 Abel piochent **le Labadou**. Moi à la pêche.

Samedi 15 juillet. Très chaude journée. Oscar continue la bibliothèque. Les 2 Abel sont au Labadous. Les autres manquent. Arrivée liqueurs Sabatier.

Dimanche 16 juillet. Très chaude j. menace d'orage. Personne à l'église. Tous aux champs. Abel a pris *100 frs* sur le défonçage.

Lundi 17 juillet. Très chaude journée. Vais à Carcassonne chez les Sabatier. Les 2 Bot ont continué les murs à pierre sèche. Oscar a continué la porte vitrée. Les 2 Abel ont continué ont continué le Labadous.

Mardi 18 juillet — temps couvert menace d'orage; Gros coup de tonnerre — Les 2 Bot continuent le muy a pierre sèche — Les 2 Dellacs sont au labadou — Oscar continue la porte vitrée — vent fort et froid sur le soir; mais pas de pluie

Mercredi 19 juillet — forte chaleur — arrivée de Mr Cézac et de sa domestique, nous allons ensemble à Carla — Les 3 Bot continuent le muy a pierres sèches — Les 2 Dellacs le labadou Oscar la porte vitrée — Mr Cézac couche au presbytère et sa pauline aussi

Jeudi 20 juillet — Chaude journée; visites nombreuses et départ de Mr Cézac et de sa domestique — Les 3 Bot continuent le muy a pierre sèche — Les 2 Dellac sont au labadou et Oscar continue la porte vitrée — 1/2 j.

Vendredi 21 juillet — Chaude journée — Les 2 Bot ont continué le muy a pierres sèche — Oscar a continué la porte vitrée — Hypolitte a fait 1 voy. sable et a monté des caisses liqueurs et primes — Le soir le temps a couvert Hypolitte ayant déconné un boeuf ne vient pas à Couiza — Le château nous monte 1 sac de chaux

Samedi 22 juillet — Chaude journée — Les 2 Bot terminent un muy a pierre sèche et partent p. Luc Oscar travaille a la bibliothèque et part — Bousquet a fait une journée avec abel et son père. à Rennes — Arrivée de la famille mathilde

Dimanche 23 juillet — Chaude journée — Solennité de Ste Madeleine — très peu de monde à l'Eglise — pas de chantres, pas de quête — Vepres idem triste fête sous le rapport...

Lundi 24 juillet — Journée venteuse et fraiche — peu de monde à la messe — beaucoup de vis...

Mardi 25 juillet — Journée venteuse; pas d'ouvriers. Vais à la pêche avec Guillaume

Mercredi 26 juillet — Journée chaude; marin — Le Dellac au labadou — Le 2 Bot au muy sec — pas d'Oscar

Jeudi 27 juillet — fort vent marin; menace d'orage — Les Dellac et les Bot continuent Oscar est revenu

Vendredi 28 juillet — 2 orages matin et soir de courte durée — Les 3 Bot ont travaillé quand même Oscar a continué la bibliothèque — Le Dellac, je ne sais — / au labadou

Samedi 29 juillet — Journée fraiche et venteuse — Les 2 Bot ont continué le muy sec — Oscar a fini la bibliothèque Les Dellac à Luc

Dimanche 30 juillet — journée fraiche — presque personne à l'Eglise. triste Dimanche

Lundi 31 juillet — pas d'ouvriers; allons à montazels — temps couvert. Oscar a fait 1/2 j. arriv. à 10h

Mardi 1 Août — Le 2 Bot 3/4 dej — Les Abels 3/4 dej. Oscar 1 journ. pluie dans la nuit.

Mercredi 2 Août — Le 2 Bot 1 j — Les Dellac 1 j. Oscar 1 j. temps lourd et frais — Edouard n'arrive pas

Jeudi 3 Août — Le 2 Bot continuent les murs a pierre sèche — Les 2 Dellac tantôt les aident tantôt extraient la pierre du verger — Oscar continue ses petits travaux — Labarthe est monté pour examiner l'obstruction des tuyaux par suite du dernier orage; a posé une bouche vers et décidé une caisse en zinc, plus grande — Edouard arrive a 4h 20. Marie et julie vont le prendre

Vendredi 4 Août — Décès et sépulture du beaupère d'Azema — sépulture du plus jeune du Macon Rivière — maladie de Marcelline du macon — Oscar continue ses petits travaux Les 2 Bot continuent muy a pierre sèche — Les deux Dellac les aident — Labarthe a passé 1/2 journée environ à souder et posé la nouvelle caisse en zinc pour recevoir les eaux ... lavés — est parti après Dîné — dans la nuit petit orage

Samedi 5 Août — matinée fraiche. le soir vent fort et froid — Les 2 Bot continuent les murs à pierres sèches — Les 2 Dellacs continuent au verger l'extraction de la pierre — Oscar a continué ses travaux et réglé et payé 100c provenant de journées et diverses fournitures au bois et...

Dimanche 6 Août — Journée fraiche — peu de monde à l'eglise — promenade a la carrière —

Lundi 7 Août — Oscar monté à 9h a fait 3/4 dej. — Les 2 Bot ont terminé et déjeuné le muy a pierre sèche de samedi et commencé avec abel le muy de cloture pardus communal et en pierre sèche; Auguste Père a commencé les fouilles du muy de séparation des deux jardins communal et Bonhomme — Chaude journée — vent marin —

Mardi 8 Août — Chaude journée; vent marin — Oscar continue depuis lundi les lauis de la cave — Les deux Bot, Abel et son père même travail que la veille

Mercredi 9 Août — Chaude journée; le soir allons tous nous promener à Carla — Oscar, les 2 Bot et les 2 Dellac même travail que la veille

Jeudi 10 Août — Chaude matinée; soirée fraiche et pluvieuse — Marie se rend a Couiza avec Jh Delbès décharge le voyage chaux et la transporte chez Oscar. avec une partie les vaches, il a monté les ... vieux de Rennes — Les 2 Bot, les Dellac et Oscar reprennent travail a ... vaches. pluie 3/4 d'heure ...

Mardi 18 juillet. Temps couvert, menace d'orage ; gros coups de tonnerre. Les 2 Bot continuent le mur à pierre sèche. Les 2 Dellac sont au Labadous. Oscar continue la
porte vitrée. Vent fort et froid sur le soir ; mais pas de pluie.

Mercredi 19 juillet. Forte chaleur. Arrivée de **M. Cézac** et de sa domestique. Nous allons ensemble à Carla. Les 3 Bot continuent le mur à pierres sèches. Les 2 Dellac le Labadous. Oscar la porte vitrée. M. Cézac couche au presbytère et sa Pauline aussi.

Jeudi 20 juillet. Chaude journée ; visites nombreuses et départ de M. Cézac et de sa domestique. Les 3 Bot continuent le mur à pierres sèches. Les 2 Dellac
sont au Labadous et Oscar continue la porte vitrée. ½ j.

Vendredi 21 juillet. Chaude journée. Les 2 Bot ont continué le mur à pierres sèches. Oscar
a continué la ~~porte vitrée~~. Hypolitte a fait 1 voy. sable et a monté des
caisses liqueurs et (…). Le soir le temps se couvre. Hypolitte ayant écorné un bœuf ne revient pas à Couiza. Le château nous monte 1 sac de chaux.

Samedi 22 juillet. Chaude journée. Les 2 Bot terminent un mur à pierre sèche et partent p. Luc. Oscar travaille à la bibliothèque et part. Bousquet a fait demi-journée avec Abel
et son père à Rennes. Arrivée de la famille Mathilde.

Dimanche 23 juillet. Chaude journée. Solennité de Ste Madeleine. Très peu de monde à l'église. Pas de Chantres, pas de quête. Vêpres idem, triste fête sous le rapp. Rit

Lundi 24 juillet. Journée venteuse et fraîche. Peu de monde à la messe. beaucoup de visites.

Mardi 25 juillet. Journée venteuse ; pas d'ouvriers. Vais à la pêche avec Guillaume.

Mercredi 26 juillet. Journée chaude : marin. Les Dellac au Labadous. Les 2 Bot au mur sec. Pas d'Oscar.

Jeudi 27 juillet. Fort vent marin ; menace d'orage. Les Dellac et les Bot continuent. Oscar est revenu.

Vendredi 28 juillet. 2 orages matin et soir de courte durée. Les 3 Bot ont travaillé quand même. Oscar a continué la bibliothèque. Les Dellac, je ne sais. / au Labadous.

Samedi 29 juillet. Journée fraîche et venteuse. Les 2 Bot ont continué le mur sec. Oscar a fini la bibliothèque. Les Dellac à Luc.

Dimanche 30 juillet. Journée fraîche. presque personne à l'église. Triste dimanche.

Lundi 31 juillet. Pas d'ouvriers. Allons à Montazels. Temps couvert. Oscar a fait ½ j. Arriv. à 10 h. 20.

Mardi 1 août. Les 2 Bot ¾ de j. Les Abel ¾ de j. Pscar 1 journ. Pluie dans la nuit.

Mercred 2 août. Les 2 Bot 1j. Les Dellac 1j. Oscar 1j. Temps lourd et frais. Édouard n'arrive pas.

Jeudi 3 août. Les 2 Bot continuent les murs à pierre sèche. Les 2 Dellac tantôt les aident tantôt extraient la pierre du verger. Oscar continue ses petits travaux. Sabarthès est remonté pour examiner l'obstruction des tuyaux par suite du dernier orage ; a posé une bouche d'air
et décide une caisse en zinc plus grande. Édouard arrive à 4 h. 20. Marie et Julie vont le prendre.

Vendredi 4 août. Décès et sépulture du beau-père d'Azema. Sépulture du plus jeune du Maire Rivière. Maladie de Marcelline du maçon. Oscar continue ses petits travaux.
Les 2 Bot continuent mur à pierre sèche. Les deux Dellac les aident. Sabarthès a passé ½ journée environ à souder et poser la nouvelle caisse en zinc pour recevoir les eaux bassin lavoir. Est parti après dîné. Dans la nuit petit orage.

Samedi 5 août. Matinée fraîche. Le soir vent fort et froid. Les 2 Bot continuent les murs à pierres sèches. Les 2 Dellac continuent au verger l'extraction de la pierre. Oscar a continué ses travaux et réglé et pris *100 frs* provenant de journées et diverses fournitures en bois etc.

Dimanche 6 août. Journée fraîche. Peu de monde à l'église. Promenade à la carrière.

Lundi 7 août. Oscar monté à 9 h. a fait ¾ de j. Les 2 Bot ont terminé à déjeuner le mur à pierre sèche de samedi et commencé avec Abel le mur de clôture jardin communal en
pierre sèche ; Auguste Père a commencé les fouilles du mur de séparation des deux jardins communal et Bonhomme. Chaude journée. Vent marin.

Mardi 8 août. Chaude journée ; vent marin. Oscar continue depuis lundi les laisses de la cave. Les deux Bot, Abel et son père même travail que la veille.

Mercredi 9 août. Chaude journée ; le soir allons tous nous promener à Carla. Oscar, les 2 Bot et les 2 Dellac même travail que la veille.

Jeudi 10 août. Chaude matinée ; soirée fraîche et pluvieuse. Marie se rend à Couiza avec J. Dalbiès décharger le wagon chaux et la transporter chez Oscar. Avec une paire de vaches, il a monté les vins vieux de Banyuls. Les 2 Bot, les Dellac et Oscar même travail que la veille, plus ¾ d'heure (…).

Vendredi 11 Août — Après une grosse averse de nuit; journée froide, venteuse coupée par des averses. Les 2 Bot et abel après avoir vers 3 heures terminé le mur de clôture en pierre sèche (jardin communal) commencent en p. sèche le mur de séparation des deux jardins — Dellac père pioche — Paul a été à Luc d'acqui à midi.

Samedi 12 Août — belle journée — Oscar a continué les laisses de la cave — Les 2 Bot le mur à pierre sèche (séparation) — Les Dellac ont réglé et pris 2,50. Arrivée de M Louise et des siens avec Joseph qui remonte

Dimanche 13 Août — belle journée — très peu de gens aux offices — beaucoup dépiquent. Arrivée de marguerite et firmin qui apporte du poisson —

Lundi 14 Août — Lieu baptême du petit d'Antoine Captier — beaucoup de visites de Rennes. Les Dellac sont au bals — Oscar est remonté — Les Bot sont absents pour toute la Semaine — Départ des Pays et des Marty.

Mardi 15 Août — Assomption — peu de monde aux offices — Exposition quête peu fructueuse. Le platrier est monté pour voir le platre nécessaire — temps sombre à la pluie

Mercredi 16 Août — temps couvert, à la pluie; pluie tombée avant le jour — départ d'Edouard. Oscar est monté — Grailhet a été porté la malle et a monté 5 sacs de platre des chez Castel — Les Dellac ont fait 1/4 de 9 h. à midi et 1/2 heure environ de travail le soir — pluie. Asser abondantes de 2 h 1/2 à 5 heure. — foire à guillem Dérangée.

Jeudi 17 Août — journée fraîche — Oscar est monté avec le platrier qui reprend ses travaux pour le terminer — Les Dellac ont extrait la pierre du Verger. Hyppolitte avec 2 paires a monté de chez oscar 28 sacs chaux et 3 planches sapin — nous avons prié Marion de nous monter 3 m.c de sable à 13 fr le m.c. visite

Vendredi 18 Août — bonne journée — Les 2 Dellac continuent le Verger — Oscar et le platrier les travaux de la Villa — visite.

Samedi 19 Août — bonne journée—Le 2 Dellac, Oscar et le platrier continuent leurs travaux

Dimanche 20 Août — Chaude journée: presque personne aux offices — pas de vêpres - promenade

Lundi 21 Août — Chaude journée — Le platrier, Oscar et les 2 Dellac continuent leur travail — Hyppolitte avec 2 paires a fait 2 voyages de sable et porté à Castel en 2 colis 100 sacs vides de platre. Les Bot n'ont pas repris leur travail —

Mardi 22 Août — Oscar et le platrier continuent leur travail — Le 2 Dellac le leur — Bot Hortense et Paul ont commencé à la journée les crépis de la tour basse à l'intérieur et de la terrasse — Hyppolitte avec 2 paires a fait un voy. de sable et le soir dans un second a porté: 16 sacs de chaux + 11 et demi de platre + 6 pièces de bois chêne + 20 briques de chez le platrier — Le domestique de Marion avec 2 chev. a fait 4 jolis voy. de sable

Mercredi 23 Août — Oscar et le platrier continuent leur travail — Les 2 Dellac le leur — Les 3 Bot ont terminé le crépi du parapet intér. de la tour basse et commencé celui du parapet terrasse — bonne journée — visites. Oscar part au pays bas p. sépulture.

Jeudi 24 Août — Oscar absent — Le platrier continue — Les 3 Bot terminent le crépi terrasse et commenc. le crépi de petit esc. tour basse — Les 2 Dellac cont. 1 V. sable marion

Vendredi 25 Août — temps menaçant — Orage fin de la journée — Oscar absent — Le platrier continue — Les 3 Bot aussi — Le Dellac aussi — 1 h 1/2 beaucoup de visites

Samedi 26 Août — bonne journée — Le 3 Bot sont partis pour Luc un chargement de matériel, ce qui leur fait perdre un peu de temps — Paul accompagne la charrette — Oscar absent — Le platrier platre le four — Les 2 Dellac règlent et prennent 63 fr — Le platrier a pris un a-compte de 50 fr — visite — Le temps se met au froid.

Dimanche 27 Août — bonne journée - peu de monde aux offices — Arrivé la veille, Martial après déjeuner va à Montazels — Chapelet - promenade -

Lundi 28 Août — Les 2 Bot (Paul malade) continuent le crépi du sous sol tour basse - Oscar et le platrier sont montés — Les Dellac absents — visite

Mardi 29 Août — foire à Couiza — Seuls les 2 Bot (Paul malade) font la journée au crépi —

Mercredi 30 Août — belle journée — Les 3 Bot continuent le crépi sous sol tour basse et descendre terre. Les Dellac continuent à la terre — Hyppolitte avec 1 paire fait une journée de transport de terre avec l'aide d'abel — Oscar est monté pour continuer —

Jeudi 31 Août — Bonne journée — Oscar [...] et terminé [...] a perçu [...] en travail les

Vendredi 11 août. Après une grosse averse de nuit, journée froide, venteuse et coupée
par des averses. Les 2 Bot et Abel après avoir vers 3 heures terminé le
mur de clôture en pierre sèche (jardin communal) commencent en p. sèche le mur de
séparation des deux jardins. Dellac père pioche. Paul a été à Luc du déjeuner à midi.
Samedi 12 août. Belle journée. Oscar a continué les laisses de la cave. les 2 Bot
le mur à pierre sèche (séparation). Les Dellac ont réglé et pris *150 frs*.
Arrivée de M. Louise et des siens avec Joseph qui remonte.
Dimanche 13 août. Belle journée. Très peu de gens aux offices. Beaucoup (…)
Arrivée de Marguerite et Fernande qui apporte du poisson.
Lundi 14 août. Hier baptême du petit d'Antoine Captier. Beaucoup de visites de Rennes.
Les Dellac sont au Bals. Oscar est remonté. Les Bot sont absents pour
toute la semaine. Départ de Pagès et des Marty.
Mardi 15 août. Assomption. Peu de monde aux offices. Exposition, quête peu fructueuse.
Le plâtrier est monté pour voir le plâtre nécessaire. Temps sombre, à la pluie.
Mercredi 16 août. Temps couvert, à la pluie ; pluie tombée avant le jour. Départ d'Édouard.
Oscar est monté. Truillet a été porté la malle et a monté 5 sacs de plâtre
de chez Castel. Les Dellac ont fait ¼ de 9 h. à midi et ½ heure environ de travail le soir. Pluies
assez abondantes de 2 h. ½ à 5 heures. Foire à Quillan dérangée.
Jeudi 17 août. Journée fraîche. Oscar est monté avec le plâtrier qui reprend ses
travaux pour les terminer. Les Dellac ont extrait la pierre du verger.
Hypolitte avec 2 paires a monté de chez Oscar 28 sacs chaux et 3 planches sapin. Nous avons
prié Mariou de nous monter 3 m. c. de sable à 13 frs le m. c. Visites.
Vendredi 18 août. Bonne journée. Les 2 Dellac continuent le verger. Oscar et le plâtrier
les travaux de la villa. Visites.
Samedi 19 août. Bonne journée. Les 2 Dellac, Oscar et le plâtrier continuent leurs travaux.
Dimanche 20 août. Chaude journée. Presque personne aux offices. Pas de Vêpres. Promenade.
Lundi 21 août. Chaude journée. Le plâtrier, Oscar et les 2 Dellac continuent leur
travail. Hypolitte avec 2 paires a fait 2 voyages de sable et porté à Castex
en 2 colis 100 sacs vides de plâtre. Les Bot n'ont pas repris leur travail.
Mardi 22 août. Oscar et le plâtrier continuent leur travail. Les 2 Dellac le leur. Bot,
Hortense et Paul ont commencé à la journée les crépis de la tour basse
à l'intérieur et de la terrasse. Hypolitte avec 2 paires a fait un voy. de sable et le soir
dans un second a porté 16 sacs de chaux + 11 et demi de plâtre + 6 pièces de bois chêne + (…)
20 briques de chez le plâtrier. Le domestique de Mariou avec 2 chev. a fait 4 jolis voy. sable.
Mercredi 23 août. Oscar et le plâtrier continuent leur travail. Les 2 Dellac le leur. Les 3 Bot
ont terminé le crépi du parapet inter. de la tour basse et commencé celui du
parapet terrasse. Bonne journée. Visites. Oscar part au pays bas p. sépulture.
Jeudi 24 août. Oscar absent. Le plâtrier continue. Les 3 Bot terminent le crépi terrasse
et commencent le crépi du petit esc. tour basse. Les 2 Dellac conti. 1 v. sable Mariou.
Vendredi 25 août. Temps menaçant. Orage fin de la journée. Oscar absent. Le plâtrier
continue. Les 3 Bot aussi. Les Dellac aussi. 1 h. ½ beaucoup de visites.
Samedi 26 août. Bonne journée. Les 3 Bot font partir pour Luc un chargement de
matériel, ce qui leur fait perdre un peu de temps. Paul accompagne la
charrette. Oscar absent. Le plâtrier plâtre le four. Les 2 Dellac règlent et prennent *63 frs*. Le
plâtrier a pris **un acompte** de *50 frs*. Visites. Le temps se met au froid.
Dimanche 27 août. Bonne journée. Peu de monde aux offices. Arrivée la veille, Martial
après déjeuner va à Montazels. Chapelet promenade.
Lundi 28 août. Les 2 Bot (Paul malade) continuent le crépi du sous-sol tour basse. Oscar et le
plâtrier sont montés. Les Dellac absents. Visite.
Mardi 29 août. Foire à Couiza. seuls les 2 Bot (Paul malade) font la journée au crépi.
Mercredi 30 août. Belle journée. les 3 Bot continuent le crépi sous-sol tour basse et dessous
terrasse. Les Dellac continuent à la terre. Hypolitte avec 1 paire a fait une journée de transport de
terre avec l'aide d'Abel. Oscar est monté pour continuer.
Jeudi 31 août. Bonne journée. Oscar continue et termine à peu près son travail à la (…)

... été avec 2 paires ... été — matin prendre à Couiza environ 1000 kil. de ferrures ... les plus ... ment pris au tuilier de Luc — Arrivés à 11 h. les forgerons d'Alet, les deux ouvriers, aidés de Bousquet commencent la pose de la balustrade de la terrasse — Le soir Hypolitte avec 1 paire continuent les transports de terre avec Abel, son père aide — Les 3 Bot continuent les crépis de dessous les terrasses Oscar part à 5 h. - beaucoup de visites.

Vendredi 1 Septem — Belle journée — Les 3 forgerons, Bousquet, les 3 Bot (sauf Hortense le matin) Hypolitte et les 2 Abel continuent le travail de la veille -

Samedi 2 Septem — Belle journée — Les 3 Bot, après avoir terminé le crépi des galeries - commencent les crépis des murs à pierre sèches — Bot, avec du ciment prompt soude la balustrade terrasse — Les forgerons d'Alet et Bousquet continuent les trous et la pose de la grille — Les Dellac sont au Verger — Hypolitte avec 2 paires a été prendre 28 sacs de champ. Bot après 300.

Dimanche 3 sept. — Comme hier, journée venteuse - aux offices peu de monde - visites promenade

Lundi 4 Septembre — Bonne journée — 3/4 de j. des 3 Bot à crépir les murs à pierre sèches — 2 journées des 2 Dellac au Verger — 3/4 de j. de Bousquet à esquins marches p. Luc — 3/4 de j. de l'ouvrier d'Alet à la balustrade terrasse (celui de Brenac renvoyé) 2 voy. de sable par Hypolitte avec 2 paires — Renvoi des 73 sacs Ciment de Grenoble et des 100 sacs en deux colis d'Albi.

Mardi 5 Septem — Vent marin — 3 j. des 3 Bot à crépir les murs à pierre sèche et montés les escaliers porte sol de l'école — 2 j. des 2 Dellac au Verger — 1 j. de Bousquet — 1 j. de Denat Arnaud seul; son ouvrier Joseph étant à Alet — Donné 20° à Oscar —

Mercredi 6 septem — Bonne journée — 3 j. des 3 Bot à crépir murs sec — 2 j. des deux forgerons à la balustrade — 2 j. des 2 Dellac Verger et chemin — 1 j. de Bousquet — Visites — Hypolitte avec 2 p. fait 1 voy. de sable et 1 voy. de champ. 28 sacs.

Jeudi 7 Septem — Bonne journée - vent marin — 3 j. des 3 Bot à crépir murs p. sèche — 2 j. des forgerons à la balustrade terrasse — 2 j. des deux Dellac — visites.

Vendredi 8 Sept. — Après dîné un peu pluvieux — 2 j. des 2 Bot (Hortense n'a fait que le matin le matin) à sceller la balustrade terrasse et faire du ciment les joints des voutains galeries le soir à cause du mauvais temps — 2 j. des deux Dellac — 2 j. des 2 forgerons — Hypolitte avec 2 paire n'a fait qu'un voyage de sable — Visite —

Samedi 9 sept — Bonne journée — 2 j. des 2 Dellac qui ont réglé et pris 70° — 3 j. des 3 Bot à terminer le crépi des murs sec — 2 j. du forgeron d'Alet à la balustrade terrasse de départ - Hypolitte avec 2 p. a fait 1 voyage de sable - matin porte bois chauffage — Mort d'Alfred. Je suis avec Marie passé la nuit à Montazels.

Dimanche 10 sept. — Retour de Montazels après nuit blanche - peu de monde aux offices redescendons à Montazels après la messe - pas descendu

Lundi 11 Septem — Chaude journée — sépulture de l'abbé Alfred - remontons dans la nuit Seul le charretier de Marion monte 3 voy. de sable avec 2 chevaux -

Mardi 12 Septem — temps sombre — 2 j. des 2 Bot à cimenter les tous voutains de galeries - 1 journée chez platine Bissoye — 1/2 j. des 2 Dellac au verger, le soir — Hypolitte avec 1 paire a monté de la gare ... bois chêne et 5 colis pr le peintre de Carcassonne

Mercredi 13 septem — temps sombre — Les 2 Bot continuent de monter le mur à pierre du jardin continuent la veille — Abel fait manœuvre - son père est au Verger — Le soir ils ... ce mur - Abel faible matin et son père commence les fouilles du dernier pan mur de clôture ... Je suis à Montazels et remonte le soir -

Jeudi 14 Septembre — à cause du mauvais temps, les Dellac n'ont fait que 1/2 journée — Les 2 Bot ont continué de crépir jusqu'au déjeuner et continué les voutains —

Vendredi 15 septem — mauvais temps — Vais à Limoux au sujet de la Succession — les ouvriers ont peint ... — il pleut dans la nuit

Samedi 16 septem — mauvaise matinée - après dîné départ de tous les ouvriers par Luc

Dimanche 17 septem — temps couvert - peu de monde aux offices - promenade pas vêpres

Lundi 18 septem — Matinée chaude, orageuse; soirée pluvieuse — Les 3 Bot ont fait 3/4 journée à crépir et maçonner — Les 2 Dellac ont continué au Verger — vais été à Carla, au moulin en promenade

Mardi 19 septem — temps couvert, assez frais — Les 3 Bot continuent la fin du petit mur clôture — Les 2 Dellac ... Verger — Hyp... ... vais de sable

Hypolitte avec 2 paires a été le matin prendre à Couiza environ 1000 kil de ferrures d'Alet plus 1 sac de ciment pris au tuillier de Luc. Arrivés à 11 h. le forgeron d'Alet, ses deux ouvriers, aidés de Bousquet commencent la pose de la balustrade de la terrasse. Le soir Hypolitte avec 1 paire continue les transports de terre avec Abel, son père aide. Les 3 Bot continuent les crépis de dessous les terrasses. Oscar part à 5 h. Beaucoup de visites.

Vendredi 1 septembre. Belle journée. Les 3 forgerons, Bousquet, les 3 Bot (sauf Hortense le matin), Hypolitte et les 2 Abel continuent le travail de la veille.

Samedi 2 septembre. Belle journée. Les 3 Bot, après avoir terminé le crépi des galeries, commencent les crépis des murs à pierre sèche. Bot avec du ciment prompt soude la balustrade terrasse. Les forgerons d'Alet et Bousquet continuent les trous et la pose de la grille. Les Dellac sont au verger. Hypolitte avec 2 paires a été prendre 28 sacs de chaux. Bot a pris *300 frs*.

Dimanche 3 sept. Comme hier, journée venteuse. Aux offices peu de monde. Visites, promenade.

Lundi 4 septembre. Bonne journée. ¾ de j. des 3 Bot à crépir les murs à pierres sèches. 2 journées des 2 Dellac au verger. ¾ de j. de Bousquet à équarrir marches p. dures. ¾ de j. des 2 ouvriers d'Alet à la balustrade terrasse (celui de Brenac renvoyé). 2 voy. de sable par Hypolitte avec 2 paires. Renvoi des 73 sacs ciment de Grenoble et des 100 sacs en deux colis d'Albi.

Mardi 5 septem. Vent marin. 3 j. des 3 Bot à crépir les murs à pierre sèche et monter les escaliers porte sol de l'école. 2 j. des 2 Dellac au verger. 1 j. de Bousquet. 1 j. de Dén-narnaud seul ; son ouvrier Joseph étant à Alet. Donné *20 frs* à Oscar.

Mercredi 6 septem. Bonne journée. 3 j. des 3 Bot à crépir murs secs. 2 j. des deux forgerons à la balustrade. 2 j. des 2 Dellac verger et chemin. 1 j. de Bousquet. Visites. Hypolitte avec 2 p. fait 1 voy. de sable et 1 voy. de chaux 28 sacs.

Jeudi 7 septem. Bonne journée. Vent marin. 3 j. des 3 Bot à crépir murs p. sèche. 2 j. des forgerons à la balustrade terrasse. 2 j. des deux Dellac. Visites.

Vendredi 8 sept. Après dîné un peu pluvieux. 2 j. des 2 Bot (Hortense n'a fait que le mortier le matin) à sceller la balustrade terrasse et faire au ciment les joints des voûtains des galeries le soir à cause du mauvais temps. 2 j. des deux Dellac. 2 j. des 2 forgerons. Hypolitte avec 2 paires n'a fait qu'un voyage de sable. Visites.

Samedi 9 sept. Bonne journée. 2 j. des 2 Dellac qui ont réglé et pris *70 frs*. 3 j. des 3 Bot à terminer le crépi des murs secs. 2 j. des forgerons d'Alet à la balustrade terrasse et départ. Hypolitte avec 2 p. a fait 1 voyage de sable. Matin porté bois chauffage. **Mort d'Alfred**. Allons avec Marie passer la nuit à Montazels.

Dimanche 10 sept. Retour de Montazels après nuit blanche. Peu de monde aux offices. Redescendons à Montazels après la messe. Pas descendu.

Lundi 11 septem. Chaude journée Sépulture de l'abbé Alfred. Remontons dans la nuit. Seul le charretier de Mariou monte 3 voy. de sable avec 2 chevaux.

Mardi 12 septem. Temps sombre. 2 j. des 2 Bot à cimenter les sous voûtains des galeries. 1 journée du plâtrier Tisseyre. ½ j. des 2 Dellac au verger, le soir. Hypolitte avec 1 paire a monté de la gare : bois chêne et 9 colis pour le peintre de Carcassonne.

Mercredi 13 septem. Temps sombre. Les 2 Bot continuent de monter le mur à pierre du jardin continue la veille. Abel fait manœuvre. Son père est au verger. Le soir ils empierrent ce mur. Abel fait le mortier et son père commence les fouilles du dernier pan mur de clôture (…). Je suis à Montazels et remonte le soir.

Jeudi 14 septembre. À cause du mauvais temps, les Dellac n'ont fait que ½ journée. Les 2 Bot ont continué de crépir jusqu'au déjeuner et continué les voûtains

Vendredi 15 septem. Mauvais temps. Vais à Limoux au sujet de la succession. Les ouvriers ~~n'ont pas travaillé~~ fait ¼. Il pleut dans la nuit.

Samedi 16 septem. Mauvaise matinée. Après dîné départ de tous les ouvriers pour Luc.

Dimanche 17 sept. Temps couvert. Peu de monde aux offices. Promenade, pas Vêpres.

Lundi 18 septem. Matinée chaude ; orageuse : soirée pluvieuse. Les 3 Bot ont fait ¾ de j. Avons été à Carla, au moulin en promenade.

Mardi 19 septem. Temps couvert : assez frais. Les 3 Bot continuent la fin du petit mur clôture. Les 2 Dellac travaillent au verger. Hypolitte avec 2 p. a fait 1 voy de sable.

au mois de mai 1901, je commençais
les fondements d'une Villa appelée à ~~me~~ remplacer
le presbytère le jour où ce dernier me serait enlevé -
autour de cette construction édifiée dans le style de
la renaissance, et aujourd'hui entièrement terminée
et meublée, il y a des jardins potagers et d'agréments,
Il y a un cloître circulaire au dessus duquel se trouve
un chemin de ronde, formant terrasse d'où l'on jouit
du plus magnifique point de vue que l'on puisse rêver.
les deux bouts de ce promenoir transparent dans la
région sont terminés d'un coté à droite par une grandie
verandha avec jardin d'hiver et tourelle, avec escaliers
communiquant avec les étages inférieurs, et de l'autre
à Gauche, une tour carrée, a deux étages, tourelle, le
tout crenelé. cette pièce me sert de bibliothèque et de
bureau de travail -

NOTES

Page 1

- Casimir Élie **Bot** était un entrepreneur qui tenait également un café à Luc-sur-Aude. Né le 7 septembre 1861 à Luc de Baptiste Bot et de Céline Marty, il décède dans cette commune le 15 mars 1947 à l'âge de 86 ans, il repose au cimetière du village.

Avant d'intervenir dans l'église de Rennes-le-Château et dans le domaine de l'abbé Saunière, en 1887, à la demande de l'abbé Arnaud, curé de Cubières-sur-Cinoble, Élie Bot restaure l'église consacrée à la Sainte Vierge. Il laissera la signature de son entreprise peinte sur la clé de voûte.

- **Pierre Malet** fut souvent employé par l'abbé Saunière à ses constructions et rénovations. Il avait une maison à Couiza. Ce nom est gravé sur l'une des pierres des Roulers à Rennes-les-Bains.

- **Monsieur** Tiburce **Caminade** est l'architecte de la ville de Limoux qui eut en charge, à partir de 1901, les plans et les constructions privées de l'abbé Saunière. Enfant naturel né le 14 mai 1851 dans le Lot, à Saint-Germain-du-Bel-Air. Tiburce Caminade épouse, à Cahors, Antoinette Marie-Anne Dollé, le 9 novembre 1874. Elle lui donne trois enfants, deux filles et un garçon. En décembre 1895, sous l'impulsion du député Dujardin-Beaumetz, la ville de Limoux approuve le projet de la construction d'une caserne pour accueillir le futur 200ème régiment de ligne ; le dossier en est confié à Tiburce Caminade. Mais, au début de l'année 1896, alors qu'il est le premier architecte, il est licencié avec une partie du personnel qui s'est avisée de défendre l'ancienne municipalité des accusations de la nouvelle, seulement en place depuis le 17 mai. Le 1er juillet, la sanction est rendue publique, notamment par une annonce parue dans le *Courrier de l'Aude*. Le lendemain, le même quotidien indique que la mairie a procédé à son remplacement par son ancien adjoint M. Antoine Roux.

Révocation. — Par décision de M. le Maire, M. Tiburce Caminade, architecte de la ville de Limoux, a été révoqué de ses fonctions.

LIMOUX. — Nomination. — M. Antoine Roux, ex-architecte de Limoux vient de rechef d'être nommé à ces mêmes fonctions, en remplacement de M. Caminade, dont nous annoncions hier la révocation.

Le Courrier de l'Aude des 1er et 2 juillet 1896

Le 4 juillet 1896, le conseiller municipal, Paul Adamoli, fait part de sa démission à la nouvelle municipalité et en informe l'autorité préfectorale : « *Le motif de la démission est basé sur ce que le nouveau conseil critique et blâme les actes de l'ancienne municipalité et sur la révocation des employés choisis par elle.* ». Pour se justifier, le nouveau conseil, par la voix de M. Bousgarbiès, apporte l'explication suivante : « *Le Conseil n'a pas tout bouleversé ; il a frappé ceux qu'il ne pouvait s'empêcher de le faire* ». En 1896, Tiburce Caminade demeure à Limoux, au 21 rue d'Engasc, l'adresse et la maison existent toujours. C'est le 12 mars 1928 qu'il décède à Cahors. À signaler sur M. Caminade le livre *Rennes-le-Château, le domaine de l'abbé Saunière* de Michel Azens paru en juillet 2016 aux éditions Pégase.

- **La chapelle** évoquée à plusieurs reprises par l'abbé Saunière dans son journal est le lieudit appelé *La Capello*.

- Par **Fête société**, Bérenger Saunière veut parler de la première *Société de Secours Mutuel* créée en novembre 1883. Elle sera remplacée par une nouvelle société en novembre 1910 du nom de *La Fraternelle*.

- Il s'agit de Raymonde **Julie** Malleville sœur de lait de Marie. Probablement de l'Assistance Publique, elle est confiée en très bas âge à la famille Dénarnaud qui la garde. Née en 1880, le 23 novembre 1907, elle épouse à Rennes-le-Château François Augustin Fons, dit *l'Augustou*, avec qui elle a un enfant, Abdon André, né le 3 décembre 1908. Auguste Fons est intégré à la société d'études scientifiques de l'Aude au cours de la visite que ses membres rendent à Rennes-le-Château le 25 juin 1905. Julie décède le 30 septembre 1957. Avec Marie elle est l'une des personnes qui renseigna Noël Corbu sur l'histoire de l'abbé Saunière. Les Dénarnaud avaient également adopté une autre sœur de lait de Marie qui s'appelait Louise. Elle épousa un boucher de Carcassonne du nom de Talabas. Elle décède en 1957.

- Il s'agit de **Luc**-sur-Aude, village à 8 kilomètres au nord de Rennes-le-Château dont l'église romane est dédiée à Sainte-Léocadie de Tolède. Le bourg, sur l'ancienne voie romaine, était également un des lieux de résidence des évêques d'Alet.

- **Alet** est une ville au bord de la rivière d'Aude à dix kilomètres au nord de Rennes-le-Château qui, jusqu'à la Révolution, était le siège des évêques du diocèse portant ce nom. C'est à Alet que l'abbé Saunière occupe son premier poste de vicaire. Il y reste trois ans durant lesquels il se fait remarquer par une conduite souvent indisciplinée et des comportements contraires à l'éthique religieuse. C'est ainsi qu'il gagne Le Clat en juin 1882 avant que lui soit confiée la paroisse de Rennes-le-Château trois ans plus tard.

Alet : vue générale – les ruines de la Cathédrale et l'église

- Dans sa séance du 30 avril 1900, le Conseil municipal de Rennes-le-Château accorde à l'abbé Saunière une **Concession** perpétuelle **du cimetière** de 6 mètres carrés pour qu'il y construise, à ses frais, *« un caveau exclusivement réservé à la sépulture des prêtres de la paroisse qui désireraient y être inhumés »*. Le Conseil pose également une condition : *« le monument funéraire pourra être élevé après que les inscriptions et emblèmes qu'on se proposera d'y graver auront été soumis à l'approbation du maire »*. L'abbé fait construire sur cette parcelle un tombeau en deux parties de chacune six places. Marie Dénarnaud y repose désormais sans Bérenger dont les restes ont été transférés par la municipalité en 2004 de l'autre côté du mur du cimetière, dans l'ancien domaine du curé.

- De l'écriture même de l'abbé Saunière on apprend que **Saunièrou** est le fils d'Adrien Saunière et le neveu de Guillaume Saunière maçon à Couiza. C'est à ce dernier à qui la commune confie en 1883 le chantier de reconstruction de la fontaine publique. Lors de l'établissement en 1879 du cahier des charges de ce projet est fait un descriptif de la situation de l'eau dans la commune : *« Rennes-le-Château ne possède pour fontaine qu'une source qui coule, au nord du village, dans une excavation pratiquée au sein d'un rocher ; un petit et mauvais bassin pouvant contenir dix mètres cubes d'eau sert de réservoir ; on y va puiser à niveau, en suivant une galerie de dix mètres de longueur, à ciel ouvert, indiquée sur le plan ci-joint par une série de degrés. Pendant les chaleurs d'été, soit que la consommation de l'eau soit plus considérable, que la source soit abondante, que le sol soit plus perméable ou l'évaporation plus grande, l'élément recueilli ne suffit pas aux besoins du village. Nous devons faire remarquer d'abord que le village de Rennes-le-Château est situé au sommet d'un mamelon isolé de toute autre montagne et qu'il n'est pas possible de trouver une source plus rapprochée des habitations que celle qui nous occupe. Nous considérons par conséquent qu'il convient de construire un grand bassin imperméable qui puisse contenir un volume d'eau qui réponde mieux aux besoins domestiques et d'y établir une pompe élévatoire pour en ménager l'emploi. »*

L'abbé Saunière emploiera ces trois ouvriers dès le début des travaux dans l'église en 1890.

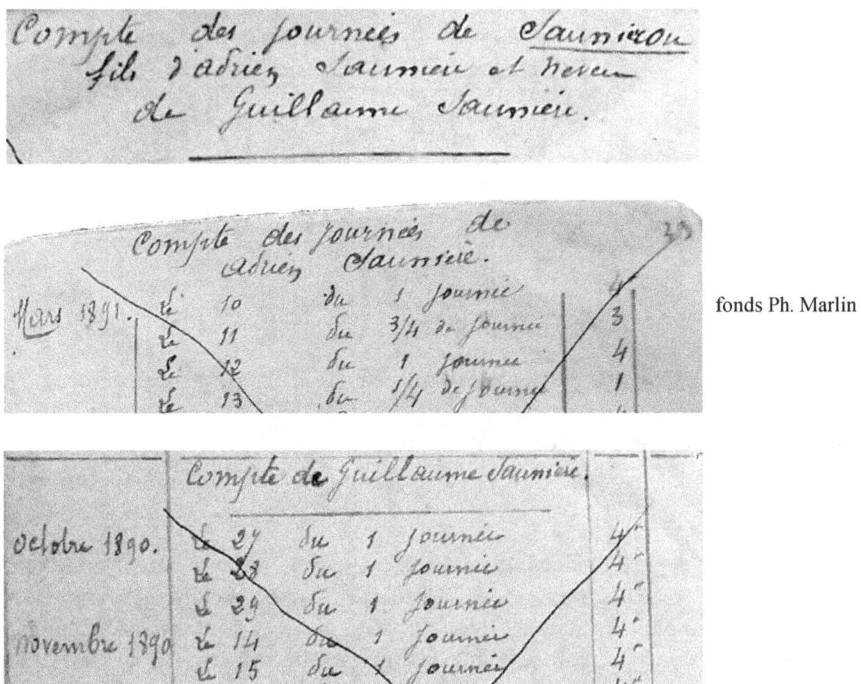

fonds Ph. Marlin

- **Mathilde** Joséphine Geneviève est l'une des sœurs de l'abbé Saunière. Née le 7 juillet 1861 à Montazels, elle épouse Jean-François Oscar Pagès qui y est né le 22 octobre 1848, rue du Moulin. Il est le fils de Joseph Pagès et de Jeanne Delmas, agriculteurs. En 1906, lors d'un différend, Mathilde se désolidarise de son époux et de ses beaux-frères auprès de Bérenger.

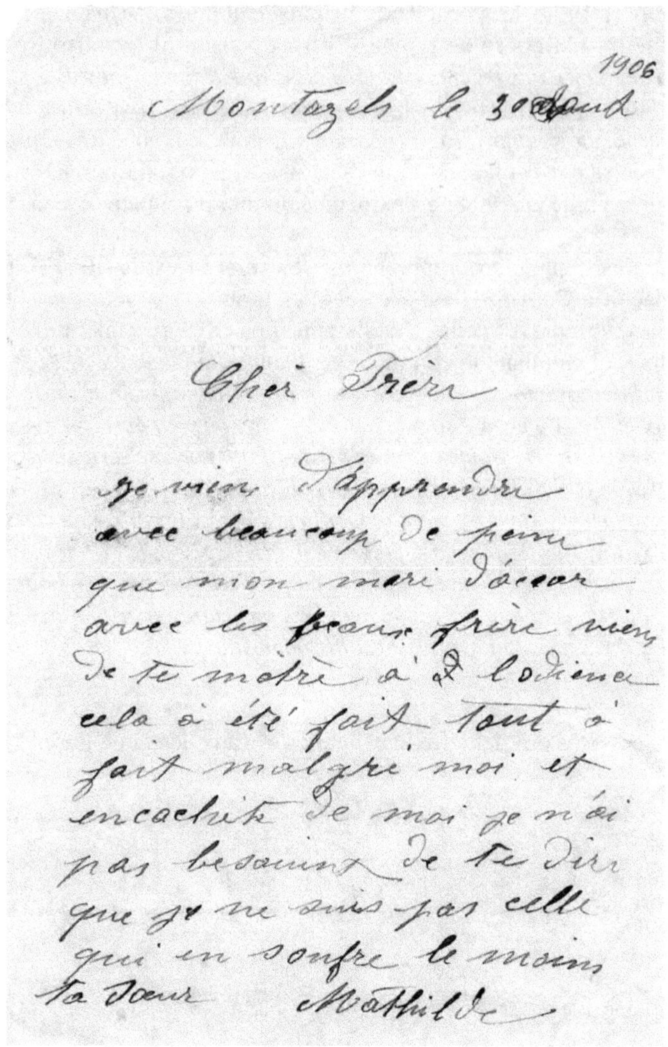

Lettre du 30 août 1906 / fonds Ph. Marlin

Au sujet de cette lettre, l'abbé Saunière écrit le commentaire suivant dans son carnet :

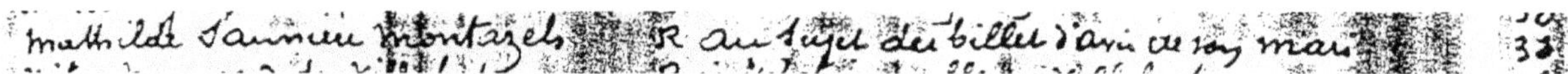

Page 2

- L'abbé Saunière évoque souvent sa **Maman** dans son journal montrant une bonne relation contrairement à ce qui fut quelquefois écrit. Née le 7 mars 1833, Marguerite Magdeleine Hugues épouse le 20 janvier 1850 Joseph Saunière qui a dix ans de plus. Ils auront 11 enfants : 6 garçons et 5 filles dont 2 garçons et 2 filles décèdent à la naissance ou en bas âge. Après la mort de son époux, en 1895, Marguerite Magdeleine demeure à Montazels mais passe souvent des séjours à Rennes-le-Château. Elle décède en 1909.

- Deux cartes postales du début du XXème siècle montrent le **moulin** où se promenaient quelquefois Bérenger, Marie et leurs invités. Le curé y avait acquis un terrain contigu qu'il fit acheter par Marie : la parcelle n° 613 de la sous-section A1 du cadastre napoléonien. Ce moulin fut détruit par un incendie vers 1944.

- Rose Marie **Adeline** est l'une des sœurs de l'abbé Saunière. Elle est née le 5 juillet 1867 à Montazels. Quand l'abbé parle d'elle dans son journal, il cite simplement son prénom pour la distinguer de leur cousine Adeline, mariée avec Jacques Rieu propriétaire à Limoux d'une manufacture de vêtements pour homme et pour dame auprès duquel l'abbé et Marie passeront quelquefois commande. Il semble que la relation entre son cousin et l'abbé n'ait pas été toujours cordiale, témoin cette lettre qu'il envoie à M. Barret, relieur des livres du curé qui n'a pas, semble-t-il, été payé et qui s'en plaint à Jacques Rieu lui répondant le 27 avril 1909 : *« Je reçois une facture de vous 26 courant et vous la renvoie incluse. Je ne vous connais pas, si vous êtes le relieur qui était à Rennes, vous savez très bien que ni moi ni personne de chez moi ne vous doit rien. Si l'ex curé de Rennes après avoir fait l'usage que nous savons d'un argent qui aurait dû lui être sacré compte sur moi pour payer ce qu'il doit il se trompe. ».*

- **Couiza** connaît plusieurs foires annuelles où se rend l'abbé quelquefois accompagné de Marie et de Julie : janvier, juin, août et octobre.

Page 3

- **Antugnac** est un village voisin de Rennes-le-Château dont l'église, pour ses parties les plus anciennes du XIIè siècle, est dédiée à Saint-André. L'abbé Saunière y assura en mai 1890 l'intérim religieux durant une année. Au commencement d'un carnet, l'abbé a écrit sur quelques pages les prônes qu'il disait à Antugnac. Ce même carnet servira ensuite à inscrire les messes reçues pour les années 1896 à 1897. Les prônes ont été édités en 1984 par les éditions *Bélisane* sous le titre *Mon enseignement à Antugnac*. À l'entrée du village, une imposante statue d'un Christ blanc grandeur nature sur un piédestal fut inaugurée dans les années 1950. Il existe une photographie de cette cérémonie en possession d'une habitante du village, Mme Marie-Christine Bayona, montrant les habitants rassemblés autour des enfants de chœur et du prêtre venu la bénir. (photographies ci-dessous Jean Brunelin ©)

- **Coustaussa** est le village dont on aperçoit encore les ruines de son ancien château quand on prend la route de Couiza pour monter à Rennes-le-Château. Son église est dédiée à Saint-Michel. C'est au presbytère que l'abbé Antoine Gélis fut retrouvé assassiné le matin du 1er novembre 1897. Certains ont émis l'hypothèse qu'il fut assassiné par un autre prêtre, l'abbé Saunière, au motif que, selon la version officielle, le corps de la victime fut placé par le meurtrier dans une position de gisant. Or, à la consultation des témoignages, il apparaît une version officieuse qui signale une position contraire du corps à sa découverte, c'est-à-dire face contre terre et indiquant ainsi qu'il aurait pu être déplacé avant que les officiels n'arrivent sur place deux heures plus tard pour constater le décès.

- Par **2 paires**, l'abbé Saunière désigne l'attelage de quatre bœufs utilisés par Barthélémy du Carla pour tirer la charrette pour transporter les lourdes et volumineuses marchandises.

- D'après un relevé que fit Bérenger Saunière des acomptes qu'il paya à M. Caminade durant la période 1901 à 1904, la somme inscrite le 4 juillet 1901 est de 200 francs alors que dans son présent journal, il note : « **Donnés 500 francs** » (Jacques Rivière, *Le fabuleux trésor de RLC*, éd. Bélisane 1983, p. 156). Il est fort probable que l'architecte reçut pour son compte personnel 200 francs, comme notés dans le relevé, et que les 300 francs supplémentaires lui ont été donnés pour régler des fournisseurs ou des ouvriers du chantier.

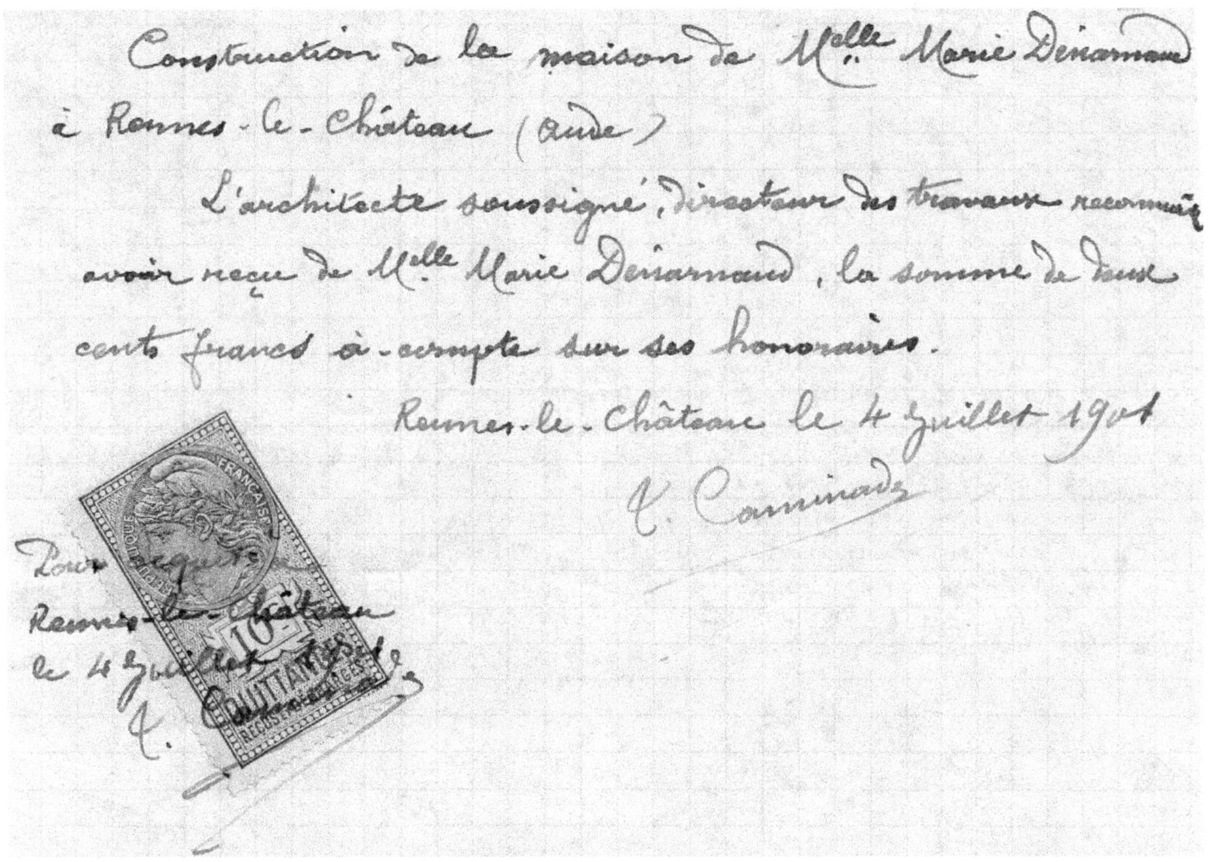

***Reçu du 4 juillet 1901 de M. Caminade* /** fonds Ph. Marlin

Page 4

- Le rapport de la **réunion de la Fabrique** notée le 7 juillet 1901 dans le journal de l'abbé Saunière sera rédigé le 14 avril de la même année, c'est-à-dire qu'il sera antidaté de 3 mois environ. Cette séance aura pour objet la clôture des comptes de l'année 1900 et le projet de budget de1902. Il en ressort pour 1900 entre les recettes et les dépenses un excédent de 1,70 franc alors que les prévisions pour 1902 indiquent des recettes de 158 francs pour des dépenses de 156,85 francs.

- C'est **Mme Cavailhé**, de son prénom Marie, qui offrit en 1887 le nouvel autel à l'église de Rennes-le-Château que la maison F. D. Monna lui factura 700 francs. Elle était l'une des plus importantes donatrices de Bérenger Saunière. Son nom revient en effet régulièrement dans les carnets où l'abbé notait les intentions de messes qu'il recevait et cela durant toute la période où il vécut à Rennes-le-Château incluant celle où il n'en était plus le prêtre depuis sa démission en février 1909.

De son nom de jeune fille, Marie Euphrosine Hérail est née à Mazamet, dans le département du Tarn, le 12 mai 1838 de François Édouard Hérail, filateur et de Gabrielle Adèle Chaud.

C'est le 10 novembre 1863 qu'elle épouse à Coursan Joseph Cavailhé, né à Peyriac-de-Mer le 28 mai 1838, qui exerce la profession de commis des Douanes, avec qui elle a trois filles toutes nées à Coursan : Marie-Louise Euphrosine née le 28 octobre 1869, Marie Euphrosine Marguerite née le 2 octobre 1871 et Marguerite Marie Emma Eugénie née le 19 mai 1876. Cette dernière est également une donatrice de l'abbé Saunière, certains envois de messes à son nom sont notés par le curé dans ses carnets (septembre 1903). Marie Cavailhé, très pieuse, était aussi poétesse et écrivaine. Elle a fait paraître plusieurs textes, dont certains sont consultables sur le site Gallica de la Bibliothèque Nationale de France, qui sont une ode au royalisme et notamment au comte de Chambord. Dans l'ouvrage *Fleur de Lys,* paru à Narbonne en 1874, l'extrait ci-dessous est très significatif de son engagement que l'on sait partagé par le curé de Rennes-le-Château.

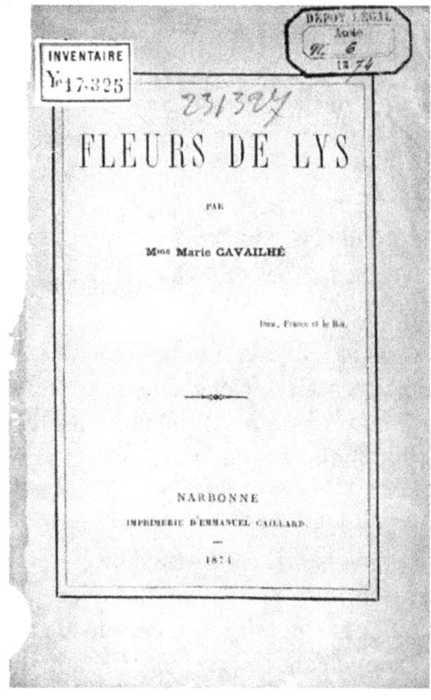

A Monseigneur le comte de Chambord.

MONSEIGNEUR ,

Pardonnez-moi de déposer à vos pieds, en toute simplicité, ces humbles et modestes Fleurs de Lys. Qu'elles soient pour vous un souvenir de la Patrie absente ; la note touchante et vraie d'un cœur qui n'a qu'un seul cri : DIEU, FRANCE et le ROI.

MARIE CAVAILHÉ.

Dans ses carnets de correspondances et de messes, l'abbé Saunière note plusieurs visites réciproques des époux Cavailhé.

fonds Ph. Marlin

Marie Cavailhé est décédée à Coursan le 1er septembre 1918, sa dernière adresse était le 6 avenue de Toulouse à Coursan. Existe t-il un lien de parenté entre Marie Cavailhé, de son nom de jeune fille Hérail, et Paul Serge Hérail époux depuis le 10 septembre 1850 de Rose Denise Marguerite Sabatier dont l'évêque de Carcassonne, Mgr Billard, fut accusé en 1893 d'avoir capté l'héritage à la suite de son décès en juin 1891 à Coursan ?

- C'est une visite de courtoisie que **M. Coll**, banquier à Limoux, rend à l'abbé Saunière qui avait un compte dans sa banque. Antoine Captier se souvient que c'est lui, ou l'un de ses descendants, qui était venu à Rennes montrer un bracelet fait avec des pièces d'or provenant de l'abbé que Noël Corbu datait, semble-t-il du XIIIème siècle.

- **Bouriège** est un village situé au sud-ouest de Limoux et non loin de Festes Saint-André, Roquetaillade et La Serpent.

- Des recettes de la **bonne et abondante cuisine** de Marie Dénarnaud ont été publiées par les éditions de *l'Œil de Sphinx* en 2011 dans l'ouvrage *À la table de l'abbé Saunière, la cuisine de Marie*.

- Le curé-**doyen** de Couiza chez qui déjeune l'abbé Bérenger Saunière est l'abbé Jean-Pierre Fournès né à Saissac le 6 janvier 1841 de Jacques Fournès, tisserand de draps, et de Marie Viviès. Nommé vicaire à Sigean le 1er juillet 1865, il est tour à tour affecté comme desservant et curé à Brousses, Labécède-Lauragais, curé doyen à Belcaire, et Couiza dont il a la charge depuis le 1er mai 1889. Cette nomination a donné lieu à un rapport sur sa conduite demandé au préfet de l'Aude par le ministre de la Justice et des Cultes : « *Pendant son séjour à Belcaire, sa vie privée et publique à été à l'abri de tout reproche. Il n'a jamais manifesté ses opinions politiques, attendu que jamais il n'a voté à Belcaire, ni lors des élections législatives, ni pour les élections municipales. Il n'a jamais pris part aux décisions politiques ou locales qui existent à Belcaire et, ni dans ses sermons, ni dans ses instructions religieuses, il n'a fait aucune allusion aux choses de la politique. M. Fournès donne tout son temps à son ministère et ne sort de son presbytère que pour visiter les malades ; aussi, jouit-il de la considération publique et de l'estime de tous les habitants, y compris les républicains. Il rentre dans la catégorie, si peu nombreuse, des prêtres dont l'attitude politique ne laisse rien à désirer et qui sont dignes de la bienveillance du gouvernement. J'estime en conséquences, Monsieur le Ministre, qu'il y a lieu d'accepter la nomination faite par M. l'Évêque en appelant M. Fournès à la cure de Couiza.* ». Il quitte cette paroisse pour rejoindre celle de Montolieu le 16 juillet 1903 ; c'est l'abbé Bonnaves qui le remplace à Couiza le 1er janvier 1904. L'abbé Fournès décède le 21 mars 1919. Durant son ministère à Couiza, en 1902, il supervise quelques travaux dans l'église Saint-Jean-Baptiste notamment la réfection des enduits intérieurs et extérieur et la consolidation du clocher.

- **La photographie du groupe de tous les confrères** ne serait-elle pas celle des 5 curés publiée en avril 2008 à la page 18 du bulletin n° 2 de l'association *Terre de Rhedae* et dont l'authenticité continue à faire polémique au sein de la communauté des chercheurs ? Quoiqu'il en soit, ce procédé semble quelque peu habituel de la part des curés pour immortaliser certains évènements.

- Le **reçu** signé est de 206 francs.

Page 5

- Il s'agit de Louis **Bousquet**, tailleur de pierres domicilié à Rennes-le-Château, que l'abbé Saunière unit avec Marie Antoinette le 24 juin 1902. Lui et le curé étaient amis comme l'indique l'acte de décès de ce dernier. Le 6 décembre 1914, il est nommé surveillant des prestations pour la mairie.

- **Axat** est le village où exerce le notaire Edmond Boudet et où se retire pour sa retraite son frère Henri en 1914. Il y décède en mars 1915 et est inhumé en son cimetière : « *M. l'abbé Jean-Jacques Henri Boudet, retiré dans notre bourg, est décédé le 30 mars dernier. Il était né à Quillan le 16 décembre 1837* (ndr. 16 novembre en réalité). *Il fut successivement vicaire à Caunes, curé à Festes, St André et à Rennes-les-Bains. C'est le mardi-saint que mourait, après d'atroces souffrances, ce grand patient depuis si longtemps crucifié par la maladie, et c'est le jeudi-saint, qu'une suite nombreuse de parents et amis accompagnait à sa dernière demeure ce modèle du sacerdoce.* ».

Acte de décès d'Henri Boudet

- **La maison Brigitte et la citerne** dont Jean Gavignaud propose la vente étaient probablement celles de Marie Brigitte Rougé décédée le 17 août 1891.

- L'élu est Paul **Roché** notaire à Arques auprès de qui Marie Dénarnaud se rendra pour diverses acquisitions, notamment de terrains.

- **Capia** est un lieudit qui forme un petit col sur la route qui va à la Maurine où se trouvait autrefois une métairie où vivait la famille Paris. De la grande ferme fortifiée jadis, située en bord de route, ne subsistent que quelques pans de murs écroulés cachés par la végétation qu'il est quasiment impossible de voir de la route. Un document de 1594 établissant l'assiette de la taille dans le diocèse d'Alet évoque déjà la métairie de Capia.

Capia

- **Martial** Sylvestre Adrien est l'un des frères de Bérenger. Il est né le 30 décembre 1863 à Montazels et vit à Névian, près de Narbonne.

Page 6
- Il s'agit de la **chapelle des frères** à Limoux consacrée à Saint-Joseph construite entre 1895 et 1900 sous la direction du frère Huron. L'abbé Saunière assiste à sa bénédiction par le Vicaire du diocèse.

- Peut-être l'abbé Saunière fait-il allusion ici à **la Croix** qu'il a faite ériger devant l'église.

- Arrivées vers 1892, les quatre **Sœurs d'Espéraza** et Tourouzelle qui remettent des messes à l'abbé Saunière font partie de la congrégation des Sœurs de la Charité de Besançon dont le siège était à Nîmes. Alfred Saunière leur rend hommage dans un discours prononcé en juin 1894 dont le journal *La Croix du Sud* publie le résumé :

Dans son discours, M. l'abbé Saunière nous a parlé — *Des origines de l'association des Dames de Charité :* elle remonte, comme l'institution des Sœurs de Charité, à Saint Vincent de Paul — *Des relations de la Dame de Charité avec le pauvre :* elle donne des secours à ses misères physiques, des consolations, du courage, de la résignation à ses misères morales, et presque toujours lui obtient la grâce de mourir dans les bras de la religion, soutenu par l'espérance des récompenses éternelles. — *De la portée sociale des œuvres de charité* dont les membres, comme les *Dames de Charité,* tiennent par leur origine à la classe riche et par le cœur aux entrailles du pauvre : Seule la charité peut prévenir les catastrophes sociales qui nous menacent, et servir de *médiateur* entre les classes riches et les classes pauvres, que divise la haine, pour les réconcilier.

Les Sœurs d'Espéraza s'occupent d'une école privée composée de trois classes : enfantine, maternelle et primaire, située rue du Général Ferrié, et également des malades pauvres de la commune. Après une demande d'autorisation adressée le 14 janvier 1902 par les Sœurs pour continuer d'exercer leur enseignement, le Conseil municipal d'Espéraza, dans sa délibération du 23 août 1902, décide un refus entériné d'abord par le sous-préfet de Limoux déclarant le 27 juin : « *En ce qui me concerne, j'estime que l'établissement des Sœurs de Besançon ne répond à aucun besoin local, et je suis d'avis qu'il n'y a pas lieu d'accorder l'autorisation sollicitée* » ; avis défavorable suivi également par le préfet de l'Aude. Le 15 juin 1903, la Supérieure, Mme Marie Manifacié, reçoit la décision définitive du ministre de l'Intérieur et des Cultes, Émile Combes, par laquelle il lui notifie le rejet de sa demande, la fermeture de l'établissement et les peines encourues dans le cas de désobéissance. Deux jours plus tard, la gendarmerie de Quillan est également saisie ; le maréchal des logis Paul Baux et Blaise Corti, gendarmes à cheval, sont chargés de notifier la décision de fermeture de l'école, de s'assurer de son exécution et que les Sœurs en seront parties avant le 1er août 1903. Ce à quoi la Supérieure fait remarquer à la maréchaussée qu'elle est locataire de l'immeuble qui accueille l'école et que son propriétaire est l'abbé Ludovic Navadel. Le lendemain de l'expiration du délai qui leur avait été signifié, les mêmes gendarmes se transportent sur les lieux accompagnés du maire d'Espéraza, Étienne Martignoles, et du garde-champêtre, Amédée Mérou, qui déclarent ensemble que *dans le courant de la semaine dernière, les Sœurs ont enlevé tout le matériel et les meubles renfermés dans l'établissement religieux. Le 31 juillet, elles ont quitté Espéraza où elles n'ont pas reparu.* Il faut attendre 1921 pour qu'une nouvelle congrégation de sœurs revienne à Espéraza. Sous l'impulsion de l'abbé Francoual et l'approbation de Mgr de Beauséjour, les sœurs de la Providence s'occupent désormais du patronage des jeunes filles, du catéchisme et des soins prodigués aux malades. Les sœurs quittèrent définitivement Espéraza en 1974 pour rejoindre leur maison mère de Saintes.

- La **famille Raynal** serait apparemment de **Sougraigne,** village au nord de Bugarach et au sud-est, à égale distance de Rennes-les-Bains d'où était également originaire la famille Dénarnaud. C'est sur le territoire de Sougraigne que la fontaine salée donne sa source à la rivière Sals au bord de laquelle se trouvent deux moulins, l'ensemble entouré des forêts du Rialselsse et de l'Eau salée. Son église est consacrée à Saint-Étienne.

Page 7

- Originaire d'Espéraza où il est né le 3 septembre 1856 d'Isidore Rouanet, ouvrier chapelier, et d'Élise Silvestre, l'abbé Barthélémy Sylvestre **Rouanet** officie à Villefort, village entre Chalabre et Puivert, depuis le 16 juillet 1886. Avant ce poste, il occupait celui de vicaire à Castelnaudary. En mai 1902, l'évêché le propose pour un Personnat de 100 francs. Mais les appréciations administratives font obstacle : « *Monsieur l'abbé Rouanet n'est pas digne d'intérêt. Sa conduite est loin d'être exemplaire et donne lieu à de nombreuses critiques.* ». En décembre 1903, durant son ministère à Villefort, il fait intervenir le sénateur de l'Aude auprès du préfet afin d'obtenir la cure d'Axat. Mais les appréciations laissées par la hiérarchie administrative ne lui permettent pas d'obtenir ce poste : « *Sa conduite a toujours laissé à désirer ; sa situation de fortune est des plus modestes. Cet ecclésiastique, dont les opinions sont hostiles aux institutions républicaines, n'a pas toujours observé une attitude correcte et a eu souvent maille à partir avec les instituteurs qui sont passés à Villefort.* ». Après Villefort, il rejoint la cure de Bages, près de Narbonne, le 16 octobre 1906. Cette même année, par un décret du 27 avril, il obtient de l'État une pension annuelle de 450 francs. Sur la liste des bénéficiaires figurent également, pour la somme de 825 francs, les abbés Ancé, Boudet, Catuffe, Cros (Alexis), Dumons, Fournès, Lacroix, Carayol (450 frs). Barthélémy Rouanet décède le 30 mars 1929 à Espéraza où il est inhumé. Ami de l'abbé Saunière, plusieurs de ses courriers relatifs aux procès ont été retrouvés dans les papiers du curé de Rennes qui se confiait à lui. L'abbé Rouanet lui dispense des conseils sur la manière de réagir et de répondre aux accusations de l'évêché : « *Tu me dis que l'évêque maintient fermement sa décision et qu'il ne veut rien admettre de tes raisons. Donc il ne cèdera pas. Alors je te dis : ou tu peux te passer de lui, ou tu ne le peux pas. Si tu as assez de ressources pour te retirer, prends ta retraite, si tu n'en as pas assez, il faut te résigner et obéir.* » (*L'Héritage de l'abbé Saunière*, 1985, pp. 170 et 171). Dans l'introduction de cette lettre du 22 janvier 1909, Barthélémy Rouanet évoque un autre confrère : « *Je réponds immédiatement à ta communication. Je n'ai pris que quelques moments de réflexion. Je t'assure que ta lettre me surprend étrangement. Si j'avais pu craindre dans le passé pour toi, ce n'était pas à ce moment ci. La mort du pauvre abbé Gaudissard aurait-elle réveillé de mauvais souvenirs ? Peut-être les belles choses que tu as faites ont-elles attiré l'attention sur toi ... etc. ... etc.* ».

- **Les chênes verts** forment un chemin appelé également *les Aouzines* signifiant *chêne vert* en patois. Autrefois ce chemin, qui relie le village et le ruisseau de Couleurs, était beaucoup emprunté par les paysans et notamment par les lavandières pour laver leur linge au Labadous.

Page 8

- Mélanie **Alexandrine** Dénarnaud est la mère de Marie. Née le 17 mars 1844 à Rennes-le-Château de Jean-Pierre Marre, cultivateur au même lieu, et de Marie Sallet. Elle épouse à Rennes-le-Château Guillaume Dénarnaud le 18 juillet 1867. Ce dernier est né le 21 avril 1840 à Sougraigne d'Étienne Dénarnaud cultivateur et d'Élisabeth Olivié. Alexandrine Dénarnaud décède en 1928, Guillaume en 1930.

- L'abbé Antoine Firmin **Carayol** est né au Martys le 7 avril 1857 et officie à Cuxac-Cabardès comme desservant depuis le 16 novembre 1897. Le 16 janvier 1904, il rejoint la cure de Salles d'Aude, petite ville de 1750 habitants, située entre Narbonne et Gruissan. Après une affectation à Pezens, près de Montolieu, comme aumônier, le 1ᵉʳ octobre 1911, il décède quelques jours avant l'abbé Saunière, le 14 janvier 1917.

- L'abbé Marc Michel **Arabet** est né à Azille le 16 octobre 1854. En mars 1885, il est nommé à Taurize qu'il quitte en mars 1888 pour Cazilhac. Il a ensuite en charge la cure de Conilhac-du-plat-pays, près de Lézignan, depuis le 16 août 1891. Si de son passage à Cazilhac, le curé laisse le souvenir d'une bonne conduite et de n'avoir jamais parlé contre les républicains, il n'en est pas de même à Conilhac : « *Son attitude est hostile, il s'est démontré lors des dernières élections législatives.* ». En mars 1895, il est nommé à la succursale de Trausse. À cette époque, les renseignements administratifs indiquent « *qu'il appartient à une honorable famille et possède une fortune évaluée à 40000 francs.* » Cette fois son engagement politique semble être retombé : « *M. Arabet ne s'occupe pas de politique, c'est un prêtre libéral. Il a été vivement regretté à Conilhac* ». Le 16 octobre 1910, il rejoint Argeliers, puis le 1ᵉʳ juin 1911 Puichéric. Il se retire à Azille le 1ᵉʳ janvier 1921. Il y meurt le 13 mai 1926. L'abbé Arabet est apprécié pour ses sermons qu'il prononce à de nombreuses occasions. C'est le cas notamment, le mardi 10 septembre 1895, lors des grandes fêtes de Notre-Dame-du-Cros.

- L'abbé Charles Jean-Pierre **Daban** est né à Carcassonne le 30 mars 1838. Le 1ᵉʳ juin 1863 il est vicaire à Sainte-Colombe-sur-l'Hers près de Chalabre. Le 1er octobre 1868, il est desservant de Couffoulens. Le 16 janvier 1897, il est nommé chanoine prébendé de la cathédrale Saint Michel de Carcassonne mais doit cesser son service pour raison de santé. Il se retire donc et vit au 8 rue de la Mairie, dans la maison en indivision qu'il possède avec ses deux sœurs qui tiennent un commerce d'ornements d'église. Le 31 décembre 1897, Hélène Daban adresse une facture de 359,50 francs à l'abbé Saunière pour sa commande d'une écharpe brochée or fin ; d'une étole pastorale ; d'une chasuble rouge, galons or mi fin ; d'une chape ; d'un devant d'autel ; de six paires de gants et de quatre panaches de dais.

En mai 1897, l'abbé Daban demande à bénéficier d'une pension sur les fonds de l'État. À l'occasion des renseignements que les autorités ont rassemblés sur lui, on apprend *« qu'il ne paraît pas avoir de fortune et que sa conduite et sa moralité sont bonnes. À Couffoulens, il était estimé. On ne connaît pas ses opinions politiques »*. Un avis favorable est donné par le ministre de la Justice et des Cultes qui lui consent un secours de 300 francs pour l'année courante ainsi qu'une pension à partir de l'année suivante. Visiblement ce prêtre fait l'unanimité puisque dès la connaissance de cette décision le responsable du doyenné et de la paroisse, l'abbé Gasc, adresse une lettre de remerciements au préfet de l'Aude. En 1914, l'abbé Daban est nommé chanoine titulaire. Il décède le 25 août 1916 d'une grave maladie. Il faisait partie de l'Amicale des anciens élèves des Frères.

- Charles **Dénarnaud** est le maréchal-ferrant d'Alet qui travailla fort longtemps pour l'abbé, il installa entre autres grilles, balustrades et escaliers du jardin, la porte d'entrée du cimetière. C'est aussi lui qui fournit et installe les 6 troncs dans l'église et la grille des fonts baptismaux pour la somme de 147 francs réglée par l'abbé Saunière le 8 août 1903. À sa suite, son fils Augustin réclama, après la mort du curé en 1917, des sommes impayées à Marie Dénarnaud.

- **Labécède**-Lauragais est un village près de Saint Papoul. En 1889, l'abbé Michet commande plusieurs éléments de décoration pour son église issus du catalogue du statuaire Giscard de Toulouse, notamment le chemin de Croix et les fonts baptismaux. On retrouve aussi dans le village une statue de la Vierge de Lourdes.

Fonts baptismaux de Labécède-Lauragais

C'est l'abbé Alexis Cros qui le remplace à la cure le premier avril 1893. L'abbé Michet quitte ses fonctions le 16 octobre 1906 en se retirant à Carcassonne où il décède le 22 décembre 1919 à l'âge de soixante-dix-neuf ans.

- **La Maurine** est un hameau situé entre Rennes-le-Château et Rennes-les-Bains dépendant de Couiza. À cause de nombreuses victimes d'accidents mortels, les anciens, dont certains se souviennent de l'existence d'un cimetière à cet endroit, disent aussi d'elle qu'elle a le mauvais œil comme si, depuis toujours, ce lieu possédait une malédiction. Henri Buthion voulait le faire exorciser et Henri Lincoln l'avait choisi pour centre de certaines de ses figures géométriques !

Le chemin passant à La Maurine mène à la métairie de l'Aram où vivait Élisabeth Raynaud décédée le 15 mai 1857 à l'âge de 18 ans et dont la pierre de sépulture, qui possède la particularité de montrer une épitaphe comportant les lettres N inversées, est curieusement conservée dans le cimetière de Rennes-le-Château alors que, comme déjà stipulé, La Maurine est un lieu dépendant de Couiza. Élisabeth Raynaud garde encore aujourd'hui, auprès des habitants de Rennes, une réputation de sorcière ; est-ce la malédiction évoquée plus haut qui en est la cause, ou bien le contraire ? Pourtant au temps de l'abbé Saunière, il semble qu'on ne parlait guère plus de cette malédiction car il se disait que le curé, avec Marie et Julie se rendaient à la métairie de la Maurine pour y danser sous l'accordéon d'un certain Verdier.

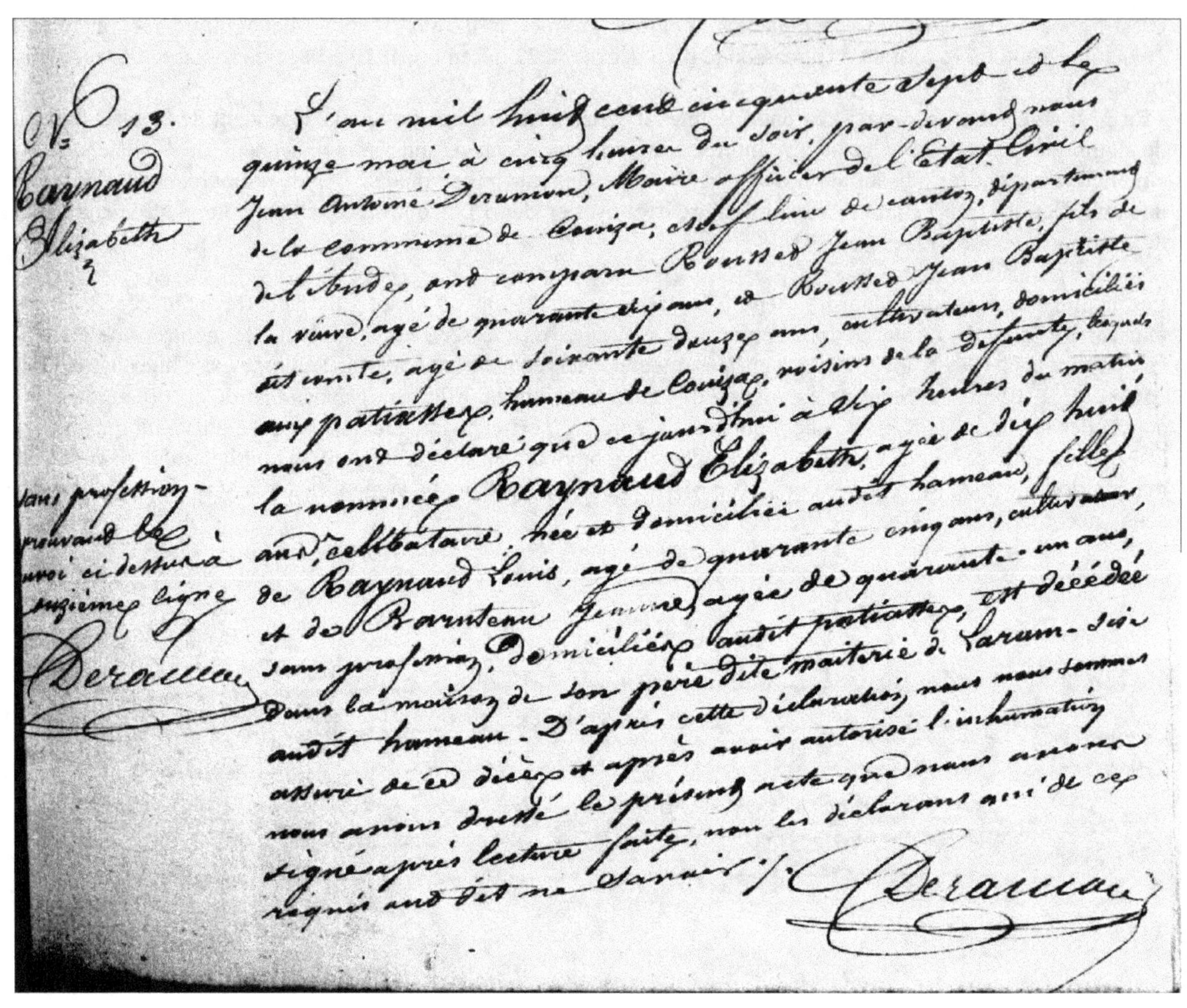

Actes de naissance et de décès d'Élisabeth Raynaud

Page 9

- Zacharie **Péchou** était l'un des plus importants propriétaires de Rennes-le-Château. Longtemps marguillier de la Fabrique, il en démissionne le 5 avril 1891 pour être remplacé par Valentin Méric. Il sera employé par l'abbé Saunière pour ses constructions et notamment pour le transport de la pierre de taille. Sa tombe est au cimetière de Rennes-le-Château.

- **Antoine Verdier** habitait La Maurine. C'est sa sœur Georgette Coudié qui donna à Antoine Captier la photographie de l'abbé Saunière jeune devant la Vierge sur le pilier ; photographie prise en 1891 à l'occasion de la communion de 24 enfants où fut invité le Révérend-Père Amédée Ferrafiat de Notre-Dame de Marceille.

- Le **curé de Coustaussa** est l'abbé Henri Alexandre Marty qui, venant de Fanjeaux comme vicaire, prend la suite d'Antoine Gélis le 16 juillet 1898 comme desservant et assure en plus la paroisse de Rennes-le-Château à partir du 1er juillet 1909 après qu'en février Bérenger Saunière ait démissionné de ses fonctions. À l'époque de sa nomination à Coustaussa, l'administration écrit : « *Cet ecclésiastique a une conduite irréprochable et son attitude politique est correcte ; son état de fortune est inconnu* ». En avril 1905, l'abbé Marty sollicite un secours de l'État qui lui est refusé : « *M. Marty possède des immeubles indivis avec son frère, garde-champêtre à Couiza. Il vient d'acheter tout récemment une propriété d'une valeur de cinq à six mille francs, où il a installé une laiterie alimentée par deux vaches laitières. C'est le frère qui est chargé de la vente. M. le desservant Marty n'est âgé* *que d'une trentaine d'années. Sa mère, âgée et infirme, vit avec son frère à Couiza. La demande de secours ne paraît pas justifiée. ».* En mai 1910, Mgr de Beauséjour nomme l'abbé Marty à Coustaussa pour convenances personnelles et reste chargé du service de Rennes-le-Château. Le 15 décembre 1911, il quitte Coustaussa pour Rivel, près de Chalabre. En octobre 1917, il intègre le Petit Séminaire de Carcassonne comme professeur. Le 1er mai 1919 il reprend la cure d'Ornaison, près de Lézignan, comme desservant. Il décède le 16 novembre 1924. Henri Marty est un enfant du pays puisqu'il est né à Couiza le 14 novembre 1871 de Pierre Marty, épicier, et de Caroline Raynaud. Depuis les procès dont est frappé l'abbé Saunière, il semble que sa relation avec Henri Marty, qui vient d'être muté à Rivel, se soit dégradée selon ce que laisse entendre l'abbé Gachen dans un courrier du 22 décembre 1911 : *« Le départ de Gros-gros* (surnom de l'abbé Marty) *sera-t-il un achèvement vers votre réintégration dans les cadres ? Je ne sais. ».*

- **Barthélémy** est le second prénom sous lequel se fait appeler le frère de Marie Dénarnaud ; son premier prénom inscrit dans son acte de naissance est Joseph. C'est sous ce dernier que l'abbé Saunière lui écrivait quand il était soldat.

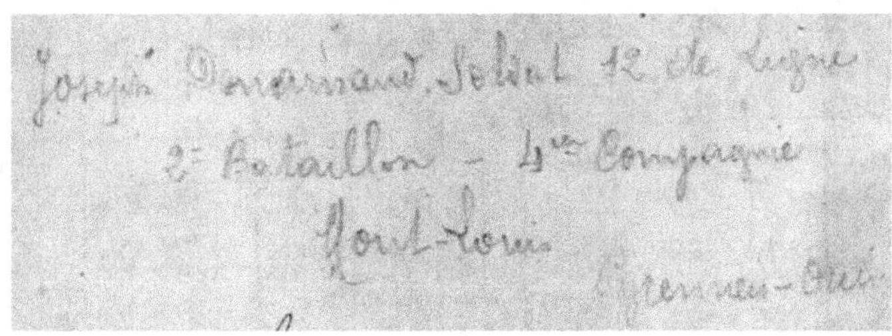

Extrait du carnet de l'abbé Bérenger Saunière / fonds Ph. Marlin

Né à Espéraza le 9 août 1872, Joseph Barthélémy Dénarnaud épouse le 6 mars 1899 à Rennes-le-Château Pauline Antoinette Fons avec qui il a trois enfants. Employé à une chapellerie d'Espéraza où travaille également son père Guillaume Dénarnaud, il participe souvent, et dès le début, aux travaux de rénovation et de construction de l'abbé Saunière.

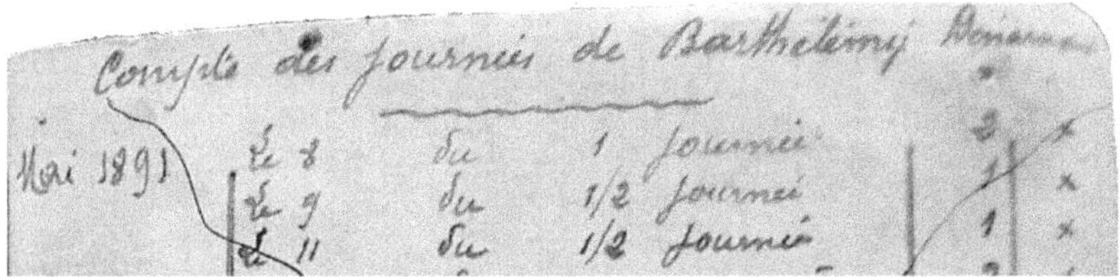

fonds Ph. Marlin

Travail à la chapellerie d'Espéraza

À partir de mai 1900, il exerce les fonctions de conseiller municipal auprès du nouveau maire Pierre Rougé, dit Eugène. En mai 1904, il est élu au poste d'adjoint au maire Victor Rivière et exerce également, à partir de 1919, le poste de secrétaire de mairie.

Dans la marge de son acte de naissance figure une information qui, semble-t-il, est erronée. Il y est inscrit, en effet, qu'il serait décédé, le 5 février 1948, à Arcueil, dans la région parisienne.

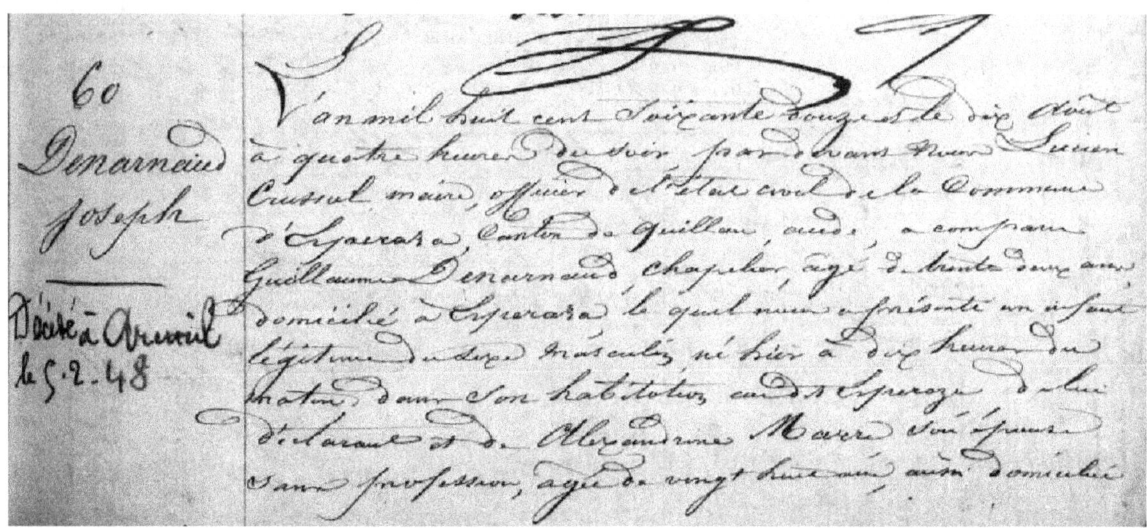

Or, sa tombe, qui se trouve dans le cimetière de Rennes-le-Château, à droite de l'ancienne sépulture de l'abbé Saunière, indique qu'il est décédé au village en 1944, dans la nuit du 23 au 24 décembre comme le confirme également l'acte de décès dans le registre d'état civil de la commune. De plus, Barthélémy n'a laissé aucun souvenir d'un passage à Paris ou dans sa région hormis peut-être durant son service militaire ! Quelle est donc la source de cette information erronée ?

Sépulture de Barthélémy Dénarnaud

Page 10

- Le **curé de Luc**-sur-Aude est l'abbé Pierre Florentin Sire né à St Just et le Bézu le 15 juin 1871 de Joseph Sire, tailleur d'habits, et de Marie Jammet. Avant son affectation à Luc-sur-Aude, le 1er août 1898, il est vicaire depuis le 1er juillet 1896 à Villepinte, près de Castelnaudary. Il y vit avec sa mère, qui est à sa charge, et ses deux sœurs. Le 2 octobre 1899, Mgr Billard le propose à l'agrément du préfet pour l'obtention d'un Personnat. Le 16 octobre suivant, le rapport préfectoral dit « *M. l'abbé Sire a toujours eu une bonne conduite. Sa situation de fortune est précaire. A un frère à sa charge. Opinions et attitude politiques des plus correctes. Avis favorable.* ». Malgré ce dernier avis, le Personnat ne lui est pas attribué. Deux ans plus tard, une augmentation de traitement de cent francs est sollicitée en sa faveur par l'évêché auprès des instances administratives ou « *à défaut de Personnat vacant, un secours équivalent sur les fonds de l'État* ». Le Préfet indique dans sa réponse : « *M. l'abbé Sire appartient à une famille très pauvre. Sa conduite est bonne. Cet ecclésiastique ne s'est jamais occupé de politique. Son attitude est très correcte. Avis Favorable* ». Le 24 octobre 1904, le secours est accordé. Pierre Sire quitte Luc-sur-Aude le 1er novembre 1919 pour rejoindre Caux près de Montolieu. Il décède le 27 février 1923. Un article nécrologique, sous la plume du curé de Grèzes, est paru dans *La Semaine Religieuse* du 10 mars 1923. Du temps de son ministère à Luc, sur la demande de l'abbé Saunière, il lui arrive de le remplacer à Rennes-le-Château.

Page 11

- Les carreaux et les **barrots** reçus **de Trèbes** ont été expédiés par l'entreprise de Paul Taillefer dont la fabrique de carrelages se trouve Route de Narbonne. C'est Tiburce Caminade qui règle ces commandes après que la somme lui ait été auparavant donnée par le curé. Le montant de la facture est de 114 francs. En 1902, l'architecte règlera à l'entreprise Taillefer 352,80 francs pour une commande de 5880 barrots pressés. En 1905, pour la villa et les tours, Paul Taillefer recevra de l'abbé Saunière 147,70 francs pour la fourniture de carreaux et de barrots.

- **Les Soubirous** désigne une métairie au sud de Rennes-le-Château en face de la tour Magdala sur le plateau de Granes.

Page 13

- **Lavaldieu** est un hameau, ancienne propriété de l'abbaye de Fonfroide, qui se trouve sur un plateau à 5 kilomètres au sud-est de Rennes-le-Château dont il dépend depuis la Révolution. Au XVIè siècle Lavaldieu compte 8 feux. Dans son ouvrage de 1874, *Stations thermales de l'Aude*, le docteur Gourdon rapporte sur ce lieu la tradition suivante : « *On racontait qu'il existait autrefois dans ce lieu appelé quelquefois par corruption Bal-Dieu, un temple érigé au dieu Baal, où les habitants de la contrée se réunissaient pour lui offrir des sacrifices ; et l'on est porté à croire que ce temple aurait pu être fondé par les Phéniciens qui ont jeté quelques colonies sur la côte d'Espagne la plus voisine. Il est évident que cette tradition n'a d'autre origine qu'une supposition faite sur le nom même du lieu, aucune trace d'un temple quelconque n'existant dans le hameau.* ». Une autre légende, plus moderne et davantage insolite celle-là, dit que le hameau aurait été le lieu privilégié du tombeau de Roland !

Lavaldieu comptait autrefois une chapelle voûtée, propriété des chevaliers de Saint Jean de la Croix. En 1959, à l'entrée du hameau, une ancienne croix de mission disposée sur son socle fut dérobée. Le rapport du début des années 1960 prêté à l'ingénieur en chef Ernest Cros s'en fait l'écho à la dernière page. Selon ce document, c'est à la Pique de Lavaldieu, point culminant de la seigneurie de Rennes, au lieu appelé Coumesourde, à la cote 532, que fut découverte en 1928 par Ernest Cros la dalle du même nom.

La Pique (photographie Jean Brunelin)

Page 14

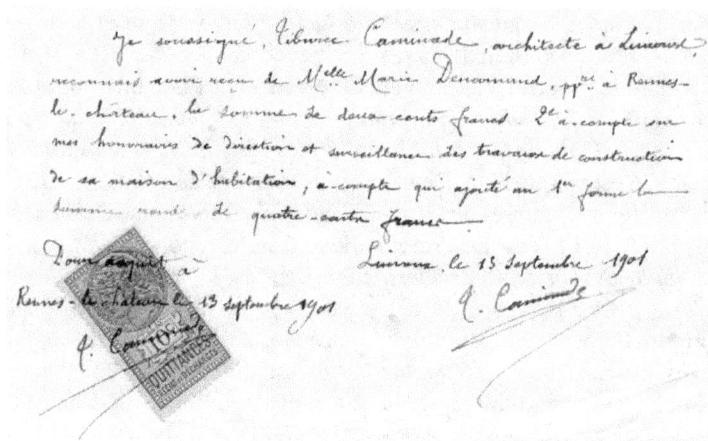

- Reçu des 200 frs de M. Caminade / fonds Ph. Marlin

- **Missègre** est une commune du canton de Couiza à moins d'une dizaine de kilomètres à vol d'oiseau de Rennes-le-Château dont l'église, reconstruite intégralement à la fin du XIXème siècle à côté de l'ancien sanctuaire, est dédiée à Saint-Vincent. À l'une des entrées du village, en pleine nature, sur le bord de la route CD 54, une stèle, dite des Charbonniers, a été érigée en hommage à trois enfants de Valmigère, commune limitrophe, qui perdirent la vie dans l'incendie de leur maison d'habitation survenu le 23 septembre 1870 à dix heures du soir alors que leurs parents étaient partis livrer du charbon à Missègre. Enfants de Pierre Caralp, charbonnier, et de Joséphine Cros, la plus jeune des trois était Marguerite Joséphine née le 1er juin 1867 à Belcastel-et-Buc ; ses deux frères, Jean et Hippolyte, étaient respectivement nés à Saint-Hilaire en 1853 et 1857. Le texte gravé sur la pierre comporte plusieurs erreurs notamment dans la date de décès des enfants qu'elle signale être le 22 septembre alors qu'il s'agit du 23. Une autre évoque trois frères alors qu'il s'agit de deux frères et de leur sœur qui est néanmoins nommée de son bon prénom Marguerite. Le 28 février 1903, naît à Missègre Urbain Gibert, historien et ethnologue audois célèbre (il décédé à Lauraguel où il exerça longtemps comme instituteur le 5 septembre 1989).

Page 15

- L'**inauguration des fontaines à Couiza** devait à l'origine avoir lieu le 14 juillet 1901. C'est à la détermination du nouveau maire Jules Laffont, élu en mai 1896, que la population de Couiza se réjouit de ces nouvelles fontaines car ce projet tant apprécié finalement connut lors de sa conception un fervent détracteur en la personne du député Dujardin-Beaumetz qui en retarda les travaux. Le maire assistant en 1900 au banquet de l'Exposition Universelle à Paris se rapprocha du Ministre des travaux publics qui le soutînt. Les fontaines place Sainte Anne éclaboussent de leur eau bienfaisante les villageois rassemblés autour en ce mois de juillet 1901 mais c'est le 22 septembre qu'elles sont officiellement inaugurées.

- **Le Laouset (Lauzet)** est le nom du bois qui se trouve au-dessus de la ferme du Carla.

- Cette **retraite** à Carcassonne est identique à celle que fit l'abbé Saunière du 28 septembre au 2 octobre 1891 ; retraite durant laquelle il rencontra des confrères sur place. Il le nota dans son carnet par la phrase : *Vu Curé de Névian – Chez Gélis – Chez Carrière – Vu Cros et Secret.* Lors de la retraite de septembre 1901 il rencontre également des confrères : Sarda, Rouanet, Gachen, Gazel.

- Jules **Sarda** est l'un des principaux donateurs de messes du curé de Rennes-le-Château. Son nom est noté pour la première fois dans le carnet de messes de l'abbé Saunière, couvrant les années 1891 à 1896, à la date du 9 juillet 1891. Il est né le 9 juillet 1855 à Douzens de Marcel Sarda, scieur de long, et de Pauline Falendrin. Ayant fait le séminaire en même temps que l'abbé Saunière, il est ordonné prêtre un mois avant ce dernier :

le 1er juillet 1879. Son premier poste est celui de vicaire à Saint-Vincent de Carcassonne. En mars 1892, il est nommé à Moussoulens. À ce moment, la préfecture dispose des informations suivantes : « *M. Sarda appartient à une famille très honorable. Il n'a pas de fortune, mais son frère possède une petite propriété d'une valeur de 40 à 50 mille francs. La conduite et la moralité de M. Sardá sont bonnes et son attitude politique correcte.* ». À l'époque où l'abbé Saunière note son nom dans son journal, Jules Sarda officie comme aumônier à l'Hôtel-Dieu de Carcassonne et ce depuis le 16 juillet 1895 ; il lui arrive quelquefois d'accompagner des curistes à Rennes-les-Bains. C'est grâce notamment à la recommandation des membres de la Commission des Hospices civils et militaires de Carcassonne et de Mgr Billard qu'il est nommé à ce poste d'aumônier.

En août 1904, l'évêché l'affecte à Saint-Papoul. Mais l'abbé Sarda n'appartenant pas, depuis près de dix ans de par ses fonctions d'aumônier, au clergé paroissial, cette nouvelle affectation n'est effective qu'à partir du 1er janvier 1905 conformément à la règle. C'est ainsi que, le 1er février 1905, le curé porte réclamation auprès du préfet : « *J'ai l'honneur d'attirer votre attention sur la situation anormale qui m'a été faite durant le quatrième trimestre de l'année dernière. Dès le 3 août 1904, Monseigneur l'Évêque présentait à l'agrément de Monsieur le Président de la République ma nomination à la cure de Saint-Papoul. J'étais, alors, convaincu que cet agrément serait accordé avant l'expiration de mes fonctions d'aumônier de l'Hôtel-Dieu de Carcassonne, fixée au 30 septembre de la même année. Mais, par suite de lenteurs que je ne me suis jamais expliquées, le décret présidentiel me nommant à Saint-Papoul n'est arrivé qu'à la fin du mois de décembre. J'ai pu prendre possession de mon nouveau poste seulement le premier janvier 1905. Il s'est donc écoulé tout un trimestre – du 1er octobre 1904 au 1er janvier 1905 – durant lequel j'ai été privé, sans qu'il y eût de ma faute, de tout traitement. J'ai été même privé de mon ancien logement à l'Hôtel-Dieu à dater du 7 décembre. N'est-ce pas le cas de demander au Gouvernement une indemnité proportionnelle à la double privation que j'ai dû subir ? Je m'en rapporte à vous, Monsieur le Préfet, et si ma demande vous paraît légitime et recevable, veuillez me permettre de recourir à votre obligeance. Je vous en exprime d'ores et déjà ma profonde reconnaissance. Si j'avais à fournir quelques pièces à l'appui de ma demande, je vous serais très obligé de vouloir bien m'en prévenir.* ».

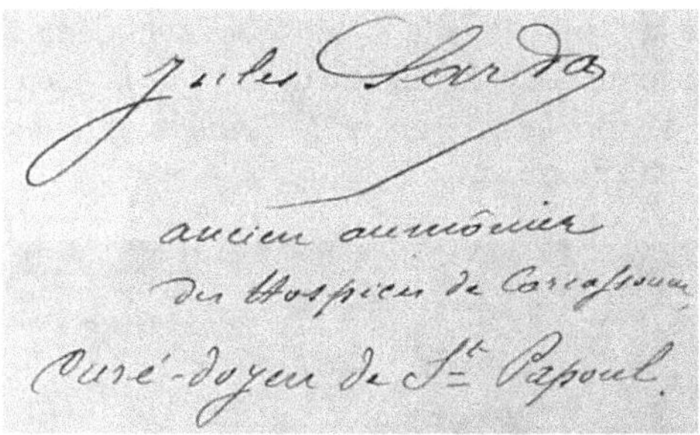

Le 3 février 1905, le préfet de l'Aude invite l'abbé Sarda à adresser une lettre au ministre de l'Instruction publique et des Cultes qu'il appuiera de son avis favorable. Le 1er juillet 1907, il rejoint Quillan pour deux ans car le 1er août 1909, il gagne l'église Saint-Paul de Narbonne.

Extrait du carnet de messes de l'abbé Saunière / fonds Ph. Marlin

C'est par son frère, Just Sarda, né le 9 septembre 1859 à Douzens, que l'abbé Saunière se fait quelquefois envoyer du vin. L'aumônier Jules Sarda décède le 8 mars 1920.

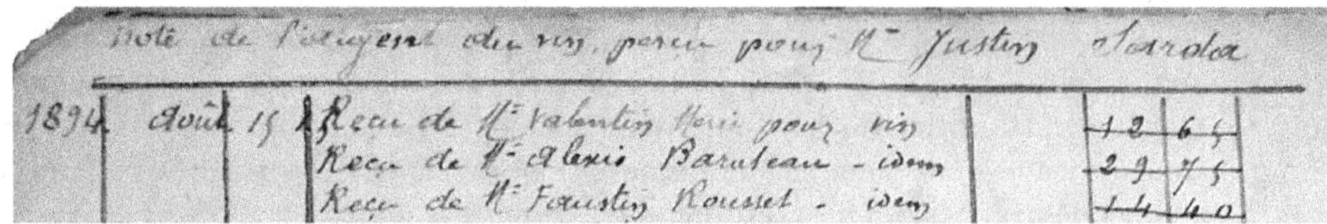

fonds Ph. Marlin

- Le **curé de Montazels** est l'abbé Jean-Pierre Basile Lacroix depuis le 1ᵉʳ novembre 1871. Il précède à Rennes-le-Château l'abbé Saunière durant une annéc à compter du 1ᵉʳ novembre 1870. En 1906, il se retire à Espezel dans le canton de Belcaire. Il en est originaire, et y décède le 5 mai 1919. Il est né le 21 octobre 1839, de Jean-Baptiste Lacroix, cultivateur, et de Marie Anne Boyé. Deux ans après son départ de Montazels, le 15 novembre 1908, le jeune abbé Camille Pontier y est nommé (il est né le 23 décembre 1875 au mas d'Ardiale, commune de Puylaurens). Deux mois seulement après son arrivée à Montazels, en janvier 1909, il exprime son soutien à l'abbé Saunière qui vient de recevoir sa nouvelle nomination à Coustouge : « *Laissez-moi vous dire une fois encore quelle part je prends à la peine qui vous afflige certainement en présence des mesures qui vous frappent. Laissez-moi vous dire que la stupéfaction est partout générale et qu'on n'approuve guère cette nomination. Puisse le témoignage général rendre moins amère votre douleur.* ».

Page 16

- **Pailhère** est un lieudit dépendant de la commune d'Espéraza et près de Rennes-le-Château. C'est au-dessus du ruisseau de Couleurs que fut découverte en 1971, sous l'égide de Louis Rousset, propriétaire et habitant du lieu, une pierre mégalithique de forme parallélépipède de 0,90m dans sa hauteur la plus grande, de 2m de longueur et de 1,10m dans sa plus grande largeur, comportant des signes et des croix gravés. Anciennement exposée dans le village dans un appentis, près de la Capitelle, elle a été récemment déplacée vers le haut de Rennes, près du domaine de l'abbé Saunière. Dans le tome CXV du bulletin de 2015 de la Société d'études scientifiques de l'Aude, Christian Raynaud publie un article détaillé *Le Bloc gravé de Pailhères à Rennes-le-Château* dans lequel figure un relevé des inscriptions gravées sur cette pierre.

Pierre de Pailhère *(photo Stéphanie Buttegeg ©)*

- **Oscar Vila** est un artisan menuisier à Couiza. C'est à lui que l'abbé Saunière confie de nombreux travaux. Le 20 janvier 1907, l'artisan envoie à son client une lettre de rappel concernant une facture impayée pour des travaux exécutés deux ans auparavant dans son domaine. En 1897, c'est lui qui, à la demande de la municipalité, intervient pour des réparations sur le pressoir communal.

168

Page 17

- La **Croix de la Coste** est le croisement au pied du village d'où partent les routes allant dans de multiples directions et menant notamment à Jaffus et à Lavaldieu.

- Les **Jaffus** forment un petit hameau qui dépend de Couiza. À l'époque de l'abbé Saunière, il y avait une chapelle disparue aujourd'hui car elle a brûlé. C'est aux Jaffus qu'a été découverte une pierre avec un serpent sculpté. On trouve aussi en ce lieu, sur le bord de la route, une croix gravée.

- Il s'agit de Maître Paul **Roché**, notaire à Arques où il résidait. Il fut élu conseiller général du canton de Couiza le 28 juillet 1889.

Page 19

- La **Caunette** (prononcer Caonette) se trouve tout de suite, à gauche, à l'entrée du village. Ce nom signifie que ce lieu comportait une petite grotte. Et en effet, jadis un souterrain existait dont les accès furent comblés.

Départ d'un souterrain aujourd'hui comblé

- Le chasseur est Mathieu **Mestre**, ébéniste, dont l'atelier se trouvait au 25 rue de la Mairie à Limoux. Il est souvent sollicité par le curé pour des travaux dans son domaine et des fournitures pour l'église. C'est notamment lui qui réalise le tronc en vieux chêne surmonté d'une statue de même et les meubles et placards de la Sacristie. C'est aussi lui qui livre les prie-Dieu en mai 1896 etc. L'ébéniste apprenant que l'abbé Saunière projetait de se défaire de la bibliothèque gothique qu'avait installée depuis peu la Maison Noubel dans la tour Magdala, lui écrira pour lui soumettre un éventuel acquéreur. En octobre1906, Mathieu Mestre met en relation Madame Gallet et Marie Dénarnaud qui lui achète, pour cinq cents francs, la salle à manger en chêne et la chambre en pin qui meublent la villa.

Page 20

- Il s'agit d'**Édouard** Auriol de Castres qui a pris l'habitude d'envoyer des marrons à l'abbé. Ceux dont il est question ici sont réceptionnés le 31 octobre. Édouard Auriol est ami avec Bérenger Saunière, de nombreux courriers échangés en témoignent. Mais à Castres, il y avait, à la même époque, deux Édouard Auriol ! L'un né en 1862, Édouard Auguste, dont le père Paul était tailleur d'habits ; l'autre, Auguste Joseph Édouard en 1865. Le premier marié en 1894 eut deux filles. En 1895, sous l'étiquette socialiste, il se présente aux élections.

Tarn. — Castres : M. de Boissezon, c., 1070, *élu* ; M. Auriol, soc., 1485 ; M. Schabaver, s., 1275. — Rabastens : M. Berrauguin, s., 1301, *élu* ; M. Prouchot, c., 1211. — Lavaur : M. Mazas, c., 2507, *élu* ; M. Guirau, s., 2428. Les catholiques gagnent deux sièges.

La Croix du 11 août 1895

1895, 28 juillet-4 août

Boissezon, Paul, marquis de

43 ans en 1895. Propriétaire à Castres, au château de Gourjade, conseiller municipal. Réactionnaire.

1er tour : Paul de Boissezon, 1738 voix ; François Schabaver, ingénieur, 1365 voix ; Édouard Auriol, négociant, 1210 voix ; Paul Calvet, conseiller municipal, 140 voix ; Ernest Fabre, menuisier, 96 voix ; Achille Combret, adjoint au maire, 107 voix, divers, 34 voix ; 4798 votants ; 7493 inscrits.

Archives du Tarn

Documents découverts par Andree Pottie

À la mairie de Castres, il est responsable de la voirie ; plusieurs articles parus dans *L'Express du Midi* dénigrent son travail.

CASTRES. — Voirie. — La *Dépêche* vient de nous faire savoir que les rues de Castres, les places et les boulevards, sont l'objet de soins constants de la part de notre municipalité.

Nous étions loin de nous en douter. Sans doute que pour notre confrère il suffit qu'on ait repavé sa rue, pour que tout aille bien. Malheureusement tel n'est pas l'avis des nombreux castrais qui ont à souffrir du mauvais état de la voierie.

L'adjoint broustillard Auriol, le chef des balayeurs municipaux, invite à nouveau les contribuables à lui faire connaître, — ce qu'il devrait savoir — quelles sont les rues qui ont besoin de réparations et ce fameux socialard ajoute, en se gonflant comme un paon, qu'il daignera, lui Auriol, chef de claque au Comité de Salut public siégeant au café de l'Orphéon, recevoir les plaintes de ses administrés, *dans son cabinet* à l'hôtel de ville, tous les soirs de 6 à 7 heures.

Aquel Aouriol fa suza !

Jamais comédien n'a battu de la grosse caisse d'une façon aussi ridicule.

Ce que voudrait le citoyen Auriol, ce serait que tout le monde aille s'incliner à la mairie devant la sociale ! *Attendra lountens !*

L'express du Midi du 3 octobre 1896

L'Édouard Auriol marié en 1908 n'eut qu'un seul fils ! Lequel des deux Auriol est l'ami du curé de Rennes-le-Château ? Les carnets de correspondances de l'abbé répondent à cette question !

Ce second Édouard Auriol est né en 1865 à Castres, dans le département du Tarn, le 28 octobre de Jules François Auriol, carrossier et de Victorine Blanche Alphonsine de Bussy domiciliés tous deux dans une maison du quartier de l'Albenque. Il se marie le 28 décembre 1908 avec Gabrielle Jeanne Tourens. Dans l'acte de mariage, il est dit qu'Édouard est propriétaire et qu'il demeure avec sa mère avenue de Lautrec dans le quartier de Longchamp à Castres. Deux années plus tard, le 28 septembre 1910, Gabrielle Jeanne met au monde leur fils Pierre Jean Victor. Dans l'acte de naissance, Édouard est encore qualifié de propriétaire. Il ne tarde pas à annoncer cette grande nouvelle à son ami de Rennes-le-Château.

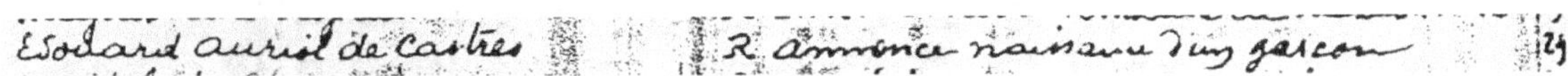

Carnet de correspondance de l'abbé Saunière à la date du 29 septembre 1910

C'est à l'en-tête du quartier de Longchamp qu'il envoie une lettre, en date du 5 mars 1917, pour annoncer à Marie Dénarnaud le décès de sa mère. Il décède à Sémalens le 9 janvier 1951. Si l'abbé Saunière était en relation amicale avec ce dernier, né en 1865, il entretenait également des relations commerciales avec son homonyme négociant, né en 1862, à qui il commandait régulièrement des tissus.

- **Granes** ou **Granès** est un village proche de Couiza dont le desservant est l'abbé Pierre Grousset. Il sera remplacé en 1903 par l'abbé Courtade.

- **Lacroix** est un vendeur de bois de **Mérial**, village de 210 habitants, dans le pays de Sault, arrosé par le Rebenty.

- **13,50 pour 13 m.** Il s'agit de 13,50 francs pour 13 intentions de messes donnés à l'abbé par les Sœurs d'Espéraza.

- Par **les campagnes**, l'abbé Saunière entend les gens des métairies autour de Rennes-le-Château.

- Il s'agit du **percepteur** de Couiza.

Page 23

- L'abbé Saunière règlera la facture **Lacroix** à la fin novembre.

- Au début du XXème siècle, l'institut catholique de **Vaucouleurs**, dans le département de la Meuse, éditait régulièrement un catalogue de statues religieuses réalisées par le sculpteur statuaire Charles Pierson. Il est envoyé au curé les tarifs, un album et une photographie du Sacré-Cœur que l'abbé destine à une niche de la façade de la villa Béthanie. Mais il semble que le prix proposé par cet institut ait été perçu comme trop onéreux par l'abbé Saunière qui, dès le lendemain, fait jouer la concurrence en demandant à son fournisseur plus habituel, **Giscard de Toulouse** (c'est ce dernier qui fournira en 1897 les statues, le chemin de Croix, les fonts baptismaux, le bénitier et le grand bas-relief de l'église), une photographie de la statue souhaitée. Le 19 novembre 1901, le curé en réceptionne trois de ce dernier. Mais en définitive, la commande sera passée le 11 novembre 1901 ; une facture en date du 24 février 1902 d'un montant de 220 francs est envoyée au prêtre pour la statue en terre cuite de Jésus-Christ.

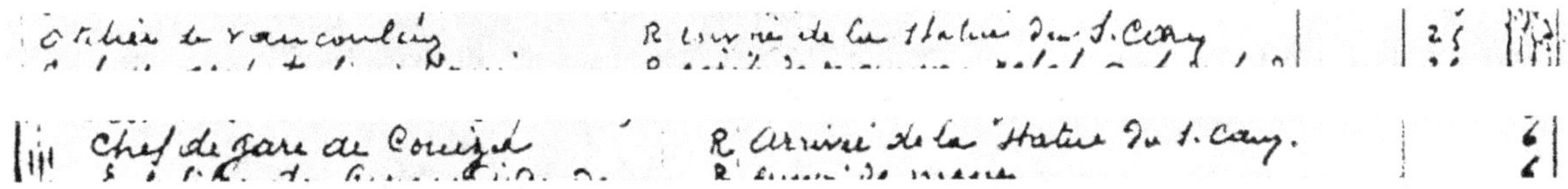

Extraits du cahier de correspondances de l'abbé Saunière 25 février et 6 mars 1902

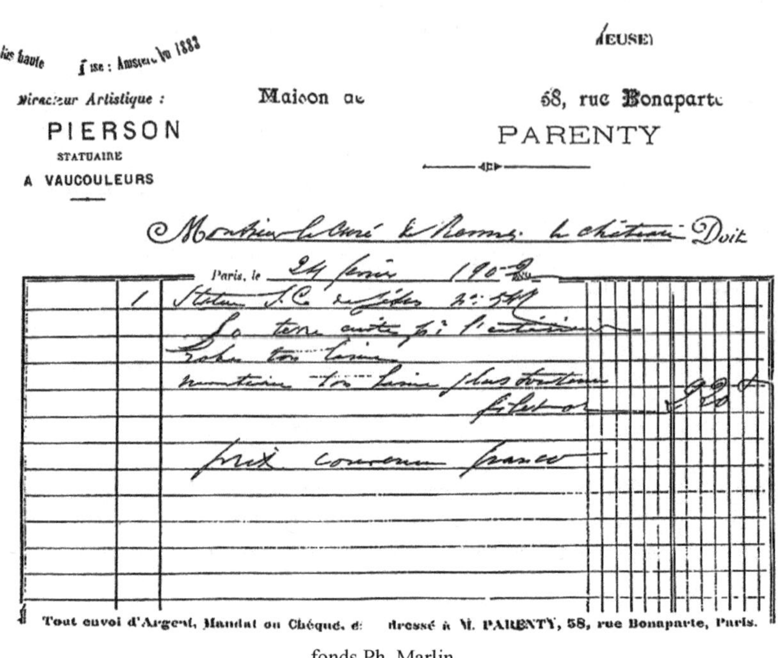

fonds Ph. Marlin

- L'**ardoise** reçue sera utilisée pour couvrir le toit de la villa Béthanie. Elle est fournie par les grandes carrières d'ardoises de la Maison Joseph Fabre à Limatge près Dourgnes, dans le département du Tarn, et facturée à l'abbé Saunière, le 8 juillet 1902, pour un montant de 412,50 francs.

Page 24

- Dans l'histoire de Rennes-le-Château, il a quelquefois été écrit que l'abbé Saunière projetait l'achat d'une **voiture**. Était-ce l'objet de la visite du constructeur Désarnaud ? C'est peut-être cette visite qui fit écrire à Gérard de Sède dans *L'Or de Rennes* (Éd. Julliard 1967) : « *Comme il* (l'abbé Saunière) *veut une automobile mais qu'il n'existe aucun chemin carrossable, il imagine de faire tracer une route de quatre kilomètres pour relier Rennes-le-Château à Couiza* ». Il est pourtant évident que si l'abbé Saunière avait pris à son compte de rendre le chemin déjà existant carrossable, des écrits auraient été retrouvés dans les délibérations communales, dans les archives de la Préfecture, et du Conseil général de l'Aude !

Page 26

- L'abbé Saunière ne précise pas qui est le représentant en visite chez lui qui lui montre des échantillons de **papier peint**. Il pourrait s'agir de la Maison Michel Raynaud qui avait ses magasins place Carnot et rue Victor Hugo à Carcassonne à qui le curé passera des commandes par la suite. Celui couvrant les murs de la villa représente des motifs de l'artiste Alphons Mucha, peintre en vogue à l'époque. Mais pour ses commandes de papier peint, l'abbé avait également pris contact avec la Samaritaine et la Maison Duchesne de Paris. C'est cette dernière qui sera choisie.

- Depuis le 1er janvier 1891, les réunions de la Fabrique se tiennent à la Sacristie. Après que l'abbé y ait aménagé son **bureau de travail**, les réunions y ont toujours lieu et cela jusqu'au 30 avril 1905 où elles réintègrent définitivement le presbytère qu'elles avaient délaissé précédemment.

- **Auguste et Joseph** Dalbiès **du château** : l'abbé aura souvent recours aux Dalbiès pour ses travaux de constructions et d'aménagement de son domaine. Auguste sera notamment employé par le curé dès les premiers travaux dans l'église.

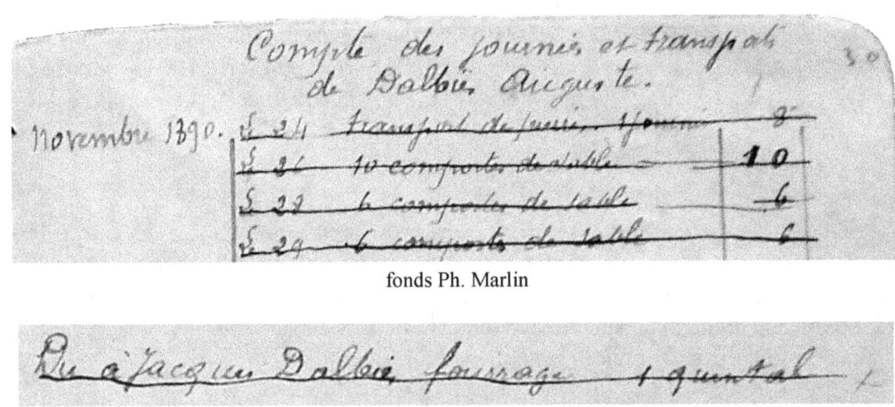

fonds Ph. Marlin

Le nom des Dalbiès est arrivé à Rennes-le-Château avec ces nouveaux propriétaires. Les documents donnent les différents propriétaires du château de Rennes. Le 20 avril 1867 Joseph Dalbiès et son épouse Marie Caneil ainsi que François Dalbiès et son épouse Marie Abadie en prennent possession.

Antériorité du château
Jean Rémy Dalbiès et son épouse le vendent à M. et Mme Godefroy de la Chapelle le 11 mars 1927. Ceux-ci le vendent à leur tour le 21-07-1941 à M. Gervais Villa demeurant à Espéraza. Le couple de la Chapelle quitte Rennes-le-Château à la première quinzaine d'octobre pour s'installer dans leur nouvelle propriété à Alzonne qu'ils ont achetée à Mme Roques d'Orbcastel épouse Rothey. Puis le château passe à Mme Augustine Rougé de Fanjeaux qui s'en sépare le 11 octobre 1942 au profit de M. et Mme Raoul Pastou d'Espéraza qui le cèdent ensuite à Gilbert Defoy le 12 mars 1946. Le 7 octobre 1946 ce dernier revend le château à Marius Fatin dont le fils Henri hérite à son décès. À la fin octobre 2016, Henri Fatin décède à son tour. Depuis, le château en viager depuis plusieurs années, a un nouveau propriétaire, le toulousain Gérald Rigeau.

Les Dalbiès
François Dalbiès, tisserand, né le 29 octobre 1814 à La Llagonne dans les Pyrénées-Orientales épouse le 15 octobre 1843 à Rabouillet Marie Abadie, brossière, née le 2 février 1821 à Rabouillet. De cette union sont nés : Jean Jacques né le 19 juillet 1844 ; Joseph Pierre Alexandre né le 17 décembre 1847 ; Auguste Jean-Baptiste Dalbiès le 29 août 1850 ; Marie Magdelaine dite Geordy née le 15 août 1856 ; Rose Anne Magdelaine dite Jordy née le 28 septembre 1860. Le Joseph Dalbiès, de son second prénom Auguste, employé aux constructions de l'abbé Saunière est le petit-fils de François Dalbiès. Il est né à Rennes-le-Château le 19 avril 1885. En décembre 1876, François Dalbiès, parce qu'il est plus âgé que son concurrent ayant collecté le même nombre de voix, est élu maire de Rennes-le-Château. En décembre 1919, Joseph Dalbiès est élu, à son tour, maire de Rennes-le-Château.

Joseph Dalbiès, brossier, né le 12 septembre 1823 aux Angles, épouse le 30 avril 1850 à Rabouillet Marie Caneil née le 22 octobre 1822 à Rabouillet, décédée le 26 avril 1905 à Rennes-le-Château. De leur union est née à Rabouillet Anne-Marie le 22 novembre 1854 ; Mélanie dite Geordy née le 13 juillet 1858 (l'abbé Saunière inhumera le 5 mai 1894 dans le cimetière de Rennes-le-Château une Marie Dalbiès âgée de 36 ans, il est possible qu'il s'agisse de Mélanie qui se faisait aussi appeler Marie) ; les jumeaux Jean Rémy et Alexandrine nés le 7 février 1861 (Alexandrine décède le 23 février 1861). Jean-Rémy assurera les fonctions de garde-champêtre.

En 1882, les frères Dalbiès s'opposent au passage des villageois sur leur chemin donnant accès à la fontaine municipale. Le différend est porté devant les tribunaux. Finalement, déclaré d'intérêt public, une décision d'expropriation leur est signifiée et la somme de 1059 francs leur est allouée pour l'acquisition par la commune de la parcelle concernée : « *... à l'avenir, les habitants de la commune pourront traverser le sol des frères Dalbiès pour aller à la fontaine publique et cela d'après l'acte d'expropriation qui a été fait* ». Cependant, ne s'en tenant pas à cette décision et ayant remarqué que l'escalier, dont l'accès était obligatoire pour se rendre à la fontaine, n'avait pas été répertorié dans le jugement, les frères forment un second recours « *Les frères Dalbiès refusent de* *laisser passer par l'escalier d'une longueur d'environ 6 ou 8 mètres qui aboutit du sol à la fontaine, disant que le dit escalier n'a pas été compris dans l'acte d'expropriation ».* Une enquête publique est lancée et un expert est nommé pour visiter les lieux et déclarer que l'escalier est d'utilité publique. Le 30 mars 1884, le rapport de l'expert est approuvé par la commune : *« la partie du chemin est indispensable pour donner accès à la fontaine publique ».*

Page 28

- Le 4 juin 1902, soit six mois après la **mort de Monseigneur Billard** survenue le 3 décembre 1901, l'évêché de Carcassonne expédie aux prêtres du diocèse un portrait du Prélat. La note inscrite dans son journal le lendemain 9 décembre, soit le jour des obsèques du Prélat, note par laquelle l'abbé écrit que *« beaucoup de prêtres et de laïcs ont assisté à la sépulture »* ne permet pas hélas de savoir s'il y assista personnellement à Carcassonne ou s'il relate plutôt le témoignage d'un ou plusieurs prêtres y ayant assisté.

Dans l'actif de sa situation financière que Bérenger Saunière propose à Mgr de Beauséjour comme justificatif de ses ressources lors de ses procès, il note le nom de Mgr Billard pour 200 francs de don(s) que l'ancien évêque de Carcassonne lui aurait fait.

Il est peu su qu'en 1894, Mgr Billard fait ouvrir une souscription pour la création d'une édition régionale de *La Croix* qui sera imprimée à Toulouse. De nombreux prêtres de l'Aude y participent : Bérenger Saunière pour la somme de 3 francs, son frère Alfred pour 20 francs mais aussi les abbés Lasserre, Gazel, Le Camus etc. En revanche, parmi les noms des souscripteurs ne figure pas celui d'Henri Boudet.

SOUSCRIPTION
Pour la Bonne Presse
Avec le patronage de Mgr l'Évêque de Carcassonne

1° Pourquoi cette souscription ? Pour fonder une *Croix* régionale.

2° Pourquoi une Croix et pas un autre journal ? Parce que la *Croix* est avant tout un journal de défense religieuse et que c'est à la lumière des principes religieux qu'elle apprécie et juge les hommes et les choses de la politique.

3° Donnez-nous des détails sur cette Croix régionale ?

R. — Elle s'imprimera à Toulouse ; ce sera la même que celle de Paris ; elle aura de plus, par *fil spécial*, toutes les dernières nouvelles, comme les donne en ce moment la *Dépêche* et surtout le *compte-rendu* des Chambres. Enfin elle réalisera toutes les conditions de rapidité et de sûreté dans les informations qui nous permettront de lutter avec avantage contre la mauvaise presse.

4° Combien vous faut-il d'argent ?

R. — Pour fonder la *Croix* quotidienne à Toulouse et pour lutter contre la *Dépêche* il nous faut un *fil spécial* qui coûte 100.000 fr. d'achat. Ces cent mille francs une fois trouvés, la *Croix* quotidienne régionale vivra de ses propres ressources.

5° Comment trouver cet argent ?

Par la souscription qui est aujourd'hui ouverte dans les 13 départements du Sud-Ouest.

La souscription de Toulouse dépasse 20,000 francs. Celle de Narbonne arrivera bientôt à 5,000 francs. Si les autres départements marchent sur nos traces le *quantum* sera bientôt atteint. Donc, ni découragement ni faiblesse et que notre exemple entraîne tout le monde.

M. l'abbé Le Camus, ancien directeur de l'Ecole St-François de Sales, chanoine honoraire de la cathédrale de Carcassonne,	2
M. l'abbé Michet, curé-doyen de Saissac,	5
M. l'abbé Salomon, curé-doyen de Chalabre,	10
M. l'abbé Dreuilhe, curé de Marcorignan,	5
M. l'abbé Dumons, curé de Névian,	5
M. l'abbé Saunière, curé de Rennes-le-Château,	3
M. l'abbé Gazel, curé de Monze,	2
M. l'abbé Saunière, ancien professeur de philosophie à Narbonne,	20
M. l'abbé Lasserre, curé d'Alet,	25

À ces souscripteurs s'ajoutent entre autres la sœur de Bérenger Saunière, Marie-Louise ; l'abbé Dumons, curé de Névian ; l'abbé Limouzy, vicaire d'Espéraza ; l'abbé Gazel, curé de Monze ; l'abbé Guilhem, secrétaire général de l'évêché etc.

Page 30

- Le **Curé** desservant de **St-Jean**-de-Paracol dans le canton de Chalabre est l'abbé Gachen depuis le 1ᵉʳ mars 1890. Étienne Joseph Jean Baptiste est né à Marliac dans le département de la Haute-Garonne le 21 juin 1856 de Jean-Baptiste Gachen, adjoint au maire, et de Marie Francazal, ménagère. C'est probablement en 1886, lors de la sanction qui l'exila quelques mois au Petit Séminaire de Narbonne où officiait l'abbé Gachen comme professeur depuis 1884 que Bérenger Saunière fit sa rencontre. Sa deuxième affectation est vicaire à Chalabre qu'il rejoint la 16 août 1887. Le 1ᵉʳ mars 1890, il est affecté à Saint-Jean-de-Paracol. À l'occasion de cette affectation, le 26 février, l'administration écrit : « *M. Gachen passe pour être intelligent, rangé, âpre au gain et pour avoir un caractère autoritaire. Il a une attitude correcte et on dit qu'il a des idées un peu plus larges que ses collègues.* ». En octobre 1897, il est affecté à la cure de Mézerville mais contrairement à l'annonce officielle de cette affectation, notamment dans le numéro 43 de *La Semaine Religieuse* du 29 octobre 1897, il ne l'a pas rejointe, pour une raison ignorée, comme en attestent les registres paroissiaux où son nom est inexistant, pour rester à Saint-Jean-de-Paracol où il demeure jusqu'à son décès le 8 janvier 1939.

Aussi loin que remontent les cahiers de correspondances de Bérenger Saunière, on y retrouve de nombreuses mentions de courriers mutuels montrant entre eux une relation épistolaire très suivie. L'abbé Gachen fut des prêtres qui partagèrent les soucis des procès de l'abbé Saunière à qui il prodigua notamment des conseils et des modèles de réponses. Quelques lettres de cette relation arrivées jusqu'à nous ont été publiées dans divers ouvrages notamment dans *L'Héritage de l'abbé Saunière* de Claire Corbu et d'Antoine Captier, dans *Rennes-le-Château, une affaire paradoxale* de Laurent Octonovo et dans *Les archives de l'abbé Saunière, 101 documents* de Pierre Jarnac. Un détail signalé dans l'une de ces lettres a permis à Henri Doumergue en 2009 de déterminer sans conteste que l'abbé Gachen signait ses lettres du surnom imagé de *Le Vieux* (*Bull. Terre de Rhedae 2009*, pp 23 et 24) et qu'il affublait également des confrères de surnoms tel l'abbé Marty de Coustaussa nommé *Gros-gros*. Étienne Gachen décède le 8 janvier 1939 à Saint-Jean-de-Paracol.

Page 31

- **La Vialasse** est un lieu entre Rennes-les-Bains et Bugarach où se trouvait un moulin sur un promontoire qui rappelle, de par sa forme, un bateau disposé à l'envers.

- **Le touron** est une confiserie d'origine espagnole ressemblant à du nougat.

- Cet **acompte de 200 frs,** noté le 3 janvier 1902 par l'abbé Saunière, est l'objet d'une reconnaissance écrite de Tiburce Caminade le 2 janvier envers Marie Dénarnaud.

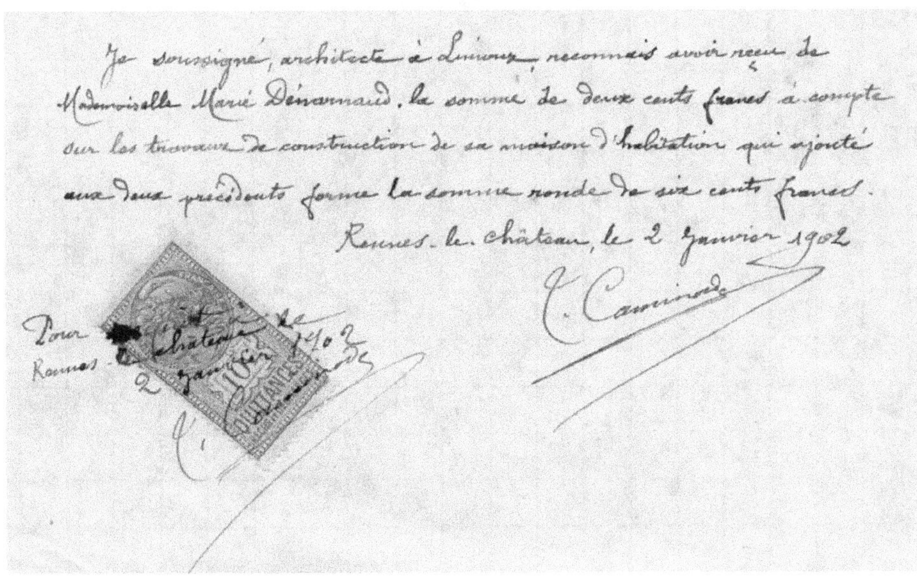

fonds Ph. Marlin

Page 32

- **Couleurs** est le nom du ruisseau qui coule au pied de Rennes-le-Château.

- Le **Clat** est le village où était affecté l'abbé Saunière avant Rennes-le-Château. Il a souvent été écrit que le prédécesseur au XVIIIème siècle de Bérenger Saunière, l'abbé Antoine Bigou, avait exercé son ministère au Clat. C'est faux ! Avant de rejoindre Rennes-le-Château, Antoine Bigou était curé à Marsa, dans le pays de Sault. L'un des successeurs de l'abbé Saunière au Clat était l'abbé Taffine qui y connut une sombre histoire. Le 6 janvier 1902, apprenant par l'évêché de Carcassonne qu'il est muté à Aunat à compter du 16 février, il rend les clés du presbytère et de l'église au maire. Le dimanche 26 a lieu au Clat le baptême d'un enfant. Pour ce faire le prêtre demande au maire et à son adjoint à ce qu'ils veuillent bien lui remettre les clés du presbytère où sont enfermés tous les ornements et objets nécessaires au culte. Ce qui lui est refusé catégoriquement au motif que l'abbé Taffine n'a pas de titre de curé du Clat et qu'il n'a aucun droit à la clé du presbytère puisqu'il réside à Bessède. Pendant ces mesquineries administratives, l'enfant décède et reçoit le baptême de la seule sage-femme. Sur cette affaire, la réponse du Vicaire Capitulaire, M. Rodière, est sans appel : *« M. le Maire dépasse ses droits, quand il demande ses titres à M. le curé. Du moment que celui-ci les a dûment présentés à M. le Président de la Fabrique et à MM. les membres du Bureau des Marguilliers, au jour de sa prise de possession. Tant que M. l'abbé Taffine reste curé du Clat, c'est-à-dire jusqu'au 16 février prochain, n'a t-il pas seul le droit d'avoir les clés de l'Église, de la Sacristie et du Presbytère ? Pourquoi donc M. le Maire s'obstine t-il à vouloir les garder ? Si M. l'abbé Taffine ne réside pas au Clat, c'est parce que le presbytère est inhabitable. Il a été nommé provisoirement Desservant de cette paroisse, parce que résidant à Bessède, chez ses parents, il lui était possible de faire ce service. Nomination qui d'ailleurs n'a été faite qu'à cette condition. Il n'est pas probable qu'on puisse lui donner un remplaçant, puisque le Presbytère est inhabitable. ».* Quelques mois plus tard, l'instituteur de Bessède dénonce au préfet les propos tenus par l'abbé Taffine durant l'un de ses prêches : *« aujourd'hui nous sommes gouvernés par des apostats, des hérétiques et des insensés ».*

Église de Le Clat

Page 34
- **M. Dufour** est probablement un médecin de Couiza.

Page 35
- **M. Caminade a emporté 200 frs** qui sont l'objet, le jour même, d'une reconnaissance envers Marie Dénarnaud.

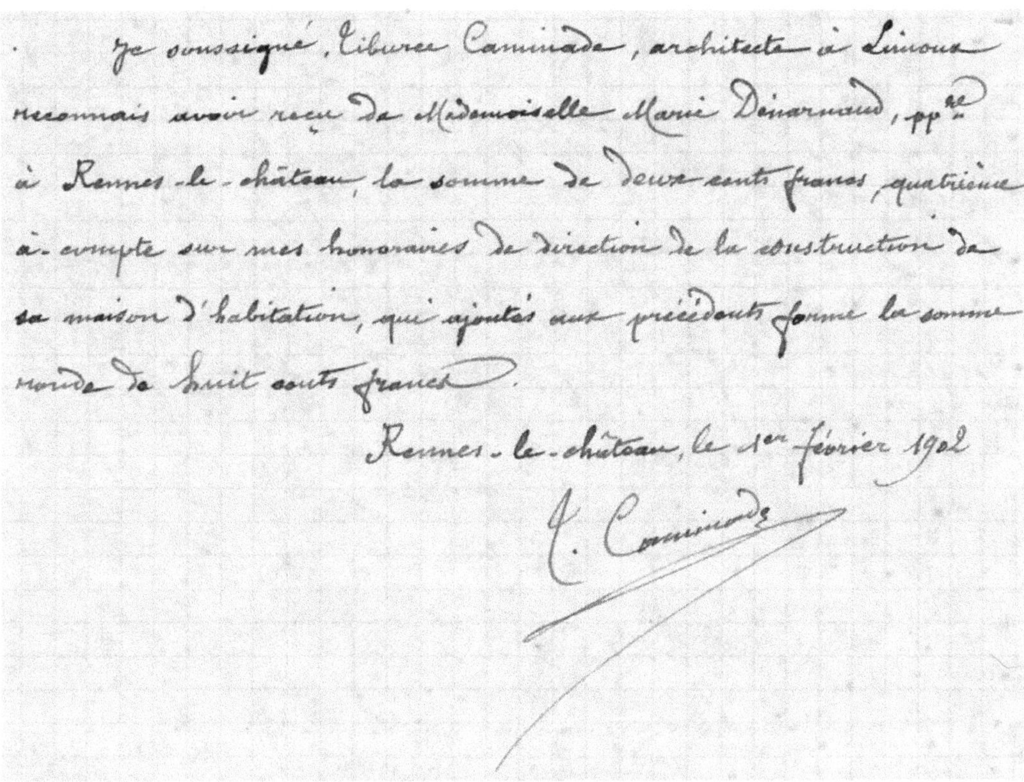

fonds Ph. Marlin

- Le **curé d'Alet** est l'abbé Tandou qui prit la cure le 16 avril 1897 à la suite du décès, le 12 février, de l'abbé Joseph Théodore Lasserre, auteur en 1877 de *Recherches historiques sur la ville d'Alet et son ancien diocèse* et d'une *Histoire de Notre-Dame de Marceille* en 1891. Avant son poste à Alet, l'abbé Germain, Victor, Pascal Tandou est vicaire à l'église St Celse et St Nazaire de Carcassonne depuis le 1er juin 1867 et jusqu'au 1er décembre 1871 où il est nommé vicaire de l'église St Michel de Castelnaudary. Le 1er décembre 1878, il rejoint la paroisse de Mailhac comme desservant puis le 1er février 1888 celle de Ferrals. À la suite de son décès, le 31 janvier 1902, c'est l'abbé Frédéric Cros qui hérite de la cure jusqu'au 16 juillet 1903 où il est remplacé par l'abbé Ruffié. Ce dernier nommé à Fanjeaux en 1907 préférera rester à Alet.

Page 36
- L'abbé commande à **Banyuls-sur-mer** le vin et l'apéritif de ce nom auprès de la maison de Mme Veuve Paul Oliver.

- Le fut de **rhum** commandé et reçu provient des établissements Bourges de Marseille à qui l'abbé Saunière devra régler la somme de 50 frs. Plusieurs autres commandes de rhum seront passées par le curé à ce fournisseur, une le 15 juillet 1902, un second fut sera expédié au curé le 2 août, un autre le 24 janvier 1903. L'abbé Saunière commande aussi ses liqueurs et spiritueux chez Michel Sabatier propriétaire d'une distillerie à Carcassonne.

fonds Ph. Marlin

Mais aussi chez plusieurs autres fournisseurs : l'épicier Georges Blain, 5 rue du Pont-Neuf à Limoux, la maison Saltré à Sète, la maison L. Segol Fils au Bouscat, celle des frères Get à Revel etc.

Page 37

- Vincent Félix Honoré Isidore **Gabelle** est né le 15 mars 1838 à Lauraguel d'Antoine Gabelle, propriétaire, et de Rosalie Despujols. Il quitte Lagrasse où il demeure pour se marier à Marguerite Catherine Élisabeth Saunière le 30 juillet 1872 à Couiza où ils s'installent. Ce notable, au visage semblant sévère, y exerce le métier d'architecte. Il intègre la société d'études scientifiques de l'Aude en 1890 dès après sa fondation pour y tenir à la fois les rôles de délégué régional pour la région des Corbières méridionales et de délégué cantonal à Couiza. Il consacre notamment une remarquable étude sur le château des ducs de Joyeuse et est l'auteur, en 1891, du rapport sur l'excursion du 2 avril à Couiza et ses environs. Il fut également délégué par la société savante pour accompagner la réunion extraordinaire tenue du 11 au 19 septembre 1892 à Rennes-les-Bains par la société géologique de France. Il connaissait en effet très bien la géologie des Corbières. Isidore Gabelle décède à Couiza en décembre 1905 des suites d'une grave maladie et avec sa disparition la connaissance d'un grand nombre de gisements fossilifères qu'il avait découverts.

Extrait du cahier de correspondances le 22 février 1902

Isidore Gabelle

- Même s'il trouve le prix de la **propriété Sarda** trop cher, on peut constater que pour les vendeurs alentours, l'abbé Saunière est un acheteur potentiel comme si son état de fortune ne faisait aucun doute. Il reçut d'autres propositions d'achat de terrains, notamment le 23 décembre 1902, d'un homme d'affaires d'Alet, M. Pontiès, qui lui proposa la vigne de Gavignaud. Le curé répondra à cette offre le 30 décembre précisant qu'il essaiera de s'entendre.

- L'abbé Saunière note pour inscription **Villa Béthania** alors que sur le mur de la villa est inscrit Béthanie.

- Simon **Laborde** est né le 30 mars 1842 à Fraissé-Cabardès près de Saissac de Pierre Laborde et de Françoise Haubin. En octobre 1888, l'abbé Laborde est déplacé de Moussan comme desservant à Paziols. La préfecture de l'Aude, au vu des appréciations dont elle dispose, émet un avis favorable : « *La conduite de M. l'abbé Laborde est bonne et irréprochable ; sa situation de fortune et de famille est inconnue. Dans ses relations, on constate que ses opinions politiques sont en faveur du Gouvernement de la République.* ». Mais cette affectation n'est pas du goût du curé, elle ouvre dès lors un conflit interminable entre lui et Mgr Billard. Dès après cette nomination, le 22 octobre, il écrit au ministre des Cultes pour s'en plaindre : « *Monseigneur l'Évêque de Carcassonne vient de me changer sous prétexte qu'une femme m'a compromis ; et sa Grandeur ne prouve rien, parce qu'elle ne pourra jamais rien prouver. En réalité, Monsieur le Ministre, il ne m'a changé que pour écouter le parti réactionnaire qui trouve que je ne manifeste pas des principes contraires au Gouvernement et que je n'ai pas voté pour lui aux élections dernières. Par reconnaissance le Conseil municipal de Moussan voyant que je suis la victime de quelques conservateurs influents, voulait vous écrire pour vous demander mon maintien à Moussan ; par négligence il a oublié de le faire, mais daignez le consulter et vous verrez son opinion. Je vous serais bien reconnaissant, Monsieur le Ministre, si vous daignez inviter l'Évêque de Carcassonne à me laisser tranquille dans ma paroisse ; en lui affirmant que mon affaire n'est pas une question de morale, mais une question de parti. Si vous supprimez, Monsieur le Ministre, le traitement des curés réactionnaires, protégez les prêtres respectueux des pouvoirs établis. Dans cet espoir, daignez agréer, Monsieur le Ministre, l'honneur de mon profond respect. Laborde curé.* ».

Le 30 octobre suivant, le préfet de l'Aude sollicite l'avis du sous-préfet sur cette affaire et lui demande les renseignements nécessaires sur le prêtre. Le 6 novembre 1888, l'abbé Laborde adresse de nouveau au ministre une lettre explicative de sa disgrâce : « *Je viens vous signaler une manœuvre injuste qu'a faite contre moi Mgr l'Évêque de Carcassonne. Contre ma volonté et sans raison canonique, il m'a enlevé brutalement de Moussan. J'ai aussitôt dévolu mon affaire à Rome ; dès lors, l'appel étant suspensif, spirituellement parlant, il ne pouvait plus rien faire contre moi. Dans cette situation, ne pouvant m'interdire, cette censure lui serait retombée dessus, il s'est imaginé d'envoyer M. l'Archiprêtre de Narbonne pour faire signer en secret à mes fabriciens la prise de possession de mon prétendu successeur (ndr. l'abbé Sarda) pour la faire présenter officiellement. Mes fabriciens n'auraient pas signé s'ils avaient su que je faisais appel à Rome parce qu'ils ne veulent pas me nuire, me priver de traitement et me chasser du presbytère. Veuillez bien, Monsieur le Ministre, ne pas prêter la main à une pareille injustice. Pourquoi Mgr l'Évêque n'attend-t-il pas la décision de Rome avant de me frapper ? C'est qu'il veut être juge et partie ; c'est qu'il redoute cette sentence de la cour romaine. Je vous demande, Monsieur le Ministre, la grâce de suspendre les effets de cette prise de possession jusqu'à ce que Rome ait parlé. Je suis un prêtre irréprochable, toutes les enquêtes officielles que vous ordonnerez le prouveront. Mgr l'Évêque ne me change que pour contenter une colère réactionnaire. Soutenez-moi donc, car je suis on ne peut plus respectueux des pouvoirs établis. Daignez agréer, Monsieur le Ministre, l'honneur de mon profond respect.* ».

Le 12 novembre 1888, le préfet de l'Aude adresse au ministre de la Justice et des Cultes, la lettre suivante : « *Il résulte des renseignements que j'ai recueillis que M. Laborde avait des relations intimes avec une de ses pénitentes : Diverses personnes ont en mains propres des lettres qui ne sauraient laisser le moindre doute sur les rapports existant entre cet ecclésiastique et la personne que l'on dit l'assidue de son confessionnal pour tout autre motif que celui de l'accomplissement de ses devoirs religieux. D'un autre côté, il est vrai que de la réaction s'est tournée contre lui à raison et ses sympathies pour le parti républicain et qui a sollicité son déplacement auprès de M. l'Évêque. Le desservant de Moussan ne pourra être défendu dans sa conduite privée. J'estime, Monsieur le Ministre, qu'il n'y a pas lieu de donner suite à sa demande.* ».

L'abbé Laborde rejoindra donc sa nouvelle paroisse à Paziols : « *M. Laborde est venu à Paziols il y a une douzaine d'années de Moussan. J'ai entendu dire que dès ce moment-là il avait été en conflit avec l'évêque de Carcassonne, M. Billard* » note le sous-préfet dans un rapport. Mais l'affaire n'en reste pas là puisque quelques jours après la mort de Mgr Billard, le curé rédige une notice biographique au vitriol de 12 pages datée de Paziols le 25 décembre 1901 et envoyée aux instances administratives mais également à tout le diocèse et notamment à ses confrères dont l'abbé Saunière. Dans son pamphlet, le desservant de Paziols dresse un état calamiteux de la gestion du diocèse par Mgr Billard et dénonce son implication directe dans diverses affaires de détournements d'argent, l'accusant même de simonie. Il met en exergue le favoritisme que le prélat exerce continuellement lors de nominations de prêtres. En outre, la conclusion de cette notice est significative sur ce que conserve toujours l'abbé Laborde comme ressentiment contre l'évêque depuis son affaire de 1888 : « *Enfin, la dernière et suprême punition que Dieu lui ait infligée, c'est qu'il soit mort comme un abandonné de Dieu et des hommes. À son heure dernière, pas un prêtre à son chevet ; pas même un domestique pour lui montrer le Crucifix, dernière espérance des mourants. Il est mort comme un mécréant : sans le Saint-Viatique, sans l'Extrême-Onction, sans l'Indulgence plénière des agonisants, sans la moindre bénédiction, sans la plus petite parole de soutien et de consolation. On aurait pu avoir l'idée d'apporter un lit dans la chambre de Mgr, pour faire coucher là un secrétaire ou un domestique, en prévision d'un dénouement fatal ; mais personne dans l'Évêché n'a pensé à une telle précaution, parce que Dieu a voulu qu'il mourût ainsi. Mgr est donc descendu dans la tombe, emportant tous les regrets, car il n'en a laissé aucun. Ce n'était pas trop tôt qu'il quittât cette terre ; quel bien faisait-il ici-bas ? Il ne paissait pas les brebis, il ne faisait que les tondre. Qu'il repose en paix ! Le diocèse y reposera aussi maintenant.* ».

À la suite de cette diffusion, le 17 mai 1902, le ministère de l'Intérieur et des Cultes, avisé de ce pamphlet, demande des informations au préfet de l'Aude par la voix de son directeur : « *Je suis avisé qu'une notice biographique sur le défunt Évêque de Carcassonne, formant 12 pages et datée du 25 Xbre 1901, à Paziols, circulerait dans tout le diocèse. Bien que ce pamphlet, signé par M. Laborde, desservant de Paziols, contienne les erreurs les plus évidentes et des appréciations qui laissent peu d'illusion sur le libéralisme de cet ecclésiastique, j'aurais intérêt à recevoir de vous 1° un exemplaire de ce pamphlet, 2° votre appréciation sur l'impression qu'il a produite. Vous y joindrez des renseignements sur M. Laborde et sur son attitude générale.* ».

Le 1er juillet 1902, le Préfet de l'Aude avise le président du Conseil et le ministre de l'Intérieur et des Cultes à qui il adresse la notice du prêtre et cette réponse : « *Le Conseiller Général républicain du canton me fournit sur cet ecclésiastique les renseignements suivants : « Personnellement, M. Laborde, est un homme simple, familier, un peu vulgaire d'allures et de manières, et de langage bizarre et original, mais d'ailleurs pas méchant ni dangereux. Il a le mérite de ne pas s'occuper outre mesure des questions qui ne regardent pas son ministère. Sans avoir à considérer le manque de convenances dont a fait preuve le desservant en publiant le pamphlet dont il s'agit – lequel d'ailleurs ne paraît pas avoir eu grand retentissement parmi le clergé du département, - j'estime cependant que le Gouvernement ne peut laisser passer sans les relever divers passages de ce pamphlet tels que le paragraphe second, intitulé « ses convictions politiques ». En conséquence, et tenant compte des renseignements qui m'ont été fournis sur l'attitude de M. Laborde, j'ai l'honneur, Monsieur le Président du Conseil, de bien vouloir m'autoriser à inviter en votre nom l'autorité diocésaine à adresser à M. Laborde des remontrances sévères au sujet des dits passages de sa notice et à lui impartir d'observer à l'avenir, lorsqu'il parlera des lois de l'État, la plus déférente réserve. M. Laborde serait en même temps prévenu que note est conservée de ses derniers écarts de langage et qu'une sanction disciplinaire immédiate et très ferme interviendrait si sa conduite publique laissait de nouveau à désirer.* ».

Simon Laborde fait partie des prêtres avec qui Bérenger Saunière est en relation comme en témoigne une liste qu'il dresse durant les premières années de son ministère à Rennes-le-Château.

fonds Ph. Marlin

On peut lire l'intégralité de la notice Laborde sur le site d'Octonovo qu'il l'a retranscrite et l'étude de Pierre Jarnac dans le tome 2 des *Archives de Rennes-le-Château* (éd. Bélisane 1988), pages 460 à 470.

Après cette affaire, l'abbé Laborde reçoit le soutien de Rome et reste en poste à Paziols où il décède le 9 avril 1925. Sa tombe est encore au cimetière du village.

Page 38
- **M. Caminade a pris 200 frs** pour lesquels il signe un reçu, le jour même, à Marie Dénarnaud.

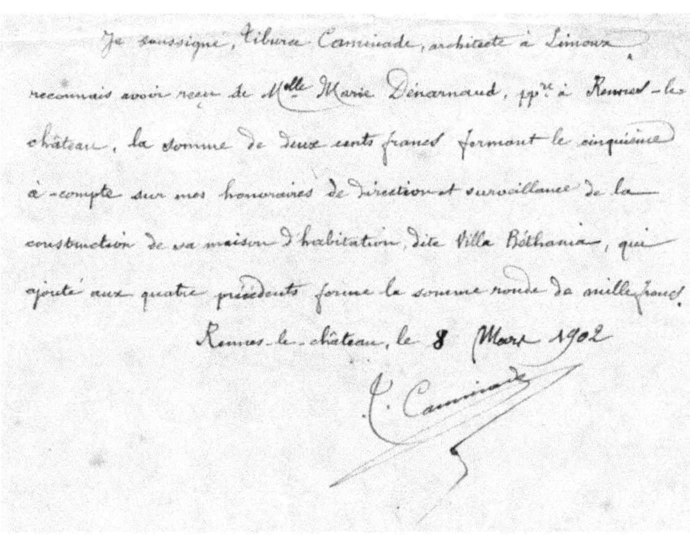

fonds Ph. Marlin

Page 39

- Après que la tour Magdala ait été aménagée, Bérenger Saunière y fera installer l'**harmonium** sous la fenêtre face à l'entrée et à gauche de l'escalier d'accès à la terrasse.

- Quand l'abbé Saunière écrit que l'Espagnol demande par jour de travail **3,50 francs sans rien,** cela signifie sans le repas.

- **L'invitation du curé de Coustaussa**, l'abbé Marty, montre à ce moment sa bonne relation avec l'abbé Saunière. Mais cette relation se dégradera, semble-t-il, au moment où les procès de ce dernier débuteront et qu'après sa démission, en février 1909, l'abbé Marty sera nommé pour le remplacer à Rennes-le-Château.

Page 40

- Les **9 confrères** assistant à Coustaussa à la fête de l'Adoration sont probablement venus des paroisses environnantes.

- On ne sait pas ce que contenait **la lettre** anonyme du fumiste **reçue l'avant-veille** par l'abbé Saunière, c'est-à-dire ce 22 mars 1902. Toujours est-il qu'il la qualifiera d'épatante et qu'il cherchera à en connaître l'auteur en comparant les écritures.

Page 41

- **La Croix** désignée par l'abbé Saunière est sans doute celle ornant la tombe d'Anne **Zénobie** Sauzède née le 1ᵉʳ novembre 1843 à Rennes-le-château. Fille du maire, Marcellin Sauzède, elle fut l'épouse, le 1ᵉʳ août 1865, de François Vié, forgeron à Couiza. Son nom figure au premier rang sur le plan des places, côté de la Vierge, qu'occupaient les paroissiens dans l'église lors des offices.

- Les quatre **Sœurs de Rennes-les-Bains** de la congrégation de l'Ange Gardien, dont la maison mère se trouve à la Molle, s'occupent depuis 1852 des pauvres de la paroisse, assurent les fonctions de garde-malades et dirigent également une école primaire communale de filles jusqu'à 1887, année où elle est laïcisée. Depuis cette mesure, elles ont fondé une école libre payante comptant une trentaine d'élèves admises moyennant une contribution mensuelle de 1 franc. Les deux immeubles qu'elles occupent sont l'un la propriété de Douce Camille, missionnaire à Montaubau, l'autre au nom de M. Dose Calixte, vicaire général également à Montauban.
En 1894, l'abbé Henri Boudet, se proposant caution intellectuelle des sœurs, note dans une lettre ce qui suit :

nota. Donation faite aux sœurs de
l'Ange Gardien de Rennes les Bains.

Au mois de novembre 1893 vers le 10 du mois, Mde Marty, veuve de Mr Joseph Marty, notaire à Carcassonne, a envoyé à Rennes les Bains sa servante Cécile X. pour porter aux sœurs de l'Ange Gardien qui tiennent une école libre de jeunes filles, une somme de dix huit mille francs. Cette somme, d'après les déclarations que Mde veuve Marty m'a faites à moi même, est destinée à acheter une maison pour y établir la demeure des sœurs de l'Ange Gardien de Rennes les Bains et y établir aussi l'école qu'elles dirigent déjà depuis longtemps dans des locaux affermés.

J'inscris ici le souvenir de cette libéralité, et je la constate, afin qu'il soit acquis par le témoignage d'une personne dûment prévenue par Mde Veuve Marty elle-même, que cette somme doit être employée à l'achat d'une maison destinée aux sœurs de l'Ange Gardien qui sont à Rennes-les-Bains ; ces sœurs ont leur maison mère et le siège de leur communauté à Montauban département de Tarn et Garonne.

fait à Rennes les Bains le 30 mars 1894.

H. Boudet curé de Rennes les Bains.

Selon le compte rendu que le sous-préfet de Limoux adresse, le 26 août 1902, au préfet de l'Aude, « *leur établissement laisse beaucoup à désirer sous le rapport de l'instruction. Il ne présente de ce fait aucun caractère d'utilité* ». Malgré que le conseil municipal de Rennes-les-Bains, à forte majorité républicaine ait émis un avis favorable dans sa délibération du 14 mars 1902, et que l'opinion générale soit également bien disposée en faveur de la congrégation, le sous-préfet de Limoux indique dans sa note : « *En ce qui me concerne, j'estime que l'établissement congréganiste ne répond à aucun besoin local en raison de l'existence dans la commune d'une école publique analogue, et je suis d'avis qu'il n'y a pas lieu de réserver un accueil favorable à la demande d'autorisation.* » ; avis qui est évidemment suivi par le préfet de l'Aude dans une correspondance du 10 mars 1903. Une notification ministérielle, en date du 28 mars suivant, informe Mme la Supérieure de la congrégation du rejet de sa demande.

- Bousquet repasse les ouvertures et commence le millésime 1900 et 1901 sur la façade de la villa.

C'est en effet en 1899 que l'abbé fait part à Tiburce Caminade de son projet de construction du domaine. En 1900 l'architecte en dresse les plans et obtient les autorisations. 1901 est l'année où les travaux commencent.

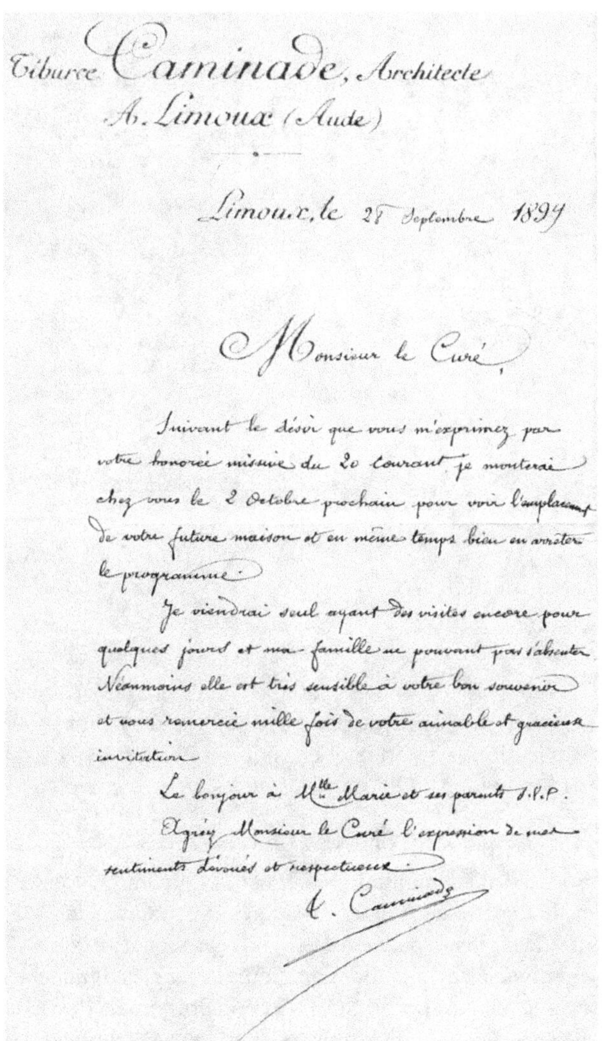

Lettre Caminade de septembre 1899. / fonds Ph. Marlin

Page 42

- Né le 17 février 1855 à Montazels, Jean Marie **Alfred** Saunière est le frère de Bérenger. Le 1er juillet 1878, il est nommé vicaire à Alzonne près de Montolieu. L'année suivante, il entre chez les Jésuites puis est nommé professeur au Petit Séminaire de Narbonne jusqu'à 1893 où il se retire. En 1897, il est nommé aumônier au Patronage de Narbonne jusqu'en 1904, année où il se retire définitivement à Montazels où il décède le 9 septembre 1905 en disgrâce. Il avait eu en effet un enfant avec Émilienne Salières. Du temps où il était prédicateur et professeur à Narbonne, il habitait au 2 rue du Capitol.

NARBONNE

Prédicateurs de l'Avent. — M. l'abbé Saunière, ancien professeur de philosophie au petit séminaire, prêchera l'Avent à Saint Paul-Serge.

La Croix du Sud des 30 janvier et 9 juin 1894

*
**

Dans son discours, M. l'abbé Saunière nous a parlé — *Des origines de l'association des Dames de Charité :* elle remonte, comme l'institution des Sœurs de Charité, à Saint Vincent de Paul — *Des relations de la Dame de Charité avec le pauvre :* elle donne des secours à ses misères physiques, des consolations, du courage, de la résignation à ses misères morales, et presque toujours lui obtient la grâce de mourir dans les bras de la religion, soutenu par l'espérance des récompenses éternelles. — *De la portée sociale des œuvres de charité* dont les membres, comme les *Dames de Charité*, tiennent par leur origine à la classe riche et par le cœur aux entrailles du pauvre : Seule la charité peut prévenir les catastrophes sociales qui nous menacent, et servir de *médiateur* entre les classes riches et les classes pauvres, que divise la haine, pour les réconcilier.

*
**

POUR LES PAUVRES

GRANDE FÊTE DE CHARITÉ

NARBONNE

La fête de charité, organisée par les Dames de Charité de la paroisse St-Paul-Serge, aura lieu dans l'Eglise de ce nom vendredi prochain, 2 février, à 7 h. 1/2 précises du soir.

Le sermon de charité sera donné par M. l'Abbé Saunière, ancien professeur de philosophie.

Un orchestre de 50 musiciens rehaussera la cérémonie par l'interprétation de plusieurs morceaux empruntés aux grands maîtres.

Mademoiselle Baux, dont la ville de Narbonne n'a pas oublié l'incomparable talent, se fera entendre dans plusieurs morceaux religieux.

Les artistes et amateurs de la ville, prêteront aussi le concours de leur voix et de leur chant.

Pour la circonstance, l'immense nef de St-Paul-Serge sera éclairée à l'électricité.

La Croix du Sud du 4 février 1894

Page 43

- La séance de Quasimodo du **Conseil de Fabrique** devant se tenir le 6 avril ayant été annulée pour la raison que deux des membres étaient absents, elle fut reportée et eut lieu ce 13 avril 1902 dans la Sacristie ; toutefois, son compte rendu fut daté du 6. L'ordre du jour fut les comptes de l'année en cours et les prévisions de celle à venir.

- Il s'agit du **Cercle** catholique de Narbonne qui fut créé en 1875 et prit pour devise *In hoc signo vinces (Par ce signe tu vaincras)* que l'on retrouve dans de nombreuses églises et notamment celle de Rennes-les-Bains et, sous une autre forme, sur le bénitier de l'église de Rennes-le-Château. Le Cercle catholique de Narbonne rejoint l'un des 110 dont le premier apparaît deux ans auparavant à Paris, regroupant près de 12000 ouvriers catholiques. À l'occasion du vingt-cinquième anniversaire de sa fondation, qui fut fêté les dimanches 25 novembre et 2 décembre 1900 étaient entre autres présents le Vicaire général Cantegril, représentant l'évêché et Mgr Billard, le comte de Beauxhostes, délégué du comité supérieur à la direction du Cercle et M. Trouquet, le président du Cercle. Lors de cette manifestation, Alfred Saunière, orateur fort apprécié, prit la parole pour rappeler que *« l'œuvre des Cercles catholiques était une lutte apostolique, que la fin principale de cette lutte était la restauration de la société* *chrétienne par l'affirmation et la pratique de la doctrine catholique et que la mission des cercles catholiques, en face d'un avenir si gros d'alarmes, se montrait plus utile, plus urgente aujourd'hui que jamais. ».* Il rappelle ensuite *« les services rendus à la classe ouvrière par l'Église catholique, depuis l'esclavage païen jusqu'à nos jours et que la religion et le clergé sont les meilleurs amis de l'ouvrier ».* Il finit cette allocution en portant un toast en l'honneur des ouvriers chrétiens. Lors de la deuxième journée, Alfred Saunière prend une dernière fois la parole confie le rapporteur de cette manifestation et le président des œuvres ouvrières, M. Léonce Favatier : *« Monsieur l'abbé Saunière donna à cette imposante cérémonie sa véritable signification. Il nous montra le prix des larmes et des regrets, le prix des honneurs funèbres, le prix du souvenir ; trois sortes d'hommages que nous rendons à nos chers défunts. Mais après nous avoir dit ce que valaient ces hommages, il nous a dit ce qu'ils ne valaient pas, en nous montrant que la prière seule peut franchir le seuil de l'éternité, et atteindre le lieu inaccessible où gémissent les âmes, pour leur apporter le repos, la lumière et la joie ».* Alfred Saunière occupa une première fois, durant quelques mois, les fonctions d'aumônier au Cercle de Narbonne et fut remplacé par le Révérend-Père Parazols qui les exerça dix ans. Après le décès de ce dernier survenu en novembre 1896, Alfred Saunière est de nouveau appelé par l'évêque à ce poste. En 1901, Léonce Favatier fit paraître un rapport sur ces journées anniversaires et sur l'histoire du Cercle catholique de Narbonne (Imp. Caillard à Narbonne). Pour cette journée commémorative, on ne trouve aucune trace d'invitation dans les carnets de correspondances de Bérenger Saunière ni d'un voyage organisé à Narbonne à cette période.

- La personne nommée **Paul** avec qui l'abbé Saunière dîne est probablement l'abbé Paul Saunière né le 24 octobre 1872 à **Névian** de l'union de Paul Saunière et de Rosalie Chaudière. Paul Gabriel Charles Raphaël est ordonné prêtre en 1896 et est nommé professeur au Petit Séminaire de Narbonne, puis nommé Vicaire à la Cathédrale St Just de Narbonne le 1er septembre 1906. Il est décédé à Névian le 30 août 1911 à l'âge de 39 ans.

- **Hypolitte fait 2 voyages avec deux paires et le cheval** pour ramener de Couiza des sacs de chaux et de ciment pour le chantier.

- **Villedaigne** se trouve à une quinzaine de kilomètres à l'ouest de Narbonne.

- L'abbé **Gazel**, curé de **Floure** est un des amis proches de l'abbé Saunière qui lui prodiguera des conseils pour sa défense lors de ses procès. Dans un des passages d'une de ses lettres de 1910, il lui écrit : *« Tu as eu de l'argent, il n'appartient à personne de percer le secret que tu gardes, tu l'as dépensé comme il t'a plu, cela ne regarde que toi. »* (L'Héritage de l'abbé Saunière, pp. 194 à 196). Dans une autre lettre du 11 juillet 1910, il lui dira *« Avec des intentions de messes, il n'est pas possible de faire les dépenses colossales que tu as faites et il te sera facile de le prouver. Ils voudront savoir la source qui a laissé couler dans tes mains des flots d'or. »* (L'Héritage de l'abbé Saunière, pp. 197 et 198). Pierre Louis Gazel est né le 11 novembre 1858 à Augmontel, près de Mazamet dans le département du Tarn, de Pierre Louis Gazel régisseur, demeurant à la Condomine, et d'Anne Adélaïde Guibert, ménagère. Tout d'abord nommé Vicaire à Montréal le 1er août 1886, il est ensuite nommé desservant le 1er janvier 1889 à Saint-Couat-du-Razès, près de Chalabre où il ne reste qu'un peu plus d'une année. À l'occasion de ce changement d'affectation, l'administration écrit : *« Pendant son séjour à Montréal, l'attitude politique de cet ecclésiastique a été absolument correcte. Sa conduite privée n'a jamais donné lieu à aucune plainte. ».* En revanche, l'année suivante, le 1er mars 1890, lors de sa nouvelle affectation à Monze, près de Trèbes, les termes sont sensiblement différents : *« Pour les opinions politiques, on a pu constater aux élections dernières, par suite de son attitude, qu'il proféra des sentiments hostiles au gouvernement. Aux dernières élections, l'abbé Gazel a voté avec les adversaires du gouvernement. ».* Sa dernière paroisse est Floure le 1er décembre 1896 où il décède le 12 mars 1941.

Page 44
- À Limoux, le candidat socialiste Jules **Laffont** (maire de Couiza) totalise 2878 voix et est très largement battu par le député sortant Dujardin-**Beaumetz** reconduit avec 10316 voix.

- L'appellation qualifiant en ouverture de ce carnet la maison était *Reconstruction de la maison de Marie D* pour devenir ensuite ***notre maison***.

- **M.** Georges **Castex** est un artisan dont l'atelier de décorations donne sur la place de la République au 3 rue de l'Orme à Limoux et à qui l'abbé Saunière confia de nombreux travaux notamment dans l'église et au presbytère. C'est lui notamment qui fournit les papiers peints de ce dernier.

fonds Ph. Marlin

- **Le puits** en question, situé dans la cour du presbytère, est très ancien et d'une profondeur de 4 à 5 mètres mais ne comporte pas d'eau. L'abbé Saunière avait fait creuser tout à côté une fosse d'aisance dont on distingue encore une trappe. Exploré lors de son ouverture récente pour des travaux, il s'avère qu'au fond du puits, il existe deux galeries, probablement creusées par des chercheurs dans les années soixante ; l'une prendrait la direction de l'église, tandis que l'autre se dirigerait vers le presbytère.

Page 45
- **M. Caminade qui a pris pour lui 200 frs** rédige un reçu en faveur de Marie Dénarnaud.

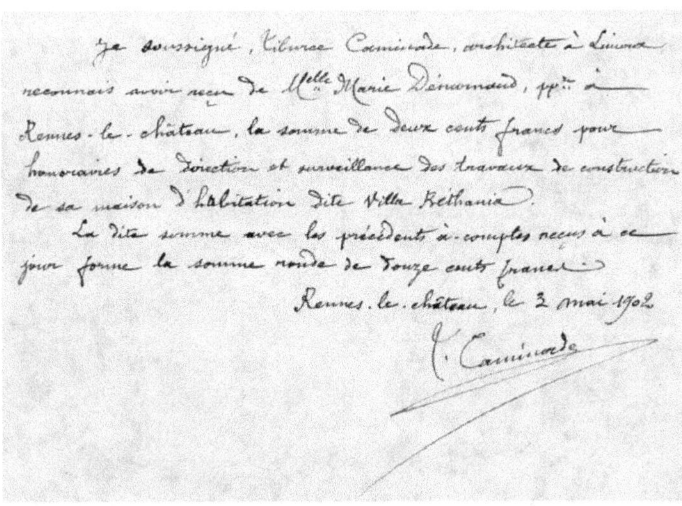

fonds Ph. Marlin

Page 46

- La vente sera faite devant Maître Roché, notaire à Arques, le 15 mai 1902, par Mme Louise Bonhomme, épouse de Pierre Vayre cordonnier, habitant ensemble à Couiza et par Mademoiselle Marie Bonhomme, demeurant à Canet chez M. Cathary qui héritèrent des biens de Pierre Bonhomme leur père décédé à Rennes-le-Château le 6 janvier 1893. Les biens vendus se trouvent à Rennes-le-Château et sont répertoriés aux n° 222, 223, 224 et 228 de la Section A du plan cadastral. Ce seront les terrains pour accueillir une partie du parc où se trouve le bassin. Le même acte de vente inclut également deux autres terres labourables aux n° 266 et 277 de la même Section, cette dernière terre sise au lieudit Les Maillolets. D'après ce qu'écrit l'abbé Saunière dans son journal, Marie devait acheter **1 maison et 4 pièces de terre** pour un montant de 1060 francs. Or l'acte de vente liste une maison et 6 terrains pour la somme de 600 francs à laquelle s'ajoutent 41,25 francs de taxes.

Le 10 mai 1900, Marie Dénarnaud s'était également présentée chez Maître Narcisse Trajan (membre de la Sésa depuis 1894), notaire à Couiza, pour l'acquisition d'une petite parcelle de terre de fourrage au lieu appelé *La Chapelle* confrontant du levant la cour du presbytère et l'acquéreuse, du midi chemin, du couchant l'acquéreuse et du nord presbytère pour le jardin moyennant la somme de 100 francs.

Page 47

- **Marie-Louise** est l'une des sœurs de Bérenger Saunière. Née le 22 avril 1876 à Montazels, elle épouse M. Marty.

- En écrivant **les tours**, l'abbé Saunière indique que ce n'est pas seulement la villa Béthanie qu'il fait construire mais également la tour néo-gothique et son pendant de verre.

- Cette lettre de l'architecte M. Caminade à **l'électricité de Paris** est écrite en vue de l'installation prochaine d'un paratonnerre. Pour lui servir de socle, l'abbé Saunière fit installer en haut du clocher l'ancien chapiteau de l'église. On distingue encore sur ce vestige, probablement de la période wisigothe, des pampres, des feuilles d'acanthe et de rosettes. Ce chapiteau fut sans doute réutilisé comme l'un des 2 bénitiers jusqu'à son remplacement par celui commandé en 1896 à la manufacture Giscard par l'abbé Saunière.

- C'est donc en mai 1902 que les dalles du sol à l'**entrée de l'église** sont à la finition. C'est sous les anciennes dalles que l'abbé Jean Bigou avait demandé dans une dernière volonté émise dans son testament du 20 mai 1769 : *« quand il plaira à la Toute Puissance séparer l'âme de son corps et disloquer son dit corps soit enseveli à la porte du sanctuaire du dit Rennes pour être foulé au pied par ses paroissiens et autres en punition de ses péchés ».* Décédé le 30 septembre 1776, son corps fut inhumé au cimetière de Rennes-le-Château. Antoine Bigou a-t-il par la suite déplacé les restes du corps disloqué de son frère pour respecter sa volonté ? Nul ne le sait !

L'entrée de l'église

Page 48

- Pourquoi l'abbé Saunière, à la demande de l'inspecteur des Postes de Carcassonne prend-il immédiatement fait et cause pour le facteur Raynaud de Couiza en s'empressant de faire **une lettre en sa faveur** contre l'instituteur ? D'ailleurs qui est l'instituteur de Rennes-le-Château en 1902 ? Depuis août 1899, c'est Prosper Estieu qui assure ce poste en remplacement de E. Clamon muté à Alet. Prosper Estieu n'est pas un inconnu dans l'histoire de Rennes-le-Château. Jean Vincent Prosper est né à Fendeille, près de Castelnaudary, le 7 juillet 1860 de Guillaume Estieu, agriculteur, et de Marie Anne Cathala.

Quand il prend ses fonctions à Rennes-le-Château, il est déjà connu et apprécié dans le Languedoc pour ses poésies d'expression française et occitane. C'est aussi à ce moment qu'il fait imprimer à son domicile plusieurs parutions qu'il a fondées dont celle intitulée *Mont-ségur* et qu'il rencontre à Rennes-le-Château son voisin d'Arques, l'historien du catharisme, Déodat Roché. Peu après la parution en 1886 de *La Vraie Langue Celtique* de l'abbé Henri Boudet, outre une correspondance suivie avec Gaston Jourdanne, Prosper Estieu est également en relation épistolaire avec d'Arbois de Jubainville, l'un des fondateurs, en 1866, de la société de linguistique de Paris à laquelle se joindra le curé de Rennes-les-Bains le 4 décembre 1897. L'instituteur fait en effet appel à ses compétences émérites de linguiste pour le questionner sur l'origine de certains noms de lieux gaulois dans le département de l'Aude. Son interlocuteur lui adresse la réponse suivante :

Le 16 août 1903, il est nommé instituteur à Raissac-sur-Lampy, près d'Alzonne et est remplacé par un nouvel arrivant du nom de Saunières qui vient de Saint-Julia-de-Bec près de Saint-Just-et-Le-Bézu. Prosper Estieu meurt à Pamiers le 11 décembre 1939 en laissant à la postérité de nombreux ouvrages, plusieurs projets aboutis dont des écoles félibréennes, et son nom est attaché désormais à celui d'un prix décerné chaque année à Toulouse par l'Académie du Languedoc. Quelle pouvait bien être la nature du différend entre lui et l'abbé Saunière ?

Page 50

- Cassaignes est un village situé entre Serres et Coustaussa dont elle est une annexe qui tire son nom de la forêt de chênes. L'église, sous l'invocation de Saint-Martin, accueille l'abbé Henri Marty qui en assure le culte. L'édifice montre plusieurs époques de construction, la plus ancienne au XIIème siècle, la dernière remontant au XIXème siècle mais les plus importantes aux XVIème et XVIIème siècles. Au centre du village se dresse également une ancienne tour seigneuriale.

Page 51

- Ginoles est un village balnéaire près de Quillan où demeurait Ernest Cros, propriétaire des bains et dont le curé est Jean Urbain Martimort, l'un des clients de Bérenger Saunière à qui il passe quelquefois des commandes de rhum. L'abbé Martimort est né à Mazuby le 6 décembre 1846 de Pierre Martimort, instituteur, et de Ermilde Nègre. Il obtient son premier poste de vicaire le 1er août 1873 à Belcaire. Puis, le 16 juillet 1876, il gagne Chalabre où il reste jusqu'au 16 juillet 1880, jour où il rejoint Ginoles comme desservant. Il démissionne de ce poste le 15 février 1924 et y décède le 8 juillet 1927. En août 1901, l'abbé Martimort adresse au préfet de l'Aude une demande de secours. Une réponse négative est décidée pour la raison que « M. l'abbé Martimort se trouve, d'après les informations fournies, dans une situation de fortune qui le met à l'abri du besoin. ». Le préfet estime en effet que « dans ces conditions, il n'y a pas lieu de prendre sa demande en considération ». Le 3 juin 1902, l'abbé Martimort invite son confrère de Rennes-le-Château à l'Adoration. L'abbé Saunière s'y rend en compagnie de l'abbé Rouanet.

Page 52

- **M. Caminade reçoit aussi pour lui 200 frs** qui seront l'objet de sa part d'un reçu pour Marie Dénarnaud.

Je soussigné, Tiburce Caminade, architecte à Limoux, reconnais avoir reçu de Mlle Marie Dénarnaud, pp.te à Rennes-le-château la somme de deux cents francs, nouvel à-compte sur ses honoraires de direction, réglement et surveillance des travaux de construction de sa maison d'habitation et ses dépendances ; à-compte qui ajoutés aux précédents forme la somme ronde de quatorze cents francs.

Rennes-le-château, le 21 juin 1902.

E. Caminade

fonds Ph. Marlin

- Cette **offre** de **1200** francs proposée par l'abbé Saunière pour l'achat de meubles à M. Bartès de Couiza montre que c'est peut-être par ce moyen qu'il acquit une partie de son mobilier.

Page 53

- **Mora** est le nom d'un des deux singes qu'avait adopté l'abbé Saunière. Le second se nommait Capri.

Page 54

- Après la tour de l'horloge, **La tour du Midi** est le deuxième nom donné par l'abbé Saunière à sa tour bibliothèque qu'il appellera finalement Magdala.

Page 56

- Cette **2ème dénonce contre l'instituteur** est la suite du démêlé qui oppose Prosper Estieu et le facteur pour lequel l'abbé Saunière prend fait et cause en apportant un témoignage en sa faveur.

Page 57

- **SS Nazaire et Celse** sont également les patrons de l'église de Rennes-les-Bains.

- C'est à **l'abbé** Frédéric **Cros d'Alet** à qui l'abbé Saunière demande quelquefois de le remplacer. C'est notamment le cas en août 1902 pour se rendre dans sa famille à Névian ; mais c'est en définitive le Père Cerceau de Castelnègre qui le remplace pour cette occasion.

- **M.** Paul **Roché** est le médecin de Couiza. Il intègre la société d'études scientifiques de l'Aude en 1920. Comme beaucoup à cette époque, il se déplaçait à cheval pour assurer ses visites aux malades. Une carte postale prise près du bain doux à Rennes-les-Bains le montre ainsi avenue de Couiza (éd. Louis Saurel).

Page 58

- **Le maire démissionnaire** est Pierre Rougé qui sera remplacé par M. Victor Rivière.

- **La permission de biner** sera accordée par le Vicaire capitulaire Rodière le 12 août au Révérend-**Père** G. **Cerceau** de Castelnègre. Elle consiste pour lui, après avoir dit la messe dans sa paroisse, à en dire une seconde à Rennes-le-Château durant l'absence de l'abbé Saunière.

- Le curé de Rennes-le-Château recevra quelquefois la **visite de baigneurs de Rennes**-les-Bains. Quelques années plus tard, quand le domaine sera terminé, il sera l'objet d'une série de cartes postales que le curé vendra aux baigneurs de passage au village.

Page 59

- **La tour du nord** est le pendant de la tour du Midi appelée aujourd'hui l'Orangerie ou encore la serre.

- Là-encore, l'abbé Saunière évoque **le Cercle catholique** de Narbonne.

- **La Nouvelle** où l'abbé Saunière passe la journée avec Paul et Martial est un port de l'Aude au sud de Narbonne et à l'est de Roquefort-des-Corbières.

- **Leucate** se trouve au sud de Port-la-Nouvelle et au nord-est de Fitou.

- La **famille Hugues** est celle de la mère de Bérenger Saunière. Le 23 janvier 1850, Joseph Saunière, cultivateur, né le 31 janvier 1823 à Montazels, et Marguerite Magdelaine Hugues, née à Montazels le 7 mars 1833, s'unissent dans l'église du village.

Page 60

- Le **M. Estieu** qui démissionne de son poste de secrétaire de mairie dont parle l'abbé Saunière est l'instituteur Prosper Estieu.

- **M. le curé de Brénac** est l'abbé Jean Rivière né à Quillan, rue de la Mairie, le 4 avril 1867 de Pierre Rivière, serrurier, et de Marie Bournes. Orphelin très tôt, il est élevé par une personne fort charitable. Avant Brénac, il est vicaire de l'église Saint-Vincent à Carcassonne. Disposant de très pauvres moyens, il vit à Brénac avec sa sœur et est réputé pour ses idées libérales et également pour ne pas s'occuper de politique. Quand il est affecté à Espéraza, le 1er février 1906, il s'occupe aussi de Rennes-le-Château. C'est lui qui reçoit la dernière confession de l'abbé Saunière en janvier 1917. Jean Fourié, originaire d'Espéraza et ancien président de l'Académie des arts et des sciences de Carcassonne, en parle ainsi : *« L'origine de l'information concernant l'abbé Rivière, qui avait administré les derniers sacrements à son collègue Saunière, me semble provenir de Marie Dénarnaud qui, sans doute, l'avait contée à Noël Corbu, lequel s'est empressé de grossir la chose dans la mesure où elle servait certains de ses desseins. Quoi qu'il en soit, ce n'est évidemment pas l'abbé Rivière lui-même qui a colporté cette anecdote. C'était un homme d'une grande piété, très aimé de la population locale. L'abbé Jean Rivière était natif de Quillan et il fut curé d'Espéraza de 1906 à 1920. Son rôle de consolateur pendant l'hécatombe de la Grande Guerre lui valut la reconnaissance unanime (Espéraza était alors cataloguée de commune rouge avec des paroissiens très individualistes, ayant une certaine réputation de « bouffeurs de curés »). Nommé chanoine par Mgr de Beauséjour, il mourut prématurément à Coursan dont il était le curé doyen et où, là aussi, il avait suscité une estime unanime. Ce n'est évidemment pas un tel homme qui aurait divulgué des secrets de confession ni des impressions intimes. Son trouble à l'occasion de la mort de Saunière a fait l'objet de divers commentaires et, personnellement, j'en ai toujours entendu parler. On raconte même que sa mort serait en partie due au chagrin et à la déception qu'il aurait éprouvés à cette occasion. Mais qu'en est-il exactement ? Un fait est certain, aux dires de ceux qui l'ont connu, l'abbé Rivière n'était plus le même après la mort de son collègue de Rennes-le-Château. Il est vrai que Rivière avait été très éprouvé par l'avalanche de décès qu'il y eut à déplorer à Espéraza pendant la guerre de 14. Tout comme le maire Alphonse Alard, il allait consoler les familles et eut à célébrer bien des cérémonies mortuaires qui minèrent sérieusement son moral. Quand il quitta Espéraza pour Coursan, c'était déjà un homme usé (il n'avait que 53 ans en 1920 !) et fatigué, au moral sérieusement entamé. ».* À l'entrée de l'église d'Espéraza, une plaque murale en hommage à ce prêtre a été déposée par la commune reconnaissante. Après cette cure, le 16 février 1920 Jean Rivière est affecté à Coursan comme curé-doyen. Il y décède le 26 février 1929.

- **Ramounichoux** est un hameau entre les ruisseaux de Taillefer et de Brézilhou sur le territoire communal de Fa.

Page 61

- **Les Patiaces** est le nom d'une des fermes près de Couiza, dépendant de cette commune, située entre Jaffus et Coumesourde.

Page 62

- **N. Dame de Marceille** est une église élevée au rang de basilique mineure le 5 février 1905 qui se dresse sur une hauteur près de Limoux. Plusieurs notices et monographies racontent l'histoire de ce sanctuaire qui possède une Vierge Noire. Des auteurs voient dans les différents administrateurs que connut l'église, notamment depuis le XVIIème siècle, les connaisseurs d'un secret qu'ils auraient transmis à la postérité dans certaines pièces de sa décoration (chemin de Croix, tableaux etc.) en lesquelles les chercheurs modernes voient des éléments de codage qu'ils interprètent comme étant des liens directs avec l'affaire de Rennes-le-Château.

- **La forêt des Fanges**, dans la haute vallée de l'Aude, est une forêt domaniale sur un plateau à l'est du pays de

Sault, aux limites des communes au nord-est de Saint-Louis et Parahou, au sud-ouest Saint-Martin-Lys et au sud Lapradelle-Puylaurens. À l'ouest, se trouve le défilé de **Pierre-Lys** dont un chemin fut percé dans la roche, suivant la rivière d'Aude, au XVIIIème siècle sous l'impulsion de Félix Armand, prêtre de Saint-Martin-Lys, pour relier Quillan à la vallée d'Axat autrement que par la montagne ou la rivière.

- Le 2 octobre 1906, l'abbé Saunière règlera à Madame Gallet de Limoux, via le menuisier Mathieu Mestre, la somme de 500 francs correspondant à l'achat d'une salle à manger en vieux chêne et d'une chambre à coucher en pin. Cet ensemble servira à **meubler** la nouvelle villa.

Page 63
- **Il emporte un acompte de 200 frs** pour lequel il signe le reçu à Marie Dénarnaud.

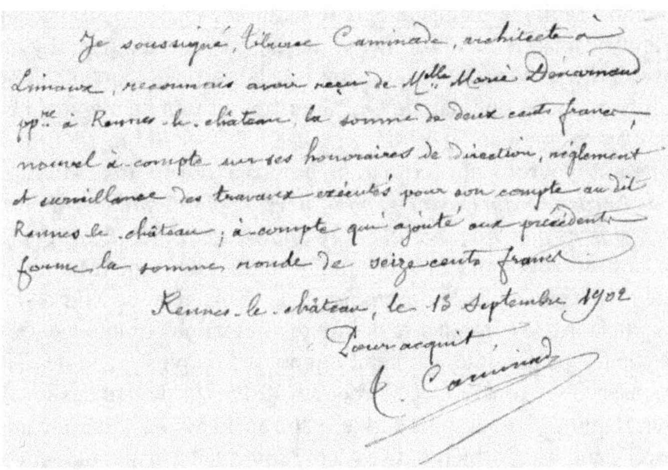

fonds Ph. Marlin

- Depuis toujours **N. Dame** de Marceille fête la Sainte Vierge en septembre. À cette occasion la Vierge Noire est glorifiée.

- **La Rouire** est le nom d'un endroit à droite des rochers blancs près du ruisseau de Couleurs visibles du belvédère. Ce nom viendrait sans doute des chênes qui y poussaient naguère. Tout proche se trouve la fontaine des quatre Ritous dont la légende veut que son nom tire son origine des quatre curés, les frères Saunière, Antoine Gélis et Henri Boudet qui s'y réunissaient. Pourtant, ce nom figure identiquement sur des documents du début du XIXème siècle, notamment dans la délibération du 22 février 1807 du conseil municipal de Rennes-le-Château.

- La visite de **Mgr** Émile **Le Camus** à Coustaussa est à la fois pour l'abbé Saunière un évènement et une contrariété car il n'est pas invité à la réunion de prêtres qui y est organisée pour cette occasion. En fait, pour des raisons de santé, le Prélat est un habitué des cures thermales. Il fréquente entre autres Amélie-les-Bains mais aussi Rennes-les-Bains où il se trouve en cet été 1901, année où il reçoit la nomination épiscopale. Il passera les deux suivantes à Vichy.

Issu d'une vieille famille languedocienne originaire de Siran, aujourd'hui dans l'Hérault, Émile Constant Angel le Camus est né à Paraza, dans le département de l'Aude, le 24 août 1839. Dérogeant aux habitudes de cette époque, il est baptisé douze jours plus tard. Enfant unique de Pierre François Locamus, officier de santé, et de Marguerite Maury, Émile suit son catéchisme à Ginestas où sont installés ses parents. Il poursuit ensuite ses études au collège de Castelnaudary. Après le petit séminaire de Carcassonne où il fait ses études classiques, il entre au grand séminaire en 1857. Durant cette éducation religieuse, il connut peut-être l'abbé Henri Boudet. L'année suivante, à dix-neuf ans, Émile le Camus intègre le séminaire de Saint-Sulpice à Paris où il passe trois ans. Durant sa vie, il reste très attaché à la vieille maison et y fait sans cesse référence. Il y noue des relations toujours maintenues, notamment avec Fulcran Vigouroux qui entre à Saint Sulpice la même année. Forgé du caractère de ceux qui tiennent tête à la hiérarchie, le séminariste Le Camus gravit tout de même un à un les échelons. Tonsuré le 15 juin 1859, il reçoit les ordres mineurs le 17 décembre. Le 22 décembre 1860, il reçoit le sous-diaconat le même jour que son ami Fulcran Vigouroux qui écrira à son propos à Mgr Eudoxe Mignot le 24 octobre 1906 : *« M. Delmas, ancien supérieur de Bordeaux, qui l'avait eu pour élève au petit séminaire de Carcassonne, dit que c'était alors un élève ordinaire, et qu'on ne pouvait pas s'attendre alors à ce qu'il a donné depuis. »*. C'est à Rome, le 16 février 1862, qu'Émile le Camus reçoit le diaconat des mains de l'archevêque d'Iconium (Turquie), Mgr Antonio Ligi-Bussi. À la fin de cette même année, le 20 décembre, sous l'épiscopat de Mgr de la Bouillerie, il accède à la prêtrise qui, quelques jours plus tard, le conduit à sa première affectation comme vicaire à l'église des Saints Paul et Serge de Narbonne. Mais le temps paraît long à celui qui nourrit un plus grand dessein. En 1867, il est nommé chanoine honoraire mais conserve ses fonctions à Narbonne ; ce qui provoque des tensions avec le curé qui prie l'évêque de l'en débarrasser. Il quitte le diocèse en janvier 1868 après avoir refusé une nouvelle affectation comme curé desservant de Cascastel dans les Corbières. C'est en 1869 qu'il fait paraître à Paris son premier ouvrage écrit à Narbonne : *La Préparation exégétique à la Vie de Notre Seigneur Jésus-Christ*. Pour la rentrée 1870, il intègre l'école de Sorèze, dans le département du Tarn, et va au même moment soutenir à Rome son doctorat en théologie. Il met ses compétences au service de l'évêque de Constantine durant le Concile du Vatican. Jusqu'en 1875, enseignant, il occupe également à Sorèze le poste de codirecteur. C'est cette même année qu'il fonde dans les locaux d'un ancien couvent un collège catholique Saint-François-de-Sales à Castelnaudary sur l'insistance de Mgr Leuillieux dont c'est aussi le prénom. Plusieurs professeurs de Sorèze l'ont suivi dans ce projet. Mais Émile Le Camus est aussi le propriétaire de nombreux biens immobiliers notamment une seconde école ecclésiastique d'une quarantaine de pensionnaires qu'il adjoint au collège, et d'une maison de campagne à Layrac. En 1880, il constitue une société civile au capital de cinq cent mille francs divisés en cinq cents actions. Un an plus tard il acquiert une propriété cossue près de Castelnaudary : La Malvirade. En décembre 1885, un rapport du préfet de l'Aude évalue le patrimoine de Le Camus à deux cent mille francs environ. Émile le Camus n'a pas que des amis ! Le 16 janvier 1888, une lettre lui est adressée dans des termes accusateurs : *« ... vous avez racheté les actions 300 frs, un certain nombre même à 250 frs, et vous les avez fait payer 500 frs. »*. Son poste de directeur tourne court, d'autant qu'il a laissé à l'établissement un certain nombre de problèmes de trésorerie se mettant à dos la majorité des actionnaires. Fervent de voyages lointains, à la mi-février 1888, au départ de Marseille, il entreprend de partir au Moyen-Orient emmenant à ses frais et avec lui son ami Fulcran Vigouroux désargenté.

Ce périple donna lieu deux ans plus tard à trois gros volumes dans lesquels le voyageur raconte ses aventures (*Notre voyage aux pays bibliques*). On le retrouve à Rome en mai de la même année où il nourrit clairement l'espoir d'être nommé évêque. Mais, hormis Mgr Leuillieux, les soutiens sont rares ! Mgr Billard ne se prononce pas et se contente de la réponse suivante au ministre des Cultes : *« Le collège de Castelnaudary a traversé une crise financière lamentable ; et, à tort ou à raison, la responsabilité de cette crise a été imputée au supérieur qui fut en butte à des récriminations de toute sorte. Vous le devinez, M. le Ministre, les actionnaires qui ont subi un préjudice notable ne cessent de récriminer contre l'ancien supérieur du collège. »*. Sa chance étant passée, en avril 1893, il part en voyage en Grèce et en Asie mineure, toujours en compagnie de Fulcran Vigouroux (*Voyage aux sept Églises*). Ce sera idem l'année suivante où les deux amis visitent durant deux mois la Palestine. En 1895, Émile le Camus réitère sa demande insistante d'une nomination d'évêque auprès de René Goblet auquel il énumère ses soutiens. Parmi ceux-ci, certains sont décédés, se trouve Mgr Billard dont l'appui reste très modéré. Mais rien n'y fait, le postulant est une nouvelle fois écarté des nominations. Cela ne fait jamais que quinze années qu'il la revendique ! En 1899, devenu chanoine théologal de l'église Saint-Michel de Carcassonne depuis le 17 janvier 1897, Émile le Camus, Fulcran Vigouroux et l'abbé Ardouin se rendent en Orient. Le 5 avril 1901, après maintes négociations, arrangements, tergiversations et interventions des pour et des contre Le Camus, le président Loubet fait accéder celui-ci à l'évêché de La Rochelle. Le 2 juillet 1901, il est consacré à Carcassonne en la cathédrale Saint-Michel par l'évêque de Pamiers, et en l'absence de Mgr Billard grandement malade. Ses armes, *d'azur, au chevron d'argent, chargé à dextre d'une branche de genêt* (en hommage à Ginestas), *à senestre de trois croissants d'argent* (symbole du collège de castelnaudary), *et en pointe d'une ruche accompagnée d'abeilles d'or*. Sa devise : *Praesim dum prosim – Laboremus*. Puis survient la disparition de Mgr Billard en décembre et le tout nouvel évêque de La Rochelle propose déjà un remplaçant en la personne de M. Chédaillé. Mais, une fois encore Émile Le Camus n'est pas entendu car ce fut Mgr de Beauséjour qui fut choisi pour Carcassonne. Après sa prise de fonctions, le nouveau prélat continue ses voyages mais n'oublie pas de regagner l'Aude une fois par an. Durant son épiscopat, Émile Le Camus connaît encore de nombreuses mauvaises affaires dont la plus célèbre, dite « *Camiade* », fut conduite devant les tribunaux civils et religieux. Il décède brutalement le 28 septembre 1906. Une lettre de l'abbé Eyssautier, qui lui succède, est assez parlante sur les impressions laissées à sa mort : « *La mort foudroyante de Mgr Le Camus a causé dans le diocèse une impression profonde. Les éloges domineront pendant quelques jours. C'est la trêve de la tombe. Les ouvrages du prélat défunt lui avaient acquis une juste célébrité, qui fera le thème de tous les panégyriques. Mais il n'était aimé ni des prêtres ni des fidèles.* ». Émile Le Camus laissera des écrits à la postérité. Vingt ans après *La Vie de Jésus* d'Ernest Renan (1823–1892), l'abbé Camus fait notamment paraître en 1883 un ouvrage intitulé pareillement qui est traduit en plusieurs langues (allemande, italienne, anglaise et même en arabe). En 1867, Ernest Renan était président de la société de linguistique de Paris à laquelle adhèrera Henri Boudet en novembre 1897. Les comptes rendus des quatre grands voyages dans les lieux saints organisés et financés par Émile Le Camus, toujours accompagné de son ami Fulcran Vigouroux, permirent sa modeste participation (29 articles) aux trois premiers tomes du *Dictionnaire de la Bible* sur lequel le directeur de Saint-Sulpice travaillait depuis déjà quelques années. Après sa nomination à La Rochelle, le nouvel évêque s'impliquera dans de nombreux écrits lors de la séparation des Églises et de l'État intervenue en décembre 1905 et pour laquelle il était favorable. Il fit aussi partie des quelques évêques réformateurs qui défendirent l'idée que dans les séminaires il fallait apprendre aux clercs les sciences archéologiques. Le 28 septembre 1906, il décède à La Malvirade où il s'était retiré depuis quelques jours. L'un de ses derniers interlocuteurs fut Mgr de Beauséjour qui effectua avec lui le voyage de Paris à Carcassonne.

Pour davantage d'informations sur Mgr Le Camus, lire l'excellent et volumineux ouvrage d'Yves Blomme *Émile Le Camus (1839-1906)* paru chez les éditions *L'Harmattan* en juillet 2002 et d'où ont été puisés pour cet article de nombreux renseignements sur la vie de ce prélat. On retrouve également mention d'Émile Le Camus dans la notice du curé Simon Laborde du 25 décembre 1901.

Mgr Émile Le Camus

- Il s'agit de **Giscard** statuaire à Toulouse chez qui l'abbé Saunière commanda en 1896 la plupart des pièces de la décoration de l'église. Visiblement leur collaboration ne s'arrêta pas à cette commande puisque le statuaire prie le curé de lui envoyer des échantillons de vin.

Page 65
- **Condons**, aujourd'hui devenue Coudons, est un village situé entre Espezel et Couiza et proche de Ginoles.

Page 66
- Les **Roubillous** sont des champignons que l'on cueille en septembre et octobre.

- Une nouvelle fois, ce remplacement est une marque de confiance du **curé de Coustaussa**, l'abbé Marty, envers son collègue et voisin de Rennes-le-Château. Le 15 octobre 1902, ce dernier lui enverra un courrier d'acceptation de le remplacer pour dire la messe à sa place.

- **L'œuvre des tabernacles** s'inspire de l'oeuvre de Jeanne Le Ber (1662-1714). Recluse en 1695, elle occupe au Canada un appartement à Montréal mitoyen de la chapelle de la Congrégation de Notre-Dame. Elle se consacre essentiellement à la confection de vêtements sacerdotaux et d'ornements liturgiques qu'elle décore de fils d'or, et cout des vêtements pour les plus démunis de la paroisse. À sa mort, des religieuses de la congrégation prennent la suite. Un siècle et demi plus tard, l'évêque de Montréal, Mgr Ignace Bourget, donne des statuts canoniques à son oeuvre qui existe encore de nos jours.

Page 68
- l'abréviation **St. St.** signifie Saint-Sacrement

- C'est à ce quincailler, Paul **Pugens**, dont la boutique se trouvait au 63 rue de la Mairie à Limoux, que l'abbé commandait de nombreuses fournitures pour son domaine.

Page 69
- Les **3 terrassiers** de Luc sont Auguste Garrigues, Baptiste et Alfred Raynaud.

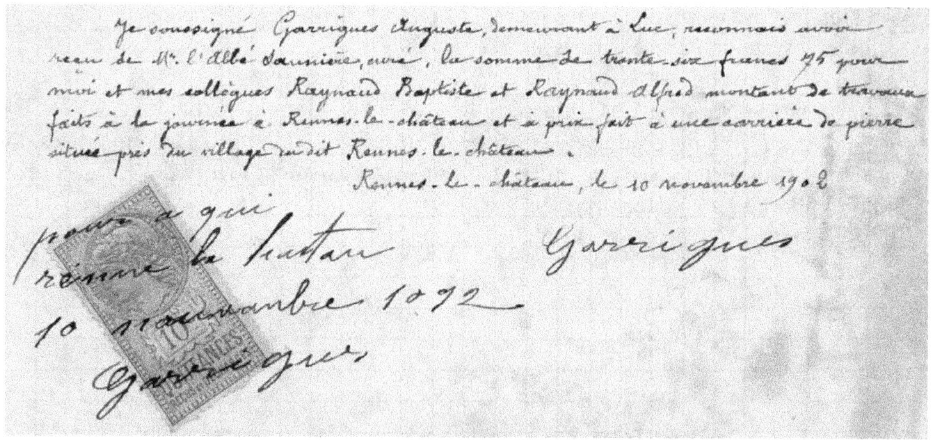

fonds Ph. Marlin

- **Marie a été échanger des mandats** (sic). C'est très régulièrement que Marie, ou quelquefois sa mère, se rend à Couiza pour toucher des mandats. Il s'agit probablement d'envois de messes qui, à cette époque, sont à leur apogée. C'est en effet en grande partie grâce à ces rentrées constantes de fonds que l'abbé paye les ouvriers qu'il emploie, les matériaux nécessaires, et les meubles de son domaine en construction. À la page 112 de *Rennes-le-Château, une affaire paradoxale* (Éd. OdS 2008), Laurent Buchholtzer relate une anecdote au sujet du facteur de

Couiza sur de trop lourds colis de cartes postales que se faisait expédier le curé de ses nombreux correspondants : « *... un beau jour de décembre 1906 arrive une chose qui n'était jamais arrivée auparavant : il* (le facteur) *laisse le colis de cartes postales au chef de gare de Couiza. À charge pour Hyppolite du Carla d'aller les chercher lui-même, avec son char à bœufs comme n'importe quel sac de plâtre.* ». L'affaire se reproduisant plusieurs fois, l'abbé intervient pour faire déplacer l'employé de la poste qui, finalement, conserve son affectation mais sera quitte pour se passer désormais des étrennes du curé.

- M. Caminade est parti pour Limoux emportant 200 frs, objet du reçu ci-après :

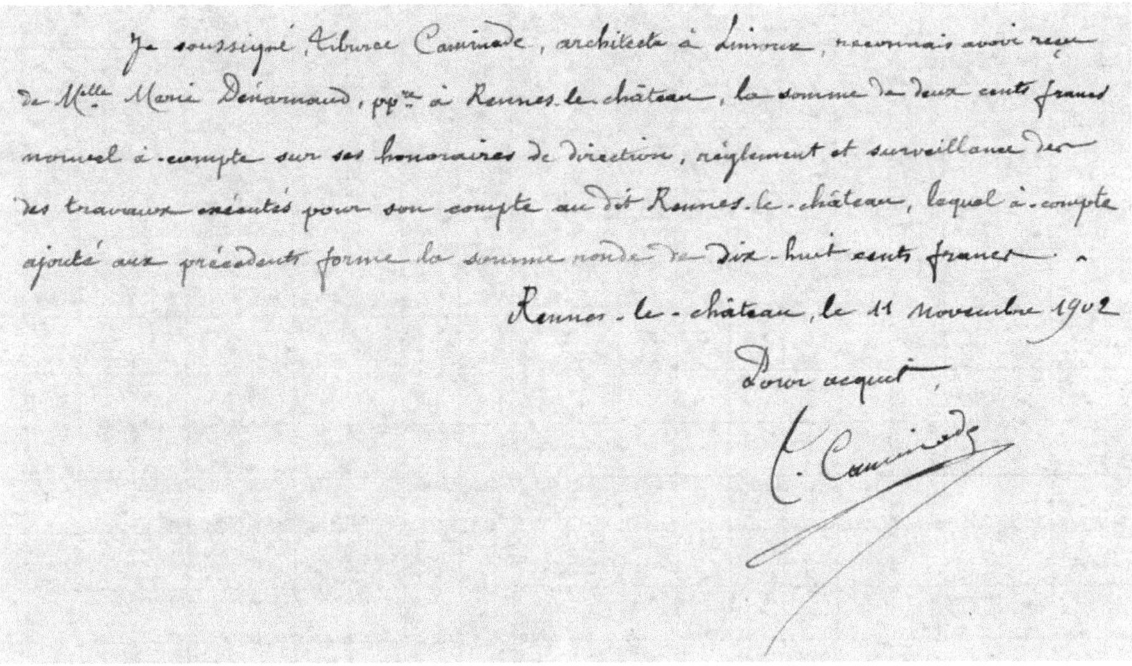

fonds Ph. Marlin

Page 71
- **Villefort** se situe entre Chalabre et **Puivert** et était desservie par l'abbé Rouanet. Le curé de Puivert est l'abbé P. Toulza.

Page 72
- **Le curé de Saint-Ferréol**, dédicace de l'église de Granès, est, depuis le 1er mars 1900, l'abbé Pierre Jean-Baptiste Apolinaire Grousset né à Peyrens le 22 octobre 1867 de Philippe Grousset, instituteur, et de Catherine Plancade. L'abbé Saunière se trompe en écrivant qu'il fut **condamné** car en réalité, le 11 décembre 1902, le tribunal correctionnel relaxe Jean-Baptiste Grousset pour faute de preuve. Il est en effet accusé d'avoir molesté un jeune garçon du village dans les circonstances suivantes : depuis quelque temps, plusieurs enfants portent le désordre pendant et après les offices poussant même leur mauvaise conduite en la brisure d'un vitrail dans l'église. Las, ce 11 novembre, le curé en saisissant un le conduit chez M. le maire afin qu'il le réprimande. C'est tout le contraire qu'il se passe ! Le maire s'en prend au curé et les parents du turbulent enfant portent plainte pour coups et blessures : « *Pendant cette audience les assistants* (Maîtres Mir et Germa) *ne s'ennuyèrent pas en entendant les dépositions des témoins, surtout celle de la mère de l'enfant et celle du fameux maire que M. le Président fût obligé de rappeler à l'ordre tant ils se montrèrent impertinents. M. le Procureur lui-même fut désarmé et il se désista et les juges vu l'incohérence des dépositions, le manque de preuves et l'absence de certificat médical, relaxèrent purement et simplement l'accusé.* ». Toujours est-il qu'il est déplacé de Granès à Peyrefitte-du-Razès, dans le canton de Chalabre, comme desservant le 1er novembre 1903. S'ensuit la paroisse d'Orsans en 1907 d'où

il démissionne le 15 octobre 1909. Il est réintégré à La Tourette le 1er août 1910. Il y reste cinq années et rejoint ensuite la paroisse d'Ajac le 1er octobre 1915. Puis l'évêché lui confit celle de Castelreng le 1er octobre 1918 ; affectation qu'il ne rejoint pas pour se retirer. Le 1er septembre 1931, il réintègre ses fonctions comme prêtre auxiliaire de la paroisse Saint-Jean de Castelnaudary. Il la quitte le 19 octobre 1935 pour celle de Verdun, dans le canton de Saint-Papoul, où il décède, un mois plus tard, le 24 novembre.

- M. Caminade a répondu à ma lettre :

Tiburce Caminade, Architecte

À Limoux (Aude)

Limoux, le 14 Décembre 1902

Mon cher Monsieur le Curé,

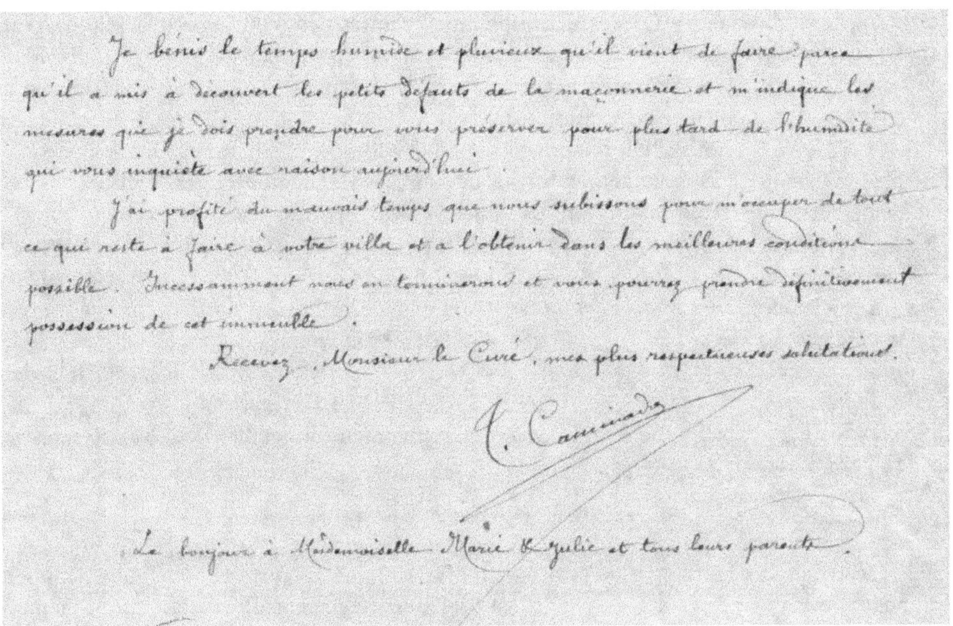

fonds Ph. Marlin

Page 73 b

- Les **Boudous** se trouvent après Coumesourde sur le chemin qui rejoint la pique de Lavaldieu. Aux Boudous, vers le Lauzet, il y avait une ferme aujourd'hui en ruine d'où l'on peut encore deviner au milieu de pans de murs en partie écroulés, des anciennes fenêtres. Ce sont les ruines de cette ferme que Gérard de Sède a faites passer dans *L'Or de Rennes* (Éd. Julliard 1967) pour les restes de la maison du berger Paris. Une autre ferme en ruines près des Boudous conserve encore sa légende des Bénouettes, sorcières que l'on pouvait apercevoir au grès d'une promenade.

- Le **nouvel Ordo** dresse l'état des affectations des curés du diocèse. L'abbé semblait utiliser l'Ordo pour justifier à la fois de sa fonction et de ses demandes de messes auprès de certaines congrégations. Le 8 avril 1902 il adresse une demande de messes aux Filles de la Charité de Coutances dans le département de la Manche qui, dans leur réponse du 22 avril, exigent la signature de Monseigneur avant d'envoyer des messes. Dans sa réponse le jour même, l'abbé contournera la difficulté en leur envoyant un sceau ainsi que des feuilles de l'Ordo. C'est chez le relieur de l'évêché, Victor Bonnafous, installé au 48 rue de la Mairie à Carcassonne, que l'abbé commandera régulièrement son Ordo.

- **Pierre Sire** était le parent de l'ancien maire du Bézu. La fille de ce dernier, Blandine Sire, fit paraître en 1997, dans le tome XCVII du bulletin de la Société d'études scientifiques de l'Aude, une étude intitulée *Albedun* (NDR : ancien nom du Bézu) *et son histoire XIème – XVème siècles.*

- L'abbé Saunière veut continuer l'agrandissement de son domaine en souhaitant acquérir des terrains du sieur **Gavignaud**.

- **St-Jean-de-Paracol** est un village situé à l'ouest de Couiza, au sud de Festes-Saint-André et au nord de Nébias. Les ruines qui jouxtent l'église, dédiée à Saint-Jean-Baptiste, ont été attribuées à un ancien château.

Page 74

- Le **curé de Serres** décédé est l'abbé Michel Victor Tisseyre. Enfant du pays, il connaissait sans doute fort bien l'abbé Saunière puisque tous deux sont nés au même village. En effet l'abbé Tisseyre est originaire de Montazels où il voit le jour le 25 février 1839. Fils de François Tisseyre, meunier domicilié au moulin de Montazels, et de

Marie Eulalie Baron, il entre dans les Ordres et obtient son premier poste de vicaire à Saint-Papoul le 16 août 1864. Le 1er mai 1868, il rejoint la paroisse Saint-Jean-de-Paracol comme desservant qu'il abandonne en 1873 pour raison de santé. Il reprend ses fonctions à Arzens, près de Montréal, le 1er janvier 1875. Un an plus tard, il se rapproche de son village par une affectation à Luc-sur-Aude le 1er mars 1876. Le 16 octobre 1885, il est transféré à Arques, puis le 16 février 1888 il revient à Luc-sur-Aude pour dix années avant de rejoindre sa dernière affectation à Serres, le 1er août 1898, pour se rapprocher de sa sœur qui habite Rennes-les-Bains. Si en 1888, pour son affectation à Luc-sur-Aude, l'administration note que « *l'abbé Tisseyre a eu une attitude très convenable, à tous les points de vue pendant son séjour à Arques. On le croit peu fortuné ! C'est un homme maladif, qui semble surtout devoir soigner sa santé. Au point de vue politique, il n'a jamais manifesté une opinion ni pour, ni contre le gouvernement et il s'est toujours montré plein de respect et de déférence pour l'autorité municipale, qui à Arques est représentée par un maire très républicain.* », l'évaluation connaît des variations en 1898 : « *Le sieur Tisseyre est d'un âge avancé. Sa conduite est bonne ; sa situation de fortune aisée. Il est hostile aux institutions républicaines.* ». À son décès, survenu le 15 janvier 1903, c'est l'abbé Senègre qui le remplace. En février 1905, ce dernier laisse la cure de Serres à l'abbé Jean Lacroix qui reprend en février 1915 celle de Rennes-les-Bains à la suite du décès de l'abbé Rescanières à l'âge de 37 ans.

Page 75

- Il semble que **la Croux** soit un autre nom du croisement dit *Le Pla de la Coste* évoqué précédemment par l'abbé Saunière où on peut y voir des genêts d'Espagne. Il est probable que ce carrefour était autrefois marqué par une Croix en pierre aujourd'hui disparue.

- Il y avait une famille **Paris** à Capia. Ce nom rappelle la légende du berger que fit connaître Noël Corbu dans un article de *La Dépêche du Midi* du 7 novembre 1959 et dans son texte dactylographié en 1962. Mais ce patronyme est relativement répandu dans la région. Une tombe à ce nom se trouve dans le cimetière de Rennes, une autre dans celui de Couiza etc. À Rennes-le-Château, à l'époque de l'abbé Saunière, on trouve dans l'état civil Marie Thérèse Paris épousant Joseph Faure le 29 mai 1895 ; Marie Paris décédée le 7 novembre 1902 ; Marie Rose Julienne Paris née le 29 août 1904 ; Angèle Marcelline Julienne née le 9 novembre 1907 ; Marie Thérèse Paris décédée le 16 décembre 1907 ; Pierre Julien décédé le 14 août 1911 ; le mariage évoqué et célébré par Bérenger Saunière le 27 janvier 1903 concerne Pierre Julien Paris et Marie Pauline Pesquié.

Page 76

- **M. Caminade écrit** à l'abbé pour lui demander de faire monter des pierres de la carrière pour pouvoir continuer les travaux de la villa. Il lui parle aussi du mauvais état de santé de sa fille à Montauban.

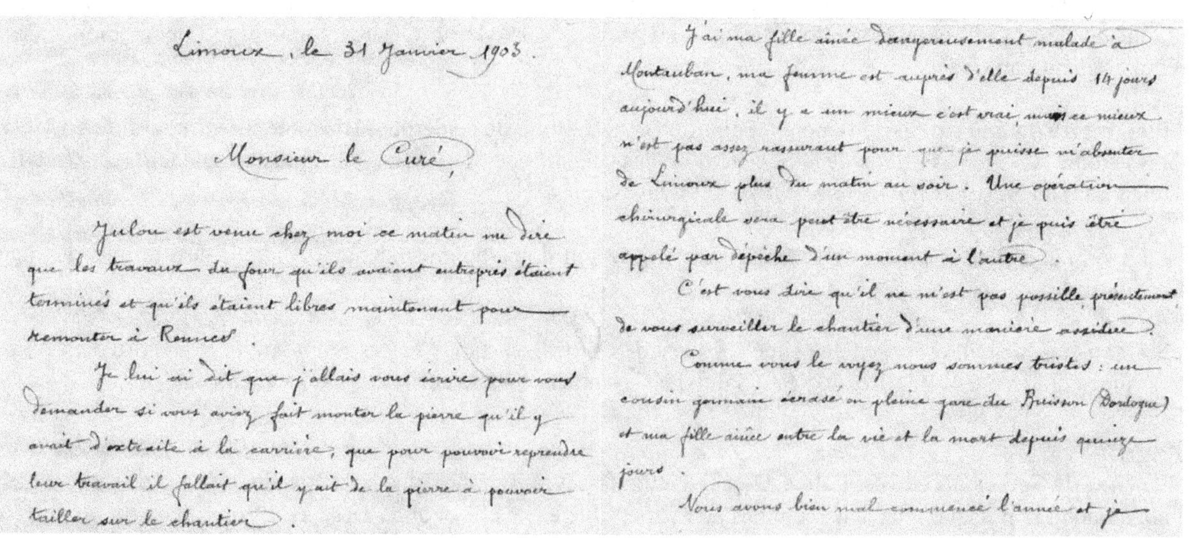

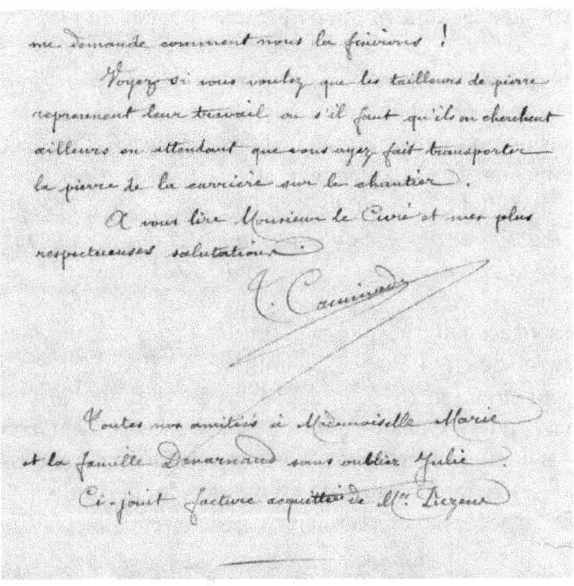

**Lettre de M. Caminade à l'abbé Saunière
du 31 janvier 1903 /** fonds Ph. Marlin

- **M. le curé d'Antugnac** est l'abbé Gaudissard. Son nom apparaît dans l'histoire de Rennes-le-Château par un courrier de l'abbé Rouanet adressé à Bérenger Saunière dans lequel il lui demande à propos de sa mutation à Coustouge dont il est l'objet de la part de l'évêché : « *La mort du pauvre abbé Gaudissard aurait-elle réveillé de mauvais souvenirs ?* Léon Célestin Gaudissard est né à Espéraza le 11 avril 1859 de Célestin Gaudissard, mégissier, et de Baptistine Gibert. Ancien lazariste, il est nommé tout d'abord vicaire à Lézignan le 1er juillet 1888 et rejoint la paroisse d'Antugnac comme desservant le 16 juin 1891. Il y prendra la suite de l'abbé Saunière qui en assurait depuis une année environ l'intérim en plus de sa cure de Rennes-le-Château. Au moment de son affectation à Antugnac, si sa conduite et sa moralité sont qualifiées de bonnes par les autorités préfectorales, son attitude politique est décrite comme *hostile aux institutions républicaines*. On ne connaît pas la nature des mauvais souvenirs que sa mort, survenue le 9 janvier 1909, aurait réveillés. Dans sa paroisse, Léon Gaudissard se distingue notamment de deux façons. En 1901, pendant que l'abbé Saunière démarre les travaux de sa villa et de sa tour, l'abbé Gaudissard termine ceux qu'il a engagés dans l'église grâce à ses économies et aux dons de fidèles ; le prêtre accueille et nourrit durant trois mois les ouvriers. Avec le concours d'un architecte, il fait réduire la tribune dans de sages proportions. Les vitraux du Sacré-Cœur de Jésus et de Marie sont placés aux fenêtres de la Nef. La porte d'entrée de l'église est entièrement remise à neuf. De riches girandoles sont apposées aux piliers de l'église et celles de l'autel sont rénovées ainsi que les chandeliers et la Croix. Le retable restauré, l'église est entièrement repeinte à l'huile par un peintre décorateur de Lézignan, Fiorio Lecondin, et son ouvrier Gastaldi. À cette époque, on pouvait admirer aux voûtes du sanctuaire des tableaux et des médaillons représentant *l'Adoration du Saint Sacrement par les Anges*, *l'Apothéose de la Croix de St André*, les bustes de la Ste Vierge et de St Joseph. Dans la Nef, il y avait un tableau de *l'Agonie de Jésus au jardin des Oliviers*, St Louis roi de France et Jeanne d'Arc. D'un côté de la Nef, ont été disposés les médaillons de St Léon, Ste Anne et St Jacques ; de l'autre côté, ceux de St Roch, Ste Germaine et St Marc ; au milieu le Père Éternel bénit les fidèles. Le 29 juin 1901, à l'invitation de M. le Curé, une fête est organisée au village pour commémorer la nouvelle église. De nombreux invités y assistent dont dix prêtres venus des paroisses voisines parmi lesquels les curés de La Serpent, de Montazels, de Luc-sur-Aude, de Véraza, d'Espéraza et de Rennes-le-Château. Le Révérend-Père Routhiau de Castelnègre chante la messe tandis que le curé doyen de Couiza, l'abbé Fournès, prêche aux Vêpres. En conclusion de cette mémorable journée, toute la population et les nombreux invités votent des félicitations à l'abbé Léon Gaudissard. Quelques années plus tard, en 1906, lors de la dernière séance de la Fabrique, le 12 décembre, à laquelle le prêtre assiste, il est décidé unanimement que les habitants de la paroisse et les particuliers qui avaient acheté par souscriptions des objets mobiliers pour l'église et qui les ont mis à la disposition de la Fabrique pour le service du Culte, pourront récupérer leurs biens. Cette position à laquelle prend part le curé n'a pas dû plaire à la municipalité !

Déjà le 26 octobre 1896, le maire, M. Dénarnaud, avait pris un arrêté municipal interdisant, pour trouble à l'ordre public, les processions sur le territoire de la commune. Visiblement l'abbé Gaudissard s'était plié, par ignorance des lois sans doute, à cette décision pourtant entachée d'illégalité. En effet, des années après son décès, l'un de ses successeurs, l'abbé Montannuy, en 1923, la dénonce devant la justice par une succession de recours dont la décision finale revient au Conseil d'État déclarant, le 28 juillet 1926, que *« l'arrêté municipal est illégal en tant qu'il interdit les cérémonies qui ont pour objet le culte des morts et celles qui sont consacrées par les habitudes et les traditions locales telles que la procession du 1er novembre 1923 »*.

Le 26 avril 1908, l'abbé Gaudissard accueille à Antugnac Antoine Fages et Louis Gavoy qui dirigent une excursion d'une douzaine de membres de la société d'études scientifiques de l'Aude. Le point de départ de la course est Antugnac puis Croux, La Serpent et Fa (en 2016 fut découvert à Croux une piscine baptismale qui pourrait être un mikvé destiné aux bains rituels juifs). Quelque temps avant sa mort, Léon Gaudissard se confesse au curé de La Serpent qui lui administre les derniers sacrements. Son corps est transporté à Espéraza dans le tombeau de la famille. En mars 1909, Mgr de Beauséjour nomme un nouveau prêtre à Antugnac en la personne du jeune abbé Joseph Clovis Caffort dont la santé nécessite de régulières cures thermales.

À gauche, l'église dédiée à Saint André est inscrite à l'inventaire des Monuments Historiques depuis le 14 janvier 1932.

Signature de Léon Gaudissard

ANTUGNAC. — *Nécrologie* — M. l'abbé Gaudissard, curé d'Antugnac, est pieusement décédé le vendredi 8 janvier.

La sépulture a eu lieu, dimanche dernier : les premières cérémonies ont été faites à Antugnac, le corps a été ensuite transporté à Espéraza pour être enseveli dans le tombeau de la famille.

M. l'abbé Gaudissard (Léon-Célestin) était né à Espéraza le 11 avril 1859 ; il fut nommé vicaire à Lézignan le 1er juillet 1888 ; le 16 juin 1891, il prit possession de la paroisse d'Antugnac. Nous recommandons cette âme sacerdotale aux prières de tous nos lecteurs.

Page 78

- Une photographie aérienne prise en 1967 à 4000 mètres d'altitude par l'IGN (réf : 67-2347/250/planche 048) et représentant les environs d'une ancienne ferme convertie en hôtel-restaurant située au lieu appelé **Peyre-Picade**, au sud-est de Coustaussa, au sud de Cassaigne et à l'est de Rennes-le-Château, montre un phénomène optique interprété comme pouvant être la représentation d'une Vierge à l'enfant Jésus recouverte d'un voile. Se mêlant à celui-ci, un autre personnage se dessine également : un démon ou un gnome.

- La **cire** reçue servait à cacheter les courriers.

Page 80

- M. Caminade écrit qu'il viendra demain.

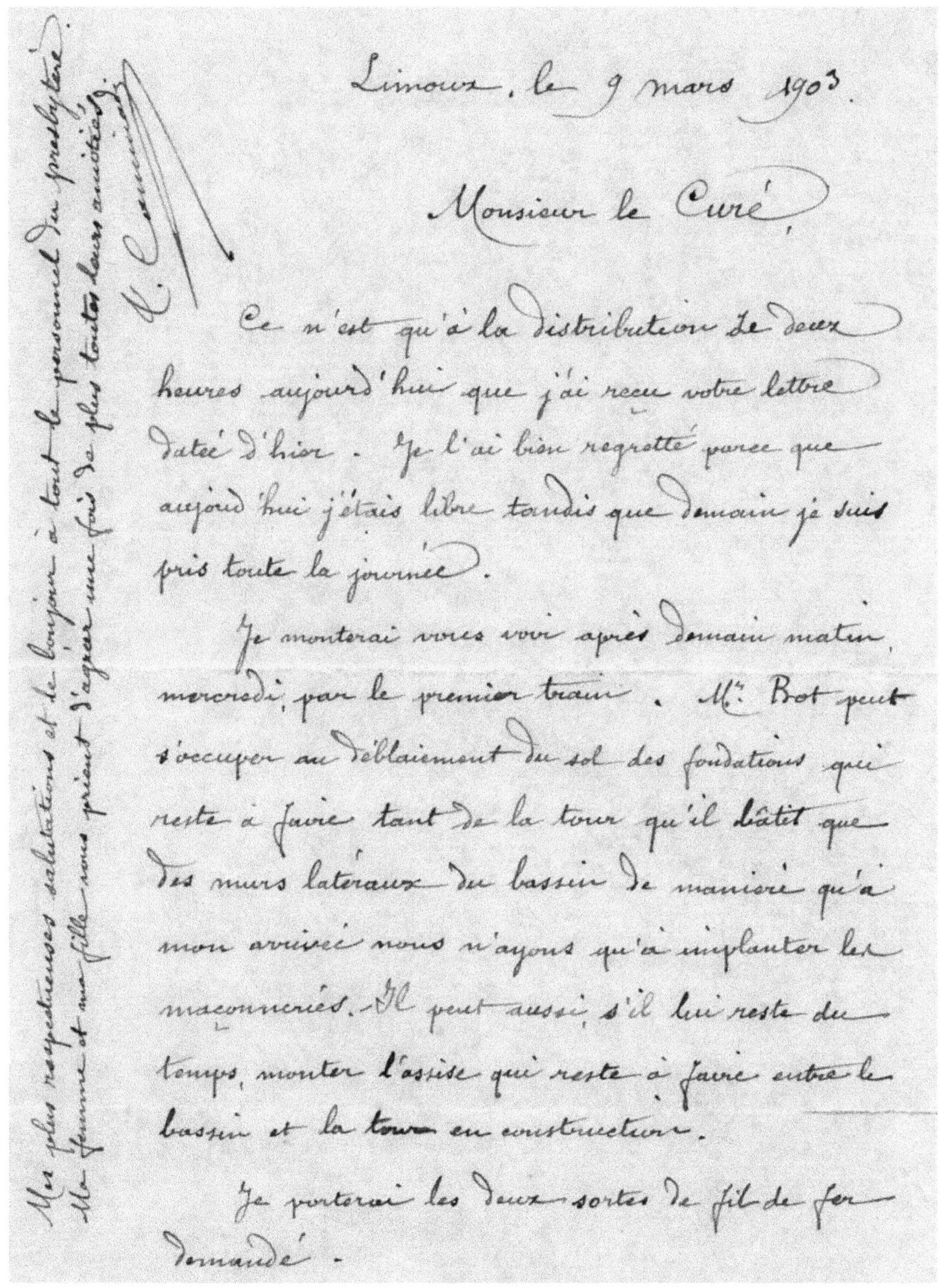

Limoux, le 9 mars 1903.

Monsieur le Curé,

Ce n'est qu'à la distribution de deux heures aujourd'hui que j'ai reçu votre lettre datée d'hier. Je l'ai bien regretté parce que aujourd'hui j'étais libre tandis que demain je suis pris toute la journée.

Je monterai vous voir après demain matin, mercredi, par le premier train. Mr Brot peut s'occuper au déblaiement du sol des fondations qui reste à faire tant de la tour qu'il bâtit que des murs latéraux du bassin de manière qu'à mon arrivée nous n'ayons qu'à implanter les maçonneries. Il peut aussi, s'il lui reste du temps, monter l'assise qui reste à faire entre le bassin et la tour en construction.

Je porterai les deux sortes de fil de fer demandé.

(en marge) Mes plus respectueuses salutations et de toujours à tout le personnel du presbytère. Ma femme et ma fille vous prient d'agréer une fois de plus toutes leurs amitiés.

E. Caminade

Lettre de M. Caminade à l'abbé Saunière du 9 mars 1903 / fonds Ph. Marlin

Page 81

- Clamou est menuisier à Espéraza. M. Caminade lui adressera une lettre pour le solliciter pour la confection de 2 escaliers.

Minute

1000   Limoux, le 28 Mars 1903

Monsieur Clamou Armand, maître-charpentier à Espéraze.

 Monsieur le Curé Saunière m'a communiqué votre lettre du 24 courant par laquelle vous lui donnez vos prix en détail pour les deux escaliers dont nous nous sommes entretenus ensemble.

 Il m'a prié de vous faire savoir que pour l'escalier à onglet exécuté conformément au plan que vous avez en mains, c'est-à-dire les marches tirées de plateaux de 0,05 portant une fois travaillées 45 m/m d'épaisseur, les contremarches 30 m/m et le limon 0.08° avec baguette élégie sur les deux arêtes, il vous offrait la somme ronde de six cent cinquante francs, ci . . . . 650 f. 00

 Et pour le petit escalier dérobé composé de vingt marches, les dites marches en peuplier de 30 m/m, contre-marches de 20 m/m et limon en sapin, avec . . . . balustre de départ et main courante, la somme de cent francs, ci 100 f. 00

 Soit pour les deux ensemble 750. 00
qui vous seront payés le jour que ces escaliers seront en place.

 Ces escaliers seront pris à votre atelier par le charretier de M. le Curé et la nourriture de l'ouvrier ou des ouvriers que vous enverrez pour la pose sera à sa charge.

 Ces deux escaliers devront être faits et mis en place dans un délai de deux mois.

 Si vous acceptez ces conditions vous pouvez vous mettre à l'œuvre immédiatement.

 M. le Curé attend des visites dans la deuxième quinzaine de Juin et veut que tout soit terminé pour cette époque là.

 Au cas où vous ne pourriez pas accepter ces conditions prévenez-moi de suite, s'il vous plaît, afin que j'envoie mes dessins, que vous voudrez bien me retourner, au charpentier du frère de M. le Curé, à Narbonne qui lui a promis des conditions exceptionnelles 14 f. la marche, je crois.

 Recevez, Monsieur Clamou, mes meilleures salutations

        C. Caminade

Lettre de M. Caminade à l'artisan Clamou du 28 mars 1903 / fonds Ph. Marlin

Page 82

- Le **R. P. Supérieur de Castelnègre**, où est établie la congrégation des Pères de Marie Immaculée, est le Père G. Cerceau. **M. le curé de Luc** est l'abbé Pierre Sire. L'abbé saunière leur demandera quelquefois de le remplacer durant ses absences à Rennes-le-Château.

Page 83

- Pour les **200 frs** payés par le curé, M. Caminade rédige un reçu à Mademoiselle Marie.

Reçu du 4 avril 1903 / fonds Ph. Marlin

- **Les 3 terrassiers** se font payer les journées de travail au chantier du curé à qui il délivre un reçu.

Reçu du 8 avril 1903 / fonds Ph. Marlin

Page 84

- En écrivant *Je l'adresse à l'abbé à Montazels,* Bérenger Saunière évoque son frère Alfred.

- L'abbé Saunière reçoit la visite du **nouveau curé de Serres** qui est l'abbé Senègre.

- La **Réunion du Conseil de Fabrique** tenue le dimanche 19 avril 1903 à la sacristie a exclusivement pour ordre du jour les comptes de l'année 1902 qui sont à l'équilibre, et ceux à prévoir pour 1904.

Page 88

- Ce jour-là, en plus de l'abbé, dix personnes s'activent sur le chantier : **Bot, Paul** et **Hortense,** les **3 tailleurs, Authier** et **Bauzil, Bousquct ct Hypolitte.**
- Le petit **Jésus de Prague** ornait autrefois la cheminée du salon de la villa. C'est aux Sœurs du Sacré-Cœur, qui étaient à Paris au 35 rue de Picpus, auprès desquelles Bérenger Saunière commanda en février 1903 cette statue que les religieuses faisaient venir directement de Prague. Celle dont il parle dans son journal est une autre statue qu'il fit acheter par Marie à Limoux pour l'offrir à la petite d'Adeline.

Petit Jésus de Prague

À l'origine, un pélican en ornait le pied mais il a été volé du temps où l'ensemble était exposé au musée de Rennes-le-Château. On peut néanmoins voir une photographie de cet ensemble à la page 36 de *L'Héritage de l'abbé Saunière* des auteurs Claire Corbu et Antoine Captier (éd. Bélisane 1985) ou à la page 13 de la version de 2012 du même livre (éd. OdS).

Page 90

- **Mgr de Monthélhy,** a son nom mal orthographié par l'abbé Saunière qui veut sans doute parler de l'archevêque de Beyrouth, Mgr de Montéty. Ce lazariste suppléa durant quelque temps Mgr Billard à Carcassonne !

Page 91

- **S'aboucher** signifie se mettre en rapport avec quelqu'un, le plus souvent pour une affaire suspecte : s'accointer, s'acoquiner.

Limoux, 2 juillet 1903.

Monsieur le Curé,

Comme je vous l'ai promis hier en vous quittant je vous adresse le gabarit pour terminer le cordon rond du cul de lampe de la tourelle, veuillez bien le remettre aux tailleurs de pierre.

Dites à M. Bot que je n'ai trouvé à la gare de Couiza ni de Canet ni de Canelle, et que les hommes d'équipe auxquels je me suis adressé ne les connaissent pas. Il est possible que le service de la voie les ait occupés soit aux terrassements soit à l'extraction de pierre mais ils ont sans doute terminé leur travail et le service de la traction qui n'a rien de commun avec le premier n'a pas pu m'en donner des nouvelles.

Que M. Bot leur écrive lui-même ou qu'il m'envoie leur adresse exacte et je leur écrirai moi-même d'ici —

J'ai constaté cette fois-ci avec une certaine satisfaction que M. Clamou s'était occupé de vos escaliers et que nous les aurions incessamment —

Mes plus respectueuses salutations

E. Caminade

Lettre de M. Caminade à l'abbé Saunière du 2 juillet 1903 / fonds Ph. Marlin

- M. Caminade malade écrit à l'abbé Saunière pour quelques instructions.

Limoux, le 7 juillet 1903

Monsieur le Curé,

Le temps peu engageant ce matin et ne me sentant pas bien depuis deux jours je ne ferai pas l'ascension de Rennes-le-château aujourd'hui. Je ne voudrais pas me trouver malade chez vous.

Si M. Bot ne peut plus s'occuper aux travaux de la tour qu'il se mette à arracher de la pierre dure pour moellons sans cela il va se trouver arrêté dans deux ou trois jours. Je comprends bien qu'il préférerait maçonner et que ce travail ne lui va pas trop ; mais il y a tant de choses qui ne me vont pas non plus à moi-même et que pourtant je suis obligé de faire !...

Il peut bien, il me semble, faire un approvisionnement qui lui permette d'attendre que vous ayez trouvé quelque carrier pour continuer.

Mes salutations les plus respectueuses

E. Caminade

Lettre de M. Caminade à l'abbé Saunière du 7 juillet 1903 / fonds Ph. Marlin

Page 93

- *« Je fais savoir à M. Caminade de ne remonter que le 3 août »* écrit l'abbé Saunière car il reçoit sa sœur **Mathilde et toute sa famille**. Pour cette raison, il interrompt momentanément les travaux.

Lettre de M. Caminade à l'abbé Saunière du 24 juillet 1903 à propos du charpentier Armand Clamou
fonds Ph. Marlin

Page 94

- La venue de M. Caminade à Rennes pour la **reprise des travaux** est annoncée dans sa lettre à l'abbé du 1er août 1903.

__Lettre de M. Caminade__
__à l'abbé Saunière du 1ᵉʳ août 1903__
fonds Ph. Marlin

- **Cyprien Péchou** est un cultivateur né au hameau de la Maurine le 24 août 1831 de Jean-Baptiste Péchou et de Rousset son épouse.

Page 95

Ces **200 frs pris** en acompte par M. Caminade seront l'objet d'un reçu fait à Marie Dénarnaud (*L'héritage de l'abbé Saunière* p. 95)

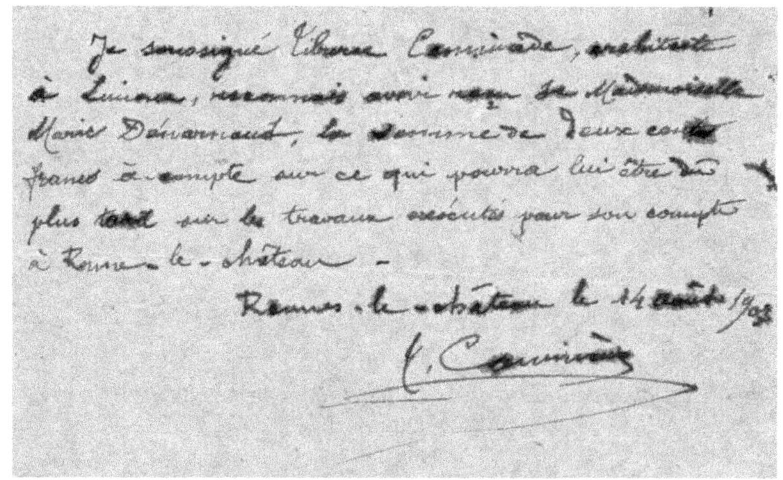

__Reçu de M. Caminade à l'intention de Marie Dénarnaud du 14 août 1903__ / fonds Ph. Marlin

Page 100

- **Julou** est peut-être le surnom du fils de Julie Malleville !

- Si le projet d'une nouvelle école est discuté dans les délibérations municipales depuis déjà plusieurs années, c'est en 1892 que **la maison d'école** Jules Ferry a été construite.

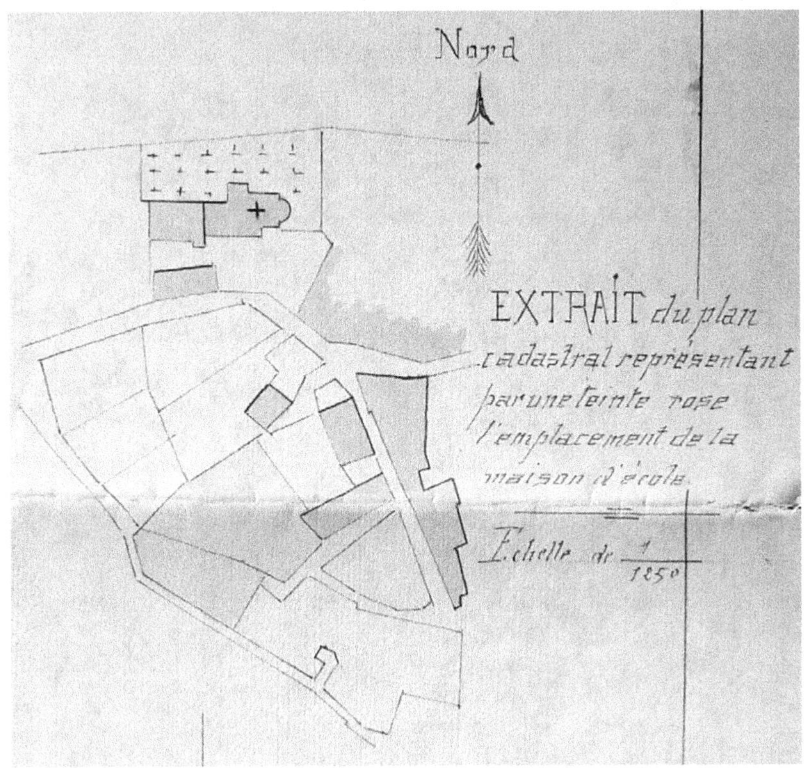

Elle disparaît le 26 janvier 1947 à la suite d'un incendie provoqué par un poêle à bois. En voici les circonstances telles qu'elles ont été décrites par l'inspecteur primaire de la circonscription de Limoux le 19 mars 1947 : « *Il résulte des témoignages recueillis que le 26 janvier 1947, un dimanche, vers 20h30 le feu a pris dans les locaux scolaires. Mlle Abeille, institutrice, avait quitté son appartement à 17h 30 pour aller prendre son repas dans le*

village, chez Mlle Dénarnaud (ndr : Visiblement, Marie logeait régulièrement l'enseignant(e) qui faisait l'école à Rennes, c'était notamment le cas de René Guilhem durant une année), *où elle prend pension. Avant son départ, elle avait constaté que le feu de la cheminée de la seule pièce qu'elle chauffait était presque éteint. À 20h30 l'école flambait. La température était très basse (10° environ), la neige recouvrait le village, le vent soufflait violemment, le village manquait d'eau. Aucun secours ne put être apporté. Une faible partie du mobilier scolaire put être sauvé, lancé par les fenêtres. Les vêtements, les livres et un mobilier restreint appartenant à l'institutrice a été perdu. De l'école seuls les quatre murs subsistent. ».* L'école détruite sera remplacée par celle connue aujourd'hui dont les plans ont été réalisés par les architectes Portal et Bouteille. Ce n'est cependant pas le seul incendie que connut le village. Hormis celui survenu le 14 juillet 1895 dans une maison et qui menaçait de s'étendre à des granges et pour lequel le conseil municipal s'en prit officiellement à l'abbé Saunière qui avait refusé l'accès à la pompe dans le reposoir, en 1912, c'est le château de Rennes qui est en flammes et le virulent incendie nécessite l'intervention des pompiers de Couiza qui font-là leur première intervention extérieure.

Page 101
- **M. Caminade** fera savoir à l'abbé Saunière, par une lettre du 1er octobre, qu'il **a envoyé du travail à Bousquet**.

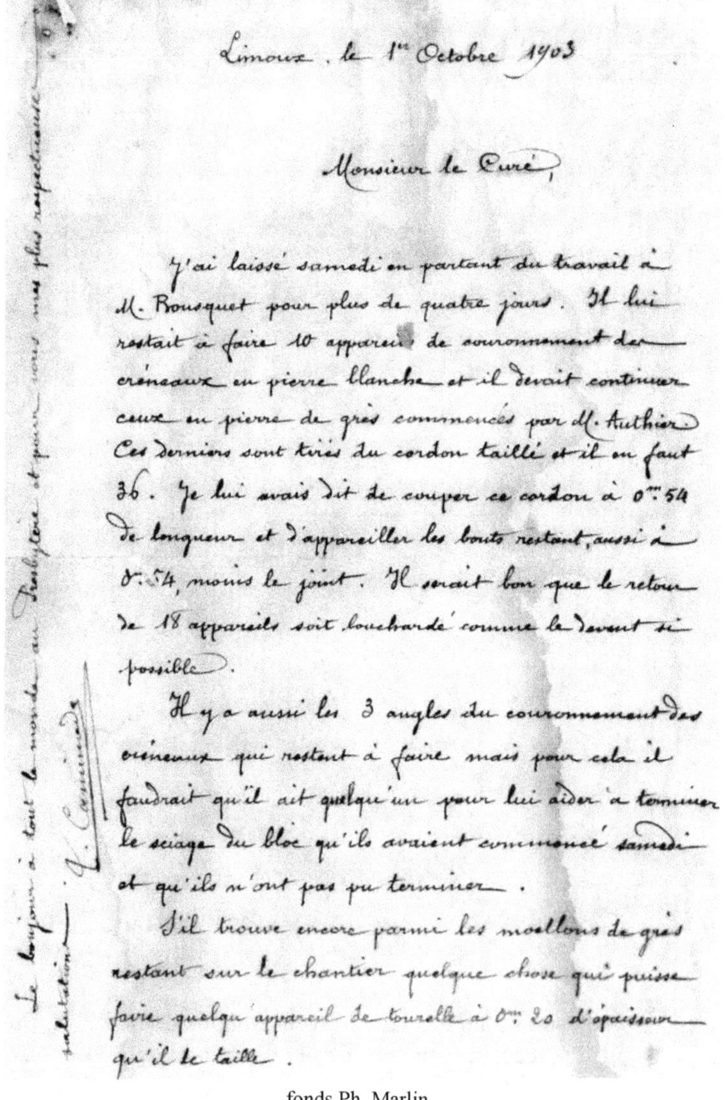

fonds Ph. Marlin

- **Marie** Marcelline **Raynaud,** née le 18 août 1884 à Rennes-le-Château, se marie avec Jean Baptiste Malet.

Page 102

- Depuis juillet 1889, **le Curé d'Espéraza** est l'abbé Maximilien Journet. Né le 15 mars 1842 à Montredon, près de Carcassonne, il vit avec sa mère, son frère et sa sœur. Il est sans fortune connue et sa réputation auprès de l'administration est une attitude politique passive et des idées libérales. L'abbé Journet décède le 29 décembre 1905 et sera remplacé le 1er février 1906 par l'abbé Jean Rivière.

- **Violation de domicile et de terrain par Jacques Rougé et son compère.** Rien n'est consigné dans le compte rendu de la séance du Conseil municipal de Rennes-le-Château du 30 novembre 1903 faisant suite à cette affaire. En juillet 1895, l'abbé Saunière s'était aussi plaint pour une violation de domicile à la gendarmerie. Pour éteindre un incendie de granges à fourrage qui s'étendait, des habitants avaient forcé l'accès d'une pompe sous une bâtisse que l'abbé avait construite sans autorisation (Délibération du Conseil municipal de Rennes-le-Château du 20 juillet 1895). En novembre 1895, la mairie de Rennes-le-Château transmet au préfet de l'Aude la copie d'une lettre explicative qu'elle reçut de l'abbé Saunière le 17 courant par laquelle ce dernier tente de justifier sa conduite.

« Monsieur le Préfet,
Des circonstances indépendantes de ma volonté ne m'ont pas permis de répondre plus tôt à votre très honorée du 9 courant, le 12 transmise par le Sous-Préfet et reçue le 13.
Le 7 8bre dernier, M. le Préfet en vous faisant parvenir ma plainte j'avais l'honneur de vous dire que désirant me montrer conciliant vis-à-vis de la commune de Rennes-le-Château je lui faisais deux concessions : la première, lui laisser puiser de l'eau nécessaire mais en cas d'incendie seulement. Cette première concession je la maintiens toujours. La seconde, tenir ouverte la porte du square depuis le lever du soleil jusqu'à son coucher, non seulement les dimanches et les jours fériés, conformément à la première délibération du 15 février 1891, mais encore tous les jours de la semaine. Je maintiens cette seconde concession mais ce que je ne puis accepter en aucune manière, c'est que pendant la nuit les portes soient fermées au loquet seulement. Qui empêcherait, Monsieur le Préfet, je vous le demande les malfaiteurs d'aller commettre quelque dégât soit au parterre soit à la serre ? Ceux qui auraient besoin d'eau qui les empêcherait d'aller en prendre puisqu'on peut facilement en puiser par les ouvertures extérieures de la citerne, sans avoir à se servir de la pompe ? Conformément à la délibération du 15 février 1891 qui dit que toutes les portes doivent être pourvues de clef dont une déposée entre les mains des autorités civiles depuis la pose des portes, M. le Maire possède une ~~clef~~ de ces clefs. Si pendant la nuit quelqu'un est obligé d'aller au cimetière qu'il aille prendre la clef chez lui.
Quant à la 3ème proposition qui demande l'enlèvement des meubles du chalet, pour éviter à la commune le payement des impositions, voici ma réponse. Je ne me suis jamais refusé et je ne me refuse jamais à payer les dites impositions, si lourdes soient-elles. Lorsque le Contrôleur est venu, j'ai prié ce Monsieur de vouloir mettre ces impositions sur mon compte, la Commune s'y est absolument refusée dans la crainte que j'eusse ainsi plus tard un titre de propriété. Je consens donc toujours, Monsieur le Préfet, à solder ces impositions même l'arriéré s'il en existe.
Je me demande enfin, en terminant, ce que cela peut bien faire à la Commune, quel tort je puis lui causer en plaçant dans la serre à côté de mes pots de fleurs quelques livres et mon bureau de travail ? Je ne vois pas du tout le préjudice que je lui porte, puisque sans parler de l'insuffisance du local dans mon presbytère le plus lamentable de toute la contrée je consens encore une fois à en assurer les impositions ? Si Monsieur le Préfet veut bien se donner la peine de la réflexion, il ne lui sera pas difficile de s'apercevoir que ce n'est qu'une pure tracasserie, pas autre chose.
Daignez agréer, Monsieur le Préfet, avec tous mes respects de ne pouvoir accepter encore cette dernière proposition le témoignage de mes sentiments les plus humbles et les plus respectueux.
Bérenger Saunière
Rennes-le-Château le 17 novembre 1895. »

- **Paul Tisseyre**, de Couiza, est l'un des plâtriers qui aura en charge des travaux dans le presbytère, dans la villa mais aussi dans l'église, notamment le 7 janvier 1904, il fait le plâtre d'un des vitraux.

- **Le Mounas** est un endroit où coule un ruisseau, et le **Trincs-Barral** sont les terrains qui lui font face. À l'époque de l'abbé Saunière, des vignes y étaient cultivées.

Page 103
- Le hameau appelé **la Vialasse** est situé entre les villages de Rennes-les-Bains et de Bugarach. Certains ont cru voir dans les ruines d'un ancien château, situé sur une hauteur, le dessin d'un bateau.

Page 108
- **Diane** est le nom de la chienne de l'abbé Saunière.

Page 109
- Le **défoncement du Mounas** signifie que la terre où pousse la vigne a été retournée.

Page 110
- **Visite du curé de Fa** en la personne de l'abbé Pierre Cabirol. Né à Montlaur le 10 août 1866 de Jean Cabirol, cultivateur, et de Pauline Villa, il exerce le professorat au Petit Séminaire de Narbonne avant son ordination. Le 1er octobre 1891, il rejoint pour six mois Alet comme vicaire. Le 16 avril suivant, il est nommé à Fabrezan puis à Lézignan le 1er janvier 1894. Son premier poste de desservant est à Fa où il est muté le 16 août 1899. C'est à cette occasion qu'il créé le premier *Bulletin paroissial de Fa et de Sauzil* qui paraît chaque mois à 250 exemplaires. D'autres villages suivront cette initiative : Villemagne, Montréal, Baraigne, Chalabre, Roquetaillade, jusqu'à celui de Rennes-les-Bains. Le 22 août 1904, l'abbé Cabirol procède à une union : « *La modeste église de Sauzil a été le témoin d'une belle cérémonie, à l'occasion du mariage de Melle Aricie Stüblein. Mais ce qui lui donnait un caractère encore plus grandiose, c'était le souvenir, la grande ombre du regretté M. Eugène Stüblein, qui fut si bon, si digne et si bon chrétien, et qui, en devenant un météorologiste éminent, avait su donner à son nom une popularité aussi étendue que légitime.* ».

Au moment de son affectation à Fa, l'opinion de la préfecture sur l'abbé Cabirol est que « *sa conduite ne laisse rien à désirer, son attitude est correcte et ses opinions politiques sont libérales* ». En juillet 1905, Mgr de Beauséjour le propose au préfet pour l'attribution d'un Personnat de cent francs. L'enquête est alors menée par le sous-préfet qui indique dans un rapport du 9 août 1905 que « *M. Cabirol de Fa se conduit bien. Il possède à Montlaur une petite propriété dont jouit son frère. Son attitude politique est plutôt contraire à la municipalité de Fa. Réactionnaire, M. Cabirol regrette beaucoup la disparition de l'ancien régime. Inutile d'ajouter qu'il obéit au Pape au doigt et à l'œil* ». Le 2 septembre suivant, après que le même sous-préfet ait ajouté que « *M. Cabirol s'est quelque peu mêlé à la lutte lors des dernières élections municipales, mais depuis cette date, sa conduite a toujours été régulière et son attitude politique très correcte à l'égard de la municipalité et du gouvernement actuels.* », l'accord est donné pour qu'il reçoive satisfaction. Quelques semaines plus tard, le 4 février 1906, l'abbé Cabirol est victime d'un article malveillant et mensonger de la part du journal *La Dépêche*. Le curé s'en offusque et ne tarde pas à faire valoir son droit de réponse pour rétablir les faits. Le 10 février, le journal réitère les termes de son premier article. Le 13, le curé envoie une nouvelle réponse que le journal refuse de publier au motif qu'il manque du papier timbré. Le 2 mars, après la visite d'un huissier, le journal se décide enfin à publier le droit de réponse de l'abbé Cabirol. Mais *La Dépêche* ne la publie volontairement que partiellement au motif que le droit de réponse régi par la loi de 1881 n'accorde que le double des lignes de l'article qui met en cause la personne. C'est ainsi que la réponse de l'abbé Cabirol, jugée trop longue, est interrompue : « *Mes paroissiens, pour n'être pas cléricaux, tiennent à leur église et ils ont bien fait de venir le dire. Mais là où je proteste pour eux et pour. Signé Cabirol, curé de Fa* ». Le journal précise encore que « *M. l'abbé Cabirol a oublié de nous envoyer le montant des lignes supplémentaires que contient sa réponse, et comme* La Dépêche *n'a aucune raison de faire acte de générosité envers M. le curé de Fa, elle se contente, conformément à la loi d'insérer les dix-huit premières lignes de sa pieuse épître.* ». Mais l'abbé Cabirol ne lâche pas prise et le 6 mars 1906, il adresse de Fa la réponse suivante publiée cette fois par le *Courrier de l'Aude* : « *Monsieur le gérant de la* Dépêche, *57, rue Bayard, Toulouse. On me communique votre journal du 2 mars. Malgré les explications dont vous faites suivre ma lettre, j'ai confiance que vos lecteurs ne sont pas assez abrutis pour ne pas avoir compris le motif qui vous a poussé à en supprimer une bonne partie, celle qui intéresse surtout le* véridique *correspondant que vous possédez dans nos parages. Vous m'appelez « le réjouissant curé de Fa », mais ce qui réjouit bien plus les hommes de bonne foi c'est le dépit qui vous est causé par nos réponses et que vous ne savez pas cacher malgré votre habileté. Que signifie en effet ce prétexte que vous invoquez pour justifier la suppression de la fin de ma lettre ? Vous savez parfaitement que c'est vous qui violez la Loi et cependant vous voulez faire croire à vos lecteurs que c'est moi qui l'ignore ou feint de l'oublier. La Loi vous ordonnait d'insérer ma lettre dans son entier et s'il y avait un supplément de lignes vous aviez à m'envoyer une note me disant ce que je vous devais. L'avez-vous fait ? Vous vous en êtes bien gardé malgré votre désir d'arracher quelques sous à un pauvre Curé. Vous avez préféré essayer encore de tromper vos lecteurs que vous devez croire bien idiots. Je les plains et c'est pour leur rendre service que chaque fois que vous vous permettrez de dénaturer la vérité à mon égard, je réclamerai pour les instruire. Le clergé a assez de vos mensonges perfides et il est résolu à y mettre un terme. Vous aurez beau appeler cela l'amour de la réclame. D'autres diront que c'est l'amour de la vérité qui nous dirige. Vous n'avez qu'à nous laisser tranquilles, nous ne réclamerons pas. Vos explications ont demandé 22 lignes de votre journal, j'ai droit par conséquent à 44 lignes pour ma réponse. S'il y en avait davantage vous pouvez m'envoyer la note à payer d'après le tarif des annonces judiciaires, je me ferai un plaisir de l'acquitter. Cabirol, curé de Fa.* ». Avec la plus osée mauvaise foi, la *Dépêche* essaie d'inverser les choses en sa faveur par une réponse aussi malvenue que méprisante publiée le 11 mars : « *Dans le seul but de se faire de la réclame, l'ineffable abbé Cabirol continue à divertir nos lecteurs. Il traite bien ceux-ci « d'abrutis et d'idiots » ; nous-mêmes il nous qualifie de « menteurs perfides », mais sous la plume de ce folâtre ecclésiastique ces épithètes n'ont « aucune importance » … Il devrait songer, en les écrivant, aux maximes de la charité chrétienne. « Est-il aimable le délicieux curé de Fa … dièze* ». C'est le *Courrier de l'Aude* qui se fait le défenseur du curé de Fa par la réponse suivante : « *Que dites-vous de ce trait ? N'est-il pas merveilleusement lancé ? Avec quel art il attribue ses qualités aux autres ! On lui dit : pour oser débiter de pareilles bourdes à vos lecteurs il faut que vous les preniez pour des abrutis ou des idiots, aussitôt il vous accuse d'user vous-mêmes de ces épithètes. Eh bien ! nous avons confiance que l'intelligence de ses lecteurs est plus grande que ne le croit la* Dépêche *et qu'ils finiront par comprendre qu'elle se moque d'eux. La* Dépêche *est aussi admirable quand elle nous rappelle les maximes de la charité chrétienne. Quelle rengaine ! Elle fera bien, elle, de songer un peu plus aux maximes de la Vérité et de la Justice.* ».

C'est le 16 mai 1906 que l'abbé Cabirol prend possession de la cure de Raïssac-d'Aude, près de Narbonne durant onze années. Le 1er avril 1917, il rejoint Ferrals comme desservant puis Fabrezan douze ans plus tard qui est sa dernière affectation. Il décède le 14 mai 1936.

- Les **Estons** forment un terrain assez riche sur la route d'Espéraza où poussaient les vignes.

Page 111

- Encore un propriétaire terrien qui **propose** à l'abbé Saunière l'**achat** d'une de ses **terres** !

- Le **Chemin de la Croux** mène à une petite chapelle près d'Antugnac dédiée à la Sainte Croix. Citée pour la première en 1656 dans le compoix d'Antugnac, cette chapelle fut construite après les guerres de religion pour remplacer l'ancienne église détruite. Elle fut ensuite agrandie par souscription publique. En mai de chaque année, avait lieu autrefois une procession. La nef comportait d'un côté 18 chaises reliées 3 par 3 et de l'autre 8 reliées 2 par 2. De part et d'autre de l'autel était placé un banc ; sur les murs un chemin de Croix de 14 stations offert par une personne de Croux, et un tableau de la Sainte-Croix mesurant 0,80m sur 0,60m. L'abbé Saunière y célébra quelquefois la messe durant son intérim à Antugnac. C'est à l'occasion de ces visites qu'il constate sa petitesse et son mauvais état.

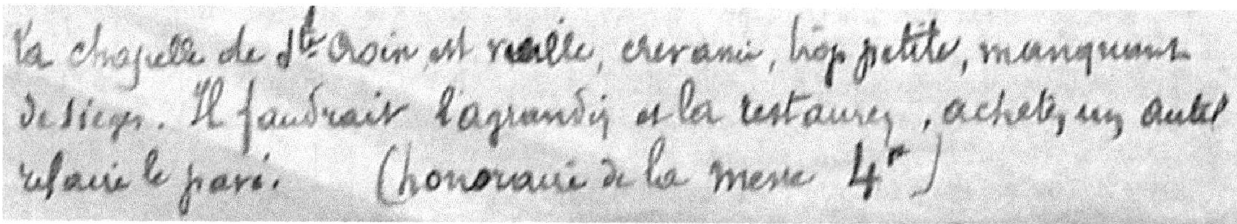

fonds Ph. Marlin

Page 112

- **Al Prats d'en Claou** est un lieu proche de l'entrée du village dont le nom signifie *Le Champ de la clé*.

- Le **Stabat** forme les proses chantées pendant les offices religieux durant la semaine sainte.

- Au décès de son prédécesseur, Mgr Billard, en décembre 1901, **Mgr de Beauséjour** est vicaire général de Mgr Petit à Besançon. Nommé par décret présidentiel du 13 mai 1902, il est préconisé le 9 juin suivant. Mais en raison du *nobis nominavit*, il est tardivement sacré en l'église St-Georges de Vesoul le dimanche 20 mars 1904. C'est donc le 7 avril suivant que Mgr de Beauséjour prend officiellement possession du diocèse de Carcassonne.

Page 113

- **M. le Doyen** est le curé de Couiza, l'abbé François Sylvain Bonnaves né à La Cassaigne, près de Castelnaudary, le 13 janvier 1854 de Charles Narcisse Bonnaves, maire de la commune, et d'Antoinette Pélissier. Avant son ordination, il exerce le professorat au Petit Séminaire de Carcassonne. Il obtient son premier poste de desservant de Saint-Julien-de-Briola le 1er novembre 1887. À cette époque, la préfecture dit de lui qu'il a des opinions politiques profondément cléricales. Du temps où il a en charge les paroisses de Puginier, en 1893, et de Salles-d'Aude, en 1900, il est qualifié, par les mêmes instances, de réactionnaire. Sa situation de fortune est modeste, il possède environ 6000 francs lui venant de ses parents. Quelques semaines avant de rejoindre Couiza, l'abbé Bonnaves va être l'objet d'une enquête approfondie. Le 3 octobre 1903, le sous-préfet de Narbonne écrit au préfet de l'Aude que, sur le plan politique, l'abbé Bonnaves « *fait partie de cette fraction importante du clergé qui est hostile au gouvernement de la République* ». Le Préfet de l'Aude demande alors si « *la Fabrique de Salles d'Aude a très régulièrement déposé ses comptes. Le desservant de cette commune est proposé pour une cure* ». Ce à quoi il lui est répondu que « *les comptes ont été régulièrement fournis* ». Le 3 novembre on peut lire dans un courrier administratif confidentiel : « *J'estime que les meilleurs sentiments politiques manifestés par M. Bonnaves, il n'est pas possible d'accorder à cet ecclésiastique l'investiture d'un titre inamovible* ». Il faut en effet rappeler que la nomination d'un prêtre à Couiza lui confère également le titre de curé-doyen. Le 13 novembre 1903, le ministre des Cultes demande en urgence par dépêche télégraphique au préfet et au sous-préfet de connaître quelque-uns des faits sur lesquels ils s'appuient pour refuser la nomination à Couiza de l'abbé Bonnaves. Après une seconde dépêche sans réponse, le ministère de l'Intérieur et des Cultes adresse au préfet la lettre suivante : « *Vous ne m'avez pas encore transmis, avec vos appréciations personnelles, les renseignements complémentaires que je vous ai demandés le 7 novembre courant sur M. Bonnaves desservant de Salles-d'Aude, nommé par MM. les Vicaires capitulaires de Carcassonne à la cure de Couiza. Je vous prie, Monsieur le Préfet, de vouloir bien répondre d'urgence à la présente lettre de rappel* ». Le 28 novembre suivant, sous l'injonction ministérielle, le sous-préfet, Charles Dupuy, adresse au préfet le courrier suivant : « *J'ai prié mon correspondant de préciser les griefs qui pouvaient être relevés à la charge de cet ecclésiastique. Nous avons causé longuement à ce sujet et je n'ai pu relever aucune articulation de nature à retarder plus longtemps la nomination sollicitée. Ce desservant paraît au contraire avoir observé toujours une réserve absolue soit dans les prédications soit dans ses propos. Ses relations très restreintes sont naturellement dirigées vers les maisons d'où le souci de la piété a chassé l'attachement à la République, mais, si l'on peut douter de ses sentiments démocratiques et ne lui accorder qu'une confiance restreinte, il est impossible de relever un fait ou une parole prêtant à la critique* ». Dans un courrier du 15 décembre adressé au ministre de l'Intérieur et des Cultes, le préfet de l'Aude se désolidarise du sous-préfet : « *Il apparaît dans ses conditions que les premières indications recueillies par la Sous-Préfecture de Narbonne donnaient aux tendances politiques de M. l'abbé Bonnaves un caractère de manifestation extérieure qu'elles n'ont pas revêtu. J'estime qu'il n'y a point lieu de refuser l'agrément de la nomination dont ce desservant a été l'objet.* ». Le 24 décembre 1903, Émile Combes décrète : « *Est agréée la nomination faite par les vicaires capitulaires du diocèse de Carcassonne de M. Bonnaves (François, Silvain), desservant de Salles-d'Aude, à la cure de Couiza vacante par la démission de M. Fournès* ». À son tour, le 29 décembre 1903, le député de l'Aude, Dujardin-Beaumetz, entérine cette nomination. Le 1ᵉʳ janvier 1904, l'abbé Bonnaves gagne Couiza. Il y reste jusqu'au 15 octobre 1913, jour où il est affecté à l'église St François de Castelnaudary comme desservant. Le 1ᵉʳ février 1915, il rejoint le couvent St Joseph de Cluny à Limoux comme aumônier. Il se retire le 1ᵉʳ octobre 1937 et décède un an plus tard, le 29 octobre 1938.

- On ne sait pas la raison **des dispenses** pour lesquelles l'abbé Saunière a reçu de **l'argent** qu'il remet au doyen de Couiza. Une dispense est une autorisation spéciale accordée par l'autorité religieuse pour une activité contraire aux prescriptions en vigueur. On peut dès lors imaginer qu'il s'agit peut-être-là d'un dépassement autorisé par l'évêché dans le nombre de messes dites journellement par le curé qui reverserait dès lors l'argent supplémentaire au diocèse. Pour d'autres motifs, le curé envoie aussi des sommes à l'évêché.

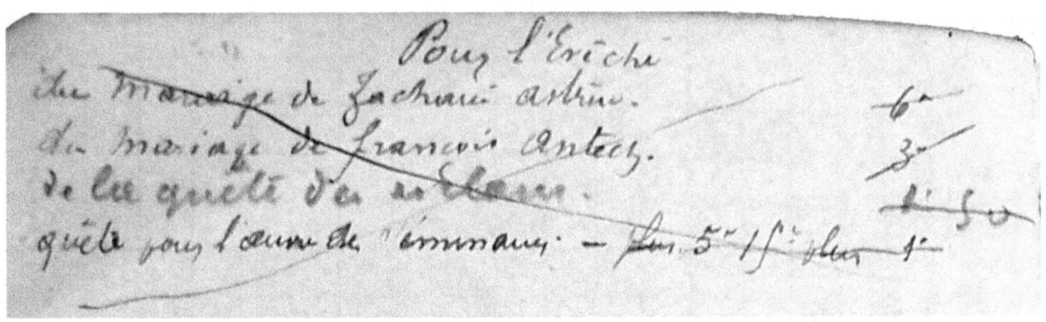

fonds Ph. Marlin

Page 114
- Le 3 mai, dans une lettre adressée à l'abbé Saunière, M. Caminade envoie des instructions au plâtrier Paul **Tisseyre** concernant son travail du lendemain.

Limoux, le 3 mai 1904

Monsieur le Curé,

Je vous envoie pour Mr. Teisseyre, plâtrier, le profil de la corniche de la cage d'escalier ainsi que le profil des deux consoles à pousser sous la fausse solive à établir avec des tasseaux et des liteaux comme je lui ai indiqué lundi avant de partir.

Cette petite corniche quoique ne comportant aucun chargement de plâtre sera d'un très bel effet et décorera bien votre escalier.

Je remonterai demain à Rennes par Espéraza et s'il n'a pas bien compris je lui expliquerai à nouveau.

Mes plus respectueuses salutations

E. Caminade

Lettre de M. Caminade à l'abbé Saunière du 3 mai 1904 / fonds Ph. Marlin

Page 116

- Oscar monté pour prendre de l'argent recevra 500 frs sur ses travaux. Mais il semble qu'il y ait eu un différend entre lui et le curé selon la lettre que M. Caminade écrit le lendemain à l'abbé Saunière.

Limoux, 17 mai 1904

Monsieur le Curé,

Hier en descendant de Rennes, j'ai trouvé Hyppolite qui rentrait chez lui et lui ai dit que vous lui aviez envoyé un billet par son petit. Il me répondit qu'il ne pouvait pas faire le voyage que vous lui demandiez étant obligé de porter son vin à Couiza mais que néanmoins en remontant il vous porterait les trois sacs de ciment lent dont vous avez besoin.

Je n'ai pas reçu la caisse échantillon qui m'est annoncée : rosace plafond et autres. Je la recevrai peut être aujourd'hui. Le cartouche qu'il faut pour l'arceau de la chambre vaut 5.00. L'arceau lui même représente une valeur de 5 à 6 f au plus. La corniche poussée par le plâtrier pour les deux chambres représente une soixantaine de francs. La même corniche rapportée et clouée je ne le sais pas et ne pourrais vous le dire que quand j'aurai reçu le tarif de la maison de Lyon.

Quant aux tuyaux fonte il faut toujours compter sur 2.30 le mètre en gare à Couiza.

J'ai vu à Couiza le menuisier Oscar qui après avoir bu un bol de tisane préparé par sa femme sans doute s'était bien radouci. Il montera ce matin pour prendre les 500 f. que vous vouliez lui donner hier matin. Je lui ai fait promettre de se remettre vivement au travail avec son ouvrier et terminer au plus vite les menuiseries restant à faire.

La maison Lemal, Raquet & Cie de Paris me demande 150 f. de chaque portrait sur vitrail; prix trop élevé et auquel vous renoncerez sans doute.

Recevez, Monsieur le curé, mes salutations bien respectueuses.

L. Caminade

**Lettre de M. Caminade à l'abbé Saunière
du 17 mai 1904** / fonds Ph. Marlin

- L'inscription **Magdala** telle que l'on peut la voir gravée au-dessus de la tour.

Page 118
- **St St** désigne le Saint Sacrement.

Page 121
- Par **Visite des Bains de Rennes,** l'abbé parle peut-être des curistes qui fréquentaient la station thermale et qui montaient à Rennes-le-Château pour le panorama. C'était l'occasion pour l'abbé Saunière de leur vendre des cartes postales ou de remplir quelques troncs dans l'église.

Page 124
- Il est probable que les **6 confrères arrivés à midi** n'étaient pas attendus par l'abbé Saunière car nul courrier antérieur dans ses carnets de correspondances n'annonce aucun de ces visiteurs. De plus, ces visiteurs ne semblent pas avoir déjeuné sur place car généralement l'abbé le notait dans son journal. Il est donc possible que ce soit la simple curiosité d'une visite du tout nouveau domaine de leur confrère qui les fit monter à Rennes-le-Château.

Page 126
- Le terme **riboter** signifie faire la fête.

Page 130
- Durant le voyage qu'il effectue avec Marie et Julie à **Arles**-sur-Tech, l'abbé Saunière envoie une carte postale à Alexandrine Dénarnaud pour lui donner des nouvelles.

Page 132
- **Vais à l'évêché appelé par Mgr.** C'est depuis avril 1904 que le nouvel évêque de Carcassonne a pris son siège à l'évêché. La raison de cette convocation est que l'évêché doit faire une communication à l'abbé Saunière. De quelle nature est-elle ? On ne le sait pas. C'est en effet le 13 novembre 1904 que l'abbé reçoit de l'évêché cette convocation à laquelle il répond le 15 ne pouvoir s'y rendre. Ce à quoi l'autorité religieuse lui écrit de nouveau le 19 qu'il est attendu lundi prochain 21 novembre à Carcassonne.
- M. **Gélis de Carcassonne** est un pépiniériste auquel l'abbé passe plusieurs commandes pour décorer ses nouveaux jardins. C'est lui notamment qui adresse au curé une facture en septembre 1906 pour la fourniture de divers végétaux et de deux cèdres plantés au printemps dans le domaine qui en compte quatre. Ils y sont toujours. Un troisième cèdre y fut planté par les écoliers en 1928 pour commémorer le dixième anniversaire de la paix. Par ailleurs, dans les carnets de correspondances de l'abbé, on retrouve le nom du pépiniériste *Gélis de Carcassonne,* notamment en 1906, en tant que donateur d'intentions de messes.

Page 134 b

- **Marie Dalbiez** est le nom de femme mariée de Marie Canel, l'une des propriétaires du château, qui s'éteindra quatre mois plus tard, le 25 avril 1905.

Page 136

- Le 13 février 1905, par devant Maître Roché, notaire à Arques, Marie Dénarnaud achète à Antoine Rousset, agriculteur, et à son épouse Rose Artozouls, un immeuble en nature de terre inculte sis sur le territoire de Rennes-le-Château au lieu nommé **Pla del Bouich**. Cette parcelle est numérotée 871 de la Section A du plan cadastral. Marie la paie comptant 40 francs auxquels s'ajoutent 2,75 francs de taxes. D'après l'acte de vente du 13 février, il s'agit d'une régularisation car il stipule que Marie est en possession du bien depuis le premier janvier dernier date à partir de laquelle elle devra s'acquitter des impositions. Le même acte précise encore que *la présente vente a été faite moyennant le prix de quarante francs que Melle Dénarnaud a payé comptant au moment de son entrée en possession en bons en espèces, hors la vue du notaire et des témoins, à la satisfaction des dits vendeurs, dont quittance.*

Page 137

- **La très grande faute de M. Caminade** est expliquée dans deux courriers, l'un du 16 mars que l'épouse de l'architecte écrit à l'abbé Saunière, son mari étant provisoirement indisponible ; le second est du 25 mars rédigé par M. Caminade, revenu de Paris.

Cahors le 16 Mars 190[5]

Monsieur le Curé

Depuis le 5 mars je suis seule ici, Félicité est à Montauban depuis plus d'un mois auprès de sa sœur qui n'est pas encore bien remise de ses couches.

Je réponds pour elle à ce que vous lui demandez dans la mesure du possible.

Si elle avait été ici elle aurait pu peut être vous envoyer tout ce que vous demandez à son père parce qu'elle est plus au courant que moi de ses affaires. Néanmoins en fouillant dans ses papiers je trouve des reçus qui me paraissent être en partie ceux que vous lui demandez. Je vous les envoie ci-joint.

Vous remarquerez Monsieur le curé qu'ils sont datés du 25 février et que c'est bien le jour même que vous lui avez remis la somme dont vous parlez qu'il a payé vos fournisseurs.

Mon mari a ses défauts comme tout le monde mais il a aussi ses qualités et il n'a jamais failli à celle d'honnête homme.

Il nous est arrivé à Montauban le 25 février à minuit et demi - le lendemain Dimanche nous avons profité de sa présence pour baptiser notre nouvelle née que nous avons appelée Aline. Le lundi matin il est parti pour Cahors où l'attendait avec impatience son patron. A peine s'il avait repris son service qu'une dépêche l'appelait à Paris auprès de notre beau-frère mourant et ma sœur gravement malade. Il partit de suite et il y est encore.

Notre beau-frère est mort à 53 ans le huit mars à 10 heures du matin et nous n'avons pas beaucoup d'espoir de sauver ma sœur qui après les veilles passées auprès de son mari n'est plus paraît-il qu'un cadavre ambulant. Mais là n'est pas le tout, il y a deux enfants dont une jeune fille mineure et mon mari a été obligé de rester à Paris pour arranger les affaires- Il a fallu un conseil de famille et le juge de paix afin de sauvegarder les droits de la mineure. Enfin tout cela se termine et mon mari compte rentrer dimanche ou lundi au plus tard.

À son retour il s'occupera à nouveau de vous et répondra à toutes les demandes que vous lui faites.

Dans mon affliction et ma profonde douleur je n'ai pas pensé à lui envoyer votre 1ère lettre que j'ai reçue l'après-midi du 9 courant et à laquelle il n'a pas pu répondre par conséquent.

Comme vous le voyez il ne lui a pas été possible de tenir la promesse qu'il vous avait faite en vous quittant le malheur ne lui en ayant pas laissé le temps. En vous quittant il ne s'attendait pas à ce qui allait lui arriver à lui et à nous tous et qui sait encore tout ce qui nous est réservé et qu'il nous faudra voir de malheurs !......

Je regrette bien Monsieur le Curé que ce douloureux contre-temps vous ait occasionné les ennuis dont vous parlez mais comme vous le voyez nous sommes bien plus malheureux nous mêmes.

Avec mes meilleures salutations recevez, Monsieur le Curé, l'assurance de mes sentiments les plus respectueux

A Caminade

Veuillez me rappeler je vous prie au bon souvenir de la famille Dénarnaud.

Lettre de Mme Caminade à l'abbé Saunière du 16 mars 1905 / fonds Ph. Marlin

Cahors, le 25 mars 1905.

Monsieur le Curé,

Lundi soir en arrivant de Paris où j'avais été obligé d'aller pour voir mon beau-frère gravement malade, qui est mort quelques jours après mon arrivée, ma femme m'a fait part de deux lettres que vous aviez écrites pendant mon absence et auxquelles elle avait répondu par l'envoi de deux quittances qu'elle avait trouvé dans des papiers sur mon bureau et que vous réclamiez.

J'ai bien regretté ce contre-temps, croyez-le bien, qui vous a occasionné qq. ennuis par suite de la promesse que je vous avais faite en vous quittant et qu'il m'a été impossible de tenir. La vie, voyez-vous, a de ses exigences auxquelles on ne peut se soustraire et que malgré tout on est obligé de subir. Le devoir avant tout !

Reste Croze, Aillaud & Cie 11.10 que je n'ai pas eu le temps d'envoyer avant mon départ pour Paris mais que je vais envoyer si toutefois pendant mon absence cette maison n'a pas disposé sur vous et que vous l'ayez déjà payée. Veuillez, je vous prie m'en dire un mot et j'enverrai de suite ou vous rendrai cette petite somme dont je vous suis redevable.

Recevez, Monsieur le Curé, mes bien respectueuses salutations.

C. Caminade

Le bonjour et toutes nos amitiés à toute la famille Dénarnaud.

**Lettre de M. Caminade à l'abbé Saunière
du 25 mars 1905** / fonds Ph. Marlin

Page 138

- Le facteur nous annonce **l'attaque de l'abbé** : il s'agit d'Alfred Saunière qui est au plus mal. Il décèdera quelques jours plus tard.

Pages manquantes du journal

La période allant du 24 mars au 24 avril 1905 du journal de l'abbé Saunière constitue une lacune. Toutefois, quelques documents éclairent sur certaines de ses intentions notamment un mot imprimé du 1er avril 1905 envoyé par l'évêché de Perpignan et un autre de Tiburce Caminade avisant le curé des plans qu'il lui destine.

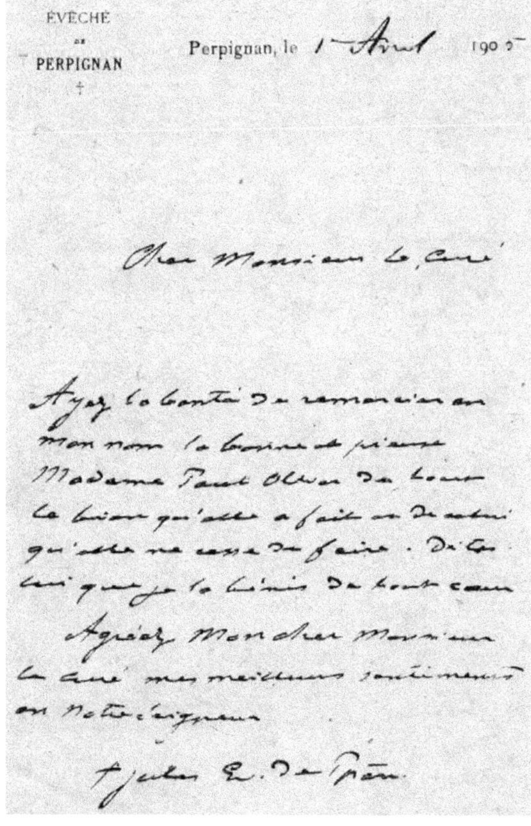

Lettre de l'évêché de Perpignan du 1er avril 1905
fonds Ph. Marlin

Lettre de M. Caminade à l'abbé Saunière du 9 avril 1905
fonds Ph. Marlin

Durant cette période, Bérenger Saunière passe aussi commande à la société des chaux et ciments d'Albi de 70 sacs de chaux et de 30 sacs de ciment pour un montant de 93 francs.

Société des Chaux et Ciments d'Albi

(TARN)

· MARQUES ·

RENTEILS	LAVAZIÈRE	CARDALOU
Usine Thermes Frères	Usine Joly, Paliès & Cie	Usine Lavergne
Usine Bousquet Jeune		& L'Espinasse

TÉLÉGRAMMES
SOCIÉTÉ CHAUX, ALBI
TÉLÉPHONE N° 3

Doit Monsieur Saunière
Curé
à Rennes le Château   F.cs   93.00
pour les marchandises ci-après expédiées à ses risques et périls
en gare Couiza   payables à Albi

N°

NOTA : Les sacs doivent être retournés **FRANCO** en gare d'Albi, dans les 60 jours au plus tard qui suivent l'expédition, avec avis donnant le nombre de colis, de sacs et le poids. Après ce délai ils seront facturés à 0f75 l'un. Les sacs échangés ne seront pas acceptés.

Albi, le 13 Avril 1905

MARQUES	NOMBRE DE SACS		POIDS	PRIX	SOMMES
Lavazière	70	sacs chaux	3500	12.00	42.00
"	30	" ciment	1500	34.00	51.00
	100				93.00

Le montant de nos factures est payable à Albi. Nos mandats ou l'acceptation de règlement n'opèrent ni novation, ni dérogation à cette clause attributive de juridiction.

À la date du 23 août 1891, la Société a déposé une marque représentant les armes de la ville d'Albi servant à marquer les sacs à chaux. Par suite de ce dépôt, les sacs ainsi marqués ne doivent servir, sous peine de dommages-intérêts, qu'au transport des chaux de la Société.

Les emballages doivent nous être retournés franco au point de départ.

Quel que soit le mode de transport employé, la Société ne saurait être responsable de toute soustraction, perte ou échange survenus en cours de route.

Payable, le Fin juin prochain

LE CHEF COMPTABLE

Mouvement des Sacs		
Dû	189	289
Livré comme ci dessous	100	
Retourné le 28 Janvier		87
		202
Reste dû à ce jour		
à rendre franco ou à payer 0f75c l'un		

P.S.

Page 139

- Lors de cette **réunion de la Fabrique,** le 30 avril 1905, le Conseil a renouvelé la présidence en désignant à l'unanimité Valentin Méric puis a entériné les comptes de l'année 1904 et approuvé le budget de 1906.

- **M.** Saunières **l'instituteur m'a demandé à faire l'inventaire de l'église.** L'abbé Saunière ne dit pas s'il souscrit à cette demande mais un inventaire officiel sera dressé quelques mois plus tard, le 12 mars 1906, dans le cadre de la nouvelle loi du 9 décembre 1905 de séparation des Églises et de l'État. L'abbé, réquisitionné pour la circonstance, refusa de signer le compte rendu rédigé par le percepteur des contributions directes de Couiza, M. Serre (bull. *Parle-moi de RLC* 2011). Au contraire, à Rennes-les-Bains, quelques mois avant l'inventaire officiel établi en mars 1906, l'abbé Boudet en dressa des versions préalables.

Page 140

- Les **73 sacs de ciment** proviennent de la Maison Berthelot à Grenoble.

Facture des ciments Berthelot & Cie du 5 mai 1905 / fonds Ph. Marlin

Page 141

- **Pastabrac** est un lieu près d'Espéraza devenu aujourd'hui la zone industrielle de Couiza. Du temps de l'abbé Saunière, c'est là où habitaient les Salières comme l'indiquent les en-têtes des lettres qu'écrivait Émilienne.

Page 142

- À cette époque, l'abbé Saunière avait commandé et disposé trois statues dans la cour dont on ne connaît pas les sujets, entre le presbytère et la villa. La pose du **piédestal de la Vierge** indique qu'elle est l'une des trois.

- Quand il inscrit **Visite des membres de la Société de sciences,** l'abbé Saunière évoque la Société d'Études Scientifiques de l'Aude (SÉSA). Le programme de cette visite fut publié, par ailleurs, dans plusieurs journaux régionaux notamment dans *La Dépêche du Midi* et dans *Le Courrier de l'Aude.*

SOCIÉTÉ D'ÉTUDES SCIENTIFIQUES
DE L'AUDE

Voici l'horaire de l'excursion à Rennes-le-Château, le Rocher Tremblant, Rennes-les-Bains, qui aura lieu le 25 juin :

5 h. 45 matin, rendez-vous à la gare du Midi. — 6 h. 15, départ. — 7 h. 42, arrivée à […] 8 heures, départ à pied pour Rennes-le-Château; herborisation; entomologie; […] h. 30, Arrivée à Rennes-le-Château; visite du château; visite à l'Ossuaire; aux ruines; curiosités locales. — 11 heures, déjeuner avec les vivres du sac (un véhicule se trouvera à la gare pour porter les sacs). — 2 heures soir, départ à pied pour le Rocher tremblant; herborisation; entomologie; géologie; arrêt au moulin Tiffou (géologie). — 4 heures, arrivée à Rennes-les-Bains; visite des établissements. — 5 h. 30, départ pour Couiza en voiture. — 7 h. 34, départ pour Carcassonne. — 9 h. 7, arrivée à Carcassonne.

Cotisation : 2 francs (vivres dans le sac).

S'inscrire en payant sa cotisation jusqu'à vendredi soir, 23 juin, dernier délai, chez M. le docteur Petit, rue Chartran.

Les personnes qui voudront déjeuner au restaurant, à Rennes-le-Château, devront se faire inscrire, en versant le montant du déjeuner, 2 francs, jusqu'au vendredi [...] on n'inscrira plus personne pour le déjeuner.

SOCIÉTÉ D'ÉTUDES SCIENTIFIQUES DE L'AUDE. — *Excursion du 25 Juin 1905 à Rennes-le-Château, Le Rocher Tremblant et Rennes-les-Bains.*

5 h. 45 matin. — Rendez-vous à la gare du Midi. — 6 h. 15, Départ. — 7 h. 42, arrivée à Couiza. — 8 h. Départ à pied pour Rennes-le-Château, Herborisation, Entomologie, Géologie. 9 h. 30. Arrivée à Rennes-le Château, Visite du Château, Visite à l'Ossuaire, aux Ruines, Curiosités locales. — 11 h. Déjeuner avec les *Vivres du sac.* Un véhicule se trouvera le matin à la gare pour porter les sacs. — 2 h. soir, Départ à pied pour le *Rocher tremblant,* heaborisation, entomologie, géologie, arrêt au moulin Tiffou (Géologie).

4 h, Arrivée à Rennes les-Bains, Visite des Etablissements. — 5 h. 30, Départ pour Couiza, en voiture. — 7 h. 34, Départ pour Carcassonne. — 9 h. 7. Arrivée à Carcassonne.

Cotisation : 2 fr. Vivres dans le sac.

Les personnes qui voudront déjeuner au Restaurant, à Rennes-le-Château, devront se faire inscrire en versant le montant du déjeuner, 2 fr., jusqu'au vendredi soir ; la liste close, on n'inscrira plus personne pour le déjeuner.

Insignes. — Il est recommandé à M·M. les excursionnistes de se munir de leurs insignes, indispensables pour tout trajet en chemin de fer.

S'inscrire, en payant sa cotisation, jusqu'à vendredi soir, 23 juin, dernier délai, chez M. le Dr Petit, rue Chartran.

Programme de l'excursion du 25 juin 1905 de la Sésa paru dans La Dépêche du Midi et dans le Courrier de l'Aude

Page 143

- Quand Bérenger Saunière écrit **Demoiselle et M. Salières Père**, il parle d'Émilienne avec qui Alfred Saunière eut un enfant, et du père (ou du frère ?) d'Émilienne : Joseph Claude, négociant en vins (l'acte de décès d'Alfred dit de Joseph Claude qu'il habite à Montazels et qu'il est âgé en 1905 de 58 ans).

- **Le Labadou** est à la fois le nom d'une ferme et d'un petit hameau en bas du village de Rennes-le-Château près du ruisseau de Couleurs et du Carla.

Page 144

- **M. Cézac** est sans doute le prêtre qui eut en charge la paroisse de Rennes-le-Château du 1er septembre 1878 au 1er août 1881. François Cézac est né le 25 janvier 1847 à Pennautier d'Antoine Cézac, serrurier, et de Marguerite Sarret. Il quitte Rennes-le-Château pour rejoindre Blomac, près d'Azille, où il reste jusqu'au 16 septembre 1888, jour où il est affecté à Rieux-en-Val. Il en part le 1er juillet 1891 pour sa dernière affectation à Villeneuve-le-Comtal, près de Castelnaudary. Il se retire à Pennautier le 1er janvier 1907 et y décède le 26 avril 1912. Quelques mois avant son départ pour Blomac, l'abbé Cézac s'était fait remarquer à Rennes-le-Château car il avait transgressé un arrêté municipal interdisant les manifestations extérieures du culte. En effet, durant la fête de la Saint-Marc se déroulant le 25 avril 1881, il avait organisé une procession dans le village. Le garde-champêtre ayant voulu faire regagner l'église aux villageois s'est alors vu répondre par le curé, continuant la procession, « *qu'il pouvait verbaliser à son aise* ». L'agent municipal dressa immédiatement procès-verbal de l'incident qui fut transmis au procureur de la République de Limoux. On trouve des traces de cet épisode dans plusieurs journaux de l'époque. Mais ce n'est pas la seule occasion où se fit remarquer le prêtre. Le 25 mai 1884, l'abbé Cézac a la mauvaise surprise de découvrir dans sa boîte à lettres un mot anonyme très ordurier déposé pendant qu'il célébrait la messe à Blomac. Menant son enquête, il arrive à déterminer qui en est l'auteur et qui a fait ce dépôt : le premier se nomme Élie Vidal, le second Guillaume Tesseyre, dit Tampousse. Après une réponse écrite faite par le curé à destination du sieur Vidal auquel il déclare en conclusion ce qui suit « *À vos basses et infâmes élucubrations, je ne réplique que par ces mots : « Si vous voulez une réponse, venez la prendre ou réclamez-la devant témoins. » »*, celui-ci envoie deux personnes, MM. Frédéric Sarda et Antoine Montlaur, afin de savoir si, par les termes *devant témoins*, le prêtre entend pratiquer *un duel* ! Ce à quoi l'abbé Cézac rétorque : « *Messieurs, il n'est pas nécessaire d'avoir une grande pénétration d'esprit pour la saisir ; mais puisqu'elle vous échappe, je vais parler plus clairement. Cela veut dire que, si M. Vidal a à me reprocher quelque chose, il doit être fondé et qu'il ne refusera pas de me le déclarer en présence de personnes qui puissent le constater, dès lors qu'il lui sera facile de fournir les preuves si la chose devient nécessaire.* » et d'ajouter : « *Peut-être M. Vidal s'était-il imaginé que je lui offrais un duel. Oh ! non, la religion, dont je suis le ministre, l'interdit, et je ne devrais pas l'accepter s'il m'était offert.* ». Et de conclure sa défense par cette sentence : « *Je n'aime pas la guerre et ne la cherche pas ; mais quand on me la fait, je la soutiens jusqu'au bout et ne capitule que lorsque je suis mort.* ». L'abbé Cézac est un homme de caractère qui n'est pas sans rappeler le fameux Don Camillo interprété par Fernandel. En décembre 1887 se déroulent des élections à Blomac qui voient s'opposer des républicains : Gabriel Gerbaud et Élie Vidal contre Jules Montlaur et Amédée Sarda, ces derniers patronnés par M. le maire sortant Désarnaud … et par l'abbé Cézac ! Le 16 septembre 1888, Mgr Billard le nomme à Rieux-en-Val mais l'affaire de Blomac n'est pas terminée, elle est instruite au tribunal après une plainte du curé contre MM. Gerbaud, devenu maire, et Amédée Sarda et Bories, pour outrage et diffamation. À l'origine de cette nouvelle affaire, une serrure installée par la Fabrique à la porte de l'église et dont le maire réclame la clé que le curé lui refuse parce qu'il n'en possède qu'une. L'affaire n'est pas jugée, le tribunal se déclarant incompétent. Un an plus tard, à Rieux-en-Val, l'abbé Cézac voit son traitement supprimé par décision ministérielle du 22 octobre 1889 au motif qu'il aurait commenté, en termes très violents, une lettre pastorale de Mgr Billard du 22 septembre et pour avoir distribué des bulletins de vote le jour de l'élection. Or, il semble que ces accusations, sans preuve, aient été récusées et finalement abandonnées.

Page 145

- Le plâtrier a pris **un acompte** de 50 frs.

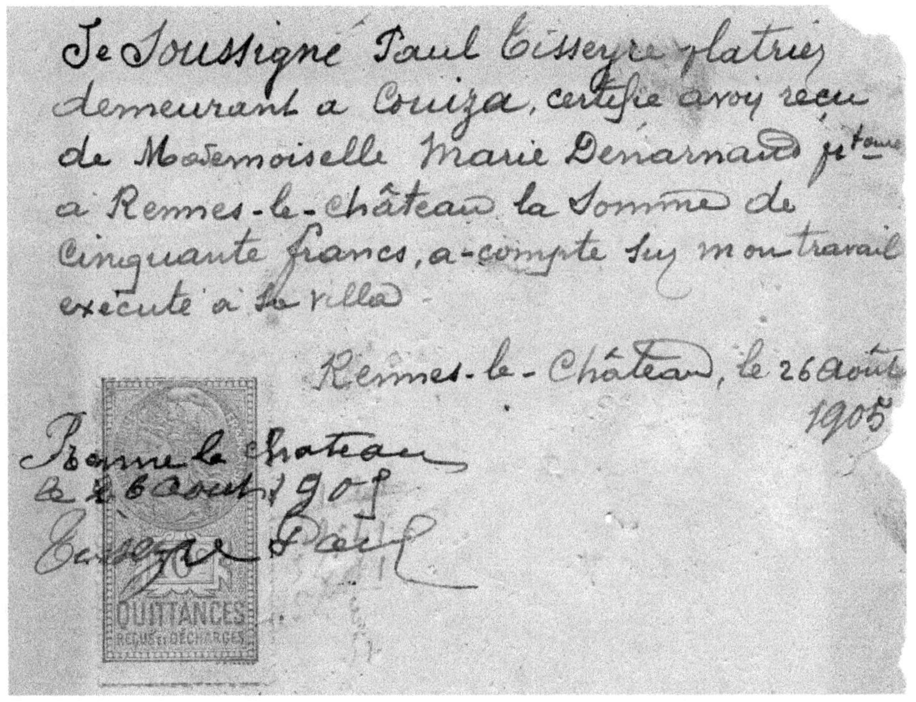

Reçu du 26 août 1905 établi par Paul Tisseyre / fonds Ph. Marlin

Page 146

- **Mort d'Alfred** Saunière.

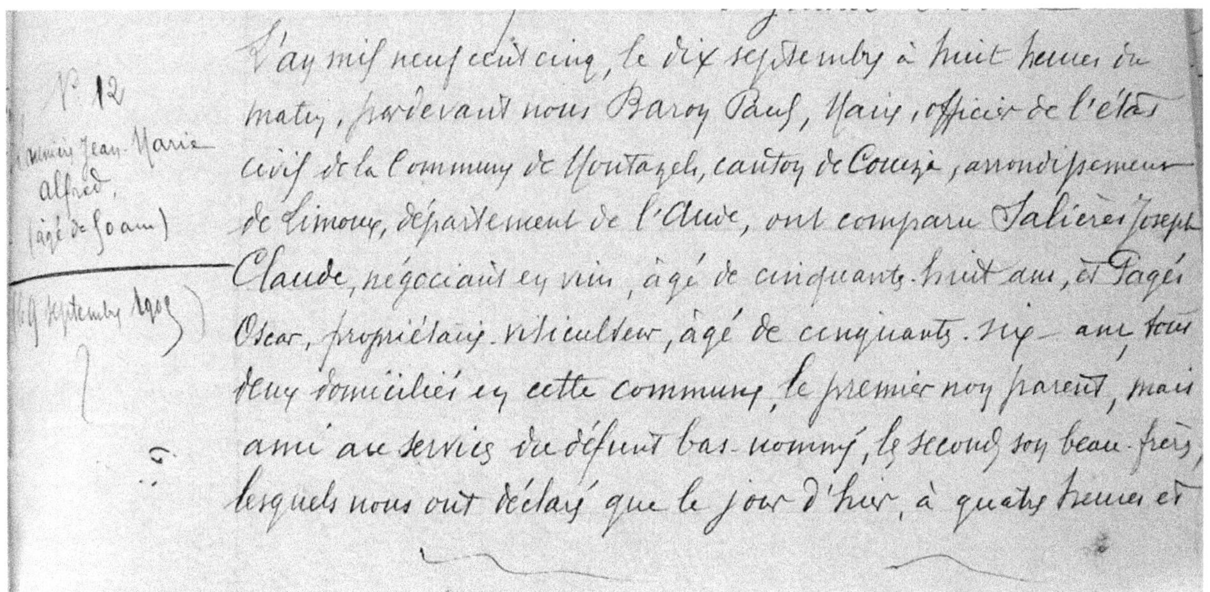

demie du soir, le nommé Saunière Jean-Marie Alfred, prêtre
libre, âgé de cinquante ans, célibataire, né le dix-sept
février mil huit cent cinquante-cinq dans la présente
commune où il était domicilié, majeur, fils de défunt
Saunière Joseph, quand vivait viticulteur domicilié
dans la présente commune où il est décédé, et de Huguet
Marguerite, sans profession domiciliée aussi en cette
commune ; est décédé dans sa maison d'habitation sise
en cette commune au village. Nous, officier de l'état
civil, après nous être assuré du décès, avons délivré le
permis d'inhumer et rédigé le présent acte que
nous avons signé avec les comparants après lecture
faite à ces derniers. ________________

J. C. Faure

Sagès Oscar   Paul Barry

UN TRÉSOR À RENNES-LE-CHÂTEAU
HYPOTHÈSE EN GUISE DE CONCLUSION

Au cours de mes investigations, j'ai pu apprendre de plusieurs témoins qu'un jour de 1905 l'abbé Saunière était revenu au village, d'un lieu où il se rendait régulièrement, entièrement crotté de la tête aux pieds et superficiellement blessé. Le voyant dans cet état, Marie, le débarrassant de sa musette, s'empressa de nettoyer le prêtre et de panser quelques égratignures. D'où revenait-il ?

La réponse est probablement celle que donnent aux pages 271 et 272 de *L'Héritage de l'abbé Saunière* Claire Corbu et Antoine Captier (Éd. Œil du Sphinx 2012) : *« L'abbé se rendait certaines nuits au caveau, une petite salle voûtée aménagée vers le milieu du souterrain où était entreposé ce trésor. Il en revenait juste avant l'aube, souvent trempé et plein de boue, avec son butin qu'il transportait dans une grande musette que lui avait confectionnée Marie. »*

Que ramenait-il de ces virées nocturnes ? *« Dans ce qu'il ramenait il y avait surtout des objets du culte comme des ciboires ou des reliquaires mais aussi des bijoux, des pièces de monnaies anciennes en or, de petits objets en porcelaines, de gros livres aux reliures en cuir marron et parfois même du petit mobilier. »*

Le couple Captier ajoute encore : *« Ce manège dura plusieurs années et ne cessa que vers la fin des travaux du domaine. Que s'était-il passé ? Nous avons appris que, à la suite de pluies diluviennes, il s'était produit un éboulement dans le souterrain qui interdisait l'accès à la salle au trésor. Avec l'aide de Marie et du fidèle Augustou, le curé essaya, mais en vain, d'étayer la partie éboulée. Mais il dut vite y renoncer car le souterrain s'affaissait sans cesse, menaçant de les ensevelir. Marie, qui était superstitieuse, fut persuadée que cet éboulement était un avertissement du Ciel et qu'il ne fallait plus jamais chercher à y pénétrer ni d'en révéler l'endroit à quiconque. »*

C'est vraisemblablement cet épisode qui inspira, des années plus tard, à Marie Dénarnaud, alors qu'elle discutait avec l'une de ses amies, Mme Vidal, la réponse suivante : *« Avec ce que monsieur le curé a laissé, on nourrirait tout Rennes pendant cent ans et il en resterait encore ! »* Ce à quoi son amie lui demanda ensuite étonnée : *« Mais puisqu'il vous a laissé tant d'argent, pourquoi vivez-vous comme une pauvresse ? »* Marie clôt ce point de la discussion par cette sentence : *« A aquo ni tusti pas ! »* qui peut se traduire par *« À ça, je n'y touche pas ! »*

L'abbé se trouva donc surpris à l'endroit où il se trouvait par un glissement de terrain dû aux précipitations suivies d'une abondante neige que subissait la région depuis déjà quelque temps. En conjuguant deux documents de sources différentes, il est désormais possible de situer dans le temps cet événement climatique. Le samedi 4 et le dimanche 5 mars 1905, l'abbé Saunière écrivait ce qui suit dans son journal personnel :

> **Samedi 4 mars**. Journée excessivement mauvaise ; la pire de l'année, grande tourmente de neige. Oscar ne peut travailler du froid. Il part à 3 h. mais effrayé par la vue de la quantité de neige, il revient à Rennes tout bouleversé. Suis malade. Rhume et douleur du côté droit. Nuit affreuse de très mauvais temps. Beaucoup de neige.
> **Dimanche 5 mars**. Très mauvaise journée. À cause de ma maladie, je ne dis pas la messe et reste toute la journée dedans. Nous avons toujours Oscar qui est affolé par la peur.

Quelques jours plus tard, le 10 mars 1905, le Conseil municipal de Rennes-le-Château se réunit pour une session extraordinaire à la suite de travaux urgents effectués à sa demande par un ouvrier de Couiza sur le chemin rural reliant le village à Capia où s'est produit, quelques jours avant, un éboulement causant de graves dégâts :

« *M. le Maire expose au Conseil que, par suite d'éboulement sur le chemin rural de Rennes-le-Château à Capia (métairie), des travaux de mine et de déblaiement s'imposaient immédiatement ; que ces travaux ont été effectués par le sieur Ahonménat Sébastia, sujet espagnol domicilié à Couiza, qui en demande le paiement immédiat, s'élevant d'après son mémoire à la somme de soixante-six francs.* »

Selon le compte rendu municipal, la partie endommagée concerne le chemin qui relie le village à la métairie de Capia.

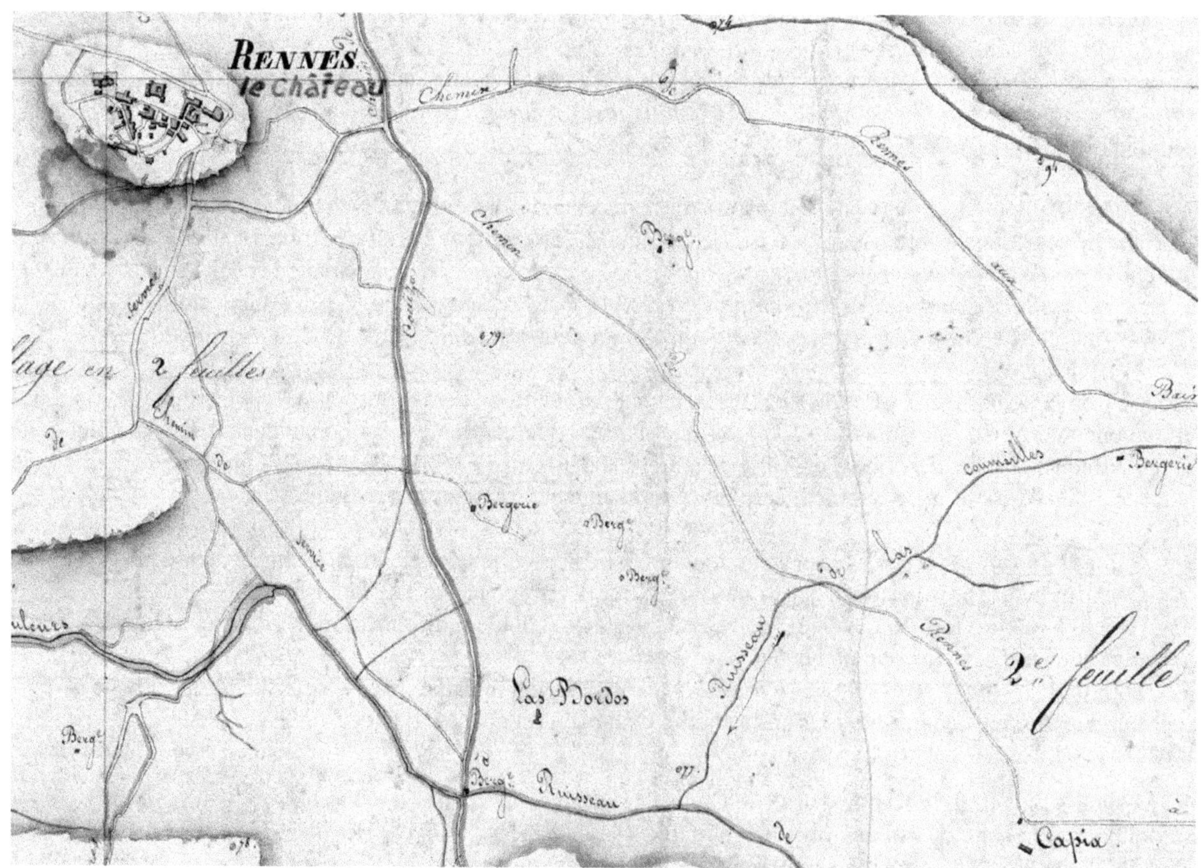

En 2008, au cours d'une discussion avec les époux Captier, ceux-ci me confièrent qu'une parente éloignée de l'abbé Saunière avec qui ils étaient en relation, et qui vécut au domaine à l'époque de Noël Corbu, leur avait dit que selon Marie, du lieu où se rendait nuitamment le curé, on pouvait voir les murailles du château. Les Captier consignèrent d'ailleurs ce témoignage à la page 272 de leur livre de 2012 déjà cité.

Si l'on examine les divers documents cadastraux à notre disposition, notamment celui reproduit plus avant, de prime abord, il semble que le château ne soit pas visible au premier plan puisqu'il se trouve derrière plusieurs constructions ! Mais une fois sur place, à Capia, on peut constater que les différents reliefs du terrain permettent cette fois de distinguer clairement les murailles du château passé quasiment au premier plan !

Rennes-le-Château vue de Capia

Un souterrain dans lequel on pouvait circuler à cheval !
Antoine Captier rapporte encore le témoignage suivant : « *Selon l'ancien maire de Couiza, M. Faure aujourd'hui décédé, dont la famille habitait la ferme du Carla du temps de l'abbé Saunière, et d'autres personnes qui me l'ont confirmé ensuite, quand ils ont refait la route, ils auraient trouvé un souterrain dont on voit encore la trace* ».

L'endroit où la route de Rennes-le-Château à Capia fut refaite se situe précisément à son intersection avec la faille en trait noir sur la carte ci-après, immédiatement sous le premier « n » de Rennes.

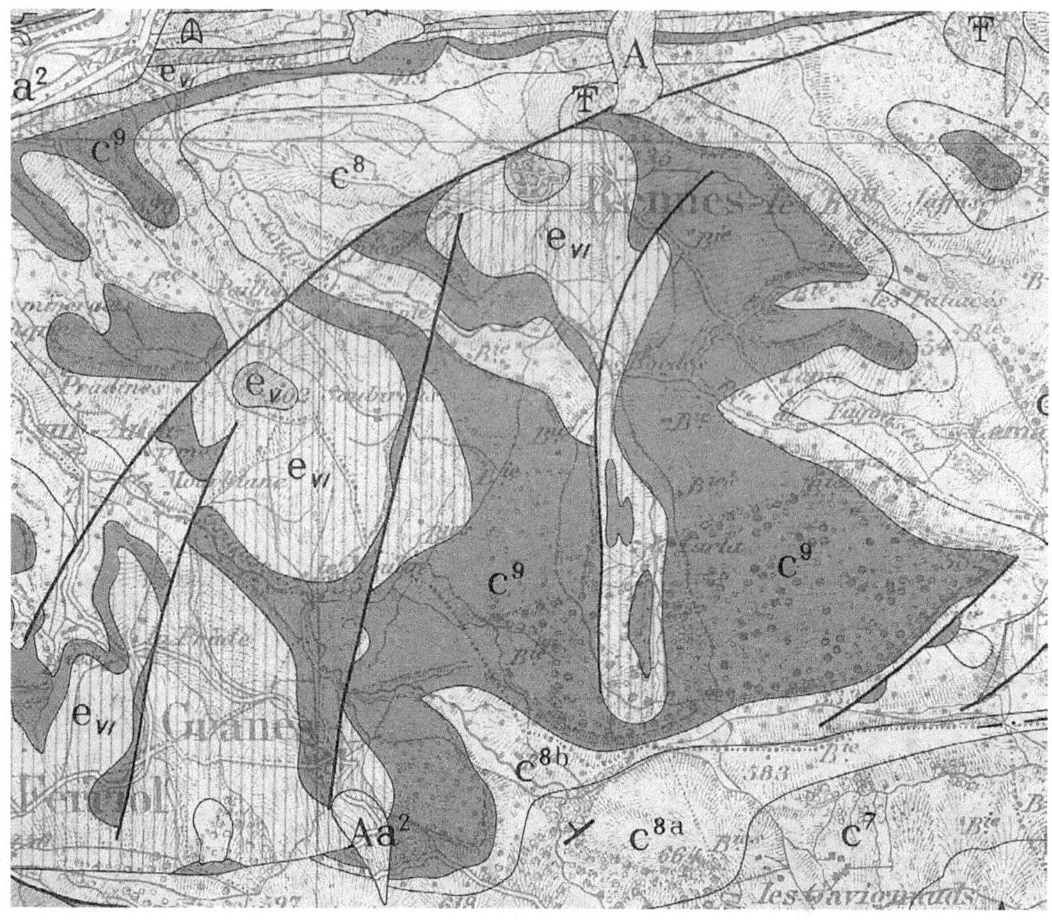

Carte géologique de la France,

Quillan n° 254 au 1/80000 publiée par le ministère de l'Industrie.

Quelle était l'origine de ce trésor ?

Des témoignages remontés jusqu'à nous disent que Bérenger Saunière eut l'opportunité de faire plusieurs découvertes dans diverses caches de l'église Sainte Marie-Madeleine au cours des travaux de réfection : entre le mur de l'ancienne Sacristie et le vieil autel ; dans le pilier carolingien de ce dernier ; sous la dalle du Chevalier ; dans le balustre en bois soutenant l'ancienne Chaire ; lors du démontage d'anciens lambris ; et dans le clocher. Trouvailles constituant ensemble ce qu'on peut appeler un magot. En dehors de possibles reliques dans la pierre d'autel, ce magot se composait de pièces anciennes, qu'il fit passer pour des médailles de Lourdes aux ouvriers curieux, d'objets du culte et probablement aussi de quelques documents concernant la consécration de l'église. La plupart de ces dépôts avait été organisée, un siècle avant l'abbé Saunière, par l'un de ses prédécesseurs, l'abbé Antoine Bigou, qui dut quitter Rennes-le-Château en 1792 pour fuir la tourmente révolutionnaire. Mais point de livres dans ces dépôts !

On sait, pour en avoir retrouvé une partie conséquente, que de nombreux ouvrages de la bibliothèque de l'abbé Saunière, dans lesquels il avait notamment inséré son *Ex-Libris*, avaient été publiés aux XVIIème et XVIIIème siècles.

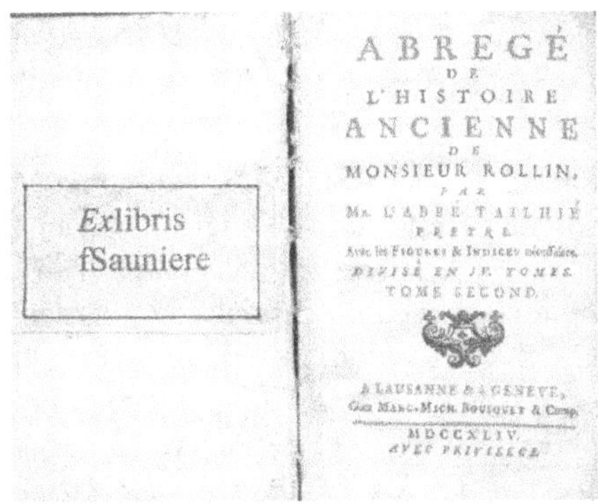
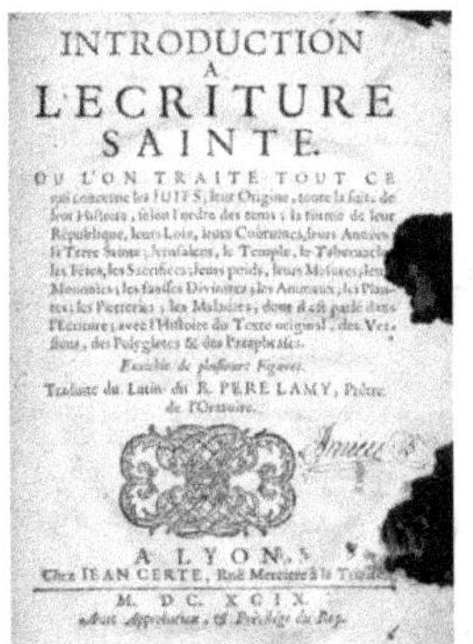

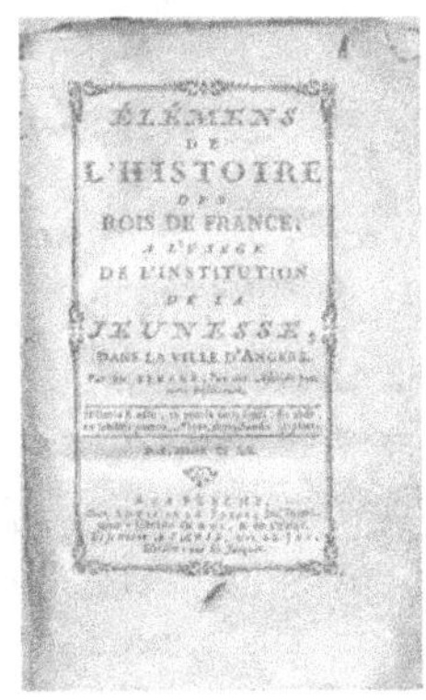

Quelques exemples d'ouvrages de la bibliothèque de Bérenger Saunière (documents Philippe Marlin)

Se pourrait-il, dès lors, que ces livres aient été soustraits par l'abbé Saunière de la salle au trésor pour garnir sa bibliothèque personnelle ?

Après la publication par Jules Doinel, en 1899, de l'inventaire dressé en 1792 des meubles et effets des ecclésiastiques d'Alet[1] notamment ceux appartement au citoyen Lacropte, Gaston Jourdanne est parmi les historiens qui s'étonnèrent du peu de documents retrouvés à l'évêché après que l'Évêque ait quitté Alet pour s'exiler en Espagne afin de fuir la Révolution française : « *La Bibliothèque épiscopale se montait à treize cents volumes environ[2], c'est-à-dire à peine quelques livres disséminés, du temps de Mgr de Bocaud, dans la chambre à coucher et la salle de billard ! Qu'est devenu le reste ?* » s'interroge t-il[3] !

Il semble évident que Mgr de la Cropte de Chantérac ne pouvait s'encombrer d'un important volume de livres et de mobilier divers au cours de son exil[4]. Toujours selon Gaston Jourdanne, fin bibliophile : « *M. de Chantérac eut les facilités nécessaires pour dissimuler la majeure partie de ses effets mobiliers et surtout la belle collection qu'il tenait de son prédécesseur. Le malheur est, pour les bibliophiles, qu'aucun signe indicateur ne soit resté pour permettre de reconnaître, de temps à autre, un vestige de la bibliothèque des deux derniers évêques d'Alet* ».

C'est probablement parce que Mgr de Chantérac eut le temps nécessaire d'organiser sa fuite en Espagne que nombre d'effets n'ont pu être recensés lors de l'inventaire débuté le 9 octobre 1792. C'est d'ailleurs l'opinion de

---

1 Mémoires de la société des arts et des sciences de Carcassonne, 2ème série, tome 3, 1907.
2 L'inventaire révolutionnaire recense notamment : au petit cabinet 840 volumes de différents ouvrages ; à la petite chambre de l'orangerie 317 volumes de différents ouvrages ; au galetas sur la tour de Pavillon, 22 livres de chant ; dans un autre galetas 38 livres de chant.
3 *Les Bibliophiles, les Collectionneurs et les Imprimeurs de l'Aude* par Gaston Jourdanne, éditions Antoine Vogels 1987, pages 91 à 93.
4 Il est probable que le maître-autel de la chapelle particulière des anciens évêques d'Alet ait été placé dans le chœur de l'église de Couiza.

Gaston Jourdanne : « *La conduite des autorités du District ne paraît pas avoir été d'une grande sévérité vis-à-vis de leur ci-devant évêque* ».

D'autres éléments du trésor…

Plusieurs pièces du trésor sont restées aujourd'hui dans les familles des personnes les ayant reçues à l'époque de l'abbé Saunière ou de Marie Dénarnaud. L'un des plus connus de ces témoignages est celui de l'ancienne bouchère de Quillan qui possédait un bracelet très ancien offert par le curé. Une des sœurs de lait de Marie Dénarnaud disait aussi posséder plusieurs bijoux donnés par cette dernière. Une autre dame avait reçu du curé et de sa servante, pour sa communion, un bijou en or incrusté de rubis et d'émeraudes. Un chercheur dont le sérieux est reconnu écrivait récemment sur son site internet qu'une de ses relations de Campagne-sur-Aude lui avait montré un jour un torque gaulois en or ainsi que des petits lingots du même métal provenant du trésor de l'abbé Saunière. Les époux Captier disent par ailleurs que : « *du temps de l'abbé, Marie Dénarnaud portait de très beaux bijoux d'aspect ancien qu'elle cessa de mettre quand il commença à avoir des ennuis avec l'évêché* »[5]. Un spécialiste aurait aussi confié à Antoine Captier que le support du petit Jésus de Prague en sa possession daterait du XVIIème siècle. Pendant ses procès, l'abbé Saunière écrivait pour sa défense dans une lettre du 25 novembre 1911 à l'Official qu'il faisait du commerce de vieux meubles : « *Les vieux meubles, faïences et étoffes sont le résultat de mes fouilles dans le pays. La vente me dédommage de mes recherches et de mes courses* ». Parmi les meubles qu'il possédait à la villa se trouvait un fauteuil Louis XIII provenant probablement de l'ancien évêché[6]. À cet inventaire non exhaustif, on peut ajouter des reliques, toutes sortes d'objets du culte (calices, ciboires, chapelets, croix etc.), et vraisemblablement d'autres bijoux anciens.

Par ailleurs, au cours de mes lectures j'ai quelquefois rencontré des références données par des auteurs anciens renvoyant à des documents du diocèse d'Alet notamment à des procès-verbaux et à des ordonnances de visites pastorales. Pour les connaître, j'interrogeais à la fois les archives départementales de l'Aude et l'évêché de Carcassonne. De concert, il m'était alors expliqué que fort peu des documents avait été conservé de l'ancien diocèse d'Alet[7]. Où donc étaient passées ces archives diocésaines ?

Comme le pense Gaston Jourdanne, Mgr de Chantérac a pris le temps de préparer son exil, et notamment celui de préserver à la fois les biens de l'évêché ainsi que les siens dans l'espoir d'un éventuel retour après que la Révolution fut passée. Mais bien avant cet exil, le 13 février 1790, l'Assemblée Constituante supprime par décret les Ordres religieux et met les biens du Clergé à la disposition de l'État. Plusieurs serments seront ordonnés à la suite de ces mesures aux religieux jusqu'à celui du 25 août 1792. C'est par procuration et par acte du notaire Maître Prax que Mgr de Chantérac prête ce serment à la maison commune d'Alet : « *à laquelle assemblée s'est présenté le sieur Jacques François Dellac, Chirurgien de cette ville, le procureur fondé du sieur Lacropte Chantérac évêque du ci-devant diocèse d'Alet par acte du 21ème août de la présente année, enregistré à Limoux le lendemain 22ème même année signé de Blanque, lequel dit sieur Dellac aurait dit que le sieur Lacropte Chantérac étant détenu chez lui pour cause de maladie, et ne pouvant à raison de ce se rendre à la Maison Commune pour prêter devant la Municipalité le serment civique ordonné par la loi du 11 du courant 1792 ; lui aurait remis sa déclaration dans laquelle le dit serment est exprimé. Lecture faite tant de l'acte de procuration en faveur du dit sieur Dellac que de la déclaration du dit sieur Lacropte Chantérac, l'Assemblée véritablement satisfaite du sentiment du patriotisme que le dit Lacropte Chantérac évêque du ci-devant diocèse manifeste en ce jour ; se flattant encore que l'exemple de dévouement qu'il donne à la chose publique pourra devenir d'un grand poids et ramener à la Loi grand nombre de réfractaires attestant au surplus n'avoir pas remis jusqu'à ce jour aucune plainte fondée qui prouve que les petits troubles qui ont quelquefois agité cette commune ayant été occasionnés par la différence des opinions du dit sieur Lacropte* ». Un mois après avoir prêté le serment qui suit, Mgr de Chantérac quitte Alet : « *Je jure de maintenir la liberté et l'égalité ou de mourir en la défendant. Ce que je déclare juré* ».

---

5 *L'Héritage de l'abbé Saunière*, par Claire Corbu et Antoine Captier, éditions Œil du Sphinx 2012, p. 270.

6 Un acte de Maître Lanabière, notaire d'Alet, du 25 octobre 1670 par lequel François de Montesquieu rend hommage à Mgr Nicolas Pavillon précise ce qui suit : « *...ledit seigneur évesque estant dans la grande sale du palais assis dans un fauteuil violet...* » S'agit-il de celui en possession de l'abbé Saunière ?

7 On sait par ailleurs qu'une grande partie des archives de l'évêché d'Alet conservées dans la cathédrale fut brûlée par les Religionnaires en 1577. Mais la question qui nous occupe concerne celles postérieures à ce sac.

Peu après son départ en exil, le district de Limoux dresse la *liste des prêtres déportés ou partis en exécution de la loi du 26 août 1792 relative à la déportation des prêtres insermentés et généralement de tous ceux qui sont réputés émigrés*. C'est le cas de Mgr de Chantérac et de l'abbé Antoine Bigou.

Antoine Bigou ci-devant curé de Rennes / Ses biens séquestrés et mis en vente

Lacropte ci-devant évêque d'Alet / Ses effets vendus, n'a aucuns biens

Si l'évêque d'Alet ne possède aucun bien, l'inventaire dressé le 9 octobre 1792 ne lui attribue également aucun objet de valeur, ni en métal précieux, ni artistique, religieux ou historique !

Toutes ces dispositions arbitraires et dévalorisantes prises par les autorités à l'encontre des religieux sont autant d'indicateurs contribuant à envisager leur fuite qu'ils organiseront méthodiquement et consciencieusement. C'est ainsi que l'évêque décide de mettre à l'abri tout ce qui est précieux à l'évêché et pour lui-même afin de le préserver de la Révolution et dans l'espoir, une fois celle-ci passée, de le retrouver. À ce moment, plusieurs possibilités : l'évêque et l'abbé Bigou connaissent l'existence dans la campagne de Rennes-le-Château d'un ancien souterrain peut-être pratiqué du temps des Voisins, pouvant être réutilisé comme cache, après y avoir fait des aménagements, pour y dissimuler les biens de l'évêché d'Alet et de l'évêque. Ou bien, la cache est créée dans un endroit choisi non loin de Rennes-le-Château et son emplacement connu seulement d'iceux et peut-être de quelques religieux proches de leur évêque. Une fois cette cache opérationnelle, les objets y sont méthodiquement déposés. On peut imaginer plusieurs convois nocturnes de mules abondamment chargées au départ d'Alet et se rendant discrètement par la montagne jusqu'à la cache aménagée de Rennes-le-Château seulement à une dizaine de kilomètres. Une fois le trésor à l'abri et la cache refermée, Mgr de Chantérac prend la route de l'exil pour gagner Sabadell en Espagne, Antoine Bigou, parti avant lui, celle de Quillan dans un premier temps où il y a de la famille[8] pour ensuite rejoindre Collioure. Mais il se trouve que les protagonistes partageant le secret de l'emplacement du trésor s'éteignent un à un avant la fin de la Révolution. Parmi eux, au delà de l'évêque, on peut citer sa sœur Élizabeth, l'abbé Antoine Bigou et sa sœur Gabrielle. À ces quatre, probablement les quelques rares religieux proches de l'évêque sont-ils aussi dans la confidence[9] ! Mgr Charles de la Cropte de Chantérac décède à Sabadell le 27 avril 1793, sa sœur Élizabeth Françoise de la Cropte de Chantérac, demoiselle de Beauvais, meurt à Alet le 13 nivôse de l'an V (2

---

8 Une liste des ecclésiastiques dressée par les Révolutionnaires le 9 août 1792 indique qu'Antoine Bigou se trouve à Quillan et qu'il a été remplacé à Rennes-le-Château.

9 Les prêtres Jean et Antoine Bigou, originaires de Sournia dans les Pyrénées-Orientales, ont un frère plus jeune né le 13 septembre 1727 et prénommé également Antoine. Passant souvent de longs séjours à Rennes-le-Château, son nom apparaît dans les actes des registres paroissiaux qu'il signe en tant que témoin. Après le décès de son frère Jean Bigou, le 30 septembre 1776, sa présence se fait plus rare. Sa dernière signature dans le registre paroissial, à côté de celle de son autre frère Antoine, le prêtre, remonte au 3 mai 1777. Était-il dans la confidence du trésor d'Alet et a t-il participé à sa dissimulation à Rennes-le-Château ? C'est possible ! Il est certain que depuis que les Bigou y officient, Rennes-le-Château suscite un certain intérêt pour les gens de Rabouillet, village à quatre kilomètres à l'Ouest de Sournia ! Charles Vidal, un des témoins assistant aux obsèques de Marie de Nègre d'Ables, le 19 janvier 1781, en est originaire et y demeure. Un lieu du nom de *Serra del Rabouillet* est mentionné dans le compte rendu de la délibération du Conseil municipal de Rennes-le-Château en date du 22 février 1807. En 1867, les acquéreurs du château de Rennes, les frères Joseph et François Dalbiès, ainsi que leur épouse Marie Canel et Marie Abadie, sont tous les quatre domiciliés à Rabouillet. Se sont-ils installés à Rennes-le-Château par hasard, pour l'attrait du lieu, pour acquérir simplement un château ? Ou bien ont-ils eu connaissance d'une information mystérieuse héritée d'un devancier qui en avait eu la confidence d'un Bigou à l'époque ? Tous ces faits ne sont-ils que coïncidences ?

janvier 1797), ses restes reposent au cimetière Saint-André d'Alet ; Antoine Bigou meurt à Collioure, à l'époque terre espagnole, le 20 mars 1794 ; sa sœur Gabrielle décède à Sournia le 21 ventôse de l'an VIII (le 12 mars 1800). C'est ainsi que le trésor d'Alet se perd. Il sera redécouvert un siècle plus tard par l'abbé Saunière grâce à des indices retrouvés lors des travaux dans l'église. Avant son exil, Antoine Bigou y avait dissimulé un ou plusieurs documents, probablement en latin, permettant, par des indications, d'ouvrir le chemin de la cache au trésor d'Alet.

Un autre trésor ?

Mgr de Chantérac n'est pas le seul à avoir dissimulé un trésor à cette époque trouble. Tout proche d'Alet, à Pieusse, qui dépend à ce moment du diocèse de Narbonne, le propriétaire du château, l'archevêque Mgr Richard Dillon, en fait de même en cachant dans un souterrain un important trésor, celui de Narbonne pense t-on, avant son exil à Coblence puis en Angleterre où il meurt le 5 juillet 1806. Le 16 mars 2007, ses restes sont transférés dans un caveau de la chapelle Saint-Martin de la cathédrale de Narbonne. Deux documents conservés aux archives départementales à Toulouse attestent de la présence du trésor de Narbonne dans l'un des souterrains du château de Pieusse : l'un des signataires du premier document atteste ce qui suit : *« avoir déposé dans le souterrain du manoir de Pieusse la somme de quatre cent sept serties d'or qui vaut cinq cent neuf livres, chacun serties pour les cocher à la guerre qui est dans le païs ».* Le second révèle ce qui suit : *« la fortune se trouve sous le château à six brasses en dedan. Il y a une grosse lausse qui cache le petit colidor qui s'en va jusqu'au fond du sousterrain. On y trouve une porte en fer ; quand on aura doubert la porte, il y a une grande dalle où il y a le trésor. Il y a 13 setiers de pièces de louis d'or de 100 livres de 20 sou a puis 19 pugnères de 6 francs, ce qui fait set mil livres et puis toute l'argenterie du château et puis des croix d'or ambé de diamans et des sabires qui ont le manche en argent armé de pierres précieuses qui tout vaut ensemble pour quatre million de livres à 20 sous cadun. Can aun aura tout le trésor il faut ... faire le chato tou naut et penser... ».* Le parchemin s'interrompt ainsi.

Où se trouve le trésor d'Alet ?

Si l'on en croit les témoignages et les documents, le trésor se trouverait dans le large secteur où se déroula l'éboulement de terrain signalé en 1905. Étant donné la mise à la disposition de l'État des biens des religieux et ensuite leur confiscation, il est vraisemblable que ce terrain n'était pas la propriété de l'abbé Antoine Bigou ou de Mgr de Chantérac mais plus probablement celle d'un tiers : la sœur du curé ou celle de l'évêque par exemple. On sait notamment que Gabrielle Bigou porta des réclamations à l'État car parmi les biens recensés du curé dans les inventaires de 1793 dressés par les officiers municipaux et le géomètre, s'en trouvaient certains ayant été confisqués alors qu'ils étaient sa seule propriété dont elle avait laissé la jouissance à son frère. Elle eut gain de cause.

Les détenteurs du secret de l'abbé Saunière !

Après qu'il ait décidé en 1905 la fermeture définitive de la cache au trésor, ceux qui partagent encore son secret sont très peu nombreux : Marie Dénarnaud, Auguste Fons, peut-être son épouse Julie Maleville, mais aussi le curé d'Espéraza, l'abbé Rivière. Quand, en janvier 1917, il arrive au presbytère de Rennes-le-Château pour recevoir l'ultime confession de son confrère aux portes de la mort, il est loin de se douter de ce qu'il va entendre. L'abbé Saunière lui apprend d'abord qu'il a utilisé durant des lustres l'argent des milliers d'intentions de messes qu'il a reçu de donateurs pour financer les réfections de l'église et la construction de son luxueux domaine. Ensuite, il lui déclare avoir découvert le trésor d'Alet qui ne lui appartenait pas mais dans lequel pourtant il a puisé librement pendant des années. Mais le plus douloureux pour le confesseur troublé c'est de prendre conscience ensuite qu'il devra garder toujours secrètes ces confidences ! Jean Fourié d'Espéraza et ancien président de l'Académie des arts et des sciences de Carcassonne, me disait lors d'une discussion sur Jean Rivière : *« Son trouble à l'occasion de la mort de Saunière a fait l'objet de divers commentaires et, personnellement, j'en ai toujours entendu parler. On raconte même que sa mort serait en partie due au chagrin et à la déception qu'il aurait éprouvés à cette occasion. Mais qu'en est-il exactement ? Un fait est certain, aux dires de ceux qui l'ont connu, l'abbé Rivière n'était plus le même après la mort de son collègue de Rennes-le-Château ».*

INDEX

A

L

Labécède (Lauragais), 160 ; Laborde (abbé Simon), 180 ; La Caunette, 169 ; Lacroix (2), 171 ; La Croix, 157, 183 ; La Croux, 202, 218 ; Laffont (Jules), 187 ; La lettre reçue l'avant-veille, 183 ; La maison Brigitte (Rougé) et la citerne 156 ; La Maurine, 161 ; La Nouvelle, 193 ; La Rouire, 195 ; La tour du Midi, 193 ; Lavaldieu, 165 ; La Vialasse, 175, 216 ; Le Camus (Mgr Émile), 196 ; Le Labadou, 230 ; Le Laouset, 166 ; Le Mounas, 216 ; Les campagnes, 171 ; Les chênes verts, 159 ; Les Patiaces, 194 ; Les Soubirous, 165 ; L'électricité de Paris, 189 ; Les tours, 189 ; Le Touron, 175 ; Lettre en sa faveur, 190 ; Leucate, 193 ; Luc-sur-Aude, 148 ;

M

Magdala, 222 ; Maire démissionnaire (Pierre Rougé), 193 ; (1) Maison et 4 pièces, 189 ; Malet (Pierre), 147 ; Maman (Marguerite Madeleine Hugues Saunière), 150 ; Marie (mandats), 198 ; Marie-Louise (Marty), 189 ; Martial (Saunière), 157 ; Mathilde (Pagès), 149, 210 ; Mérial, 171 ; Mestre, 170 ; Meubler, 195 ; Millésime, 185, Missègre, 166 ; Monthélhy (Montéty, Mgr de), 208 ; Mora, 193 ; Mort de Monseigneur Billard, 174 ; Moulin, 150 ;

N

Névian, 187 ; Notre-Dame de Marceille, 194, 195 ; Notre maison, 188 ; Nouvel Ordo, 201 ;

O

Œuvre des Tabernacles, 198 ; Offre de 1200 frs, 193 ; Oscar Vila, 168, 220 ;

P

Pailhère, 168 ; 2 paires, 152 ; Papier peint, 172 ; Paris, 202 ; Pastabrac, 229 ; Paul (Saunière), 187 ; Péchou (Zacharie), 162, (Cyprien), 212 ; Percepteur, 171 ; Permission de biner, 193 ; Peyre-Picade, 204 ; Photographie du groupe de tous les confrères, 155 ; Piédestal de la Vierge, 229 ; Pierre-Lys, 195 ; Pla del Bouich, 223 ; Pugens (Paul), 198 ; Puits (Le), 188 ; Puivert, 199 ;

R

Ramounichoux, 194 ; Raynaud (Marie), 215 ; Reçu, 155, 207 ; Reprise des travaux, 211 ; Retraite, 166 ; Réunion de la Fabrique, 153, 208, 228 ; Rhum, 177 ; Riboter, 222 ; Roché, 156, 193 ; Rouanet (abbé Barthélémy), 158 ; Roubillous, 198 ; Rougé (Jacques), 215 ; R. P. Supérieur de Castelnègre (G. Cerceau), 207 ;

S

S'aboucher, 208 ; Salières (père et fille), 230 ; Sarda (abbé Jules), 168 ; Sarda, 180 ; Saunièrou, 149 ; Sœurs de Rennes-les-Bains, 183 ; Sire (Pierre), 201 ; Sœurs d'Espéraza, 157 ; Sougraigne, 158 ; SS Nazaire et Celse, 193 ; St Jh, 222 ; St. St., 198 ; St-Jean-de-Paracol, 201 ; Stabat (le), 218 ;

T

Terrassiers (3), 198, 207 ; Tisseyre (Paul), 216, 219 ; Tour du nord, 193 ; Trèbes, 165 ;

V

Vais à l'évêché appelé par Mgr, 222 ; Vaucouleurs, 171 ; Antoine Verdier, 162 ; Villa Béthania, 180 ; Villedaigne, 187 ; Villefort, 199 ; Violation de domicile, 215 ; Visite de baigneurs de Rennes, 193, 222 ; Visite des membres de la Société de sciences, 229 ; Visite du curé de Fa (abbé Jean Cabirol), 216 ; Voiture, 172 ;

Z

Zénobie (Sauzède), 183 ;

REMERCIEMENTS

J'adresse mes plus sincères remerciements pour leur collaboration à Antoine Captier, Marcel Captier, Claire Corbu, Andree Pottie ;

à Stéphanie Buttegeg et à Jean Brunelin pour les photographies dont ils ont bien voulu autoriser la publication ;

un remerciement particulier à Philippe Marlin qui a amicalement autorisé la publication du journal du curé et pour avoir mis à ma disposition son fonds documentaire ;

les archives départementales de l'Aude ainsi que M. Georges Bruyère, archiviste diocésain.

LES ÉDITIONS DE L'OEIL DU SPHINX
36-42 rue de la Villette
75019 PARIS, France
www.oeildusphinx.com
ods@oeildusphinx.com

LES ÉDITIONS RENNES-LE-CHÂTEAUdoc
9 rue de la tuilerie
77520 Montigny-Lencoup, FRANCE
www.rennes-le-chateau-doc.fr
patrick.mensior@orange.fr

Achevé d'imprimer en octobre 2017